从算盘到键盘

——中国金融科技发展基石

（1992—2002年）

主编　陈天晴

中国金融出版社

责任编辑：贾　真
责任校对：李俊英
责任印制：陈晓川

图书在版编目（CIP）数据

从算盘到键盘：中国金融科技发展基石：1992—2002年/陈天晴主编．—北京：中国金融出版社，2023.12
ISBN 978-7-5220-2257-4

Ⅰ．①从…　Ⅱ．①陈…　Ⅲ．①信息技术—应用—金融业—研究—中国　Ⅳ．①F832-39

中国国家版本馆CIP数据核字（2023）第235816号

从算盘到键盘：中国金融科技发展基石（1992—2002年）
CONG SUANPAN DAO JIANPAN：ZHONGGUO JINRONG KEJI FAZHAN JISHI（1992—2002 NIAN）

出版发行　中国金融出版社
社址　北京市丰台区益泽路2号
市场开发部　（010）66024766，63805472，63439533（传真）
网 上 书 店　www.cfph.cn
（010）66024766，63372837（传真）
读者服务部　（010）66070833，62568380
邮编　100071
经销　新华书店
印刷　保利达印务有限公司
尺寸　185毫米×260毫米
印张　32
字数　770千
版次　2023年12月第1版
印次　2023年12月第1次印刷
定价　120.00元
ISBN 978-7-5220-2257-4

《从算盘到键盘》编委会

《从算盘到键盘》编辑组

组　　长：王耀辉

副 组 长：孙卫东

成　　员：（以姓氏拼音排序）

戴　明　侯惠文　姜淑云　刘述忠

刘艳琪　于　锋

编写单位：中冶研（北京）国际信息技术研究院

序　言

习近平总书记强调，“金融是国民经济的血脉，是国家核心竞争力的重要组成部分”，这句话诠释了金融行业在党和国家事业全局中的重要地位及在国家战略中的定位。“加快建设金融强国，全面加强金融监管，完善金融体制，优化金融服务，防范化解风险，坚定不移走中国特色金融发展之路，推动我国金融高质量发展，为以中国式现代化全面推进强国建设、民族复兴伟业提供有力支撑。”这是党中央交给金融行业的新的重任，也是时代赋予金融人新的历史使命。

建设金融强国的前提是金融现代化。改革开放以来，金融现代化成为金融人共同的奋斗目标和梦想。“没有信息化就没有现代化”，面对与发达国家在金融信息化水平的巨大差距和技术、资金、人才严重短缺的客观实际，中国金融充分发挥制度优势，汇聚国家和全行业的力量和智慧，瞄准国际先进，克服一切困难，从零开始，提出了“六五”做准备、“七五”打基础、“八五”上规模、“九五”基本实现电子化、“十五”实现信息化的战略蓝图。从“六五”开始，中国金融信息化“一张蓝图绘到底，一代接着一代干”。经过科学谋划、持续优化、踔厉奋进，中国金融完成了从无到有，从有到全面普及，完成了从手工、电子化、信息化和网络化的艰辛历程，创造性地实现从算盘到键盘的历史性、时代性跨越，终结了金融信息化落后的不利局面，为实现金融现代化奠定了坚实基础，有力地支撑和保障了改革开放和国民经济快速持续发展。

党的十八大以来，实现了信息化的中国金融瞄准金融智能化和数字化高地，开启了全面推进各行业信息化、现代化的辉煌历程，建成了全球规模最大、最先进的金融关键信息基础设施。在此基础上，中国人民银行深入调研，在新的起点上制定了《金融科技发展规划（2019—2021年）》《金融科技发展规划（2022—2025年）》，明确了金融科技工作的指导思想、基本原则、发展目标、重点任务和保障措施。同时，积极建立健全金融科技监管基本规则体系，探索创新产品管理机制，加快推进规则制度拟订、监测分析和评估工作，划定金融科技守正创新的边界和底线，打造机构自治、行业自律、社会监督、政府监管协同共治的金融科技治理格局，有力推动了我国金融科技高水平发展，有力促进了各行业高质量发展。

回顾过去四十年的发展历程，我们清晰地看到，今天中国金融现代化成果和实力的取得来之不易，这凝聚了几代人的心血和智慧。同时，我们也深刻体会到，我们最大的优势就是政治优势和制度优势，这是我们各行业能够团结一致、汇聚国家力量、不断推进体制机制创新、创造一个又一个奇迹的根本保障。其中，金融科技发展奖的建立，就是我们金融科技体制机制创新的重要成果之一，也是我们制度优势的一个最佳实践。同时，金融科技发展奖是中国人民银行统筹金融信息化发展的历史见证。

从 1992 年金融科技进步奖设立，到 2001 年变成银行科技发展奖，再到 2021 年，银行科技发展奖变为金融科技发展奖。30 多年来，经过不断优化、持续发展，金融科技进步奖、银行科技发展奖和金融科技发展奖共产生了 3000 多个获奖项目，有近 5 万人次获得各类奖项。在这些奖项中，有国家重大金融信息化工程项目，有国家金融关键基础设施建设项目，有各金融机构、监管机构自身信息化建设的优秀项目和创新成果。我国金融系统科技成果鉴定和金融科技进步奖评审机制的建立，规范了金融科技成果管理，激发了金融行业科技人员的积极性和创造性，为中国金融信息化、现代化建设和金融创新发挥了重要作用，作出了历史性贡献。

《从算盘到键盘——中国金融科技发展基石（1992—2002 年）》是陈天晴先生主编的一部以工作笔记为参考的记录性出版物。这本书翔实记录了中国人民银行在有关部门和金融机构的支持下，建立奖励机制的背景、立场和发展历程，记录了从 1992 年到 2002 年的获奖项目及获奖的科技工作者。这是一部具有史料价值的著作，对新格局和新任务下金融行业不忘初心、继续推进金融科技体制机制创新具有深远意义。

今天，中国金融科技竞争力已位居世界前列，老一辈金融人最初的梦想已经实现。在此，我们要向为我国金融信息化、现代化事业作出杰出贡献的金融及各行业的科技工作者们致以最崇高的敬意；也希望我们新一代金融人，接过接力棒，扛起新任务，担起新使命，为金融高质量发展和建设金融强国创造新的历史，作出新的更大贡献。

李　伟

2023 年 12 月 4 日

前　言

中国金融现代化是中国式现代化的重要组成，是中国现代化发展道路上的一个奇迹。回顾当代中国金融现代化的历程，本质上就是金融信息化的历程。“没有信息化就没有现代化”这是对中国金融现代化过程的最好总结和诠释。

中国金融信息化经过40多年的发展到今天，是一个从无到有、从劣势到优势、从落后到先进的发展过程。同时，也是一个颇具规模的、持续发展的、历史性的系统工程，是一个具有革命性和历史性、具有中国特色的从算盘到键盘的现代化跨越。

从“六五”到“十五”，我国金融信息化经历了“六五”做准备、“七五”打基础、“八五”上规模、“九五”基本实现电子化、“十五”实现信息化的发展历程。经过“六五”和“七五”，我国金融电子化建设已初见成效。进入“八五”后，改革开放事业急需金融服务能力有一个突破性的发展。为此，中央领导多次到中国人民银行视察、调研指示，要求金融部门要站在国家发展战略高度加快推进金融电子化、信息化。在这个大背景下，中国人民银行于1991年初成立了金融科技司，开始全面统筹规划，加快金融电子化、信息化建设。

本书是根据1992—2002年的金融科技进步奖和银行科技发展奖的发展历程及其获奖项目资料汇编而成，展现了我国金融系统科技成果形成机制和金融科技激励体系的建立，展现了金融科技进步奖的形成、发展及演变，并收录了1992—2002年历年金融科技进步奖获奖项目资料，其中包括获奖项目简介及作出贡献的单位和人员。本书是《从算盘到键盘——中国金融科技发展历程》的姊妹篇。

1991年中国人民银行金融科技司成立之始，即在国家相关部门的指导和支持下，着手建立我国金融系统科技成果鉴定机制和金融科技进步奖奖励体系。在中国人民银行领导及整个金融系统的支持下，金融科技司于1992年开始了每年一届的金融科技进步奖评奖工作。2001年，国家科学技术进步奖评奖体系进行调整，决定原则上不再设立国家部委级评奖机构。考虑到金融科技进步奖的规范性和规模、对金融科技发展的重要作用，以及当时的金融管理体系（已先后成立了保监会和证监会），经中国人民银行科技司与国家相关部门协商，决定将“金融科学技术进步奖”的名称变更为“银行科技发展奖”，并设置评奖范围仅为我国的银行业。

从1992年金融科技进步奖产生，到2001年变成银行科技发展奖，再到2002年，共有600多个科技项目参加了金融科技进步奖和银行科技发展奖评选。在此期间有438个项目获奖，其中一等奖34个、二等奖131个、三等奖273个，获奖项目的主要完成人员达5983人次。这些项目中有“八五”“九五”“十五”重大金融信息化工程项目，有国家金融关键基础设施建设项目，有各金融机构、监管机构自身信息化建设的重大项目和创新成果，有金融科技企业研发的技术产品和实施案例。这些项目与多年实践培养的宝贵专业人才共同构成了我国金融科技发展的基石。我国金融系统科技成果鉴定和金融科技进步奖评审工作的持续开展，规范了金融科技成果管理，调动了金融系统科技人员的积极性和创造性，促进了中国金融行业的技术交流和科技进步，对中国金融信息化、现代化建设和金融创新发挥了重要作用，作出了历史性贡献。

本书的编辑和出版得到了中国人民银行和各大金融机构的大力支持，在此，我们向这些单位表示诚挚的感谢。我们希望本书收录的中国金融科技治理体系和中国金融科技获奖成果资料能够为研究中国金融信息化发展的理论及成功经验提供参考。对于书中的遗漏和不足之处，敬请各位读者和专家批评指正，以便我们适时修正、补充和完善。

编委会

二〇二三年八月

目　录

第一章

中国金融科技进步奖奖励体系

第一节　金融科技进步奖的由来

科技进步奖是国家奖项之一，由国家科委主办。科技进步奖分三层：国家级科技进步奖、省部级科技进步奖、地市级科技进步奖。省部级科技进步奖由省科委或各部委主办。

1991 年初，中国人民银行正式成立金融科技司。1991 年 5 月金融系统“八五”国家科技攻关项目启动规划。作为保障性措施，金融科技司提出了科技攻关成果管理及金融电子化实践的评价和激励机制设计方案。

在国家相关管理部门的支持和指导下，金融科技司在较短时间内完成了金融科技成果鉴定机制和金融科技进步奖奖励体系的申报，在中国人民银行和金融系统的共同努力下，金融科技进步奖通过审批，作为部委级科技进步奖纳入国家科技进步奖管理体系。1992 年，中国人民银行成功进行了我国金融行业的第一届金融科技进步奖评审工作，并于 1993 年 1 月 16 日，在北京召开的 1993 年中国人民银行全国银行分行长、保险分公司总经理会议上，举行了 1992 年度金融科技进步奖授奖仪式，共授奖 40 项，其中一等奖 3 项、二等奖 9 项、三等奖 28 项。

根据《中国人民银行金融科学技术进步奖励办法》，由中国人民银行发放获奖项目的奖状和证书，由获奖项目的主管单位将荣获金融科技进步奖项目的主要完成人的事迹记入本人档案。金融科技进步奖的成功评审和颁授标志着中国金融系统的部级奖励体系初步建成，后经过不断完善、优化，持续运行至今。

第二节　金融科技进步奖（银行科技发展奖）的发展历程

金融科技进步奖奖励工作的发展历程如下：

1991 年 11 月 8—11 日，筹划、起草《中国人民银行金融科技成果鉴定办法》。

1991 年 12 月 30 日，讨论、修改了《中国人民银行金融科学技术进步奖励办法》《金融科学技术进步奖评审委员会章程》；起草《金融科学技术进步奖申报书》及其填写说明。

1992 年 1 月 13 日，中国人民银行发布《金融科学技术成果鉴定办法》。

1992 年 3 月 17 日，中国人民银行发布《中国人民银行金融科学技术进步奖励办法》。

1992 年 8 月 6 日，中国人民银行金融科技司下发《关于聘任金融科学技术进步奖专业评审组专家的通知》。

1992 年 12 月 3 日，召开金融科技进步奖银行计算机应用评审组会议。

1992 年 12 月 4—5 日，召开金融科技进步奖印制评审委员会会议。

1992 年 12 月 8 日，召开金融科技进步奖银行计算机应用评审组第二次会议。

1992 年 12 月 22 日，召开金融科技进步奖电子化评审委员会会议。

1993 年 1 月 16 日，在全国银行分行长、保险分公司总经理会议期间，举行了 1992 年度金融科技进步奖授奖大会。1992 年度获奖项目共 40 项，其中一等奖 3 项、二等奖 9 项、三等奖 28 项。根据《中国人民银行金融科学技术进步奖励办法》，由中国人民银行发放获奖项目的奖状和证书，由获奖项目的主管单位将荣获金融科技进步奖项目的主要完成人的事迹记入本人档案。

1994 年 12 月 28 日，中国人民银行发布《关于公布 1994 年度金融科学技术进步奖获奖项目的通知》。1994 年度获奖项目共 36 项，其中一等奖 3 项、二等奖 11 项、三等奖 22 项。

1995 年 12 月 13 日，中国人民银行发布《关于公布 1995 年度金融科学技术进步奖获奖项目的通知》。1995 年度获奖项目共 36 项，其中一等奖 3 项、二等奖 5 项、三等奖 28 项。

1996 年 12 月 20 日，中国人民银行发布《关于公布 1996 年度金融科学技术进步奖获奖项目的通知》。1996 年度获奖项目共 18 项，其中一等奖 2 项、二等奖 4 项、三等奖 12 项。

1997 年 4 月 14 日，中国人民银行科技司下发《关于公布第二届金融科技进步奖评审机构组成人员名单的通知》。

1998 年 6 月，中国保监会信息中心决定退出金融科技进步奖评选体系，独立组织开展本行业科技成果评奖工作。

1998 年 11 月 31 日，中国人民银行发布《关于公布 1997 年度金融科学技术进步奖获奖项目的通知》。1997 年度获奖项目共 32 项，其中一等奖 3 项、二等奖 11 项、三等奖 18 项。

1999 年 11 月 17 日，中国人民银行发布《关于公布 1998 年度金融科学技术进步奖获奖项目的通知》。1998 年度获奖项目共 37 项，其中一等奖 5 项、二等奖 12 项、三等奖 20 项。

2000 年 4 月 30 日，中国人民银行发布《关于公布 1999 年度金融科学技术进步奖获奖项目的通知》。2000 年度获奖项目共 35 项，其中一等奖 2 项、二等奖 14 项、三等奖 19 项。

2001 年 7 月 18 日，经多次给国家相关部门汇报金融科技进步奖评审工作及存续的方案，经过反复沟通，最终，国家相关部门认为金融科技进步奖在建立后，管理规范，成果积累丰富，对金融科技发展起到了积极的促进作用，并鉴于金融行业确有其特殊性，同意将“金融科学技术进步奖”的名称变更为“银行科技发展奖”，作为金融行业独立的部级科技评奖项目继续运行。

2001 年 8 月 27 日，中国人民银行发布《关于印发〈银行科技发展奖管理暂行办法〉的通知》。

2002 年 9 月 26 日，中国人民银行发布《中国人民银行关于公布 2001 年度银行科技发展奖获奖项目的通知》。2001 年度获奖项目共 61 项，其中一等奖 4 项、二等奖 22 项、三等奖 35 项。

2003 年 2 月 19 日，中国人民银行发布《中国人民银行关于公布 2002 年度银行科技发展奖获奖项目的通知》。2002 年度获奖项目共 48 项，其中一等奖 5 项、二等奖 13 项、三等奖 30 项。

第三节　金融科技进步奖（银行科技发展奖）的相关文件

一、《中国人民银行金融科学技术进步奖励办法》

中国人民银行金融科学技术进步奖励办法

第一章　总　则

第一条　为贯彻《中华人民共和国科学技术进步奖励条例》，进一步调动金融系统广大科技人员的积极性和创造性，推动金融行业的科技进步，特制定本办法。

第二条　金融科学技术进步实行按项目（成果）评奖的方式。凡符合下列条件之一者，可以申报金融科学技术进步奖励。

（一）金融电子化应用开发和研究成果；

（二）票币印制行业和金融专用机具研究成果，包括新产品、新装备、新技术、新工艺、新材料、新设计、新方法等；

（三）技术基础成果，包括金融标准、科技情报、科技档案等；

（四）有一定创新和发展、在国内处于领先地位的科技理论研究成果；

（五）为决策科学化与管理现代化服务的软科学研究成果；重大的或推广难度较大经推广应用或商品化后，取得重大经济效益和社会效益的项目。

第三条　对获得金融科学技术进步奖的项目　主要完成单位和主要完成人，按照本办法规定给予相应的精神和物质奖励。

第二章　申报奖励的条件及等级标准

第四条　申报金融科技进步奖的成果必须是近三年经过定鉴（定型）的项目，具有中国人民银行文件规定的鉴定证书或视同鉴字证书，各类成果必须具备如下相应条件：

（一）新的科学技术成果必须是国内首创或本行业先进，并经过实践证明具有明显经济效益或社会效益。

（二）理论研究成果和软科学研究成果必须在全国性的或国外学术刊物刊登一年以上并经过实践验证取得显著效果。

（三）各类标准应在正式公布试行一年以后，经实践证明使用情况及效果良好。

第五条　重大成套项目或系统工程项目申报奖励时，应包括该项目的子项。若某一子项成果确实水平很高，技术难度很大，并具有广泛应用性，在不影响总项目获奖的情况下，并征得总项目主持者同意之后，可单独申报奖励。但在重大系统工程项目申报奖励时，应写明其中的某子项已于何年何月申报或获得何等级奖励；对该重大项目的评审，应除去单独获奖子项的技术内容，单独获奖的子项不再分享总项目的荣誉和奖金。

第六条　同一项目（包括技术上基本相同的系列及派生系列产品）或同一类技术，不允许重复获奖。如在技术上确有新的突破，使原有项目水平有显著提高并取得重大经济效益，新的发展部分可申报奖励。

第七条　申报奖励的项目必须是没有争议的或争议已被解决的项目。

第八条　金融科技进步奖的奖励等级为：特等奖、一等奖、二等奖、三等奖四个等级：

特等奖项目应为科学技术水平很高，社会经济效益特别显著，具有特别重大作用意义的项目。

一等奖项目应达到或接近国际先进水平，技术难度大，对促进金融行业科技进步具有重大作用，经实践验证有重大经济或社会效益。

二等奖项目应达到国内先进水平，技术难度较大，对促进金融行业科学进步具有较大作用，经实践价值有较大经济效益或社会效益。

三等奖项目应达到国内先进水平，有一定技术难度，对促进金融行业科技进步有一定作用，经实践证明具有一定的经济效益或社会效益。

第九条　所有获奖项目均由中国人民银行发放奖状和证书。

第三章　申报程序

第十条　金融科技进步奖项目的申报程序，原则上应按任务来源的隶属关系逐级上报，自选项目按其行政隶属关系逐级上报。共同完成项目由第一完成单位组织其他单位联合申报。

第十一条　金融科技进步奖的审批程序分为初审和复审两个阶段，各专业银行总行、保险总公司、国家外汇管理局及中国人民银行有关司（局）（公司）均为初审部门。初审合格后，方可报中国人民银行金融科技司组织复审。

初审部门应完成下列初审工作并对其内容的真实性负责：

（一）审查申报项目是否符合科技进步奖励范围；

（二）审查申报的填写和申报资料是否齐备、主要完成人员是否符合有关规定；

（三）对申报项目的实质性内容如有疑问须弄清楚，必要时可进行实地考察或采取其他形式的调查研究。

第十二条　申报金融科技进步奖项目，需填写《金融科技进步奖申报书》，并附以下材料：

（一）由各金融机构总行级科技管理部门或者（自治区、直辖市、计划单列市）科委组织鉴定的科技成果鉴定证书或视同鉴定证书；

（二）已获经济效益证明（有财务公章的证明）；

（三）用户使用或社会效益证明；

（四）主要完成单位情况表；

（五）主要完成人员情况表；

（六）科学技术总结报告。

第十三条　每年 1 月 15 日（以邮戳为准）为基层单位向初审部门申报截止时间，3 月 15 日（以邮戳为准）为初审部门向中国人民银行金融科技司报送截止时间，过时不予受理。

第十四条　凡申报金融科技进步奖均需交纳评审费用。每个项目 120 元（个人申报交纳 12 元），其中初审费为 40 元（个人 4 元），复审费 80 元（个人 8 元）。初审部门在受理申报科技进步奖项目的同时，应负责收费，然后将初审符合条件的项目和复审费一并交中国人民银行金融科技司。

第四章　评审机构

第十五条　金融科技进步奖复审采取会议评审制。评审机构由金融科技进步奖评审领导小组及其领导下的金融电子化、印制两个评审委员会组成。评审委员会下设若干专业评审组。

第十六条　评审领导小组在中国人民银行分管科技工作的负责人、科技司司长和各专业银行总行、保险总公司科技部门的负责人组成，日常办事机构设在中国人民银行金融科技司科技处。评审领导小组主要任务是：审定金融科技进步奖励政策；审批金融科技进步奖授奖项目；协调处理奖励工作中的重大问题。

第十七条　金融电子化和印制评审委员会由有关部门领导及行业专家组成。评审委员会的任务是：组织领导本评委会所属各专业组的评审工作；确定本评委会所属各专业的奖励数额；评审特等奖、一等奖项目；批准二等、三等奖项目；向评审领导小组推荐申报国家科技进步奖项目。

第十八条　专业评审组由本专业若干专家组成。其主要任务是：负责评审本专业范围内的二等、三等奖项目；向评委会推荐特等、一等奖项目。

第十九条　各级评审机构成员，由中国人民银行聘任，聘任期为三年。各级评审机构及其成员应本着科学、公正、独立的原则行使评审权力，并对评审结果负责。各级评审机构成员具备以下条件：

（一）评审委员在本专业科技方面有较深造诣，在国内同行中水平较高，具有中高级职称，并熟悉本专业国内外现状；

（二）热心并能积极参与科技奖励工作，严格掌握标准，秉公办事；

（三）对申报和评审项目的技术内容保守秘密；

（四）如果评审人员为项目完成人，则在讨论和表决该项目时，应予回避。

第五章　主要完成人及主要完成单位

第二十条　申报评奖项目应注明项目的主要完成人和主要完成单位。主要完成人是指对该项目的完成作出创造性贡献的主要人员。具备下列基本条件之一者可作为申报项目的主要完成人：

（一）提出和确定项目总体方案设计；

（二）在研制过程中直接参与解决技术关键和疑难问题；

（三）直接参与并解决在投产、应用和推广过程中的主要技术难点。

第二十一条　申报项目的主要完成人应当是在第一线实际工作中作出创造性贡献的人员。各级行政管理人员一般不作为主要完成人，如确曾参加了某项课题的研究，并符合第二十条规定的主要完成人条件，亦可定为该项目的主要完成人之一参加申报奖励，但在申报书内应附详细书面材料，如实说明其所作的技术贡献，并由本项目负责人证明，领导签字，方可生效。

第二十二条　主要完成单位是指项目主要完成人所在的基层单位，是在科技成果的研制、推广应用过程中提供物质、经费、技术等条件，对该项目的完成起到重要作用的单位。各级行政部门原则上不应作为主要完成单位。

第二十三条　主要完成人数限额为：

特等奖不多于 30 人；

一等奖不多于 15 人；

二等奖不多于 9 人；

三等奖不多于 5 人。

主要完成人及单位按贡献大小排列。对主要完成单位授予奖状，对主要完成人授予个人荣誉证书。荣获金融科技进步奖项目的主要完成人的事迹应记入本人档案，作为考核、晋级、技术职务聘任的重要依据之一。

第二十四条　（略）

第二十五条　（略）

第六章　附　则

第二十六条　获奖项目由中国人民银行统一公布（保密项目内部公布），不设争议期。未获奖项目不通告，材料不退回。

第二十七条　在科技成果管理中，各级金融部门都要做好思想政治工作，树立国家、民族利益第一和尊重他人劳动的职业道德风尚，提倡社会主义大协作，反对个人主义、本位主义等不良倾向。对科技成果在研制或申报中弄虚作假、剽窃他人劳动成果的行为，应进行批评教育，追回奖金，撤销奖励。情节恶劣者，应给予必要的处分。对压制破坏科技成果上报、评奖者，应予严肃处理。

第二十八条 向中国人民银行申报奖励的项目，不得同时向省（市）、自治区和国务院其他部委申报。

第二十九条 本办法由中国人民银行解释。

第三十条 本办法自颁发之日起生效。

二、《关于金融科技进步奖评奖工作的补充规定》

为保证金融科技进步奖评奖工作的顺利进行，使其更加公正、公平、合理，更好地调动金融系统广大科技人员的积极性、创造性，经金融科技进步奖评审领导小组研究批准，特制定补充规定如下：

1. 根据国家科委有关文件精神，凡不是人民银行支付与科技司组织鉴定的项目，一般不得申报金融科技进步奖；

2. 对金融系统以外的单位为主开发的应用项目，原则上不得申报金融科技进步奖；

3. 本年度内鉴定的项目，需在下一年度报奖；

4. 对于已经评过金融科技进步奖的同类项目，必须在技术上有创新、有突破，方可申报；

5. 申报三等奖、二等奖、一等奖、特等奖的项目需提交的申报材料分别为五份、六份、七份、十份；

6. 对每个申报金融科技进步奖的项目，基层申报单位必须写清楚申报意见，初审单位必须写出审查意见，其中包含对申报项目的简单评价；

7. 金融科技进步奖申报书的内容一律要求打印，并严格按照《金融科学技术进步奖申报书》填写说明的要求填写；

8. 申报项目中主要完成人是副处长以上职务的，需申报单位出具证明，写明该同志在项目研制过程中所做的主要工作；

9. 各金融科技进步奖初审单位，必须在每年 3 月 15 日前（人民银行各分行，各司局，各企、事业单位，必须在 1 月 31 日前），将申报材料报至人民银行支付与科技司科技处，过期一律不予受理。

三、《金融科学技术进步奖评审委员会章程》

一、根据《中国人民银行金融科学技术进步奖励办法》的规定，设立金融科学技术进步奖评审委员会（以下简称评审委员会），承担金融行业科技进步奖的评审工作。

二、评审委员会分为金融电子化评审委员会和印制评审委员会。

三、评审委员会由十三至十七名本专业的专家组成（其中高级职称的占四分之三以上）。设主任委员一人，副主任委员一至三人，秘书长一人，委员若干人。主任委员、副主任委员、秘书长和委员，由中国人民银行金融科技司与各有关部门协商产生，报中国人民银行批准聘任，任期三年，可连任。委员在任内有变动，可由原推荐单位提出调换人选，由主任委员核准。

四、主任委员负责评审委员会全面工作，副主任委员协助主任委员工作，秘书长负责直辖市处理评审委员会的日常工作。

五、评审委员会的主要职责是负责贯彻执行《中国人民银行金融科学技术进步奖励办法》，其主要任务是：

1. 组织领导本评委会所属专业组的评审工作；

2. 确定本评委会所属各专业的奖项数额；

3. 评审特等奖、一等奖，批准二等奖、三等奖项目；

4. 向评审领导小组推荐申报国家科技进步奖项目；

5. 向评审领导小组汇报评奖工作。

六、评审委员会设若干专业小组（以下统称评审小组）

1. 评审小组一般由本专业七至九名专家组成。组长一人，副组长一至二人，常务秘书一人（可由副组长兼任），组员若干人。组长由评审委员会委员兼任，副组长和组员由组长与有关部门协商提名，报评审委员会批准，中国人民银行金融科技司聘任，任期三年。

2. 评审选组组长负责小组的全面工作，副组长协助组长工作，常务秘书负责处理本组的日常工作。

3. 评审小组的主要任务：

（1）负责对本行业申报科学技术进步奖的项目进行审查，提出评审结论和奖励等级的建议；

（2）负责评审本专业范围内的二等奖、三等奖项目，向评审委员会推荐特等奖、一等奖项目；

（3）对有争议的二等奖、三等奖项目进行审议裁决；

（4）对有争议的一等奖、特等奖项目，提出处理意见，报评审委员会裁决；

（5）协助其他评审小组评审与本专业有关的申报奖励项目；

（6）向评审委员会提出评审工作报告；

（7）负责本组授奖项目的统计分析工作。

七、金融科技进步奖的评审办法

1. 评审委员会和各行业评审小组的成员，不代表推荐单位，只对评审委员会负责。在评审项目时，须认真负责，严格掌握评审标准，秉公办事。

2. 采取无记名投票方式对评审项目获奖情况进行表决。二等奖和三等奖项目须经评审小组和评审委员会半数以上成员（含委托的代表或书面评审意见）同意，才能作为获奖项目；特等奖和一等奖项目须经评审委员会的三分之二以上成员（含委托的代表或书面评审意见）同意，并报金融科技进步奖评审领导小组批准，才能作为获奖项目。

3. 对有争议项目采取无记名投票裁决。如票数相等可再评议，经表决，如票数仍相等，则由评审委员会主任、副主任委员和秘书长或由评审小组组长、副组长会议投票裁决，过半数为有效意见。

4. 经批准的获奖项目，统一由中国人民银行发布。即行设奖，不设争议期。

八、评审委员会和各评审小组成员应对评审项目的关键技术以及评审会议情况保守秘密。

九、评审委员会和评审小组的成员，因故不能出席评审会议，必须委派代表参加，或提出书面评审意见；否则，若连续两次不出席评审会议，视为自动放弃成员资格。

十、金融电子化评审委员会的办事机构设在中国人民银行金融科技司科技处；印制评审委员会的办事机构在中国人民银行印制总公司科技处；负责办理评审委员会的日常工作，并组织上述任务的实施。评审小组的办事机构靠挂在组长所在单位。

十一、本章程自颁布之日起施行。

四、金融科技进步奖评审机构及金融科技进步奖评审领导小组的组成

（一）金融科技进步奖评审机构

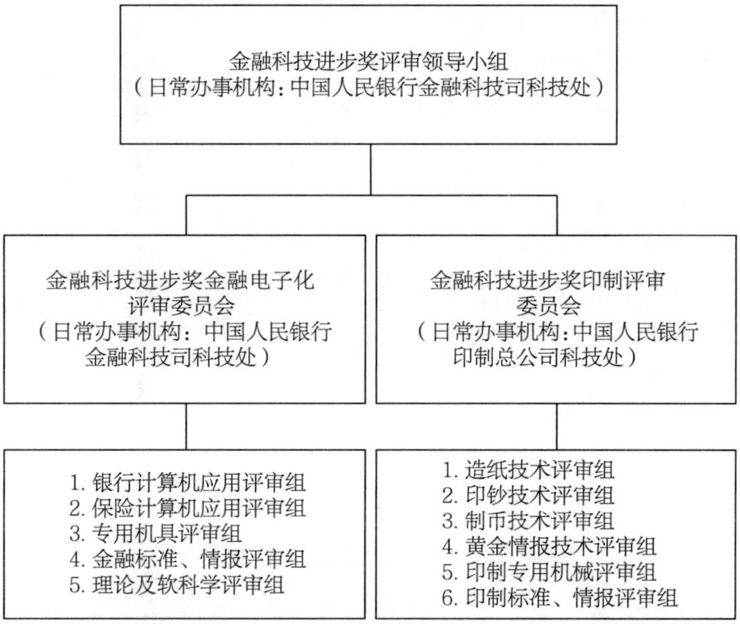

（二）金融科技进步奖评审领导小组的组成

组　　长：陈　元（中国人民银行副行长）

副 组 长：李　晔（中国人民银行科技司司长）

赵鹏华（中国人民银行印钞造币总公司总经理）

成　　员：李宗凌（中国金融电子化公司副总经理）

牛文华（中国工商银行科技部主任）

唐建邦（中国农业银行科技部主任）

伍国瑞（中国银行电脑部主任）

朱裕峰（中国建设银行计算中心主任）

苏锐石（中国人民保险公司计算中心主任）

周禹相（交通银行电脑部总经理）

李子卿（国家外汇管理局电脑部副主任）

陈天晴（中国人民银行科技司科技处处长）

五、金融科技进步奖金融电子化评审委员会和印制评审委员会委员及下属专业评审小组专家名单（1992 年，首届）

（一）金融科技进步奖金融电子化评审委员会

主任委员： 李　晔

副主任委员： 周林影（兼银行计算机应用评审组组长）

单怀光（兼理论及软科学评审组组长）

苏锐石（兼保险计算机应用评审组组长）

委　　员： 陈天晴（兼秘书长）

刘　钟（兼金融标准情报评审组组长）

印甫盛

黄武扬（兼专用机具评审组组长）

曹谷崖

严德人

杨应辉

吴维霞

赵瑞康

陈逢吉

银行计算机应用评审组专家名单

姓　名	组内职务	工作单位	职　称
周林影	组　长	中国人民银行金融电子化公司	高级工程师
陈天晴	副组长	中国人民银行金融科技司	高级工程师
单怀光	副组长	中国工商银行科技部	高级工程师
梁英武		中国人民银行会计司	高级会计师
曹谷崖		中国农业银行信息电脑部	高级工程师
白光升		中国银行电脑部	高级工程师
杨应辉		中国建设银行计算中心	高级工程师
周禹相		交通银行电脑部	高级工程师
吴维霞		国家外汇管理局信息中心	高级工程师
王徵玮	秘　书	中国人民银行金融电子化公司	高级工程师
徐廷钢		中国人民银行金融科技司	工程师

金融标准、情报评审组专家名单

姓　名	组内职务	工作单位	职　称
刘　钟	组　长	中国人民银行金融科技司	工程师

张一平	副组长	中国工商银行科技部	高级工程师
唐建邦		中国农业银行信息电脑部	高级工程师
严德人		中国银行电脑部	高级工程师
陈世范		中国人民银行会计司	高级会计师
王小奕		中国人民银行调统司	经济师
杨小洁		中国建设银行计算中心	工程师
吴建平		国家外汇管理局综合处	工程师
王秦荣		中国人民保险公司计算中心	工程师

专用机具评审组专家名单

姓　名	组内职务	工作单位	职　称
黄武扬	组　长	中国工商银行科技部	高级工程师
薄兴国	副组长	中国工商银行广东省分行计算技术研究所	高级工程师
刘文雅	副组长	中国工商银行襄樊支行自动化所	高级工程师
林天源	秘　书	中国工商银行广东省分行计算技术研究所	高级工程师
吴雷霆		中国工商银行西安市分行机具研究所	工程师
董瑞春		中国工商银行沈阳市分行计算技术研究所	工程师
杨连荣		中国工商银行安徽省分行工具厂	工程师

理论及软科学评审组专家名单

姓　名	组内职务	工作单位	职　称
单怀光	组　长	中国工商银行科技部	高级工程师
周林影	副组长	中国人民银行金融电子化公司	高级工程师
陈世范		中国人民银行会计司	高级会计师
陈天晴		中国人民银行金融科技司	高级工程师
刘　钟		中国人民银行金融科技司	工程师
纪梅丽	秘　书	中国工商银行计算中心	高级工程师
唐建邦		中国农业银行信息电脑部	高级工程师
严德人		中国银行电脑部	高级工程师
苏锐石		中国人民保险公司计算中心	高级工程师

保险计算机应用评审组专家名单

姓　名	组内职务	工作单位	职　称
苏锐石	组　长	中国人民保险公司计算中心	高级工程师
严明豪		中国人民保险公司计算中心	高级工程师
成　洋		中国人民保险公司计算中心	高级工程师

周新平	中国人民保险公司计算中心	工程师
刘学涌	中国人民保险公司人身险部	高级经济师
杨大荣	中国人民保险公司城市业务部	高级经济师
徐振彬	中国人民保险公司国外业务部	高级经济师
朱国香	中国人民保险公司财务部	高级会计师
卢小冰	中国人民银行金融科技司	工程师

（二）金融科技进步奖印制评审委员会人员名单

主　　任：赵鹏华

副 主 任：周瑞熙（兼印制专用机械评审组组长）

杨福基（兼黄金精炼技术评审组组长）

委　　员：高慧兰（兼造纸技术评审组组长）

张周甫（兼秘书长和印制标准情报评审组组长）

张东辉

赵燕生（兼制币技术评审组组长）

梁友杰（兼印钞技术评审组组长）

金文斌

李　均

严阳生

刘志湘

耿洪林

王儒明

李锡山

陈天晴

造纸专业评审组专家名单

姓　名	组内职务	工作单位	职　称
高慧兰	组　长	中国人民银行印钞造币总公司	高级工程师
耿洪林	副组长	保定钞票纸厂	高级工程师
孔金玲	秘　书	中国人民银行印制研究所	高级工程师
朱德良		四川东河钞票纸厂	高级工程师
何任秀		四川东河钞票纸厂	工程师
李统景		四川东河印制公司	高级工程师
王玉山		保定钞票纸厂	高级工程师
陈挺业		保定钞票纸厂	高级工程师
刘　才		保定钞票纸厂	高级工程师

印刷技术评审组专家名单

姓　名	组内职务	工作单位	职　称
梁友洁	组　长	中国人民银行印钞造币总公司	高级工程师
张东辉	副组长	中国人民银行印钞造币总公司	高级工程师
王　敏	副组长兼秘书	中国人民银行印钞造币总公司	高级工程师
董慧珍		北京印钞厂	高级工程师
刘志湘		上海印钞厂	高级工程师
姜宗喜		西安印钞厂	高级工程师
富宝谦		石家庄印钞厂	工程师
曹晓芳		南昌印钞厂	工程师
郭春友		四川东河印制公司	高级工程师

制币技术评审组专家名单

姓　名	组内职务	工作单位	职　称
赵燕生	组　长	中国人民银行印钞造币总公司	工程师
严阳生	副组长	上海造币厂	高级工程师
周宇民	秘　书	中国人民银行印钞造币总公司	
陈国良		上海造币厂	高级工程师
邬国强		上海造币厂	工程师
赵孝经		沈阳造币厂	高级工程师
赵丕信		沈阳造币厂	高级工程师
高卓峰		沈阳造币厂	高级工程师
王春茂		南京造币厂	高级工程师

黄金精炼技术评审组专家名单

姓　名	组内职务	工作单位	职　称
杨福基	组　长	中国人民银行印钞造币总公司	高级经济师
孟献文	副组长	中国人民银行印钞造币总公司	高级工程师
薛伟业	秘　书	中国人民银行印钞造币总公司	经济师
李锡山		四川东河黄金冶炼厂	高级工程师
郝云贵		四川东河黄金冶炼厂	高级工程师
金锡信		四川东河黄金冶炼厂	高级工程师
柏　青		沈阳造币厂	工程师
朱荣兴		上海造币厂	工程师

印制专用机械评审组专家名单

姓　名	组内职务	工作单位	职　称
周瑞熙	组　长	中国人民银行印钞造币总公司	高级经济师
许育恒	副组长	中国人民银行印钞造币总公司	高级工程师
张周甫	副组长兼秘书	中国人民银行印钞造币总公司	高级工程师
郝连元		中国人民银行印制研究所	高级工程师
朱焕民		上海印钞厂	高级工程师
王儒明		南京造币厂	工程师
陈国良		上海造币厂	高级工程师
马仁选		四川东河印钞厂	高级工程师
冯树德		中国人民银行金融科技司	工程师

印制标准、情报评审组专家名单

姓　名	组内职务	工作单位	职　称
张周甫	组　长	中国人民银行印钞造币总公司	高级工程师
金文斌	副组长	中国人民银行印钞造币总公司	高级工程师
吕　航	秘　书	中国人民银行印钞造币总公司	翻译
谢祥亭		北京印钞厂	高级工程师
章　军		上海造币厂	工程师
沙明友		保定钞票纸厂	高级工程师
武雄涛		中国人民银行印制研究所	高级工程师
王自森		四川东河印制公司	高级工程师

六、第二届金融科技进步奖评审机构组成人员名单（1997 年）

第二届金融科技进步奖评审领导小组人员名单

组　　长： 尚福林

副 组 长： 陈　静、赵敬盈

委　　员： 吴树森、单怀光、曹谷崖、陈增圭、武青、周禹相、严明豪、李子卿、陈天晴、梁友杰

金融科技进步奖电子化评审委员会人员名单

主任委员： 陈　静

副主任委员： 单怀光（兼金融标准、情报评审组组长）

周林影（兼银行计算机应用评审组组长）

严明豪（兼保险计算机应用评审组组长）

王大用（兼理论与软科学评审组组长）

委　　员： 陈天晴（兼秘书长）、王小奕、印甫盛、苗玉峰、刘钟、杨应辉、黄武扬（兼专用机具评审组组长）、厉永嘉、吴维霞、赵瑞康

电子化评审委员会下属专业评审组及专家名单

银行计算机应用评审组

组　　长：	周林影	中国金融电子化公司	高级工程师
副 组 长：	单怀光	中国工商银行科技部	高级工程师
副 组 长：	陈天晴	中国人民银行支付与科技司	高级工程师
成　　员：	梁英武	中国人民银行会计司	高级会计师
	张居兴	中国农业银行信息电脑部	高级工程师
	刘　宁	中国银行信息科技部	高级工程师
	杨应辉	中国建设银行科技电脑部	高级工程师
	周禹相	交通银行电脑部	高级工程师
	吴维霞	国家外汇管理局信息中心	高级工程师
	李德功	中国人民银行清算总中心	高级工程师
	徐廷钢	中国人民银行支付与科技司	高级工程师

金融标准、情报评审组

组　　长：	刘　钟	中国人民银行支付与科技司	高级工程师
副 组 长：	张一平	中国工商银行科技部	高级工程师
成　　员：	陈逢吉	中国人民银行支付与科技司	教授
	孙　术	中国农业银行信息电脑部	高级工程师
	杨小洁	中国建设银行科技电脑部	高级工程师
	王秦荣	中国人民保险公司电脑部	高级工程师
	聂　舒	中国人民银行支付与科技司	工程师
	金其佑	交通银行电脑部	工程师

专用机具评审组

组　　长：	黄武扬	中国工商银行科技部	高级工程师
副 组 长：	张周甫	中国人民银行印钞造币总公司	高级工程师
	张双想	中国人民银行货币发行司	高级工程师
成　　员：	戴凯歌	中国工商银行科技部	高级工程师
	林天源	中国工商银行广东省分行计算技术研究所	高级工程师

	刘　悦	中国人民银行印钞造币总公司	高级工程师
	朱菲菲	中国工商银行广州市分行科技处	高级工程师
	刘邦模	中国工商银行湖南省分行科技处	高级工程师
	杨莲荣	中国工商银行安徽省分行工具厂	工程师

保险计算机应用评审组

组　　长：	严明豪	中国人民保险公司电脑部	高级工程师
副 组 长：	卢小冰	中国人民银行支付与科技司	高级经济师
成　　员：	张良华	中国人民银行保险司	经济师
	王秦荣	中国人民保险公司电脑部	高级工程师
	成　洋	中保财产保险公司信息科技部	高级工程师
	周新平	中保人寿保险公司信息科技部	高级工程师
	刘　泓	中保再保险公司计财部	工程师
	肖建一	太平洋保险公司电脑部	高级经济师
	吴　平	平安保险公司电脑部	工程师

理论与软科学评审组

组　　长：	王大用	中国人民银行政策研究室	高级经济师
副 组 长：	单怀光	中国工商银行科技部	高级工程师
成　　员：	王小奕	中国人民银行调统司	高级经济师
	刘永春	中国人民银行支付与科技司	高级会计师
	敖惠诚	中国人民银行资金司	高级经济师
	周慕冰	中国工商银行政研室	高级工程师
	郑启心	中国农业银行信息电脑部	高级工程师
	刘述忠	中国银行信息科技部	高级工程师
	亓仲诚	中国建设银行科技电脑部	高级工程师
	王　友	保险公司保险学会	高级经济师
	洪志华	国家外汇管理局政策法规司	高级经济师
	秦池江	中国人民银行金融研究所	研究员
	贺力平	中国金融学院	讲师 博士
	卢小冰	中国人民银行支付与科技司	高级经济师
	陈逢吉	中国人民银行支付与科技司	教授

七、金融科技进步奖评价指标体系

为了不断提高科学技术进步奖评审的科学性，逐步实现计算机定量综合评定，特制定本指标评价体系。

本评价指标体系主要针对《中华人民共和国科学技术进步奖励条例实施细则》（试行）规定的六类奖励范围，即

（1）应用于社会主义现代化建设的新的科学技术成果（以下简称新成果类）；

（2）推广、应用已有的科学技术成果（以下简称推广、应用类）；

（3）在重大工程建设、重大设备研制和企业技术改造中，采用新技术（以下简称采用新技术类）；

（4）消化、吸收、开发、应用引进国外先进技术（以下简称消化、吸收、开发、应用类）；

（5）为社会公益服务的技术基础工作（标准、计量、科技情报、科技档案等）（以下简称基础技术类）；

（6）为决策科学化与管理现代化而进行研究的软科学成果（以下简称软科学类）。

（一）评价指标体系组成

本评价指标体系由高层次评价指标和低层次评价指标两部分组成。

1. 高层次评价指标体系

高层次评价指标由《中华人民共和国科学技术进步奖励条例》第三条规定的三个评价指标组成，即

（1）科学技术水平；

（2）经济 / 社会效益；

（3）对科学技术进步的作用大小。

（符号“/”表示经济效益或社会效益、经济效益和社会效益两层意思，下同）

2. 低层次评价指标体系

低层次评价指标共设八个，即

（1）先进程度；

（2）创新程度；

（3）难易程度或复杂程度；

（4）直接经济效益；

（5）社会效益；

（6）“间接 / 潜在”的经济（或社会）效益；

（7）实用程度或推广应用程度；

（8）作用意义。

其中，（1）~（3）共同评价科技成果的科学技术水平，（4）~（6）共同评价科技成果的经济 / 社会效益，（7）~（8）共同评价科技成果对科学技术进步的作用大小。

综上所述，国家科学技术进步奖励评价指标体系组成框图如下：

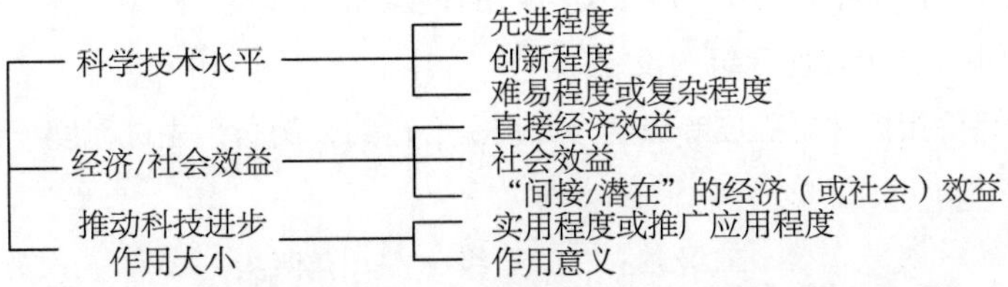

图　国家科学技术进步奖励评价指标体系

为提高科技成果评价的简便性、一致性和可比性，六类奖励范围均采用同一评价指标体系，为反映六类奖励范围之间的差异和各自特点，在评价指标体系中做了如下安排：

（1）对应于六类奖励范围，设计六套加权系数，以改变每个评价指标体系在各类奖励范围中的相对重要程度；

（2）针对不同的奖励范围，适当改变低层次评价指标的评定程度等级标准，以突出各类奖励范围评价的不同侧重面。

3. 评价指标加权系数

对应六类奖励范围，高层次评价指标和低层次评价指标有六套加权系数，现将六类奖励范围的评价指标加权系数列于下表中，值得说明的是，为更直观，这里的加权系数已进行了数学变换；将高层次评价指标的加权系数折算到了低层次评价指标中。

表　六类奖励范围评价指标的加权系数

奖励类别	评价指标加权系数								
	先进程度	创新程度	难易程度或复杂程度	直接经济效益	社会效益	间接 / 潜在的经济（或社会）效益	实用程度或推广应用程度	作用意义	总计
新成果类	20	15	15	15（5）	5（15）	5	15	10	100
推广、应用类	2.5	7.5	15	36（5）	5（36）	4	20	10	100
采用新技术类	10	10	15	28（4）	4（28）	8	10	15	100
消化、吸收、开发、应用类	7.5	7.5	10	28（4）	4（28）	8	20	15	100
基础技术类	20	15	15	12（4）	4（12）	4	15	15	100
软科学类	12	8	10	10（4）	4（10）	10	20	26	100

由上表的加权系数可知，新成果类较重要的评价指标是：先进程度、创新程度、难易程度、直接经济效益（或社会效益）、实用程度。

推广、应用类较重要的评价指标是：直接经济效益（或社会效益）、推广应用程度、复杂程度。

采用新技术类较重要的评价指标是：直接经济效益（或社会效益）、作用意义、复杂程度。

消化、吸收、开发、应用类较重要的评价指标是：直接经济效益（或社会效益）、推广应用程度、作用意义、复杂程度。

基础技术类较重要的评价指标是：先进程度、创新程度、复杂程度、实用程度、作用意义、直接经济效益（或社会效益）。

软科学类较重要的评价指标是：作用意义、实用程度、先进程度、直接经济效益（或社会效益）。

4. 低层次评价指标评定程度等级的设定

每一个低层次评价指标评定程度等级定为五级是合适的，例如，先进程度一评价指标的评定程度等级如下：

等级	一级	二级	三级	四级	五级
评定程度	国际领先	国际先进	国内领先	国内先进	国内一般水平

（二）评价指标体系细则

本指标体系采用先进程度、创新程度、难易程度或复杂程度三个低层次指标，共同评价科技成果的科学水平，其中：先进程度侧重评价科技成果技术上的先进性；创新程度侧重评价科技成果技术上的创造性；难易程度或复杂程度侧重从技术深度或广度上反映科技成果的科学技术水平。

1. 先进程度

先进程度是衡量科技成果在当代科学技术发展过程中所达高度的主要标志。

（1）新成果类

评定程度等级标准：

一级：国际领先，即国际先进水平之前列；

二级：国际先进；

三级：国内领先，即国内先进水平之前列；

四级：国内先进；

五级：国内一般水平。

（2）推广、应用类

评定程度等级标准：同新成果类。

（3）采用新技术类

评价重点：采用新技术后的整体技术水平或相关领域的技术水平。

评定程度等级标准同新成果类。

（4）消化、吸收、开发、应用类

评定程度等级标准同新成果类。

（5）基础技术类

评定程度等级标准同新成果类。

（6）软科学类

评定程度等级标准同新成果类。

2. 创新程度

创新程度是指前人没有做过的、创新的内容占多大的比重。

（1）新成果类

评定程度等级标准：

一级：前人没有（或前人虽有，但技术保密），自己独创，为发明创造；

二级：前人虽有，但有大的实质性改变（经过创新有质的提高）；

三级：前人虽有，但有较大实质性改变（经过创新主要性能有较大提高）；

四级：前人虽有，但实质性改变（经过创新主要性能有所提高）；

五级：无实质性改进，基本仿造别人。

（2）推广、应用类

评价重点：推广措施、方法的创新程度，或对原来成果技术上的创新程度。

评定程度等级标准：

一级：推广措施、方法十分有效，创新程度很大，或对原成果技术上有大的改进（经过创新，主要性能有大的提高）；

二级：推广措施、方法很有效，创新程度大，或对原成果技术上有较大的改进（经过创新，主要性能有较大的提高）；

三级：推广措施、方法有效，创新程度较大，或对原成果技术上有改进（经过创新，主要性能有所提高）；

四级：推广措施、方法有效，有所创新，或对原成果技术上有某些改进（经过创新，部分性有所提高）；

五级：推广措施、方法一般，创新程度小，或对原成果技术上没有改进。

（3）采用新技术类

评价重点：结合实际情况，创造性运用新枝术的程度。

评定程度等级标准：

一级：密切结合实际，创新程度很大；

二级：密切结合实际，创新程度大；

三级：密切结合实际，创新程度较大；

四级：结合实际情况，创新程度较大；

五级：基本照搬。

（4）消化、吸收、开发、应用类

评价重点：在消化、吸收、开发、应用中，紧密结合国情的创新程度。

评定程度等级标准：

一级：紧密结合国情，创新程度很大（有很大改进）；

二级：紧密结合国情，创新程度大（有大改进）；

三级：紧密结合国情，创新程度较大（有较大改进）；

四级：结合国情，有一定创新（有所改进）；

五级：基本造搬。

（5）基础技术类

评价重点：新内容、新见解的多少。

评定程度等级标准：

一级：全新的内容和见解，创新程度很大；

二级：新的内容和见解多，创新程度大；

三级：新的内容和见解较多，创新程度较大；

四级：有一定的新的内容和见解，有所创新；

五级：新内容、新见解少。

（6）软科学类

评价重点同基础技术类。

评定程度等级标准同基础技术类。

3. 难易程度或复杂程度

难易程度是衡量研制难度的大小指标，是从技术深度衡量成果的科学技术水平，用于新成果类、基础技术类、软科学类、基础理论类的评价；复杂程度是衡量研制工作量和规模的指标，是从技术广度上衡量成果的技术水平，用于推广应用类、采用新技术类、消化吸收开发应用类的评价。

（1）新成果类

评价重点：技术难易程度。

评定程度等级标准：

一级：国外无报道，国内长期未突破，研制难度很大；

二级：国外有报道，国内无先例，研制难度大；

三级：国内有类似报道，但无成功的试验性试验的先例，研制难度较大；

四级：国内无工业性试验的先例，有一定研制难度；

五级：国内已有工业性试验的先例，技术上较成熟。

（2）推广、应用类

评价重点：复杂程度。

评定程度等级标准：

一级：推广应用中复杂程度很大；

二级：推广应用中复杂程度大；

三级：推广应用中复杂程度较大；

四级：推广应用中有一定复杂程度；

五级：推广应用中复杂程度小。

（3）采用新技术类

评价重点：复杂程度。

评定程度等级标准：

一级：采用新技术复杂程度很大；

二级：采用新技术复杂程度大；

三级：采用新技术复杂程度较大；

四级：采用新技术有一定复杂程度；

五级：采用新技术复杂程度小。

（4）消化、吸收、开发、应用类

评价重点：复杂程度。

评定程度等级标准：

一级：消化、吸收、开发、应用中复杂程度很大；

二级：消化、吸收、开发、应用中复杂程度大；

三级：消化、吸收、开发、应用中复杂程度较大；

四级：消化、吸收、开发、应用中有一定复杂程度；

五级：消化、吸收、开发、应用中复杂程度小。

（5）基础技术类

评价重点：技术（或学术）难易程度。

评定程度等级标准：

一级：国外无报道，长期未突破，研制难度很大；

二级：国外只有类似报道，研制难度大；

三级：国外只有类似报道，研制难度较大；

四级：在国内他人研究的基础上进行，有一定研制难度；

五级：已有类似研究成果，研制难度小。

（6）软科学类

评价重点同基础技术类。

评定程度等级标准同基础技术类。

（三）经济 / 社会效益

要使科学技术有效地促进国民经济的发展，科学研究必须讲究经济效益，因而对科学成果进行评价时，必须对经济效益进行认真评定。

经济目标是科研活动的一个重要目标，但并不是唯一目标，科技成果按职能可分为三类：第一类是认识的职能（如提供新知识、新方法）；第二类是社会的职能（如环境保护、科学管理、劳动保护等）；第三类是经济的职能（如增加产量、改进质量、降低成本、节约能源等）。显而易见，上述一类、二类中的许多成果是难以计算经济效益的，因此，经济效益不应该是评价一切科技成果的唯一尺度。

本评价指标体系采用经济 / 社会效益作为综合评价指标之一，依科技成果职能的差别，有的以评价社会效益为主，有的以评价经济效益为主，有的可二者兼之，综合评定。

基于科技成果效益的社会性和滞后性，本评定指标体系加入“间接 / 潜在”的经济（或社会）效益指标，目前仅要求作定性评价。

1. 直接经济效益

直接经济效益是指已经取得的直接（一次）经济效益，增收（节支）总额 = 科研收入 + 新增利税 + 增产节约中未计入新增利税金额。

$$\text{应用后年均增收（节支）金额} = \frac{\text{增收（节支）总额}}{\text{成果应用时间（年）}}$$

$$\text{应用后年均投资收益率} = \frac{\text{应用后年均增收（节支）金额}}{\text{科研投资} + \text{生产投资} + \text{其他投资}}$$

（1）新成果类（略）

（2）推广、应用类（略）

（3）采用新技术类

评定程度等级标准同新成果类。

（4）消化、吸收、开发、应用类

评定程度等级标准同新成果类。

（5）基础技术类

评定程度等级标准同新成果类。

（6）软科学类

评定程度等级标准同新成果类。

2. 社会效益

社会效益是衡量科技成果直接造福于人民群众、对社会进步生产的影响程度。

（1）新成果类

评定程度等级标准：

一级：对促进社会发展，提高科学管理水平，保护自然资源与生态环境，治理环境污染，改善劳动条件、安全生产、医疗保健、保障国家安全及提高人民物质文化生活等方面之一有重大社会效益；

二级：对上述社会效益作用很大；

三级：对上述社会效益作用大；

四级：对上述社会效益作用较大；

五级：对上述社会效益作用一般。

（2）推广、应用类

评定程度等级标准同新成果类。

（3）采用新技术类

评定程度等级标准同新成果类。

（4）消化、吸收、开发、应用类

评定程度等级标准同新成果类。

（5）基础技术类

评定程度等级标准同新成果类。

（6）软科学类

评定程度等级标准同新成果类。

3. “间接/潜在”的经济（或社会）效益

“间接/潜在”的经济（或社会）效益是指科技成果已经取得的间接（第二次）经济效益和预计将达到的经济（或社会）效益。

（1）新成果类

评定程度等级标准：

一级：“间接/潜在”的经济（或社会）效益很显著；

二级：“间接/潜在”的经济（或社会）效益显著；

三级：“间接/潜在”的经济（或社会）效益较显著；

四级：有一定的“间接/潜在”的经济（或社会）效益；

五级：“间接/潜在”的经济（或社会）效益不显著。

（2）推广、应用类

评定程度等级标准同新成果类。

（3）采用新技术类

评定程度等级标准同新成果类。

（4）消化、吸收、开发、应用类

评定程度等级标准同新成果类。

（5）基础技术类

评定程度等级标准同新成果类。

（6）软科学类

评定程度等级标准同新成果类。

（四）推动科学技术进步的作用大小

本评价指标体系采用实用程度或推广应用程度、作用意义两个低层次指标，共同评价科技成果推动科学技术进步的作用大小，其中实用程度或推广程度侧重评价科技成果可能的实用价值或已推广应用的情况；作用意义侧重评价科技成果解决实际问题、促进科技发展的作用大小。

1. 实用程度或推广应用程度

实用程度是科技成果在“四化”建设中可能应用的价值、范围和前景，用于新成果类、基础技术类、软科学类、基础理论类的评价。

推广应用程度是指成果已经推广应用的情况，用于推广、应用类，采用新技术类，消化、吸收、开发、应用类的评价。

（1）新成果类

评定程度等级标准：

一级：技术很成熟，应用很可靠，实用价值很大；

二级：技术成熟，应用可靠，实用价值大；

三级：技术成熟，应用可靠，实用价值较大；

四级：技术较成熟，应用较可靠，有一定的实用价值；

五级：技术成熟度，应用可靠性均一般。

（2）推广、应用类

评价重点：推广应用程度。

评定程度等级标准：

一级：推广面积占可推广范围的 70% 以上，或其产品数量能充分满足需要；

二级：推广面积占可推广范围的 50% 以上，或其产品数量能充分满足需要；

三级：推广面积占可推广范围的 30% 以上，或其产品数量能充分满足需要；

四级：推广面积占可推广范围的 20% 以上，或其产品数量能充分满足需要；

五级：推广面积占可推广范围的 20% 以下，或其产品数量能充分满足需要。

（3）采用新技术类

评价重点：推广应用程度。

评定程度等级标准：

一级：在推广应用中，做了大量工作，已在国内普遍推广，取得了最好的效果；

二级：在推广应用中，做了很多工作，已在国内推广应用，取得了好的效果；

三级：在推广应用中，做了较多工作，已在同行业推广应用，取得了较好的效果；

四级：在推广应用中，做了一定工作，已在局部范围推广应用，取得了一定的效果；

五级：成果还没有推广应用，仍停留在样品、样机阶段。

（4）消化、吸收、开发、应用类。

评价重点：推广应用程度。

评定程度等级标准：

一级：从国外引进的生产装置、设备、技术，在消化、吸收的基础上研制出适合国情的生产装置、设备、技术，并已在国内普遍推广应用；引进散件和技术组装生产的产品，经消化、吸收基本实现国产化；

二级：从国外引进的生产装置、设备、技术，在消化、吸收的基础上研制出适合国情的生产装置、设备、技术，并已在国内推广应用；引进散件和技术组装生产的产品，经消化、吸收，国产化程度在 70% 以上；

三级：从国外引进的生产装置、设备、技术，在消化、吸收的基础上研制出适合国情的生产装置、设备、技术，并在同行业推广应用；引进散件和技术组装生产的产品，经消化、吸收，国产化程度在 50% 以上；

四级：从国外引进的生产装置、设备、技术，在消化、吸收的基础上研制出适合国情的生产装置、设备、技术，并已在局部范围推广应用；引进散件和技术组装生产的产品，经消化、吸收，国产化程度在 30% 以上；

五级：仍停留在引进生产装置、设备、技术的消化、吸收阶段，未推广应用；引进散件和技术组装生产的产品，经消化、吸收，国产化程度低于 20%。

（5）基础技术类

评价重点：实用程度。

评定程度等级标准：

一级：对实践有普遍推动和指导意义，并具有很大的实用价值，可在国内普遍推广应用；

二级：对实践的推动和指导意义大，并且实用价值大，可在国内推广应用；

三级：对实践的推动和指导意义较大，并且实用价值较大，可在国内同行业推广应用；

四级：对实践有一定的推动和指导意义，并且有一定的实用价值，可在国内同行业推广应用；

五级：对实践的推动和指导意义一般，实用价值小。

（6）软科学类

评价重点：实用程度。

评定程度等级标准同基础技术类

2. 作用意义

作用意义是指科技成果解决实际问题、促进科学技术发展的作用大小。

（1）新成果类

评定程度等级标准：

一级：解决四化建设的急需，作用很大，影响深远；

二级：解决四化建设的急需，作用大，影响大；

三级：解决四化建设的急需，作用较大，影响较大；

四级：满足四化建设的需要，有一定的作用和影响；

五级：满足四化建设的需要，作用、影响一般。

（2）推广、应用类

评价重点：提高原有生产技术水平方面的作用大小。

评定程度等级标准：

一级：解决“四化”建设的急需，在提高原有生产技术水平方面，作用很大，影响深远（缩短差距 30 年以上）；

二级：解决“四化”建设的急需，在提高原有生产技术水平方面，作用大，影响大（缩短差距 20 年以上）；

三级：解决“四化”建设的急需，在提高原有生产技术水平方面，作用较大，影响较大（缩短差距 10 年以上）；

四级：解决“四化”建设的需要，在提高原有生产技术水平方面，有一定的作用和影响（缩短差距 5 年以上）；

五级：满足“四化”建设的需要，在提高原有生产技术水平方面，作用和影响均一般。

（3）采用新技术类

评价重点：缩短与世界先进水平差距方面的作用大小。

评定程度等级标准：

一级：解决“四化”建设的急需，在缩短与世界先进水平差距方面，作用很大，影响深远（缩短差距 30 年以上）；

二级：解决“四化”建设的急需，在缩短与世界先进水平差距方面，作用大，影响大（缩短差距 20 年以上）；

三级：解决“四化”建设的急需，在缩短与世界先进水平差距方面，作用较大，影响较大（缩短差距 10 年以上）；

四级：满足“四化”建设的需要，在缩短与世界先进水平差距方面，有一定的作用和影响（缩短差距 5 年以上）；

五级：满足“四化”建设的需要，在缩短与世界先进水平差距方面，作用和影响一般。

（4）消化、吸收、开发、应用类

评价重点同采用新技术类。

评定程度等级标准同采用新技术类。

（5）基础技术类

评价重点：促进科学技术发展的作用大小。

评定程度等级标准：

一级：解决“四化”建设的急需，对促进科学技术发展作用很大，具有全局性的广泛影响；

二级：解决“四化”建设的急需，对促进科学技术发展作用大，具有全局性的影响；

三级：解决“四化”建设的急需，对促进科学技术发展作用较大，在同行业中影响大；

四级：满足“四化”建设的需要，对促进科学技术发展有一定的作用，在局部范围影响大；

五级：满足“四化”建设的需要，对促进科学技术发展的作用和影响一般。

（6）软科学类

评价重点：加速管理现代化、决策现代化方面的作用大小。

评价程度等级标准：

一级：解决“四化”建设急需，在加速管理现代化、决策现代化方面，作用很大，影响深远，已被国家级管理部门采用；

二级：解决“四化”建设急需，在加速管理现代化、决策现代化方面，作用很大，影响深远，已被省、部级管理部门采用；

三级：解决“四化”建设急需，在加速管理现代化、决策现代化方面，作用大，影响深远，已被市、地级管理部门采用；

四级：满足“四化”建设需要，在加速管理现代化、决策现代化方面，有一定的作用和影响，已被基层级管理部门采用；

五级：满足“四化”建设需要，在加速管理现代化、决策现代化方面，作用和影响一般。

八、《银行科技发展奖管理暂行办法》

银行科技发展奖管理暂行办法

第一章 总则

第一条 为进一步调动银行业广大科技人员的积极性和创造性，奖励在银行业科技创新中作出重要贡献的集体和个人，促进银行业科技的快速发展，特制定本办法。

第二条 银行科技发展奖评奖范围主要包括：中国人民银行、国有独资商业银行、政策性银行、股份制商业银行和中国印钞造币总公司及其企业的科技创新项目。

第三条 银行科技发展奖实行按项目（成果）评奖的方式，符合下列条件之一者，可以申报银行科技发展奖。

（一）银行电子化、信息化应用开发和研究成果。

（二）票币印制行业和金融专用机具研究成果，包括新产品、新设备、新技术、新工艺、新材料、新设计、新方法等。

（三）技术基础成果，包括银行标准、科技情报、科技档案等。

（四）有一定创新和发展、在国内处于领先地位的理论研究成果。

（五）为决策科技化与管理现代化服务的软科学研究成果中，取得重大经济效益和社会效益的项目。

第四条 对获得银行科技发展奖的项目的主要完成单位和主要完成人，按照本办法规定给予相应的精神和物质奖励。

第二章　申报奖励的条件及等级标准

第五条　申报银行科技发展奖的成果必须是前一年经科技成果鉴定（定型）的项目，具有中国人民银行文件规定的鉴定证书，同时各类成果必须具备如下相应条件：

（一）新的科学技术成果必须是国内首创或本行业先进，并经过实践证明具有明显经济效益或社会效益。

（二）理论研究成果和软科学研究成果必须在全国性的或国外学术刊物刊登一年以上并经实践验证取得显著效果。

（三）各类标准应在正式公布试行一年以后，经实践证明使用情况及效果良好。

第六条　重大成套项目或系统工程项目申报银行科技发展奖，应包括该项目的子项。若某一子项成果确实水平很高，技术难度很大，并具有广泛应用性，在不影响总项目获奖的情况下，并征得总项目主持者同意之后，可单独申报银行科技发展奖。但在重大系统工程项目申报奖励时，应写明其中的某子项已于何年何月申报或获得何等级奖励；对该重大项目的评审，应除去单独获奖子项的技术内容，单独获奖的子项不再分享总项目的荣誉和奖金。

第七条　同类项目（包括技术上基本相同的系列及派生系列产品）或同类技术，不允许重复获奖。如在原有技术上确有新发明，使原有项目技术水平显著提高并取得重大经济效益，新发明可申报奖励。

第八条　申报银行科技发展奖的项目必须是没有争议的或争议已被排除的项目。

第九条　银行科技发展奖的奖励等级为：特等奖、一等奖、二等奖、三等奖四个等级。

特等奖项目应为科学技术水平很高，社会经济效益特别显著，具有特别重大作用意义的项目。

一等奖项目应达到或接近国际先进水平，对促进金融进步具有重大作用，经实践验证有重大经济或社会效益。

二等奖项目应达到国内先进水平，技术难度较大，对促进金融行业科学进步具有较大作用，经实践验证有较大经济效益或社会效益。

三等奖项目应达到国内先进水平，有一定技术难度，对促进银行行业科技进步有一定作用，经实践证明具有一定的经济效益或社会效益。

第十条　所有获奖项目均由中国人民银行发放奖状和证书。

第三章　申报程序

第十一条　银行科技发展奖项目的申报程序，原则上按任务来源的隶属关系逐级上报，自选项目按其行政隶属关系逐级上报。共同完成项目由第一完成单位组织其他单位联合申报。

第十二条　银行科技发展奖的审批程序分为初审和复审两个阶段，各政策性银行和商业银行、国家外汇管理局科技（电脑）部，中国人民银行科技司及印钞造币总公司均为初审部门。初审合格后，方可报中国人民银行科技司组织复审。

初审部门应完成下列初审工作并对其内容的真实性负责：

（一）审查申报项目是否符合科技发展奖励范围；

（二）审查申报的申报资料是否齐备、主要完成人员是否符合有关规定；

（三）对申根项目的实质性内容如有疑问须弄清楚，必要时可进行实地考察或采取其他形式的调配研究。

第十三条　申报银行科技发展奖，需填写《银行科技发展奖申报书》，并附以下材料：

（一）科技成果鉴定证书；

（二）已获经济效益证明（有财务公章的证明）；

（三）用户使用或社会效益证明；

（四）主要完成单位情况表；

（五）主要完成人员情况表；

（六）科技技术总结报告。

《银行科技发展奖申报书》及其他附件一式五份以上（申报特等奖 10 份，一等奖 7 份，二等奖 6 份，三等奖 5 份），附件按上述顺序排列，与申报书一并装订成册。

第十四条　每年 1 月 15 日（以邮戳为准）为基层单位向初审部门申报截止时间，3 月 15 日（以邮戳为准）为初审部门向中国人民银行科技司报送截止时间，过时不予受理。

第十五条　（略）

第四章　评审机构

第十六条　银行科技发展奖复审采取会议评审制。评审机构由银行科技发展奖评审领导小组及其领导下的电子化评审委员会及银行科技发展奖印制评审委员会组成。评审委员会下设若干专业评审组。

第十七条　评审领导小组由中国人民银行分管科技工作的行领导、科技司、中国印钞造币总公司和各政策性银行、国有独资商业银行、交通银行科技部门的负责人组成，日常办事机构设在中国人民银行科技司。

评审领导小组主要任务是：审定银行科技发展奖奖励政策；审批银行科技发展奖授奖项目，投票表决一等奖；协调处理奖励工作中的重大问题。特等奖项目须经中国人民银行党委审批。

第十八条　银行电子化和印制评审委员会由有关部门领导及行业专家组成。评审委员会的任务是：组织领导本评委会所属各专业组的评审工作；确定本评委会所属各专业的奖项数额；评审特等奖、一等奖项目；批准二等、三等奖项目；向评审领导小组推荐申报国家科技进步奖项目。

第十九条　专业评审组由本专业若干专家组成。其主要任务是：负责评审本专业范围内的二等、三等奖项目；向评委会推荐特等、一等奖项目。

第二十条　各级评审机构成员，由中国人民银行聘任，聘任期为三年。各级评审机构及其成员应本着科学、公正、独立的原则行使评审权利，并对评审结果负责。各级评审机构成员具备以下条件：

（一）在本专业科技方面有较深造诣，在国内同行中水平较高，具有高中级职称，并熟悉本专业国内外现状。

（二）热心并能积极参与科技奖励工作，严格掌握标准，秉公办事。

（三）对申报和评审项目的技术内容保守秘密。

（四）如果评审人员为项目完成人，在讨论和表决该项目时，应予回避。

第五章　主要完成人及主要完成单位

第二十一条　申报评奖项目应注明项目的主要完成人和主要完成单位。主要完成人是指对该项目的完成作出创造性贡献的主要人员。具备下列基本条件之一者可作为申报项目的主要完成人：

（一）提出和确定项目总体方案设计。

（二）在研制过程中直接参与解决技术关键和疑难问题。

（三）直接参与并解决在投产、应用和推广过程中的主要技术难点。

各级行政管理人员一般不作为主要完成人，如确曾参加了某项课题的研究，并符合主要完成人条件，亦可定为该项目的主要完成人之一参加申报银行科技发展奖，但在申报书内应附详细书面材料，如实说明其所作的技术贡献；处级以上（含处级）的行政管理人员的材料需由本项目负责人证明，领导签字，方可生效。

第二十二条　主要完成单位是指项目主要完成人所在的基层单位，是在科技成果的研制、推广应用过程中提供物质、经费、技术等条件，对该项目的完成起到重要作用的单位。各级行政部门原则上不应作为主要完成单位。

第二十三条　主要完成人数限额为：特等奖不多于 30 人；一等奖不多于 15 人；二等奖不多于 9 人；三等奖不多于 5 人。

主要完成人及单位按贡献大小排列。对主要完成单位授予奖状，对主要完成人授予个人荣誉证书。荣获银行科技发展奖项目的主要完成人的事迹应记入本人档案，作为考核、晋级、技术职务聘任的重要依据之一。

第二十四条　（略）

第二十五条　（略）

第六章　附　则

第二十六条　获奖项目由中国人民银行统一公布（保密项目内部公布），不设争议期。未获奖项目不通告，材料不退回。

第二十七条　在科技成果管理中，各级银行部门都要做好思想政治工作，树立国家、民族利益第一和尊重他人劳动的职业道德风尚，提倡社会主义大协作，反对个人主义、本位主义等不良倾向。对科技成果在研制或申报中弄虚作假、剽窃他人劳动成果的行为，应进行批评教育，追回奖金，撤销奖励。情节恶劣者，应给予必要的处分。对压制破坏科技成果上报、评奖者，应予严肃处理。

第二十八条　向中国人民银行申报奖励的项目，不得同时向省、自治区、直辖市的有关部门和国务院其他部委申报。

第二十九条　本办法由中国人民银行解释。

第三十条　本办法自印发之日起生效。

九、《金融科学技术成果鉴定办法》

金融科学技术成果鉴定办法

第一章　总　则

第一条　为加强金融系统科学技术成果（以下简称科技成果）鉴定工作的管理，正确评价科技成果水平，保证科技成果鉴定的质量，促进科技成果的推广应用，根据《中华人民共和国国家科学技术委员会利学技术成果鉴定办法》，制定本办法。

第二条　本办法所称科技成果包括：

（一）技术研究成果：指推进金融行业科技进步的新产品、新技术、新工艺、新材料、新设计以及科技情报、标准等技术研究成果。

（二）应用研究成果：指金融电子化应用研究成果。

（三）理论和软科学研究成果：指为推动金融决策科学化和管理现代化，对促进科技、经济与社会的协调发展起重大作用的理论和软科学研究成果。

第二章　鉴定形式

第三条　科技成果鉴定可以采用下列三种鉴定形式：

（一）检测鉴定：由认可的专业检测机构按照国家标准、专业标准或有关规定的技术指标进行检验，测试并作出评价；

（二）验收鉴定：由验收单位按照计划任务书或合同所规定的验收标准和方法进行测试并作出评价；

（三）专家评议：由同行专家对科技成果的有关技术资料以书面形式进行审查、评价，并由组织鉴定单位汇总后作出结论。对属于国家和总行（公司）的重大项目，必要时可以召开专家鉴定会议。

上述三种形式的鉴定具有同等效力。凡采取检测鉴定、验收鉴定的，不召开鉴定会。

标准成果的鉴定按国家技术监督局有关规定执行。

第四条　组织科技成果鉴定的单位，应聘请同行专家组成鉴定委员会，并根据科技成果的不同性质决定适当的鉴定形式。

鉴定委员会聘请专家人数一般控制在 7~15 人，应具有一定的代表性，并具备下列条件：

（一）具有该专业的高、中级技术职务；

（二）有较高的学术、技术水平和丰富的实践经验；

（三）具有良好的职业道德。

鉴定委员会的成员不得是参加课题研究人员；科技成果完成单位参加鉴定委员会的人数不得超过鉴定委员会成员总数的四分之一。

第五条　鉴定委员会应对科技成果的技术水平、成熟程度以及经济合理性等方面进行审查和评价，作出鉴定结论，并对其结论负责。鉴定结论应有半数以上鉴定委员会成员同意，鉴定结论记入鉴定证书，鉴定委员会成员对鉴定结论持有异议的应在鉴定证书中注明。

第六条　属于下列情况之一的科技成果，均视同已通过鉴定并由组织鉴定单位颁发视同鉴定证书：

（一）已经在生产中证明技术上成熟，取得经济、社会效益，由实施单位出具证明的；

（二）经技术合同登记机关登记的技术项目，已经按合同约定验收合格，应用后取得社会、经济效益，并由当事人出具证明的；

（三）经中国专利局授予专利权的发明专利，实施后取得经济效益，并由实施单位出具证明的科技成果。

第三章　申请鉴定应具备的条件

第七条　申请鉴定的科技成果应达到任务书或技术合同规定的各项要求，按其鉴定类别还应分别具备下列条件：

（一）技术鉴定

具有技术报告，其内容包括：技术合同或计划任务书、研制技术总结报告、技术指标测试报告、试验报告、国内外技术及应用情况对照材料、经济效益及社会效益分析等。

（二）新产品鉴定（含设计定型）

1. 经过技术鉴定的样品（样机）；

2. 具有主要工艺装置、专用设备及测试仪器仪表清单；

3. 具有下列技术文件：

①技术总结报告；

②必要的工艺文件；

③成套设计图纸，技术条件及有关说明书（含可靠性设计）。

4. 具有性能测试报告、例行试验报告；

5. 具有标准化审查报告、工艺审查报告；

6. 具有产品技术经济分析报告；

7. 具有质量审查报告；

8. 具有安全审查报告；

9. 具有用户试用报告（含现场试验报告）。

（三）新产品批试鉴定（含生产定型）

1. 经过设计定型鉴定（验收），批量生产的产品，经检验测试、装机、试用，达到预定技术性能指标，质量稳定、安全可靠；

2. 具有满足批量生产或大量生产需要的工艺装置、专用设备、测试设备；

3. 工艺稳定，成品率达到规定要求；

4. 初步确定批量生产时的生产线和劳动组织；

5. 符合环保、安全、卫生等规定；

6. 主要配套产品、部件已批量生产；

7. 具备下列技术文件：

①技术总结报告；

②全套工艺文件；

③全套设计图纸、技术条件及有关说明书等设计文件。

8. 具有性能测试报告或例行试验报告；

9. 具有标准化审查报告，成本核算报告；

10. 具有质量分析报告；

11. 具有用户使用报告。

（四）软科学成果的学术技术资料主要包括：技术合同或计划任务书，总体研究报告、专题论证报告、调研报告、模型运行报告、国内外研究情况对照材料等。

（五）理论成果和软科学成果应完成论文或研究报告，并在国内外学术刊物上公布或在全国及国际学术会议上发表过。

第四章　鉴定的审批程序

第八条　鉴定不分级别，由计划下达部门组织或委托有关单位进行鉴定。

第九条　凡申请鉴定项目，鉴定单位应提前一个月向组织鉴定部门提出申请，按照申请鉴定应具备的条件要求附上有关材料。经组织鉴定部门审定同意后，方可进行鉴定。

第十条　中国人民银行有关司局（公司）组织鉴定的科技成果，在对鉴定结论进行审查并签署意见后，送金融科技司核准、登记、编号、盖章，办法鉴定证书或视同鉴定证书。专业银行、保险总公司、外汇管理局和人民银行省（自治区、直辖市、计划单列市）分行负责组织鉴定的科技成果，由其对鉴定结论进行审查，签署意见，颁发鉴定证书或视同鉴定证书。

横向课题的科技成果原则上按合同、协议进行验收后，由主管部门审查并颁发视同鉴定证书。

第十一条　鉴定材料要按档案管理办法全部归档。

第五章　附则

第十二条　金融机构及所属省（市）级分行（公司）可根据本办法制定科技成果鉴定办法实施细则。

第十三条　本办法由中国人民银行总行负责解释。

第十四条　本办法自颁发之日起生效。

第二章

金融科技进步奖获奖项目简介（1992—2000年）

第一节 1992 年金融科技进步奖获奖项目

一等奖

一、金融电子化系统标准化总体规范

二、82- Ⅱ四色凹版印机

三、棉短绒制浆新工艺

二等奖

四、中国工商银行天津市分行 M-240H 银行业务处理联机系统

五、国际结算出口系统（43 系列机）

六、本溪市计算机银行业务处理联机系统

七、TCR-1 出纳记账机

八、通用统计系统

九、中国人民银行季度宏观经济计量模型

十、有机荧光颜料的合成及应用

十一、含汞金合质金处理过程中的总和回收

十二、施加金属安全线“91#”“101#”钞票纸的研究

三等奖

十三、中国工商银行 S/1280 对公网络系统

十四、中国工商银行 S 系列小型机储蓄网络自动存取款机处理系统

十五、银行对公业务多用户微机处理系统

十六、微机储蓄网络处理系统

十七、中国工商银行分辖联行逐笔对账计算机处理系统

十八、B 系列微机出口系统

十九、S 系列机综合系统

二十、国际结算贸易项下托收系统

二十一、国际结算进口业务处理系统

二十二、中国农业银行海南省分行电脑储蓄联网作业系统

二十三、银行门市业务储蓄微机处理系统

二十四、储蓄事后监督微机处理系统

二十五、乡村工业经济财务信息分析微机处理系统

二十六、中国人民建设银行会计核算系统（PC 版）

二十七、交通银行微机通讯网络系统

二十八、昆明同城票据清算计算机系统

二十九、中国人民银行微机电传通讯系统

三十、中国人民银行石家庄市分行数据兼容超短波金融信息通讯系统

三十一、国库会计核算业务微机处理软件系统

三十二、省级中央银行业务综合管理系统

三十三、日立机 L-470 中国人民银行计算机会计账务核算及报表处理系统

三十四、辽宁省重点商业企业资金监测系统

三十五、产险业务综合处理系统

三十六、涉外业务出口货运险处理系统

三十七、简易人身保险计算机处理系统

三十八、分入再保险业务计算机处理系统

三十九、外汇额度账务管理系统

四十、低版温不蹭脏油墨研制及与之相适应的 72 型传墨改进

一等奖

一、金融电子化系统标准化总体规范

项目编号：9241170

获奖等级：金融科技进步奖一等奖

项目完成单位：中国人民银行、中国金融电子化公司等

主要完成人员：周林影、陈世范、陈逢吉、姚世全、单怀光、陈天晴、唐建邦、刘钟、杨应辉、沈国超、房庆、杨小洁、王云生、王伽、曹洁

其他完成人员：梁英武、刘志强、陆林霞、李凤文、张世勇、刘芳、马德伦、赵艳华、胡嘉璋、王平、严德人、苏锐石、王秦荣、刘工宏、臧绥平、王之灌、姜开富、诸葛耘红、蓝晓群、缪道期、莫莉、鹿居正、王铁肩、丁三立、杨念祖、夏仁霖、胡传国、何华康、王行刚、陈景章、张文辉、吴国新、张英

项目简介：

《金融电子化系统标准化总体规范》（以下简称《规范》）是“七五”国家重点科技攻关项目（项目号：68-1-19/17）。作为科技攻关成果，《规范》系统论述了我国金融电子化系统标准化管理工作的全貌，全面覆盖了金融电子化系统标准化的相关科学、技术领域，是金融电子化系统建设所必需的相关标准和规范的总体性规划文件。《规范》紧密结合我国金融电子化系统工程实际，对金融电子化系统标准化体系、信息分类与代码、文件格式、系统安全与保密、计算机稽核和中文信息处理、信息记录格式、系统建设、软件开发、计算机网络建设等方面提出了符合我国国情的标准化管理方针。《规范》是第一部全面系统论述我国开展金融电子化系统标准化工作的重要文件，是金融电子化系统标准化工作发展的蓝本，是我国金融电子化系统建设的一项开创性的研究成果。《规范》无论对我国金融电子化系统标准化管理，还是金融电子化系统建设，都具有极为重要的作用。《规范》对金融电子化建设的系统工程、软件开发、网络互联、标准的管理和制定及软硬件设备

的选型等工作具有重大的指导意义。《规范》的指导作用的充分发挥，对保证金融电子化系统集成，确保系统质量，避免重复建设及人力、物力、财力的浪费，加强金融电子化系统科学化管理具有重要社会效益和经济效益。

《规范》自 1991 年 6 月起发行至中国人民银行、中国工商银行、中国农业银行、中国银行、中国人民建设银行、交通银行及中国人民保险公司的总行（总公司）及省、市、县的各基层单位，目前已发行 4 万余册。在《规范》的具体指导下，金融系统的标准化工作有了长足的发展。各金融单位也在以《规范》为指导进行金融通信网络、金融业务处理和金融管理信息系统的建设。

二、82- Ⅱ四色凹版印机

项目编号：9258172

获奖等级：金融科技进步奖一等奖

项目完成单位：中国人民银行印制科学技术研究所

主要完成人员：李根绪、郝连元、唐志恒、刘国栋、张从云、杨俊田、关立桐、唐承德、高伟、李乐平、肖士俊、毕明、吴硕夫、杜旭东、林平

其他完成人员：赵燕生、刘秀英、王桂英、刘云霞、鲁素英、刘荣

项目简介：（略）

三、棉短绒制浆新工艺

项目编号：9218174

获奖等级：金融科技进步奖一等奖

项目完成单位：保定钞票纸厂

主要完成人员：牟中和、左贞琮

项目简介：（略）

二等奖

四、中国工商银行天津市分行 M-240H 银行业务处理联机系统

项目编号：9212027

获奖等级：金融科技进步奖二等奖

项目完成单位：中国工商银行天津市分行电脑部

主要完成人：郑达宏、张义正、王朝中、高翔、段芝芳、戴向云、周洪义、马琳、王建

项目简介：

一、主要内容及研制使用情况

中国工商银行天津市分行 M-240H 银行业务处理联机系统是以引进日立公司 M-240H 为主机的联机网络系统工程。该系统采用集中式结构，即以中国工商银行天津市分行电脑部两台主机

为中心，通过专用通讯线路与市区各分理处和储蓄所的终端机相连接，处理天津市区内全部分理处和储蓄所的柜台业务及中国工商银行分行金融信息管理。该系统自投入运行以来，已联机 128 个网点（其中对公网点 41 个，覆盖了整个市区；储蓄网点 87 个，覆盖全市业务量的 80% 以上），联网终端共 600 多台套。该系统技术先进、规模宏大、功能齐全、安全可靠，目前在全国及天津市金融系统电子计算机应用方面均处于领先地位。

该系统立足于银行现行业务规章制度，为业务部门提供完善的服务；为各级管理部门提供可靠准确的报表数据与信息，为操作人员提供方便的操作手段。该系统充分利用该行计算机软件、硬件，按结构化设计方法，依靠自己的技术力量开发了全部应用软件，全部软件共计 5000 多个模块、140 万条指令。该系统终端平均反应时间为 5 秒，运行几年来未发生任何重大故障。中国工商银行天津市分行使用系统工程方法组织和管理整个系统工程的实施。

二、项目的作用和意义、经济效益和社会效益

该系统的应用使中国工商银行天津市分行彻底改变了手工操作的落后面貌而一举跨入计算机联机网络处理的新时期，给中国工商银行天津市分行的业务服务质量带来深刻变化。从几年来网络运行情况来看，已取得明显的社会效益和经济效益，由于该系统的使用中国工商银行天津市分行减少增员指标近 3000 人，每年可为国家节约资金约 1000 万元。此外，对公业务和储蓄业务实现通存通兑后，方便了储户存取，大大加速了企业资金的周转，从而促进了工业、商业的发展。天津市通兑实现后，每天有近亿元资金可加速周转提前一天抵用。事实证明，中国工商银行天津市分行联机网络系统已经和必将为加速国民经济的发展，为加快金融业的改革开放发挥其更大的作用。

五、国际结算出口系统（43 系列机）

项目编号：9212034

获奖等级：金融科技进步奖二等奖

项目完成单位：中国银行山东省分行电脑处等

主要完成人员：孙良贵、张明、黄长辉、刘颂、李卓军、戴华、战少蓬、刘艳宏、苏亦芳

其他完成人员：吕新民、王学军、谢莞箐、韦劲、刁东升、张兵、杨兆明、袁红、付晓阳、林小文、谭军

项目简介：

国际结算出口系统在 IBM436I 中型机上实现（可在 VSE/SP、VSE/ESA 操作系统下的 IBM43XX，ES/9000 机上运行），适用于信用证项下全部出口业务。

该系统采用一条龙的设计思想，从国外信用证通知到交单议付，再到收妥结汇及统计考核等一整套业务全部实现电脑化处理，做到各部分信息共享，减少重复输入，提高工作效率。该系统根据多年业务做法及专家工作经验，总结设计了多种数据模型及算法，实现了选择账户行、索汇路线、算费等多项业务的自动处理，准确可靠，用户操作简便，稳定性好。该系统提供灵活查询手段及宏观数据统计分析功能，用户能够快速方便地了解同几千家代理行及受益人的业务往来情况。该系统采用双日志备份，提供各种恢复功能，具有很高的安全性。该系统充分考虑出口业务的多样性、

复杂性，采用模块化、参数化设计，能够处理各种类型信用证项下的出口业务。该系统可以自动生成几十种电文，可同 SWIFT/TMCS/EDI 联通，自动加押核对，同其他应用系统如会计、客户终端服务系统、TMCS 等均有接口，该系统是一个大型的综合业务系统。

自 1988 年 1 月至 1989 年 3 月，中国银行共 9 家银行在青岛联合开发该系统并于 1989 年 3 月通过中国银行总行验收鉴定，确定在配有 IBM43XX 中型机的分行推广使用。

国际结算出口系统投入运行后不算间接经济效益，以山东省分行为例，按运行 3 年计（1989 年 3 月至 1992 年 3 月），累计多创汇 450 万美元，目前全国已有 11 家银行投入运行，平均每家银行每年以多创汇 100 万美元计算，共计多创汇 3450 万美元。

该系统运行后也取得了很好的社会效益，使中国银行国际结算出口业务标准化，凭证格式得到统一，加快了同业间数据传输，完善了对客户的服务，提高了中国银行的竞争实力，加快了收汇速度，深化了社会服务。

六、本溪市计算机银行业务处理联机系统

项目编号：9211115

获奖等级：金融科技进步奖二等奖

项目完成单位：中国人民银行辽宁省分行、中国人民银行本溪市分行

主要完成人员：许实、周敏、姜峰、贾衍傅、张文汇、李桂忠、田实、刘玉龙、程百玉

其他完成人员：林敬晨、余德勇、叶函、王永贵、刘喜军、张志东

项目简介：

同城票据清算系统是银行实现电子化的重要课题，其用途是把同一城市各银行间相互收受的同城结算凭证，在一定时间内进行相互交换，当场清算应收或应付资金差额，并将结果记入企业账户。

中国人民银行本溪市分行同城票据清算系统是“七五”国家重点科技攻关 68-1-22 的一个子专题。该系统采用联网清算与票据交换同步进行，转账支票实时代付，约时进账的运行方案，实现了不同机型、不同程序语言之间的数据转换，多行、多点之间信息共享。该系统与会计核算系统相连接，使得数据一次录入多次使用，票据清算后即可自动记入企业账户。

该系统在硬件设置上利用程控交换机和电话专线网络实现了少数主机接口对多个网点的连接，网点可自动拨号。该系统方案设计合理有特色。

该系统在研制过程中实现了工作难度很大的全市账号统一，为进一步实现银行工作管理现代化奠定了良好的基础。

该系统在省内 9 个市推广应用后，取得了显著的经济效益和社会效益，提高了工作效率近 10 倍，极大地减轻了业务人员的劳动强度。采用计算机联网处理后，该系统有效地解决了资金在途时间长等问题，提高了资金的抵用率，减少了差错，目前，已减少在途资金近 8 亿元。

该系统自 1989 年 8 月 1 日正式开通运行，到 1990 年 2 月通过辽宁省科委的技术鉴定。1990 年 10 月 26 日、27 日通过了由机电部计算机司组织的技术鉴定。1991 年 2 月获中国人民银行、金融电子化公司电子化建设优秀项目一等奖。

七、TCR-1 出纳记账机

项目编号：9232024

获奖等级：金融科技进步奖二等奖

项目完成单位：中国工商银行广东省分行计算技术研究所

主要完成人员：簿兴国、郑小键、周庆荣、钟恩信、陈泽涌、魏洪波、韩杰光、叶正光、陈光磊

其他完成人员：贺淑英、许帆、林天源、柳伯健、何国材、黎志南

项目简介：

随着国民经济的发展，现金投放量的增加，金融系统的出纳部门工作量猛增，柜台业务沿用手工处理的方式已无法适应业务发展的需求。为此，中国工商银行广东省分行于 1989 年底研制出 TCR-1 出纳记账机，充分利用 MCS-51 单片机的功能，采用多片微机处理器（CPU）的逻辑体结构，以模块化构成较高性能价格比的、较适合银行出纳柜台使用的微型专用计算机。它是由主机箱（内含主板Ⅰ、Ⅱ，打印驱动板和四色笔式打印头、开关电源）、5.5 寸或 7 寸 CRT 单色显示器和 44 键的出纳专用键盘组成。业务处理程序固化在主机板Ⅰ的 EPROM 上，能对出纳业务中的收款、付款、交接、兑换等业务数据进行核对、记账，对存储的数据可查询、冲账，具有掉电保护功能，能按所需的格式打印流水账及结数表；还可接收点钞机送来的“计数、清零”信号。出纳记账机可与多用户微机联网使用构成微机出纳系统，以完成整个出纳部门的业务和管理数据的统计工作。

从 1990 年开始，TCR-1 出纳记账机已在广东、天津、浙江、四川等 30 多个省市推广使用，反应良好，用户普遍认为：该机体积小、使用环境要求低、便于操作、易于维护、使用安全可靠，其技术水平和产品性能在国内同类产品中处于领先地位。

TCR-1 出纳记账机能广泛应用于工商银行、农业银行、建设银行、中国银行等金融系统的出纳部门。它的推广应用将改变出纳柜台业务手工记账、算盘结账的传统方式，提高出纳工作效率，减少收付差错，实现了账务处理电脑化、业务操作规范化，为保证现金回笼、发放渠道的通畅提供了可靠的物质条件。

八、通用统计系统

项目编号：9229070

获奖等级：金融科技进步奖二等奖

项目完成单位：中国人民保险公司总公司计算中心

主要完成人员：苏锐石、刘泓、黎锦康、徐晨、成洋

项目简介：

通用统计系统是提供各种业务统计系统和处理各种业务统计报表的程序包，它能提供生成各种业务统计系统，缩短开发周期，适用于各级统计部门处理报表和数据的需要。该系统结构清晰，操作简单，易于掌握，易于维护。该系统能适应统计的变化，不需要修改程序，只要修改统计系统的参数就能完成，对历史数据保存完整、准确，通用性强，具有广泛的推广使用价值。

该系统选用国际上流行的 UNIX/XENIX 操作系统作为开发环境，选用 C 语言作为程序设计语言，适应性强，易于维护；输入输出设备避免直接使用终端和打印机的控制码，而采用代码表进行控制（TERMCAP 技术）；使整个系统对输入输出设备无特殊要求，可适用于任何终端和打印机；采用动态分配空间，在存取数据文件时，采用单项链表的缓冲池技术，减少了对数据文件的存取次数，极大地提高了系统的运行效率；对数据的组织采用了分日期分报表独立存放的方式，易于维护，提高了文件的检索速度和安全性；系统在数据存取时采用了加锁技术（LOCK），以保证在多用户并发使用时对数据文件的正确操作。该系统设计新颖，灵活性强，适应性广，在同类技术中处于国内领先地位。

该系统 1990 年 1 月在保险系统推广使用，目前已广泛应用于总公司各部门，各省级公司和各市级、地级中心支公司，全国不少县级支公司，甚至一些乡镇保险站也在使用。该系统是保险系统使用最为广泛和深入的一个业务应用系统，在该系统的支持环境下，保险系统各级公司已经开发出多个业务应用系统，取得了显著的经济效益和社会效益，对我国保险电子化事业起了重要的推动作用。

九、中国人民银行季度宏观经济计量模型

项目编号：9211171

获奖等级：金融科技进步奖二等奖

项目完成单位：中国人民银行调查统计司北京大学管理科学中心

主要完成人员：王大用、蒋万进、秦宛顺、李伟、吴建瓴、李南成、顾跃、蒋辉

项目简介：

PBCM1 是中国人民银行调查统计司模型研究小组建立的季度宏观经济计量模型，它是中国人民银行首次为政策模拟而建立的经济计量模型，也是国内针对有计划的商品经济建立季度经济计量模型的一次成功尝试。整个模型由 86 个方程组成，其中半数以上是行为方程，是一个中等规模的经济计量学模型。在设计思想上，该模型力图用联立方程式体系描述在我国货币政策的传导过程，首先，描述出中央银行对金融机构贷款、财政透借、法定准备率及存贷款利率的变动对货币供应量变化的影响，针对我国信贷管理特点，还描述了贷款规模限额对货币供应的影响；其次，通过方程体系中工业生产、收入、社会商品零售、投资、储蓄存款和价格等模块的几十个方程，刻画出货币供应对经济活动各个重要方面的影响。除了货币政策，该模型也能反映出财政支出、外贸进出口等因素的影响。上述设计思想的出发点是为了满足人民银行决策的需要，使该模型成为中国人民银行决策支持系统的一个重要组成部分。

该模型命名为 PBCM1，其中 PBC 是中国人民银行的英文字头，M 是模型一词的英文字头，1 表明这是第一个模型，也表示它的建成只是中国人民银行建模和预测工作的一个开端。

PBCM1 模型是国家“七五”科技攻关项目 68-1-1“宏观经济模型体系”的第 14 个子项目。该模型的研制工作从 1988 年夏季开始，历时两年半，在建模初期阶段，课题组认真研究了美国联邦储备银行的 MPS 模型和英格兰银行模型，并收集了国内外许多经济计量模型的资料，如南朝鲜模型、加拿大模型、美国圣路易斯联邦储备银行的货币主义模型等，对它们的理论思路和结构特

点进行了分析。

十、有机荧光颜料的合成及应用

项目编号：9228173

获奖等级：金融科技进步奖二等奖

项目完成单位：中国人民银行印制科学技术研究所

主要完成人员：黄小义、任妙珍、章星、李世铮、温娟、孙萍、杨利华

项目简介：（略）

十一、含汞金合质金处理过程中的总和回收

项目编号：9248174

获奖等级：金融科技进步奖二等奖

项目完成单位：四川东河黄金冶炼厂

主要完成人员：李锡山、张绍武、曾和银

项目简介：（略）

十二、施加金属安全线“91#”“101#”钞票纸的研究

项目编号：9218177

获奖等级：金融科技进步奖二等奖

项目完成单位：四川东河钞票纸厂

主要完成人员：关维安、文大兴、何任秀、刘连增

其他完成人员：刘军、李策、万化奇、李世莲、李仁佑、荀尚勇、郑忠姚、罗光裕、刘晶、鲁岩

项目简介：（略）

三等奖

十三、中国工商银行S/1280对公网络系统

项目编号：9212009

获奖等级：金融科技进步奖三等奖

项目完成单位：中国工商银行总行科技部、中国工商银行广东省分行

主要完成人员：李英鹏、佟建民、宁雷、刘超英、钟建仪

其他完成人员：林爱生、梁坚淦、梁天机

项目简介：

S/l280对公网络系统是中国工商银行承担“七五”攻关项目75-68-2-3的子系统，它是以

国产机为主的在中小城市实现对公业务同城交换的网络系统。该系统包括银行对公业务基础数据处理，实现了中小城市银行数据加工、处理，采集计算机网络化，为银行的宏观决策提供了可靠的经济信息。同时，实现了银行对公业务在网内即时处理。该系统的成功开发，解决了 UNIX 和 XENIX 系统间互连的关键技术难题。在网络软件设计上，该系统吸取了 OSI 开放系统互连参考模型（RM/OSI）协议特点，实现了传输层、网络层、数据链路层、物理层的功能，保证了银行信息数据跨行处理安全可靠，填补了国家在这一技术领域的空白。

目前该系统已在全国近百个中小城市行投入运营，取得了良好的社会效益和经济效益，具体体现如下。

1. 对公网络系统投入运营后，实现了跨办事处提出代收、付业务一记双讫，加速了同城企事业单位的资金结算速度，使企事业单位的同城资金结算提前 1~2 天入账。据统计，100 个中小城市行每天可为企事业单位加速资金周转数十亿元，取得了显著的社会效益和经济效益。

2. 该系统的应用与发展由于所用计算机产品和设备主要立足于国内，有力地支持了国家计算机工业的发展，每年可为国家节约外汇近 2 亿美元。

3. 该系统投入运行后，节约了人力资源，增强了银行的竞争能力，据初步统计，平均节约人力 30% 以上，大大节约了业务经费，同时把广大的银行业务人员从繁重复杂的数据计算中解脱出来，加强了柜面审核及经济信息分析工作，提高了银行自身的经营管理水平。

总之，银行实现计算机网络化后，为广大客户提供了良好的社会服务，受益于整个社会。

十四、中国工商银行 S 系列小型机储蓄网络自动存取款机处理系统

项目编号：9212010

获奖等级：金融科技进步奖三等奖

项目完成单位：中国工商银行总行科技部、中国工商银行广东省分行

主要完成人员：李英鹏、蒋卫华、闻雁、杨刚、李海燕

其他完成人员：杨新声、谢大诚、黄循富、高国强

项目简介：

中国工商银行 S 系列小型机储蓄网络自动存取款机处理系统是实现中小城市银行储蓄存取款业务自动化处理的网络系统。该系统采用开放式设计技术，解决了多用户微机系统异型机联网的关键技术和分布式网络中数据开发等关键技术问题，实现了中小城市银行储蓄存取款业务自动化，极大地方便了银行客户。

该系统成功地将美国 NCR 公司的 ATM 与小型机系统互联，构成中小城市银行的 ATM 网络，在设计上利用授权分层加锁等关键技术，提高了网络数据的安全性、保密性。该系统投入运行后，取得了良好的社会效益和经济效益，主要体现如下。

1. 实现了工资自动转账，其资金沉淀率达 40% 以上。应用银行统计结算，在一个中小城市实现工资自动转存后，每年可为国家多吸收信贷资金数十亿元。目前该系统已推广到 100 多个城市，其经济效益是难以用数字来表明的。

2. 以该网络系统为基础，广泛地为社会开展了代发退休金、代收水电费、客户自动查询等业务，

同时为广大银行客户提供了24小时服务，从而广泛地吸收了社会上的闲散资金，有力地支援了国家经济建设。

3. 为开办无人银行奠定了基础。该系统投入运营后，无须人工干预，客户可方便办理各项储蓄业务，这不仅方便了客户，而且大大减少了增设储蓄网点的投资费用和人工费用。

该系统面向社会提供服务后，受到了社会各界的普遍欢迎，为广大客户提供了良好的服务手段，同时为国家多积累了资金，大大节约了人力，增强了银行的竞争能力，提高了服务水平，受益于整个社会。

十五、银行对公业务多用户微机处理系统

项目编号：9212015

获奖等级：金融科技进步奖三等奖

项目完成单位：中国工商银行江苏省分行科技处

主要完成人员：陈光琴、刘炜、祝志泉、彭玉红、南亮

其他完成人员：吴文红、顾银燕、王晓琪

项目简介：

银行对公业务多用户微机处理系统（2.0版）由实时处理、事后处理、文件维护、数据移植、辅助功能、系统安装、系统监控七个子系统组成，可完成银行日常对公业务的会计核算工作，包括处理各类凭证、账户管理、支票挂失、现金分析、票汇核销、贷款业务、同城交换、计息、计收邮电费、手续费等，处理月终、年终业务，可打印输出各类会计报表、账单共30余种，并提供银行综合信息处理的数据转换接口。

该系统遵循银行会计原理与基本会计制度，采用了数据库设计思想和结构化程序设计技术，是一个封闭式、全汉化、多用户的银行会计数据处理系统，能灵活地配置多台西文打印机，具有双重用户识别、故障恢复、简易电脑稽核功能和功能齐全、适用性好、使用方便、处理速度快、安全可靠、文档资料完备规范等特点。有关专家指出，在高档微机上开发的银行对公业务多用户系统处于国内领先地位。

银行对公业务多用户微机处理系统面向5000个账户、300个科目、2000笔日业务量以下的中国工商银行对公业务营业部门，也适用于同类业务的其他金融机构。该系统可以安装在机房统一管理使用，也可以分布在营业所临柜使用。

该系统在江苏省已推广使用了100个单位，同时受到外省同行的欢迎。截至1991年，陕西省有40个用户，湖北孝感市有15个用户。该系统研制并推广应用，解决了业务量迅速增长与人员相对紧张的矛盾，缩短了客户等待时间和职工工作时间，减轻了劳动强度，提高了核算质量和管理水平，为银行最终实现电子化，同时培养、锻炼和聚集了一大批计算机应用人才，经济效益和社会效益十分明显。

银行对公业务多用户微机处理系统于1988年1月开始研制，1989年3月3日通过江苏省科委组织的技术鉴定，1990年9月获“1989年度江苏省优秀软件二等奖”，1991年初，中国工商银行江苏省分行科技处集中力量对其进行了进一步维护，并定名为BASC2.0版。

十六、微机储蓄网络处理系统

项目编号：9212016

获奖等级：金融科技进步奖三等奖

项目完成单位：中国工商银行江苏省分行科技处

主要完成人员：翟学英、傅迎斌、徐正方、唐振亚、崔彤

其他完成人员：曹进文

项目简介：

一、主要内容

微机储蓄网络处理系统项目分为储蓄柜面业务处理系统和ATM业务子系统两个部分，不仅能处理整存整取、活期、定活两便、零整、集零、存本取息、大额转让、代发工资等特种的柜面业务和各类报表，还能直接将ATM与微机连接，联机处理ATM的存款、取款、转账、查询、改密码和管理监控业务，实现多个储蓄所柜面业务和ATM业务的通存通兑处理。这是微机储蓄业务系统中的首创，充分发挥了微机的使用效率。

二、研制使用情况

该项目开发研制分两个阶段。1990年7—9月开发了微机储蓄网络系统。当年10月即在中国工商银行泰州市分行和仪征市分行试运行，次年向全省推广。1991年7—8月开发了ATM业务子系统，当年在仪征市分行试运行，1992年正式推广，现已在江苏省50多个县市行应用，扬州和镇江已移植在小型机上使用；除此之外，还推广到内蒙古、山西、贵州、江西等省分行应用。

三、该项目的意义、作用、经济效益和社会效益

该项目的意义在于通过微机将传统的储蓄柜面业务和新型的电子货币业务融为一体，扩大微机的应用范围。它的作用在于适应银行发展的需要，成为银行扩充业务领域、提高服务质量和促进电子进程的有力手段。

该项目的经济效益和社会效益表现：实行通兑、方便储户、扩大增储效应。以中国工商银行泰州市分行为例，1991年已连接43个储蓄所、40万户开展通兑后，收储率已占全市的50%，效率显著；ATM和代发工资业务配合，发挥了银行为企业服务的作用，深受储户的欢迎。中国工商银行仪征市分行连接6个储蓄所、2台ATM，配合代发工资业务，已净增1100万元存款；该项目比同类项目可节省10多万元的投资，一台主机通过通讯专线、调制解调器、多路复用器等设备可连24台终端；通过异步通讯方式可连ATM。整个系统使用效率高，价格低，便于推广。

十七、中国工商银行分辖联行逐笔对账计算机处理系统

项目编号：9212017

获奖等级：金融科技进步奖三等奖

项目完成单位：中国工商银行内蒙古分行、内蒙古大学计算机科学系

主要完成人员：项子林、白云、肖平、董志贤、马世平

项目简介：

为了加强分辖联行对账管理，保障分辖联行往来的正确性和安全性，充分发挥分辖联行对账的监督作用，中国工商银行总行要求各分行从1990年1月起由管辖分行集中办理往账、来账逐笔配对，进行集中对账监督。为此，内蒙古分行特制定分辖联行往来采用“双向报告、集中监督、逐笔核对、日对月清”的科学对账办法。为了分辖联行对账办法改革，由中国工商银行内蒙古分行与内蒙古大学计算机科学系合作开发分辖联行逐笔对账计算机处理系统。

该系统在处理分辖联行对账中，对联行逐笔对账所涉及的大量往来报单和报告表进行录入、存储、逐笔配对、账务控制等一系列操作，完成联行业务的逐笔对账监督。利用总分账相互制约的原理实现了往来账务制约体系。该系统于 1990 年投入使用，至今运行可靠，经过两年多的使用，该系统有如下几个特点：系统提供的功能齐全完善；联行账务准确完善；系统运行安全保密；系统响应及时、处理迅速；系统操作方便，简单易学。

该系统经过两年多的运行表明，分辖联行逐笔对账计算机处理系统的研制开发是成功的，它的运行完全可靠，真正发挥了分辖联行对账的监督作用，符合中国工商银行内蒙古分行对账中心要求。由于计算机处理系统提供了快速准确的对账手段，操作人员使用该系统进行分辖联行对账时，大大缩短了工作时间，减轻了劳动强度。由于该系统能够及时发现未达账项，或及时发出查询，促进基层行按时汇划或及时查找，从而加速了资金周转，促进了社会经济的发展。使用了该系统查堵了资金漏洞，防止了经济犯罪，自从分辖联行对账使用了该系统后没有发生过联行案件，从而保证了资金安全，提高了中国工商银行的信誉。

该系统自 1990 年 3 月使用到 1992 年 6 月，已运行两年多，共监督联行往来报单 2083575 笔，涉及金额 2000 多亿元。在这期间，发现重复报单约 100 笔，金额为 425 万元。往来报单不符的 120 多笔，金额为 45 万元，督促未达账项 1300 多笔，涉及金额 1 亿多元，按年平均计算：每年发现的重复报单为 40 笔，金额为 170 万元。每年发现和往来报单不符约 48 笔，金额为 18 万元。为国家挽回了经济损失，充分体现了该系统所发挥的经济效益。每年督促未达账项 520 多笔，涉及金额约 3640 万元。该系统的使用，缩短了往来账的查清时间，同时也缩短了资金在途时间，加快了资金周转，提高了金融服务质量。该系统的使用，节约了人力和物力，减轻了分行对账中心及基层联行经办员的劳动强度。该系统的使用避免了基层联行人员的联行往来错、乱、慢、压等事故的发生，减少了差错，提高了核算质量。

十八、B 系列微机出口系统

项目编号：9214037

获奖等级：金融科技进步奖三等奖

项目完成单位：中国银行山西省分行电脑部

主要完成人员：王青、杨丽珍、张力

其他完成人员：朱修祥、郝群

项目简介：

B 系列微机出口系统是在 B 系列微机 BTOS 系统上开发的计算机应用软件，它适用于中国银行各中小分行国际业务部门，可对进出口国际结算业务中交易量最大的出口贸易业务进行全部电脑化的处理。该系统设计结构清晰，使用方便灵活，通用性强，各部分功能之间既相互联系，又相对独立，应用部门可根据自己的具体情况进行适当调整。从 1988 年 3 月至 1989 年 2 月，该系统投入试运行结束，历时一年。在开发过程中，该系统运用软件工程化的思想指导和管理开发工作的各个阶段，采用结构化设计方法进行系统设计，力求模块化、参数化、标准化。该系统充分考虑结构的合理性和可扩充性，设有与 B 系列微机会计核算系统和电传通讯系统的接口界面，为扩充组成国际结算业务综合系统奠定了基础。

该系统提供了完整详细的技术资料，使推广和维护工作都很方便。从 1989 年开始，已有中国银行系统的 20 多家分支机构在使用这个系统。

B 系列微机出口系统的开发和推广应用，为推进中国银行中小分行的电子化进程，尤其是为中小分行国际结算业务早日实现业务处理电子化、国际化起到了重要的推动作用。从应用效果来看，B 系列微机出口系统占用设备资源小，开发维护投入的人力、财力少，应用推广进度快、面广，而且系统运行稳定，可维护性和可扩充性强。该系统推广使用三年来，取得了明显的经济效益，受到了用户的好评。据用户反映，出口业务上机后，规范了中国银行传统业务，加强了科学管理工作，改善了银行的对外形象，加强了银行收汇速度。例如，中国银行宁波市分行统计数据显示，原来手工工作量平均收汇天数 22 天，上机后平均收汇天数达到 15.2 天。社会效益也是很明显的，由于电脑承担了大部分繁杂又易出错的处理工作，使工作人员减轻了劳动强度，提高了工作效率和工作质量，以审单议付为例，中国银行宁波市分行的统计数据是，原平均出单速度为 2.8 天，现在缩短为 0.57 天，在改善对客户的服务质量方面，不仅体现在缩短工作时间和收汇时间给客户带来的好处，而且还有系统提供的各种查询功能和报表，能为客户提供多渠道、多方式的服务，增强了对客户服务的质量，也增强了同业间的竞争实力。

十九、S 系列机综合系统

项目编号：9214044

获奖等级：金融科技进步奖三等奖

项目完成单位：中国银行总行、中国银行海南省分行

主要完成人员：白光升、张涛、冯晓东、林帅、朱军

其他完成人员：徐青、姜超、赵贵晨、张弘、雷继红、甄涛、张庆龙、何晓云、王巍、王刚、唐小平、黄慈继、陈育武、张小宁、付仁东、刘太平、李文杰、梁耀钦、符强

项目简介：

S 系列机（指美国 UNISYS 电脑公司生产的小型机）综合系统是指在 S 系列机上实现银行会计和储蓄业务电脑处理系统。

该系统业务需求分析、设计采用面向数据的方式，并且运用了结构化、模块化、参数化的设计思想，从而确保了系统的高效率、高可靠、可维护、可移植。该系统采用 C 语言编程，运行在 UNIX 操作系统、ISAM 文件管理系统之下。该系统具有较好的用户界面及快速的联机响应。

该系统处理储蓄业务种类包括人民币存款项下的活期储蓄存折存款、活期支票存款、定期整存

整取、零存整取、存本取息、定活两变、大额定期、定期有奖、金融债券、国库券、旅行支票及代发工资、代收水电等业务。外币存款项下的有活期存折、定期整存整取、定活两变。除此之外，还处理外汇买卖，涉及存款业务的信汇、电汇及票汇业务。会计业务有传票输入、会计联机交易查询、非金融修改及各种报表统计，同时使储蓄与会计之间实现数据的实时更新，数据通讯上采用乱码技术，使业务跨地区处理更加安全、可靠。

S 系列机综合系统于 1988 年 5 月首次在中国银行海南省分行投入使用，解决海南省中银系统内存款业务通存通兑，从而为中国银行吸收大量存款。

由于实现储蓄业务的通存通兑，保证省内异地结算当天进账抵用，减少了在途资金，加速资金周转，资金自给率由 1987 年的 38% 上升到 135.9%，每年可为分行多赢得 10126 万元，外汇达 120 万美元。

目前，该系统已在中国银行系统内几十家分行中使用。随着该系统不断优化、扩充，从而使用户终端逐渐智能化。在同城业务上实现了集中式处理，从而大大减少了设备投资，提高了系统的安全性、可靠性。

该系统为银行业务发展开拓了广阔前景，同时也为社会各界客户提供优质服务。

二十、国际结算贸易项下托收系统

项目编号：9214049

获奖等级：金融科技进步奖三等奖

项目完成单位：中国银行大连市分行、中国银行总行等

主要完成人员：李卓军、黄长辉、刘艳宏、苏小方、贾颖

其他完成人员：何家虎、梁荣彬

项目简介：

国际结算贸易项下托收系统（以下简称托收系统）是一个处理国际贸易项下跟单托收及光票托收业务的应用系统，该系统由中国银行总行立项并组织开发，在 IBM43XX 中型机上实现。

托收系统于 1991 年 5 月需求论证，同年 6 月中旬系统设计，7 月进行编程，8 月进行调试，历经 3 个月完成整个系统的开发工作，1992 年 3 月通过中国银行总行鉴定。目前已在 6 家分行投入运行并将在配有 IBM43XX 机的分行陆续推广。

托收系统分为九个模块，实现了从交单托收到收妥结汇，再到催收及统计考核等多项业务的自动处理。该系统采用结构化模块化设计，系统资料完备，基本达到商品化软件要求，该系统与其他应用系统如会计、SWIFT、TMCS 等均有接口。

托收系统的使用所带来的经济效益主要是间接的。及时的对外催收、查询，缩短收汇的时间，使国内企业资金周转速度加快；催国外迟付利息、短款，使国家、企业减少损失；提供结汇时间的预测，可使受益人更好地计划生产；提供分析报告，数据完整，能及时准确地考核代理行情况，可避免银行的损失；托收系统的运行，使此项业务更加规范，降低了业务人员的劳动强度，减少了差错率。手工打印托收面函一般需 10 分钟时间，现在只需 1 分钟左右，系统提供的自动催收功能，解决了手工处理翻卷、查找、判别的烦琐劳动，也杜绝了手工处理催漏现象；托收系统的使用，

加强了对客户的服务，提高了中国银行在同业间的竞争实力。

二十一、国际结算进口业务处理系统

项目编号：9214054

获奖等级：金融科技进步奖三等奖

项目完成单位：中国银行天津市分行电脑部

主要完成人员：翟和平、任新、杨骏、徐卫、胡文霞

其他完成人员：张翼骥、朱礼筠、刘瑶、顾薇薇、孙铮、吴颖高、丁连军、王建

项目简介：

国际结算进口业务处理系统适用于中国银行及其他金融机构开展国际结算进口业务的电脑处理。该系统采用了软件工程化的科学技术原理，并应用了国际电脑行业最为流行的表驱动的先进技术，系统地开发了国际结算进口业务处理系统电脑化，使国际结算进口业务的处理效率和能力得到了很大的提高。

该系统采用软件工程化技术原理，从系统的提出和可行性分析入手，经历了业务需求调查，系统的总体设计（包括功能设计和数据结构设计），系统环境的设立、编码、单调、联调、试运行和正式投产运行六个阶段。每个阶段都严格地按照软件工程化的要求，采用国际上通用的描述方式，实现了以数据流图、数据字典、系统流图、程序流图为形式的设计过程，并使用了结构化程序技术，采用横向联合的处理方式，将程序按功能分类。这样，使系统的结构清晰，每个程序的功能强而明确，尽可能地减少了程序的冗余，更有效地发挥表驱动的性能，使整个系统成为合格的电脑应用产品。

该系统实现了国际结算进口业务处理的电脑自动化，产生了明显的经济效益和社会效益。首先，极大地减少了手工操作，这不仅降低了劳动强度，更重要的是减少了差错率，提高了业务处理的质量和银行的形象。据不完全统计，与传统的手工操作相比，差错率降低了 7.5%，在加速资金周转速度上提高了 46.3%，工作效率提高 88%。另外，进一步加强了各种业务统计和提供领导决策信息的能力，做到准确、及时。

目前，该系统已在中国银行天津市分行得到了实际应用，并在中国银行山东省分行、辽宁省分行、福建省分行、湖南省分行得到了推广；另外，要在一两年内在全国各有关分行得到进一步的推广。

二十二、中国农业银行海南省分行电脑储蓄联网作业系统

项目编号：9213078

获奖等级：金融科技进步奖三等奖

项目完成单位：中国农业银行海南省分行

主要完成人员：利光秘、林明河、吴忠兴、蔡宁、刘同根

其他完成人员：孙瑜、余红珊、陈晓洪、柯维平

项目简介：

中国农业银行海南省分行电脑储蓄联网作业系统是海南省分行信息处根据农业银行系统业务

需要而开发的。该作业系统功能齐全，操作方便，安全可靠，适应于国内金融部门储蓄通存通兑作业使用。

该系统的硬件构成是采用星型拓扑网络结构形式，由电话专用线路和调制解调器为通信基础，构成经网络中心控制的各储蓄点之间的通存通兑系统。该系统的软件系统运用 UNIX/XENIX 操作系统，采用 COBOL LEVEL V 语言和 C 语言编程，使整个系统具有多种处理大量数据的功能，具有较强的实用性、可维护性、可靠性、兼容性和可扩性。

该系统根据储蓄业务要求，作了具有以下特点的系统设计。

1. 具有能满足单柜台或多柜台作业的功能。

2. 具有完整的储蓄业务处理功能。

3. 具有较突出的通存通兑功能。

4. 储种装配结构。

5. 采用较完善的系统安全措施。

6. 采用模块化结构。

该系统具有以下特点。

1. 采用屏幕中文菜单方式操作，具有易掌握、易操作的特点。

2. 开办业务系统齐全，并具有较强的应变能力。

3. 专用的存折打印机，打印的存折存单整齐、美观。

4. 整个系统采用分级权限管理。

5. 具有多种错账更改功能及完整的快速查账功能。

6. 能处理各柜台联网作业的情况，满足各储蓄网点的不同要求，使电脑在银行业务中得到充分的利用。

7. 处理速度快，效率高。

8. 采用面向商业的 COBOL 语言及 C 语言编程，使系统具有处理能力强、可靠性强等特点。

该系统于 1990 年 1 月推上柜台进行电脑单机对外营业，1990 年 8 月中国农业银行海南省分行电脑储蓄通存通兑网络正式联通，办理本地、异地业务。目前，已有 55 个储蓄所使用该系统办理业务，其中 23 个储蓄所参加了海南省的联网作业。

该系统的实现，大大方便了储户，使储蓄存款额大幅度上升，促进了储蓄工作的发展，取得了良好的经济效益。

该系统的投入使用在社会上产生了以下作用。

1. 使储蓄业务处理进入了一个全新的阶段。

2. 通存通兑业务的开通减少了货币的流通量，加速了资金周转，进一步完善了资金的组织机制。

3. 为储户提供了很大的方便。

4. 强化了银行储蓄业务的管理，改善了操作人员的工作条件。

5. 为海南省计算机事业的普及和发展奠定了基础。

二十三、银行门市业务储蓄微机处理系统

项目编号：9213087

获奖等级：金融科技进步奖三等奖

项目完成单位：中国农业银行上海市分行

主要完成人员：马效梅、陈壹恣、王振宇、叶茂星、王修敏

其他完成人员：徐蕙芳、许麟、娄吉安、顾士明、史魏、王鸿庆、邢鹏、张昌高、韩丽芳

项目简介：

银行门市业务储蓄微机处理系统用于储蓄所柜面事务处理，是一个独立的、本身账务平衡的应用系统，并设有与对公业务微机应用系统的软盘接口，与之共享数据，使银行门市业务微机处理形成一个有机整体。

该系统根据微机特点对储蓄业务中的定期、活期、零存整取三大类业务进行逐笔处理和存储，其他业务则采取综合汇总处理。该系统采用在屏幕上固定区域提示业务种类代码、处理功能代码及功能补充码，通过不同的代码组合成操作码，调用所需画面及程序模块。

该系统较好地应用数据文件的各种处理技巧，解决了信息的处理速度和信息冗余度问题。

该系统有很好的安全保密措施，确保系统安全可靠。

该系统是中国农业银行总行第一个在全国各分行推广应用的储蓄业务微机处理系统。

该系统的应用，扩大了中国农业银行的影响，吸引了众多的储户，增加了银行存款，减轻了工作人员的劳动强度，提高了工作效率，取得了明显的经济效益。

该系统的推广使用，提高了银行职工的素质，甩掉了一支笔、一个算盘的记账做法，使计算机技术应用得以推广；由于采用了现代化手段，使客户增加了信任感，有的客户舍近求远到有电脑的网点存款，从而扩大了社会影响；由于采用二级密码，双人开机，并有相应的管理制度，储户存款更加安全，银行资金多了一道保护，最终方便了储户，提高了服务质量。

二十四、储蓄事后监督微机处理系统

项目编号：9213088

获奖等级：金融科技进步奖三等奖

项目完成单位：中国农业银行山西省分行

主要完成人员：孙宝如、武怀根、赵百杰、张并荣、武源军

其他完成人员：梁文涛、米与凤、李海涛、邢春荣、王琪、任春艾、张润民、郭钢、冯春英、付志强、许卫民

项目简介：

储蓄事后监督微机处理系统适用于全国农业银行系统及各专业银行进行储蓄事后监督。

该系统在 XEN LX C 多用户操作系统下利用 MS-COBOL 及 C 语言混合编程，设计严格遵循会计制度、事后监督原理和储蓄管理办法，运用软件工程的方法，采用功能化模块，进行结构化程序设计，使整个系统结构严谨，人机界面友好，并设置双层密码，使系统安全可行。

该系统主要完成对所辖（柜）每一笔业务的审核与监督，能够全面控制和监督各类储蓄业务的所有要素，达到维护储户的利益、保证银行信誉的目的。此外，该系统还提供详细的查询功能、

灵活多样的报表打印、直观的图形分析，为银行管理人员提供分析与决策的依据。

该系统于1991年底已在山西省农业银行系统30个单位推广应用，目前，全国有数家省分行已推广应用。

该系统的投入使用，取得了很大的经济效益。以山西省农业银行系统为例，130个营业部（所）的储蓄事后监督部门可减少人力650人，每日缩短工作时间2个小时，一年可缩短93600个小时，劳动强度大大减轻。应用该系统防止了储蓄工作中可能出现的差错，保证了银行储户的资金安全。

该系统提供了丰富的查询功能、灵活多样的打印报表、形象直观的图形分析，为银行管理人员和领导提供了决策依据，使他们能在极短的时间内查到必要的数据，掌握储蓄存款的状况，了解存款结构，运用好政策，安排好工作重点，提高资金利用率。

通过应用该系统可以防止储蓄存款工作中的差错，堵塞业务漏洞，减少计息差错，防止犯罪，维护了资金安全，提高了银行信誉，保证了国家资金不受损失。

使用该系统可以减少储蓄人员的劳动强度，使银行经营管理水平又上了一个新台阶，培养了一批计算机使用人员，推动了银行电子化的建设。

二十五、乡村工业经济财务信息分析微机处理系统

项目编号：9213091

获奖等级：金融科技进步奖三等奖

项目完成单位：中国农业银行上海市分行

主要完成人员：郑雷芬、王家乐、朱平、潘先放、解恒力

项目简介：

乡村工业经济财务信息分析微机处理系统是根据信贷业务的需求设计开发的。

该系统是以万户乡镇、村工业企业和国营农办工业为研究对象，以这些企业的经济财务主要指标为研究内容，是一个大型数据库的信息集中和综合处理系统。该系统由数据输入与维护、辅助文件处理、分类归并、汇总统计指标分析、结果输出咨询服务等子系统组成。该系统分支行级和分行级二级处理，二级处理系统均可按行政区域、所有制性质、性质下的国民经济行业、按企业经济特征和企业经营规模进行各种分类归并、汇总统计和常用经济指标分析。分析指标既能满足国民经济指标考核体系，又能满足银行信贷管理业务需求。

该系统能动态地反映以农业银行和信用社开户的乡镇、村和国营农办工业企业的总体、各种不同侧面的经济运行及资金占用的发展变化，为实行扶优限劣的信贷政策、提高信贷效益和促进乡村工业发展提供了科学依据。

该系统在上海农业银行系统中推广程度占100%，目前已正式运行四年，该系统被中国农业银行总行确定为向全国农业银行推广的系统。

应用微机开展信贷辅助管理，极大地提高了信贷科学决策水平，每笔贷款的投放经过事先查阅电脑数据，在充分分析的基础上作出判断，使之投向符合国民经济发展需要和国家产业产品政策，保证了信贷资金应用安全性、周转性、效益性的统一。

按中国农业银行上海市分行这几年平均存贷款利差3.1个百分点的贷款收益率计算，共计新增

经营利润 7339 万元。另外，该系统的投入使用，极大地提高了信贷人员的工作效率，减少了过去手工进行统计工作分析的工作量，由此也节省了费用。总之，该系统的推广应用，取得了良好的经济效益。

该系统应用结果产生的统计分析资料使信贷人员对上海市乡村工业从总体到每户企业的生产、经营、效益、资金使用状况都能进行全面、透彻、多方位、多视角的了解，从而使上海乡镇企业在农业银行信贷的支持下，产业结构得到调整，产品适销程度提高，科技成果获得广泛应用，企业利润逐年增加。

二十六、中国人民建设银行会计核算系统（PC 版）

项目编号：9215100

获奖等级：金融科技进步奖三等奖

项目完成单位：中国人民建设银行总行 PC1.0 版优化技术小组等

主要完成人员：沈秋翔、边竹芳、潘重、张革展、刘静芳

其他完成人员：周梅友、陈芳芳、李宇强、杨扬

项目简介：

中国人民建设银行会计核算系统（PC 版）是中国人民建设银行总行立项项目，由总行优化技术小组提出最初的设计方案，委托江苏省分行组建课题组承担具体研制任务，研制成果用于中国人民建设银行各会计网点进行会计核算及财务决算。

该系统按照软件工程的方法研制，产生了各阶段的相应文档。该系统分为 PC1.0 版和 PC2.0 版，PC1.0 版于 1987 年 10 月至 1988 年 10 月研制完成，PC2.0 版于 1989 年 8 月至 1990 年 3 月研制完成，投入了大量的人力和物力。该系统在微机上运行，操作系统为 CCDOS 或 XENIX，采用了 DBASE 或 FOXBASE 数据库语言，PC1.0 版程序源码约 420K，PC2.0 版程序源码约 1 兆。

该系统具有开销户、记账、复核、轧账、产生账页和报表、同城清算、制作联行报单日结息、年终结转等会计柜台所必备的功能，还增加了各种数据安全检测机制及数据查询、备份、故障后援、手工账转换等功能，并有可选用的财务结算子系统，功能较强，基本能满足中国人民建设银行会计核算的要求。

该系统通用性强，便于推广，运行速度较快，安全可靠，文档资料齐全，易于掌握，是建设银行系统微机上会计核算软件的通用标准版本，技术水平较高，自 1988 年以来已陆续在建设银行系统近 3500 个会计柜台上得到推广应用，占建设银行系统全部柜台的 60% 以上。该系统的使用，大大节省了会计人员，减轻了劳动强度，缓解了业务量不断递增而引起的人员不足和新增人员业务不熟的矛盾。提高了核算质量和速度，对完善会计制度起了一定的作用。同时，作为建设银行系统中第一个全国推广的计算机项目，它的成功，推动了建设银行电算化的步伐，并为今后其他业务的电算化提供了可借鉴的经验。

二十七、交通银行微机通讯网络系统

项目编号：9216114

获奖等级：金融科技进步奖三等奖

项目完成单位：交通银行总管理处电脑部

主要完成人员：周禹相、赵瑞康、金其佑、王家乐、陆奇

其他完成人员：徐瀚、王锦明、张尧、曹虹

项目简介：

交通银行微机通讯网络系统是采用微机，借用公用长途电话线路，由总行、管辖分行、分支行三级组成的，覆盖交通银行全国分支行机构的计算机网络系统。该系统首先应用于逐级传输、汇总交通银行最基础的业务数据——会计科目数据，以此为基础，产生会计业务状况报表和信贷收支报表，以及派生各种分析报表。该系统主要包括会计报表数据处理子系统、现金报表数据处理子系统、计划报表派生分析子系统，用 LEVEL II 及 COBOL 语言编写，源程序共有 41994 条语句。

交通银行微机通讯网络系统于 1990 年立项研制，经过一年的努力，于 1992 年 1 月投入运行，1992 年 9 月通过技术鉴定。该系统集数据收集、会计和计划报表处理、派生分析报表处理于一体，总体结构严谨，数据正确性控制严密，功能齐全，用户界面友好，易于维护和扩充。该系统直接利用会计科目数据产生计划报表，确保了计划报表与会计报表的一致性，避免了各级行既要上报会计报表，又要上报计划报表，提高了工作效率。该系统能根据业务部门的需要，快捷、方便地生成各种派生分析报表，以利于为交通银行实行资产负债管理及时、正确地提供所需的数据。目前，该系统可提供 19 种报表，并存储了 1992 年 1 月以来的各分支行的各旬、各月的会计科目数据，可供检索查询。自该系统投入运行以来，使统计人员摆脱了烦琐的数字计算，减少了不必要的重新劳动，并提高了报表的及时性、正确性和分析处理能力，对提高交通银行的管理水平起到了积极作用。

二十八、昆明同城票据清算计算机系统

项目编号：9211119

获奖等级：金融科技进步奖三等奖

项目完成单位：中国人民银行昆明市分行

主要完成人员：邱云武、张正平、伍家宇、谢洪松、刘安祺

其他完成人员：张平、赵必康、胡芸、刘思宛

项目简介：

中国人民银行总行 1987 年 10 月 13 日决定，将昆明列为同城票据资金清算电子化的试点城市，由昆明市、丹东市、湛江市的同志，以及广东省两位同志组成昆明市开发组进行系统开发。经过 3 个月的辛勤劳动完成了软件开发任务，于 1988 年 1 月 20 日投入人机并行作业。在此阶段中，该系统不断完善，于 1988 年 7 月 1 日脱离手工清算，正式投产运行。中国金融电脑公司于 1989 年 1 月 23—25 日对昆明同城票据清算计算机系统进行了验收，认为该系统在 18 个试点城市中率先开发成功，该系统功能齐全，运行稳定，管理突出，安全可靠，具有实用性。该系统在通讯软件 PCWORK 的汉化等方面作了开拓性的工作，方便了通讯软件操作。该系统具有资金流向、流量统计功能，为资金流向、使用分析提供了依据。

该系统的成功开发和投入，对全国同城票据清算系统的电子化起了较大的推动作用。

二十九、中国人民银行微机电传通讯系统

项目编号：9211132

获奖等级：金融科技进步奖三等奖

项目完成单位：中国金融电子化公司、中国人民银行货币发行司

主要完成人员：罗元崖、潘桦、史奇中、邸泽棋、陈国衡

其他完成人员：张国华、田耕、刘建刚、刘凡、张承杰、利坚、张国梁、纪传灵、刘卫平、于凤莲、鄂大地、孟通

项目简介：

为加速资金周转和金融信息的收集，中国人民银行总行决定组建微机电传网。中国金融电子化公司、中国人民银行货币发行司、中国人民银行广东省分行及广州市新技术研究设计院，在中国人民银行项目组 1988 年以来工作的基础上，从 1990 年 3 月至 1990 年 10 月在两位领导小组组长的指导下，在全行有关人员的共同努力和支持下，在全国范围内完成了微机电传机传一级网工程建设。

自 1990 年 8 月起，该系统在全国 29 个省、自治区、直辖市分行相继投入使用，1991 年 10 月在中国人民银行总行和全国各省、自治区、直辖市、计划单列市分行共 45 个一级网点正式使用，并已取得明显的经济效益和社会效益。

该系统首先在中国人民银行货币发行司使用。根据货币发行司提供的资料，使用该系统后，全国货币投放回笼数据 1~2 天内就可以从县逐级汇总到总行（原人工汇总需要 1 周以上的时间），并呈报给国务院领导，为有关方面正确地、科学地决策货币政策提供依据。经过一年多的实际使用，货币发行司认为，该系统运行稳定，应用效果良好，推动了货币发行电子化的进程。

该系统采用多任务管理方式，使一台微机能兼具电传机、微机数据通信、通用微机等功能。该系统适应性强，可与任何传统的电传机通信。各地用户可自行设置通信参数，以适应各种电传交换机的实际要求，该系统具有民传对话、自动发报、一文多址等功能特点，用户界面友好、清晰。该系统实现了前后台作业，可根据用户需求安装业务应用软件；接口的硬件技术采用外接隔离式，使通信线路的干扰信号不致损伤微机。该系统可成为全能通信网络低速通道。

中国人民银行广东省分行自 1989 年开始，利用微机电传网进行资金调拨，截至 1991 年底，共调拨资金 69000 笔，汇划资金 1472 亿元。由于资金提前抵达，专业银行获息 3 万元，提高了资金抵用率水平。

该系统既符合邮电部的进网规定，又符合中国人民银行传输金融业务信息的需求，其主要技术性能在同类系统中处于国内领先地位，具有广阔的推广应用前景。

三十、中国人民银行石家庄市分行数据兼容超短波金融信息通讯系统

项目编号：9211134

获奖等级：金融科技进步奖三等奖

项目完成单位：中国人民银行石家庄市分行

主要完成人员：赵卫民、王彦青、张玉民、栗彤、纪志平

其他完成人员：任瑞雪、刘国业、刘晓耕、田红军、刘宪军、刘吉龙

项目简介：

数据兼容超短波金融信息通讯系统是国内金融系统内首次通过无线信道实现区域内数据资源共享的计算机网络工程，它摆脱了计算机远程通信只能靠有线媒介的模式，速度快，准确率高，安全可靠，以较少的投资获取较大的效益。

该系统通过超短波无线信道组成数据兼容的星型数据通信网络，在辖区内各支行之间、各支行和二级行之间进行资金划拨的账务往来。全网包括1个中心站（中国人民银行石家庄市分行）和18个分站（17个县支行和石家庄分行营业部）各分站管理的联行汇划业务直接发送中心站，各分站之间不发生直接的联行账务往来，中心站负责各分站之间的汇划业务的接收、汇总、轧差、对账、计息、转发。网络覆盖区东西长约110千米、南北宽约100千米。网内可完成自动拨号无线通话，可以实现网内任意分站之间的拨号通话及分站与中心站通话，还可以召开电话会议。手持机、车载台可以入网，网内的分站、手持机、车载台可以与市话网连接，还可进行其他金融信息的无线传输及图文资料的无线传真，数据传输方式采用分组交换技术，具有较强的检验纠错能力。

该系统于1990年7月12日正式开通，每天处理两场区辖联行的汇划款项。1990年8月1日中国人民银行项目电报、回库报价、月报表及多种会计报表入网；同时开通电话会议、图文通知、话务联络等电台业务。自1991年9月1日起将专业银行和其他金融机构跨系统的资金汇划全部纳入网内，全辖取消了跨系统信汇，月均处理业务5.6亿元。1992年3月30日，实现了与全国电子联行的衔接。该系统正式运行两年来，经受了暴雨、雷电、冰雹及大风大雪等恶劣天气的考验。全网运行良好，设备完好，软件可靠，功能齐全，手续完备。仅日常话务工作开通以来，全辖节省人工300多个工作日，全年预计节约1000个工作日，汽车行驶里程每年减少18万千米。

三十一、国库会计核算业务微机处理软件系统

项目编号：9211143

获奖等级：金融科技进步奖三等奖

主要完成单位：中国人民银行贵州省分行

主要完成人员：冉太模、薛杨真、黄正国、周光福、梁建奇

其他完成人员：尹玲

项目简介：

国家金库（以下简称国库）是负责办理国家预算收入的机关，它担负着办理国家预算资金的吸纳和库款的专拨、债券发行与兑付、反映国家预算执行情况的重要任务。

贵州国库会计核算业务微机处理软件系统是目前人民银行系统内应用软件国库业务微机处理系统之一，它于1989年研制成功，同年投入应用。1991年2月通过省科委组织的专家鉴定，经一年多实际使用表明，该系统功能齐全，系统包括国库核算的全部业务内容，符合国库条例实施细则中会计核算的要求。该系统有以下特点。

1. 自动进行会计分录，制作会计转账传票、账、表的功能；采用压缩信息技术保存数据，节省了内存空间。

2. 设计了摘要智能学习功能模块，大大提高了报单录入的速度。

3. 在保密方面设计了保密性能较高的加密软件。

4. 该系统可适用于县、地、省各级人民银行国库核算的需要，适应面广。

该系统与国内已开发出来的国库核算软件相比，功能齐全，适用面广，首次采用了会计分录和摘要智能学习技术，具有国内领先水平。

三十二、省级中央银行业务综合管理系统

项目编号：9211149

获奖等级：金融科技进步奖三等奖

主要完成单位：中国人民银行四川省分行

主要完成人员：赵学海、于蜀力、祁红、张炬、陈强

其他完成人员：林红、蔡志坚

项目简介：

省级中央银行业务综合管理系统是中国人民银行四川省分行针对中国人民银行省分行、市地级分行和县支行金融业务而开发的应用软件系统。1990 年初研制开发工作完成。该系统具有五大类功能：账务处理、报表处理、统计分析、联网通讯和系统管理。它包括六个子系统，覆盖了中央银行省级分行、二级分行和县支行货币发行、金银管理、会计、金融统计、国家金库和省级联行对账等主要业务。该系统实现了自动记账、报表自动生成、自动汇总、自动计息及数据一次录入多次使用。该系统通讯网络采用树型结构，公用电话网和电传网混合使用，符合中央银行的业务特点，满足了多种业务的需求。该系统具有有效的安全保密措施，所用通讯技术方便实用，对故障恢复和输入纠错，都有完善的措施。

该系统按照软件工程的规范化设计思想采用自顶而下的结构化系统设计和模块化程序设计技术，从系统分析到试运行形成了一套完整的技术文档。同时，在设计中能针对不同的业务需求，灵活采用“生命周期法”和“原型法”二者结合的开发策略。该系统在设计中注意了程序与数据的分离，并且采用了用特征参数描述系统的方法，因而当系统用于不同级别的业务时，只需通过系统管理模块对系统进行定义，而不必改动程序，即可用于不同的业务环境。

1991 年，四川省 100 多个县支行配备了 286 微机后，该系统很快推广到各县支行使用，至今已在省分行，各市、地、州分行和几十个县支行的会计、货币发行、金银管理、计划统计、回库等业务部门使用，推广使用成功率达 80%。运行两年多来，效果较好，运行稳定可靠，已取得显著的经济效益和社会效益。有部分子系统已推广到外省兄弟单位。货币发行业务处理系统、会计业务处理子系统已推广到云南省大理州、红河州使用，金银业务处理子系统于 1992 年推广到深圳市，国家金库业务处理子系统推广到西藏、宁夏使用。

三十三、日立机 L-470 中国人民银行计算机会计账务核算及报表处理系统

项目编号：9211154

获奖等级：金融科技进步奖三等奖

项目完成单位：中国金融电子化公司

主要完成人员：王溦玮、鲁宗和、高明芝、忻云龙、犍国忠

其他完成人员：丁杰、陈维克、章为国、丁维勤、周卉、邬向阳、栾黎明、吴竑、林建东、徐军、牛学勇、刘锡鹏、张良、党志勤、曾建国、陈沛然、范维

项目简介：

1986 年，中国人民银行从日本国的日立公司引进了 15 套中小型计算机用于装备沿海城市分行。1987 年 7 月，由中国人民银行、中国金融电子化公司牵头，组织了装备日立 L-470 小型机的中国人民银行秦皇岛市分行、烟台市分行、连云港市分行、南适市分行、宁波市分行、温州市分行、北海市分行的软件人员，集中在秦皇岛市分行进行会计账务核算及报表处理系统，以及其他业务处理系统的开发，率先完成了会计业务处理系统的开发。

该系统分为账务核算和报表处理两个部分，根据会计业务的特点和国外类似系统的处理形式，账务核算采用联机方式（Online）执行，报表处理采用批量方式（Batch）执行。该系统在 15 套日立机中首先采用了数据库技术，总账和分户账数据等均采用双链接路径连接，不管数据集增加到多大，均可立即定位处理，保证了对历史数据的联机查询。该系统建立了数据库更新日志文件，一旦数据库遭破坏，即可自动恢复到毁坏前状态。

该系统为人民银行系统在中小型机上第一个开发成功的会计账务核算及报表处理系统，1989 年 5 月由中国人民银行总行会计司和中国金融电子化公司对系统组织了验收。

该系统自 1989 年起在中国人民银行秦皇岛市分行、南通市分行、连云港市分行、北海市分行、烟台市分行移植成功。

该系统计算准确无误，账表美观统一，要素齐全，查询方便，在南通市分行运行几年来，一切正常，提高了工作效率和质量，被省行评为全省会计工作先进集体。南通市分行计算机室也被评为市行、省行先进集体。该系统在秦皇岛市分行业务部门运行几年来，也取得了较显著的经济效益和社会效益。

三十四、辽宁省重点商业企业资金监测系统

项目编号：9211166

获奖等级：金融科技进步奖三等奖

项目完成单位：中国人民银行辽宁省分行科技处

主要完成人员：姜巍、杨宏、夏莹、孙英、刘峰

项目简介：

中央银行宏观经济分析工作的任务是对一定时期的宏观经济平衡状况进行分析判断，对金融形势及货币政策工具的运用状况和货币政策目标的实现情况进行分析、监测，及时为中央银行决策提供依据。遵循上述原则，中国人民银行辽宁省分行从 1991 年 5 月开始应用重点商业企业资金监测系统进行重点商业企业资金监测分析工作。通过对全省 76 户重点商业企业数据进行比较，计算分析出资金率、资金利润率、效率等 25 项指标，弥补了以往抽样调查的不足，从而使调查统计部

门及时发现商业企业的业务问题及市场商品经营趋势，它对于维护中央银行的权威性和经济利益、引导信贷资金流入正常的流通渠道、保持正常的金融秩序起到了一定的积极作用。

该系统从 1989 年 6 月着手研制，于 1991 年 5 月投入使用，目前已在全省 13 个市推广使用，受到一致好评。该系统实用性强，经济效益及社会效益明显。例如，中国人民银行鞍山市分行通过对 8 户监测企业 1991 年资金运行情况进行分析，得出商业企业销售上升，利润下降，企业经济效益降低，虚盈实亏，这种现象的关键在于经营萎缩，提出要提高毛利率，加强费用管理，提高劳动效率等几项措施，从而为领导决策及时提供了可靠的依据。

三十五、产险业务综合处理系统

项目编号：9229057

获奖等级：金融科技进步奖三等奖

项目完成单位：中国人民保险公司青岛市分公司

主要完成人员：王永民、邱军、辛悦超、黄玉敏、孙九勤

其他完成人员：栾韶辉、杨宪、陆文岩、曹光福、付欣、王际韵

项目简介：

产险业务综合处理系统能够提供完整的业务处理功能，进行业务数据和图表分析，其主要特点如下。

1. 该系统软件结构简单，易懂易学，符合业务要求，数据处理安全可靠。屏幕全部采用汉字显示，部分操作有汉字显示，操作人员可根据汉字菜单提示完成全部工作。

2. 该系统具有较强的通用性，有利于各个系统的开发和应用，并且对新险种的开办预留接口，保证新险种尽快得到正常处理，为业务处理提供了较好的工作环境。

3. 数据准确、处理迅速。该系统在程序设计中采用了代码方法，并能自动计算出部分数据结果，只需数字填空，因此提高了业务处理速度。

4. 单证处理规范统一。该系统打印的单证齐全，大小统一，字迹清晰，设计合理，使单证管理实现正规化、科学化。

5. 数据可长期存储备查。该系统能按不同需要对所有数据进行整理、汇总、分析，有手工所不能比拟的迅速性、准确性。

该系统投入运行后，用户反映良好。目前，中国人民保险公司青岛市分公司所管辖的 9 个区办事处和 5 个县支公司都已使用该系统进行正常业务处理，一年可节约经费 10 万元左右，取得了很大的经济效益和社会效益，提高了保险公司的信誉，促进了保险事业的发展。

三十六、涉外业务出口货运险处理系统

项目编号：9229059

获奖等级：金融科技进步奖三等奖

项目完成单位：中国人民保险公司上海市分公司

主要完成人员：毕伟、葛国庆、周永芳、朱宏琳、丁丁

项目简介：

涉外业务出口货运险处理系统是在日本富士通公司 M-760 中型机上开发的，采用 OSIV/F4MSP 操作系统，运用 BASIC、COBOL 语言，采用 NDB、RDB 数据库及 FNA 通讯软件。该系统由前台业务处理、数据通讯和实时联机、后台信息加工分析等部分组成，形成了系统的整体。该系统具有两个技术特征：其一，多种业务处理综合在一个系统中运行，为此而特别设计了一个项目管理程序，把不同结构的数据，通过项目管理程序自动进行数据检查，并形成在同一个数据库中，这对于数据的系统管理和深层分析利用都带来技术上的方便；其二，采用了数据库空间压缩技术，一方面提高了数据库空间利用率，另一方面有利于控制存取时间。

该系统在上海市分公司范围的国外部投入运行后，提高劳动效率达 50%，相当于节省业务开支 10 万元 / 年，对我国的保险电子化事业起到了重要的推动作用。目前，凡用中型机办理国外业务的中国人民保险公司系统的分公司都已推广使用，其中天津、大连、福建已正常运行，反映良好，经济效益显著。

三十七、简易人身保险计算机处理系统

项目编号：9229063

获奖等级：金融科技进步奖三等奖

项目完成单位：中国人民保险公司广东省分公司

主要完成人员：邹林、姚仲坚、黎锦康、黄彪、吴永平

其他完成人员：王南生

项目简介：

简易人身保险计算机处理系统是在对简易人身保险（以下简称简身险）业务的状况进行深入、全面的调查和了解，熟悉了省公司、分公司、支公司、保险站等分支机构的各种处理方式及简身险业务条款和实务的基础上，总结前几年保险业务计算机应用的经验和成果，考虑到系统的先进性、兼容性及发展的需要而进行研制开发的。该系统既能处理营业部的柜台业务，又能处理还未配置计算机的支公司、保险站的业务，以适应各使用单位的状况。该系统在具体业务的处理上，既考虑散户处理的特点，又考虑集中处理的方便；针对系统使用时已有大量手工旧业务，特别考虑设置加强处理旧业务的功能，以提高使用效益；充分发挥计算机的特点，设置了大量的查询功能，具有较强的分析统计能力，以增强业务管理能力和管理水平。

该系统是在 UNIX 操作系统环境下，采用 C 语言为程序设计语言，选择 INFORMIX 数据库及 INFORMIX-ESQL/C 为操作语言。同时，还充分利用终端的功能（BLACK-MODE）减少联机时间，实现全中文输入画面和交互式操作。程序实现结构模块化及建立公共函数库，数据文件整体化设计，具有可靠的安全保密措施。使用这些技术，使该系统达到了设计要求，功能齐全，在同类技术中处于国内领先地位。

截至 1992 年，广东省已有 71 个支公司、营业部使用该系统，处理简身险业务达 452 万户，占全省业务总量的 61%。有近 600 个乡、镇的简身险业务实现了计算机管理。北京、浙江、黑龙江、吉林、新疆、云南等省市保险公司也使用该系统处理简身险业务，取得了明显的经济效益和社会效益。

三十八、分入再保险业务计算机处理系统

项目编号：9229069

获奖等级：金融科技进步奖三等奖

项目完成单位：中国人民保险公司总公司计算中心

主要完成人员：王学良、李越、曾静、刘立、谷胜民

其他完成人员：陈燕平

项目简介：

分入再保险业务计算机处理系统是在富士通公司 M760/4 型机上开发的，操作系统为 F4MSP。该系统使用网状数据库作为中心数据库，具有较高的存取效益，它可以提供各种用户分享而具有最小的冗余度和较高的数据与程序的独立性。在多种程序并发使用数据库时，能有效及时地处理数据，并提供安全性和完整性。同时使用关系型数据库用于统计查询，其数据定期从网状数据库中抽出加工而成，采用富士通公司提供的 AQL 为关系数据库的操作语言，它具有简便易学的特点，是面向最终用户的。使用 QUERY 软件，可以处理数据查询的突然要求，对计算机不是很了解的用户很容易地查询所需数据并对数据加工、统计。该系统采用多种恢复技术，以保证在事故发生后，能尽快恢复数据，对联机程序采用程序故障恢复技术，使故障发生后恢复到初始状态。

从 1988 年 1 月 1 日起，该系统投入运行，一次实现了由手工处理到计算机处理的转变。目前，该系统已运行了 5 年，运行实践表明：该系统能快速、及时、正确地处理分入再保险业务，实现了全部分入再保险业务的计算机处理，包括从公司、合同、账单、结算、付款的全过程，并能提供各类统计信息，反映业务的经营情况，指导承保，为科学决策提供依据。现在进入系统的数据已有 30 多万笔。该系统运行可靠，取得了显著的经济效益，受到了用户的欢迎。

三十九、外汇额度账务管理系统

项目编号：9218172

获奖等级：金融科技进步奖三等奖

项目完成单位：国家外汇管理局

主要完成人员：陈敏、黄元元、吴亦根、贾吉恒、孔维英

项目简介：

外汇额度的账务管理是国家外汇管理局日常业务中一项占有较大比重的工作，它承担了全部额度清算业务，管理的项目繁多，需处理的情况复杂，对账务上数据的正确性要求较高。为了提高外汇额度管理业务的水平，把业务人员从繁重的事务性工作中解脱出来，减轻他们的负担，1987 年由国家外汇管理局组织力量，在云南电子设备厂的大力协助下开发了在 B 系列微机上运行的外汇额度账务管理系统软件 1.0 版。1988 年 9 月在全国一级分局及总局推广使用。经过一年多的使用后，总局又组织力量于 1989 年底对该软件进行了较为彻底的修改和完善，推出了 2.0 版。该软件投入使用至今运行情况正常，各方面反映良好。

外汇额度账务管理系统软件包括以下 4 个子系统。

1. 系统管理员服务子系统，其中包括基本代码的输入和修改、初始化数据的录入、系统的安全保密、数据的备份与恢复、账务的年终处理和结转等。

2. 外汇额度账务处理子系统，它包括日常业务处理中传票的录入，外汇额度调拨的登记、冲错账、复核、轧账、表外开证、冲销等。

3. 查询子系统，包括账页、传票、开户情况、额度调拨情况、账户用汇及透支情况，以及各种代码等的查询。

4. 报表生成子系统，它可产生 20 余种月、季度、年报表。

该系统运行可靠性强，没发生过数据丢失或较大的差错，具有很强的保密功能，采用索引存取方式组织数据库，检索效率极高。另外，该系统采用模块化的编程手段，各模块相对独立，利用了标准的公用模块，使程序结构简洁严谨，可维护性强，便于修改和扩充。

该系统软件于 1988 年在全国一级外汇管理局分局推广使用，覆盖面达 90%，1991 年又继续推广到二级分局，覆盖面已达二级分局的 70%。该软件使用后，很多用户均已脱离手工记账，完全用微机管理账务，大大减少了人力，提高了工作效率。例如，总局在业务量较前增长了 2 倍的情况下，业务人员反而由原先的 20 人减少到现在的 6~7 人，每月、每季度的上报表现可随时打印，既准确又及时。原先客户账户上时有的透支现象，现已得到很好的控制。目前，由于该系统所产生的报表及时准确，可以利用这些数据信息进行综合分析，作为宏观、微观管理的依据，分析我国外汇储备情况，为进一步开放搞活、利用好外汇资源提供了必要可靠的依据。

四十、低版温不蹭脏油墨研制及与之相适应的 72 型传墨改进

项目编号：9228175

获奖等级：金融科技进步奖三等奖

项目完成单位：四川东河印钞厂

主要完成人员：郑大礼、马仁选

项目简介：（略）

第二节　1993 年金融科技进步奖获奖项目

一等奖

一、全国电子证券交易系统（NETS）

二等奖

二、LMY-3 联行专用机系统
三、房改金融业务处理系统
四、中国农业银行分布式信贷管理数据库系统
五、中国农业银行微机远程统计信息系统
六、吉林省保险公司计算机综合业务信息处理系统
七、全自动无排放 DGI 型镀铬成套设备
八、八五二品的研制与开发
九、纯金光谱标准样品
十、房改金融业务计算机处理系统

三等奖

十一、中国人民建设银行财务管理信息系统
十二、XENIX 信用卡业务管理系统
十三、中国人民建设银行房改金融业务处理系统（BTOS 版）
十四、中国人民建设银行多用户会计业务处理系统
十五、BTOS 储蓄通存通兑系统
十六、XENIX 储蓄事后监督系统
十七、中国农业银行金穗卡业务系统软件
十八、CHND-20 型银行出纳终端机
十九、变码印鉴系统
二十、MCRS-1 微机出纳自动化系统
二十一、科技开发贷款管理信息系统
二十二、M-240 计算机银行业务处理系统
二十三、牡丹信用卡止付名单传输与处理系统
二十四、日立 M-240H 计算机 CCU 设备扩充
二十五、异型微机远程数据传送系统
二十六、中国银行外汇资金应用系统
二十七、B 系列机综合系统
二十八、子女教育婚嫁保险计算机处理系统

二十九、非银行金融机构外汇管理系统

三十、国家外债统计监测系统

三十一、外商投资企业外汇管理系统

三十二、县级人民银行营业部业务计算机处理系统

三十三、资金分析监控系统

三十四、湖南同城票据清算计算机网络系统

三十五、SH型上浆机及附属设备

三十六、防涂改油墨的研制及应用

三十七、八五一品的研制与开发

三十八、印钞专用一布一胶凹印橡皮布

一等奖

一、全国电子证券交易系统（NETS）

项目编号：9311054

获奖等级：金融科技进步奖一等奖

项目完成单位：中国人民银行清算总中心、全国金融市场报价中心

主要完成人员：李晔、宋其章、屠光绍、李德功、周自立、彭涛、李勇、胡莹、林一仰、战兴师、应平、张世杰、李学军、齐成宣、谭国安

其他完成人员：丁亚华、赵华、成保良、雍世勤、邓新平、何玉英、李梅、陈海虹、王辉、何伟、欧阳泽华、欧阳为民、严庆生、陈传芳、吴列平、张兴耆、童君杨

项目简介：

全国电子证券交易系统（NETS）是中国人民银行科技司、金管司于1992年组织中国人民银行清算总中心、全国金融市场报价中心及有关分行的工程技术人员共同开发完成的。

该系统是在中国人民银行卫星通信网、邮电部X.25网或专线为支撑的广域网环境下，采用先进的SNA/APPN通信方式，为证券交易市场的行情播报、清算交割、运行管理提供自动化服务的计算机应用系统。

该系统以其高技术起点，实现了交易无场化、交收无纸化、委托指令自动撮合的功能，符合国际上证券业自动化发展的潮流。

投资人的委托可以在当地证券商处输入计算机并通过广域网传送到中心交易系统，进行自动撮合。成交情况可以通过广域网即时发送到相关证券商的计算机系统内，并向投资人发布，行情和清算交割数据也可以通过计算机的广域网向投资人发布。该系统是国内率先使用双向传输方式的交易系统。专家们认为，该系统为国内领先水平。

NETS自1993年4月28日开通试运行以来，在全国范围已连通50余家证券商，运行情况稳定，并以其技术起点高、结构设计严密合理、业务运行简捷便利、具有相当高的安全性及可靠性而引起国内外同行的瞩目，目前已使中国证券交易系统有限公司成为全国四大证券集中交易场所（系统）之一。

1993年，NETS共运行173个交易日，成交4.5亿万股，成交额近18亿元，为国家上交印花税1000多万元，中国证券交易系统有限公司收交易手续费达350万元，入网的证券公司收交易手续费达1400万元，取得令人满意的经济效益和社会效益。

二等奖

二、LMY-3联行专用机系统

项目编号：9332030

获奖等级：金融科技进步奖二等奖

项目完成单位：中国工商银行湖南省分行科技处

主要完成人员：向延刚、刘邦模、曹振川、白艾丰、陈炳恒、藏介华、罗新春、潘亚敏、张艳

项目简介：

联行密押是各专业银行用于资金划拨的重要机密之一。LMY-3联行专用机系统是为联行系统的编押、核押精心设计的电脑系统。它适用于各金融机构联行报单的编押、核押。此外，该系统还具有自校、排重、止付等多种功能。该系统设计周密，构思新颖，管理严谨，操作方便，安全保密，解决了联行报单手工密押保密性能差、计算方法落后、管理人员和密押人员责任不明等问题，大大加强了联行资金的安全，增强了银行的信誉，提高了工作效率，减轻了劳动强度，节约了管理费用。

LMY-3联行专用机系统采用电脑编押、核押，算法结构严密先进。密押函数使用了8个要素，组合量大，密钥函数实际上无周期反复，保密性强。该系统采用了算法参数分割及硬件保密技术，在机器生产和管理使用上采取了机密分割和“双人制约”等措施，编押、核押体现了“点对点”的安全原则，因此该系统在使用中安全可靠。该系统适应性强，操作简便快速，稳定可靠，具有很好的实用性。

LMY-3联行专用机系统属于国内首创，目前已在中国工商银行全国近万个联行机构使用。各省分行在省辖联行范围内也都普遍采用了这一新技术成果，从1993年11月1日起，全国工商银行已正式取消了运用40多年的手工编押、核押方式。

中国工商银行各省分行联行业务经办人员经过使用后一致认为，该系统保密性强，使用安全，操作简单，准确率高，管理方便，提高了劳动生产率，有效地保障了联行资金的安全，达到了设计时预期的目的。从使用情况来看，据初步统计，该系统编押、核押报单数达亿份，划拨全国联行资金几十万亿元，使用时间已达三年多，在此期间无一例由于密押泄密或伪造致使联行资金被窃取的案件发生，基本上杜绝了利用联行密押作案的可能性。该系统具有显著的经济效益和社会效益。而且，由于该系统采用电脑编押、核押，提高工效近5倍。以手工方式编、核一笔密押需20~30秒，利用电脑编押、核押只需4~8秒，并且大大降低了编押、核押的差错率。LMY-3联行专用机系统采用了先进的电脑技术，为将来联行业务的进一步电脑化提供了坚实的基础。

三、房改金融业务处理系统

项目编号：9315005

获奖等级：金融科技进步奖二等奖

项目完成单位：中国人民建设银行总行计算中心

主要完成人员：关振胜、宋振和、胡颜魁、许宏、张钤、柴振宏、张秀明、陈彤彤、侯军

其他完成人员：李桓、张志强、张颂、孙建英、党高胜、邓池想、陈芮、张新民

项目简介：

房改金融业务处理系统主要应用于房地产开发房改金融业务处理。其中，主要有公积金核算与管理，单位为建房和购房专用存款和贷款核算处理及个人为购房和建房存款、贷款核算处理等业务。公积金核算与其他存款、贷款核算有机结合又相对独立，其处理的主要业务如下。

1. 公积金核算。公积金核算要求在单位名下开户到个人，单位提供的部分和个人交存的部分占个人工资的一定比例，以日计息年结息利息进入本金归个人所有。除每月正常交存外，还能处理补交、归还、办理个人支取、消户；转入、转出的销户和开户；逐户进行年终结转、结息，对账到个人。

2. 会计核算。房改金融会计核算与中国人民建设银行对公业务会计柜台核算基本相同，只是增加个人住房保证金的个人存款和个人住房贷款部分，由于年限不同及首次还款多少不同，所以会采用不同利率，有分期还款的处理能力。

3. 记账处理。操作员输入保密口令，系统自动进行判断，拒绝非法操作。目前仍采用“收付记账法”。记账处理包括记账和抹账功能，冲正时，能自动调整积数。

4. 复核处理。提供双敲全项复核和手工勾对复核方式。

5. 日结处理。能自动完成轧账、平衡检查、按科目汇总，生成日结单，打印日结单及科目余额汇总清单，分别记入明细账和总账，并对全部计总户进行累计积数处理。

6. 账页打印。按月打印总账账页，满页打印明细账，特殊情况打印未满页账，支持分流打印及重打账功能。

7. 年终结转处理。年终结转时自动生成并打印各类报表，具有汇总功能。

8. 计息结息。完成全部计息户的利息清单打印，公积金存款和其他存款、贷款结息后自动进账，并具备单户和批量结息功能。

9. 平衡检查。可进行一致性检查、连续性检查及利息和积数检查等。该系统采用的科学技术原理主要是采用数据库管理系统技术及软件编程算法技巧。在公积金业务处理方面，主要采用活期存款利率、定期存款的形式，在核算方面遵循会计核算原理。在实现公积金及会计核算方面，在软件实现上，首先采用了 INFORMIX ESQL/C 数据库管理系统中的“事务处理”技术，它采用“快照文件”原理，保证了每条数据库操作语句执行结果的正确性，即在 Begin Work 开始后作数据库操作，结尾时进行判断，如果操作正确 Commit Work，否则 Rollback Work。其次采用了 ESQL/C 的内存缓冲区技术，即游标指针技术 Cursor。它把以传统的单条记录处理后赋值单个变量的高级语言和数据库处理办法改为一次后可处理一组记录，并同时向多个变量赋值的新办法，大大提高了对公积金记账及计息业务处理速度，为公积金核算提供方便。

该系统将数十万个、数百万个个人账户的记账、计息处理变成了用电子计算机的先进手段，自

动记账，自动计息。此外，还可实现自动打印年终对账单和核定下年单位和个人应缴额，使整个公积金业务处理高度自动化，对于公积金的上划、汇集也实现了自动化，在有网络的情况下，可实现资金自动汇集的自动转移，以及上下查询等。

该系统已在中国人民建设银行许多地区推广使用，大约有 1000 个网点。

四、中国农业银行分布式信贷管理数据库系统

项目编号：9313013

获奖等级：金融科技进步奖二等奖

项目完成等级：中国农业银行总行信息部、中国农业银行黑龙江省分行

主要完成人员：段晓兴、唐建邦、周禹相、曹谷崖、苗玉峰、张继荣、黄巍、年阿旺、赵志宇

其他完成人员：李阳、邓捷平、刘正霞、于进、吕建华、高虹、刘靖、吕振荣、崔福臣、于景文、宋国炎、侯连斌、毛大果

项目简介：

中国农业银行分布式信贷管理数据库系统是农村金融数据库群的一个重要组成部分，是国家“七五”重点科技攻关项目的一个子课题。该系统是集计算机硬件、软件、通讯技术、数据库理论、银行统计科学和现代化银行管理科学于一体的计算机应用系统。该系统通过采集、存储、汇总、上报、分析农业银行、农村信用合作社的全部信贷、现金项目统计数据，为金融部门的各级领导提供决策信息，为发展农村金融和农村经济服务。

该系统适用于总行、分行、中心支行等银行管理机构，采用复制分布式数据库体系结构，由总行、分行两级信贷管理数据库组成，网络结构以总行为中心，全国 45 家分行为节点，通过农业银行远程数据传输系统实现通信连接。该系统有以下特点。

1. 该系统综合利用了数据库技术、通讯技术和信息处理技术，建立了农业银行分级分布式信贷管理数据库系统。

2. 采用多种数据采集方式。数据更新快速、准确，既可以通过四级远程微机通讯网定期采集数据，也可以采用微机仿真远程作业 RJE 方式进行数据采集，极大地方便了用户，缩短了时间，保证了统计数据的及时性和准确性。

3. 该系统采用了规范化编码和数据分析口径的调整和统一，便于数据的统计管理，保证统计数据的可比性和保密性。

4. 具有完备的报表输出子系统。该系统产生的统计报表种类齐全，设置的用户自定义报表灵活实用，可满足不同用户的业务需求，提高了数据的利用率。

5. 终端查询功能灵活多样，简单易学，响应速度快，克服了过去行长秘书抄数字，业务部门算数字的现象。

6. 该系统提供了利用数据库中的数据编纂统计年鉴的功能，现已经编纂出版了《中国农村金融统计 1979—1989》一书。

7. 具有统计制图和统计预测功能。

8. 该系统打破了传统的菜单方式，借助于功能键和操作码使用户界面新颖、友好。

9. 该系统采用模块化程序设计，有很好的扩充性和适应性，并具有良好的安全保密措施。

该系统自 1989 年起在中国农业银行总行 45 个分行推广使用，每月、每旬定期从基层采集数据。其信贷统计数据金融指标有 500 多项，遍及全国 2600 多个县。该系统运行五年来经济效益、社会效益显著，已成为中国农业银行各级领导及业务部门的主要工具。该系统在中国农业银行的管理中发挥着巨大的作用。

五、中国农业银行微机远程统计信息系统

项目编号：9313014

获奖等级：金融科技进步奖二等奖

项目完成等级：中国农业银行总行信息部、中国农业银行福建省分行、中国农业银行浙江省分行

主要完成人员：段晓兴、唐建邦、周禹相、曹谷崖、苗玉峰、张继荣、黄巍、赵志宇、陈捷

其他完成人员：李宝琴、张冀峰、高虹、吕建华、刘玉宏、郭石薇、刘靖、吕振荣、邓捷平、胡绍全、陈勇、杨德龙、崔福臣、姚伟义

项目简介：

中国农业银行微机远程统计信息系统是由中国农业银行自行研制开发的运用计算机处理农业银行、农村信用社的各种专用、通用业务统计报表和计算机设备统计报表及县级经济金融数据采集等业务的专用报表系统。该系统通过采集、存储、汇总、上报、分析农业银行、农村信用合作社的全部业务报表的统计数据，为金融部门的各级领导和业务部门提供决策信息和依据。

该系统适用于总行、分行、中心支行、县支行等银行管理机构。其体系结构与农业银行管理体制相吻合，与信息收集网络相适应，并充分利用长话线路在总行与县支行之间建立一条主传输线，在分行与总行之间采用微机仿真远程作业 RJE 方式，在中心支行到分行之间采用 PA 自动应答方式。该系统有以下三个特点。

一、功能完善

1. 采用多种数据采集方式。该系统既可以录入修改数据，也可以通过长话线路上报接收数据，使数据更新快速、准确，同时避免了二次录入。

2. 具有汇总上报功能。该系统既可以汇总某行下辖地区的数据，也可以按照上级行科目进行上报，解决了上下级口径不统一的自动归口和项目归并等问题。

3. 具备上报加密解密功能。该系统可以将下级行上报数据转换加密，使其变成不可读数据上报给上级行，上级行根据一定算法解密、打平上报文件，保证了数据的安全性、正确性。

4. 具备数据保存功能。该系统可以将多台微机上录入的数据归并和卸出，以便进行长期保存或加载。

5. 具有完备的报表输出功能。该系统产生的统计报表种类齐全，用户可以根据业务需要自己定义、打印报表，扩展了软件的适用范围和提高了数据的利用率。

6. 提供多方位的打平功能。该系统不仅提供单表打平审核，还提供多表之间的横向打平审核及项目属性的平衡审核，保证了数据的可比性和正确性。

7. 具备环境生成功能。该系统可以生成各种报表的项目、审核关系、上下级项目口径对比关系、报表格式及管辖地区数据正确错误情况表，减少了手工作业，提高了工作效率。

二、技术特点突出

1. 该系统集计算机硬件、软件、通讯技术、银行统计和管理于一体，实现了数据信息集中管理，资源共享。

2. 采用了适合农业银行特点的体系结构，投资少，见效快，易于推广使用。

3. 集中全行报表，统一编码、统一规格、统一口径，实现了数据信息集中管理。

4. 从县支行到总行建立了一条主传输线，各个结点各自建库，并提供了报表终端查询、数据卸出、数据加载。

5. 总行以 IBM-4381 中型机为主，分行以高档微机为主，支行以微机为主，远远超出了微机的概念。

6. 该系统打破了传统的菜单方式，借助于功能键和操作码使用户界面新颖、友好。

7. 该系统寿用模块化程序设计，有很好的扩充性和适应性，并具有良好的安全保密措施。

三、经济效益显著

1. 数据采集的多样化，缩短了各级基层行上报数据的时间，节省了人力，提高了效益，促进了银行办公现代化。

2. 节省了开支，提高了银行办公自动化水平。自该系统建立以来，每张报表上报时间在一分钟左右，节省了大量的邮寄报表和电话询问费用。

3. 数据准确，资源共享。业务部门可以随时调阅、汇编。现已经编纂《中国农村金融统计1979—1989》一书。

该系统自 1984 年起已在中国农业银行总行、45 个分行、310 家中心支行、2600 个县支行推广使用，每月、每旬定期从基层采集数据。其信贷统计数据金融指标有 500 多项，县级单位的经济金融数据指标有 300 多项。该系统运行九年来经济效益、社会效益显著，已成为农业银行各级领导及业务部门的主要工具。该系统在农业银行的管理中发挥着巨大作用。

六、吉林省保险公司计算机综合业务信息处理系统

项目编号：9329042

获奖等级：金融科技进步奖二等奖

完成单位：中国人民保险公司吉林省分公司

主要完成人员：宫守业、徐科、张志军、田承松、杜明伟、刘建琪、王文军、王曙光、蔡博奇

项目简介：

吉林省保险公司计算机综合业务信息处理系统，是依据中国人民保险公司有关业务条款、实务手续及省分公司有关条款、实务手续和管理标准而开发设计的。该系统包括简易人身险、机动车辆险、企业财产险、家庭财产险、独生子女险、集体养老统筹险、个人养老年金险、涉外业务险、短期人寿险和档案管理十个子系统。该综合系统，对开办的各种中长期人寿险、各种财产险、运输工具险和主要短期人寿险、涉外业务水险和档案等，都实现了电脑处理和管理科学化。

该系统的研制与开发，是遵循软件工程方法，采用结构化系统分析与设计，在对系统全面需求调查的基础上，进行系统的总体分析和设计。该系统划分为十个子系统，分四个阶段设计完成。该系统开发和运行的环境是在超级多用户微机、UNIX 系统、INFORMIX 数据库和 C 语言嵌入的程序设计方法。

该系统可用于省、市、县（区）各级保险公司的业务处理和业务管理，完成从投保、签单、计收保费到勘察理赔和给付，从业务日结、月统计到各种单证表管理，以及批改、续保、安全奖励和多种查询功能。

该系统具有良好的可维护性、可扩展性和可移植性，并为用户提供良好的人机介面。同时，还具有初始化、代码管理、系统维护和安全管理等辅助功能。

该系统环境为 UNIX 系统和 INFORMIX 数据库管理系统，以及 ESQL、C 语言、4GL 语言、C 语言和 SHELL 语言程序，充分发挥数据库管理和各语言的长处，语言之间数据传输灵活，易于维护扩展和移植，安全、稳定、可靠。

该系统用 SQL 语言编写一批对 INFORMIX 数据库作建立、存写和更新操作的随机函数库；用 C 语言对人机介面和公共计算处理的随机函数库，供系统中各程序模块调用，使程序的结构简单、规范、易于维护，而且减少系统运行所需的进程数，相对提高 CPU 的工作效率和同时打开文件的数量。

该系统对全部输入数据均进行合理性检验和校验，并提供多种安全措施和系统维护功能。

该系统在吉林省各市、县公司推广应用后，系统运行正常，极大地提高了业务处理速度，取得了巨大的经济效益和社会效益。

七、全自动无排放 DGI 型镀铬成套设备

项目编号：9358056

获奖等级：金融科技进步奖二等奖

项目完成单位：中国人民银行印制科学技术研究所

主要完成人员：毕明、赵越、刘国栋、张从云

项目简介：（略）

八、八五二品的研制与开发

项目编号：9338059

获奖等级：金融科技进步奖二等奖

项目完成单位：沈阳造币厂

主要完成人员：张维斌、赵丕信、赵孝经、柏青、吕英杰、董江、陈贵财、马仁忠、孙风全

其他完成人员：李学飞、尤德俊、高德呈、王景琴

项目简介：（略）

九、纯金光谱标准样品

项目编号：9348061

获奖等级：金融科技进步奖二等奖

项目完成单位：四川东河黄金冶炼厂

主要完成人员：王自森、郝云贵、尤德俊、柏青

项目简介：（略）

十、房改金融业务计算机处理系统

项目编号：9315002

获奖等级：金融科技进步奖二等奖

项目完成单位：中国人民建设银行上海市分行

主要完成人员：严志根、江纪德、蔡国钧、林志农、李颖

其他完成人员：吴斌、徐雄华、徐志勇、张益云、王振宇、金清、胡幼萍、陈文燕、陈云、张渭、郑炜、朱福章、袁洁

项目简介：

随着上海住房改革的深入发展，上海市政府委托中国人民建设银行上海市分行承担上海市住房公积金的业务处理工作。由于我国住房公积金制度是第一次实施，在国内无先例可参考。它涉及全市400多万名职工、2万多家单位的公积金业务，项目信息量大，发生时间集中，业务处理复杂，有较大的技术难度。在上海电子计算机厂金融室技术人员的配合下，中国人民建设银行上海市分行开发了房改金融业务计算机处理系统。

该系统采用模块化结构，三级菜单提示方式，人机界面清晰，功能齐全，操作方便，易学易懂。该系统采用表驱动过程处理方式、可扩充性强，便于维护。

为确保系统数据安全，该系统设置多重保护机制，系统工作状态控制，数据正确性、平衡性检查等。该系统对所有输入数据及各类操作都予以记录，留有痕迹，便于事后复查，并有故障恢复对策。

该系统提供了一套完整的、符合银行业务会计核算要求的处理功能。为使整个系统安全可靠地运行，该系统采用终端前台操作与主控制台操作两大部分，前台软件完成数据录入、修改、编辑，并送入队列；后台软件完成记账、假脱机打印，记账分快、慢、核定、贷款四个进程。该系统实现数据分级管理，使软件模块清晰，数据安全性好，业务操作便于管理。

该系统终端前台操作功能包括：操作员签到、操作员签退、查询日志、修改操作员密码、增加操作员、打印日志；月汇缴、补缴、取款、职工账户转移、销户、抹账、冲账、整体转移、同机合并、单位销户、汇缴核对、下年汇缴额修改、下年汇缴额核对；一般存款账开户、销户、记账、抹账、冲账；贷款开户、增减指标、发放贷款、收回贷款、收取利息、抹贷款账、冲贷款账；公积金查询；一般存款账查询；贷款查询；债券认购。

该系统主控制台基本功能包括系统开工、各类查询、启动快进程、启动慢进程、启动核定进程、启动贷款进程、日终轧账、查账，记总账、异地备份、日终备份、打印科目日结单、打印明细账页、打印核定清单、打印交存清单、打印职工变动、打印逾期催款通知、打印分线轧账表、打印总账账页、月终处理、月终备份、打印资金平衡表、打印单位汇缴清单、数据统计分析、季度结算、

打印利息清单、公积金年度结息、打印职工结存单、年终结转处理、年终备份、年终账页打印、使用备份恢复数据、检查账户数、查询账户目录、查询进程队列、查询公积金账户、查询一般账户、查询总账账户、查询职工明细、查询系统操作日志、查询当日流水、查询当日明细账页、查询月交存流水等。

该系统中心与分中心都采用 DH386 多用户微机，一般情况下每台微机可处理 3000 个单位和 60 万名职工账户，经测试，对具有 4857 名职工的单位进行公积金存款处理只需 50 秒，对单机 57849 名职工进行年度结息处理仅用 5 分钟。

该系统配置采用 SCO XENIX 2.3.2 汉化操作系统，分中心的应用软件主要考虑要提高录入员的速度及数据量大，因此选用 C 语言来编写。通过该系统提供的通讯软件（UUCP、CU）等利用电话线实现中心与各支行的通讯，便于中心对各支行的数据通讯、查询、统计和维护。

上海是国内第一个实施住房公积金制度的城市。在该系统开发中，上海市分行融合了银行储蓄业务和会计业务（对公业务系统）的处理方法，自行提出了一整套房改金融业务计算机处理的信息流程和处理方法，该方法现已推广到全国各地。

三等奖

十一、中国人民建设银行财务管理信息系统

项目编号：9315003

获奖等级：金融科技进步奖三等奖

项目完成单位：中国人民建设银行辽宁省分行计算机处

主要完成人员：张鲁晋、李梅华、王炜、朱燕光

项目简介：

财务管理信息系统是在手工操作方式下的财务管理基础上发展起来的，是利用电子计算机技术对建设银行财务数据进行加工、稽核，对财务报表进行汇总，并依据建设银行的各种有关业务资料采用科学的分析方法研究反映建设银行的经营活动的财务成果，查找影响建设银行经济效果好坏的因素，揭示各项经济指标的内在联系，全面掌握建设银行经营活动的过程及其结果，为研究制定新措施、进一步指导银行的经营活动、加强建设银行的经营管理提供科学依据。

根据业务需求，财务管理信息系统应完成以下功能：先取得财务数据，然后对这些数据进行加工，编制财务报表；再根据有关历史数据，计划数据分析本期业务经营效果，编制财务分析表，最后作为计算机自动处理系统，还应把本期数据加工后作为历史数据留存。建立财务数据库，以备将来分析使用。该系统在设计上力求总体合理、参数化程度高、用户介面简洁易操作、程序易维护、扩充性能好等，应适应用县—地（市）—省（单列）—总四级行财务会计部门，为此该系统设计了以下功能：

1. 数据录入：以报表栏次为单位纵向输入报表数据（全屏幕方式）。

2. 数据修改：以报表项目为单位横向修改报表数据（全屏幕方式）。

3. 报表单核：提供对报表的各种审核方式。

4. 汇总：一次完成多层次汇总工作。

5. 数据查询：按项目、栏次及复合条件查询统计数据。

6. 打印：打印所属分支行、汇总报表，按报表项目横向打印报表。

7. 财务分析：自动采集各种有关数据，利用比较分析法、结构分析法等对财务状况进行分析。

目前，该系统已在总行及各省行、计划单列市行及部分省行所属的市级行推广，效益很好。

十二、XENIX 信用卡业务管理系统

项目编号：9315004

获奖等级：金融科技进步奖三等奖

项目完成单位：中国人民建设银行北京市分行

主要完成人员：屈仲诚、荆延实、颜丽、邵慧民、李齐君

其他完成人员：陈青、史东方

项目简介：

XENIX 信用卡业务管理系统（CMS）是在 XENIX 操作系统上以 INFORMIX-RDSQL 语言为宿主查询语言开发的信用卡业务管理系统，包括记账、授权、卡管理、日结、计息、账户管理、期末处理、代发工资、系统维护等主要功能模块，适用于建设银行各发行信用卡的分行进行账务处理、卡管理、商户管理、客户管理、黑名单管理等业务处理。

该系统运用软件工程的设计方法进行设计，将信用卡业务自顶向下进行分解，把一个复杂的系统逐级向下分解成 12 个尽可能独立的子系统。每个子系统中根据所完成的功能不同又分成若干个模块、子模块。在系统内做到数据共享，程序模块共享，模块间低耦合，模块内高内聚。尽量达到数据结构的规范化。凡是与磁道相关的数据，采用 ISO 国际标准或 GB 国家标准，尽量做到系统层次结构清晰完整。

该系统在开发过程中采用了多项新的程序设计思想和编程工具。第一，该系统采用了 RDSQL 作为宿主查询语言，这种查询语言是符合 ANSI 标准的结构化查询语言，具有查询功能强、关系运算及连接能力好、便于阅读和维护、可移植性强及其有事务管理等特点。第二，该系统采用 INFORMIX-4GL 和 INFORMIX ESQL/C 及 C 语言作为编程工具。采用 INFORMIX-4GL 开发语言，减少了程序的源代码量并使人机界面更加良好；采用 ESQL/C 及 C 语言编程，提高了编程的灵活性和程序技巧。所以二者并用发挥其各自的优势，取得了最佳效益。第三，该系统采用单服务器式的录入，复核方式是目前计算机软件中一种最先进的设计方法。第四，该系统采用屏幕光标控制、时间采集、异步通讯、存储器管理等多项编程新技术，使编程的技术水平达到新的高度。

该系统的主要技术经济指标在微机上运行时主要是人机界面，包括记账、授权、开户、开卡等，其响应速度不应大于 2 秒，其他常用模块，如日结、代发工资等也应有较快的运行速度。该系统初期发卡可在微机上运行，能支持 5 万张以下的发卡量，待业务进一步发展后，可将其移植到小型机上。该系统的总体技术水平达到国内同类应用软件的先进水平。目前，该系统正在北京市、天津市、上海市、南京市、成都市、广东省、湖北省、广西省、河北省、吉林省、辽宁省、黑龙江省、江苏省、浙江省、湖南省、河南省、山东省、新疆维吾尔自治区、陕西省、甘肃省、江西省、

福建省等地区安装使用，取得了较大的社会效益和经济效益，对整个建设银行信用卡事业的发展作出了很大贡献。

十三、中国人民建设银行房改金融业务处理系统（BTOS 版）

项目编号：9315006

获奖等级：金融科技进步奖三等奖

项目完成单位：中国人民建设银行总行、中国人民建设银行宁波市分行、中国人民建设银行陕西省分行等

主要完成人员：杜文和、滕克志、党伟、袁斌、胡高雷

其他完成人员：张建新、费明喜、欧树建、胡谨俊、郑刚

项目简介：

中国人民建设银行房改金融业务处理系统是由中国人民建设银行总行提出任务和组织开发的，为中国人民建设银行房改金融业务提供电算化服务的一套综合性计算机应用软件。它适用于全国各城市开办房改金融服务业务的建设银行房地产信贷部的公积金、会计、建设银行储蓄等各项业务。该系统的用户为全国各省市建设银行经办房改金融业务的部门和业务网点。

该系统采用美国 UNISYS 公司生产的 B 系列银行专用机型上的 B38 或 B25 群集工作站，操作系统为 BTOS-II/1.0.2 版本以上，开发工具为 PASCAL6.2 编程语言，ISAM 数据索引文件管理系统，计算机网络选用 B-NET 网络软件。

该系统是根据房地产信贷部提供的详细的业务需求报告书，严格按照系统设计规范来进行可行性研究和系统详细设计的，并充分考虑到了建设银行各个储蓄网点现有的 B 系列机设备，以及今后房地产信贷部业务发展的需要。该系统的投入运行不但可以减轻工作人员的劳动强度，提高核算质量和效率，而且能为领导层提供详细的决策信息。

该系统所采用的硬件设备为美国 UNISYS 公司生产的 B 系列计算机，该计算机采用模块化结构设计，具有硬件系统便于扩充和升档、设备便于维修等特点；并能与现行建设银行储蓄网点拥有的 B 系列群集工作站相结合，这样将会充分地提高设备的利用率。该系统还具有数据保护性好、网络性能优良、便于操作等优点，基本硬件配置为 CPU/INTEL 80286、MEMORY/2MB、硬盘/40MB、软盘/720KB、磁带机/60MB，从站为 B25/B26，在一个标准网点一般可以开设个人账户 10 万户以上、单位账户 5000 户左右。据测算，如果以手工记账办理 500 万名职工公积金业务需要千余人，而利用该系统计算机处理则 10 余人就可以办理几十万人的公积金业务。每百万人的城市每年可集资 1 亿多元资金用于商品房建设和贷款，将有很高的经济效益和社会效益。另外，建设银行在房改业务中计算机的普遍应用将会扩大建设银行的知名度，并带动建设银行其他业务的发展。

该系统自开发完成以来，已在建设银行系统许多地区投入运行，效益显著。

十四、中国人民建设银行多用户会计业务处理系统

项目编号：9315007

获奖等级：金融科技进步奖三等奖

项目完成单位：中国人民建设银行总行、中国人民建设银行北京市分行、中国人民建设银行山东省分行等

主要完成人员：刘静芳、田国华、吴雪梅、李延群、谢良跃

其他完成人员：王自勇、许宏、陈栋、赵治华、胡玉彪、路晓辉、李桓、薛峰、宇刚、霍莹

项目简介：

一、适用范围

多用户会计业务处理系统是以中国人民建设银行会计制度为依据、以会计核算为中心的综合会计业务处理软件系统。它由 8 个相对独立的子系统组成：一是系统拷贝和安装；二是由其他会计柜台软件升级到使用本软件的数据转换；三是系统初始化，包括环境设置和初始过账；四是会计核算，包括前台记账、后台处理；五是会计报表，包括报表生成和处理；六是会计稽核，包括对凭证、积数和利息支付，账务平衡及数据文件一致性等的稽核和检查；七是故障后援，利用备份在各种故障情况后修复系统；八是系统维护，包括设备管理、进程控制等。该系统适用于建设银行系统内各省、地市级管理行和各级经办行（处）。

该系统的硬件环境是国内外广为应用的 80286、80386 及其高档微机系统，该系统设计支持各级行（处）根据业务量灵活选用不同档次的硬件配置。

该系统的软件环境是多用户、多任务的 XENIX 操作系统及 C 语言和汉化的 INFORMIX 数据库管理系统。

二、采用技术原理

该系统开发按照软件工程规范进行。

该系统依据建设银行统一的会计制度，采用设置会计科目和账户、复式记账、填制凭证、登记账簿、编制报表等会计核算方法，实现建设银行会计业务处理要求。

该系统采用结构化技术中自顶向下，将问题分而治之模块化程序设计等分析和设计方法，利用数据流图、数据字典输出报告表、层次设计等手段，按照高内聚、低耦合的原则进行系统分析和设计。

该系统利用了 INFORMIX 数据库与 C 语言的良好接口 ALL-II、INFORMIX 数据库提供的数据定义，数据维护等工具。XENIX 系统提供的操作命令及 C 语言的编程技术可实现该系统要求的数据操纵、设备管理、进程控制、人机交互等功能。

三、系统的主要技术指标和性能

1. 系统的数据处理能力：数据处理精度为 16 位（包括小数点后两位），即可到千亿元位。

2. 时间特性：实量处理一笔会计业务（以 286 档次微机带 3 个终端或 386 档次微机带 6 个终端为例）平均响应时间低于 3 秒；开户量 1 万户左右、平均传票量 1000 张的大行，工前准备时间少于 10 分钟，日结时间少于 15 分钟，季度结息少于 30 分钟（不包括打印利息清单）。

3. 灵活性：模块化和参量化设计使不同用户可根据需要设置地方科目、业务种类及运行环境等，对业务变化有很强的适应力。

4. 数据完备性：数据结构设计合理、简单、冗余少。除满足会计业务处理需要之外，还能方

便各种附加处理的数据提取。

5. 安全保密性：内部控制严密，防错、纠错功能强，内部控制、故障后援手段保证系统运行稳定，安全可靠。

6. 用户界面好。

四、推广应用情况

截至 1993 年，中国人民建设银行所有省（自治区、直辖市、计划单列市）分行都已运行该系统，共约 400 个机构。

十五、BTOS 储蓄通存通兑系统

项目编号：9315008

获奖等级：金融科技进步奖三等奖

项目完成单位：中国人民建设银行总行、云南电子设备厂

主要完成人员：杜文和、张应丰、黄冬红、党伟、袁斌

其他完成人员：汪博、曹东辉、潘林、李亚峰、陈泽昆

项目简介：

中国人民建设银行 BTOS 储蓄业务通存通兑处理系统（以下简称储蓄通存通兑系统），是由中国人民建设银行总行计算中心组织开展和推广应用的项目。1988 年 6 月，储蓄通存通兑系统 V1.0 版开发组成立，1989 年 3 月完成程序设计和试点，同年 5 月开始陆续在全行 38 个城市行推广应用。1990 年 6 月，在原 V1.0 版的基础上，根据新的中国人民建设银行储蓄会计核算制度，组织项目组对 V1.0 版软件进行了优化，经过四个月的努力，推出了储蓄通存通兑系统 V2.0 版。

该系统适用于建设银行人民币储蓄前台业务和外币储蓄业务，同样也适合于其他专业银行的储蓄前台业务。

该系统在设计上充分考虑到储蓄业务处理系统与自动柜员机（ATM）、销售点终端（POS）、信用卡业务系统的接口。配置了磁卡读写器和密码键盘（可选），并实现了与 OLIVETTI 及 NCR 公司生产的 ATM 的联机运行。

该系统采用参数化的系统设计思想。在对银行储蓄业务的全面分析中发现，构成储蓄业务的诸多要素，可分为两类，一类为不变要素，另一类为可变要素。每一种可变要素都有其变化范围或可枚举的几种可能性，在一个分行或支行的辖区内，众多可变要素只可能有唯一的一种组合。实践证明，该系统的设计思想有着较强的适应性，不仅适应了全行各地区的不同情况，而且适应了储蓄业务本身不断发展变化的要求。参数化的系统设计思想和方法也被建设银行其他软件开发项目借鉴和采用。

系统的层次结构和独立性。从控制角度来看，系统分为以下三层：第一层为公用数据层，由一系列参数组成，这些参数控制系统按照用户的要求运行；第二层为应用程序层，是实现整个系统功能的主要部分，它在公用参数控制下，完成各种特定的业务，可以在需要时对其进行优化和功能扩充；第三层为用户界面层，由一系列屏幕表格组成，通过人机对话控制应用程序完成各种业务的处理。这三层又是独立的，其中用户界面层极少变化，而第二层是允许变化的，但不会影响其他各层，

第三层在约定的范围内变化，将不需要修改第二层的程序。从程序结构的角度来看，系统可分为应用程序层、公共函数层和操作系统调用层三层，只要接口参数不变，各层的变化将是独立的。

在网络配置上，将物理结构与逻辑结构分开，物理两层结构可通过系统参数定义为逻辑上的三层，以减少硬件开销，节约建设投资。

该系统提供独立于应用系统的计息测试程序和票据打印凭证打印格式调试程序，为应用系统中最重要和最烦琐的工作提供了有效的工具。

该系统自 1989 年 5 月陆续在建设银行 38 个城市行推广应用以来，取得了明显的经济效益和社会效益，节省了人力和储蓄工作人员的劳动强度，增加了吸储能力，受到了广大储蓄人员的欢迎，具有较大的实用性和推广价值。

十六、XENIX 储蓄事后监督系统

项目编号：9315012

获奖等级：金融科技进步奖三等奖

项目完成单位：中国人民建设银行 XENIX 储蓄事后监督系统研制组

主要完成人员：李丹发、余振复、肖金明、熊辉、夏天兵

其他完成人员：陈璨、曹杰、万耘、胡国斌

项目简介：

XENIX 储蓄事后监督系统是储蓄管理工作实践中提出的急需解决的课题。该系统是由中国人民建设银行总行招标委托湖北省分行在多用户机 XENIX 操作系统上，用 INFORMIX 数据库和 C 语言开发研制的应用软件。该系统将计算机技术和储蓄会计核算原理有机地结合起来，运用系统原理、软件工程方法、微程序设计思想和参数技术、加密技术、链栈技术、编译技术，不仅实现了利用电脑完成从初审明细监督、月结到旬、月、季度、年报生成的整个储蓄事后监督和综合核算过程，而且实现了增减科目、储种、调整利率、修改报表格式、部分改变核算方法不用修改程序，变更机构、增减合并储蓄所、管辖区均可自动完成账表储蓄所换转，使统一全国储蓄事后监督软件成为现实。

该系统账务处理科学，操作方法统一，系统的通用性、适用性、应变能力、可维护性、可扩充性、安全保密性、运行速度、用户界面、系统功能的封闭性、完备性及业务处理能力的完善程度等综合性能优于国内同类系统，尤其是在总体设计上突破现有系统的设计框架，有所创新。各储种的定义、处理算法和记息方法新颖独特，在国内尚未见到，该系统于 1992 年 3 月通过了中国人民建设银行总行组织的鉴定，鉴定委员会认为，该系统为建设银行应用软件文档编写的规范化和标准化及开发过程质量控制方面提供了值得借鉴的范例，在金融系统中处于领先地位。

1992 年 1 月，中国人民建设银行总行组织了调查组，对中国人民建设银行黄石分行运用多用户储蓄事后监督系统的情况进行了调查，调查报告中指出，中国人民建设银行黄石分行使用单用户机时配备了 10 名操作人员，改用多用户系统后，只配了 8 名操作员，其中一人搞综合，差错率也比原先降低了万分之一点四。另外，使用该系统总价格要比单用户系统低得多。该系统在全国广泛推广应用后，节省了大量设备和人力，有着巨大的社会效益和经济效益。1992 年 4 月，中国人民建设银行总行在无锡举办了全国各省（自治区、直辖市）建设银行参加的推广学习班。

目前该系统正在全国建设银行全面推广。

十七、中国农业银行金穗卡业务系统软件

项目编号：9313015

获奖等级：金融科技进步奖三等奖

项目完成单位：中国农业银行广东省分行

主要完成人员：曹文全、马志刚、骆进、甘石湖、黄超英

其他完成人员：孙良英、郑子夫、李运航、王礼义、肖永鑫、杨建彪

项目简介：

金穗卡业务系统软件是用于中国农业银行金穗信用卡业务处理的计算机软件系统，它适用于农业银行系统的各级信用卡业务部门。

该系统在 XENIX 操作系统和 ORACLE 数据库上运行，支持多用户操作及标准数据库查询语言 SQL，为软件的开发应用和今后发展提供了良好的平台。

该系统可以在 386 以上档次的微机上运行，数据库存放在发卡中心，它具有联机实时处理与批处理的能力，可对批量处理业务中的脱机处理部分进行阶段控制，能够同时支持发卡中心与下属营业网点的业务处理工作。

该系统由业务管理子系统、账务管理子系统、授权子系统、系统管理子系统和 POS 子系统组成。该系统采用结构化程序设计方法，结构清晰、易于阅读，并提供清晰友好的人机界面，使用方便。

该系统具有适应中心机升档、多服务器方式的系统扩充能力；有与各发卡中心联网的接口；采取了多种控制措施，降低了信用卡业务的风险，提高了系统的安全性；它具有三级密码审核功能，能严格控制对系统的使用权限；并具备较强的故障恢复能力；它开通了 POS 系统，将原来的脱机交易转化为联机交易，并支持具有汉字功能的 POS；它支持多种打卡机，可联机连续打卡；它通过异地卡临时限额控制，监控异地卡的交易活动。该系统在国内同类系统中处于领先地位。

该系统的完成和使用加快了农业银行金融电子化建设的步伐，提高了各级信用卡业务部门的科学管理水平，改善了信用卡业务人员和网点操作人员的劳动条件，提高了工作效率和服务质量；降低了信用卡业务的风险，为保障国家资金安全和持卡人资金的安全提供了一种可靠的手段；为农业银行信用卡业务发展提供了软件平台。

目前，该软件在全国 99 个城市推广使用。信用卡发行量已超过 18 万张，取得了良好的经济效益和社会效益。

十八、CHND-20 型银行出纳终端机

项目编号：9332029

获奖等级：金融科技进步奖三等奖

项目完成单位：中国工商银行沈阳市分行计算技术研究所、沈阳计算机技术研究设计院

主要完成人员：黄汉良、孙连荣、黄春生、赵双林、廖梦衡

其他完成人员：董瑞春、谭伟、郭虹、雷虹

项目简介：

CHND-20 型银行出纳终端机是适用于银行出纳业务的专用计算机，通过不同的初始化设置，可以分别成为收款机、付款机、库房机、整点机和尾箱机；可以与主机连接组成系统，也可以单独工作，通过更换程序，还可改成收付合一机，在一台机器上完成收款、付款工作。

该机内存容量大，具有掉电保护功能，数据输入与打印并行工作，操作速度快；可即时打印每笔业务发生的时间，打印汇总表，随时显示发生的总笔数。

该机采用 40 行快速微型打印机，打印速度快，字迹清楚，打印机色带经久耐用，打印资料装订方便，便于装订保存。

该机通过专用接口与主机连接，组成 YW-2 出纳微机网络系统，可以实现操作规范化，提高核算质量；改善服务手段，提高服务水平，减轻工作强度，提高工作效率；通过出纳系统将正常业务数据汇集，打印所需各种统计表，储存各种资料，提供各种信息和各项工作动态，从而全面提高出纳工作的管理水平。

出纳终端机和系统的应用减轻了出纳人员的劳动强度，改善了工作环境，提高了工作效率及核算质量，基本实现了数据化管理。

现已生产该终端机 5000 余台，在辽宁、黑龙江、河北、云南等地区获得了广泛应用。

十九、变码印鉴系统

项目编号：9332031

获奖等级：金融科技进步奖三等奖

项目完成单位：中国工商银行长沙市分行、金融电子技术研究所

主要完成人员：向延刚、陈炳恒、姚宇航、李军后、白艾丰

其他完成人员：赵中苏、张赛华、周志刚、刘建设、徐贻谋、藏介华、罗新春、周山河

项目简介：

变码印鉴系统是确认签发人身份合法性和签发内容真实性的一个验证系统。该系统是针对图章印鉴图形外露、一成不变、伪造容易、真假难辨的缺点，应用数字加密和单片机等先进技术设计出的一种身份隐蔽、一张一变、无法伪造、真假分明的数字印鉴系统。该系统解决了银行快速、准确、统一核对凭证合法性、确保银企资金安全这样一个关键课题，并与记账、复核一起综合处理，使城市银行会计联网、通存通兑、终端临柜、实时记账等得以实现。

该系统保密自主，使用灵活，安全度高，兼容性好，综合性强，通用面广，社会效益和经济效益显著，主要体现在以下六个方面。

1. 保证银企资金的安全。中国工商银行长沙市分行使用变码印鉴处理业务 2000 多万笔，无一差错。

2. 加速资金的周转。使用变码印鉴，可实现实时记账通存通兑，使一笔转账需半天到一天半才能办妥的业务，缩短到几秒钟。

3. 方便银行客户就地进账。使用变码印鉴通存通兑，银行客户可在任何一个行处的任何一个柜台当即办妥结算业务。

4. 提高银行结算的质量和效率。使用变码印鉴通存通兑实时记账，减少了 5~6 个中间环节，减少了记账的差错，电脑校验变码印鉴，真假分明，减轻了银行柜员的劳动强度和思想负担。

5. 节约终端设备投资。银行校验器在校验变码印鉴的同时，对记账数据进行一次复核，从而可取代一台复核终端。

6. 为电子转账打下了基础。使用定额定向变码印鉴，能充分保证电子转账的安全。

该系统构思新颖，设计周密，技术先进，管理严谨，现已在福州、深圳、厦门等地的工商银行推广使用。中国工商银行福州市分行已使用变码印鉴器 9000 多台，中国工商银行深圳市分行使用变码印鉴器 5000 多台，操作简单，运行正常，其社会效益和经济效益十分显著，深受银行和企业的欢迎。

二十、MCRS-1 微机出纳自动化系统

项目编号：9332032

获奖等级：金融科技进步奖三等奖

项目完成单位：广州市磐鼎金融电子技术开发中心

主要完成人员：薄兴国、魏洪波、许帆、郑小键、陈泽涌

其他完成人员：黎志南、林天源、李勇兵、柳伯健、罗宇新、张文

项目简介：

MCRS-1 微机出纳自动化系统是实现银行出纳部门业务自动化处理的网络系统。该系统采用了多用户分时操作系统与专用网络并存，用专用的计算机（以多 CPU 构成的出纳记账机）代替通用中英文终端或通用微机的设计思想，从而构成了点钞机—出纳记账机—智能通讯控制器多用户微机三级的系统运行环境，致使系统具有较好的性能价格比，并使出纳系统的配置非常灵活，以适应各种不同的应用环境，系统中的出纳端机既可单机使用，又可通过智能通讯控制器构成专用网络，实现 1~16 台端机与 1 台多用户主机之间的双向数据通讯。此外，出纳系统还能与银行其他柜台业务系统（如会计系统）共享一台主机资源（出纳系统具有虚拟主机的功能），从而实现了会计业务和出纳业务能实时处理，以减少收付款差错，简化银行核算手续，为提高银行柜台业务电子化网点的投资收益率打下了良好的基础。

自行研制的专用计算机（出纳端机）是由主机箱（内含主板 1、主板 2、开关电源、打印控制板和四色绘图式打印头）、5.5 寸或 7 寸 CRT 单色显示器、44 键的出纳专用键盘等组成，整套出纳柜台业务处理程序固化在主板 1 上的 EPROM 中，能用不同的颜色、不同的格式打印带汉字的业务数据。具有 12 行汉字菜单提示，具有良好的用户界面。该机具有体积小、速度快、功能全、使用环境要求不高、操作简便易学、使用安全可靠等优点，完全适合出纳柜台使用。

智能通讯控制器是实现主机和出纳端机之间的双向数据通讯而专门研制的。一台智能通讯控制器最多可连接 16 台出纳端机，每台端机有不同的柜号。当联网时，各端机的信息通过控制器按查询方式实现串行通讯。对多用户 I/O 卡的各个 RS-232 通讯口，仍按多用户系统带通用终端的方

式激活，以完成外币、有价证券、库房管理、日终数据处理等综合性统计工作，但对连接智能通讯控制器的 I/O 端口，则应作特殊处理，即多用户系统启动时关掉此 I/O 口，而激活用 C 语言编写的通讯接口程序取代系统 I/O 设备驱动程序。按与智能通讯控制器的通讯规约进行出纳数据的双向传递。

该系统自 1989 年底研制成功以来，经近两年时间，在广东、天津、湖北等省市工商银行出纳部门的试用后，进行了不断的优化改进，到 1992 年形成了大批量生产。到 1993 年已有 10000 多台端机，1000 多套系统在全国 38 个省市的金融系统出纳部门中使用，成为出纳部门的好帮手。该系统的推广应用改变了目前银行出纳部门手工记账、轧账的传统方式，减轻了劳动强度，提高了工作效率，减少了差错，使安全收付有保障，提高了银行的信誉，提高了核算的准确率，增强了业务管理监督机制，特别对银行业务“柜员制”方向的发展起到复核把关的作用。同时，加强了出纳业务的数据资料统计和积累，实现了出纳账务处理电脑化、业务操作规范化、管理考核数据化的目标。

从 1991 年投产到 1993 年，该系统已在工商银行、建设银行、农业银行等金融系统推广应用，销量不断增加，共销售了 1000 多套 MCRS-1 微机出纳系统，产值达 3000 万元，实现利税 840 万元，取得了显著的经济效益。

二十一、科技开发贷款管理信息系统

项目编号：9312033

获奖等级：金融科技进步奖三等奖

项目完成单位：中国工商银行天津市新技术产业园区支行、天津大学、有色金属研究所

主要完成人员：刘景辉、寇纪松、陆刚、王鹏、王红军

其他完成人员：金暄、王中胜

项目简介：

科技开发贷款管理信息系统是为了适应科技腾飞的新形势，以及科技贷款管理工作需要发挥银行和科技主管部门双方优势而设计的，通过系统的运行形成银、企、政科技贷款管理网络，实现贷款项目动态信息共享，为各级领导及时提供决策依据。

该系统具有以下特点。

1. 良好的实用性。

（1）该系统采用系统工程、软件工程、信息工程与科技贷款管理的实际经验相结合进行分析、设计、开发的，结构合理，各模块间无耦合，运行稳定可靠，经过四年多运行实践，该系统开发是成功的，在全国率先打破贷款由银行单独管理的模式，实现贷款银、企、政共管，该系统非常适合我国当前的现状。该系统特点是面对银行分行、支行、政府委办及工业局四个不同的管理部门，使其形成科技贷款管理网络。四个环节环环信息相通，实现科技贷款立项—审查—贷款—落实还贷—项目效益—项目完工验收全过程电算化管理，统一管理模式，统一统计口径，银、企、政及时沟通，密切配合，从而加速审贷进度，实现早贷款、早投产、早见效。同时，实现信息共享减少重复统计，使管理人员打破手工统计旧框架，使科技贷款管理步入现代化管理水平。

（2）该系统使用立项申请管理统一模式，并且将申请计划信息与贷款实施进度动态跟踪管理两个部分有机地结合起来，使科技贷款实现科学化管理。

2. 良好的可维护性和可扩充性。该系统自上而下的设计方法为维护系统和扩充系统提供了方便，对于主数据库及各类统计数据库按时间顺序自动备份，统计程序自动跟踪代码库的扩充进行统计汇总，统计报表也相应调整，以适应飞速发展的科技事业。

3. 通用性强，便于推广使用。该系统运行的软件、硬件对环境要求不高，用户界面友好，非计算机专业人员经短期培训后，即可将系统作为管理工具使用。目前，该系统经中国工商银行总行工交部科技信贷处向全国 26 个省市 45 个单位推广使用。在各种不同型号打印机上可输出相同格式报表。

4. 保密性、安全性高。针对用户涉及市有关委办，工业局（公司），工商银行分行、支行层次复杂的特点，该系统设置不同用户权限，从而保证系统运行安全可靠。数据录入设有数学模型控制，有误时及时提示，确保资金平衡、准确。该系统对不同用户均能满足不同管理重心的需要，节省时间，节省精力，提高工作效率。

5. 实现信息资源社会共享。该系统报表内容丰富，不仅可以处理申请项目、贷款实施信息，而且可以实现贷款逾期项目自动处理，按不同统计口径作出项目水平分析、审贷进度分析、贷款余额分析、贷款效益分析，并及时准确作出贷款投向分析，可分别输出 50 多种分析报表。

二十二、M-240 计算机银行业务处理系统

项目编号：9312034

获奖等级：金融科技进步奖三等奖

项目完成单位：中国工商银行南京市分行

主要完成人员：许新、刘尚华、谢惠勇、王忠来、吴小东、陈建康

其他完成人员：华洪生、李云龙、孙世祥、施建萍、苏明哲、王玉华、沈大玲、曲绍敏、赵敬宁

项目简介：

M-240 计算机银行业务处理系统是中国工商银行南京市分行科技部在日立 M-240H 中型计算机上开发的银行业务处理软件，由三个子系统（人民币对公业务处理系统、人民币储蓄业务处理系统和外币储蓄业务处理系统）组成。

人民币对公业务处理系统可以进行现金、转账、交换和联行等业务的记账处理，贷款处理，借据、账户和科目管理，打印各种交易流水账、特殊业务清单、贷款到期通知单、科目日结单和各类业务统计分析报表，并可进行利息和邮电费的处理等。

人民币储蓄业务处理系统可以办理活期、定期、定活两便和零存整取等业务，同时提供账户管理、查询、修改密码、冻结和止付、出纳员轧账、打印凭证整理单和营业日报表、办理代发工资业务和活期结息等功能；通过 ATM 自动取款机可以进行活期取款、修改密码、余额查询和牡丹信用卡取款等处理；对于全部储蓄种类均可办理全市范围内的通存通兑。

外币储蓄业务处理系统是目前唯一在国内 M-240 计算机上开发成功的外币储蓄业务处理系统，可以同时处理 7 种外币的活期、定期和定期预约转存业务，同时提供利率管理、牌价管理和

账户管理及查询、修改密码、挂失、冻结和止付、出纳员轧账、打印凭证整理单和打印营业日报表等功能；对于全部储蓄种类均可办理全市范围的通存通兑。

中国工商银行南京市分行 1987 年开始使用该系统，已连接营业网点 90 个（网点覆盖率为 48%），共提供服务窗口 280 多个；安装了自动取款机（ATM）30 台，条型码设备 20 台；开设各类账户 180 万多户，代发工资 14 万多户，日均处理业务量 7 万多笔（业务覆盖率为 70%）。该系统的使用大大提高了工作效率，减轻了劳动强度，方便了客户，改善了服务质量，增加了资金来源，加速了资金的周转，产生了良好的经济效益和社会效益。

M-240 计算机银行业务处理系统功能丰富，用户界面良好，操作灵活，使用方便，能够充分满足银行业务处理的需要，是江苏省内规模大、连接设备种类多、功能齐全的银行业务处理系统。

二十三、牡丹信用卡止付名单传输与处理系统

项目编号：9312037

获奖等级：金融科技进步奖三等奖

项目完成单位：中国工商银行总行计算中心应用处

主要完成人员：王嵩、王鹰翔、王刚

项目简介：

牡丹信用卡止付名单传输与处理系统是根据关于牡丹卡止付名单传输与处理的有关规定的要求，由中国工商很行总行计算中心应用处与信用卡业务部门合作，为牡丹信用卡止付处理的自动化和网络化而开发的应用处理系统。1991 年 9 月通过测试验收，1991 年 10 月正式投入使用。

该系统将过去各发卡机构互送、自汇牡丹卡止付名单的传统手工做法改为二级传送、总行汇总，各发卡机构打印并分发牡丹卡止付名单给特约单位的办法。通过工商银行一级网络，各省（自治区、直辖市、计划单列市）分行向总行传送止付名单，经总行汇总处理后，发送回各分行。各分行将汇总后的牡丹卡止付名单通过二级传输，发送给所辖发卡机构，发卡机构处理后打印分发给特约单位。该系统包括日常紧急止付的处理、旬末增删止付的处理、季度末止付的处理。

该系统是在 IBM-4381 VSE/SP 操作系统下，通过 VSE/1CCF 进行交互式开发和管理，选用 DOS/VS COBOL 作为程序设计语言，具有网络化程度高、处理业务量大、安全可靠性高、可维护性好、按照国际信用卡组织标准进行卡编号和关键字检索等特点。

目前，该系统运行良好，每日对全国 212 个发卡行、4000 多个受理牡丹卡的储蓄所和 8000 多个特约单位提供紧急止付和增删止付服务，平均日传输数据量达 3.2 万笔，最高可达近 50 万笔，取得了显著的经济效益和社会效益。

二十四、日立 M-240H 计算机 CCU 设备扩充

项目编号：9312038

获奖等级：金融科技进步奖三等奖

项目完成单位：中国工商银行南京市分行科技处

主要完成人员：仲安妮、李俊英、申超、虞世斌、王影

项目简介：

日立 M-240H 计算机 CCU 设备扩充项目利用中国工商银行北京市分行和上海市分行已退役的日立 M-150 的 CCUBUFFER 插件板及其有关设备，对原有的日立 M-240H 中大型计算机的 CCU 通信控制器设备进行扩充，使 CCU 线路由 136 条增加到 160 条，使 21 个储蓄和对公网点联机运行。

该项目的关键难点如下：一是在只有维护、维修说明书的情况下，凭对 H-86661CCU 工作原理的研究，从而判断和确认：要扩充线路必须要修改 CCU 的背板连线，这些连线就是对所扩充的 CCU 线路的设备地址、线路地址、通信速率等参数的设定。经进一步研究分析 CCU 的插件板和背板的有关图纸，确定了修改 CCU 背板连线的详细、具体方案。二是准备能测试 32 路 CCU 的 HOP 测试磁带，以对扩充后 CCU 的正常运行进行确认。三是周到、细致地作了各种试验，周密地进行了各种准备。这样才做到了如下两点：其一，在中国工商银行上海市分行的 M-150 系统脱机关电后，拆下其不用的插件板、电缆和其他设备，而不影响第二天的联机运行；其二，一切扩充工作都在 M-240 计算机业务处理工作完成之后进行，丝毫未影响第二天的系统联机。

该项目解决了南京市分行电子化的部分急需，产生了较好的经济效益和社会效益。

该项目利用退役设备和部件进行 CCU 扩充，利用退役旧终端设备继续增设对公联机网点，为国家节约设备投资至少 175 万元。

利用该项目所增设的 21 个对公和储蓄联机网点，长期运行可靠，大大减轻了这些网点一线业务人员的劳动强度，增加了存款，加速了资金周转，提高了资金利用率，方便了人民生活。

二十五、异型微机远程数据传送系统

项目编号：9314039

获奖等级：金融科技进步奖三等奖

项目完成单位：中国银行总行、中国银行浙江省分行、中国银行山东省分行、中国银行湖北省分行、中国银行杭州市分行、中国银行重庆市分行、中国银行北京市分行、中国银行广州市分行、中国银行汕头市分行

主要完成人员：刘宁、毛以平、刘淑清、朱杭、王巍

其他完成人员：郭云飞、金建华、吕元、曾庆新、蒋汶达、邓惠、吴学增、邱建忠、杜孟寒、黄文、刘新姝

项目简介：

解决各种异型微机及各种微机操作系统下的数据传送是金融界必须解决的重要课题。各专业银行多年来都是在同种机型（如 PC 系列机）或同种操作系统（如 DOS）下实现微机运程数据传送的，这极大地限制了计算机应用的效率，造成资源上的浪费。为此，中国银行经过近两年的研究开发，实现了目前金融界所用的各种主流微机之间数据的运程传送，并适用于目前微型机广泛采用的各种操作系统，为中国银行会计、计划、统计、信贷等各种报表传送作出了积极贡献。

该系统的特点是融通讯与业务处理于一体，不但可作为独立的异型机通讯模块由其他应用系统调用，而且也能够直接处理中国银行现行的财会、信贷计划统计报表，完成总行、分行、支行三

级银行机构之间的数据传送。

该系统包括四个方面的内容：异型微机运程数据传送子系统，会计报表远程汇总子系统，计划、统计报表远程汇总子系统，海外行报表远程汇总子系统，适用于DOS、UNIX、XENIX、BTOS系统。

1989年底，该核心通讯软件通过了行级鉴定。1990年，该系统实现了全国联网。1991年初，该系统在中国银行香港分行、澳门分行使用，成为中国银行最早向海外行推广的软件之一。同年，用该系统实现的会计、计划、统计报表的全国联网系统也获行级鉴定并荣获中国银行电脑应用成果表彰大会一等奖。1992年，该系统向中国银行日本、新加坡、澳大利亚等分行推广，1993年已向中国银行美国及欧洲各分行推广。

由中国银行研制的异型机远程数据传送系统，在国内特别是在金融界处于领先地位，这主要表现在以下五个方面。

1. 可实现多种异型微机（如PC系列机、宝来系列机、PC386多用户系列机）下的远程数据传送。

2. 可实现多种操作系统（如DOS、UNIX、XENIX、BTOS）下的远程数据交换，包括汉字系统。

3. 具有断点重发保护，即便文件中断，也可在线路恢复后自动从断点续发中断的文件。

4. 具有前后台功能，可将通讯置于机器后台自动发送接收文件，而机器前台还可继续其他工作。

5. 可设置参数，对文件自动定时、定点收发。

该系统属于产生间接经济效益的产品，它的投产加速了信息传递，使资金非正常占用大量减少，使金融活动及国民经济运转效率明显提高，特别是加速了报人民银行、财政部、国家计委、国务院数据的周期。

二十六、中国银行外汇资金应用系统

项目编号：9314040

获奖等级：金融科技进步奖三等奖

项目完成单位：中国银行信息科技部系统开发一处

主要完成人员：葛文、袁文谦、王首飞、王澄宇

其他完成人员：邝丽燕、王浩、张芳芳、卫淑英

项目简介：

中国银行管理着大量的国家和自营外汇资金，为了有效地避免外汇资金风险，减少交易差错，创造高效益，中国银行总行从1985年到1992年，在IBM43XX中型机的DOS/VSE操作系统环境下，开发和不断完善了外汇资金应用系统。该系统是标准化、模块化的应用系统，易于维护和扩展，自动化程度高，交易画面层次化，用户操作简捷，系统运行安全可靠。

资金应用系统分为七个子系统，每个子系统都具有独立的应用范围，实现从资金交易录入、账务处理、额度管理、盈亏统计分析到收发SWIFT报文的全面自动化处理，并与国际上重要的金融信息网络SWIFT、CEDEL、EUROCLEAR直接相连。该系统运行7年来，稳定可靠，大大减轻了业务部门的劳动强度，降低了差错，节约了大量营运资金（仅自动发报一项，每年约节省数百万元电报费），及时掌握国际资金市场行情，提高核算精度，完善了管理手段。

该系统作为外汇交易、外汇管理的重要决策分析依据，是我国第一个成功的外汇资金系统，现

已在总行运行多年，并已移植推广到上海、广东、山东等省市分行。

二十七、B 系列机综合系统

项目编号：9314041

获奖等级：金融科技进步奖三等奖

项目完成单位：中国银行总行、中国银行秦皇岛市分行、中国银行烟台市分行、中国银行四川省分行、中国银行云南省分行、中国银行陕西省分行、中国银行肇庆市分行

主要完成人员：白光升、陈晓秋、张庆龙、李秀敏、李燕平、赵贵晨

其他完成人员：张新才、王巍、金光福、何晓云、果峰、惠建、温志球

项目简介：

B 系列机（美国 UNISYS 电脑公司生产的高档微机）综合系统是指在 B 系列机上实现银行会计、储蓄和信用卡业务电脑化的综合处理系统。

该系统业务需求分析、设计均采用面向数据处理方式，并且运用了结构化、参数化、模块化、标准化及表格驱动的设计思想，从而确保了综合系统的高效率、高可靠性、可维护性、易移植等特点。该系统采用 C 语言编程、ISAM 文件管理系统、B—NET 网络管理软件（支持专线、拨号线方式）及 FORMS 表格管理系统，运行在 BTOS/CTOSI 操作系统之下。

该系统具有较好的用户界面、严格的业务处理方式、快速的联机响应及脱机处理的能力。

该系统处理会计业务种类包括：传票的输入、修改、查询，非金融交易的修改，提出代收清单处理，利息查询，账页查询及联机系统的断电自动复原，牌价表、利率表、货币表、科目表的维护，会计的明细核算及综合核算，各类会计报表、账页、清单（包括日、旬、月、季、年的不同处理）。

该系统处理储蓄业务的种类包括：人民币存款项下的活期储蓄存折存款、活期支票存款、定期整存整取、零存整取、存本取息、定活两便、人额定期、定额有奖、金融债券、国库券、旅行支票及代发工资、代收水电等业务。外币存款项下有活期存款、定期整存整取、定活两便。除此之外，还处理外汇买卖，涉及存款业务的信汇、电汇及票汇业务。在处理上述储蓄业务的同时，产生相应的会计分录及各类储蓄报表（日、月、年报）。储蓄业务在市 / 县内实行通存通兑，既方便了储户，也提高了银行信誉。

该系统处理信用卡业务的主要功能包括：持卡人资料管理，商户资料管理，传票的输入、修改、查询及掉电自动复原联机及批量印制新卡，印卡机标牌制作，信用控制及黑名单的处理，根据客户的要求可以提前打印账单及补打账单，在授权业务方面提供了终端授权及 POS 授权，提供了利率表、密码文件、联行文件的维护功能，为维护客户及银行的双方利益，对持卡人交易实行倒起息，在传票输入时联机更新持卡人账户，使用户能够查询到准确的账户余额，在处理上提供了账户的明细核算、总分核算，并提供了业务所需要的报表（日、月、年报）。

综合系统在秦皇岛市分行投入运行后，实现了全辖系统内存款业务通存通兑，从而为中国银行吸收大量的本币和外币存款。

目前该系统已在中国银行系统内几百家分行及储蓄所中使用，为使用行带来了明显的经济效益和社会效益。在某些地区还实现了集中—分布式处理，从而极大地减少了设备投资，充分利用我

国现有的通讯条件，提高了系统可靠性及安全性。

该系统为银行业务发展开拓了广阔和前景，同时也为社会各界客户提供快速、优质的服务。

二十八、子女教育婚嫁保险计算机处理系统

项目编号：9329043

获奖等级：金融科技进步奖三等奖

项目完成单位：中国人民保险公司安徽分公司

主要完成人员：杨新民、王维全、卢石麟、严枫、管向东

其他完成人员：姚志刚

项目简介：

子女教育婚嫁保险计算机处理系统，是中国人民保险公司安徽分公司依据中国人民保险公司总公司有关业务条款、实务手续及省分公司有关条款、实务手续和管理标准而开发设计的。该系统功能齐全，包括开户、交费、给付、业务处理、统计报表五个部分。除了满足原手工操作的全部要求，增加了加保减保、贴息补息、教育金、转移、失效复效、统计分析、准备金等功能，实现了整个业务处理的无笔作业。

该系统在 UNIX SYSTEM V300 分时系统的支持下，在 UNISYS-30C 机器上用 C 语言和 INFORMIX 数据库语言开发的柜台处理系统。该系统用 INFORMIX ESQL、C 语言访问并管理数据库文件，用 C 语言进行程序控制、数据处理，采用集中式的存储、控制方式，通过分时和 INFORMIX 的加锁及业务上的唯一性保证数据的完整性和正确性。

该系统采用平推式打印机实现各种票据的自动打印，自动定位是通过计数器用程序控制。

该系统采用了三级口令管理及多种校验措施，保证数据的正确性。

该系统由 104 个 ESQL、30 多个 C 模块组成二级函数库，系统建立在函数库的基础上，该系统适用于 UNIX、XEINX 支持下进口及国产多用户机器。

该系统在安徽省各市、县公司推广应用后，系统运行正常，极大地提高了业务处理速度，取得了巨大的经济效益和社会效益。

二十九、非银行金融机构外汇管理系统

项目编号：9317045

获奖等级：金融科技进步奖三等奖

项目完成单位：国家外汇管理局

主要完成人员：柴洪峰、赵乃花、黄征、王羽中、陈敏

项目简介：

随着我国金融体制改革的不断深入和对外开放的扩大，国内经营外汇业务的金融机构无论在数量上，还是在资金规模上都有较快的发展，对广泛筹集外汇资金、支援国内经济建设、促进国际经济交往起到了积极作用。切实加强对这些非银行金融机构外汇的有效管理，保障外汇业务的健

康发展，是设计、开发非银行金融机构外汇管理分析系统的目标。

该系统对非银行金融机构上报的业务数据进行存储、查询、数据处理、打印统计报表及其他日常业务工作。

针对国内的实际情况，该系统主要从金融机构外汇资产的流动性、安全性、收益性三个方面出发，设计适合宏观监测的经济分析比率指标和相应计算公式，全面地反映金融机构外汇业务经营的总体状况。

该系统硬件环境由主机 A3K 和放置在业务处室的联机终端构成，由业务管理人员直接操作使用。因此，该系统提供了较好的用户界面及比较方便的操作环境，如像菜单式的功能选择、填表式的数据输入、完善的操作提示和出错信息提示等，易于管理人员掌握使用。该系统的主要功能如下。

1. 非银行金融机构外汇管理业务信息的存储，基本信息包括非银行金融机构负债表数据、非银行金融机构损益表数据、外汇信托存款来源情况、外汇贷款情况、外汇投资情况、外汇信托投资情况、国际融资租赁情况、同业外汇拆放情况。

2. 数据的校核。为保证输入数据的正确性，该系统采取了多种校核措施，主要包括单位登记与上报数据录入相匹配、单位标准代码的检验、利用各表中的平衡关系的平衡检查。

3. 数据的查询与修改。该系统提供了既方便灵活，又简明实用的查询功能，如果在输入过程中发现小计、平衡关系的数据异常，通过查询、修改功能可以逐步缩小范围，最后找出毛病所在；另外，利用查询程序可以生成业务人员所需的各种报表。

4. 显示打印报表。需要上报的业务报表，如全国非银行金融机构上报情况表、综合汇总统计表、比较资产表、比较负债表等都可及时显示、打印。

5. 分析和图形显示。非银行金融机构外汇业务情况分析提供给业务人员一种对全国及各机构经营状况的辅助分析工具，对计算后的数据进行排序分类整理，并利用图形报表（ERGO）功能，将各非银行金融机构的外汇情况通过图表显示出来（也可按需要打印），使各类数据的走势更为直观。

1988 年 3 月，由信息中心技术人员及金融机构管理处业务人员组成该系统分析设计小组，经过了解业务需求，进行系统分析与设计后，由信息中心的技术人员开始系统的实施工作，整个系统开发完成后，进入试运行阶段，于 1988 年 8 月正式投入使用。经过近一年运行后，业务发生了较大变化，根据第四代语言 LINC 运行和修改并行的特点，在系统结构上又做了较大修改，使系统日趋完善。

该系统投入使用后，得到了业务人员的肯定，该系统运行正常、可靠，其易扩充性在系统完善过程中得到证实。该系统的使用加强了非银行金融机构外汇业务的监督管理，提高了外汇业务数据汇总、统计分析工作的效率，及时地向有关领导提供了决策使用的数据，取得了较好的社会效益和经济效益。

三十、国家外债统计监测系统

项目编号：9317047

获奖等级：金融科技进步奖三等奖

项目完成单位：国家外汇管理局信息中心

主要完成人员：门晓波、张辉、穆晓东、罗广宏、彭凡

其他完成人员：刘兵海、唐思宁、黄洪博、王红勤

项目简介：

自我国实行对外开放政策以来，与世界各国的经济联系日益密切，作为利用外资的一种方式，国内机关、团体、企事业单位、金融机构向国外筹借的贷款迅速增长。为了准确、及时、全面地集中全国外债信息，有效地控制对外借款规模，提高利用国外资金的效益，国家外汇管理局信息中心研制了国家外债统计监测系统。

国家外债统计监测系统的主要目标如下。

1. 该系统是一个集成化的系统，能够在一种统一的操作环境里，处理外债信息存储、查询、打印业务报表，未来 20 年内外债还本付息情况及偿债率的估算，外币汇率变化、利率变化对外债还本付息影响的预测功能，以及有关日常业务工作都由计算机自动（或用人机对话方式，由计算机辅助）完成。

2. 国家外汇管理局外资管理司负责向党中央和国务院提供最新信息，要求及时、迅速、准确。该系统达到了在微机上比较高的运行效率，满足了使用要求。

3. 该系统由外债业务人员直接操作使用，因此，提供了良好的用户界面、比较方便的操作环境，如菜单的功能选择、填表式的数据输入、完善的提示和错误信息等，使熟悉外债业务的操作人员不需太多的学习就能方便地掌握和使用。

4. 该系统生成两种版本：一种用于总局，处理全国外债数据；另一种用于分局，处理自己辖区内的外债数据。两种版本在功能上取舍略有不同，但数据格式和操作方法统一。

对于不同的要求，该系统具备灵活的查询功能及灵活的组表功能，从不同的角度来分析外债信息。

该系统的开发和推广过程如下。

1987 年 4 月，国家外汇管理局提出系统用户需求说明草案和系统的初步设计。

1987 年 5 月下旬，国家外汇管理局电脑部与外债处负责同志一起对用户需求进行了深入的讨论，对开发小组提出的初步设计方案予以确认，双方制订了项目的进度计划。从这时起，该系统的详细设计，以及编码和调试工作全面展开。

国家外汇管理局外债处从 1987 年 8 月开始试用这一软件，试用中对软件输出的各种报表进行了大量的核对工作，提出不少改进意见。根据这些意见，项目组对软件作了一系列修改，于 1988 年 4 月定稿作为第 1.0 版发布。1988 年 5 月，由国家外汇管理局电脑部主持，组织有关专家对该系统进行了验收鉴定，会后进行推广。

1989 年，为适应外债业务的发展，国家外汇管理局电脑部又组织力量进行版本更新，完善并新增加功能，使更新后的 2.0 版更加完善。

新的 2.0 版已于 1991 年 9 月向国家外汇管理局全系统推广，1991 年 10 月各一级分局、计划单列市分局和经济特区分局直接通过电话拨号线网络向总局传输数据。

国家外债统计监测系统已成为一个独立完善的统计监测系统。该系统为领导的宏观决策提供了手段，为控制借债规模和有效地利用国外资金提供了数据依据，取得了明显的社会效益和经济效益。

三十一、外商投资企业外汇管理系统

项目编号：9317048

获奖等级：金融科技进步奖三等奖

项目完成单位：国家外汇管理局信息中心

主要完成人员：孙洪昌、云柱义、刘晨龙、杨准、梅小娜

其他完成人员：黄昌旭、徐国才

项目简介：

随着改革开放的日益深入开展，越来越多的国家和地区在我国投资，开办三资企业。为了高效地实施对三资企业外汇的管理，国家外汇管理局研制了一个可在总局、全国各级分局乃至支局都可使用的三资企业外汇管理系统。

一、系统的主要目标

在各级外汇管理局现有的设备环境内，建成一个三级三资企业外汇管理系统。该系统能存储辖内三资企业的数据，将数据及时地汇总、统计，上报给上一级分局及总局。

二、系统主动功能和特点

1. 可以输入存储三资企业的基本情况、现汇账户开户情况、外汇管理部门对企业的奖惩情况、调剂外汇审核表、境内外币计价结算申请表、调剂外汇明细表、外汇收支报告表等数据。

2. 对存储的数据有修改、分类、汇总、查询等各种操作。

3. 有比较强的系统维护功能。可输入系统必需的各种编码数据，可对系统中的数据进行备份、恢复及删除等操作。

4. 系统中上下级局的数据传递采用软盘的方式，系统中有生成上报数据和读取下级分局报来软盘的程序。

5. 系统中通过设置系统管理员和操作员口令，以及灵活的设置与取消手段，增加了系统的安全性。

6. 系统可输出多种报表，也可以打印查询结果。

三、系统的组成

1. 系统管理：包括各种编码输入修改程序，加密、解密程序，数据删除程序。

2. 数据输入：包括两种表格的输入程序。

3. 数据查询：有数据查询、各类编码查询等程序。

4. 汇总及打印表格：有六个表格的打印程序。

5. 数据分析。

6. 输入下级分局报来数据：包括外汇收支报告表、利用外资明细表、分类表等表格数据的输入。

7. 数据的备份与恢复。

8. 读生成的软盘数据。

四、系统的开发和维护过程

1987 年由国家外汇管理局总局组织国家外汇管理局湖南省分局编写第一版，经总局验收后，

发至全国一级分局使用。后因业务扩大，机器的操作系统升级需更新版本，1989 年由总局组织，多个省分局的技术人员参加编写第二版，1991 年 10 月发至全国试用。1992 年由总局下达任务，由江西省分局修改第二版试用中发现的问题，对某些数据结构进行了修改，有些程序进行了重编，形成了第三版。现已由总局检收、推广。经过 1989 年 10 月至 1990 年 4 月，1992 年 4—5 月先后两次进行修改，使系统日趋完善。

该系统的开发和推广，及时地为领导提供了决策数据，为宏观控制和制定有关政策服务，简化了对三资企业管理的操作，减少工作人员的烦琐劳动，对我国三资企业的外汇管理起着极为重要的意义。

三十二、县级人民银行营业部业务计算机处理系统

项目编号：9311050

获奖等级：金融科技进步奖三等奖

项目完成单位：中国人民银行六安分行

主要完成人员：刘庆太、贡献、杜杰、黄琼、柴新

其他完成人员：刘支明、周先来、潘家保、杜平、刘泽玉

项目简介：

县级人民银行营业部柜面包括会计账务核算、国家金库核算、货币发行核算和同城清算处理四个业务内容。它们是县级人民银行最主要的四个基础业务，是人民银行发挥中央银行宏观调控职能的重要基础工作。

针对柜面四个基础业务既相互联系、又相对独立的特点，该系统使用一台国产 386 微机带 8 个中文终端，采用世界上流行的 UNIX/XENIX 多用户多任务操作系统和多用户关系型数据库作为开发环境，将四个业务有机地联系在一起，能快速、方便、准确、安全、可靠地完成县级人民银行营业部柜面日常所有业务。

该系统主要实现会计账务凭证的录入审查、记载账簿、计息统计、数据汇总，国库税款收纳、分成报解、退库登记、账务核算、统计分析，货币发行基金的调拨入库、记账、结账、金银管理、同城交换票据的清算清分、资金结算等操作。能输出近百种报表、账簿单据，月终系统自动将各日数据进行统计分析，并能行成以数字分析为主体的分析报告等。

该系统规定了各种操作人员的工作权限，系统管理员、业务主管、复核员、录入员各司其责，不能互相越权代理，UNIX/XENIX 是一个公认的十分安全的操作系统，因此整个系统相对来说是安全的，自使用以来未发生过人为案件，也未遭受到病毒侵害。

该系统已在安徽省 72 个县级人民银行推广使用，减轻了基层业务人员的劳动强度，加快了资金的入账、报解、结算速度，提高了工作效率，差错率降为 0.2‰，各业务报表提前 2~3 天报出，报表质量好，为中央银行的宏观调控提出了最为及时、准确、可靠的决策依据，社会效益和经济效益显著。

三十三、资金分析监控系统

项目编号：9311051

获奖等级：金融科技进步奖三等奖

项目完成单位：中国人民银行南京市分行科技处

主要完成人员：周文凯、陈琦、范广安、李一农、张爱红

项目简介：

资金分析业务作为人民银行的一项重要金融业务，担负着对全市各专业银行及非银行金融机构人民币、外汇信贷执行状况，现金投放、回笼情况及贷款周转情况的统计与分析工作，承担着对辖区内银行规模总量的控制与资金管理的职责，是发挥中央银行宏观调控职能的重要手段。南京资金分析监控系统是面向资金分析业务而设计、开发的计算机应用系统，它不仅取代了资金分析业务传统的手工劳动，而且具备比手工操作更强的数据处理、分析能力。该系统可以对各类资金业务原始报表进行输入、修改、校验、汇总、归并、对比分析，产生完整的统计分析数据，并可对全市银行信贷规模、人民银行贷款、人民银行专项贷款账务进行处理，并在此基础上向资金管理业务人员提供完善的信息服务。

该系统开发工作开始于 1990 年 7 月，1990 年 11 月完成了系统的总体设计方案，随后开始系统的详细设计和数据编码工作。经过一年多的努力，信贷子系统、现金子系统、外汇子系统、累收累放子系统、五日报旬报子系统分别于 1991 年 6 月、9 月、12 月及 1992 年 2 月开发完成并投入运行。各子系统投入运行后，情况良好，各项功能均满足总体设计的要求，深受业务部门好评。1992 年 12 月，系统通过了由总行科技司主持的技术鉴定。

该系统具有设计合理、操作简便、运行稳定、易于维护的特点，在开发过程中运用了数据编辑窗口及屏幕分窗口、数据的纵横向平衡校验、数据处理中的分层控制、报表自动生成等多项技术措施，使系统运行的速度、效率得到了大幅度提高。该系统还具备另一重要特色，即提供了一个界面友好、功能齐全的系统维护工具包，授权用户根据业务需求变化，对系统进行日常维护，使软件开发与软件运行管理逐渐分离，将软件人员从繁重的软件维护工作中解脱出来。

三十四、湖南同城票据清算计算机网络系统

项目编号：9311053

获奖等级：金融科技进步奖三等奖

项目完成单位：中国人民银行湖南省分行、中国人民银行郴州市分行

主要完成人员：侯加林、唐祖华、熊立群、粟新宇、林健

项目简介：

湖南同城票据清算计算机网络系统是由中国金融电子化公司、中国人民银行会计司下达的研制项目（〔1989〕金电字第 039 号文件），由中国人民银行湖南省分行和郴州市分行共同承担并组织研究开发。

该系统采用以中国人民银行为网络中心、其他遍及全市参与同城清算的金融机构为网络结点的星状网络拓扑结构，实现同城票据的“提出票据、实时交换、提入票据、及时入账，总轧平衡、当日对账，备足资金、差额清算，分类处理、事后勾对”的会计核算方法。从而改变传统的手工

交换模式，做到当日票据及时抵用，达到加快结算资金周转、减少结算资金在途、有效地挖掘资金潜力、提高资金使用效率的目的。

该系统由网络中心处理子系统、网络结点处理子系统、票据编码子系统和通信子系统组成。它运用了 CUNIFY 数据库技术和 C 语音、COBOL 语言等多种编程手段，实现了不同应用工具间的功能模块调用；并采用了一系列诸如指纹加密、程序加密及多级操作密钥管理的安全保密措施，从而保证整个网络的安全运行。该系统还在国内首次使用了自行研制的票据鉴码机系统，它依据原始票据要素自动产生一组相应的票据编码，作为票据真实性判别的“识别码”，并通过多次校验以确保票据交换、清算的真实、安全和可靠。该系统还首次将税款上缴业务，财政拨款、退库业务纳入其处理范围，以加速国库资金周转。它还与其他会计电脑记账系统相连，极大地提高票据信息的共享度，避免票据信息的重复录入。

该系统经过总体设计、系统开发和系统实施三个阶段，于 1991 年 10 月 10 日在郴州地区投入作业试运行。1992 年 3 月，该系统正式投入作业运行。近两年来的运行结果表明，该系统具有显著的经济效益和社会效益。该系统于 1992 年 10 月 6 日通过了由湖南省科委主持，中国人民银行总行科技司、中国金融电子化公司、湖南省有关高等院校、计算技术研究所、湖南省各专业银行计算机和会计专家参加的技术鉴定。与会专家一致认为，该系统设计合理、功能强、安全可靠，具有很好的实用性，经济效益和社会效益显著，在国内同类系统中具有领先水平。

该系统已推广到湖南湘潭、株洲等地区，广西梧州等地也采用了该系统中的票据编码技术。

三十五、SH 型上浆机及附属设备

项目编号：9358055

获奖等级：金融科技进步奖三等奖

项目完成单位：中国人民银行印制科学技术研究所

主要完成人员：杨俊田、吴硕夫、刘秀英、林平、王平

其他完成人员：张从云、赵越、徐晓德

项目简介：（略）

三十六、防涂改油墨的研制及应用

项目编号：9328057

获奖等级：金融科技进步奖三等奖

项目完成单位：中国人民银行印制科学技术研究所

主要完成人员：刘立民、李世铮、李雅玲

项目简介：（略）

三十七、八五一品的研制与开发

项目编号：9338058

获奖等级：金融科技进步奖三等奖

项目完成单位：沈阳造币厂

主要完成人员：张维斌、赵丕信、宁应成、赵孝经、吕英杰

其他完成人员：柏青、董江、申宪章、陈贵财、孙风全、李其盛、李学飞、尤德俊、高德呈

项目简介：（略）

三十八、印钞专用一布一胶凹印橡皮布

项目编号：9328060

获奖等级：金融科技进步奖三等奖

项目完成单位：上海印钞厂、上海印刷器材厂

主要完成人员：戴宗权、邓道德、黄风珍、邓知章

项目简介：（略）

第三节　1994 年金融科技进步奖获奖项目

一等奖

一、中国工商银行全国联行对账系统
二、TD-2 系列台式点钞机
三、85 版壹元硬币的研制

二等奖

四、中国农业银行计算机网络 UNIX 平台储蓄业务处理系统
五、中国人民建设银行广州市分行综合业务处理系统
六、综合国内财产险业务计算机处理系统
七、中国人民保险公司涉外业务综合处理生成系统
八、出口收汇核销管理系统
九、中国银行电讯信息控制系统（TMJCSNSE1.0）
十、油墨色彩的计算机分析和管理
十一、82- Ⅱ型印钞机墨车短传改中传
十二、电脑支票纸
十三、特种安全线钞纸新品种研制
十四、硬币新合金的研制

三等奖

十五、容错计算机储蓄通存通兑联机网络系统
十六、汇票签发与核算应用系统
十七、中国工商银行 4381/4700 硬件维护管理系统
十八、LSMMQ-100 型密码键盘
十九、中国工商银行文书档案管理系统
二十、银行联行业务计算机处理系统
二十一、中国工商银行北京市分行计划统计信息管理系统
二十二、穿墙式 ATM 自动防护门
二十三、微机对公业务应用系统
二十四、中国农业银行计算机网络 UNIX 平台对公业务处理系统
二十五、县级经济与金融数据库系统
二十六、ABMIS 农业银行信息管理系统
二十七、中国农业银行河北省分行对公业务电脑稽核系统
二十八、支票密鉴系统

二十九、中国农业银行全国联行对账数据传输及分行数据处理系统

三十、中国农业银行同城联机网络储蓄业务处理系统

三十一、密码记账器

三十二、资产负债管理信息系统

三十三、同城票据清算计算机处理系统

三十四、省地（州）国家金库计算机处理系统

三十五、日立 M-240D 中型机全区联行对账系统

三十六、245 甲机递纸机构的研制

一等奖

一、中国工商银行全国联行对账系统

项目编号：9412001

获奖等级：金融科技进步奖一等奖

项目完成单位：中国工商银行总行计算中心

主要完成人员：单怀光、纪梅丽、苏洪元、周琪、刘庶、王晓燕、陈天晴、李黄志、王兵、许燕、麻林涛、刘光、李宁、王云生、陈世进

其他完成人员：李泰峰、杨光岩、刘学德、王嵩、张南、姚红玲、杨鹏、白聪、卢丽英

项目简介：

中国工商银行全国联行对账系统是中国工商银行总行在总行计算中心连接 43 个省市分行中心的一级网上开发的一个应用系统，它是以 SNA 结构体系网络为依托，以批量传输和批量处理的方式处理联行对账业务的。该系统涵盖全行 43 个省市分行和 5550 个联行机构，是一个大规模实用型系统。它由负责联行往来账、查复数据的录入、检查、打包工作的录入子系统，负责总行中心和各省、市行中心间通讯的网络传输子系统及对各行数据进行检查、记账、配对、查询、打印等工作的对账子系统三大部分组成。

自 1990 年 10 月投产以来，该系统运行稳定，安全可靠，处理及时，方便灵活，一般日均处理业务量达22万笔，高峰日达50万笔。由于传输通畅、信息灵，能对业务处理进行及时有效的监督，彻底改变了过去联行账务长期不清、分行间互相推诿甚至作弊等混乱现象，实现了隔季度查清的目标。四年来，取得了良好的社会效益和经济效益，具体表现如下。

1. 及时纠正错账，减少利息损失。由于全国联行对账系统及时、准确率高，对联行往来中的差错发现及时，一般不超过 1 个月，而过去需 4~6 个月。据 1991—1994 年统计，共纠正报单金额差错 24482 笔，金额达 21 亿元，避免利息损失 6840 万元。

2. 有效地制止占压资金的行为。该系统对账速度快，减少报单积压，增加了资金周转。监督功能强，及时发现基层行用压借方报单延迟转账的方式占用联行资金 4 亿元。由于纠正及时，减少报单占压 30 天左右，提高资金实用率 83%，相应增加调度资金 16 亿元。

3. 节省了手续费开支。过去参加人民银行核算工厂对账时，需支付对账手续费，按四年来工

商银行累计业务量 24000 多万笔计算，需支付 3600 万元（0.15 元 / 笔）手续费，而现在工商银行总行向各省（市）分行支付录磁费仅 620 万元，节省手续费 2980 万元。

4. 及时揭露假报单窃用联行资金案件。3 年来共三起 10 笔，涉及金额达 100 万余元。

5. 节省劳动力减轻劳动强度。例如，某银行按老办法对账要有 112 个人，现在只需 10 人即可。

二、TD-2 系列台式点钞机

项目编号：9432017

获奖等级：金融科技进步奖一等奖

项目完成单位：中国工商银行沈阳市分行计算技术研究所、中国工商银行广东省分行计算技术研究所

主要完成人员：黄建珩、董鸿来、董瑞春、陈灿光、叶正光、于文涛、郑小键

项目简介：

TD-2 系列台式点钞机是为了点计、整理流通纸质货币而研制的一种专用工具，属于仪器仪表技术领域。

点计、整理流通纸币，在银行及其他流通领域，始终是一项繁重的体力劳动，点钞机是一种广泛使用的工具。国际上生产点钞机的厂商很多，具有代表性的是英国的 DelaRue 系统公司和日本 GLOTY 公司，我国现金流通量在全部社会流动资金中所占的比例，在世界上名列前茅，且流通纸币绵软、破旧，使国外机器（立式、下捻钞、无吸尘和拍打整理功能）很难适应。中国工商银行科技部于 1986 年立项，由沈阳市分行计算技术研究所和广东省分行计算技术研究所两个点钞机生产基地，研制 TD 型台式点钞机，采用卧式、长跑道、上捻钞、带机内吸尘拍打整理机结构等与国外机结构完全不同的新产品，于1988年通过技术鉴定。6年来累计销售 30 万台，产值 2.5 亿元人民币，实现利税 5000 万余元，出口创汇 500 万美元。推广使用面遍及所有城市银行及部分商业、邮电、铁路等部门，出口 26 个国家和地区。

三、85 版壹元硬币的研制

项目编号：9483065

获奖等级：金融科技进步奖一等奖

项目完成单位：上海造币厂

主要完成人员：严阳生、刘炳忠、叶仲华、章军、郑瑞铮、顾杏宝、余敏、方茂森、吕迎兰、刘群、陈福泉、朱雪其、丁学东

项目简介：（略）

二等奖

四、中国农业银行计算机网络 UNIX 平台储蓄业务处理系统

项目编号：9413024

获奖等级：金融科技进步奖二等奖

项目完成单位：中国农业银行总行、中国农业银行青岛市分行

主要完成人员：张居兴、黄滨、章佳强、刘国建、程谋广、钟阳、张勤、曹梅、梁军

其他完成人员：李向东、黄晓、侯永铭、邵淳、付德亮、邓建坤、于宏城

项目简介：

中国农业银行计算机网络 UNIX 平台储蓄业务处理系统是根据中国农业银行标准业务和操作规程并针对新业务、新功能的需要，结合微机多用户和网络系统特点设计的 UNIX 平台微机网络储蓄系统。

该系统可分为以下 7 个子系统：中心机子系统、结点机子系统、ATM 子系统、POB 子系统、POS 子系统、通讯子系统、制卡子系统。其中，中心机子系统又分为中心机管理、网络管理、中心机后台响应等模块；结点机子系统又分为数据转换、手工移植、环境维护、日间处理、日终处理、故障恢复、时间系列及后台响应等模块。

该系统的数据存储采用集中分布式的结构，所有的业务数据分布到各结点机上，同时卡折户的数据集中到中心机上。这样的数据结构具有很大的灵活性。只要中心机系统运行，就可以使 ATM 提供 24 小时服务。同时，结点机子系统是一个独立的、本身账务平衡的应用子系统。它既可以根据客户的需求，通过简单的参数设置就可并网，也可以作为一个独立的脱机网点使用，这样的数据结构特别适合中国农业银行点多面广、条件复杂的特点。

该系统对于各类控制信息大部分采用参数化设置，以提高系统的易维护性。对于需记载历史明细的账户，均采用链式主子文件结构或账页形式，有效地节约了存储空间，对于各种明细账，对其主子文件均实行实时更新，保证了账务的一致性。

该系统对各种数据文件中的记录均采用了记录加锁技术，对数据文件进行并发控制。整个系统采用分级管理、多级控制、断点自动恢复技术，保证了系统数据的安全性和可靠性。

该系统采用集中分布式网络模块化设计，扩充性强，基本上满足投资少、见效快、技术实现简单、逐步发展逐步收益的要求。该系统在全国十多个城市建立了网络，在上千个网点上应用。经过多年的运行，证明该系统功能强、性能稳定可靠，对减轻劳动强度、提高核算质量和工作效率、改善经营服务手段显示了明显的优越性，取得了可观的经济效益和社会效益，对促进农业银行的电子化建设起了很大的作用。

五、中国人民建设银行广州市分行综合业务处理系统

项目编号：9415036

获奖等级：金融科技进步奖二等奖

项目完成单位：中国人民建设银行广州市分行

主要完成人员：林伟平、沈奕明、陈坚、毕仲文、徐丰平、彭思阳、黄冬红、张永勤、袁楚辉

其他完成人员：张梅香、袁斌、徐慧、饶昆仑、王恂

项目简介：

中国人民建设银行广州市分行综合业务处理系统是在美国 Unisys 公司 A 系列主机上实现的。

该系统于 1991 年 9 月经总行计算中心、广州市分行、Unisys 公司、NCR 公司、云南电子设备厂专家和技术人员在广州市分行综合业务处理系统总体设计和详细设计研讨会上充分讨论和验证决定下来的，经过近 3 个月的概要设计和详细设计，以及近一年的程序开发和调试，实现了研讨会上确定的第一期工程目标，即 A 系列主机储蓄通存通兑、信用卡系统和 ATM 中心管理系统，经过近一年的试运行和真正运行，证明该系统具有响应速度快、可靠性好、故障恢复能力强等优点。

该系统以 BMULTL 网络为基础，主机与终端设备之间使用点对多点的 POLL/SELECT 协议，通讯速率为 9600BPS，整个网络结构以节约通讯设备和线路为原则，ATM 与储蓄共用一个通讯端口和电话专线，主机采用 POLL/SELECT 通讯协议对同一端是否选择不同终端地址进行控制。

该系统采用集中式处理和分布式处理相结合的工作方式。所谓集中式处理，主要是指在 A 系列主机上对来自储蓄活期通存通兑系统、ATM 中心管理系统和信用卡系统的大量实时交易进行集中式处理和数据库更新及维护，以便实现 24 小时不间断、全天候服务。而分布式处理主要是指在储蓄系统的定期存款仍保留于储蓄网点的 CTOS 工作站上。

ATM、储蓄 CTOS 工作站及电话银行语音处理终端均作为智能终端通过 NOF 程序与运行库连接，所有交易经智能终端预处理，由前台程序用后台程序将交易打包，转换为 A 系列运行库可接受的信息格式交主机处理。

A 系列主机储蓄通存通兑系统在实现总行组织开发的 BTOS 储蓄通存通兑系统 2.0 版本所有功能的基础上，增加储蓄卡、ATM 自动存取款及转账、预约代收付、代信用卡存取款及 ATM 储蓄卡业务处理等功能；A 系列主机信用卡系统则在实现原 BTOS 信用卡系统所有功能的基础上，新增了接受信用卡在联网 ATM 存取款、转账并实时更新客户余额和自动记账等功能，并与储蓄系统一起实现储蓄卡和信用卡之间的综合业务，该系统的实现完全替代 BTOS 微机上的信用卡系统；A 系列主机 ATM 中心管理系统已实现 MASTER CARD、VISA CARD 和储蓄卡在联网 ATM 上自动存取款，储蓄卡和信用卡相互转账，储蓄账户和信用卡账户余额查询及密码更改等功能的 24 小时不停顿服务，并根据储蓄系统和信用卡一卡多用功能，即在信用卡磁条写入储蓄账户，在 ATM 上可以选择储蓄账户和信用卡账户进行交易。

在系统设计中，该系统把储蓄通存通兑、信用卡和 ATM 中心管理三个系统集成为一个系统，采用了联机备份的先进技术和多种故障恢复措施，在数据库存取和数据库传输方面采用了 DES 和乱码技术，保证了系统和数据的安全性。

六、综合国内财产险业务计算机处理系统

项目编号：9429037

获奖等级：金融科技进步奖二等奖

项目完成单位：中国人民保险公司辽宁省分公司

主要完成人员：刘远里、孙继飞、温淳、李东焱、高继东、李毅明、蔺洪利、 王利群

项目简介：

目前国内成熟的财产险业务处理系统都是针对单一险种进行设计的。例如，业务实务处理发生

变化时，便需重新更改程序，出现新险种时需重新设计程序，如此既不能适应业务处理的变化，又不便于程序人员和业务人员的维护，已不能适应保险业务发展的需要，为此设计完成综合国内财产险业务计算机处理系统。

该系统是具有一定生成功能的综合性保险业务处理系统，它可以处理多个险种业务及适应险种处理方式变化，当出现一个新险种或原有系统业务处理方式发生变化时，用户不必去重新设计或修改程序，只需通过业务描述字典的设计或修改，就可以迅速地生成一个新的业务处理系统，这既减少了软件人员的重复劳动，又使程序设计工作简化。

该系统运用结构的设计方法，结合原型法、集成化法进行设计，采用业务描述字典技术、数据库管理生成技术、菜单生成技术等，使系统具有良好的可靠性及可移植性。

通过该系统，经过不同的业务描述，便可以生成多个不同的保险业务处理系统，包括数据输入、查询、统计及打印功能。该系统具备开放性强的接口，用户可把自己熟悉的语言设计的模块，挂入该系统中使用，同时该系统设计了各种软件工具，使用户方便地描述业务并形成相应处理系统。

七、中国人民保险公司涉外业务综合处理生成系统

项目编号：9429037

获奖等级：金融科技进步奖二等奖

项目完成单位：中国人民保险公司江苏省分公司

主要完成人员：陈志强、华建伟、辅强、葛翠英、秦振海、张范

项日简介：

随着我国改革开放的不断发展，对外经贸活动随之扩大，涉外保险业务也呈逐年上升趋势，新险种不断增多，各项业务处理正在不断变化，实务处理也不尽相同，为避免程序设计上的重复劳动，克服业务处理系统移植性能差的困扰，减少软件人员的维护工作量，延长软件生命周期，中国人民保险公司设计完成了涉外业务综合处理生成系统（GSFIPS）。

GSFIPS是一个完整的、实用的自动生成系统，它综合地使用了快速原型技术、代码生成技术、数据库集成管理技术及关联数据表达式的自动解释、翻译执行技术。使用GSFIPS，用户可以方便、快速地生成一个用户的涉外业务综合处理系统（FIPS）并可安装至任意同环境下的计算机上运行，同时用户可以对FIPS从结构到模块均可方便地进行修改再生成，以达到使用户满意的效果。

GSFIPS是面向程序员一级的开发工具，生成出的FIPS到面向最终用户，该系统可同时进行多系统生成，或某系统下多险种生成，GSFIPS是一个完整的开发工具。它可以设计生成FIPS的基本诸元：输入类、修改类、查询类、删除类及输出和系统维护类等可独立运行的模块，并为统计类提供了与保险公司开发的通用统计系统接口，同时它从系统开发的角度为用户设计了数据库，它从实务（或菜单）的角度为用户组成了一个完整的可运行的FIPS，GSFIPS采用了快速存型设计的思想实现了有利于用户恢复或优化的设计，并且从存型字到其各功能模块的生成GSFIPS都采用由用户提供少量型参数并据此保以实现。GSFIPS提供了严格的系统安全措施，可靠性高。

该系统选用C语言、INFORMIX 4GL及INFORMIX ESQL/C作为工具运用结构设计方法，综合使用了快速型技术、代码自动生成技术、数据库自动集成技术，对输入输出设备无特殊要求，

采用窗口式人机界面，交互式操作，对输入操作有自动找错功能，易于学习、掌握。

经利用 GSFIPS 生成了涉外业务处理中实务最复杂的出口货运险处理系统，并将该系统投入运行，取得了巨大的经济效益和社会效益。

八、出口收汇核销管理系统

项目编号：9417040

获奖等级：金融科技进步奖二等奖

项目完成单位：国家外汇管理局信息中心、国家外汇管理局安徽分局

主要完成人员：李子卿、刘兵海、贾吉恒、吴建平、马陶陶、顾日滇、唐大林、邱桂清、杨大立

项目简介：

自 1991 年 1 月 1 日全国实行《出口收汇核销管理办法》以后，出口核销管理工作成为国家外汇管理局的主要日常业务之一。1991 年 1 月，国家外汇管理局组织力量，自行设计开发在 B 系列微机上运行的出口收汇核销管理系统应用软件，经过试用、更新、完善，1992 年 1 月，正式推广应用。

出口收汇核销管理系统主要包括以下三个子系统。

1. 初始化系统，用于系统文件的建立和初始化、业务员权限和密码的建立、单位档案的建立等。

2. 核销主控系统，用于处理发单登记、收单审核、收汇核销、台账登记、注销、打印催收通知等核销业务，同时，提供丰富的查询功能、日常数据维护功能、年终结转功能。

3. 统计报表系统，用于产生规定的 15 种分类报表的月报表，并且有汇总功能。

该系统功能齐全，运行稳定可靠，用于管理分析来自企业、海关、银行等大量的相关数据，用于处理各种贸易形式下的核销业务，能够及时准确出表，基本满足全国各地外汇管理出口收汇核销业务的需求。该系统通用性强，效率高，且因采用模块化方法设计编程，采用参数文件形式定义数据结构，数据存储与程序处理相对独立，使该系统可维护性强、可扩充性强。在技术水平上，该系统可列为国家同类软件的先进行列。

该系统于 1992 年 1 月正式推广应用。总局、各一级分局、部分二级分局和重点支局，实现了外汇管理中出口收汇核销管理工作的电子化处理，实现了对企业出口商品货款的跟踪管理、监督收汇和按规定向国家银行结汇管理，有力地保证了核销制度的贯彻执行。

该系统自推广应用以来，取得了显著的社会效益和经济效益。强化了企业的经营管理机制，出口收汇率、结汇率有所提高，国家外汇收入增加，促进国际收支平衡发展。同时，准确及时的统计分析报表，为国家的宏观经济管理提供了具体的依据。

九、中国银行电讯信息控制系统（TMCSNSE1.0）

项目编号：9414060

获奖等级：金融科技进步奖二等奖

项目完成单位：中国银行山东省分行、中国银行总行、中国银行浙江省分行、 中国银行辽宁省分行、中国银行天津市分行、中国银行福建省分行

主要完成人员：黄建民、胡旭、王朝波、杨梅、刘伟民、张明、李东亚、张兵、李卓军

其他完成人员：冯恺、曲向阳、王刚、隋海生、胡文霞、朱抗

项目简介：

电讯信息控制系统（Telecommunication Message Control System）是中国银行自行研制开发的新一代用于金融电讯业务处理的计算机应用软件系统，是国家“八五”科技攻关项目《国际金融信息交换技术的研究与开发》的主要内容之一，属于金融信息科技领域。

金融电讯是金融业务的重要组成部分和关键环节，是金融电子网络化的基础。中国银行作为主要从事国家外汇、外贸金融业务的国际化大银行，与国际金融机构电讯业务往来频繁，因而电讯业务发展较为迅速，但国外现有电讯软件功能和自动化程度存在各自缺陷，且价格昂贵。通过对国内外电讯软件的分析研究，并根据金融电讯业务流程及熟练业务人员经验，提炼出最佳电讯业务处理数学模型。并在此基础上，充分发挥大型、中型计算机快速处理和吞吐量大的优势，在IBM S/370、S/390系列机上完全实现了金融电讯的收报、发报、转报、加密押、核密押、查询、监控、管理等功能，覆盖了金融电讯所有基本业务。

TMCSNSE1.0电讯系统包括发报、收报、回执、密押、管理、监控六大部分，相互之间通过CLCS交易、联机程序、TD队列和VSAM文件有机地结合在一起。实现SWIFT是该系统的关键与核心，此项技术的实现属国内首创，填补了国内电讯系统SWIFT处理部分的空白。同时，该系统还实现了自动分报、自动销回执、自动加押、自动要报等多项电讯自动化处理技术，弥补了现行国内外电讯系统自动化处理方面的不足。

TMCSNSE1.0电讯系统与国内外现有电讯系统比较，实现了SWIFT与TELEX电讯处理的统一、电讯与密押的有机结合、电讯与其他金融业务应用系统的紧密联系，同时实现了各处理环节的高度自动化。该系统管理监控严格，安全保密性好，网络连接功能强，达到了国际先进水平。

十、油墨色彩的计算机分析和管理

项目编号：9482061

获奖等级：金融科技进步奖二等奖

项目完成单位：上海印钞厂

主要完成人员：钱敖金、张嘉申、姚卫、陈彪、韦渝芳

项目简介：（略）

十一、82-Ⅱ型印钞机墨车短传改中传

项目编号：9482062

获奖等级：金融科技进步奖二等奖

项目完成单位：石家庄印钞厂、上海印钞厂

主要完成人员：周忠贤、吴文讯、罗晚芸、王平、牛保根、刘建荣、霍建平、朱焕明、施廉如

项目简介：（略）

十二、电脑支票纸

项目编号：9481083

获奖等级：金融科技进步奖二等奖

项目完成单位：保定钞票纸厂

主要完成人员：邹从标、冯瑞琪、刘才、宋复起、耿虹林、徐正铭、张玉勉、谷凌文、韩勇

项目简介：（略）

十三、特种安全线钞纸新品种研制

项目编号：9482064

获奖等级：金融科技进步奖二等奖

项目完成单位：四川东河钞票纸厂

主要完成人员：关维安、何任秀、文大兴、刘连增、朱德良、郭建忠

项目简介：（略）

十四、硬币新合金的研制

项目编号：9483067

获奖等级：金融科技进步奖二等奖

项目完成单位：沈阳造币厂

主要完成人员：张维斌、赵孝经、柏青、牛孟久、刘秀兰、吕英杰、冯桂兰、李学飞、董江、孙凤全

项目简介：（略）

三等奖

十五、容错计算机储蓄通存通兑联机网络系统

项目编号：9412002

获奖等级：金融科技进步奖三等奖

项目完成单位：中国工商银行沈阳市分行

主要完成人员：张西京、吴福伟、朱光、李自强、段晓萍

其他完成人员：佟军、高峰、谢莉、张涛、李桂芬、宋伟、史振策

项目简介：

容错计算机储蓄通存通兑联机网络系统是以美国 STRATUJS 公司的 XA2000-270 容错计算机作为中心主机，美国 ISC 系统公司的银行专用电脑及 SNICSC 自动柜员机为联机终端，采用集中分布式的处理方式而实现的，也就是利用 ISC 的 BCM 来处理本所或分行的整存整取、积零成整

等业务，而活期业务则送到 STRATUS 主机上进行集中式处理，实现活期业务的通存通兑。其中活期储蓄联机系统的处理业务包括一般活期业务、ATM 业务及工资转存、电话费储蓄业务等。目前，该系统已运行 3 年，并且运行情况良好，其安全性、可靠性和实用性均达到了业务部门的要求。通过 3 年来的运行，在取得巨大经济效益的同时，也获得了良好的社会效益。这体现在以下五点。

1. 网络的实现使储户在办理存取款业务时，不再受地点、时间的限制。

2. 在减轻了储蓄员劳动强度的同时，也减轻了储蓄所的柜面压力，使储户缩短了办理储蓄的等候时间。

3. 为储户查找账提供了很大的便利条件，确保了储户的利益，提高了工商银行的信誉。

4. 计算机的应用，使银行发放的储蓄存折（单）一律由计算机打印，达到了规范化、标准化，有利于辨认、核对、管理，使储户加强了对国家银行的信任。

5. 处理速度成倍增加，提高了经济效益，有利于吸收存款。

目前，在运行系统中，储蓄网点有 95 个，ATM 有 50 个，活期账户总户数约为 80 万户，每天通兑 2 万 ~3 万笔，每笔业务响应时间为 3~5 秒，数据上线传输数率达 2400BPS。

十六、汇票签发与核算应用系统

项目编号：9412003

获奖等级：金融科技进步奖三等奖

项目完成单位：中国工商银行杭州市分行

主要完成人员：张衢、朱菲菲、金锋平、黄海燕、丁敏

其他完成人员：姜忠兴、凌凤珍

项目简介：

汇票签发与核算应用系统主要用于完成全国银行汇票、华东三省一市银行汇票、市（县）辖银行汇票的签发及相关账务核算。它成功地解决了银行汇票签发和账户核算过程中手工业务做法与计算机处理的差异，解决了汇票管理的安全性问题。在系统功能上，兼顾了各种汇票格式和账户核算的不同要求，有很强的适应性。

该系统是全国各银行在汇票签发和账务核算业务计算机应用方面的第一个应用系统。在设计上采用了模块驱动动态化，设计了与各种不同机型（微机、大中型机）及不同编程语言的联机扣款接口等技术，大大提高了计算机汇票管理的安全性及通用性。该系统投入运行后，取得了良好的社会效益和经济效益，主要体现如下。

一是明显提高了汇票签发质量，保证了汇票结算顺畅进行。机签汇票规范、清晰、准确，杜绝了手工签发因签发质量造成的退票问题，消除了往年经常发生的银企纠纷案，加速了企业的资金周转。

二是保证了银行的资金安全和商品交易的正常进行，堵塞了漏洞。其一是提高了防伪能力，消除了涂改汇票的可能，减少了外部作案的机会。其二是杜绝了签发“空头汇票”的漏洞，严密了管理手段，既防错又防弊。其三是制约了内部人员作案的可能，机制汇票的广泛应用，将有效保障银行和企业资金的安全。因此，得到了各开户单位的广泛赞同，扩大了银行的社会声誉。

三是节约了内部工作人员，减轻了劳动强度，减少了客户等候时间。据实测，每签发一笔汇票，机签比手工签发平均可节约 20 分钟。

该系统投入运行后，受到社会各界的普遍欢迎，引起全国各金融机构同行的关注和认可，取得了良好的社会效益和经济效益。

十七、中国工商银行 4381/4700 硬件维护管理系统

项目编号：9412006

获奖等级：金融科技进步奖三等奖

项目完成单位：中国工商银行总行科技部

主要完成人员：艾军、张民、苏福仁

项目简介：

中国工商银行 4381/4700 硬件维护管理系统（1.1 版）从 1991 年 12 月试运行至 1994 年已在中国工商银行 28 家分行投入使用。该系统取代了硬件维护管理的手工处理，完成了对中大型计算机网络系统全部设备进行维修和运行状况的监管，实现了对投产中大型计算机网络系统维护管理的规范化、效率化，保证了系统内全部运行设备的状况、故障历史、现有故障等资料的完整，便于管理人员和维修人员及时全面了解系统中设备的完好程度，是大型网络系统设备管理的理想工具。该系统的核心是设备配置数据库、设备维护管理数据库及设备档案数据库，整个系统控制程序分为主程序、设备故障表录入、设备记录修改、月报自动生成、查询、设备状态显示、设备配置数据库维护、数据备份及数据打印九大模块。该系统硬件环境要求 PC-XT 以上档次的微型机或兼容机、高分辨率显示器、汉字打印机；软件环境为 DOS2.10 以上版本、DBASE- Ⅲ。

该系统开发设计的目的在于对投产的中大型计算机系统维护管理的规范化、效率化，以保证投产系统内所有连接设备的运行状况、故障情况、备件管理、设备故障历史资料的完整，易于查询、检索。

该系统具有良好的通用性和适应性。除了满足工商银行内部使用要求，同时也能适用于其他企事业单位的中大型计算机的科学管理与维护。该系统的推广前景在于面向社会的计算机行业化的维修管理，有利于行业的经验积累，保障工作效率和对计算机设备故障的快速维修。

该系统可以有效地控制和管理所管系统维修备件的储备、采购和分配，减少冗余的备件储备，同时又可以利用该系统故障备件统计，来预测多发故障的备件需求，以保障维修备件的及时提供。目前，进口设备的维修备件的价格均在几千美元甚至几万美元，综合管理可以减少冗余备件储备，减少资金占压。

十八、LSMMQ-100 型密码键盘

项目编号：9412007

获奖等级：金融科技进步奖三等奖

项目完成单位：中国工商银行西安市分行计算中心

主要完成人员：肖联民、刘治民、奚振斐、王利丹、同炎龙

其他完成人员：陈安稳、郑光德、文斌

项目简介：

LSMMQ-100型密码键盘主要用于银行对公和储蓄网点大量使用密码键盘的需求，用于保护客户存取款利益。该系统在技术上采用了较为先进的DES加密算法，有效地保障了账务处理和客户资金的安全。

该产品成功地与美国IBM4700系统直接相连，以及与其他计算机终端系统互联，构成银行对外服务系统。该系统投入使用后，具有以下明显特点。

1.采用软件、硬件技术相结合的方法实现，保密性强，安全可靠。

2.采用国际流行触摸按键，密封、防尘、防杂物性能优良。

3.该产品的器件供给充足，价格比同类进口产品便宜许多，可节省大量外汇。

4.该系统经电子产品质量监督检验所检测，各项技术指标达到国家标准。经用户使用该系统后，普遍反映性能完全达到国内同类产品标准，其中，抗干扰性能优于国内外同类产品标准，完全可以取代进口。

该系统自问世以来，受到金融界同行的普遍欢迎，为广大客户提供了良好的服务手段，为国家节约了资金与外汇，增强了银行使用计算机系统扩展能力，提高了服务水平，尤其是在对公业务密码代替印鉴起到了媒介作用，取得了良好的社会效益与经济效益。

十九、中国工商银行文书档案管理系统

项目编号：9412008

获奖等级：金融科技进步奖三等奖

项目完成单位：杭州金融管理干部学院、中国工商银行总行办公室

主要完成人员：徐向华、王益清、李红、吴粮、朱校均

其他完成人员：周雪岚、陆欣

项目简介：

中国工商银行文书档案管理系统是实现银行文书、档案管理工作一体化、自动化的多用户系统。该系统采用了结构化设计技术，解决了文件标题自动抽词标引、文件关键词检索和文件全文共享等关键技术问题，实现了办公室文件收发和档案一体化管理，提高了工作效率。

该系统投入运行后，收到了良好效果，主要体现在如下四个方面。

1.实现以关键词为主的多途径检索，不仅可以进行精确检索，也可以进行模糊检索；不仅可以对检索结果进行集合运算，也可以加多种限制条件。从根本上解决“凭印象查找文件”这个难题，而检索速度基本上不受信息量影响。

2.把收发文和档案一体化管理，减少了中间环节，提高了立卷归档速度和质量。

3.可以快速建立任意专题目录，提高了档案利用深度和利用价值。

4.为实现多媒体档案管理、文印和档案管理完全一体化，实现信息全面共享奠定了基础。

该系统向分行推广后，受到普遍欢迎，为广大档案工作者提供了良好的管理手段，提高了管理水平，也提高了工作效率。

二十、银行联行业务计算机处理系统

项目编号：9412011

获奖等级：金融科技进步奖三等奖

项目完成单位：中国工商银行北京市分行

主要完成人员：张立、蒋敏、伊劲松、李苏萍、张东育

其他完成人员：郭庆凯、王伟

项目简介：

中国工商银行北京市分行海淀支行开发的银行联行业务计算机处理系统，是银行联行业务的“一条龙”式电子化处理软件系统，主要用于各基层行联行机构联行业务的全部处理，改变了过去传统的手工做法，减少了劳动强度，大大提高了联行业务的工作效率，使联行业务通过简单的数据接收和数据录入，即可完成报单、电稿、信封、大宗挂号清单、结单、汇差、轧账、录磁、银行汇票、跨系统转让、电话传数一系列的“一条龙”的处理系统。该系统的数据共享性好，各方面的控制功能齐全，系统的安全性能够得到保证，操作和维护方便，查询、检索功能灵活、简单、业务处理准确，并能适应会计制度和联行制度的改革，适应联行制度对处理联行业务的各种防范和控制要求。

银行联行业务计算机处理系统是在 XENIX 操作系统下，用 C 语言和 INFORMIX 数据库语言开发的多用户系统。该系统在业务处理的完备性、连惯性方面，多功能选择菜单的使用方面及联行行号、行名编码的使用方面为国内同行业独创。与同行业现有联行处理系统相比具有以下特点：一是为多用户的联行处理系统；二是包含业务处理方面所有联行业务都能进行处理；三是数据共享性好；四是用户操作方便；五是具有较强的控制功能；六是可移植和可推广性强，适用于同系统和不同系统的联行业务处理。

该系统目前已在中国工商银行北京市分行 78 个联行机构，中国人民银行北京市分行及中国工商银行总行营业部、天津、深圳、江西、江苏等地区推广应用。应用最长的已超过两年，在提高工作效率和核算质量、减轻劳动强度和柜面压力、防范案件事故、加速资金周转等方面收到良好的效果。

二十一、中国工商银行北京市分行计划统计信息管理系统

项目编号：9412012

获奖等级：金融科技进步奖三等奖

项目完成单位：中国工商银行北京市分行

主要完成人员：顾云山、马艳萍、吴蔚、季诗芬

项目简介：

中国工商银行北京市分行计划统计管理使用计算机是从 1985 年开始起步的，经过计划部门和科技部门的相互配合及共同努力，经历了由初级到高级、由简单到复杂的发展过程。全行第一个

微机应用系统是计划项目电报处理系统。但是随着金融体制改革的不断深入，以单机为主的数据加工处理方式，造成大量的数据冗余和重复劳动，数据的一致性得不到保证，成为数据共享的一大障碍，因此，开发网络环境下的计划统计信息管理系统，实现数据共享，统计信息管理网络化势在必行。中国工商银行北京市分行计划统计信息管理系统选用高档微机做服务器，NOVELL 为网络操作系统，ORACLE 和 FOXBASE 为数据库，C 及 SQL 为编程语言，分为信贷规模控制子系统、信贷资金调拨子系统、计划统计管理子系统。北京市 23 个支行与分行计划处通过点一点通讯，实现数据传输。由于计划统计口径改变会引起数据项间平衡关系发生变化。各类报表也要作相应调整，因此该系统设计了适应各种变化的系统维护程序，使业务变更、项目更改、机构增减均能由用户进行操作，该系统可自动调整有关文件，实现用户级的系统维护。信贷资金调拨和信贷规模控制采用计算机管理，使决策者能随时掌握资金情况，及时作出决策，管理更加规范化、现代化，填补了该领域应用系统的空白。

二十二、穿墙式 ATM 自动防护门

项目编号：9412016

获奖等级：金融科技进步奖三等奖

项目完成单位：中国工商银行北京市分行科技处、北京巨生科技开发有限公司

主要完成人员：杜保卫、唐兵、孙文礼、赵双成、吕兰

项目简介：

ATM 在发达国家的普及率很高，而我国刚刚起步，随着我国经济形势的不断发展，ATM 在我国将具有广泛的使用前景，特别是穿墙式 ATM 在今后的使用中将占主导地位。但中国特定的外部环境诸如风沙大、尘土多等严重地制约了穿墙式 ATM 的普及，而由于灰尘导致 ATM 的故障，不仅会直接影响门市业务，甚至会严重影响银行的信誉。目前，各专业行都在逐渐推广使用 ATM，但对于穿墙式 ATM 的防尘问题均未能拿出一个很好的解决办法。

中国工商银行北京市分行于 1993 年研制开发的专利产品——穿墙式 ATM 自动防护门有效地解决了 ATM 的防尘问题，使穿墙式 ATM 的安装与三防（防尘、防雨、防晒）一次投资，同步完成，经过一年的不断改进，达到了标准化、规范化，便于用户辨认和使用的最佳效果，同时也打破了安装的局限性，使穿墙式 ATM 的安装具有更大的随意性。该产品具有结构简洁、安装使用方便、可靠、成本低、噪声小、易于维护等特点。

该产品用户使用后反映良好。他们普遍认为自动门的使用提高了 ATM 的使用率，方便了储户，吸收了存款；使 ATM 故障大大下降，延长了机器的使用寿命；减轻了维护人员的劳动强度，减少了维护及备件费用，更重要的是由于故障率的下降极大地提高了银行信誉。

该产品不但适用于各种厂家生产的不同类型的穿墙式 ATM，同样也适用于类似于穿墙式 ATM 的电子产品，它既适用于我国北部地区，也适用于我国南方各省，并包括国外与我国情况类似的国家和地区，因此具有广泛的使用前景。

该产品已获国家级技术专利，为国内外首创。

二十三、微机对公业务应用系统

项目编号：9412018

获奖等级：金融科技进步奖三等奖

项目完成单位：中国工商银行辽宁省分行

主要完成人员：刘万祥、谢克、鲁建华、陈忠华、张平

其他完成人员：刘玉龙、王玉沛、陈宗斌、孙忠

项目简介：

微机对公业务应用系统是根据中国工商银行会计核算制度和业务部门的需求完成的对公业务账务处理系统。该系统适应了银行对公业务所涉及的种类比较多、范围比较广等情况，在技术上既能完成一台多用户微机同时处理多个办事处、分理处的对公账务，又不影响其他业务的处理，达到了一机多用，使该系统在银行的办事处、分理处等部门，实现了会计营业前台账务的日间计算机实时处理和日终结账计算机处理。

该系统利用多用户微机系统在 UNIX 环境下，采用软件工程学的结构化方法，合理地描述了数据结构，使整个系统内的数据冗余度达到最低，程序设计采用独立模块的层次结构，使系统具有良好的可维护性、可移植性和可扩充性。该系统在设计上采用了登录注册加密、关键业务处理逐级授权加锁等技术，提高了系统的安全性和保密性。整个系统的特点主要体现在以下三个方面。

1. 采用原始会计凭证直接在前台一次性录入计算机的方式，提高了账务处理的准确性和及时性，减少了客户的等待时间，加快了资金的周转，提高了资金的利用率，深受客户的欢迎，也吸引了大批的客户，同时增加了银行的存款。整个系统经过长时间大范围的投入运行后，取得了良好的社会效益和明显的经济效益。

2. 该系统运行环境比较宽松，做到了投资少、见效快。该系统操作均有中文解释，简单方便，提供了记账、冲补账、开销户、存贷款计算及总平账、总账处理等功能，提供了存贷款、综合余额表、科目日结单、交易日志、对账单、利息传票和日计表、月计表、损益表、半年报、年报等报表，减轻了会计人员的劳动强度，降低了差错率，减少了会计人员经常加班加点的现象，节省了人力物力。

3. 该系统已在辽宁省 12 个市的 100 多个办事处、分理处等营业网点上安全稳定运行。该系统为会计人员提供了良好的账务处理手段，既锻炼了大批的操作人员，也提高了银行的现代化管理水平，增强了银行的竞争能力，提高了为客户服务的水平。该系统的应用为今后微机在对公业务方面向纵深发展打下了良好的基础。

二十四、中国农业银行计算机网络 UNIX 平台对公业务处理系统

项目编号：9413023

获奖等级：金融科技进步奖三等奖

项目完成单位：中国农业银行总行、中国农业银行成都市分行、中国农业银行四川省分行

主要完成人员：唐建邦、杨显白、张冀峰、杨剑、张渡

其他完成人员：陈德华、孙术、庄利智、闫黎明、周炜、潘瑞平、许安新、郑春、李岳、兰凯、杜晓、赵兵

项目简介：

中国农业银行计算机网络 UNIX 平台对公业务处理系统是一个以树型网络结构为支撑的、基于 UNIX 平台的银行对公业务处理系统，适用于城市银行在计算机网络环境下开办存贷款业务。

该系统门柜业务处理功能配套齐全，适用于新的财务会计管理体制下对公业务传统银行业务处理能力，而且能满足新业务的要求。在对公联网业务上具有实时或批处理两种方式的代收代付、电子汇款、资金清算、资金划拨等网络处理功能。

该系统具有较强的安全防范措施，它采用了注册安全检查及数据加密方法，提高了数据的安全性，在联网业务操作中，采用跟踪和恢复等多种控制措施，保证了数据的可靠性及账务的一致性，有效地提高了系统的安全可靠性。

该系统具有结构简单，技术容易掌握，利于实现，投资省、见效快，系统开放，一机多用，一网多用，适应农业银行和农村信用社点多面广、机构分散的特点，是具有农业银行特色的银行应用系统。

该系统的开发和推广应用，加快了农业银行电子化建设的步伐，提高了门柜业务的综合处理水平和服务质量，经济效益和社会效益显著。目前已在全国 21 个省、2 个直辖市、7 个计划单列市分行推广使用。

二十五、县级经济与金融数据库系统

项目编号：9413025

获奖等级：金融科技进步奖三等奖

项日完成单位：中国农业银行吉林省分行

主要完成人员：崔广荣、姚伟义、谷岩、刘立、王海东

其他完成人员：付春媛、杨亚奇、赵蜷坤、卜大伟、顾飞飞、于永辉、李亚东

项目简介：

县级经济与金融数据库系统是利用计算机软件、硬件、数据结构、数据库原理、银行统计学、系统工程等理论知识构成的一个数据库应用系统。它集数据采集、检索、分析、报表生成于一体，是一种高效、高质量查询、分析地区经济运行情况的工具，有利于进行分类指导和科学决策。该系统具有以下特点。

1. 设计思想新颖。县级经济和金融数据量大，查询分析业务复杂，因此，该数据库结构标准化，按点坐标来设计分析表，所有程序模块化。

2. 数据口径调整方法独特。该系统对某地区数据的生成、撤销、转移等变动情况均有记录，并自动调整变动地区历史数据和当前数据口径，从而使业务人员能够以任一年为口径查询到所需数据。

3. 系统扩展性强。该系统不仅可以处理县级经济和金融数据，还可以处理金融统计项目电报、会计月计表、信贷资产监测表的金融数据。

4. 查询方法简单实用。该系统通过项目、地区、年度、分组、排序和属性六种方式基本能够满足业务人员的需求，尤其是路径查询更是方便灵活。

5. 分析模块设计合理。该系统提供了一个报表生成器，将一个分析表拆成表头、区域和数据关系三种要素，通过三种要素的组合形成分析表。

6. 用户介面友好。该系统从业务人员的角度来实现界面处理，采用下拉式菜单，并有提示，美观悦目。

7. 具有良好的通用性。该系统不仅适用于金融系统，只要建立相应的环境，管理机关、大中型企业均可使用。

二十六、ABMLS 农业银行信息管理系统

项目编号：9413026

获奖等级：金融科技进步奖三等奖

项目完成单位：中国农业银行广东省分行信息电脑中心

主要完成人员：邝志涛、赵珂、廖育源、罗志良、张坚

其他完成人员：曾维文、林志威、刘建军、骆进、周子平、曾美英

项目简介：

ABMLS 农业银行信息管理系统是作为农业银行信息系统的一部分而设计的、采用目前比较成熟和功能强大的 NOVELL 微型计算机局部网络操作系统 NETWARE 的先进技术，可在网络环境下使用的应用系统。该系统根据农业银行管理机构业务的特点，能以多种手段进行数据采集及信息分类、存储、检索、传递和加工处理，也能进行各类办公信息的文字处理和对数据的分析综合，并建立多种数据库，实现各类数据的共享；能有效地减轻工作人员的劳动强度，提高信息的利用率，为各级领导提供决策依据，适合农业银行各级管理机构使用。

该系统将功能设计围绕着数据处理和信息管理来规划，以各类跨部门的信息处理为设计原则，主要概括为以下五项内容。

1. 数据库类：农业银行各类业务数据、客户资料数据等，是系统数据的关键部分，是实现系统目标的重要处理对象，也是统计分析等数据加工的数据来源。设有“行长信息库”“信贷数据库”“专业统计资料”“会计资料”“信贷信息管理”等子系统。

2. 档案库类：业务文件、档案、制度、法令、人事等各类文字档案。设有“文档管理”“人事档案管理”“法律条文库”“农行法规库”等子系统。

3. 信息资料库类：各类金融经贸等财经管理业务信息。设有“公共资料库”“文书处理”“业务日记备忘”等子系统。

4. 通用数据、文字处理工具类：设有“通用编辑制表”“通用图形处理”等子系统。

5. 专项处理功能：设有“远程通讯管理”子系统。

该系统能覆盖各级机构的主要业务范围，形成了一套项目较全的管理系统，能满足各部门的各种应用需求。

二十七、中国农业银行河北省分行对公业务电脑稽核系统

项目编号：9413027

获奖等级：金融科技进步奖三等奖

项目完成单位：中国农业银行河北省分行

主要完成人员：宋时一、付大勇、黄致政、李依、程金宝

其他完成人员：解萱瑞、安庆英、刘国栋

项目简介：

中国农业银行河北省分行对公业务电脑稽核系统是供银行稽核部门使用，可对银行对公业务微机处理系统的真实性、准确性、合理性、安全性实施稽核，以提高稽核效率、减少差错事故、促进电脑处理业务的规范化和安全防范，控制违法、违纪、违章和电脑犯罪案件的发生。

该系统主要提供四个方面的功能：一是账务查询，按多种关键字对主要账务文件进行查询，使看不见摸不着的电磁记录变成可见的屏幕显示和打印输出；二是账务核对，自动核对数据的一致性和账务核算的准确性；三是重点业务稽核，将该系统用于稽核大额支现、冲账、开户、销户、冻结、解冻、封户、启封、贷款管理、利率执行是否合规、利率核算是否准确等；四是安全性稽核，一方面通过“黑匣子”对非正常操作留迹，另一方面通过对程序文本、运行环境的标准性核查，在一定的防卫深度上从数据、程序、运行环境等几个方面保证了电脑业务处理系统的安全性。

该系统在 XENIX 环境下，采用 COBOL、C、和 SHELL 语言开发，人机界面友好，功能丰富，简便易学，在“黑匣子”和安全稽核设计等方面有所创新。

该系统自1992年10月实际应用以来已取得了良好的效益，改变了多年来单一手工稽核的局面，基本满足了传统稽核业务的需要。稽核人员能直观有效地对电脑会计核算实施电脑稽核，提高了稽核工作的效率及质量，打破了稽核人员对电脑系统的安全性无从下手的局面，有利于预防和查处电脑犯罪案件。

二十八、支票密鉴系统

项目编号：9413028

获奖等级：金融科技进步奖三等奖

项目完成单位：中国农业银行青岛市分行

主要完成人员：孙康成、张大卫、董祚详、陈令山、刘德林

项目简介：

支票密鉴系统采用密码学方法，将支票有关参数加密，生成一组密码（称作密鉴）来代替原来使用的印章印鉴，以解决在计算机网络对公业务系统中代收代付业务支票合法性审查的问题。

该系统采用 RSA 加密体制，密鉴长度容易控制，生成的密鉴离散性较好，密鉴生成及校验时间均小于 0.3 秒，它采用加密校验密鉴并舍去解密密钥，加强了系统的安全性。

该系统特别设计了数据正确性实时检查功能，并将重要数据加密，使系统更加可靠。

该系统既可在网络上使用，也可在未联网的计算机网点上使用。

由于密鉴难以伪造，校验准确，在未联网的计算机网点上使用可以提高资金运用的安全性，降

低银行柜员的劳动强度，减少差错，提高工作效率。

该系统在计算机网络对公业务中使用，可以使客户资金在途时间从原来的数天减少到十几秒钟。

该系统采用计算机软件生成密鉴方法，投入少，见效快，效果好。密鉴使用六位数字，长度适中，既保证安全可靠，又方便使用，该系统自投入使用后，已取得了良好的社会效益和经济效益。

二十九、中国农业银行全国联行对账数据传输及分行数据处理系统

项目编号：9413029

获奖等级：金融科技进步奖三等奖

项目完成单位：中国农业银行湖北省分行、中国农业银行总行

主要完成人员：叶又升、郑明权、任宝胜、苗玉峰、黄朝兵

其他完成人员：郑东元、吴健奕、李雅品、梁辉、吴宇

项目简介：

中国农业银行全国联行对账数据传输及分行数据处理系统是农业银行对其全国联行业务进行安全监督和差错控制的系统。它由中心数据处理系统、数据传输系统、分行数据处理系统三大部分组成。该系统是农业银行对账系统的三个部分中的两个重要部分，它适用于处理银行联行集中对账业务，并根据中国农业银行全国联行对账，针对一个中心多个分中心的集中对账体系结构设计。根据这一体系结构，中国农业银行全国联行对账系统按农业银行行政区划分为41个分中心，在总行设置一个中心。该系统中的分行数据处理部分适用于41个分中心，用于对所辖通汇行数据的处理（全部通汇行4367个），数据传输部分适用于总分行各数据处理中心之间的数据传输。

该系统充分利用计算机擅长处理海量数据的特点及计算机通讯技术，将农业银行每年发生的近3000万笔全国联行对账业务数据依照发生时间顺序，逐笔分别在往来账录入、传输、配对、监督。因此，各中心利用该系统主要完成以下任务。

1. 接收本省（市）所辖各通汇行往（来）账报告表、单，将其录入成为计算机数据，并定期发送到总行数据处理中心。

2. 接收总行反馈回来的报单差错查询和未达查询信息，负责完成复查处理各项相关工作。

3. 实现总行数据处理中心与分行数据处理中心的数据传输。

该系统的设计基于标准开放工作平台，操作系统采用UNIX，硬件采用标准总线微机或其他能运行UNIX的计算机，采用C语言、IN-FORMIX数据库及SQL，各计算机系统之间的通讯采用IBM的SNA网络规程SNA-RJE。

该系统现已在全国推广使用，实际应用效果很好，满足了全国联行对账工作的要求，产生了很大的经济效益和社会效益。

三十、中国农业银行同城联机网络储蓄业务处理系统

项目编号：9413031

获奖等级：金融科技进步奖三等奖

项目完成单位：中国农业银行石家庄分行、中国农业银行河北省分行、中国农业银行总行

主要完成人员：马广申、张建、钟阳、解柱伟、陆惠亮

其他完成人员：张居兴、周禹相、张冀峰、孟毅颖、于宏城、祝连强

项目简介：

中国农业银行同城联机网络储蓄业务处理系统是根据农业银行点多面广的特点而采用的分布式处理模式，拓扑结构采用星型连接，中心机可采用高档微机，中小城市也可采用国产化超级微机。中心机主要负责各结点机之间的通讯和网络内部资金的清算处理。操作系统中心机采用 UNIX 系统，结点机采用 XENIX 系统，应用系统采用 COBOL 和 C 语言开发，具有易于联网和支持多用户、多柜台服务的特点，适合农业银行城乡各类储蓄所（柜）办理储蓄业务的需要，既可进行脱机单点处理，也可实现联机异地通存通兑。

该系统是一个可独立运行且本身账务平衡的网络应用系统，整个网络为分布式结构、开放式设计，从而使整个网络系统既具有扩充性强、移植性好的特点，又能使数据资源共享，且使系统各节点的并行操作成为可能。为使柜台处理业务一体化，该系统还设有与对公业务处理系统的借口，从而使银行门市业务微机处理形成一个有机的整体，为实现柜台业务自动化奠定基础。

该系统主要有以下三个子系统。

1. 储蓄业务子系统，含有定期业务，活期业务，零存整取业务，通存通兑功能，轧账处理，月终、年终处理等功能。

2. 计算中心清算业务子系统，含有日间轧账、日终轧账、清算日处理、故障处理、系统服务等功能。

3. 通讯处理子系统。该系统在防错防弊方面采用了多级加密手段，使程序设计人员、系统管理人员、业务操作人员互相制约。该系统采用主控终端激活各终端后才能进行业务处理的控制方武，因此，操作人员只有在责任员做好初始工作之后才能进入正常操作，有效地防止了单人操作，防止了非法用户进入系统。此外，该系统还采取终端个数控制、时间控制。操作员工作日志等，有效地防止了非工作时间进入系统及对非法操作的监督。该系统还设有故障恢复程序，存取对进行输入数据检查、账户控制，并对每天利息支出数、重要空白凭证使用数进行累计控制。该系统自运行以来效果良好，在方便用户、提高效率、降低劳动强度、准确核算等方面充分显示了该系统的优越性，具有较好的经济效益和社会效益，为农业银行电子化建设提供了一条投资少、见效快的新途径。

三十一、密码记账器

项目编号：9413033

获奖等级：金融科技进步奖三等奖

项目完成单位：中国农业银行四川省分行

主要完成人员：张渡、左卉丁、章鸿

其他完成人员：吴小仪、游建培、黄鹏、黄晓、杨义辉

项目简介：

密码记账器是中国农业银行门柜业务在单人临柜情况下，用于解决单机对公记账、储蓄和多用户储蓄软件应用中可能出现的记账、复核等不安全因素，以实现双制约，确保银行账务资金安全的一种专用设备。它也适用于在多用户对公软件应用中，代替多台智能终端，减轻系统主机的开销，节省投资。

密码记账器设计思想独特，它采用单片微电脑芯片作处理器，采用大规模集成电路作为接口电路，具有开机后口令输入，机器进入记账状态后，机器持有者随时可以修改口令，非机器所有者无法使用本机器的特点。在使用上是通过专人利用密码记账器录入传票数据，采用 EPROM 中预置的标准算法算出密码，再将此密码输入主机进行校核，密码一致后才能入账，从而达到任何一张传票必须经过双人临柜、记账和复核才能入账的会计制度要求，实现双人制约，从而确保银行资金、账务的安全。

密码记账器是根据银行财务制度研制的专用电子机具，也是农业银行自行设计和生产的第一种金融专用机具，在金融系统中推广应用，可以取得较好的经济效益和社会效益。

三十二、资产负债管理信息系统

项目编号：9416039

获奖等级：金融科技技术进步奖三等奖

完成单位：交通银行重庆分行

主要完成人员：肖遂宁、刘俊才、李智、李里、李东庆

项目简介：

资产负债管理信息系统是根据商业银行“自我控制、自求平衡”的经营原则，以资金的安全性、流动性和盈利性为目标，并结合交通银行经营管理的具体要求而开发的综合性业务分析、决策辅助支持和数据管理系统。该系统以资产监控和负债监控分析为核心，结合多项比例控制指标计算和分析，构成一个多层次、多角度的综合性分析体系，有利于银行领导和管理人员准确及时地掌握本行资产负债详细情况，发现问题，及时作出正确的经营管理决策。

该系统主要包括以下六个部分：资产负债比例控制指标、资产分析、负债分析、资金调度分析、资金效益分析、行间对比分析。

该系统可以在微机局域网络下运行，也可在单机下运行。工作站基于 DOS 操作系统，版本在 3.2 以上。系统应用程序全部由 TURBO C 语言写成。数据收集和准备部分使用 FOXPLUS 数据库，部分与业务系统的接口程序也用了 COBOL 语言实现。

在用 C 语言开发程序中，自构了两个基础函数库：网络文件并发控制函数库和图形函数库。技术上采用了下拉式菜单和多窗口技术，完全实现了结构化、模块化程序设计。输出信息既有准确的表格数据，又有直观的图形，人机界面比较好。

该系统有用户管理和权限管理，数据有一定的保密性。

该系统在商业银行独立考核单位使用，有利于加强以资产负债管理为核心的商业银行经营管理。

三十三、同城票据清算计算机处理系统

项目编号：9411048

获奖等级：金融科技进步奖三等奖

项目完成单位：中国人民银行河北省分行、中国人民银行保定市分行、中国人民银行唐山市分行

主要完成人员：高平海、赵争强、赵立平、顾长虹、于胜利

其他完成人员：高小虎、李丁奇、姜东升、周考增、刘宪军

项目简介：

一、软硬件环境

同城票据清算计算机处理系统中心主机基于 UNIX 操作系统，配以 SHELL 和 COBOL 语言、中心前置机置于 DOS3.0 操作系统，配以 C 语言，各网点机基于 DOS3.0 操作系统，配以 C 语言及 COBOL 语言；中心主机采用超微 S640 机；中心前置机和网点机采用 286 以上微机（1MB 以上内存，40KB 以上硬盘，1.2MB 和 360KB 软盘驱动器各一台），汉字操作终端 3 台以上，并为终端配各类中西文打印机。

二、主要功能

1. 清算中心的主要功能：（1）系统初始化：对参加票据交换的行进行注册登记，通过初始化建立交换行、结算行、管辖行的各种隶属关系。（2）清算处理：对各行提出数据实时清分，并对清算过程实施监控。形成清算资金差额表，产生提入行数据通讯文件，统计日、月、年累计数据。（3）备份管理：清算数据用流带全备份，提入数据用软盘分备份，以供数据查询。（4）通讯管理：可实现磁盘传送、现场录入、联网通讯三种数据传输方式，实时传输各种信息。

2. 网点的主要功能：（1）系统初始化：建立通讯方式、密码口令、提出提入行交换号，网点机可一机多行使用。（2）提出处理：提供票据录入、查询、修改、删除、复核、检索、汇总及清单打印等功能。（3）提入处理：提供提入数据打印、查询等功能。

三、主要技术经济指标

该系统主机终端采用弹出字幕，网点机采用弹出下拉式菜单，用户界面生动友好。通过合理设定 PCWORKS 软件信道参数使多台前置机可同时、实时与主机进行通讯。该系统提供多种数据通讯方式，可实现现场录入，磁盘通讯及远程通讯等，并实现实时清分，对清算过程实施监控。使用该系统，极大地提高了清算效率，平均每场 1 万余笔数据，整场处理时间 20~30 分钟，平账率提高到 100%，资金省日抵用率由不足 50% 提高到 90% 以上，压缩了资金在途时间，加速了资金周转，创造了很好的社会效益和经济效益。

三十四、省地（州）国家金库计算机处理系统

项目编号：9411053

获奖等级：金融科技进步奖三等奖

主要完成单位：中国人民银行云南省分行

主要完成人员：黄万灵、赵聪聪、赖冬青、杨占福

其他完成人员：杨文锋、张智斌、崔晓、多运盛

项目简介：

省地（州）国家金库计算机处理系统是根据《中华人民共和国国家金库条例》《中华人民共和国国家金库条例实施细则》及中国人民银行会计制度的规定提出业务需求而进行设计和开发的。该系统包括省地（州）两级国库核算的所有业务，具体说就是预算收入报解和财政库款支拨核算业务、国债发行及兑付业务、国库会计核算业务。该系统于 1992 年底完成研制，1993 年 1—6 月在省分库及曲靖、楚雄两个中心支库试运行，6 月底通过了省分行验收，同年 10 月通过了省科委组织的专家鉴定。截至 1994 年 5 月，该系统已在全省 17 个地（州）中心支库全面投入使用，省分库及各中心支库核算业务现已完全脱离手工记账，全省进行了联网。1994 年 9 月在中国人民银行国库司举行的国库程序评比中获一等奖。经实际使用表明，该系统功能齐全、性能稳定、设计灵活、速度快、数据准确、操作简便、易于推广、维护方便、有很强的查询功能，系统的容错性、封闭性、安全性、保密性、可靠性都较好。该系统的环境要求为 386 以上微机、汉字终端、带汉字库打印机、有关通讯设备及软件、与设备配套的 XENIX 操作系统、ORACLE 数据库及 C 语言。该系统设计的通讯接口，可方便地使上下国库部门之间进行数据通讯。用户界面美观、简单、明确、提示完备、操作风格一致、可作任意逻辑组合条件查询。通过参数设置与初始化，该系统可适应多种业务处理方式。鉴定专家们一致认为，该系统是一个设计合理、功能完善、使用方便、具有较好安全性与可靠性的、经济效益与社会效益较高的银行业务数据处理系统。

三十五、日立 M-240D 中型机全区联行对账系统

项目编号：941105

获奖等级：中国金融科技进步奖三等奖

项目完成单位：中国人民银行内蒙古分行

主要完成人员：禹朝英、罗云、于晓梅、刘亚楠、杜新俊

其他完成人员：赵吉爱、白音、王永勤、吴志坚、张迪

项目简介：

人民银行联行往来业务，是指人民银行系统各级行相互之间的资金账务往来。人民银行的联行往来除办理资金划拨外，专业银行的资金调拨也要借助于人民银行联行往来划汇完成。由于人民银行是银行的银行，各专业银行系统内的资金下拨和上缴、专业银行相互之间异地跨系统横向资金的融通与调剂都要通过人民银行办理划拨，先在人民银行往来存款资金账户划转资金，然后纳入人民银行系统内联行往来处理。

日立 M-240D 中型机全区联行对账系统是为来账、对账及往来账目汇总而设计的一个计算机处理系统。该系统共分为四大部分：第一部分是录入、汇总、打印模块；第二部分是维护检索模块，是为对账系统的建立和管理而设计的；第三部分是对账处理模块，是为对账设计的，是该系统的中心模块；第四部分是文件名文件处理模块，是将全区联行行号、地区号、行名存放于数据库中，便于业务人员检索、查询、打印。

该系统采用日立 M-240D 中型机的 DCCM3 连续问答方式设计开发，使用 PDM2（VSAM 数据空间）数据库存储数据，用 XAMP 进行画面设计，用 FOG 进行报表设计，用 COBOL 语言来编写控制程序，调用 XAMP、FOG、PDM2 数据库。由于采用 AOM 自动恢复控制程序，DCCM3 联机系统不会因发生错误而中断，具有很强的容错性和检错功能。由于采用日立中型机技术，该系统在全国银行同类系统中达到了先进水平。

三十六、245 甲机递纸机构的研制

项目编号：9482066

获奖等级：金融科技进步奖三等奖

项目完成单位：北京印钞厂

主要完成人员：焦永利、张惠明

项目简介：（略）

第四节　1995 年金融科技进步奖获奖项目

一等奖

一、中国外汇交易系统

二、YBW150 型压印机的研制

三、YB350 型压印机的研制

二等奖

四、中国工商银行 IBM 大中型机牡丹卡综合网络应用系统

五、大型银行综合联机应用系统

六、客户信息综合服务系统

七、交通银行总行管理信息系统

八、光电吸盘双头大张数纸机的研制

九、中国工商银行牡丹信用卡综合业务网络处理系统

三等奖

十、银行会计网络处理系统

十一、中国工商银行综合信息网络系统

十二、中国工商银行客户 / 服务器结构下开放式储蓄业务网络系统

十三、开放系统环境下的工商银行对公业务处理系统

十四、中小城市金融自动化试点工程的主要分系统——中国人民银行宁波市分行业务电子化系统

十五、厦门计算机同城资金清算系统

十六、金融系统经济案件档案计算机管理与分析系统

十七、辽宁省外汇调剂公开市场交易计算机网络系统

十八、中央银行非现场稽核电脑监控系统

十九、中国人民银行县级支行综合业务计算机处理系统

二十、同城票据清算计算机网络系统

二十一、发行基金账务管理系统

二十二、中国人民银行业务处理系统

二十三、电脑报送稽核监测系统

二十四、异地证券业务计算机网络系统

二十五、中央银行国库业务处理系统

二十六、中央银行国库业务处理系统

二十七、全国清算中心代码

二十八、中国银行地市级行柜台业务综合系统

二十九、出口收汇核销辅助管理系统

三十、中国人民保险公司人身保险非寿险业务计算机综合处理系统

三十一、中国人民保险公司山东省分公司多媒体、网络综合查询系统

三十二、中国农业银行广东省分行金融微机网储蓄联网系统

三十三、中国建设银行外汇业务处理系统

三十四、中国建设银行沈阳市分行综合网络系统一期工程

三十五、中国建设银行联行电子密押系统

三十六、无色荧光油墨印刷质量在线检测系统的研制

一等奖

一、中国外汇交易系统

项目编号：9517036

获奖等级：金融科技进步奖一等奖

项目完成单位：国家外汇管理局

主要完成人员：李子卿、吴维霞、柴洪峰、贾吉恒、刘杲杲、于晓滨、徐光贤、陈敏、宋宾、罗伯川、杨晓明、张辉、杨欢、王行刚、李晔

项目简介：

中国外汇交易系统是覆盖全国主要城市，通过远程通信进行公平、开放、即时性外汇交易的计算机应用系统。该系统以先进的系统工程设计思想为指导，运用大型分布式数据库及Client/Server体系结构，以地面X.25公共分组数据交换网和卫星网为通信手段，并利用先进技术实现双广域网相互备份、共同分流。该系统采用双总中心、多分中心和远程银行交易系统三层结构，以价格优先、时间优先和同地区优先为原则，实现分散报价、集中撮合，并建立了严密有效的场务管理和控制。该系统正常运行半年多以来，为客户提供外汇交易、清算交割、行情和信息发布等多种金融外汇业务服务。

该系统的主要功能模块包括报价模块、撮合模块、清算模块、信息发布模块、管理模块、监控模块。以上模块可覆盖整个外汇交易及管理控制功能。

一、主要技术特点

1. 该系统采用大型分布式数据库，客户端应用与服务器端应用分开，使系统结构更为明晰、灵活。

2. 地面网与卫星网共同传输分流，互为备份，该系统采用X.25公用数据分组交换网与人民银行卫星网共同传输报价、成交与行情等数据信息，双网分流并互为备份，从而保证了网络的负载与可靠性。

3. 双机备份、异地备份，该系统采用双中心双机互为备份、双中心（上海、北京）异地机互为备份，大大提高了系统可靠性。

4. 分散报价、集中撮合，为了保证公平竞争的交易原则，且要减轻网络负载，应用设计采用

分中心分散报价，总中心集中搓合成交的思想，充分运用了分布式数据特点，并在技术上保证数据的一致性。

中国外汇交易系统自建成以来，已很好地在汇率并轨、宏观调控方面发挥了作用，有力地配合了金融体制改革，取得了明显的经济效益和社会效益。

二、采用的技术原理

1 该系统采用局域网与广域网互联技术，进行大范围全国联网，实现实时竞价交易，各分中心的运行主机与终端由各地局域网连接，计算机采用 TCP/IP 协议。广域网由卫星通讯网、X.25 网和专线构成，采用了广域网间信息分流技术，实现即时的大数据量传输。

2. 使用分布式数据库分散报价，集中搓合。根据我国外汇交易系统的特点，该系统采用了基于 Client/Server 体系结构的 SYBASE 分布式数据库。

3. 该系统采用多种计算机平台的运行环境和混合语言编程技术。总中心与分中心的主机采用 U60OO/165，该机可将 1~4 块 CPU 板统一调度，同时工作，分担负载，使 SQL-SERVER 与应用系统的工作效率大大提高；业务管理使用 PC386 微机，利用基于 Windows 环境下的 POWERBUILDER 软件进行开发。该系统运行终端则采用 HP 公司的 TLC 服务器，采用 SCO UNIX 编制应用程序。

三、关键技术与创造新点

1. 该系统采用 Client/Server 体系结构，使客户端应用与服器端应用分开，减轻了服务器负担，并创造性地设计了业务流程电子表格，通过参数设置，建立状态变换图，以此协调三端两级复杂系统的快速反应与运转，使全国范围的大数据量即时交易可顺利完成。

2. 双网一分流，互为备份技术，该系统采用公用数据分组交换网 X.25 与卫星网共同负载，且双网可互为备份，不但提高了网络传输数量与速度，而且提高了整个系统的安全可靠性，在网络上采取路由器技术，并采用先进的网管系统支持，使系统在网络的各项技术指标方面达到了业务上的要求。

3. 该系统采用了本地双机互为备份，同时异地（上海、北京）双中心互为备份技术，特别是异地机互为备份技术实现的同时，解决了分布式数据库的一致性问题，加强了系统的可靠性。

4. 采用分散报价、集中撮合的设计思想，在保证公平交易原则的基础上减轻了传输负载量与主机负担，并采用 SYBASE OJIPENSERVER 技术解决了行情及信息的动态广播。

四、与国内外已有同类先进技术全面对比情况综述

1. 该系统除具备交易、查询、广播、清算等功能外，还具有完备的监控、管理功能，可以为宏观调控、金融外汇管理等工作提供有力手段。

2. 国际上外汇交易系统是建立在强大、稳定的国际通讯网络基础上。我国的网络环境尚不健全，因此中国外汇交易系统采取了更多的安全备份措施与技术。

3. 该系统采用了多项当前国际先进的科学技术，如 Client/Server 体系结构、大型分布式数据库、公用数据分组交换网与卫星网互为备份、双主机异地互为备份、灵活友好的应用界面及即时动态的信息广播等。因此，该系统已达到了国际先进水平。

中国外汇交易系统作为外汇体制改革的产物，自 1994 年 3 月以来运行稳定顺利。该系统为新

旧体制的顺利转轨、促进市场经济建设、实现外汇体制改革的目标起了重要的推动作用，有着十分显著的社会效益。

一是该系统的投入使用，统一了外汇市场价格，改进了汇率形成机制。通过联网交易后，各地都能看到当场交易的最高价、最低价和最新成交价，改变了过去地方分割、价格不一的状况。该系统密切配合了金融体制改革，使汇率并轨后，人民币汇价基本稳定。

二是保障了银行和企业结汇、售汇业务的正常开展。通过中国外汇交易系统为各家金融机构提供服务，及时解决了各家银行在办理结售汇业务中出现的外汇余缺调剂，为外汇资金在不同地区、不同银行之间的合理流动和实行银行结售汇制提供了保障系统。

三是改善了中央银行的宏观调控，有利于更好地协调货币政策与外汇政策的关系。利用该系统，中央银行可以调剂各家银行的外汇余缺，保证各家银行及时给企业供汇，能够比较方便地进行适时调节，平抑汇价。过去中央银行要干预汇价，必须通过各地外汇调剂市场进行，现在只要一个入口就可以实现，操作起来比较方便，也比较策略。同时，通过这套系统把国内货币政策与外汇政策密切地结合起来，从某种意义上说，汇率目标能否实现，直接取决于国内货币政策和银根的松紧。因此，中央银行在实际操作时必须同时兼顾这两个政策。此外，利用这套网络还可以随时了解各地区、各银行外汇买卖情况及价格走势，这些都可以为中央银行及时、灵敏地进行宏观调控提供决策的参考资料与数据。

四是加快银行和企业的资金周转速度。每日交易结束后，交易中心即为各家银行办理外汇与人民币资金清算，速度是比较快的。

五是有利于维护外汇市场的公正和交易者的合法权益。所有会员都要按照统一的交易规则入网买卖，成交之后，还要按照统一的清算制度与办法办理资金交割。交易中心不仅是外汇买卖的中介，而且还承担了资金清算的风险，使大银行与小银行、国内银行和外资银行、银行与非银行金融机构的正当利益得到保障，为它们在平等地位上开展业务活动提供了市场条件。

六是外汇市场的统一为外汇资源配置的合理化和金融机构外汇业务的健康发展提供了制度和条件，是中国金融体制改革深化的一个重要步骤。

中国外汇交易系统的投入运行在国际上引起很大反响，外电纷纷评述中国第一个全国外汇市场的成立是向金融改革迈出的又一大步，赞赏中国稳定的改革开放政策，更加积极踊跃地向大陆投资或开展贸易。

二、YBW150 型压印机的研制

项目编号：9558046

获奖等级：金融科技进步奖一等奖

项目完成单位：上海造币厂、南京造币厂

主要完成人员：陈国良、邬国强、王信诚、张立安、范玉民、高伟、沈敏华、李凡善、周建栋、张伍军、夏永胜、乔水国、王江涛、张志华、徐立群

其他完成人员：汤祥麟、阎劲秋、黄平

项目简介：（略）

三、YB350 型压印机的研制

项目编号：9558047

获奖等级：金融科技进步奖一等奖

项目完成单位：上海造币厂

主要完成人员：陈国良、邬国强、张立安、沈敏华、周建栋、王江涛、夏永胜、华光明、乔水国、钱永成、沈吉宝、黄平、徐立群、肖根宝

项目简介：（略）

二等奖

四、中国工商银行 IBM 大中型机牡丹卡综合网络应用系统

项目编号：9512001

获奖等级：金融科技进步奖二等奖

项目完成单位：中国工商银行杭州市储蓄发展中心

主要完成人员：纪梅丽、苏文力、杨红、李金浩、金熙炜、毕景星、金琪、曲仙霞、姚彤

其他完成人员：王嵩、张卉、李秀媛、李志刚、左小波、殷祝清、陈文、张辉、李丹文、林晓琴、王刚、祈黎萍、邹一宁、林丽涛

项目简介：

中国工商银行 IBM 大中型机牡丹卡综合网络应用系统是一个大型的综合化网络系统，适用于牡丹卡业务的全方位综合处理，它可以对牡丹卡中心、储蓄所、对公分理处、自动柜员机、电话银行、销售点终端提供柜台业务处理、账务核算、档案管理、卡管理、安全控制、事后监督、决策分析等综合化功能，并提供对异地信用卡的柜台和 ATM 取现、POS 消费功能，充分满足了牡丹卡业务的需求。该系统面向工商银行标准的业务需求，采用了软件工程开发规范和国际国内有关标准，是工商银行全国统一的符合国际标准的开放性系统。该系统采用了主 / 从结构，资料集中管理，功能分布处理，提高了系统整体处理能力和可靠性。该系统采用了多种安全可靠性技术措施，并提供完整的故障恢复和业务复核功能，具有管理严密，安全性高的特点。

该系统自 1993 年 7 月投产，已推广到中国工商银行使用 IBM 大中型机的 25 个分行，经济效益显著。截至 1995 年 2 月，该系统累计增收节支 7000 多万元。

该系统为管理者提供了丰富的统计分析报表，管理决策者可利用报表进行风险、业务发展、业务量、市场拓展分析，给管理者和决策者提供了科学依据。

该系统自动化程度高，减轻了柜员的劳动强度，提高了生产效率。另外，综合网络的应用使该系统减少了现金流通，加速了资金周转，并为客户提供了新的多元化的服务手段，使“一卡在手，走遍神州”成为现实。

五、大型银行综合联机应用系统

项目编号：9512003

获奖等级：金融科技进步奖二等奖

项目完成单位：中国工商银行广州市分行科技处

主要完成人员：钟奕业、梁礼方、何山度、李旭风、黄集平、朱建华、李根源、张思健、廖蔚风

其他完成人员：吴绵顺、黄翔逸、方汉章、阮东、黎明照、吴志安

项目简介：

大型银行综合联机应用系统是国内金融界第一个实现会计、储蓄、国际业务、信用卡业务、信息一体化综合处理的联机网络系统，系统硬件结构合理；网络对外开放；终端通用化和智能化；业务功能齐备，并将账务、信息处理融为一体，有良好的用户界面和全汉字提示报表功能，灵活性好。

该系统是在日立 M-660 大型通用计算机上研制开发，是国内首先利用 XDM 数据管理和数据通信软件设计的大型银行联机系统，它采用了第四代程序设计语言等一系列新的计算机技术，成功地实现了全部业务数据管理和业务信息数据共享。该系统自投入运行后，取得明显的社会效益和经济效益，主要体现在以下三个方面。

1. 各项存款大幅度上升。该系统自投入运行两年以来，广州市分行各项存款余额较系统投入运行初期增加了 319.39 亿元，上升幅度为 188.94%。

2. 电脑网点迅速增加。一个网点的各种业务都可用同一条通讯线、同一种终端设备，这是该系统的一个特点。既节省通讯线路、通讯设备，又为加快网点联网上机提供了基础。该系统投入运行两年时间新增联网网点 381 个，增幅达 214.69%，全行联机网点覆盖率达 94.27%，并加入了多个区域性金融网络。

3. 利用其优势，大力发展中间业务。截至 1995 年，该系统代发工资达 78.6 万人，月均代发工资额达 3.8 亿元，代理供水、供电、电信等公用事业收费户近 40 万户，其中代收代缴居民水费、电费业务已基本覆盖市区，并先后推出了企业银行、联机 POS、自助存折打簿机等服务，并在自动柜员机上增加了存取外币、转账、异行异地取款等功能，为客户提供了更方便、更优质的服务，在市民中建立起工商银行的新形象。

该系统的投入运行，充分体现了“科技是第一生产力”的英明论断，在全国许多分行利润欠佳的情况下，广州市分行连续两年利润上升，排行全国工商银行第三名，尤其是 1995 年实现利润翻一番，达 13.08 亿元，先进的服务手段和良好的经济效益，增强了银行的竞争能力，受到社会的欢迎。

六、客户信息综合服务系统

项目编号：9514034

获奖等级：金融科技进步奖二等奖

项目完成单位：中国银行总行、中国银行浙江省分行

主要完成人员：付琨、王炯、赵迅、雷宁、付晓阳、邵学军、郭坚毅、刘颂、李东亚

其他完成人员：潘焱、张兵

项目简介：

客户信息综合服务系统又称企业银行（Firm Banking），它是一个远程实时查询系统，是在银行和客户之间，通过电话交换网络（PSTN），利用IBM和NOVELL公司现有的软件工具CICS（用户信息控制系统）、ICCF（交互式计算控制工具）、NOVELL 3270 API、NET¬WARE ACCESS SERVER（NAS通讯服务器）等将置于客户办公室里的微型计算机与银行大型、中型计算机连接起来，进行远程通讯的计算机应用系统。该系统利用银行电脑化以来积累的和现有的大量数据及租用一些国际电讯网络传输的数据，通过在线服务，向用户提供具有极高商业价值的信息，是我国金融界第一个直接向客户提供电子技术服务的系统。

该系统的设计始于20世纪90年代初，当时我国市场竞争的大环境趋于形成，同时，经济的发展及国际国内贸易量的增加，对银行服务提出了更高的社会要求；各大专业银行向商业化的转化及外资银行的进入，对银行的服务提出了竞争的要求。当前银行的服务，除了柜员的优质服务，更重要的是提高技术服务。这是使客户感到快捷、方便、安全的最佳手段，为此我们着手设计、开发了客户信息综合服务系统，在技术上作了一次开拓性的尝试，以便从根本上改变银行的服务方式。该系统主要提供了客户的查询业务，主要有账务、金融消息等信息的查询，还有进口、出口、汇款等信息。同时，客户还可获得其账户下的流水数据，用于公司的对账系统，免去了往日烦琐重复的手工操作。据统计，在柜台业务中，仅查询业务就占柜台业务总量的20%~30%。许多企业的财会人员除去必要的票据交割、转账外，大部分精力都用来查账和对账。通过现有的客户自助服务将会有效地减轻银行柜员的工作压力，方便客户。

该系统一经产生，就发挥了很大的作用，经过近两年多的使用，充分证明了该系统所具有的价值，首先它改变了以往银行与客户之间单纯靠人跑动的方式，使银行与客户的联系更加紧密，客户可以足不出户就能快捷、便利地获得所需信息，同时，这也为今后的EDI（电子数据交换）建设打下基础，国内企业要走国际大循环的路，银行EDI的建设就更显必要，客户终端服务系统的产生，也为EDI在应用方面的建设作了一次有效的尝试。近年来，中国银行系统内已有总行、杭州、青岛、济南、福州、大连等十多家省、市分行使用了该系统，运行良好，受到了广大用户的好评，获得了一定的经济效益和显著的社会效益。

七、交通银行总行管理信息系统

项目编号：9516041

获奖等级：金融科技进步奖二等奖

项目完成单位：交通银行总行

主要完成人员：周禹相、赵瑞康、陆奇、徐瀚、张路、邬敏、郭纯懿、李升、钱菲

项目简介：

交通银行总行管理信息系统以交通银行总行、管辖分行（直属分行）、分支行三级组成的计算机网络系统为支撑，将交通银行主要经营管理信息全面纳入由计算机网络进行传输收集、汇总处理、派生分析，并采用SYBASE数据库技术建立总行综合数据库系统，为交通银行各级领导和业务人员的决策、管理提供及时、准确的信息。

总行机关通过大楼局域网，与交通银行全行系统的计算机网络连成一体，及时掌握各分支行主要经营管理信息，成为全行信息枢纽和信息处理加工中心。总行领导、部门领导和有关业务人员能直接通过各自的微机查询最新的各类会计、计划统计报表信息、资产负债比例管理指标、各分支行的隔日头寸信息及大量派生分析图表信息。总行计划、财会、信贷、稽核等重要综合管理部门均可直接通过总行机关局域网，索取各自所需的计算机基础数据文件，利用电脑派生分析报表，极大地提高了工作效率和工作质量，摆脱了繁重的工作负担和忙乱的工作局面。

交通银行总行管理信息系统以交通银行基层营业网点的对公、储蓄柜台业务电脑处理系统为其信息源。基层营业网的电脑处理系统每天产生的各类上报文件均为电子信息，通过市内通讯线路传至分（支）行本部。各分（支）行进行汇总处理后将汇总信息上报文件传至管辖分行和总行，从而保证了该系统信息源的真实性、可靠性、完整性和及时性，使该系统具有坚实的生存基础和强大的生命力。

该系统的技术策略是充分采用成熟技术和先进技术，强调标准化、开放性和实用性。

该系统的通讯部分采用 X.25 网络技术，借助国家公共数据交换网（CHINAPAC）建立交通银行数据收集专用系统，采用 X.25 分组交换作为远程数据通讯的主要手段。同时，采用公共长途电话线路作用备份通讯手段，确保通讯畅通。

该系统的网络部分采用 TCP/IP 作为主干网的网络协议，提高网络的互联性和开放性。该系统的计算机操作系统是以 UNIX 操作系统为主体，以 DOS/Windows 操作系统为辅助，方便操作使用。

该系统的数据库管理采用目前国际上流行的、开放性较强的 SYBASE 数据库技术，实现对不断成数量级增长的庞大的数据信息进行有效、可靠的管理。

该系统的网络应用和数据库查询应用采用 Client/Server 结构，充分实现数据共享，提高应用开发效率和数据查询效率。

交通银行总行管理信息系统是集计算机与数据通讯网络技术、数据库技术和商业银行管理科学于一体的计算机应用系统，它由数据通讯网络子系统、数据收集处理子系统、综合信息查询子系统三个子系统组成。

交通银行总行管理信息系统在应用上以商业银行资产负债管理为核心，提供资产负债管理所必需的信息，有各类会计、计划报表信息、资产负债比例管理指标、各分支行隔日头寸信息，以及大量的派生分析信息，既有数字，又有 FFL 图表，功能齐全，信息及时、正确。该系统有友好的用户界面，用户只需用鼠标器即可方便地进行检索查询，易学易用。该系统于 1993 年 6 月在交通银行总行投入实际运行，在日常管理工作中发挥了巨大作用。

八、光电吸盘双头大张数纸机的研制

项目编号：9558048

获奖等级：金融科技进步奖二等奖

项目完成单位：上海印钞厂

主要完成人员：李家春、董耀明、陈德鑫、邱玲、孙夏林

项目简介：（略）

九、中国工商银行牡丹信用卡综合业务网络处理系统

项目编号：9512005

获奖等级：金融科技进步奖三等奖

项目完成单位：中国工商银行总行科技部

主要完成人员：佟建民、仲安妮、王汉明、马恒山、郑清伦

其他完成人员：王刚、徐正方、邵新胜、柳玉如、郑金存、胡旭光、夏军、王建、王友新、王德权、黄双胜、吴为民、赵棋、邹小权、沈学勤、刘兵志、高均平、孟方涛、董利、李卫、严海平、李贻华、陈文、丘东宜、顾耀华

项目简介：

中国工商银行牡丹信用卡综合业务网络处理系统是在开放式系统平台上，充分利用数据库技术、OLIP 技术、IC 技术及 X.25、TCP/IP 等网络技术，采用客户 / 服务器结构设计，实现了数据集中存放、功能分布处理，信用卡中心业务的计算机处理，AIM、POS 与电话银行的自动处理，磁条与 IC 卡并存处理，信用卡系统与储蓄等系统的互联及信用交易的自动授权处理功能。其主要特点如下。

1. 综合性强，功能齐全。该系统不仅具有处理发卡机构传统业务、代理业务及储蓄业务等功能，具有处理磁条及 IC 业务的电子转账业务，如 ATM、POS 及电话银行等功能；还具有处理自动授权业务与信息管理等能力。

2. 采用先进的 Client/Server 设计思想。该系统结构合理并有分布功能处理，使系统具有极大的伸缩性、扩充性和广泛的适应性。同时，易于实现数据的集中存放、处理，方便业务管理。

3. 在开放系统平台，不受厂家、机型的制约。该系统配置具有很大的灵活性，为用户提供极大的选择余地，利于保护现有投资。同时，在开放系统中，引进大型专有系统的概念与设计思想，使用了 OLTP 及交易码技术，保证了系统交易的一致性、完整性和可靠性。

4. 标准化、规范化。该系统设计遵循了现行的国际及国家有关技术与业务标准，采用统一的业务需求，规范的业务操作，方便了全国推广，加速了全国牡丹卡业务的电子化、网络化的进度。该系统采用 ISO8583 等标准信息格式与编码方法，为“金卡工程”的实施及今后与国际信用卡网络连接，以及发展国际信用卡业务打下了基础。

该系统提供了安全可靠的、多元化的服务手段，既方便了用户，也减轻了银行与商户的业务风险和劳动强度，提高了工作效率。目前，该系统已在 200 多个城市推广使用，取得了良好的社会效益和经济效益。

三等奖

十、银行会计网络处理系统

项目编号：9512006

获奖等级：金融科技进步奖三等奖

项目完成单位：中国工商银行江苏省分行科技处

主要完成人员：顾银燕、姜海波、田雪松、叶党生、张育键

其他完成人员：吕春满、任向阳、梁红卫、蒋志新、朱皆康、腾浩武

项目简介：

银行会计网络处理系统是以微机处理银行对公网点中各项会计业务的分布集中式网络处理系统，以分布式网络结构为框架，下连若干集中式小网，能够通过分布集中网传输不同业务点的交换数据，为会计同城交换业务的实时通存通兑建立了良好的网络环境。该系统提供的业务处理功能全面，基本取代了会计业务中的手工操作，系统将柜面的存、贷、结算业务与交换、联行、汇票等业务中的记账、机制凭证、清算、核销等数据处理有序地联系在一起，实现一次录入综合使用，减少重复劳动，提高数据共享，同时该系统还引用了多种现代化辅助设备，如磁卡机、客户终端机、电话、BP 机等，加强了银企之间的联系和服务。

该系统投入运行后取得了良好的社会效益和银行自身的经济效益，主要体现在以下三个方面。

1. 同城交换业务实时通存通兑后，使企业的结算资金一分钟到位，大大缩短资金的在途时间，加速企业资金循环，促进企业经济和社会经济的发展。

2. 该系统提供的记账、核算，快速准确，极大地提高了工作效率，各种查询方式和代收公用事业费等，把方便和及时送给了企业，深受客户欢迎，为工商银行赢得了客户、赢得了资金，增强工商银行的资金实力。

3. 该系统实现了多种会计业务处理一体化，采用分布集中处理模式，既节约人员开支，减少设备投资，又方便网点的扩充，不仅加强内部管理，还提高内部经济效益。

该系统面向社会提供服务后，提高了银行工作效率，延伸了服务手段，扩大了服务面，促进了资金的流动，受到社会各界的欢迎。该系统在省内、省外、工商银行系统内外均有用户。

十一、中国工商银行综合信息网络系统

项目编号：9512007

获奖等级：金融科技进步奖三等奖

项目完成单位：中国工商银行总行科技部

主要完成人员：佟建民、刘英伟、邹小权、丁高仑、蒋卫华

其他完成人员：张元良、鞠建东、李英鹏、尹群、郭清涛、冼翠云

项目简介：

中国工商银行综合信息网络系统是面向省行及省辖分行的管理人员和决策人员的功能很强的综合信息网络系统。该系统采用 Client/Server 体系结构，选用 SYBASE 数据库管理系统，安全性达 B2+ 级，以 UNIX 开放系统作为服务器，以 Windows 作为客户机环境，客户机的功能可根据业务需要任意剪裁或扩充，以 ETHERNET 局域网络实现。

该系统支持大量联机用户，采用面向对象和用户图形界面（GUI）技术，DSSG 动态生成，预

决策项目程序，处理模型能力不受语言本身限制。完成了省、地（市）、县三级银行之间金融信息处理，建立各级分行行长辅助决策系统，能动态生成并处理银行各部门的统计分析报表，解决了银行统计报表格式复杂、数据广泛、变化频繁的要求。该系统推广后，取得了良好的社会效益和经济效益，主要表现如下。

1. 及时采集加工和掌握银行经营活动信息和市场信息，准确进行市场预测，合理调整信贷投向，灵活调度资金头寸。

2. 使银行从单一网点的计算机数据库上升为综合信息网络系统，可以存储本行及外行金融信息、综合账务客户档案等，从而开拓新的金融咨询服务和信用评估服务。

3. 扩大了银行经济服务范围，加强了资金积累活动。减少大量统计分析报表的邮递和大量统计人员汇表往来的费用，减少在途资金时间，加速资金周转。

该系统的应用，有利于提高经营意识和管理水平，增强竞争能力，提高数据准确度及工作效率，减轻劳动强度，同时积累了大量资金，产生良好的效益。

十二、中国工商银行客户/服务器结构下开放式储蓄业务网络系统

项目编号：9512008

获奖等级：金融科技进步奖三等奖

项目完成单位：中国工商银行总行科技部

主要完成人员：佟建民、蒋卫华、单继进、王建、马恒山

其他完成人员：柳育如、邵新胜、王德全、赵棋、郑金存、徐正方

项目简介：

中国工商银行客户/服务器结构下开放式储蓄业务网络系统是客户/服务器结构下的开放式储蓄网络系统，在支持 UNIX 或 XENIX 操作系统及 INFORMIX4.0 以上版本数据库的机器上运行，形成一个城市或区域范围内的集中式通存通兑网络，业务通兑范围和通兑区域控制均是以参数表的方式进行控制，由各分行视业务能力来决定。该系统的最大特点是配置灵活，网络能力强，业务处理范围广泛，除可以处理传统的定期、活期、零存整取、定活两便、存本取息、大额定期业务之外，还有储蓄卡管理、ATM、POS 服务，代发工资，代收各类费用，代理信用卡、国库券等业务处理功能，经过一年多的实际运行，其安全可靠性，实用性都达到了业务部门的要求。

该系统要解决的主要技术问题和主要成果如下。

1. 充分保护以前的投资。该系统可以移植到 XENIX 和 UNIX 的所有微机和小型机上，并且对终端和票据打印机也无特别要求，只要是通用终端和通用票据打印机均可在该系统中使用。该系统可动态地从终端、打印参数表中提取所需参数。

2. 网络适应性强。该系统推出四种可运行的网络方式，使一套系统既可以在单个业务网点上使用，也可以在集中式、群集式、分布式网络中使用，方便了系统的推广。

3. 与异类业务处理系统的可连性好。该系统对异类业务或异地业务提供了一个集中处理模块，将其转换为本地通兑业务，所以再有新的业务开办，也可以方便地与该系统联网处理。

4. 该系统业务处理范围广，可以满足储蓄所现有业务的所有需求。

5. 该系统为储蓄业务处理系统的规范化打下了一个良好的基础，有利于以后跨地区、跨省连网业务的发展。

十三、开放系统环境下的工商银行对公业务处理系统

项目编号：9512009

获奖等级：金融科技进步奖三等奖

项目完成单位：中国工商银行总行科技部

主要完成人员：佟建民、宁雷、许燕、蒋卫华、梁芝玲

其他完成人员：蔡少波、徐伟、张卫东、齐永田、邓建辉、莫曦明

项目简介：

开放系统环境下的工商银行对公业务处理系统是面向开放式网络环境的工商银行对公应用处理系统，可用于多种开放环境下。目前，该系统已使用在运行 SCO 公司的 XENIX 和 UNIX、USL 的 UNIX SVR4.2 的 PC 机、UNISYS 公司的 U6000/65SMP 系统、IBM 公司的 RS6000 系统等。由于该应用系统是采用 C 语言开发，所以可以很容易地移植到其他公司及系统供应商的开放系统环境上。该系统采用 INFORMIX 公司的数据库、开发工具及连接产品，网络环境采用 TCP/IP，系统结构采用客户 / 服务器方式。在服务器端可采用高档微机、UNIX 大型服务器。在其上安装 INFORMIX 公司的 On-line 或 SE 数据库引擎、Star 或 Net 连接产品、批量处理及日终处理等应用系统，并存放应用系统的主数据库。在客户端可采用普通多用户微机，按业务需要连接若干台汉字终端和汉字打印机。在客户端微机上安装 INFORMIX 公司的 ESQL/C 应用开发工具、NET 连接产品、联机交易应用系统。客户端微机与服务器之间采用 TCP/IP 协议。传输媒体可采用电话专线（SUP 方式）或 X.25 公共数据网。该系统主要优点如下。

1. 网络的实现使客户在办理转账、存款业务时，不再受地点的限制。

2. 减轻了柜员的劳动强度，特别是业务较频繁的行（处）。

3. 缩短了办理业务的等待时间。

4. 为进一步实现银行网络社会化打下了良好的基础。在今后的发展中，电话受理业务、在商场中推广销售点终端、办理新型的转账或其他代办业务（如代收、代付各种费用、办理异地结算等），都是以银行网络为基础开展起来的。

5. 为银行内部加强管理及业务规范化、标准化奠定了基础。

基于以上优点，可以说该系统已达到工商银行业务专业性强、业务量大的要求。可以预见，在未来的几年内，在激烈的金融行业竞争中，提高服务质量、完善服务手段、扩大服务领域是各家金融系统竞争的焦点。所以银行电子化及计算机网络化的应用前景非常广阔，可为银行本身带来可观的经济效益。

十四、中小城市金融自动化试点工程的主要分系统——中国人民银行宁波市分行业务电子化系统

项目编号：9511013

获奖等级：金融科技进步奖三等奖

项目完成单位：中国人民银行宁波市分行、中国科学院计算技术研究所

主要完成人员：王行刚、陈福康、胡春霖、庞华寿、张英

项目简介：

中国人民银行宁波市分行业务电子化系统是国家“七五”科技攻关项目中小城市金融自动化试点工程——宁波市金融系统电子化工程的主要分系统（以下简称人行分系统）。它包含1个分行和7个支行，电子化网点的覆盖率达100%；此外，还包括6个城市信用社，共17个金融电子化网点。

人行分系统中市分行和7个支行之间利用电话网组成了一个全自动操作的计算机通信网。市分行节点既是人行分系统的中心，也是全市金融电子化系统的信息交换中心，与5个专业银行市分行和1个保险分公司专线连接。

人行分系统已有10类电子化业务投入运营。它们是：（1）计划统计；（2）会计报表汇总；（3）货币发行；（4）国库业务处理；（5）会计核算；（6）金融管理；（7）办公自动化；（8）出口收汇核销；（9）行长查询系统；（10）同城清算系统。此外，在城市信用社网点上，各种储蓄、对公业务系统均已投入运营。

自1991年6月起，上述10类人民银行业务电子化系统投入运营，1991年12月实现了7个支行与市分行的联网通信处理。此后两年多来，系统一直运行正常。

人行分系统的应用平台具有开放式系统的特点。应用与系统的接口为UNIX，应用与数据的接口为SQL，应用与另一远程应用的接口为网络应用层报文交换服务，应用与程序员的接口为C语言，应用与最终用户的接口为汉字菜单。

应用软件采用参数化结构等“柔性”设计方法，使业务人员可以自行定义生成新报表。实践证明，计划统计等系统能很好地适应各类报表多变的特点，深受业务人员的欢迎。

办公自动化系统采用了光盘存储档案、扫描仪自动输入文件档案、自动排版、轻印刷和LAN等，性能先进，使用方便，大大提高了工作效率。

十五、厦门计算机同城资金清算系统

项目编号：9511015

获奖等级：金融科技进步奖三等奖

项目完成单位：中国人民银行厦门市分行

主要完成人员：洪忠安、张照明、田勖、陈荣琪、洪亮

项目简介：

厦门计算机同城资金清算系统（以下简称清算系统）是全市性的资金流通数据处理网络，覆盖整个厦门地区各专业银行（工商银行、农业银行、中国银行、建设银行、交通银行、兴业银行、外/合资银行）和其他金融机构（信用社、信托投资公司）的100多个交换点、14个清算行，共有80多台终端机在网上运行。

清算系统是中国人民银行厦门市分行在IBM9375上设计开发成功的。它的应用大大加速了资

金周转，提高了资金抵用率，简化了业务处理手续，减轻柜面人员的工作强度，保证结算资金安全。目前，日交换票据近 1 万笔，交换金额为 7 亿多元。自 1991 年 6 月该系统投产以来，交换票据 1000 多万笔，资金达 3000 多亿元，为厦门特区的经济建设作出了重要贡献，1994 年获全国金融系统科技进步奖三等奖。

清算系统由中国人民银行清算中心和交换单位组成。清算中心使用 IBM9375 作为中心处理机，各交换网点使用 PC 微机作为终端机或与记账系统连接的中转机。中心处理机通过调制解调器和通讯线与终端机连接成星状网。

该系统的主要特点如下。

1. 系统结构精干，容易实现。

清算中心使用 IBM9375-50 作为中心处理机（操作系统及开发工具为 VSE、VSAM、VTAM、ROWER、CLICS、SQL、COBOL 等），用 12 个 I/O 口，通过 12 个 MODEM、12 条市话线接入邮局交换机。各交换网点以 PC 微机作为终端机或与专业银行记账系统连接的中转机。PC 微机使用 DOS3.0 操作系统及 DBASEII 汇编语言、C 语言及 3270 仿真软件。只要配一个 MODEM、一个 SDLC 仿真卡，便可利用普通电话线联入清算系统网络。

这种网络结构简单，投资省，容易被各交换行接受，可随时安装网点，大大缩短开发时间。在通讯不发达的地区采用这种结构最易实现、最有效。该系统采用文件通讯的方式进行交换。

2、异型机联机通讯。

该系统交换网点终端采用微机，清算中心使用 IBM9375 作为中心处理机，二者进行仿真通讯。

该系统允许各交换行利用已在其他业务处理的微机（286 以上）作为清算终端机，以减轻各交换行的负担，也缩短了网点筹建时间。

3. 有连接各种各样的交换行记账系统的统一接口。

统一接口由人民银行开发，记账系统由各交换行自行开发。用 PC 机作为中转机，数据保安以中转机为界，记账系统与中转机之间由各银行负责，清算系统与中转机之间由人民银行负责。其优点如下。

（1）减少为连接各种各样的记账系统所需做的大量繁杂的开发和维护工作。清算系统及各记账系统互相独立、互不影响。

（2）使各业务处理系统互相独立，有利于各业务系统的安全（防止互相干扰、杜绝病毒传播等），有利于各自数据保密。

（3）大大提高清算系统的工作效率。

4. 各终端脱机处理数据（票据录入、修改、复核、查询等），联机进行通讯，有以下好处。

（1）联网时间短，不仅减少通讯费用，而且减少通讯线对清算系统的影响。

（2）脱机数据处理，大大减轻清算中心主机负担，提高清算效率。

5. 多点通讯和主机清算、管理、控制并行（多程序、多作业），即各交换点可随时通讯，主机实时清算，提高了清算系统的效率。

6. 建立了用途广泛、管理简便的账户库。

清算系统建立了包括全市所有参加资金交换账户（8 万多个）的账户库。账户库以统一的代号代替各金融机构长短、结构不一的账号，因此清算系统丝毫不为各金融机构账号的结构差异和经常变化所影响，可降低录入窜户，减少（80%）数据存储量和通讯量。清算系统有自动化的账户管理功能，各开户银行在终端开销户、改账户，通过通讯网送入主机处理（实时），再经通讯网传送至全市各个网点。

7. 有较强的数据防错和安全措施。

十六、金融系统经济案件档案计算机管理与分析系统

项目编号：9511016

获奖等级：金融科技进步奖三等奖

项目完成单位：中国人民银行阜阳市分行

主要完成人员：刘晓林、邵道远、刘广聚、岳朝忠、赵淑平

其他完成人员：李恒田、陈伟、刘国安

项目简介：

金融系统经济案件档案计算机管理与分析系统是中国人民银行安徽省分行科技开发项目，1992 年初由中国人民银行阜阳市分行承担研制开发，系统在人民银行安徽省分行科技处、安徽金融系统纪检组监察专员办公室的直接领导下完成，1992 年 11 月投入试运行，1994 年 1 月通过安徽省分行和地区科委主持的科技鉴定，1994 年 5 月在总行纪检监察一室、安徽省分行、阜阳市分行、合肥市分行投入运行，并在安徽实现联网报送，1994 年 6 月纳入总行“快通工程”建设，1994 年 8 月通过中国人民银行总行科技司的鉴定。

该系统开发建设是从信息处理的源头出发的，先在 DOS5.0 下 FOX-PRO 数据库开发而成，经过优化移植到 Windows 下运行，系统人机界面友好，操作方便、灵活，可作多种图形分析。该系统将金融系统经济案件的全部信息录入计算机中，由计算机自动产生总行要求的各种统计报表。该系统设计思想先进，成功地运用现代计算机手段，建立了案件信息库和数据库，并对经济案件进行统计、分析、通讯报送等，在一定程度上推动了“一案一报”制度的施行，使十几年来的金融系统案件统计工作方式从根本上发生了质的飞跃，大大提高了工作效率，减轻了劳动强度，为领导决策和预防经济案件发生提供了准确可靠的数据。自 1994 年以来，中国人民银行总行纪检组先后在珠海会议、山东会议上介绍了阜阳的做法，系统成果于 1994 年 6 月收录到中国人民银行总行出版的《中国金融电子化应用集锦》，1994 年 9 月总行在黄山召开了全国各总行、司局和人民银行 13 个省行参加的经济案件统计计算机管理座谈会，会议演示了全国金融系统已在这方面开发的软件，并决定在该软件的基础上优化成可在全国使用的系统，该系统的成功开发为建立全国金融系统经济案件管理信息库，作了有益的探索。

十七、辽宁省外汇调剂公开市场交易计算机网络系统

项目编号：9511017

获奖等级：金融科技进步奖三等奖

项目完成单位：中国人民银行辽宁省分行

主要完成人员：杨宏、田实、李青、王宁、刘波

其他完成人员：周蕊

项目简介：

辽宁省外汇调剂公开市场交易计算机网络系统是以美国AT&T公司3450超微机为中心主机，PC486（SCO UNIX操作系统）为各市分中心主机，基于TCP/IP网络平台的连接全省的网络及实时交易系统。运行该系统可完成外汇买卖申请单录入、申请单审批、会员管理、场务管理、交易控制、成交单输出、账务数据统计等功能，使全省外汇调剂业务完成了电脑化管理。该系统已运行3年，运行情况良好，安全性、可靠性和实用性均达到了业务部门的要求。通过3年的运行，在取得巨大经济效益的同时，也获得了良好的社会效益。主要体现在以下五点。

1. 减少人民银行占压资金，减轻了外汇调剂中心的利息负担。减少占压资金1400万元，减少年利息支出136万元。

2. 加快了资金周转，使外汇资金合理流动。

3. 实现全电子化管理，提高工作效率，使外汇市场交易更科学、更先进、更规范。

4. 该系统投入运行后，改变了以前手工操作交易周期长、效率低、企业资金周转缓慢的落后状况，改变了外汇买卖对企业来说是不透明的情况。

5. 实现全省联网统一市场后，打破了过去那种条块分割和封闭式的外汇管理体制。

十八、中央银行非现场稽核电脑监控系统

项目编号：9511018

获奖等级：金融科技进步奖三等奖

项目完成单位：中国人民银行辽宁省分行

主要完成人员：姜巍、刘延芳、刘朝晖、徐川、张胜

其他完成人员：陈明华、何丽新

项目简介：

中国人民银行转变职能后，主要职责就是监管，而稽核监督较其他专业监管更具综合性、严肃性和权威性。通过非现场稽核，人民银行可以掌握各金融机构全面的、综合的情况，从而为领导决策提供大量的、重要的依据。建立非现场稽核监控体系，可以把整个金融业置于中央银行的监管之下。

中央银行非现场稽核电脑监控系统的开发借鉴了国际上风险监督的思路，结合国内商业银行实行资产负债比例管理的情况，将稽核监控内容分为两个方面：合规性监控和风险性监控，并设计了61项监控指标、14种监控表、5种补充报告表、104个计算公式、1865个监控数据，实现了合规性监控和风险性监控相结合，达到了与国际惯例接轨的目的，增强了中央银行稽核监管的深度和力度。在稽核对象上划分了五大类十三个行业，实现了全方位、多层次（总行、省行、市行、县行四级通用，其他金融机构也可使用）监控。通过该系统，能够对各金融机构经营管理状况和水平进行全面、系统、连续、及时的监控，并能准确地发现经营业务活动中超标、违章、违规等

问题。该系统能够提供平面图及相应立体图等 12 种图来反映各金融机构各个时期、各个指标的变化情况，这些图形直观、灵活，还可以打印，为领导决策提供了强有力的支持工具。该系统是严格按照软件工程规范中的标准开发的，系统结构严谨，设计科学，编程规范，人机界面十分友好，而且时间经济性好，可靠性高，可维护性强，保密性好，适应性强，文档资料齐全、规范。该系统能够解决手工操作存在的工作量大、覆盖面窄、深度不够、宏观调控作用不明显等问题，极大地提高了非现场稽核的效果和质量。

该系统是省、市、县三级统一使用，现已推广到全省各市行和县行，已实现了基于 X.25 的广域网。该系统运行正常，用户反映很好。由于该系统为所有的数据库都提供了维护功能，稽核人员可根据需要随时进行调整，无须修改程序，所以该系统能够适应全国非现场稽核业务的各种复杂情况，灵活性强，具有很高的适应性和可维护性，适合在全国银行系统及所有的金融机构推广使用。运用该系统对全省 1994 年上半年金融机构进行监控，发现的问题已及时向被稽核单位进行质询或深入现场稽核，使问题得到纠正和处理，如贷款规模限期压回、欠缴存款准备金限期划缴人民银行等，维护了金融秩序的正常运行，为国家挽回了大量资金，取得显著的经济效益和社会效益。该系统达到了商品化软件的水平，居国内金融行业领先水平。

十九、中国人民银行县级支行综合业务计算机处理系统

项目编号：9511019

获奖等级：金融科技进步奖三等奖

项目完成单位：中国人民银行云南省分行

主要完成人员：唐绍清、刘安棋、张康宁、刘凡、赵正红

其他完成人员：李子义、杨松、王向前、王珊珊、尤建民、朱光伟等

项目简介：

县级支行综合业务计算机处理系统由会计、国库、精核、计划统计、发行和行长查询六大子系统组成，覆盖了人民银行县级行的主要业务。各子系统分别在业务科室通过终端与主机连接，处理各自业务，共享数据资源。

该系统运行在汉化 XENIX2.3.4 操作系统上，以当前世界先进的 ORACLERDBMS 为数据库管理系统，用 C 语言和嵌入的 ANSISQL 语言编程，运行环境基本配置为两台 386 以上档次微机（其中一台为备机，配置 8M 内存、八用户卡、210M 硬盘、5 寸软盘驱动器和流带驱动器）、八台终端和七台打印机，可根据业务量大小灵活增加系统配置，是一个技术水平先进、业务处理面广、功能完备、充分利用软硬件资源、运行效率高、投资经济、具有国内领先水平的多用户、多任务金融业务信息计算机处理系统。

该系统的开发走工程化的道路，严格按照软件工程“生命周期法”，各阶段有完备的文档，遵循“业务处理依赖于用户对系统的定义和维护，不依赖程序源代码”的原则，重视软件的结构化、模块化设计，适应可预见业务变动及推广应用的要求，系统易扩充，可维护性好。该系统充分利用 ORACLERDBMS 的管理机制，保证了多用户对共享数据资源开发及操作时数据的一致性和完整性，提供操作权限、口令加密、操作日记等行之有效的系统安全措施和完备的数据后援恢复机制，

确保系统安全、可靠地运行；软件中全部采用下拉菜单、光带选择，数据录入采取全屏幕编辑方式和在线帮助功能，操作员可选择屏幕输出、系统打印机和终端打印机等多种输出手段，界面清晰美观，操作灵活方便。在终端上进行金融信息图形分析，在该系统中得到充分的应用，效果十分理想。

使用该系统后，大大减轻了业务处理劳动强度，节约人员编制；会计、国库和发行业务处理的差错率显著降低，账务规范，业务核算质量大大提高；把稽核和计划统计业务人员从繁重的报表汇总工作中解放出来，为人民银行职能的转换，增大调查、研究、统计分析和稽核工作的深度和广度，创造了良好条件；使县支行业务处理更加规范化、标准化、科学化，管理水平大大提高，社会效益显著。

二十、同城票据清算计算机网络系统

项目编号：9511020

获奖等级：金融科技进步奖三等奖

项目完成单位：中国人民银行河南省分行科技处、中国人民银行漯河市分行

主要完成人员：石金祥、王兴斌、赵保亚、李济民、刘洪民

其他完成人员：张铁良、赵峰、胡新伟、孟遂义、潘成利、叶同安、李献军、聂华伟

项目简介：

同城票据清算计算机网络系统用于同一城市内各专业银行的办事处、分理处间自动办理票据交换与清算业务，以实现票据的适时处理，提高社会资金周转速度。

该系统由四部分组成：置于人民银行票据交换所的中心处理计算机；置于专业行办事处、分理处的网点计算机；市话线路；用于代替图章印鉴的支付编码器和银行校验器。整个网络拓扑结构为星状网，由市话线路作为数据传输媒介，网点机之间不能直接进行数据传输，只能通过中心机转发，从而使人民银行能方便地对各专业行进行监督、协调。

该系统是在开放式系统 XENIX 下用 XENIX 系统母语 C 语言开发完成的，包括中心机处理程序、网点机处理程序、数据通讯程序。同时，还自行开发了支付编码器与银行校验器，解决了图章印鉴在计算机网络中传输不可靠的问题。

该系统经过近一年多的使用，有效地解决了银行间的压票现象，并能做到数据一次录入多次使用。在该系统中还使用了支付编码器与银行校验器，使原来需要三天才能办理的业务现在仅需在一个小时之内就能完成，日票据抵用率由原来的 70% 上升到 95% 以上，大大缩短了资金在途时间，每年可为国家节约在途资金上千万元。

该系统投资少、见效快，有极高的推广价值。特别是用编码器解决图章印鉴问题并使编码器与银行校验器投入实际使用，在国内尚无先例，这无疑是一重大突破。

二十一、发行基金账务管理系统

项目编号：9511021

获奖等级：金融科技进步奖三等奖

项目完成单位：中国人民银行山东省分行

主要完成人员：陈成森、王炎方、张树强、孙国强、王薇

项目简介：

发行基金账务管理系统包括省级、市地级和县级发行基金账务管理三个子系统。三个子系统自成体系，可独立运行，能处理人民银行货币发行部门从账务记载，报表汇总到日常信息统计的全部工作，同时也可通过微机通讯软件及设备互相连接，自动传递每日电报和各种报表。

该系统以 MS-DOS 操作系统为软件平台，以二级 COBOL 语言为程序设计语言，其中部分模块用 C 语言和汇编语言编写，由二级 COBOL 语言统一调用。

该系统具有以下特点。

1. 较好地解决了整理期在途冲账等重要问题。

2. 各种控制及授权方法严密，只允许合法人员进入系统。

3. 灵活性好，根据业务需要，一旦需要增加或减少分户账及券别账，可直接由操作员处理。

4. 系统可利用日常记账数据，进行一段时间内的有关信息的统计和分析，大大提高了人民银行宏观调控的能力。

二十二、中国人民银行业务处理系统

项目编号：9511025

获奖等级：金融科技进步奖三等奖

项目完成单位：中国人民银行山西省分行

主要完成人员：郝爱平、张龙龙、冯黎平、丁杰、郭子龙

其他完成人员：张茂华、李冬花、董翠英、兰宝萱、李建平、史彩兰、兰瑞萱、李永平、李永红

项目简介：

中国人民银行山西省分行科技处组织开发的中国人民银行业务处理系统，是依据现行的中国人民银行会计、国库、发行等有关业务条款、处理手续和管理标准开发设计的。该系统包括会计核算系统、国库税票保解系统、国库账务处理系统、发行业务处理系统、同城票据清算系统及在上述业务基础上的各项统计和行长业务查询系统。该系统在开发时，对各项业务进行了充分的调研，除对各系统功能进行详细描述外，着重分析了各业务部门之间的数据共享，力求提高系统的整体水平。该系统采用客户机/服务器结构、NETWARE 系统、ORACLE 关系型数据库和 C 语言嵌入的方式编程。为了保证系统能满足业务需求，该系统采用了原型法进行程序设计，整个系统具有良好的可维护性、可扩展性、可移植性。该系统有很好的用户界面，为了方便用户操作，屏幕界面采用用户所熟悉的凭证和报单格式，并有联机提示、修改功能。该系统同时还具有初始化、代码管理、系统维护、安全管理等功能。

该系统采用 ORACLE 中 4GL 进行编程，同时为了提高系统的处理能力，在数据库编程中嵌入了 C 语言，发挥了 3GL、4GL 的各项特长，语言之间数据传输灵活。在程序中大量使用了 TRIGGER 触发器，使程序严谨并防止了用户可能的各种误操作而引发的错误。该系统采用 SQL-NET 进行了数据网上传输，实现网上各工作站的数据共享。

该系统的主要功能如下。

1. 数据接收：可接收人民银行业务所处理的各项原始凭证、报单等，并可进行各种录入检查。

2. 业务处理：可记人民银行各项业务的分户账。

3. 日终处理：可对人民银行各项业务的分户账进行日结、生成日结单、各项平衡检查、记总账及各项登记簿等。

4. 数据共享：通过网络实现数据共享并对共享数据进行处理。

5. 打印：可打印各种业务报单、统计报表等。

6. 安全功能：系统各种安全性控制、维护等。

7. 系统维护：数据库各种指标的调整。

8. 备份、恢复功能。

该系统的投入使用，实现了人民银行业务从单机应用到网络应用的转变，使中国人民银行山西省分行的电子化应用水平又上了一个新台阶。

二十三、电脑报送稽核监测系统

项目编号：9511026

获奖等级：金融科技进步奖三等奖

项目完成单位：中国人民银行广东省分行、中国人民银行佛山市分行、中国人民银行惠州市分行

主要完成人员：邸泽淇、刘坚、阎强、利坚、罗元昌

项目简介：

中国人民银行电脑报送稽核监测系统是一个处理中国人民银行非现场稽核业务的应用系统，它对被稽核金融机构自查填报的报表数据进行核对取证、分析比较、查出问题、提出警告；对风险情况进行监测，作出评价；对查出的问题进行归类汇总，作出稽核结论；将报送稽核的检查结果按照监控内容，作出综合评估。

该系统的设计采用编译关系数据库 FOXBASE 作为开发工具。在整体设计上，采用结构化程序设计技术，在主控模块控制下，各模块相对独立工作。为了保证数据的准确性、可靠性和安全性，该系统设置了用户管理功能，以检验操作人员的合法性，防止非法用户进入该系统，保证系统的安全性。该系统数据的输入通过两级核对，避免输入错误的数据。为了保证业务正常、连续地进行，该系统设立了备份恢复功能，当数据受到破坏时，可以通过该功能进行恢复。

二十四、异地证券业务计算机网络系统

项目编号：9511027

获奖等级：金融科技进步奖三等奖

项目完成单位：中国人民银行广东省分行

主要完成人员：邸泽淇、罗元昌、陈海新、利坚、张艳

项目简介：

异地证券业务计算机网络系统是伴随着我国证券市场的迅猛发展，为证券商建立一个稳定可靠的处理异地业务的计算机网络系统。该系统实现了证券商本部与各异地营业部的计算机网络互联，确保证券商的各项证券业务的开展及交易保证金的及时清算，可提供完善的数据查询和建立完整的业务档案。

鉴于网络操作系统（NOS）作为网上信息处理的软件平台，对整个系统的使用和潜在能力有着直接和广泛的影响，通过对用户特定要求的认真评估和对市场流行 NOS 产品的深入调查，该系统的设计是采用在 NOS 中最为成熟且占有最大市场比例的 Novell Netware 网络操作系统，在结构上，采用星型拓扑结构，智能散器（HUB）可以监测到网络上的数据碰撞，以帮助用户寻找电缆故障或其他问题，且数据传输速度相对恒定，在高通信量下优于总线网，当工作站发生故障时不会像细缆网那样影响全网工作以致主系统崩溃。为确保系统的可靠性，采用主、辅双机备份技术，有效地提高了系统的故障适应能力。该系统软件采用 C 语言及 INFOMIXPLUS 语言编制，通过深入掌握证券业务特点和操作规范，制定了详尽的证券商业务需求书，完成了一系列的数据规范和编码的制定，实现了股票买卖的开户，保证金账务处理，委托交易特定的输入、成交、回传、行情显示、远程通讯等功能，达到了证券商本部与各异地营业部联网的目的，并为电话委托等拓展业务提供了接口。

该系统于 1992 年 10 月完成研制工作并投入运行，使广东证券公司成为国内首家开通证券买卖的异地证券商，有力地支持了我国证券业的发展，其后相继在惠州证券公司、南方证券公司广州营业部、江门证券公司、茂名证券公司、鹤山证券公司、开平证券公司等多家证券公司推广应用，取得了良好的社会效益和经济效益。

二十五、中央银行国库业务处理系统

项目编号：9511029

获奖等级：金融科技进步奖三等奖

项目完成单位：中国人民银行湖南省分行、中国人民银行衡阳市分行、中国人民银行邵阳市分行、中国人民银行岳阳市分行、中国人民银行株州市分行

主要完成人员：唐献良、彭洪生、戴明辉、郑德良、金爱钦

其他完成人员：周中根、罗开位、雷家政、陈延喜

项目简介：

一、基本情况

中央银行国库业务处理系统适用于经济金融信息的管理与分析，该系统于 1992 年 1 月完成开发，目前已采集 15 个省市，自 1949 年以来的经济金融数据达数十万个。该系统软硬件环境为主机采用 486/33，基本配置为 8MB 内存，硬盘 325MB，操作系统为 XEMNIX3.2 以上版本，数据库采用 ORACLE6.00，终端为国产字符图形终端，如 KT230 等。

二、主要功能

1. 信息存储转换、录入功能。提供手工录入、软盘录入、通讯录入、TSP 软件数据转换等功能。手工录入可选用卡片、指标顺序、地区顺序等五种不同方式。TSP 数据转换功能解决了系统

与TSP、X-11等应用软件的数据转换问题。针对用户在数据手工录入过程中出现的失误，系统设置了自动判别功能、信息查询检索功能，系统根据各级领导和各类用户对数据检索要求及对计算机掌握程度的不同，提供了一键检索、对比检索、模糊检索、普通检索、查询上次检索内容及SQL自由查询等功能。该系统根据检查结果自动选用合适的报表格式进行显示，并向用户提供对显示的报表进行自由编辑功能。用户在检查中给出的条件，系统给予追踪并可由用户自主定义到一键检索内容中。

2. 图形报表分析功能：系统提供丰富的统计制图和常用的分析功能，提供的图形有折线图、直方图、扇形图、结构图、散点图、各种面形自动形成标题和图例，并可进行灵活编辑，如手工定义坐标、按比例压缩和放大图形等。根据系统数据特点，图形功能可进行多指标、多地区、多时区/点作图，而分析应用提供了目前五种常用的动静态经济，金融分析方法。本功能融报表、图形、检查、分析于一体，层次分明，信息处理流程一目了然，独具特色。

3. 维护管理功能：该功能面向系统管理员和数据库管理员。可以任意增加、修改、删除、查阅统计指标、统计数据、采集单位。用户可随时了解指标和数据的设置，存储及分布情况；用户可方便地对指标库、数据库等进行备份与恢复。

三、主要经济技术指标

该系统能管理的经济金融信息指数可达10万个，指标数据采集的时间跨度为100年，地区为1000个。在给定指标、时间、地区三要素的情况下，检查100条记录以下无等待时间，检索达到1万条以上记录规模时，其响应时间在用户允许等待的时间范围内，一般不超过20秒。

二十六、中央银行国库业务处理系统

项目编号：9511030

获奖等级：金融科技进步奖三等奖

项目完成单位：中国人民银行湖南省分行、中国人民银行益阳市分行、中国人民银行邵阳市分行、中国人民银行常德市分行、中国人民银行岳阳市分行

主要完成人员：唐献良、李胜军、欧家波、严定福、戴明辉

其他完成人员：刘安明、夏正清、李建平、申东、袁辉华、廖维卫、王湘萍、童志强

项目简介：

一、软硬件环境

网络版：服务器采用386/33（内存4MB，硬盘200MB以上），运行NOVELL3操作系统，网络数据库为FOXBASE2.1，工作站为286以上档次机器，DOS3.30以上。

单用户版：硬件为286以上档次机器基本配置1MB以上内存，硬盘为80MB以上、DOS3.30以上，数据库系统为FOXBASE2.1。

二、主要功能

1. 数据录入：提供税收录入、退库录入、分成录入、支出调拨录入、报表录入、更正凭证录入、通讯转录和清除本日录入数据等功能。按录入格式分类，数据录入功能又有按凭证格式录入和按行格式录入之分，用户在录入过程中可根据习惯任意选择使用，或在使用过程中进行两种不同录入格式的转换。

2. 数据复核功能：提供税收录入复核、退库录入复核分成录入复核、支出调拨录入复核、报表录入复核、更正凭证录入复核、其他凭证录入复核及产生清交凭证等功能。

3. 日结：对当日录入的各类国库预算收支数据，如收入交款书、收入退还书、下级分成表等进行整理、计算、汇并，且产生有关账务，日结中如因异常情况中断，可选择后援功能来恢复昨日流水账，待恢复其数据后重作日结，日结完毕后，系统自动检查有关会计科目是否异常并报警。

4. 打印：分打印日报、月报、登记簿、对账表（单）及分户账五类，其中打印日报功能用于每天结账后打印出国库要的日报表和记账传票，打印月报用于月结后打印各种国库月报和项目电报，登记簿打印功能方便地打印出收入结出登记簿，退库与分成收入登记簿，以及业务量登记簿等。

5. 后援：提供恢复与备份各类数据的功能，并提供月或年初的初始化处理。

6. 查询：提供查当日余额、查各类登记簿、查分户账等功能。

7. 通讯：主要用于国库预算收支数据的生成，其中提供了报表通讯文件生成、会计凭证文件生成、报表汇总文件生成和会计通讯盘拷贝。

8. 维护管理：提供系统初始化、预算科目管理、操作人员管理、账户管理等功能。

三、主要经济技术指标

该系统能处理的最大中心支库数为 50 个，县支库数为 30 个，乡镇金库为 30 个，记账数据准确率为 100%，各类流水账最大笔数为 1000 笔，与手工记账相比工作效率提高 25 倍。

二十七、全国清算中心代码

项目代码：9541032

获奖等级：金融科技进步奖三等奖

项目完成单位：中国人民银行会计司、中国人民银行支付与科技司、中国标准化与信息分类编码研究所、陕西财经学院

主要完成人员：陈世范、刘钟、房庆、王平、刘子斐

其他完成人员：许成军、王仕春、程军、沈国超

项目简介：

1989 年根据中国人民银行建设卫星通信电子联行系统工程的需要，由中国人民银行组织，并报国家技术监督局立项，开始制定《全国清算中心代码》国家标准，该标准的制定工作于 1991 年完成。国家技术监督局于 1992 年 4 月 30 日正式发布该标准，标准编号为 GB13497-92。

编制该标准的主要作用是为各级清算中心确定一个唯一的标识，同时使之具有行政区划的含义，使该标准的使用范围不仅适用于全国电子联行系统，而且当其与行别代码组合使用时则成为一级银行机构，从而使该标准的应用领域和范围大大拓宽。

该标准的主要起草单位是中国人民银行会计司、中国金融电子化公司、中国标准化与信息分类编码研究所。该标准已编入了清算总中心、省级清算中心 / 地市级清算中心及县级清算中心总计 2546 个。本标准确定的代码结构为 4 位数字代码，编码方法为层次法，最多可编 10000 个代码。第 1、第 2 位表示清算中心区位，第 3、第 4 位表示清算中心的级别。当第 3、第 4 位为“00”时，表示省、自治区、直辖市级清算中心；当第三位不为“0”、第 4 位为“0”时，表示地市级清算中心；

第 4 位不为“0”时，均为县级清算中心。其中，“0000”为清算总中心；“9999”为清算总中心的待转发户。该标准还为每个清算中心在 4 位代码后加上了校验码，校验方法采用了国际标准的 MOD11、10 双模校验系统校验算法。该标准同时还给出了清算中心代码的管理及地市级清算中心代码的索引。

二十八、中国银行地市级行柜台业务综合系统

项目编号：9514033

获奖等级：金融科技进步奖三等奖

项目完成单位：中国银行总行，中国银行江西省分行、中国银行云南省分行、中国银行四川省分行、中国银行广东省分行

主要完成人员：刘宁、王伟纲、孟奇志、顾卫宁、丁建平

其他完成人员：何凤兰、胡为鹭、叶宁、彭岗、付岩峰、祝建国、郭湘红、孙坚、胡成群、卢红

项目简介：

随着我国经济的迅速发展，银行电子化已由大中城市、沿海地区向内地银行及地市级分行发展，为适应这一发展的需要，中国银行组织开发了面向地市级分行、支行的柜台业务综合系统（Deposits Account Credit-Card Integration，DACI）。

该系统以两台 UNIX 小型机（一台生产机、一台备份机）为中心处理机；以电子开关、多路复用器、BP8900 存折打印机、流水打印机、终端设备、MODEM 及通讯专线为周边设备；在 UNIX 平台上，以 C 语言、TCP/IP、以人网、X.25、RFS/NFS、CTREE 等为开发环境，实现了中国银行地市级储蓄、会计、信用卡、AIM 联机作业、POS 远程自动授权、电话银行账户查询等柜台业务自动化，以及同城数据传输网络化。

该系统吸收了中国银行已有的储蓄、会计、信用卡柜台业务处理系统的优点，将三个系统有机地集合在一起，实现了一机多能。将一个地市的各行数据集中在一台机器上，使各网点柜员终端成为办理各种银行业务的全功能窗口，实现了同城通存通兑。

该系统还采用 WATCHDOG 监控、电子开关及相关驱动技术，实现了双机实时热备份功能，当生产机出现故障时备份机可以自动启动，从而提高了银行业务系统的实时性、安全性和可靠性。

通过统计式多路复用器、远程终端存储画面和 MODEM 数据压缩协议，实现了一条专线可以传输多路信息。在低速率专线上实现了较高的数据吞吐量，提高了速度，确保了通讯的准确性。

该系统层次化、模块化、参数化强，在软件实现上，采用动态内存分配，共享内存段，管道操作。程序设计采用窗口程序设计、分级安全性设计、网络程序设计、SHEll 程序设计、设备驱动程序设计、系统自启动设计、系统自动装载设计及系统版本的加密和授权使用设计等 UNIX 深层次设计技术，达到系统资源的合理利用，增加系统的运行效率和实用性。

DACI 系统采用多系统监控，如应用系统监控、ATM 监控、双机备份监控、备机对生产机监控及通存通兑监控等。

该系统扩充能力强，可移植性强，可满足业务多元化发展要求。该系统投资省，效益好，操作方便，人机界面友好，具有向县支行和边远地区推广的价值，并为计划、存汇、信用卡、会计、

营业部等部门的数据统计、信息管理、办公室自动化创造了条件。

在鉴定会上，专家们对该系统给予了肯定，一致认为，该系统的开发是成功的。在双机热备份、终端存储画面等方面具有创造性。它填补了国内金融系统地市级U6000小型机柜台业务综合集成系统的空白，在地市级柜台业务、整体结构设计及其应用方面处于国内领先水平，有很高的推广应用价值。该系统为中国银行地市柜台业务金融电子化开辟了一条新路。

在中国银行总行的组织下，该系统在云南省分行，昆明、大理、保山、德宏、瑞丽、临沧、曲靖、个旧等地分行；江西省分行，赣州、新余、宜春等地分行；甘肃省分行、兰州市分行；新疆维吾尔自治区分行，乌鲁木齐、喀什等地分行及山东省分行、淄博市分行进行了推广。当年即推广36个地市级分行，取得了明显的社会效益和经济效益。

二十九、出口收汇核销辅助管理系统

项目编号：9517035

获奖等级：金融科技进步奖三等奖

项目完成单位：国家外汇管理局青岛口岸业务部、国家外汇管理局西安分局

主要完成人员：陈海青、李东、顾欣才、吴维霞、门晓波

其他完成人员：邱桂清、杨大立、游保华、冯晓军

项目简介：

出口收汇核销辅助管理系统是为出口收汇核销管理工作设计开发的计算机应用系统。该系统涉及外汇管理局、外贸企业、海关、银行、税务局等多个部门，综合了计算机技术、通讯技术，通过采集、加工、使用来自多个部门的原始数据，对我国出口贸易的收汇进行跟踪核销管理。

该系统分为初始化子系统、核销管理主控子系统、报表统计子系统、海关辅助核销子系统、企业辅助核销子系统、辅助退税管理子系统。该系统功能丰富实用，将我国出口贸易中的有关出口、收汇、应退税等数据，全部纳入出口收汇核销数据库中，为有关部门查询、管理、决策提供依据，取得显著的社会效益和经济效益。

该系统采用的关键技术如下。

1. 采用结构化分析设计方法，按功能模块设计开发，数据存储、应用处理、通讯相互独立，采用参数文件定义数据结构，这样易于数据结构的改变，易于功能模块的添加，适合外汇管理业务发展变化快的特点。

2. 系统设计和编制遵循国际与国内的有关业务和技术标准。

3. 采用专用系统与通用系统配合的方式，实现系统的安全性与开放性。核销主系统在B系列高档微机应用平台上开发运行，采用BTOS操作系统，采用多用户ISAM文件组织结构，采用群集工作站方式；海关、企业等辅助系统，在PC兼容机平台上开发运行，采用DOS操作系统及FOXPRO开发管理系统，BTOS与DOS系统的通讯采用自行开发的RS232通讯软件。这种方式，保护了国家外汇管理局已有设备的投资，保证了核销数据的安全，并保证了核销系统的开放性。

4. 系统采用电话线拨号技术实现异地分局间的数据传输。

5. 系统设计上采用前后台处理的形式，仅将核销所依据的关键数据在前台处理，以满足处理

数据量大、实时性强的要求。

该系统的主要技术指标如下。

1. 在 PC 机上实现对企业出口收汇核销这一复杂业务的处理，并能产生上报国家外汇管理局的数据软盘。

2. 在 PC 机上实现对企业上报数据的处理，对数据储存和处理经过优化，以满足业务量大的分局对数据量和处理速度的要求。

3. 在 B 系列机上实现文本文件与 ISAM 数据集的转换，实现 B 系列机与 PC 机间的数据通讯，数据通讯应有较高的速率和很高的稳定性。

4. 企业数据到国家外汇管理局 B 系列机的转换应保持原核销系统数据的一致性，对各种情况的不合法数据应严格校验，防止错误数据进入外汇局核销系统。

5. 企业及国家外汇管理局的核销辅助系统应可对业务数据进行任意查询，产生核销业务所需的报表。

出口收汇核销辅助系统已于 1994 年在全国一级分局及部分二级分局推广使用，并于 1995 年获中国人民银行科技进步奖三等奖。

该系统第一阶段于 1991 年开始设计开发，1991 年底推广，截至 1992 年 1 月，已将软件的正式版本推广到全国各级外汇管理局。

第二阶段于 1993 年设计开发至 1994 年，全国范围内 6000 多家大型外贸企业已通过企业核销辅助系统与国家外汇管理局交换电子数据，实现了出口收汇跟踪核销数据库的共享。

在此期间，还实现了出口收汇核销辅助管理系统与海关联网，利用报关数据核查企业出口核销的状况，已在深圳分局与九龙海关试运行。

该系统使用以来，取得了显著的经济效益和社会效益。这些系统的应用，有力地保障了出口收汇核销管理制度的贯彻执行，建立了我国出口收汇跟踪核销数据库，研究了影响出口贸易收汇的理论模型和数字模型，实现了管理的数量化、系统化，提高了管理工作效率。企业的出口收汇率逐年提高，国家的外汇收入增加，防止了国家外汇流失，防止了逃套国家外汇，监管了出口骗退税，使各有关单位在参与国际经济活动时广泛受益。这对促进外向型经济进一步发展、促使我国国民经济以更有利的态势与世界经济接轨具有普遍的现实意义。

在研究国家外汇管理局出口贸易收汇的理论模型和数字模型的基础上，国家外汇管理局深圳分局开发了与九龙海关联网的计算机系统，利用海关已有的数据提高核销在统计、监测、跟踪收汇方面的准确度，对有效地监督企业出口收汇发挥了积极作用。

上述系统的推广使用初步建成了出口收汇跟踪核销数据库，为进一步探索出口贸易外汇管理的数字模型打下了良好的基础。

三十、中国人民保险公司人身保险非寿险业务计算机综合处理系统

项目编号：9529037

获奖等级：金融科技进步奖三等奖

项目完成单位：中国人民保险公司山东省分公司计算中心

主要完成人员：华来源、张明、林健吾、白彬、关明明

项目简介：

中国人民保险公司人身保险非寿险业务计算机综合处理系统是一个综合性的国内人身保险非寿险业务实时柜台处理系统，能够完成不同的短期性人身保险业务的前台、后台处理和数据管理，其技术开发的主要内容有以下三个方面。

1. 该系统在 SCOUNIX 操作系统环境下，采用 INFORMIX-4GL 语言进行开发。

2. 该系统基于集多个险种于一体但又相互独立的处理模式，将该系统设计成为业务生成系统，具有工具性特点，能实现不修改系统就可处理任意一个短期性人身保险业务的功能。

3. 该系统可根据山东省各地、市及县、区公司开办业务的实际情况，灵活地实现增加、减少、修改和扩充险种的系统管理功能。

三十一、中国人民保险公司山东省分公司多媒体、网络综合查询系统

项目编号：9529038

获奖等级：金融科技进步奖三等奖

项目完成单位：中国人民保险公司山东省分公司计算中心

主要完成人员：朱宏玲、任龙、郭咏梅、张莉、杨志军

项目简介：

多媒体网络综合查询系统采用了当前世界上流行的先进的 Client/Server（客户 / 服务器）模式，将多台微机采用 NOVELL 公司的 Netware3.1 构成微机局域网，并采用 NOVELL 公司的 LANWORK-PLACEFORUNIX 软件包和 SCOTCP/IP 软件，把微机工作站与 UNIX 主机互联，构成 Client/Server 环境，形成了集 UNIX 多用户机与 NOVELL 微机网络于一体的计算机网络系统，使多用户主机系统和微机工作站各自具有的特长得以充分发挥。

多媒体网络综合查询系统在微机客户端采用中文 Windows 为操作系统，运用 POWERSOFT 公司的 POWERBUILDER 和 MICROSOFT 公司的 FOXPRO2.5FOR Windows 应用软件为开发工具，另外采用多媒体技术，选用了多媒体 MIS 开发平台，用户查询可采用触摸“按钮”方式或鼠标操作，因此用户界面非常友好，且系统具有良好的开放性。

多媒体网络综合查询系统采用了先进的 Client/Server 网络模式，并采用 Windows 操作系统、多媒体等新技术的应用开发，其整个技术已达到国内先进水平，居同行业领先地位。

多媒体网络综合查询系统包含目前人保系统的三大类业务报表数据：统计报表、会计报表、资金运用报表，设计了各类分析数据的查询画面多达 160 多个，存储了全辖 160 多个下属分支公司的人事机构信息和省公司所有处（室）、科（室）设置情况及人员情况信息，另外还包含了办公指南辅助信息。该系统查询信息量大，内容多，涉及面广，对促进保险业务的发展、提高机关办公自动化水平有较大的指导意义。

三十二、中国农业银行广东省分行金融微机网储蓄联网系统

项目编号：9513040

获奖等级：金融科技进步奖三等奖

项目完成单位：中国农业银行广东省分行信息电脑中心、中国农业银行南海支行电脑室、广州运通科技工程有限公司

主要完成人员：刘珠盛、余秀青、梁卫东、符建华、李宜忠

其他完成人员：陆海波、何景立、谢海斌、龙中湘、粟明、吴荣保、杨建双、许小芬、冯竞杰、陈佳湖、钟澄军、邹伟中、麦合军、肖斌、蔡君鸿、孔贵润

项目简介：

金融微机网储蓄联网系统是1992年由中国农业银行广东省分行立项，作为计算机主干网的过渡与补充的微机网络处理系统，网络拓扑结构为树型。该系统是建立在NOVELL环境之下的储蓄联网系统，能实现本地储蓄业务、异地储蓄通存通兑业务、代收代付业务、ATM、POOS及电话银行业务。与原有微机网络相比，该系统具有如下七个显著的优点。

1. 网络中心采用NOVELLSFTDI Ⅲ V3.11镜象技术，实现了数据的热备份，保证系统中心的可靠工作。

2. 硬件配置灵活。系统中心的通信控制器（MXC）、工作站可视业务量的多寡来决定增减；储蓄网点的机器配置可为单个微机形式也可为局域网（NOVELL）形式。

3. 通兑类数据库集中存放在同城网中心，使通讯简捷，再加之采取数据通信跟踪及其他安全措施，有效地防止了丢数、漏数现象的发生。

4. 设计工作遵循标准与规范。系统的设计采用的标准与规范包括：总行业务需求书，NOVELL网络技术，RS-232通信接口、通信规程CCITTV.22，磁条格式按国家标准，账号按总行的标准。

5. 系统从硬件、软件、数据通讯和管理上采取相应的安全加密措施，弥补微机系统的不足，使之更加安全可靠。

6. 系统业务功能齐全，不但覆盖了目前几乎所有储种，还能实现达90多种币种的储蓄业务，且具有灵活的科目管理、总账管理、计息方法管理等功能。

7. 具有良好的扩展性，便于今后对公、证券等银行业务的开发上网。

该系统主要技术经济指标如下。

1. 响应时间：每笔本地或异地业务的响应时间不大于2秒。

2. 数据可靠性：保证业务发生过程中数据不丢失。

3. 数据安全性：系统可把使用权限定向至模块级，非授权用户不得使用。

4. 提供局部地区网络化，电子化的柜台作业手段，提高服务质量利于吸收存款。

该系统于1993年10月在南海正式投入使用以来，其范围已扩大到珠海西区、韶关、仁化、茂名、电白等地区，使用的储蓄网点已达200多个，因其运行稳定深受广大客户的欢迎和好评。

三十三、中国建设银行外汇业务处理系统

项目编号：9515042

获奖等级：金融科技进步奖三等奖

项目完成单位：中国建设银行总行计算中心、中国建设银行总行国际业务部

主要完成人员：刘静芳、刘立志、李招拾、王清华、张跃

其他完成人员：王立新、曲虹、潘启林、刘志刚、郃万海、张其波、吕晓明、江劭、张钤、吕晓望

项目简介：

中国建设银行外汇业务处理系统（FEBS）是包括国际结算、外汇会计核算、统计报表生成、汇总与传输、客户条码查询等功能在内的外汇业务综合处理系统。该系统选用 UNIX 和 XENIX 多用户操作系统、INFORMIX 数据库，采用 INFORMIX-ESQL/C 和 C 语言编程，运行在 80386、80486 高档微机或 UNIX 小型机上。

该系统的直接用户是中国建设银行总行国际业务部和营业部、中国建设银行各级分行的国际业务部。

该系统采用的主要技术包括：运用软件工程方法组织管理开发工作，保证了开发质量；运用操作系统、数据库及 C 语言的相关技术达到构建最佳运行环境、管理设备资源、操纵数据，实现用户管理、权限管理、安全保密等目的；实现并采用了窗口滚动操作、数据库公用表链接、报文全屏幕编辑、DES 算法加密等当前运行环境上的最先进技术。这些技术在该系统中被妥善运用，有机组合，充分发挥其特点优势，提高了资源利用率和系统整体性能。

该系统具有系统结构和数据结构设计合理、功能齐全、参数化程度高等特点。该系统构件可分可合、灵活多变，通用性好，自动化程度高，内部控制严密，防错纠错功能强，用户界面友好，可移植性好。该系统总体设计具有超前性，能很好地适应业务发展等特点，能成为中国建设银行全行国际业务部全面电子化的基础和核心。

该系统属行内首创，系统整体性能在相同环境下处于国内领先水平，实现的功能接近国际同类产品先进水平。

三十四、中国建设银行沈阳市分行综合网络系统一期工程

项目编号：9515043

获奖等级：金融科技进步奖三等奖

项目完成单位：中国建设银行沈阳市分行计算机处

主要完成人员：汤秋末、于瑞芝、薛兵、李辉、栾欣

其他完成人员：金磐石、尚波、黄勇、马玉山、于萍、付盛男、费明喜、华红宇、张强、黄晶琢

项目简介：

中国建设银行沈阳市分行综合网络系统一期工程（以下简称一期工程），是国家在 AS/400 上开发的比较全面的银行业务处理系统，也是中国建设银行总行的城市网络试点项目。一期工程投资 2000 万元，于 1992 年 8 月至 1993 年 9 月开发，完成了城市网络的设计，并且完成了三大应用子系统——储蓄通存通兑子系统、信用卡 /POS 业务子系统、AIM 及储蓄卡管理子系统，以及相关系统软件的设计目标。1993 年 10 月，该系统投入试运行，1994 年 4 月开始大规模推广，现已开通中国建设银行沈阳市分行下属 70 个储蓄所，并在 27 个网点设置了 ATM，系统稳定可靠，

反映良好，大大提高了业务处理能力。

一期工程遵循中国建设银行储蓄会计核算制度、中国建设银行信用卡章程、中国建设银行信用卡会计核算制度及有关储蓄卡的章程。一期工程适用于银行储蓄通兑、信用卡业务、AIM 及储蓄卡业务。在一期工程中，中心主机采用 IBMAS/400 中小型机两台（一台生产机、一台备份机），双机间采用 TOKEN-RING 局域网连接作双机通道，并有 AUTO-SWITCH 切换装置。通讯子网采用专线连接，遵循 IBMSNA 网络体系结构。储蓄所采用美国 UNISYS 生产的 B 系列超级微机，应用 CTOS 操作系统，AITM 为 IBMINTERBOLD 的 SITPATM，中心以 PS/2 作为 AITM 通讯前置机。信用卡系统柜台部分采用 IBM3477 终端，POS 以拨号线方式与中心相连，以 PC 机作为前置机。在通讯子网中，因主机通讯口少而大量使用一对多口共享器（MAU），并为 ATM 及储蓄网点共享专线采用同步异步共享的多路复用器（MUX）。由于主机系统及通讯子网设备均采用世界先进设备，使硬件方面得到有效保证。

主机系统为 OS/400 操作系统并集成关系数据库于操作系统中，主机交易全部采用日志管理交易委托控制，使数据任一时刻都保持完整一致。该系统采用 OS/400 专用的 RPG/400、CIYL400、SQL/400、C/400 开发完成。双主机间实时热备份动态完成数据修改，使生产机和备份机数据同步一致，一旦生产机出现故障，可迅速切换到备份机起动生产系统为应用服务。

三十五、中国建设银行联行电子密押系统

项目编号：9515044

获奖等级：金融科技进步奖三等奖

项目完成单位：中国建设银行总行、苏州第一电子仪器厂

主要完成人员：王怀伟、任桂珍、徐捷、李晓华、梁军

其他完成人员：李岩群、欧树健、李国昌、冯世林、耿晓松

项目简介：

中国建设银行联行电子密押系统是根据中国建设银行全国联行、省辖联行使用密押业务要求，由中国建设银行总行提出开发、推广联行电子密押系统。该系统由总行管理机、分行管理机、柜台电子密押器及会计柜台软件接口程序组成。电子密押器不仅能单独编押、核押，而且能与会计柜台软件联行自动编押、核押。

总行管理机、分行管理机主要由单片机（MCS-51 系列的 8751 单片机）、10 位液晶显示器、4×6 陈列小键盘及 RS-232C 接口电路组成；柜台密押器主要由专用单片机（内含 CPU、8kROM、256 字节 RAM，l024KROM）、10 位液晶显示器、4×6 陈列小键盘及 RS-232C 接口电路组成。

该系统主要技术如下

1. 柜台电子密押器的加密算法采用国际加密标准 DES 算法，多次迭代，算法科学。

2. 采用专用集成电路（ASIC）技术，使密押器程序及关键数据无法读出，保证了密押器的安全性。

3. 该系统采用了多级密钥管理技术，过程安全，责任明确。

4. 柜台电子密押器采用标准 RS-232C 通讯接口技术，能方便地与计算机系统联机。

该系统安全特点如下。

1. 密押器软件烧制在专用芯片内，其软件及重要数据一般的技术手段无法读出。

2. 密押器编押、核押是由若干要素通过专用的单片机计算出来，算式复杂，不可能由手工来计算。主要算法采用国际标准算法，算法科学，具有不可破译性。

3. 密押器的关键数据由专用管理机（总行管理机、分行管理机）联机传输输入，过程安全。

4. 各联行机构的密押器只能在本行使用；各分行的管理机只能在本分行内使用，不能跨地区。

5. 柜台密押器升机口令具有锁机功能。

6. 操作员代号参加密押运算，责任明确。

三十六、无色荧光油墨印刷质量在线检测系统的研制

项目编号：9558049

获奖等级：金融科技进步奖三等奖

项目完成单位：北京印钞厂

主要完成人员：刘朋、肖海岩、石磊

项目简介：（略）

第五节 1996 年金融科技进步奖获奖项目

一等奖

一、中国工商银行电子汇兑网络系统

二、SB-1 型雕刻凹印油墨研究

二等奖

三、中国农业银行分布式服务器储蓄业务系统

四、中央银行会计核算系统（ABS）

五、中国保险业务综合处理系统

六、人工防雹在保险防灾中的应用

三等奖

七、中国工商银行总行管理信息系统

八、中国工商银行广东省分行国际业务综合处理系统

九、银行支付密码网络通存通兑应用系统

十、中国农业银行分布式计算机网络 UNIX 平台对公业务系统

十一、有线区辖电子联行系统

十二、省城人民银行金融信息服务系统

十三、长治市 X.25 网银行业务系统

十四、外汇融资综合决策系统

十五、中国银行办公自动化系统

十六、金库消毒系统

十七、人民币水印像在线自动检测系统

十八、计算机辅助钞券图案设计系统的开发和应用

一等奖

一、中国工商银行电子汇兑网络系统

项目编号：9612002

获奖等级：金融科技进步奖一等奖

项目完成单位：中国工商银行科技部、中国工商银行财会部

主要完成人员：单怀光、舒家伟、纪梅丽、苏洪元、苏文力、刘学德、应纯方、杨鹏、朱中星、王兵、单锦勇、沈本礼、史一文、陈琛、卢学恭

其他完成人员：徐明、赵欣、李宁、杨忠光、方溯平、许燕、刘忠、孙乃器、麻林涛、王嵩、陆立德、李黄志、王桢社、赵博、杨光岩、姜文瑞、张红伟、叶定金、李瑞洪、宁保琪、左小波、殷祝清

项目简介：

电子汇总网络系统是中国工商银行根据处理异地结算业务的需要，以中国工商银行全国计算机网络为依托开发的采用小额批量传递银行汇兑数据的方式和分级处理系统，属于先进的金融电子化领域中大型的计算机网络应用系统。

该系统跨越全国各省区域，将中国工商银行所有管辖单位和4800个营业网点连成一体，功能丰富，可处理包括全国汇兑和省辖汇兑在内的国内全部异地结算业务，处理交易量大，效率高，操作简单，易于维护和推广。

该系统的实现，使中国工商银行的异地资金结算方法实现电子化、网络化，达到发达国家20世纪80年代后期的先进水平。在国内各银行及金融机构中，率先达到了全行系统范围内汇兑资金24小时到达并完成入账处理。

截至1996年，中国工商银行所有省市分行和总行营业部全部参加了电子汇兑网络系统，入网的通汇机构达4800个，日均业务量达17.2万笔，进网的往账资金流量日均达90亿元，高峰日业务量达26万笔，资金流量达1737亿元（包括内部资金调拨）。中国工商银行湖北、山东、江苏、浙江、安徽、江西、内蒙古、辽宁等26个省、自治区、直辖市分行投产了省辖电子汇兑，日均交易量达26万笔，日资金量达108亿元。

该系统产生了极大的社会效益和经济效益。传统的汇兑业务实际在途时间至少要5~7天，甚至1~2周。而通过该系统，每笔汇兑业务通常第二天即可到达，平均在途时间只有1天，提前了5~6天。若按目前进网业务的平均业务量，即按每天往账资金流量达90亿元来计算，全辖与省辖汇兑每年为社会累计可多产生可用资金达30000亿元以上。

以往中国工商银行总行对借方报单同贷方报单资金情况掌握不够及时，使用电子汇兑后，资金的在途时间至少缩短了5~8天，有利于总行与省行及时清缴汇差，增强了统调资金的数量和能力，大大提高了银行资金的运用效益。在邮电费收入方面也带来了巨大的经济收入。按目前进网业务量估计，全年交易量达10972.8万笔，以每笔平均2元计算，全年可收入邮电费1.65亿元，可以补充网络建设和维护费用。网络的完善和扩大也带来了潜在效益，新的网络应用系统将依托该网作进一步发展。

该系统投产以来，运行稳定，社会效益和经济效益显著，得到了业务部门和银行客户的广泛好评。

二、SB-1型雕刻凹印油墨研究

项目编号：9658022

获奖等级：金融科技进步奖一等奖

项目完成单位：上海印钞厂、北京印钞厂、中国人民银行印制科学研究所

主要完成人员：赵长富、安森森、张嘉申、马国媛、马长生、王洪波、任红梅、陆泰伟、孙萍、胡峻璋、温娟、翟莹

项目简介：（略）

二等奖

三、中国农业银行分布式服务器储蓄业务系统

项目编号：9613009

获奖等级：金融科技进步奖二等奖

项目完成单位：中国农业银行信息电脑部、中国农业银行青岛市分行

主要完成人员：张居兴、张孝普、孙康成、刘国建、程谋广、李莉、纪军、于峰、梁军

其他完成人员：丁向阳、殷慧剑、曹云鹏、张文红、任庆中、张琳、左大勇、徐兆光、杨仁德、王晓平、续学军、张大卫、张韶波、连宏伟、刘昌涛、王晓倩、刁家杰、张优胜、佟梅

项目简介：

中国农业银行分布式服务器储蓄业务系统是在“八五”期间，由中国农业银行总行基于大中城市网络建设需要提出的重点开发攻关项目。该系统应用于中国农业银行大、中、小城市储蓄柜台业务联网处理。

该系统是根据储蓄传统业务需求，并针对新业务、新功能的需要，综合国内外同质网络系统特点设计的储蓄业务系统。该系统分为三大部分、八个子系统，结构层次分明，有较高的清晰度，良好的可扩充性、可维护性和可用性。

该系统采用标准的 Client/Server 处理模式（一个中心）和分布服务器模式（多个中心），满足联机事务处理要求，保证了数据的完整性和交易完整性，支持分布查询和更新。服务器端应用系统采用 SYBASE 数据库实现，中心管理系统和客户机应用系统采用 C 语言和 SYBASE DB Library 完成。该系统采用了 TCP/IP 网络协议和先进的网际互联技术，服务器端和客户机端都运行 UNIX 操作系统。该系统在可用性、可靠性、响应时间、处理能力等几个方面性能指标高，由此构成的网络系统是先进的和开放的，在国内位居领先地位。

该系统处理业务种类齐全、功能强大，除对人民币各种业务的处理外，还具有对美元、日元、英镑、港元、法国法郎、德国马克、瑞士法郎、加拿大元、荷兰盾九种外币的业务处理。对外币处理的定期、活折、活单三个储种及对人民币业务的八个储种全面实现通存通兑。其中，活期存折户的储蓄卡和信用卡可在 ATM（自动柜员机）、POB、POS 上分别进行存款、取款、查询、转账、改密码等不同的业务操作。

该系统根据设备处理能力，可方便地构造大型、中型、小型、微型网络系统，网络间又可方便地互联，应用系统强大的业务处理功能，增强了农业银行向国有商业银行转化的适应能力，是一种生命力强、投入产出率高、适宜在农业银行广泛推广的系统，已经在农业银行推广到 30 多个城市的几千个营业网点使用，对农业银行储蓄业务发展起着积极推动作用，对农业银行城市网络建设产生重大影响，取得了显著的社会效益和经济效益。

四、中央银行会计核算系统（ABS）

项目编号：9611012

获奖等级：金融科技进步奖二等奖

项目完成单位：中国金融电子化公司、中国人民银行会计司

主要完成人员：刘旭、周景影、杨军、陆浩、聂红军、侯坤、熊会明、王建平、周凤阳

其他完成人员：曲鹏飞、唐继红、穆建敏、戴国旭、范祖平、张宗俊、方佩萱、徐卫飞、柯良川、计谦敏、郑文萍

项目简介：

中央银行会计核算系统（ABS）是中国金融电子化公司、中国人民银行会计司于 1993 年 2 月组织总行及部分分行的工程技术人员和业务操作人员共同开发完成的。

该系统基于 XENIXAJ/UNIX 平台，采用 INFORMIX 数据库，具有功能齐全、处理账务规范、自动化程度高、安全性强等特点。该系统在设计思想上克服了以往会计记账和联行往来业务相互独立的传统做法，提出了将会计核算、联行核算、联行对账和报单管理合四为一的全新设计思路，几乎囊括了人民银行目前所有的对公会计核算业务，实现了会计核算的一体化；同时，该系统发挥了计算机的优势，提高了处理的自动化程度，它不仅使以往像计息、年终处理这些既费时又费力的工作变得轻松、容易，还充分利用了业务处理中数据的相关性，降低劳动强度，减少差错率，增加了程序的严密性。另外，由于程序设计采用了联机交易处理等新技术，保证了数据的完整，提高了系统的可靠性；采用 C 语言和标准的 SQL 语言编程，使软件具有较好的可移植性；自行开发的一些工具软件，提高了开发效率和程序的可维护性。专家们认为，该系统为国内领先水平。

由于该系统大大优于手工操作和原有的会计核算程序，使该系统得以迅速在全国推广使用。截至 1996 年 8 月底，在全国范围内使用中央银行会计核算系统的一级分行有 33 个，二级分行有 285 个，县支行有 1173 个，使用总行数为 1491 个。该系统的使用单位普遍反映该系统运行状态良好，会计核算严密，业务处理速度快，计算准确，减轻了劳动强度，明显提高了工作效率。

中央银行会计核算系统是中国人民银行第一套统一的会计对公业务核算程序，它的推广和使用可以规范全行的业务处理，有利于实现标准化服务，有利于在此基础上开发、推广信息决策系统，提高人民银行整个业务处理的能力和水平，更好地实现人民银行作为中央银行宏观调控和金融监管的职能，可带来巨大的经济效益和社会效益。

五、中国保险业务综合处理系统

项目编号：9629020

获奖等级：金融科技进步奖二等奖

项目完成单位：中国人民保险公司安徽省分公司

主要完成人员：陈冬至、姚志刚、张家锐、徐金宜、赵皖平、卢石麟、秦少维、盛兰、何炎

其他完成人员：范文波、卢晓冰、程宏、刘树贤、陶勇

项目简介：

保险行业的业务特点是险种数量多、条款变化大，这给保险行业的电子工作既带来了机遇，又带来了挑战。

传统的保险业务软件的开发方式是：一种业务需求必须开发出一套相应的应用软件。按照这种传统方法来开发保险行业的数百个业务应用软件，不仅开发的工作量大、费用高、周期长，而且维护的工作量也大得惊人。因此，必须突破传统的设计思路和方法，另辟蹊径，开发出一个具有险种生成和条款更新能力的通用性、工具性软件。

中国保险业务综合处理系统以其工具性、通用性、生成性的特色，较好地解决了保险行业应用软件开发的难点。

该系统采用 UNIX 系统作为支撑环境，用 C 语言开发，包含 42 个模块。

该系统主要有以下特点。

1. 设计思路新颖。该系统突破了一个险种开发一套应用软件的传统开发模式。该系统提供的“险种生成”功能，使系统具有很强的险种通用性和条款适应性，是一个开发和处理保险业务应用系统的工具型软件，是思想观念和开发方式上的重大突破。

2. 技术先进，居国内同行业领先水平。该系统具有较强的可移植性和数据共享的能力，具有高度的数据安全性。尤其是该系统不受险种类型的限制，不仅可以生成财产险类的各险种，还可以很容易地生成人寿险类的各险种，这种突破险种类别的生成功能在目前同类软件中是绝无仅有的，位居国内同行业领先水平。

3. 系统充分面向用户。使用该系统，一个普通的保险业务人员 5~7 天即可生成一个实用的业务处理系统。

两年以来，该系统已先后在安徽省 45 个基层公司、办事处投入运行；利用该系统提供的险种生成工具，已开发出 18 个险种的业务处理系统；上机笔数累计达 28 万笔，节约了大量的人力、物力、财力，取得了显著的经济效益和广泛的社会效益，有力地推动了保险行业的技术进步。

六、人工防雹在保险防灾中的应用

项目编号：9C29021

获奖等级：金融科技进步奖二等奖

完成单位：中国人民保险公司、中国气象科学研究院

主要完成人员：王雨曾、何力、郁青、王福山、李炎辉、刘进、王桂梅、赵守德、伏传林

其他完成人员：冉永海、黄庚、姜立才、王文乐、李风声、苏茂

项目简介：

人工防雹在保险防灾中的应用是为提高防灾能力，把现代防雹技术应用于农业保险与防灾减灾而进行的一次卓有成效的项目研究。该项目选择河北满城、山东德州（平原县）、河南商丘地区（民权县）作为三个试验区，从 1989—1992 年进行了三年多的试验。经鉴定，该项目研究处于国际先进水平。取得的研究成果要点如下。

1. 三年的试验研究证明人工防雹与农作物保险相结合，是“以防为主，防赔结合”发展农业保险的正确道路。保险公司在试验地区开展作物统筹保险，收取保费作为人工防雹的经费来源，推动了人工防雹增雨工作的开展。三年来，人工防雹增雨减少了冰雹灾害，增加了降水量，有效地保护了农业生产，增加了社会财富。试验区防雹效果为 56.7%~78.5%（国外大多数防雹效果为

50%，个别达 80%），防雹减灾与增雨两项经济效益达 4600 万元，投入与产出比为 1 ∶ 34。其水平达到国外同类试验结果的国际先进水平。

同时，该项目由于提供了科学的种植业保险的防灾措施，赔付费用减少 67%，减少幅度在国内外都是领先的，保险公司自身经济效益达到 1 ∶ 3。

该项目以小的投入换来大的社会效益和保险自身效益，利国利民，是保险防灾减灾工作的重大突破。

2. 通过试验研究，提出把落地冰雹动能作为雹灾衡量标准，选用物理意义明确的 10 个参量作为效果统计的检验量，把效果与降雹特征和造成降雹的云变化特征联系起来，突破了传统的数学统计方法，极大地提高了效果检验可信度。这在国内属首创，在国际属先进。在试验期间，对近千个雹块样本进行了切片分析，得出了冰雹微结构特征的宝贵资料，也属先进行列。

3. 根据试验研究提出的最低用弹量公式，突破了长期不定量使用炮弹盲目作业的局面，为今后提高防雹作业效率、节约炮弹提供了科学依据，为国内首创，并使用雷达连续跟踪强回波中心的技术来确定最佳作业时机和作业位置，从而使防雹作业更有效，这在国内处于领先地位。

4. 引进无铝箔测雹技术，填补了国内空白，并在原基础上作了明显的改进，使测雹板使用效率提高了 2~3 倍，极大地节约了材料和经费。

综上所述，三个试验区的试验研究，不仅取得了明显的经济效益和社会效益，而且对指导我国今后各地防雹与保险结合的工作具有重要意义。该项目具有广泛的推广应用前景。

三等奖

七、中国工商银行总行管理信息系统

项目编号：9612003

获奖等级：金融科技进步奖三等奖

项目完成单位：中国工商银行计算中心、清华大学计算机系、中国工商银行规划信息部

主要完成人员：纪梅丽、刘学德、田金兰、杨凯生、王宝庄

其他完成人员：蒋维杜、吴小东、张素琴、张红、王嵩、王鹰翔、张军、苏文力、张南、麻林涛、李宁、姚红玲、陈道滨、童频、苏玉华、吴蓓虹、孔玉龙、鲁晓涛

项目简介：

中国工商银行总行管理信息系统，是根据中国工商银行总行规划部门及各部室的需求，以大型计算机和 SNA 网络为依托，由中国工商银行计算中心研制开发完成的大型 MIS 系统，该项目已列入国家重点科技项目（攻关）计划 85-712-14-9-1，是专业金融机构管理信息系统专题下的一个子专题。

该系统研究、吸收了国际上先进的金融管理信息系统的经验和技术，采用优秀的决策支持软件 AS 和大型关系数据库 DB2，结合中国工商银行具体业务和要求，分析金融管理数据的各类经济信息指标；在大中型计算机上建立了大型数据库；解决了大中型机上汉字处理中的一系列问题，利用主流机型的骨干网络实现了数据传输自动化。该系统为中国工商银行会计、储蓄、技改信贷和商业信贷等主要业务部室开发了报表处理系统，对各业务部室中的 100 多种报表提供制表 / 查询、分析等功能。该系统充分利用了所建立的数据库为领导层提供管理信息查询分析功能，加强对领

导层管理决策的支持，提高了资金的使用效益和管理水平。

该系统充分利用中国工商银行一级网络实现数据采集自动化。中国工商银行一级计算机网络是一个 SNA 多域网，总行计算中心作为网络主结点，配备两套互为备份的设备，其主机是 IBM ES/9000 中型机，通信规程为 SNA/SDLC；配备了 IBM 中型机的各分行计算中心通过专线与总行相连，并且配置了远程终端拨号线作为备份保证，共组成 15 个域，覆盖 29 个省、自治区、直辖市和 15 个计划单列市分行，从而保证了数据传输的可靠性和及时性，其数据传输能力在国内同类系统中处于领先水平。

该系统的数据库是在 IBM DSB2 关系型数据库管理系统下建立的，在数据库开发过程中，建立了中国工商银行数据指标体系，该指标体系中包括采集数据指标、加工生成数据指标和系统编码标准体系等，根据指标体系可以确定数据库的具体内容；按照此指标体系的标准，设计并初步实现了中国工商银行管理信息系统数据库。该系统数据库汇集各种来源的数据，集中管理，既保证了数据的可靠性，又保证了数据应用中的一致性和安全性。在用户界面方面，采用了以第四代语言为工具的 AS 决策支持件系统，DB2 数据库和 AS 软件通过内部模块调用实现动态连接，确保系统运行中数据库的安全，提高了软件开发效率和质量。此外，由于采用了报表自动生成技术，提高了开发效率和适用性；软件同时支持触摸式用户界面，给用户提供了形象化的使用手段，便于更多用户使用。

该系统将大中型计算机和微机各自的处理优点有机结合起来，充分发挥各自所长，并结合广域网的应用技术开发软件，其水平目前在国内处于领先地位，是我国金融电子化系统的重要组成部分，它的建立将为金融业管理现代化提供必要的手段，是提高工商银行金融管理现代化水平、加强宏观经济调控能力的重要技术保证，有显著的经济效益和社会效益。

该系统解决了目前广泛存在的大中型计算机与微型机在管理信息系统方面的脱节现象，既能充分利用现有资源，又能达到较高的技术应用水平，其数据逻辑结构、指标体系及运作方式，对中国工商银行各省行和国内其他类似机构有推广应用价值。

八、中国工商银行广东省分行国际业务综合处理系统

项目编号：9612005

获奖等级：金融科技进步奖三等奖

项目完成单位：中国工商银行广东省分行科技处

主要完成人：林爱生、林靖、罗立为、余武卫、叶成林

其他完成人员：高立新、钟超勇、何远平、陈志雄、朱俊红、吴民栋

项目简介：

国际业务综合处理系统是根据中国工商银行广东省分行国际业务发展的需要，于 1991 年 7 月至 1993 年 2 月在广东研制开发成功的。

该系统是把外汇会计、人民币会计、资金拆放拆借、外储买卖、汇出国外汇款及国外汇入汇款的管理，国际进出口业务的结算（包括信用证项下及托收项下）管理，银行客户及国外代理银行的信息，国际外汇市场的汇率等公用服务信息管理有机地结合在一起，有效地提高广东省分行外汇业务的结算效率和结算质量，提高了为银行客户服务的质量，在系统中可随时掌握外汇资金拆放头寸、

外汇买卖头寸，又可及时拿到国际外汇市场的汇率等信息，既适应了国内银行处理国际业务的特点，又适应未来银行业务的发展，易于与国际惯例接轨。

该系统在AT/486多用户微机XENIX操作系统环境下，以SCO COBOL语言为主要编程工具，进行数据管理，用SHELL语言和C语言进行系统管理。整个系统设计合理，采用软件工程设计方法，易于使用和维护，并具有各种情况的故障恢复措施和安全措施。应不同的使用部门要求，已移植到AT/586 UNIX操作系统环境及IBM RISC/ 600 AIX操作系统环境下使用。

该系统已经广泛应用于广东省分行系统的国际业务部，取得良好效果，并已在总行营业部及部分省市分行的国际业务部使用。

九、银行支付密码网络通存通兑应用系统

项目编号：9612007

获奖等级：金融科技进步奖三等奖

项目完成单位：中国工商银行西安市分行电子计算中心

主要完成人员：肖联民、杨淑兰、魏天骏、桂东军、刘建平

项目简介：

银行支付密码网络通存通兑应用系统是借助高科技的电子计算机技术，对银行传统的结算手续实行变革的一个成功范例。该系统使用付款单位的账号、法人代表参数、财务人员参数及支票号码等要素，用国际DES加密算法、生成与支票号对应的密码作为支付款项的依据；用预留银行的印鉴作为辅助手段存在，从而解决了同城网内通存通兑中印鉴核对问题，使对公业务通存通兑得以实现。

1. 密码的组成。支付密码是由支票上的各种要素，如凭证号码、账号、客户参数等组成，经过以DES算法为核心的加密算法及利用单项式函数对这些要素进行加密运算，而得出的一组密码数据。客户参数的设置，由客户到银行的专用密码器上自行输入，各自保密，银行概不介入。

2. 支票的控制。单位购买的支票及重要凭证，全部存储到银行计算机中，使用时逐张销号。单位支票丢失，可到银行申请由计算机自动销号，使该支票作废，若找到后可申请继续使用。

3. 网内道通存通兑。该系统在解决了印鉴核对问题的同时，使网内通存通兑业务得以实现，使客户无论到收款单位开户银行还是到付款单位开户银行办理转账业务，都可以同时入账，一记双讫，使资金在途时间为零。

银行支付密码网络通存通兑应用系统的投产使用，在安全、方便、快捷的基础上，取得了较大的社会效益和经济效益，大大加速了资金周转，促进了经济发展，使单位的资金得到了高效率的使用。

十、中国农业银行分布式计算机网络UNIX平台对公业务系统

项目编号：9613008

获奖等级：金融科技进步奖三等奖

项目完成单位：中国农业银行信息电脑部、中国农业银行四川省分行

主要完成人员：张居兴、孙术、张翼峰、杨显白、陈德华

其他完成人员：张波、杨剑、李岳、郑春、庄利智、潘瑞平、许安新、章鸿、阎黎明、姚建中、黄鹏

项目简介：

中国农业银行分布式计算机网络 UNIX 平台对公业务系统是一个基于 UNIX 平台在分层次网络系统支撑下的银行应用系统。它由一级中心网络、二级中心网络和端机系统构成网络中心实现网络系统管理、数据库管理，完成数据交换、资金清算、资金管理。端机系统是一个独立的本地业务处理系统，它可完成营业机构本地各类业务处理和会计核算处理。

该系统基于农业银行大中城市建立大中型网络的战略转移思想，适用于农业银行对公业务联网，适应于农业银行点多面广、机构分散的特点和业务环境。端机系统结构独立，可单独应用于农业银行、农村信用社对公柜台业务处理。该系统采用 UNIX 为基础平台，系统开放；该系统采用先进的网络和网间互联技术、标准的 TCP/IP 协议，方便地实现网络互联；该系统采用先进的 SYBASE 数据库，以 Client/ Server 处理模式为基础，建立合理的客户 / 服务器体系结构。

该系统功能强，具有存款业务、贷款业务、同城结算、联行结算、联网业务、出纳业务、表外科目核算等业务处理功能，提供贷款管理、各种结算、计算机签发银行汇票等功能，是农业银行电子汇兑系统的前端应用；该系统广泛推广应用新技术，已安装出纳终端、磁卡自助查询、电话银行、大企业（户）电话银行终端、电子印鉴器等新设备、专用机具和专用系统。

该系统在全国 24 个省（自治区、直辖市）、3 个单列市全面或部分推广使用，社会效益和经济效益显著，该系统有效地提高了工作效率，提高了工作质量和服务质量，减轻了劳动强度，节省了人力，减少了资金积压，加速了资金流转，增加了社会可用资金，有利于加强经营管理及计算机系统资源综合利用，节省了设备，减少了投资。

该系统功能齐全，管理控制严密，适应性强，安全保密性高，可维护性好，广泛采用国际、国内先进技术，在国内同类系统中位居领先地位。

十一、有线区辖电子联行系统

项目编号：9611013

获奖等级：金融科技进步奖三等奖

项目完成单位：中国人民银行湖北省分行

主要完成人员：徐铀峰、刘东、程福庆、鲁钧纪、严治中

其他完成人员：何东平、邓立新、成楚华、张春方、张岳洲、樊英、郑洁平、阮荣强

项目简介：

有线区辖电子联行系统是依照中国人民银行总行 1992 年 12 月下达的金融电子化项目建设计划、由湖北省独立开发完成的计算机网络应用系统。

该系统为基于现行清算方式完成一个城市或地区内所辖不同县市各金融机构之间的资金划转和资金清算的业务处理系统，即区辖联行清算系统。其网络拓扑为以地（市）人民银行为中心、各县（市）人民银行为结点的星型网络结构。对于区辖联行的实时处理，可做到纵向往来、随发随收、当日结平、存欠反应。

为使该系统建成一个技术先进、简单实用、安全可靠的实时处理系统，开发人员在吸取和借鉴国内外先进经验技术的基础上，采用多用户多任务的 UNIX 操作系统，以 C 语言和 INFORMIX 数

据库为开发工具，综合运用了多进程并发执行，进程通信，数据动态和加密、压缩，软件工程管理，友善人机界面和安全控制等技术，达到预期的设计目标。

该系统主要功能及特点如下。

1. 基本的区辖联行清算功能：能按现行全国电子联行的业务处理模式完成区辖联行的往账输入、发送、接收、审核、清分、转发，来账接收、审核、补充报单编制及联行对账、报表统计打印等全部业务处理。

2. 查询、查复功能：各收发报行和转发报行除能完成各自系统的数据查询外，还可以联络包形式进行往来账的查询、查复及普通文字信息的交换；当收到对方查询信息时，系统以语音方式提醒用户处理。

3. 自动通信功能：自行研制的通信软件能保证该系统在无人干预下，随时对信箱进行检查，只要有数据待发，系统便根据通信线路状况自适应选择通讯速率、建立数据链路，实行数据的发送与接收，完成业务信息的传送；当使用普通长途电话线，若通信速率为 2400PBS 时，数据吞吐量为 2×220 字节 / 秒，每笔交易平均时间不大于 2 分钟。

4. 实时动态监控功能：除对清算状态、通信状态完成监控外，还能对业务运行状态如往来账金额、笔数、来往结情况进行动态监测。

5. 系统管理功能：以口令和权限方式对系统管理员、操作员等进行分级管理；对系统使用者登录、注销时间、操作过程及系统通讯情况等进行准确记录；对入网单位的行名、行号、电话号码等运行参数进行集中管理；对于各种归档数据定时备份。

6. 统计分析功能：能对辖内联行资金流量、流向进行动态统计分析，可按要求生成月、季度、年等不同的汇总分析报表。

7. 接口功能：预留与会计核算系统、同城清算系统、全国电子联行系统的接口，做好了数据一次录入、多次使用的基础工作。

自 1994 年 8 月以来两年多时间，该系统在襄樊市所辖区县市内一直连续正常运行，取得了良好的社会效益和经济效益。

十二、省城人民银行金融信息服务系统

项目编号：9611014

获奖等级：金融科技进步奖三等奖

项目完成单位：中国人民银行河南省分行科技处、中国金融电子化公司、中国人民银行驻马店地区分行科技科、中国人民银行许昌市分行科技科、中国人民银行周口地区分行科技科、中国人民银行安阳市分行科技科、中国人民银行辽宁省分行科技处、中国人民银行山东省分行科技处、中国人民银行安徽省分行科技处

主要完成人员：揭念义、周明强、王秋群、李树量、侯坤

其他完成人员：刘建伟、郭幸玲、张宏伟、张洹滨、冯青、王怀民、郑锡锋、陶学国、黄保民、张志东、张树强、王炎方、王国重、董丽英、张若阳、王宣四

项目简介：

省城人民银行金融信息服务系统主要应用于省人民银行系统各业务部门和行级业务负责人，它包括以下四个主要项目：省城人民银行金融管理信息系统总体设计、行长查询系统（VSE 版）、行长查询系统（AS/400 版）、省城计算机网络开发与应用。

针对金融系统信息业务需求不断变化的实际现状，省域 FMIS 总体设计突破了面向报表的传统模式，提出应该面向基础金融信息的需求，消除数据的冗余，认真做好FMIS的需求总体和技术总体。组建好完全可靠的省域计算机网络系统，是 FMIS 实施的基础。同时，网络的覆盖范围和网络开发应用的成功是决定因素，能满足数据完整性要求；要制定好信息项目的统一编码和组织好金融综合。数据库的框架，是FMIS系统结构的中心；组织好应用系统的框架，解决好FMIS各子系统间的关系，按照总体设计思想，系统开发应从金融基础信息的采集入手，组建四级数据库，支撑整个 FMIS 的开发。但根据目前条件，以现有的统计报表为过渡信息源，从中间生成库入手，是比较可行的，同时积极进行扩展开发，再开发基础数据库，进而完善整个系统的结构。

该系统包含的信息极其广泛，信息关系错综复杂，采用原型法、生命周期法和结构化程序设计法进行了行长查询系统的设计，并在 IBM 中型机 9377（操作系统为 VSE）和小型机 AS/400（操作系统为 OS/400）环境上开发完成。它包括金融业务信息、国民经济信息、金融机构信息、人事档案信息等。前两项共有 41 类信息，余下项共有 15 类信息。该系统有 2000 项系统指标，基本数据量达 200 多万条记录，派生信息量达 500 多万条。其中，VSE 版包括了全省及 17 个地市的相关信息，AS/400 版包括驻马店地区及全辖各县的相关信息。面对如此广泛而大量的数据信息，该系统对各类信息制定了统一编码规则和各类信息的统一编码，并对已实现的各类信息的项目进行了统一编码，对数据库进行了统一设计，提供了数据转换、数据传送加载、常规查询、序列查询、应用系统维护、网络应用等功能。每类信息的常规查询具有信息项目的全项查询和大项查询、对银行领导和业务人员最关心的项目提供按时间序列查询、按机构查询、分地区查询、分地区按时间序列查询等多种查询方式。该系统对于同类信息中指标的变化情况，可确保数据库和系统结构不受影响，只需通过系统的维护功能进行相应的维护。用户的使用界面和业务功能可根据需要和权限由系统管理员随意进行裁减。该系统安全、可靠，可维护性强。

行长查询系统使用了中型机上各种开发工具 4 种、小型机上各种开发工具 3 种、微机上的各种开发工具 6 种，共开发了 165 个功能模块、46 个交易、4179 个进程、2022 个映象、280 个视图。

省域计算机网络结构采用开放式互联标准，符合中国国家金融网络（CNFN）的设计原则和技术规范，网络投资少、实用、安全、可靠、可扩充性强。采用面向对象和结构的程序设计方法自行设计并开发完成了多种环境下的网络通信服务软件、简易网络管理软件和网络监测软件，具有集成式操作环境、功能多、高质量图形操作界面、双向加密透明传输、多种权限控制、三级口令保护、日志记录、数据存储转发、系统维护等功能，并有多种环境下的可执行文件传输模块供业务应用系统直接调用，充分满足了业务部门的需求。

省城人民银行网络开发与应用项目作为 FMIS 的通信子系统，具备多种数据采集渠道，可在网络环境下提供远程、近程数据查询和数据传送加载，可支持活动工作站通过电话网直接使用行长查询系统。网络覆盖范围已达全省所有 17 个地市分行和全省 120 个县支行。

十三、长治市 X.25 网银行业务系统

项目编号：：9611015

获奖等级：：金融科技进步奖三等奖

项目完成单位：中国人民银行山西省分行、中国人民银行长治市分行

主要完成人员：郝爱平、王少敏、彭起顺、刘勇、李兵

其他完成人员：曹桂平、贾建灵、郭志勇、张森、申黎红

项目简介：

长治市 X.25 网银行业务系统是运用现代化计算机网络和公用分组交换数据网（X.25）的技术，处理全市各县电子联行行与行之间异地资金划拨的账务往来和其他银行业务及进行数据报表传递和信息交流，以缩短资金在途时间，加速社会效益和资金周转，提高社会效益和经济效益，实现汇划款与资金清算同步，并与全国电子联行配套。

根据《中国人民银行会计制度》的基本规定和电子计算机网络及 X.25 网的特点，电子联行采用星型结构、纵向往来、随发随收、当场校对、每场结平、存欠反映的基本做法。电子联行在中国人民银行长治市分行设立资金清算中心称转发行，在所辖各县支行、营业部设立资金清算站，称收、发报行。各站之间不发生直接的横向汇划关系，只能与清算中心直接往来，清算中心在规定的时间内对各站之间的汇划业务进行转收转发。

该系统网络使用公用分组交换数据网作为通信网，具有高速率、高质量、持续时间短响应速度快、可靠性和安全性好及性能优越等特点。该系统配有智能信卡，同步专线方式入网，收和发同步自动进行，可同时接收和发送多达 16 个用户的数据；应用程序用 C 语言开发，多任务、多进程，分前台、后台工作，具有运行速度快、可靠性强、可移植性好、维护方便、程序美观等优点。

该系统的主要功能如下。

1. 网络监控：网络运行的测试、查询、监控、展幕对话。

2. 发送和接收往来账：对电子往账进行录入、复核并验收回执，来账进行接收并自动发送回执。

3. 清分发送：清分各发报行发来的往账，并试证来账回执。

4. 账务处理：对电子联行的往来账进行日轧对账，生成日结单、平衡表等。

5. 打印：打印往来账清单，申划补充报单、日结单、平衡表等。

6. 信息报表：对各种信息文件和报表进行输入、发送、接收与打印。

7. 系统维护：修改配置参数，检查网络状态，查看账务处理情况，监控数据通信过程。

8. 数据备份和待转发处理。

该系统的投入使用，极大地提高了数据收集、传输、处理的及时性和准确性，加快了长治市资金周转，减少了资金在途时间，为分行与支行之间架起了一条信息高速公路。

十四、外汇融资综合决策系统

项目编号：9614016

获奖等级：金融科技进步奖三等奖

项目完成单位：中国银行总行

主要完成人员：杜劲松、刘宁、郭弘、夏乐冰、谷如柏

其他完成人员：姚济奇、张奇峰、李晓敏、季晓秋、吕四海、李正茂

项目简介：

外汇融资综合决策系统是国家“八五”攻关项目，由中国银行总行信息科技部承担，课题组成员包括来自中国银行总行和部分分行的信贷专家、科技专家和技术骨干。

该系统于1993年3月开始设计需求，1994年8月开始系统设计，1994年10月完成快速原型，1995年7月在部分省分行试点，1995年9月经过完善后推广至中国银行总行信贷部门及15家省（市）分行，1995年12月通过了由中国人民银行组织的科技成果鉴定。

该系统面向外汇融资业务，在业务处理上遵循国家有关规定和国际惯例，建立了筹资成本分析、外汇风险分析和信贷项目评估的形式化模型，涵盖了外汇融资业务的完整流程，创造性地从整体角度为中国银行外汇融资业务的资金来源和资金运用提供了计算机辅助决策。

在技术处理上，该系统采用了先进的开发平台，集成了多种先进技术，算法设计精巧，系统功能强，实现了Client/Server体系结构和对多种主导数据库的互访，采用面向对象的开发环境和第四代程序设计语言，使系统具备可扩展性。该系统采用Windows图形用户界面，响应快，结果输出灵活多样。

使用外汇融资综合决策系统的经济效益主要是间接的，中国银行是国家对外筹资主渠道，而外汇贷款是中国银行的主要经营业务之一，科学地分析外汇风险，不仅可以使国家和银行的外汇资产免受损失，而且还可以获得增值。

使用该系统有着巨大的社会效益，通过使用外汇融资综合决策系统，能促进外汇信贷业务的效率化、规范化及外汇信贷决策的科学化，同时，信贷工作人员通过掌握这套系统，可以强化其风险意识，这些都有力地配合了中国银行从国家外汇外贸专业银行逐步向国有商业银行的转变。

随着改革的深入和社会主义市场经济体系的逐步完善，外汇融资综合决策系统将在更大范围内、更深层次上发挥更大作用。

十五、中国银行办公自动化系统

项目编号：9614017

获奖等级：金融科技进步奖三等奖

项目完成单位：中国银行总行

主要完成人员：丁茂顺、郭云飞、黄乐明、乔东、施颖

其他完成人员：李新、高渊、李兰宁、李国才、陈辉、李松

项目简介：

中国银行办公自动化系统在UNIX平台上，采用INFORMIX数据库进行开发，该系统处理过程规范严格，符合国家档案局的档案业务标准；首创交换站模式，使公文在网络上运转准确、迅速；首次实现计算机自动立卷，真正做到了文档管理一体化，达到了数据一次录入、多次利用的目的；档案多门类综合管理，能适应各类档案处理的特点。该系统采用多用户下的光盘网络存取技术，真正实现了网络图像存取与查询；系统采用参数化配置，具有很强的扩展能力，既可以单机运行，

也可以在局域网上分布处理。

该系统自 1993 年 5 月开始投入运行以来，在提供中国银行办公自动化方面发挥了很大作用，具体体现在以下五个方面。

1. 加速公文运转，提高办公效率。该系统在办文过程中，只需总收发登记一次，在以后的过程中共享数据，减少了重复输入次数，还能对超时间的文件自动催办。

2. 统一业务标准，杜绝非正规操作。使用该系统后，在收文登记、批分、催办、立卷及归档等诸项业务做法上，均要求使用者按照统一、规范的业务标准进行操作，理顺了工作关系，减少了工作差错，提高了立卷归档质量。

3. 计算机辅助立卷。该系统能利用文件在收发、批分、办文等过程中不断补齐的数据，根据立卷规则和文件相互间的联系，按照文件特征分类组卷，自动生成并打印出卷内目录、案卷目录、案卷封面和全引目录，组卷科学、准确、迅速、齐全，既符合机关档案室的保管与利用，也符合将来移交进馆的要求。通过计算机辅助立卷，大大减轻了手工劳动，年终立卷从原来的 3~4 个月，减少到现在的 2~3 天。

4. 提高档案利用率。由于该系统提供了网络光盘查询这一技术，使档案的条目管理和光盘图像管理有机地结合起来，真正实现了档案的综合利用。各部门的档案人员现在可以在网络工作站上经过授权允许后直接查询档案图像，利用范围扩大，档案利用率提高，同时系统提供借阅登记，记录所有查询档案的用户，为档案管理人员分析档案利用率、核查非法利用档案者提供了方便。

5. 查找档案文件迅速、准确，减轻了使用文件柜的负担。该系统各种方便的查询方法，如组合条件查询、模糊查询等，使用户能够迅速地查找到文件条目，准确地找到文件，这就改变了过去个人私留档案的现象，减少了文件流失，向无纸办公方向发展。

十六、金库消毒系统

项目编号：9658023

获奖等级：金融科技进步奖三等奖

项目完成单位：中国人民银行货币金银司、西南财经大学

主要完成人员：田均、封希德、王洪恩、孙平、熊俊

其他完成人员：戴玉宇、徐波、兰真、蒲果泉

项目简介：

金库消毒系统是“八五”国家重点科技项目攻关计划内容之一，该系统在技术上的特征主要体现在以下四个方面。

第一，以臭氧作为灭菌除臭介质。该系统选择臭氧作为灭菌介质，这是一种物理化学消毒方法。臭氧是一种已经验证的洁净的气体灭菌剂，其优点是无二次污染、无公害、成本低、灭菌效果好、作用时间短。臭氧的作用是杀灭微生物消毒杀菌，使多种产生异味臭味的物质分解除臭。该系统对臭氧杀菌机理、杀菌过程中臭氧深度、微生物种类、处理时间温度、湿度等关系作了深入的研究。

第二，应用了新型臭氧发生器和控制器。臭氧发生器是该系统的关键构成，它由放电室和电源构成。在放电室中，高压电极与地极之间留有空隙，在交变高压电场的作用下，两极放电，使空

中的氧气在电晕环境中生成臭氧。该系统设计采用了风道式放电室，大大提高了臭氧产生率，减小了系统的体积和重量，简化了制造工艺，降低了成本。为提高臭氧生成率、克服高频电源的器件局限性，该系统用 RLC 欠阴阻尼振荡电路作为放电室的电源，该电路将直流逆变为中频高压输出到放电室。可编程式时间定时器专为金库应用臭氧消毒而设计，它以计算机芯片为主体，采用可编程式控制方式控制臭氧发生器的通断，使用户可根据金库环境状况，通过编制简单程序来精确控制臭氧发生器的工作状态。

第三，采用分布式集中控制的系统结构，以标准化设计适应金库状况变化。金库结构、体积、环境条件千差万别，只有采用标准型臭氧发生器作为系统的终端，并用同一控制系统控制才能使该系统标准化和实用化。

第四，重视安全性能设计。该系统在设计制造中，确保了无电弧产生，设置了温控电路、非工作时自动切断供电等功能，以保证系统工作的安全性。

该系统填补了国内空白，达到了国内先进水平。

该系统主要技术性能指标包括 O_3 生产量≥ 2.0g/H、功耗＜ 100W、平均无故障工作时间＞5000 小时、主回路工作频率 1000HZ±200HZ

该系统主要适用于银行专用金库灭菌、消毒、除臭，能有效地改善金库工作环境状况，增强货币发行系统的劳动保护条件。

金库消毒系统可在我国数以万计的银行金库及众多拥有金库的工矿及商贸企业中推广，拥有较为广阔的应用市场前景，其社会效益和经济效益均较为显著。

十七、人民币水印像在线自动检测系统

项目编号：9658024

获奖等级：金融科技进步奖三等奖

项目完成单位：北京印钞厂、北京大恒图像视觉有限公司

主要完成人员： 李云龙、梁青、谢祥廷、董惠珍、马贵斌

其他完成人员： 许玉坤、刘深涛、刘永兴、马海、王长宏、李德忠

项目简介：（略）

十八、计算机辅助钞券图案设计系统的开发和应用

项目编号：9658025

获奖等级：金融科技进步奖三等奖

项目完成单位：上海印钞厂、上海信联公司

主要完成人员：陈卫平、邵国伟、沈志云、董金祥、张长新

其他完成人员：汤子波、吴刚、徐周

项目简介：（略）

第六节　1997 年金融科技进步奖获奖项目

一等奖

一、广东跨银行 ATM 网络系统

二、中国农业银行人民币全国电子汇兑系统

三、中国银行长城卡网络授权系统

二等奖

四、中国人民银行浙江省分行金融经济管理信息系统

五、中国农业银行 AS/400 网络储蓄通存通兑系统

六、UNIX 环境下的计算机业务稽核系统

七、中国农业银行跨市银行业务系统

八、中国银行 UNIX 应用集成系统

九、中国建设银行城市综合业务计算机网络系统

十、中国建设银行福建省分行综合业务处理系统

十一、交通银行资产负债管理营运支持系统

十二、保险软件可重用构件库

十三、保险业务综合管理信息系统

十四、特种纤维的研究

三等奖

十五、中央银行地（市）县行金融管理信息系统

十六、平顶山金融数据通信网

十七、江苏区域网示范工程

十八、电子同城实时支票清算系统

十九、本溪电子联行“天地对接”网络应用系统

二十、银行办公决策服务系统

二十一、现代化中国支付系统（CNAPS）、ATM 入门计算机辅助教学系统（CAIS）

二十二、省域人民银行金融管理信息系统指标体系分析

二十三、中国工商银行会计核算中心综合业务处理系统

二十四、中国农业银行住房公积金业务处理系统

二十五、中国农业银行省以下机构四级网络 FMIS 示范系统

二十六、投资项目评估系统

二十七、中国建设银行广东省分行计算机联网交易与事务处理系统

二十八、中国建设银行广州市分行公积金综合业务处理系统

二十九、中国建设银行计算机多用户审计系统

三十、中国建设银行广州市分行缴费通综合业务系统

三十一、人身保险业务软件生成系统

三十二、国家保险管理信息系统

一等奖

一、广东跨银行 ATM 网络系统

项目编号：9711005

获奖等级：金融科技进步奖一等奖

项目完成单位：中国人民银行广东省分行、中国人民银行广州市分行、中国工商银行广东省分行、中国工商银行广州市分行、中国银行广东省分行、中国银行广州市分行、中国建设银行广东省分行、中国建设银行广州市分行、广东发展银行、广州市电信局、广东华信托投资公司、广州市城市信用合作联社、广东省邮电管理局、广东国际金融网络有限公司

主要完成人员：孟建波、周林影、邸泽淇、刘坚、胡莹、林伟平、钟建仪、陈建中、石峰、黄东航、杨杰、麦颖林、梁礼方、庞业江、陈春文

其他完成人员：张春元、林庆华、戴贵祥、张燕群、纪传灵、张旭、戚惠敏、崔小惠、朱万里、何伟荣

项目简介：

一、概述

根据中国人民银行总行《关于建设珠江三角洲金融电子化网络示范工程》（银科发〔1993〕38号）文件的要求，经中国人民银行总行批准，建设广东跨银行 ATM 网络系统，并将该系统作为中国人民银行“八五”攻关的重点项目。

参加建设该系统的单位包括中国人民银行广东省分行、中国人民银行广州市分行、中国工商银行广东省分行、中国工商银行广州市分行、中国农业银行广东省分行、中国农业银行广州市分行、中国银行广东省分行、中国农业银行广州市分行、中国建设银行广东省分行、中国建设银行广州市分行、广东发展银行、交通银行广州市分行、广东省邮电管理局、广州市电信局。

广东跨银行 ATM 网络系统经过一年五个月的建设，1995 年 5 月 27 日，全国第一家跨银行 ATM 网络系统顺利开通并正式投产。据统计，广东省跨银行 ATM 网络系统开通后第一个季度，各银行累计新增发卡量 80 万张，比联网开通前增长 23%，截至 1997 年，累计发卡量达 1165 万张，跨行取款月平均 23 万多笔，金额达 1.3 亿元，已经实现了全省市的工商银行、农业银行、中国银行、建设银行、广东发展银行、交通银行、招商银行 7 家银行 ATM 中心主机的联网，全省已有 1860 台 ATM（占总数的 80%）自动柜员机入网运行。1996 年 2 月，开通与香港银通 ATM 网络互联，目前，广东省 ATM 网络系统已经实现与香港、澳门的 54 家银行联网。广东省有 120 台 ATM 自动柜员机通过网络服务中心与香港银通 ATM 网络互联。面向持卡人服务的范围扩大到全省 25 个市及港澳地区，打破了行与行之间、地区与地区之间地域的界限，实现了各商业银行计算机网络

和自动柜员机设备资源的共享，改变了持卡人的信用卡、提款卡只能在开户银行 ATM 上取款和查询的封闭和落后的状况，扩大了 ATM 的覆盖面和使用率，方便了广大人民群众。特别是为各商业银行创造了良好的竞争环境，实现了各商业银行之间代办提款业务。据统计，该网络的跨行服务业务量自开通以来，每月以 25%~29% 的速率递增，创造了良好的社会效益和经济效益，为电子货币的广泛应用打下了良好基础。同时，缩短了与发达国家和地区在金融电子化方面的差距。

二、技术特点

1. 该系统是国内第一个运用先进的计算机软件技术、容错技术、网络通信技术等综合技术研制开发成功的适合我国跨行、跨区域自动柜员机业务的大型计算机网络处理系统。该系统在技术上实现了网络中心主机与各商业银行的 IBM、日立、UNISYS、HP 等多种大型主机的互联，具有对银行卡信息识别和传递，完成银行卡信息变换，负责转换、整理、归纳跨银行发生的业务信息，提供清算依据给人民银行进行资金清算等功能。

2. 该系统设计合理，符合我国银行会计制度的要求，其技术和性能属国内首创，并达到国际先进水平。该系统是国内第一家投入运营的跨银行 ATM 网络系统，在设计时吸取了香港、台湾等地的成功经验，充分考虑了网络的可靠性和业务操作可能出现的故障，采用了技术成熟、手段先进的恢复措施。该系统网络投入使用前的测试经过精心策划，测试、模拟条件充分。该系统自投产以来，从未发生过任何主机故障，也未发生任何错账、误账。

3. 该系统标准化程度高，是国内第一家采用了银行卡国家标准和 ISO8583 国际标准的网络处理系统。该系统能按照国家标准统一各银行卡格式，并兼顾目前各行已发卡格式，其信息交换格式是全国首家采用 ISO8583 国际标准。同时，还建有电话备份系统，保证信息交换在任何情况下畅通无阻。其先进性和创造性是国内同类网络系统的佼佼者。

4. 该系统采用了符合国际标准的硬件加密设备和严密的密钥管理方式，安全保密性高。

5. 该系统入网 ATM 数量为全国最高，截至 1997 年，入网的 ATM 达 1860 台，其覆盖面为全国之首，联网城市已达 25 个，在国内率先与香港、澳门联网，其经济效益为国内同类网络经济效益最好。自网络开通以来，每月业务量以 25%~29% 的速度递增，年业务收入近 2000 万元。该系统既方便了广大群众，又创造了良好的经济效益和社会效益。

6. 由于该网络的先进性和成熟性，又是全国第一家开通成功的网络系统，自该系统投产以来，先后接待全国 20 多个省市分行参观学习。通过不同途径，该系统还推广应用到深圳和天津城市 ATM 网络中去，取得较好效益。

该系统的建设成功，不但实现了各商业银行的资源共享，避免了重复投资，而且开拓了现代金融电子化大协作的局面，符合金融业务电子化、网络化的发展趋势。同时，为广东金融电子化建设揭开了新篇章。该系统的建设是在不能照搬国外模式及在国内没有任何经验可借鉴的情况下进行研制开发的，特别是在统一了商业银行业务做法、银行卡信息标准、信用卡业务系统技术标准等方面做了大量技术复杂的工作。该系统的建成开创了我国现代化支付手段建设的新纪元。该系统的开通投产，使各商业银行扩大了服务范围、增强了服务手段，充分利用了现有设备，减少了重复投资；优化了服务，大大增加了与国际接轨的实力；同时，使广东又有了一条宝贵的金融通讯资源；为广东金融系统进一步开拓各种跨银行业务、国际金融业务和公共事业代收费业务打下了良好的物质基础，对今后广东金融业的发展起到非常重要的作用。

二、中国农业银行人民币全国电子汇兑系统

项目编号：9713014

获奖等级：金融科技进步奖一等奖

项目完成单位：中国农业银行信息电脑部、中国农业银行财务会计部

主要完成人员：唐建邦、王志辉、张继荣、叶又升、任宝胜、吴健奕、阎黎明、薛昌华、杨林强、周国奋、陈常青、黄安其、殷明、潘瑞平、苏莹莹

其他完成人员：张旭春、肖建平、吴京、张洪源、周云杉、李红新、徐思斌、侯敏、赵平、何育芳、沈兴、葛明霞、吴军、马驰、周灵、刘靖、吕振荣、曹谷崖、苗玉峰、郑东元、刘崇山、张渡、曹少雄、孙建嵩

项目简介：

中国农业银行人民币电子汇兑系统（以下简称电子汇兑系统）是中国农业银行现代支付系统的重要组成部分，是中国国家现代支付系统的基本组成和补充。它根据中国人民银行国家支付系统建设委员会的指导建议和《中国农业银行人民币电子汇兑系统业务需求书》的规范而开发和建设的。该系统是一个基于农业银行现有全国联行体系、利用计算机和网络技术、完成异地小额结算和系统内清算指令传输和处理的批量处理系统。其基本情况如下。

一、系统的主要功能

电子汇兑系统主要有以下四项业务处理功能。

1. 汇兑功能。该系统处理八类异地结算和清算业务，包括汇兑业务（原信汇和电汇）、委托收款、商业承兑汇票、托收承付、内部资金划拨、银行汇票、银行承兑汇票、信用卡异地业务清算。

2. 清算功能。该系统遵照农业银行汇差资金清算和管理原则，对汇差资金分级反映并实施自上而下的系统内逐级清算。

3. 监督功能。该系统采用逐笔对账的监督办法监督结算指令的安全及时执行。

4. 查错功能。该系统通过传输和处理差错查询查复信息来修正和解释结算指令中的各种错误和不明事项，保证结算指令的及时执行。

二、主要技术难点与设计原则

该系统设计与实施的主要技术难点在于综合平衡人、财、物等诸多因素的不足与系统高可用性要求之间的矛盾，即该系统要求全国农业银行6000多个通汇行、400多个中心协同一致高可靠地工作，系统运行环境则面临操作人员多、通讯条件差、业务和技术素质参差不齐和投资要节省等方面的限制。为此，该系统设计与实施中贯彻了以下原则。

1. 最大限度地保证系统可用性原则，确保“汇路畅通”且易于操作。

2. 安全保密与系统开销平衡原则，既保证资金安全又减少系统安全管理开销。

3. 先进性与实用性平衡原则，该系统设计所用技术、通讯和计算机设备基础、功能定位等既满足不断发展进步的业务和技术需要，又考虑现有的业务和技术环境。

4. 投资省、建设快原则，设计和实施方案充分利用了现有设备和技术，节省投资、推广迅速。

三、技术性能指标

该系统设计能力可有一个总中心、80 个分中心，20 个总中心直属通汇行；每个分中心下有 80 个支中心，20 个分中心直属通汇行；每个支中心下的通汇行数量不限。

该系统是一个多步处理系统，一个处理周期经往账行、往账行支中心、往账行分中心、总中心、来账行分中心、来账行支中心、来账行七个以通讯系统相连的子系统顺序处理，系统要求最长在 12 小时内完成一个周期处理，从而实现每日处理一批业务。该系统设计上可实现 1 个小时完成一个处理周期，即一个小时处理一批业务。

目前，该系统处理的业务量是日均汇兑数据 11 万笔、对账数据 11 万笔、其他数据数千笔，每笔数据约 200 字节。考虑业务发展，该系统设计能力留有 100% 的裕度。

该系统的各类子系统从软件、硬件等崩溃性故障中恢复最长时间不超过 1 小时。

四、系统结构与组成

电子汇兑系统的结构与农业银行的分级管理体系相适应，与农业银行综合信息系统体系结构相兼容，是一个树型结构系统。该系统由总中心、分中心、支中心和通汇行四类子系统组成，四类子系统分别运行于总行、省级分行、地市分行和通汇行。各子系统间以 X.25 专线或备份拨号线路相连。各子系统的软件、硬件环境如下。

总中心的软件、硬件环境为 IBM ES9000、MVS/ESA、COBOL、VSAM。

分中心、支中心的软件、硬件环境为 PC SERVER、SCOO UNIX3.2.4、SYBASE 10（SQL - SERVER， DB - LIBRARY）。

通汇行的软件、硬件环境为 PC、SCOO UNIX/XENIX、COBOL。

通讯软件的软件、硬件环境为 XCOM、XYC。

五、应用效益

电子汇兑系统于 1996 年 1 月 2 日正式投产。截至 1997 年 6 月底，该系统已安全、稳定、可靠地运行了 18 个月。该系统覆盖全国 6412 个通汇行、370 个支中心、46 个分中心、1 个总中心，已累计处理业务 2250 万笔（单向计算），汇划金额为 13500 亿元（平均每笔 6 万元），为社会各界提供了准确、及时、安全的结算服务。原全国联行系统资金在途时间平均为 7 天，以日均汇划资金 30 亿元计算，每日在途资金为 210 亿元，而电子汇兑系统资金在途时间为 1 天，日在途资金为 30 亿元，可见，电子汇兑系统的投产，使在途资金减少了 180 亿元，从银行角度讲，这相当于电子汇兑系统每年为社会各界提供了 180 亿元可用资金；从社会各界客户角度讲，如果以 10% 的利率计算，社会各界可少支付利息 18 亿元。总之，电子汇兑系统的投产使用大大加快了社会资金周转速度，提高了资金利用率，取得了巨大的经济效益和社会效益。

三、中国银行长城卡网络授权系统

项目编号：9714020

获奖等级：金融科技进步奖一等奖

项目完成单位：中国银行总行

主要完成人员：李正茂、刘宁、乔国卫、李晶波、王首飞、曹其祥、卓越、侯平、余彤、王浩、邝丽燕、李坚、何学平、林鸿、陈永纯

其他完成人员：张波、曹云、鄂小军、刘刚、毕曼

项目简介：

中国银行长城卡网络授权系统（NAS）通过全国的 X.25 网络把中国银行总行授权交换中心和各发卡行 NAS 前置机及长城卡业务主机连接形成全国性的中国银行长城卡授权网络，实现长城卡异地授权自动处理，黑名单、商户集中管理，信用卡业务报表网络汇总。

该系统以《中国银行信用卡授权系统实施概要》为设计依据，以《金融交易卡信息交换规范应用指南》为标准。该系统采用 ISO8583（93）作为标准。该系统采用模块设计，结构清晰，具有较强的可维护性和扩充性。该系统的主要功能包括长城卡异地授权网络自动处理、上报黑名单、广播黑名单、POS 自动授权、商户集中管理、业务报表汇总等诸项功能。

该系统采用了网络技术及异型机互联技术，中国银行总行授权中心 CISCO 路由器通过邮电部 X.25 公共数据交换网，采用 TCP/IP 协议和中国银行分行前置机相连接；分行 NAS 前置机通过 TCP/IP 和微机（SCO UNIX）或 RS/6000（AIX）系统连接，或通过 SDLC 卡、LU6.2 协议和 AS/400 业务系统直联，或通过串口 RS/232 与 Cardpool 系统直联等。NAS 前置机系统提供统一的程序接口和通讯标准，方便与各种信用卡系统进行数据交换。在网络数据交换上，综合运用 IDEA、RSA 及 HASH 等算法，保证了数据安全。

该系统依照国际标准，在开放式平台上，采用了动态内存分配、信号量设计等先进技术，实现了系统资源合理利用，增强了系统的运行效率，性能指标达到了系统设计的要求。异地授权网络自动处理平均响应时间小于 10 秒；POS 自动网络授权平均响应时间小于 20 秒；黑名单上报授权中心集中管理，黑名单一次上报时间仅为 1~2 秒等。

该系统采用集中式网络管理模式，总行作为授权网络的中心，所有的分行前置机和总行进行授权交换。总行对授权、黑名单、商户、报表进行集中管理，及时了解全国信用卡网络授权及相应业务状况，有效地控制信用卡风险。同时，该系统提供完整的监控终端画面，实时监控整个系统的网络情况及业务情况，有利于系统的维护。

该系统将长期以来长城卡异地授权从半手工的方式中解脱出来，大大缩短了授权时间，为商户和持卡人提供了更便捷的服务，同时也节省了劳动力。该系统还增强了黑名单的管理，以及分行黑名单上报，每天进行黑名单广播，及时控制了黑卡带来的风险。信用卡业务报表的汇总及该系统的报表为中国银行总行领导提供及时有效的市场数据，为信用卡业务的发展提供依据。

在中国银行总行的组织下，该系统现已在全国 360 多家发卡行进行推广，实现了全国绝大部分地区的异地授权业务网络自动化处理，取得了显著的经济效益和社会效益，为长城卡业务的电子化打下了坚实的基础。

二等奖

四、中国人民银行浙江省分行金融经济管理信息系统

项目编号：9711003

获奖等级：金融科技进步奖二等奖

项目完成单位：中国人民银行浙江省分行

主要完成人员： 王长仁、陈传表、沈思、金水、孙兆源、徐卫飞、黎音、王学斌、周琼

其他完成人员：盛开、朱亚红、蔡可羽、杜江、钱水良、吴小峰、毛小妹

项目简介：

一、概述

浙江省金融经济管理信息系统（FM/S）以基于指标体系的大型分布式数据库及 Client/Server 体系结构为核心，省、市、县三级计算机网络为支撑，主要业务系统为数据源，全面采集、传递、处理辖区内的金融、经济信息，为人民银行各级领导和管理人员提供及时、准确的信息和有效的管理和分析手段。

该系统作为国家“八五”攻关子专题，自 1992 年立项以来，系统的设计、开发经历了一个长期、艰难的摸索过程，最初的设计是按照传统 MIS 的开发思路来设计的，系统分为操作层、管理层和决策层，但是由于形势的发展变化，主要业务部门都有了自己较完善的业务处理系统，因此，再开发操作层就显得多余了，传统思路开发的 MIS 在数据库设计上基本以报表方式存放基础数据，由于各种业务及需求频繁变化，给维护带来很大困难。受数据仓库理论启发，1995 年底开始对系统按指标形式存放数据和报表自动生成的新思路重新开发，系统已在全省三级行正常运行一年多，实现市、县会计全科目每日上报入库，并收集了自 1985 年以来的部分重要金融信息和经济信息。其效益表现如下。

1.FMIS 使人民银行领导及时掌握全省（市、县）的金融运行信息，向总行提供全省的金融经济信息，有利于中央银行领导决策，更好地发挥中央银行职能。

2. 该系统能及时生成业务所需的动态报表并提供常规分析手段，提高工作效率和管理水平。

3. 作为总行的省分行 FMIS 示范工程，为各省分行的 FMIS 建设积累了有益的经验，提供了良好模式。

二、系统的主要功能

1. 数据采集系统提供数据自动转接，将业务数据库提供的数据经转接进入 SYBASE 数据库，系统手工按报表或按指标录入，提供各类合法性检查，用户可以自己修改校验规则。

2. 数据查询系统提供按指标查询和按报表查询，可以通过选定指标、地区码、行别码在一个时间点上得到值，也可以按报表查询，即选定一张报表、地区、行别在一个时间点上得到该报表的所有值。查询的同时可以进行对比分析，在一个时间点针对不同频度对同一指标进行分析或在一个时间段得到关于该指标的所有数据，该系统提供图表和图形两种显示方式。该系统还提供远程切换，可随时切换到远程其他服务器上进行查询，还可以通过电话经 ANNEX 远程接入数据库进行查询。

3. 决策分析系统提供两类相关分析功能，即动态金融和经济分析方法，用户端可以自己定义数学模型。目前已完成省行业务需求中提出的各种金融、经济分析模型的定义，可以对定义后的相关项进行时间段分析，该系统可提供图表、折线图、直方图和圆饼图。

4. 该系统维护功能主要面向系统管理员，包括用户管理、授权管理、指标维护、动态生成报表维护、数据转储，其他维护有部门代码、地区代码、业务代码、级别代码、银行代码维护和远

程信息维护。

5. 该系统提供的其他功能包括用户口令更改、用户权限查询、系统远程切换、指标打印、系统默认值选择。

三、系统的技术特色

1. 系统环境。该系统采用 Client/Server 处理模式。服务器是 SCO UNIX 操作系统和 SYBASE10 数据库，前端使用 POWER BUILDER5.0 开发工具建立应用。该系统网络结构采用局域网通过 X.25 网络互联构成广域网。

2. 数据库设计特点。该系统的数据库设计是基于指标体系的关系型分布式数据库，基础数据的物理存放方式以"指标编码、地区码、行别码、时间、数据"方式存放。业务的更新变化不会影响数据库基础数据结构的变化，由于指标码细划到数据元，因而用户可以根据业务需求的变化，通过对指标的动态选取从共享库里生成金融监控所需要的报表，现已整理出 12 个大类 5787 条金融及经济指标，由于系统内采用地区码、行别码，因此增加或修改地区、行别都不会影响指标的改变，基于该指标集，该系统可以监控到全省各级金融及非金融机构，以及各类经济信息，系统管理员不必穷于应付不断变化的业务而去修改程序改变库结构。该系统的所有编码除用户管理及授权须各级用户自己建立外，全省采用一套编码，推广也很方便。

3. 系统保密性和安全性。该系统设立了严格的保密安全体系，对指标设立四级密级，用户管理逐级授权，有全行授权人和处级授权人，用户由授权系统决定使用信息量。该系统采用了 SYBASE 数据库，由于 SYBASE 在系统安全性方面的强大支持，如镜像日志等，使数据库的安全性及数据的一致性都有了保障，并且操作管理方便。

4. 实时性。FMIS 充分利用现有的网络设备，首先纳入的业务是系统内会计全科目上报，解决会计基础信息及时上报，为其他业务部门作监控和分析提供数据源，为彻底改变多渠道上报金融数据打下良好基础。该系统还将纳入商业银行等金融和非金融机构会计全科目上报，为人民银行横向大监管提供有力的实时监控手段。

5. 接口设计特点。该系统提供标准的接口，可以自动接纳各类业务。数据进入共享库，同时提供手工按指标或按报表从 CLIENT 端录入。该系统还预留了总行指标接口。今后该系统在全省推广后可视网络发展情况，通过对表建立远程存储过程触发器，在网上自动更新数据库而不需人工干预，使信息达到真正共享。

6. 界面特点。该系统采用 Windows 图形化窗口界面，以鼠标操作为主，特别适用于管理决策。该系统的每一种功能都有图标，美观形象、易用易学。

五、中国农业银行 AS/400 网络储蓄通存通兑系统

项目编号：9713012

获奖等级：金融科技进步奖二等奖

项目完成单位：中国农业银行信息电脑部、中国农业银行天津市分行

主要完成人员：张继荣、李伟、王振华、郭豫民、陈捷、年阿旺、李阳、丁元、冯毅

其他完成人员：王赤红、战华、秦继洪、申志斌、韩兆云、柳长青

项目简介：

中国农业银行 AS/400 网络储蓄通存通兑系统是中国农业银行总行委托并组织中国农业银行天津市分行开发的“八五”期间农业银行的重点项目。该系统采用 IBM AS/400 系列机，利用中国人民银行天津市分行组建的金融 X.25 分组数据交换网，将天津市区及远郊县各分支行的储蓄所及专柜（包括自动柜员机）全网连通，实现储蓄的折、单、卡等业务在天津市的中国农业银行系统内通存通兑。

一、系统实现的功能

该系统在功能实现方面包括以下功能。

1. 人民币储蓄柜台业务。这一功能模块主要实现人民币储蓄全部储种和功能的通存通兑业务。

2. 外币储蓄通存通兑业务。这一功能模块目前可实现美元、日元、港元三个币种的相关业务，并可办理结汇、套汇业务。

3. 银行卡的通存通兑业务。

4. 人民币代理收付业务。

另外，该系统还有对账和轧账功能、日终打印功能、明细账处理功能、总分核对功能、年度结息功能、资金清算功能等，以保证系统的正常运行。

二、系统的特点

该系统在设计实现上具有以下特点。

1. 该系统采用日间、日终双工作区方式，使系统可以实现准 24 小时办理业务。

2. 该系统采用双机热备份和自动故障透明切换，保证中心 24 小时开机。

3. 该系统采用分布集中式的网络结构，减轻了应用系统对网络的通讯压力和依赖性，较适合中国农业银行情况。

4. 在中国农业银行系统内的中小型机上首家实现了全部储种的通存通兑。

5. 采用交易码设计思想，使程序具有较强的模块化程度，便于维护和扩充，同时提高了运行效率。另外，操作员的录入既可以用菜单方式选择，又可以通过交易码直接进入或跳转到最终录入画面，使系统的选择及切换简捷。

6. 该系统为储户提供了凭密码、凭身份证号、凭地址、凭印鉴等多种支款控制方式，同时对操作员设计了三级权限管理，既量化了对银行制度的自动执行程度，又减少了计算机犯罪的机会。

7. 该系统有自动拨号线方式，对网点的通讯线路进行补偿，为营业网点的正常营业提供了有效保证。

三、系统开发简介

该系统的开发，以国务院颁布的《储蓄管理条例》及中国人民银行和中国农业银行制定的有关章程、制度、规定为指导性文件，以“中国农业银行储蓄业务电脑处理系统需求书”为依据实施。整个系统的开发历时 9 个月，实行封闭开发，在开发过程中攻克了跨中心业务资金安全性问题、跨中心交易处理结果不一致的自动认定处理问题、网点与本中心及清算中心数据流向和网络关系问题等 20 多个技术难题。此外，在试运行过程中对该系统的性能进行了 CPU 开销最小化、作业等待时间最短化、系统参数最佳化、应用响应必然化（用时间防止死锁）等一系列的调整，保证将最佳系统投入应用。

四、系统运行情况

该系统现已应用到天津、海南、浙江、长春、宁波、陕西、西安、汉中、宝鸡、唐山、石家庄、甘肃、兰州等分行、支行的 42 个分行营业中心的 500 多个营业网点。该系统经历了 3 次活期结息、3 次年终。仅从 1995 年应用该系统的 3 个分行来看，1995 年底储蓄存款比年初增加了 259709 万元，其中活期存款增加 28949 万元，按执行利率测算可增加利差收入 2300 万元，新增产值 3000 万元，增加了经济效益。从运行情况看，该系统稳定，交易处理准确无误，满足了中国农业银行业务发展的需要。

六、UNIX 环境下的计算机业务稽核系统

项目编号：9713013

获奖等级：金融科技进步奖二等奖

项目完成单位：中国农业银行信息电脑部、中国农业银行河北省分行

主要完成人员：郑启心、马广申、宋时一、陆惠亮、贺端峰、安庆英、兰彤坤、王书生、李继峰

其他完成人员：任传吉、刘玉宏、耿慧、寇学杰、付大勇、陈宝志

项目简介：

UNIX 环境下的计算机业务稽核系统（以下简称稽核系统）是国家“八五”科技攻关项目。该系统是在广泛吸收国际上先进金融稽核技术和经验的基础上，结合我国金融界具体业务现状和实际要求实现的。它实现了对计算机处理门柜业务的全面稽核监督，它能使已运行的银行计算机业务系统有效地防范人为的危害，防范及追踪对程序和数据的非法修改、泄密等事故的发生。

一、主要功能

稽核系统主要由以下三部分构成。

1. 对公业务稽核。其包括基本业务稽核、贷款业务稽核、计息业务稽核、结算及其他业务稽核、非正常操作稽核。

2. 储蓄业务稽核。其包括基本业务稽核、计息业务稽核、重要空白凭证情况稽核。

3. 系统安全稽核管理。其包括稽核授权、稽核登记、稽核员管理、密码管理模块、稽核跟踪监测子系统。

二、主要技术难点和设计原则

稽核系统是在 UNIX 操作系统环境下，采用 C 语言和 COBOL 语言实现的，它的主要技术难点是如何在不影响计算机业务正常开展的情况下，对计算机业务系统进行全面的稽核监督，对犯罪痕迹进行跟踪，保证计算机稽核的正确性和权威性。为此稽核系统的设计遵循了下述原则。

1. 该系统以“安全、实用、灵活、简便”为设计指导思想。

2. 该系统重点探索了“黑匣子”系统设计方法。在计算机门柜业务生产库的产生过程中采用预留黑匣子功能，来自动记录带有潜在危险的非正常信息，从而对门柜业务系统日常运行及生产库的日常变更进行监测。黑匣子的创立及所记录的信息均经过加密处理，具有很强的稳蔽性，不易被发现且不可删除。黑匣子实现了计算机业务稽核手段的重要突破。

3. 该系统应用软件工程的原则和方法，采用结构化的设计技术使系统能适应业务的发展和变化的用户需求，便于维护和扩充。

4. 该系统数据流分析及文件设计方法能够保证稽核数据的来源应尽可能采用门柜业务系统的原始资料，以保证被稽核数据的真实性。

5. 该系统能够在笔记本计算机上运行，适应了稽核业务的特点，可实现在业务系统不停机的情况下现场稽核及各种非现场稽核。

三、应用效益

该系统的对公业务子系统开发完成后，在全国农业银行系统进行了应用推广，有近 30 个一级分行使用了该系统。在河北省，农业银行系统有近一半的稽核人员掌握了电脑稽核操作技能。仅 1995 年，中国农业银行河北省分行在对 96 个单位进行的稽核中，据不完全统计，发现和纠正利息差错 199 笔，少收多付和多收少付相抵后为银行挽回经济损失 17.1 万元；纠正应转未转逾期贷款 58 笔，金额为 828.5 万元；对某县支行进行大额贷款稽核，发现贷款手续不全就有 3 笔，金额为 800 万元，超权放款 10 笔，金额为 1350 万元；稽核出 1 例对公系统管理员与客户串通调减贷款计息积数，以少付贷款利息的案例。中国农业银行湖南省分行在对应收未收息稽核中协助收回应收未收息 782 万元，在利息收支稽核中纠正错计利息 931 万元，挽回经济损失 229 万元。现在全部系统已推广应用，经济效益和社会效益明显。

七、中国农业银行跨市银行业务系统

项目编号：9713015

获奖等级：金融科技进步奖二等奖

项目完成单位：中国农业银行广东省分行

主要完成人员：曹文全、林荣耀、郑子夫、黄超英、赵宇、黄国伟、陈伟华、王滨、张黎明

其他完成人员：杨忠、叶成春、肖焕阳、汪灵艳、赖志文、孙良儒、邹伟忠、陈志斌、刘贵阳

项目简介：

中国农业银行跨市银行业务系统（Inter City Banking System，ICBS）是中国农业银行总行计划安排，以中国农业银行广东省分行为主承建，在广东江门地区首先实现的大型跨市综合业务系统。

ICBS 以 DIGITAL 小型机系统为主机，运行 SCO UNIX 系统的微机为前台机，通过 X.25 网、DDN 网、电话专线或拨号线组成覆盖江门地区六市的农业银行广域网络。ICBS 具备网上联机实时与批量处理两种作业方式，可以支持银行营业与管理类的全部业务。目前网上开通的业务有储蓄、对公、信用卡、ATM 应用等。

ICBS 可以作为集中式系统，在一个城市或一个地区使用，也可用于实现跨市、跨地区的多中心主机联网，来完成交易的分布式处理或同其他异构网络连接。

一、主要功能

ICBS 系统由金融软件平台及业务应用系统两大部分组成。

1. 金融软件平台。由联机交易管理、批处理管理、金融专用环境三大子系统构成，用以支持

广域网络环境下联机实时与批量处理两种方式的交易与作业，并满足金融业务处理与管理的特殊要求，它是业务应用系统的支撑环境。

2. 业务应用系统。它包括以下三个系统。

（1）储蓄系统。储备系统包括人民币、外币的全部业务。人民币业务包括人民币活期、整存整取、零存整取、存本取息、大额特种、华侨存款、定活两便、通知存款、个人支票、代办业务、电话自助服务、储蓄卡等；外币业务包括活期、整存整取、大额特种等。人民币活期已开通跨市通存通兑，个人支票可在联网范围内使用。

（2）对公系统。对公系统包括会计账务处理、贷款管理、交换处理、联行处理、出纳终端、电话自助服务等。

（3）ATM 系统。ATM 系统支持信用卡与储蓄卡一机两用。在同一中心集中式处理下，可完成两种卡的存款、取款、查询、密码修改、转账（信用卡到信用卡、信用卡到储蓄卡、储蓄卡到储蓄卡、储蓄卡到信用卡）等应用；在跨中心主机联网条件下，可完成取款与查询应用。

二、设计原则、关键技术与创造点

ICBS 具有下述特性。

1. 该系统是以中国农业银行为主开发的大型综合业务系统。

2. 该系统自行设计开发了支持业务应用的金融平台软件。

3. 该系统可以构成同层次对等与多度层次树型两种拓扑结构的网络。

4. 该系统支持集中与分布两种方式的金融事务处理。可用于建立集中式城市网络，也可作为分布式系统，用于多城市之间或跨系统的联网。

5. 该系统实现了跨网络、主机、营业机和应用的多层次安全管理。

6. 该系统数据中心主机采用了 CLUSTER 技术组成容错系统，提供了多种通信方式，保证了通信路径无单一断点。

7. 该系统采用了两阶段提交等技术，自行设计开发了 UNDO 与 MAKE¬UP 系统，保证了广域网上分布式事务处理的数据一致性与交易完整性。

8. 该系统可以在不停业的情况下实现网络规模与业务应用系统的动态扩充。

9. 该系统采用开放式结构，易于实现与异构网络的连接，并完成了和多种金融外设的连接。

10. 该系统全面支持中文。

11. 该系统开发了网络版储蓄与 ATM 应用系统，实现了活期储蓄与卡业务的跨市通存通兑。

12. 该系统遵循软件工程方法开发，采用了 Client/Server 模式，实现了系统的层次化、结构化。

三、使用情况与效益

中国农业银行江门市分行 ICBS 网络由 8 个数据中心、350 个营业网点、100 多台 ATM 组成，有超过 450 万个储户在网上运行。日平均交易量超过 6 万笔，日平均交易金额为 4.5 亿元，其中储蓄通存通兑业务日均超过 5000 笔。

中心主机 CLUSTER 系统切换时间小于 1 分钟，联机跨市交易响应时间小于 7 秒，联机本中心交易响应时间小于 5 秒，储蓄日终处理时间小于 1 分钟。

中国农业银行江门市分行、农村信用社自 1995 年 3 月使用 ICBS 后，存款大幅攀升。截至

1996 年 3 月底，比 1995 年 3 月系统推出前存款增加 47.9 亿元，增长 32.21%。其中储蓄存款增加 47.64 亿元，增长 36.7%，低成本资金增加 5.2 亿元，增长 25.16%。

该系统自 1995 年 3 月正式应用至 1997 年的两年时间里，中国农业银行江门市分行新增产值共计 106.3 亿元（年平均 53.2 亿元），共增利税 2672 万元，增收节支总额为 3113 万元，产生了极好的效益。

中国农业银行惠州市分行已开始使用 ICBS 建设本地区网络。

八、中国银行 UNIX 应用集成系统

项目编号：9714019

获奖等级：金融科技进步奖二等奖

项目完成单位：中国银行总行信息科技部、中国银行浙江省分行、中国银行绍兴市分行

主要完成人员：丁茂顺、朱宏、董桂芳、袁龙、骆鉴、王世辉、周纪昌、陈祖华、刘学军

其他完成人员：张全明、罗新标、寿奎汉、王海华、蒋国强、王志宏、金小庭、程谦

项目简介：

中国银行UNIX应用集成系统广泛吸收中国银行已有应用软件的经验，结合现行银行业务特点，以服务功能多样化、内部管理规范化、监督系统严格化为指导，以业务处理电脑化、数据传输网络化、管理决策科学化为目标，进行开发设计而成，实现了将各项银行基本柜台业务集于一体，采用集中式数据库管理方式，根据数据流程，将各子系统有机地结合起来，前台处理全行的各项存、放、汇、兑、信用卡、长城电子借记卡、代客外汇买卖、国际结算等业务，后台通过网络直接纳入会计核算体系。以会计为一个账务综合核算中心，使全行或各部门的各项业务经营情况通过会计核算能及时得到反映，为经营决策、调度提供科学依据。该系统做到了柜面数据一次录入，业务管理部门多次利用，产生各种统计数据、业务报表，不仅提高了数据的利用率，而且还确保了数据的准确性、真实性与及时性。通过对多功能服务窗口的开发，将各项对公、对私及信用卡业务服务集于一体（柜），使每一个对外服务窗口不仅可以办理本地业务、异地业务，更可以直接办理各种纯代理业务，真正体现了小窗口大服务的综合服务形象。

该系统将基本的柜面对私、对公、信用卡及国际结算业务集于一体，通过网络系统实现数据资源的共享，开拓应用定期一本通、长城电子借记卡、代客外汇买卖、ATM、POS、电话银行、客户终端等多元化服务领域及信息综合管理与部门核算为内容的决策化金融信息管理领域，构成一个“三位一体”的信息一体化集成应用系统。

该系统采用结构化程序设计方法，以功能结构模块化、维护信息参数化、信息管理安全科学化进行系统的设计与开发，因而系统可扩性较强，能较好地适合于新形势下新业务的开拓与发展。该系统在模块化设计上既注重相互独立，又注重有机联系，使各子系统能有机地融于一体。在信息维护上以可维护为原则，注重参数化。在监控制约机制上，坚持“相互制约，授权有限”的原则，对重要信息更改作跟踪记录，对网络通讯采用安全加密措施。

该系统虽在 IBM RS/6000 小型机上开发应用，但可跨越以 UNIX 为平台的各类中型、小型、微型机，使系统具有更强的生命力和适应性。

该系统具有界面友好，操作简便、易学，业务处理全面，服务功能齐全，网络化程度高，业务应用集成度高，数据共享等特点，同时该系统具有良好的安全性、稳定性、可维护性、可移植性和可扩充性。该系统目前已在全国中国银行系统九个省（自治区）200 多个分支机构内获得广泛应用。

九、中国建设银行城市综合业务计算机网络系统

项目编号：9715021

获奖等级：金融科技进步奖二等奖

项目完成单位：中国建设银行湖北省分行

主要完成人员：陈俊、吴世琨、郭玉章、童慧明、杨宗祥、戚峰、刘平杰、蔡旭东、肖茂兵

其他完成人员：卢振宇、张杨、张道垠、岳海涛、高博、曹杰、徐芝红、林鸿、肖金明、吴险峰、胡初文、段国林、夏天兵、赵治华、赵延波、王斌、余世忠、吉娅莉、李浩、徐彤、董国飞

项目简介：

中国建设银行城市综合业务计算机网络系统是先进的计算机及网络技术应用到建设银行金融业务中的具体体现。该系统在全国较早采用开放式系统主机，在标准的 UNIX 操作系统、C 语言和 INFORMIX 数据库等软件平台上，以 Client/Server 模式，实现了建设银行金融业务的电子化、网络化。该系统的成功开发大大推动和提高了建设银行的计算机应用水平。

一、系统功能及主要技术特点

该系统由储蓄子系统、信用卡子系统、会计子系统、会计联行往来对账清算系统、ATM 子系统、POS 子系统、电话银行子系统、系统管理子系统等几部分组成，全面实现了建设银行的各种传统临柜业务及清算业务的网络化，同时提供 ATM、电话银行 24 小时服务。

1. 全套系统的开放性设计，便于系统的推广移植。

2. 该系统采用 Client/Server 模式，保证了业务数据的安全性，提高了系统的交易处理能力，满足金融业务实时性的要求。

3. 该系统采用目前国际和国内先进硬件、软件技术，包括前置机方式、参数化的交易码驱动方式、双机热备份和磁盘镜像技术、不同硬件互联技术，有利于提高系统的整体性能。

4. 为开放性系统专门设计的数据传输的加密技术、数据库的加密技术、故障自动报警技术、故障处理与恢复技术、自动冲正技术保证了金融数据的一致性和安全性。

二、系统的推广应用情况

该系统于 1994 年 8 月投产，现在已应用到湖北省 21 个地市行的 1600 多个网点，并在此基础上实现了全省大联网，形成了以省分行为中心能处理会计、储蓄、信用卡、ATM、POS、电话银行等建设银行主要金融服务业务的网络系统。湖北省通过该系统平均每天处理柜台业务 30 多万笔、清算业务 2.6 万笔，清算资金达 3300 万元。.

该系统于 1995 年 4 月通过中国建设银行总行（受人民银行委托）鉴定，并定为全国推广版本。现已推广到包括黑龙江、青海、甘肃等边远地区在内的 22 个省市的共 200 多个地市行、县级行，其中浙江、湖南等省已实现了全省联网。

三、系统的经济效益和社会效益

该系统的开通运行，对中国建设银行湖北省分行经营管理及人们的日常生活都产生了重大的影响，具有明显的经济效益和社会效益。

1. 经济效益体现在以下四个方面：（1）减少了在途资金；（2）增加了服务性收入；（3）网络系统建成后，降低了运营成本；（4）该系统运行后集中由地市行在人民银行开户，减少了中国建设银行湖北省分行在人民银行的备付金，增加了该行的营运资金。

2. 社会效益体现在以下两个方面：（1）减少了流通领域的现金投放量；（2）提供多种银行新型电子化服务，方便了银行客户。

十、中国建设银行福建省分行综合业务处理系统

项目编号：9715026

获奖等级：金融科技进步奖二等奖

项目完成单位：中国建设银行福建省分行

主要完成人员：朱范予、陈芳芳、池新、张清汤、吴刚、陈敏华、游文南、苏锦花、黄镇焕

其他完成人员：宋建箐、康民雄、吴玲玲、欧川、谢绍阶、刘长松

项目简介：

中国建设银行福建省分行综合业务处理系统可应用于包括银行的储蓄、会计、信用卡、储蓄卡、自动柜员机（ATM）、销售点终端机（FEP-POS）、交换清算和信息管理等业务在内的广域综合计算机网络。

该系统以不同档次的 AS/400 为节点主机，底层通讯采用 X.25 公用分组交换网（FEP-POS 通过电话网），应用层采用 APPC 协议，建立起有约 3000 个各类营业网点的全省广域网络，通过交换清算中心以软件总线的方式实现储蓄、对公会计、信用卡、储蓄卡、ATM、FEP-POS 业务的有机集成。通过建立大范围的计算机网络拓展了业务处理的范围和能力，并将业务处理系统和管理信息系统有机结合起来，为实现银行的科学管理奠定了基础。该系统采用通讯加密、报文鉴别代码（MAC）、后台登入口令和各种使用权限控制，实现了较完备的安全保密体系。该系统采用软件工程方法和参数化设计，模块化程度高，采用 ISO8583 标准便于业务种类和应用地域的扩展，保证了软件具有良好的可维护性、可靠性和可扩充性。

截至 1997 年 7 月 31 日，福建省各地已有 9 个交换清算中心、9 个信用卡部、8 个 ATM 中心、723 个储蓄所、200 个会计柜台、85 个总账传输点、300 台 ATM 机、1400 台 POS 机连成一个综合网络运行，所有网点的入网率超过 98%。截至 1997 年 6 月 30 日，福建省已发行储蓄卡 145 万张，当年新增 90 万张，以每张卡平均吸存 2000 元计算，约可新增存款 18 亿元。由于综合业务系统实现福建省大联网，有力地促进了全行的业务发展，特别是为吸收存款提供了方便先进的服务手段，所以 1996 年一般性存款当年新增 84 亿元，增幅为 49%，截至 1997 年 6 月底，当年新增存款 67 亿元，占当地 5 家商业银行当年新增额的 41%。每天经过省分行交换清算中心的资金达 2 亿元左右，经过各地（市）分行交换清算中心的资金达 20 亿元左右。这些资金完全实现了实时入账，在途为零。若按现行手工操作省辖每笔业务 4 天、市辖 1 天计算，仅此一项就给国家建

设增加了 28 亿元的资金，提高了客户的资金使用率和经济效益。

该系统设计科学，功能齐全，使用覆盖区域广，安全可靠，标准化程度高，处于国内领先水平，已稳定运行 2 年，提高了中国建设银行福建省分行的服务质量，加快了资金周转，取得了显著的经济效益和社会效益。

十一、交通银行资产负债管理营运支持系统

项目编号：9717034

获奖等级：金融科技进步奖二等奖

项目完成单位：交通银行电脑部

主要完成人员：赵瑞康、郛敏、陆奇、张路、刘雷、李华、陈志国、唐小华、李霞

其他完成人员：陈伟力

项目简介：

交通银行资产负债管理营运支持系统是交通银行进行资产负债管理的辅助决策系统。该系统借鉴国外商业银行资产负债管理的经验和方法，结合中国国情和交通银行实际，设立了各种比例的管理指标体系、财务分析指标体系、资产质量监控指标体系的数据模型库，全面利用先进的计算机网络、通信、数据库等技术，根据业务系统所产生的基础数据，为交通银行资产负债管理提供详细、准确、及时的信息，实现决策科学化。

该系统主要技术特点如下。

1. 该系统研制设立了商业银行经营管理所需要的各种指标体系，诸如比例管理指标体系、财务分析指标、资产质量监控指标体系等，并提供灵活方便的查询、分析方法。

2. 该系统与交通银行其他系统具有良好的集成性、互补性。该系统充分共享交通银行总行管理信息系统所拥有的基层业务数据，且根据系统自身要求建立本外币头寸表、信贷管理等八个方面十大类信息的收集、传输、汇总子系统，并在此基础上将计算分析处理的结果返回综合查询系统中，提供综合实用的查询手段。

3. 该系统以交通银行数据通讯网络为数据传输通道。该网络借助国家公共数据交换网，采用 X.25 分组交换作为远程数据交换的主要手段，具有成本低、准确率高、组网方便等优势，既能适应基本的二级报送要求，又能满足各分支行直接向总行报送的要求。

4. 该系统采用 Client/Server 结构的分布式数据库作为数据管理及应用手段，充分实现数据共享，提高开发效率。

该系统主要由以下三个子系统组成。

1. 常规分析子系统。它包括基础报表收集汇总模块及指标体系分析处理模块，主要完成收集汇总基础数据，归并计算生成各项比例管理指标、财务分析指标、资产质量临控指标。

2. 专项功能处理子系统。该子系统主要根据不同时期管理上的不同要求，有针对性地开发相应模块，包括本外币头寸表、信贷管理等八个方面十大类信息收集分析、存贷款情况分析等模块。

3. 数据接口子系统。它主要包括与交通银行会计计划报表系统、综合信息查询系统等交通银行其他系统的数据接口程序，以最大限度共享信息资源与数据传输通道。

该系统各模块自 1993 年 6 月起陆续投入使用，处理各类定期报表，分析监控各分支行资产负债管理执行情况。银行管理人员可通过对各指标体系的分析，及时发现经营管理中的问题，调整经营重点，从而达到资金的三性（安全性、盈利性、流动性）目标。目前，该系统已成为交通银行总行资产负债管理委员会、资产负债管理办公室及计划部门等各级管理人员日常工作中的辅助决策和管理分析的有力工具，为交通银行在国内商业银行中率先实行资产负债管理提供有力支持。

十二、保险软件可重用构件库

项目编号：9726030

获奖等级：金融科技进步奖二等奖

项目完成单位：中国人民保险公司电子计算中心、中国人民保险公司广东省分公司、中国人民保险公司江苏省分公司、中国人民保险公司辽宁省分公司

主要完成人员：黎锦康、陈志强、孙继飞、严明豪、成洋、蔡咏涛、华建伟、李东焱、丁丁

其他完成人员：刘毅

项目简介：

保险软件可重用构件库是针对保险行业险种多、变化快的特点而开发的一个工具性软件构件库，是通过对保险业务处理流程的分析，提炼出面向保险业务的功能处理模块，当出现新的保险种类或原有保险种类发生变化时，程序设计人员可运用这些构件快速生成新的保险业务计算机处理系统，具有可重用性高、适应面宽、安全可靠等特点。

该系统集成性强，提供工具软件、业务处理模块和模板三大类构件，提供了通用的多功能输入方式、打印管理、统计报表、项目管理等构件，适应保险业务各险种的承保、续保、批改、理赔、数据管理等业务处理模块，便于修改的原型和保险业务处理模板构件。此外，该构件库还具有保险业务知识库的特点，它将开展保险业务的各进程包含在各相关的构件中，规范了处理过程，将程序设计和业务处理更好地结合在一起。

该系统开放性好，具有良好的输入、输出接口，便于与其他系统连接，具有较强的灵活性，查询、统计功能完善。该系统用户界面友好，使用简单。

该系统采用 C 语言和 INFORMIX-4GL 等工具进行设计，可移植性强；设计过程中充分运用软件工程原理，设计的构件结构合理、规范。

保险软件可重用构件库自 1995 年起开始在中国人民保险公司推广使用，目前已有企业财产险管理系统、机动车辆险管理系统等多个业务软件应用该系统生成，大大提高了业务软件的开发效率和规范化水平，取得了明显的经济效益和社会效益。

该系统于 1996 年通过由中国人民银行组织召开的技术鉴定，鉴定委员会一致认为该系统在国内同类系统中处于领先地位。

十三、保险业务综合管理信息系统

项目编号：9726033

获奖等级：金融科技进步奖二等奖

项目完成单位：中国太平洋保险公司上海市分公司、北京大学

主要完成人员：付军峰、唐世渭、徐建国、王文婷、李力、裴芳、吴爱军、唐海鸣、高冀军

其他完成人员：刘军、陈明、吴峻、王雪松、张颂恩、樊国柱

项目简介：

保险业务综合管理信息系统是一个基于网络的、数据共享的、协同处理的综合管理系统。

一、项目的适用范围

该系统适用于支持商业保险公司各营业网点的业务管理，支持分公司的财务核算中心、理赔中心、高风险核保中心及出单中心的管理模式和运行机制，也支持分公司、支公司独立核算的经营管理模式。

二、项目采用的科学技术原理

该系统的开发主要基于UNIX和RDBMS平台，高风险业务工作流程控制等子系统基于LOTUS NOTES。

该系统的开发遵循软件工程方法进行，综合采用了数据库技术、网络通讯技术、客户/服务器技术、多媒体技术、群件技术等多项新技术。

三、主要经济技术指标、总体技术水平

该系统由财产保险分系统、人身保险分系统、财务与综合统计分系统和协同管理分系统组成，系统功能齐全，横向基本覆盖了现有险种，95%以上的保险业务实现了计算机管理，纵向满足了从展业、理赔、管理到监督控制的各个环节，形成了企业级的协同式信息系统。该系统的开发和实施实现了信息技术和保险业务管理科学化相结合，全面支持了保险公司“分散展业、集中管理”的管理模式。该系统的结构具有良好的灵活性和适应性，易于扩充；系统界面友好，安全性高。该系统的应用普及深入，在提高保险公司的管理水平和劳动生产率、改善服务质量和增强市场竞争能力方面效果明显，取得了显著的经济效益。

经鉴定，该系统的开发和应用是成功的，在同类系统中处于国内领先水平，在系统的开发和新技术的综合应用方面与国外同类系统相比，达到了国际先进水平。

四、实际应用和推广程度

该系统在中国太平洋保险公司上海分公司已得到了全面应用，分公司本部及17个支公司的所有内勤人员都利用该系统进行业务处理，基本摆脱了手工作业，提高了工作质量，减轻了劳动强度；30%的营销人员利用该系统进行业务处理，并且逐渐扩大使用范围。

目前，该系统已推广到中国太平洋保险公司的北京分公司、广州分公司、青岛分公司等40余家分公司，并进一步向其他分公司推广。

十四、特种纤维的研究

项目编号：9728034

获奖等级：金融科技进步奖二等奖

项目完成单位：中国人民银行印制科学技术研究所

主要完成人员：孔金玲、李彩卿、马长生、曲平、高松

项目简介：（略）

三等奖

十五、中央银行地（市）县行金融管理信息系统

项目编号：9711001

获奖等级：金融科技进步奖三等奖

项目完成单位：中国人民银行湖北省分行、中国人民银行荆州市分行、

中国人民银行公安县支行

主要完成人员：刘东、刘克钺、朱晓虹、周立雄、张春方

其他完成人员：王志洪、程锋、陈志成、周启华

项目简介：

中央银行地（市）县行金融管理信息系统是中国人民银行支付科技司作为国家“八五”重点攻关项目向国家计委申报立项的，并以专题“中央银行金融管理信息系统”的一个子专题的要求研制的。此项目的研制推广使信息处理技术、计算机技术、网络通信技术等在金融信息管理中得以充分运用。

该系统适用于中国人民银行地（市）分行和所辖县（市）支行。该系统已于 1995 年 10 月在中国人民银行荆州市分行及其所辖中国人民银行公安县支行投入应用并取得了明显成效。目前，该系统正向中国人民银行荆州市分行所辖 5 个县（市）支行推广。

一、技术原理

该系统以 TCP/IP 协议使 LAN 和 WAN 有机结合，构成一个开放式、高性能的信息网络环境，采用 Client/Server 体系结构构成开放应用硬件平台，其 SERVER 端以 UNIX 为操作系统，以 INFORMIX -ONLINE 建立管理数据库，CLIENT 端以 Windows 为操作系统，并以面向对象的开发工具 POWERBUILDER 开发应用系统，构成开发应用软件平台，LAN 以总线结构构成，WAN 以 X.25 公共分组数据交换网为通信手段，实现了整个系统任务分布、数据共享、负载均衡、扩充灵活的目标。

二、主要技术特点

1. 该系统建设全面，遵守了国家和中国人民银行关于金融管理信息系统建设的有关标准，使最后的产品系统性强，通用性、移植性强，标准化程度高。

2. 该系统采用了先进的网络技术，LAN 和 WAN 采用相同的协议，使系统整合方便，扩充性强，升级容易。

3. 该系统覆盖了中央银行地（市）县行的主要业务，提供了综合利用经济金融信息资源的有效手段，为提高中央银行的总体管理、决策水平提供了有力支持。

4. 该系统采用客户机 / 服务器体系结构，实现了任务分布、数据共享，充分利用现有计算机资源，提高系统运行的整体效益，扩展性好。

5. 该系统的编制采用了面向对象的程序设计技术和开发工具，系统的封装性强，运行稳定。

6. 该系统采用了各种数据采集手段，能与现有业务有效结合，充分利用现有业务系统产生的信息资源，降低系统的运行费用。

7. 该系统坚持以数据为中心的系统设计思想，强调数据库的核心地位，保持了数据库设计的稳健性，延续性强，为决策支持系统的建设打下了坚实的基础。

8. 该系统实现了以功能窗口为基本单位的功能部件设计，便于系统重组，功能内聚性强。

9. 该系统支持多媒体应用，用户界面图形化，实现了“所见即所得”，直观明了，操作、维护方便。

三、关键技术及创新点

1. 该系统采用与中央银行地（市）县行金融活动及其现代化管理相适用的经济金融数据指标体系的确定及其分类编码技术。

2. 该系统采用中央银行数据指标体系的动态管理，从而适应了中央银行数据指标体系的波动变化。

3. 该系统所表示的数据指标体系以基层人民银行业务与监管工作为中心，数据元素精练完整，覆盖了人民银行地（市）县行在履行金融监督管理、调查统计分析、横向头寸调剂、经理国库、会计联行、外汇管理和现金调拨等职能过程中基本的原始数据信息、加工处理后的业务处理数据信息和提供辅助决策支持的决策数据信息。

4. 该系统采用中央银行地（市）县行 FMIS 的设计与实现。

5. 该系统采用中央银行地（市）县行综合性经济金融数据库系统的设计。

6. 该系统采用数据信息采集与信息资源共享的通信网络技术。

7. 该系统采用中央银行地（市）县行 FMIS 系统的安全保密技术。

8. 该系统以 Client/Server 体系结构为模式，以 INFORMIX-ON-LINE 关系型数据库为 DBMS，以 POWERBUILDER 为开发工具，以 UNIX 和 DOS/Windows 为运行平台，以 TCP/IP 协议建立 LAN 和 WAN，构成了一个开放式、高性能的信息网络环境技术。

9. 该系统采用图形化的面向对象的程序设计技术与原形化的开发方法结合的技术。

10. 该系统采用数据库设计的一维存储、二维高速提取的数据映射，使具体的用户需求与数据存储方式的无关性得以完全实现的技术。

11. 该系统采用与现行的主要金融业务应用系统软件接口技术。

12. 该系统采用各种复杂条件的查询、统计并进行自动监测报警的实现技术。

十六、平顶山金融数据通信网

项目编号： 9711002

获奖等级：金融科技进步奖三等奖

完成单位：中国人民银行平顶山分行、中国人民银行河南省分行、中国建设银行平顶山分行、中国农业银行平顶山分行、中国银行平顶山分行、中国工商银行平顶山分行、中保财产保险有限公司平顶山分公司、平顶山信托投资公司、平顶山市城市信用合作社联合社

主要完成人员：王殿和、张莹、王永军、严世群、李自芳

其他完成人员：马廷珍、石金祥、周明强、毛协民、藏玉恒、梁根、辛洪飞、何保金、高春正

项目简介：

平顶山金融数据通信网是国家首家由中国人民银行牵头组织，各金融机构共同投资，与邮电部门合作建成的区域性金融专用数据通信网络。该项目于 1993 年 6 月在中国人民银行总行立项，1995 年 4 月 22 日开通运行。

该网覆盖了平顶山市辖区内所有的金融机构网点，为平顶山市金融系统提供了一个统一和通用的通信子网和通信平台，为本地现代化支付系统的建设奠定了统一的基础。该网采用了先进成熟的分组交换技术和 DDN 技术，实现了异种机、不同通信规程和不同速率数据终端的互联。该网采用模块化网状结构，中继链路为光纤传输，主要设备从国外引进。该网可提供同步、异步、IBM 终端以拨号或专线入网，端口总数有 800 余个，最高速率为 2MBPS。

该网是国内首次成功地采用虚拟专用网（VPN）技术，创新地建成了公用网中的金融专网，既具有专用网的属性，又享有公用网的各种功能，从而使网络具有良好的开放性，易于扩充。该网降低了建网的风险，投资少，见效快，运行、管理、维护、成本低。

该网自建成以来，运行稳定、可靠，得到了中国人民银行总行、邮电部、国家信息中心等部门有关领导的高度评价。中国人民银行总行在全国推广该网的建设经验。截至 1997 年，该网已开通用户端口 200 余个，实现 500 多台不同类型设备的互联。人民银行在全国率先实现了网络到县和快通工程到县。工商银行、农业银行、中国银行、建设银行、保险公司等单位作为全国或全省的试点，开通了电子资金汇兑、储蓄通存通兑、会计对公、信用卡授权、跨行 EFTPOS 网络、ATM 网络等，并实现了电话银行、企业银行等新型金融业务。部分银行通过该网已实现了全辖计算机的联网。该网大大提高了平顶山市金融电子化水平，同时提高了金融业的服务质量，取得了显著的社会效益和经济效益。

该网的设计思想、技术策略、实现技术等方面有创新，为金融数据通讯网的建设创出了一个新路子，对 CNFN 的建设具有一定的指导意义和良好的示范作用。该网在国内同类项目中处于领先水平。

十七、江苏区域网示范工程

项目编号：9711004

获奖等级：金融科技进步奖三等奖

项目完成单位：中国人民银行江苏省分行

主要完成人员：王银烈、陆培祥、王仕春、唐清、井彬建

其他完成人员：姜振宇、王铮、褚衍安、徐文铮、戚宇涛、刘锡鹏、章亚平、袁忍炎、崔萌、华慧

项目简介：

江苏区域网示范工程项目是国家“八五”重点攻关项目“计算机软件研究开发”中“金融电子化”课题下的“金融电子化网络系统”专题下的子专题。该子专题的系统目标分为以下两个部分。

一、江苏金融网络总体结构的设计与研究

1. 该项目是江苏金融网络整个网络体系的拓扑结构和组成部分。

2. 整个网络通信协议标准体系结构的选择和确定，以 TCP/IP 和 IPX/SPX 协议组网，利用邮电部门 X. 25 公用分组数据网实现网络互联，由此组建金融虚拟专用网。

3. 该项目实现人民银行省市县三级局域网试点建设及网络互联；实现中国人民银行江苏省分行与三个市县级分行，即南通（启东）、常州（溧阳）、徐州（睢宁）的 NETWARE 局域网建设和网络互联。

4. 该项目实现省级人民银行与省级试点金融机构的网络互联。以省级人民银行局域网上 UNIX 服务器实现与中国建设银行江苏省分行、交通银行南京市分行的网络互联。

5. 省人民银行局域网与 FNCN 卫星主干网互联途径的实现。

二、电子数据交换（EDI）在金融业务中的研究与应用

1.EDI 交换中心实现 EDI 数据的交换和处理。

2.EDI 用户工作站实现同城清算业务数据 EDI 格式的转换，以及 EDI 数据到 EDI 交换中心的发送与接收。

3. 主机信关实现与业务处理中心的通信，以及 EDI 数据格式与业务数据的转换。

4. 各个系统组成部分的通信连接。

该项目已通过了中国人民银行支付科技司主持的技术鉴定，鉴定委员会经过认真讨论，认为该项目具有以下特点。

1. 该项目实现了省、市、县三级人民银行系统的局域网建设和纵向互联，以及省人民银行与省级金融机构的横向网络互联，项目建设与规划符合 CNFN 区域网建设规范要求，为江苏省的金融网络建设奠定了良好的基础，起到了较好的示范作用。

2. 网络拓扑结构合理，采用 X.25 公用分组交换网组建金融通信子网，利于网络扩展；采用 TCP/IP 和 IPX/SPX 通信协议，实现了异构系统互联。

3. 金融 EDI 系统基于开放式 EDI 体系结构，由 EDI 交换中心、EDI 用户工作站、业务处理主机和主机信关四大部分组成，通过 X.25 公共数据网连接，构成了 EDI 的示范系统。该系统按照软件工程设计方法，采用模块化设计思想，为用户进一步开发新的银行业务系统提供了良好的 EDI 平台。

4. 该系统性能良好，文档资料齐全。采取技术攻关和工程相结合的模式，经过了一段时间的运行，取得了一定的应用效果。

通过攻关项目，积累了经验，并在此基础上，实现了网络到县的工程实施。江苏金融网络系统粗具规模，它作为中国国家金融网络 （CNFN）组成部分，将建设成为纵向上以人民银行系统为骨干网，上接总行、下连各市县人民银行，横向上以城市区域网为基础，各级人民银行连通相应各金融机构的地面网络系统。该网络与卫星通信网络互为备份，使其有机扩展，能独立地运作，为江苏省金融系统各部门的公共通信载体，按照 CNFN 的系统要求，合理设计网络体系结构，为金融系统的资金支付结算和信息服务等应用系统提供方便、快捷的通信服务，达到一网多用的最终目标。

十八、电子同城实时支票清算系统

项目编号：9711006

获奖等级：金融科技进步奖三等奖

项目完成单位：中国人民银行鞍山市分行、深圳南方信息企业有限公司

主要完成人员：吴宝石、牛爱学、杨奎、孙云霞、那世康

其他完成人员：关福红、董毅、刘淑芬、高军、关少波、赵治本、任宝鼎、张晓宇、姜峰、董丽群、杨发财、李国辉、韩永健、俞红、陈彦、赵志凌

项目简介：

电子同城实时支票清算系统属于金融电子化领域，应用于支票的实时结算与清算，涉及了银行会计、电子技术、密码学、计算机应用、机械设计、自动化和网络通讯等多种学科的应用技术，是一项涉及领域多、应用层次深、覆盖范围广的大型系统工程，为“八五”科技攻关项目子专题。

支票的结算与清算工作是整个城市经济活动和资金流通中最大量的经济行为和金融业务，连接着生产、流通、分配、消费等各个领域。长期以来，一直采用人工交换、手工校对印鉴的业务模式，因而带来资金到位慢（至少 3 天）、在途资金长（仅鞍山市 3 亿元）的问题。该系统是以同城支票实时清算、自动结算为目标，以解决支票的自动鉴别与安全防范为关键，以建设同城金融业务网络为支撑环境开发建设，通过实现支票磁卡化、图章密码化、处理电算化、传递网络化达到支票在鞍山市的结算与清算实时化和自动化。

该系统在总体设计思想上独具特色：一是采用磁条支票代替原有支票；二是采用支付密码代替了原有支票图章印鉴，并通过网络实现了支票由原来 3 天抵用期缩短为 30 秒内，极大地加快了整个城市资金周转的速度，经济效益和社会效益十分显著。

该系统有三项国内首创：一是发明并使用磁条支票；二是研制磁条支票制作设备；三是研制磁条支票读写、编码、校验专用设备（手拉式和自动式软磁条读写编码器）。同时，还实现了金融系统的大面积、多层次、异型机种、异型网络的联网。首次在国内实现整个城市金融系统所有账务核算系统联网运行和业务全程处理。该系统于 1996 年 2 月通过中国人民银行总行组织的鉴定和验收。该系统被鉴定为：在运用多项应用技术实现同城支票实时清算方面处于国内领先水平，在国际上也是一种创新。

目前，该系统已在鞍山市全面推广使用，包括 70 个网点、15500 户企事业单位，日均清算为 2000 笔，资金为 5000 万元。已减少在途资金 1.5 亿元。此外，该项目的推广已创产值 2200 万元，创利税 400 万元。该系统杜绝非法支票带来的经济风险和支票诈骗，极大地提高了银行核算质量和工作效率。 该系统在推广中出现了新形势：一是用户（特别是大额用户）强烈要求使用实时清算系统；二是有些收款单位视磁性支票如现金，当场付货；三是新建金融机构将实时清算作为服务优势项目，无实时清算不开业。

目前，总行已下文将该系统作为“四种模式”之一，在全国推广。中国人民银行辽宁省分行已下文，在全省统一推广“鞍山模式”并已在阜新、辽阳试点。全国 40 多个兄弟银行参观交流，已有不少银行在准备引进推广。

十九、本溪电子联行“天地对接”网络应用系统

项目编号：9711007

获奖等级：金融科技进步奖三等奖

项目完成单位：中国人民银行清算总中心、中国人民银行本溪市分行、北京泰通电子技术公司

主要完成人员：田实、邓桂兰、高天游、任选良、王惠良

其他完成人员：郭凯、阎立生、董毅、李伟、张成、李荣孝、刘慧芳、谷庆德、刘喜军、李华文、高得祥

项目简介：

本溪电子联行“天地对接”网络应用系统在中国人民银行总行及中国人民银行辽宁省分行有关部门直接关怀和大力支持下，由中国人民银行本溪市分行和中国人民银行清算总中心联合开发。该系统实现了汇出、汇入行与小站及总站之间来往账数据的传输和信息交换。它的投入运行将电子联行业务延伸和扩展到各商业银行，为全国电子联行实现“天地对接”探索出一条新路。

“天地对接”主要包括网络层对接和应用层对接。

网络层充分利用基于 CHINAPAC 的原同城票据清算网和金融卫星通讯专用网，将网络延伸到各金融机构，使各商业银行具备了直接处理全国电子联行往来账的网络基础。电子联行和同城票据清算业务共用一个地面网及一套硬件环境，商业银行根据业务量大小分别采用 X.25 方式入网；一机多用，一网多用，多种方式入网，益于管理和日常维护，节约投资和长期费用，保证系统的高可靠性，并给今后的金融业务发展创造有利条件。

应用层解决了关键性的电子联行系统和人民银行会计核算系统的对接。商业银行应用系统主要包括作为汇出行时的往账处理程序和作为汇入行时的来账处理程序；小站应用系统主要包括作为发报行时的往账处理程序和作为收报行时的来账处理程序，并把同城清算应用系统、人民银行会计核算系统和商业银行应用系统有机地结合在一起，实现了往来账自动处理、头寸控制和资金清算的同步进行，使天网和地网紧密地结合在一起。

本溪电子联行“天地对接”网络应用系统的本地密押与全国密押一样，均为计算机自动编押、核押。采用分段管理，使全国和本地责任明确。

该系统的主要特点如下。

1. 该系统的地面网组网灵活，有利于适应金融业的发展和变化。

2. 该系统的往来账处理与头寸控制、资金清算同步进行。

3. 该系统统一了软件平台，小站和商业银行均采用 SCO LUNIX 操作系统，应用程序以 C 语言为主体。

4. 该系统采用客户 / 服务器方式，商业银行为客户机，小站为服务器，商业银行主动请求（发送往账 / 索取来账）小站自动响应（接收往账 / 发送来账）。

本溪电子联行“天地对接”网络应用系统实现了汇出汇入行与收发报行之间的直接通汇，彻底改变了“天上三秒，地上三天”的局面，大大提高了电子联行的处理速度，减少资金占用，加速了异地资金划拨，提高了社会效益和经济效益。目前，该系统已在辽宁省内全面推广应用。

二十、银行办公决策服务系统

项目编号：9711008

获奖等级：金融科技进步奖三等奖

项目完成单位：中国人民银行宁波市分行、宁波金融电子化有限公司

主要完成人员：韩沂、张初础、邬向阳、李彦博、宋建江

其他完成人员：陈诚忠、庞华寿、袁东勤、陈小新、叶明杰、陈亚平、王中军、徐文伟、顾晓红、刘湘晖

项目简介：

银行办公决策服务系统是由中国人民银行宁波市分行和宁波金融电子化有限公司设计并开发的，旨在从根本上提高办公及行政管理的效率和水平，并借助计算机与信息科技的成果为领导和决策人员提供全面、及时的决策支持信息。具体地说，其开发目的主要包括：在功能上将办公系统的自动化从简单的打字、复印、传真发展到集机关办公事务管理、主管人员查询和公共信息服务于一体的综合性办公决策服务系统；在设计上将文书档案导入电子化管理发展到将公文管理、领导查询、信息服务等均纳入电子化管理；在目标上则将计算机最新技术应用到机关日常办公事务管理中，将工作效率提高到一个较高层次，将信息的准确率提高几个数量级，将办公人员的工作思路从文字海洋和日常事务中解脱出来，以便投入深入的研究思考中去。该系统经过试运行和将近一年的正式运行，充分显示了计算机和信息技术应用于办公行政事务管理和决策服务所带来的有效性、规范化和科学化，取得了好的效果，并于 1996 年 5 月通过了中国人民银行总行组织的技术鉴定。

该系统在功能上分为三大子系统，即综合办公子系统（主要完成日常的办公事务处理和行政事务管理，包括职员资料、客户信息资料、个人资料和人事档案等信息管理功能，文件办理、录音留言、信息发送、电子信箱等信息传输功能，文书档案查询、报表查询、公用信息查询等信息查询功能）、文书档案管理子系统（通过使用计算机管理文档资料信息解决了文件的动态运转和文件的组卷问题，使文件的办理全面准确，文件的流向一目了然；通过强大的查询功能使文档的查询方便快速；同时配合光盘图文系统的使用能使文档资料以原貌（真迹）存储，包括文档的增、删、改；文档的查询和检索；文档组卷及打印案卷目录，以及对分类号库及主题词库的建索引、库整理及编辑内容等文档维护工作）、决策信息服务子系统（以多种形式为决策人员提供多种决策服务数据和信息，包括业务图表及报表查询、报表格式转换及图表生成等功能）。

该系统的开发遵循了“实用性、安全性、高效性、先进性”的原则，使系统一经投入使用即能取得良好的应用效果。

从实用性方面来看，该系统的三大子系统共 20 多个功能模块的设计完全是从完成日常的办公事务处理和行政管理的角度出发的，其功能覆盖范围包括日常办公中最常用的文件批阅和办理、文书档案（包括声、图、文信息）管理、人员管理和信息交流等内容，同时作为一个决策辅助系统，其以各种形式所提供的各类报表、图表等信息也是决策层进行高层管理和进行决策常用的信息。因此，该系统一经完成立即投入运行，甚至在其试运行阶段就已显示了巨大的生命力，为众多的主管人员和办公人员（包括许多未接触过计算机的人员）所欢迎。

从安全性方面来看，根据有关文件精神，考虑行政管理数据安全性，该系统对各级操作人员设置了口令和操作权限，根据口令和操作权限来存取数据，力争将系统的安全性提高到较高层次。

从高效性方面来看，该系统利用计算机强大的处理能力和存储能力，不仅实现了大量信息的存储，而且对这些信息提供了方便的增加、删除、修改和转换等处理手段，以及迅速便利的查阅手段，同时系统利用了计算机网络的通信能力使信息的交流和传递更为方便，不仅速度快，而且方式多样（包括实时通信、电子邮件、录音留言等）。

从先进性方面来看，该系统根据计算机技术的最新发展，本着方便操作、提高效率的原则，使整套系统在几年内保持先进水平，制定了在资金允许的条件下尽可能采用先进技术的设计方针。例如，采用计算机多媒体技术，在网络设计上利用 TCP/IP 协议作为未来网络互联的基础，同时增配光盘库，提高存储器容量。在软件技术上，采用 Client/ Server 设计思想，应用界面灵活多样，后端数据访问对用户透明。在数据录入及存储问题上，采用高分辨扫描技术，解决海量录入和压缩还原的瓶颈问题。

自银行办公决策服务系统在中国人民银行宁波市分行试运行以来，经过不断的测试、补充和改进，现已成为中国人民银行宁波市分行行政管理体系中不可缺少的一部分，其作用主要表现在以下三个方面。

1. 文件处理的效率提高。由于文件处理在机关和企事业单位的日常事务中占有很大的比重，在以往手工处理时，不仅由于大量文件难于管理，而且依靠书面资料轮阅的办法极易造成文件积压。在该系统投入使用后，依靠计算机保存和处理文件的登记项及原稿，依靠计算机网络传阅有关文件，不仅由于文件资料保存在计算机中而便于管理，而且由于在计算机网络中有阅读文件权限的用户均可以共享方式查阅文件，避免了文件在某处的积压。同时，办公室还能随时通过计算机监测文件的办理情况，及时督促，极大地提高了工作效率。

2. 档案资料的管理效率得到提高。由于通过计算机系统保存档案资料，使档案资料的处理和保存效率大大提高，借助于计算机的处理能力和存储能力，办公人员能在极短的时间里查阅到某篇资料并加以处理；同时由于系统保存了资料的原稿，因而档案资料的完整性、安全性也得到了加强，并节省了大量的档案保管、归档、组卷等物资和人力费用。

3. 促进了决策的科学化，提高了决策的效率和准确性。由于该系统不仅具有与各类业务处理系统和管理信息系统互联的能力从而能快速高效地采集到进行决策所需的大量数据和信息，而且能对采集到的数据进行整理、加工，以报表或图表形式提供给决策人员查阅，所以该系统的使用不仅在依靠业务和行政运作第一线材料的提供方面提高了决策的科学化程度，而且由于所提供数据的及时性，决策的效率和准确性也得到了极大的提高。

银行办公决策服务系统彻底改变了办公事务处理、行政事务管理和决策支持的传统概念，利用先进的计算机网络和应用系统代替了信息的人工收集、处理和传递，利用自动查询检索 / 系统加快了档案资料及金融信息查询的速度，极大地提高了办公和决策的效率和科学化程度。

二十一、现代化中国支付系统（CNAPS）、ATM 入门计算机辅助教学系统（CAIS）

项目编号： 9711009

获奖等级：金融科技进步奖三等奖

项目完成单位：中国人民银行支付体系研究室、电子工业部中国教育电子公司、中国金融学院

主要完成人员：赵国梅、张卓奇、叶林、魏学玲、陈进

其他完成人员：杨沂、史明坤、陈逢吉、李永清、潘松、宋晓军、郭彤

项目简介：

近年来，计算机技术、通信技术和多媒体技术的深入发展，促使计算机技术的应用更深入各行各业，发挥着越来越大的作用。以计算机技术为基础的辅助教学系统（CAIS）也日益在金融培训领域中显示出其重要性。在中国人民银行的金融电子化发展进程中，现代化中国支付系统（CNAPS）的建设也进入应用发展阶段；另外，作为支付工具的自动柜员机（ATM），在银行卡发展过程中，持卡人、发卡行和商家也急需了解这种 ATM 的操作步骤等。因此，研究开发这一金融 CAIS 软件是时代对科技、科研人员提出的要求。

该项目始于 1994 年 10 月，从脚本内容采集、素材整理、直到形成分镜头、开发完成，经历了一个反复修改、充实、完善的多次开发过程。在工作条件并不优越的环境下，该项目经过中国人民银行支付体系研究室、中国教育电子公司、中国金融学院等单位合作开发，历时两年。该项目从立项到通过验收、鉴定，终于成为可以使用的初级商品。

这套一式两张的软件将文字、语音、音乐、图形、图像和动画等多媒体技术有机地结合起来，通过人机对话，伴之视听手段，使近代教育技术全方位地、立体地用于整个教育过程，对使用者学习十分有利。该软件选 Windows 环境下的 AUTHOR WARE 多媒体软件开发平台，起点高，技术先进。

学习者可以将软盘放入 CD-ROM 驱动器中，双击 CNAPS.EXE 文件名即可启动该应用软件。由于软件界面友好、用户操作简便，仅用鼠标就可完成全部操作，同时，在相应的功能按钮和操作区均有直观的图形和文字说明，所以用户在较短时间内便可学会使用该软件。

这套软件交互性很强，能够在各主题间方便地实现交叉跳转，用户可以根据自己的水平和需要，方便地选取自己所需的学习内容，以满足不同用户的不同需要。

该套软件有较强的容错能力，对可能预料到的各种错误均进行了相应处理，用户可以大胆地进行各种操作，而不会出现系统混乱现象。

由于该套软件是作为培训、训练使用，所以软件特别注重教学和培训双边教学中的“要由浅入深，循序渐进，后次复习前次概念”等特点。该套软件屏幕图像文字布局比较合理，画外音语言表达逻辑性强、简洁完整。

该套软件在两个以上的用户中使用后，评价很好，不失为一个优秀的教学软件。处于国内领先水平。

二十二、省域人民银行金融管理信息系统指标体系分析

项目编号：9711010

获奖等级：金融科技进步奖三等奖

项目完成单位：中国人民银行许昌市分行、中国人民银行河南省分行

主要完成人员：鲁德源、任香芬、杨保华、徐庆炜、陈建伟

其他完成人员：刘建伟、刘学杰、张英杰、崔华峰、周明强、赵宗宏

项目简介：

省域人民银行金融管理信息系统指标体系分析主要解决 FMIS 建设遇到的信息采集和采集范围问题，为 FMIS 数据库的设计提供基本依据，从而满足中央银行不断发展的金融监管需要。

该系统突破了传统的金融管理信息采集模式，使 FMIS 采集信息能够实现由面向报表转为面向基础信息，从而使 FMIS 的信息服务系统由面向报表改为面向信息需求。

该系统运用计算机辅助分析，以现用的 168 个报表为分析对象，从其中 11504 个统计分析项中，分析推导出完整的、无冗余的基础信息集合 3595 个，其中会计类基础信息 2535 个，非会计类基础信息 1060 个；同时推导出业务信息集合及业务信息对基础信息的归属关系式。推导出基础信息集合的意义在于所有的业务信息需求，都可以由基础信息经过各种归属产生，并且大大减少了信息采集量。

该系统具有较强的可扩充性和开放性。一方面可以根据需要追加基础信息，另一方面又可以根据新的归并关系生成所需要的业务信息。

该系统的实现，能够推动原有信息采集业务组织体系的重组，实现信息的高度共享，解决管理信息的重复采集问题，提高信息采集的时效性、完整性和准确性，从而节约大量的人力、物力，能够带来较为显著的经济效益和社会效益。

经鉴定委员会鉴定，认为该系统的研制是成功的，设计思想新颖，属国内首创。

该项目已按合同要求完成，提交了中央银行 FMIS 指标体系辅助分析软件、中央银行 FMIS 指标体系基础信息集合、中央银行 FMIS 指标体系分析报表清单、中央银行 FMIS 指标体系监控指标的归属关系式。

二十三、中国工商银行会计核算中心综合业务处理系统

项目编号：9712011

获奖等级：金融科技进步奖三等奖

项目完成单位：中国工商银行杭州市分行

主要完成人员：张衢、朱菲菲、金锋平、黄海燕、杨龙如

其他完成人员：张红卫、丁敏、杨美琴、姚丽佳、周珠玲、黄仲根、周永红

项目简介：

中国工商银行会计核算中心综合业务处理系统是为适应商业银行集约化经营，进行大规模集中处理会计业务的一套计算机应用系统。该系统在国内率先实现了联行往账、联行来账、汇票、应解汇款账务、辖内交换清算等业务的地市级分行集中处理，在 UNIX 平台上通过网络与各分支机构连接，并与 ES/9000 主机系统互联，完成了联行来账的自动实时入账，实现了数据共享、互为备份，具有可靠的故障恢复能力。该系统投入运行后，充分体现了集约化经营的需要，取得了明显的经济效益和社会效益，主要体现在以下五个方面。

一是节约了联行岗位会计人员。该系统投入运行后，联行一线前后台业务共减少会计人员 82 名，补充了外勤和其他岗位的力量，强化了一线对公机构组织存款、优质服务、受理结算三大工作目标，提高了员工竞争和服务的意识。

二是提高了工作效率。该系统充分利用原有数据，通过计算机系统，自动产生有关信息，基本杜绝了业务数据重复录入这一大弊病，同时由于“封闭式、工厂化”批量处理业务，人均处理笔数由 100 笔左右提高到 300 多笔。

三是减少机构层次，降低成本费用。

四是加强了安全经营，堵住联行环节的漏洞，提高工作质量。

五是提高了经济管理水平，改变基层机构小而全、管理复杂、难度大的状况，集中了联行行号，便于联行业务的操作管理和量化考核。

该系统的推广应用，得到中国工商银行总行领导的重视和支持，在全国金融界引起强烈反响，随着改革的深化，这一系统将显示更美好的前景，给金融业和社会带来更大的效益。

二十四、中国农业银行住房公积金业务处理系统

项目编号：9713016

获奖等级：金融科技进步奖三等奖

项目完成单位：中国农业银行信息电脑部、中国农业银行工商信贷部、中国农业银行湖南省分行、中国农业银行重庆市分行

主要完成人员：张冀峰、安仰东、邹韬、蔡火英、梁绍贤

其他完成人员：颜文跃、张伟、谢福明、蔡长安、汪波

项目简介：

一、概述

中国农业银行住房公积金业务处理系统是中国农业银行为支持和配合全国住房制度改革，满足住房公积金交缴的需要而研制开发的。该系统为适应农业银行计算机网络建设的发展，开发了 SYBASE 版和 COBOL 版。SYBASE 版适应于业务量大而实现联网集中处理的大中城市，COBOL 版适应于业务量较小的城镇。

二、系统技术原理

该系统有 SYBASE 和 COBOL 两个版本，均以 UNIX 操作系统作为支持平台。

1.SYBASE 版。SYBASE 版采用目前先进的客户服务器体系结构、SYBASE 数据库和 TCP/IP 通讯协议，支持电话专线、X.25、DDN 等网络环境。该系统由客户机和服务器构成计算机网络环境。服务器由网络中心的主机承担，数据的存储、处理由 SYBASE 数据库系统负责；客户机（前台，即银行网点计算机）负责数据的接收和预处理。

2.COBOL 版。以 COBOL 高级语言作为开发工具。该版本可以单点办理业务，也可以以一台 PC 服务器为主机，外挂终端或微机形成母子方式办理业务。

三、系统功能

该系统具有开户、缴存、补缴、取款、转移、记账、复核、抹账冲正、自动汇缴、定期计息、查询、修改、打印功能，另外还具有磁卡查询、电话查询、电话自动催缴，以及与住房公积金管理部门、缴款单位和个人的储蓄、对公接口等功能，能满足住房公积金业务需求。

四、系统特点

1. 该系统可因环境条件的不同，而采取不同的处理方式：既可以利用微机单点独立处理，也可以采用 Client/Server 体系结构联网办理业务；既可以在微机服务器上运行，也可以在中小型机上运行，具有很强的灵活性和适应性。

2. 该系统具有齐全的功能，特别是电话、磁卡查询功能和电话自动催缴功能，这是该系统具有的特色。

3. 该系统可实现与对公、储蓄、信用卡系统的集成，使网点同一终端可以办理多种业务，既可节省专人专岗办理住房公积金业务，又使其与对公及储蓄工资存款连成一体，从而使银行内部结算同步完成。

4. 该系统提供的各种数据接口和报表，为政府和房改部门及时、准确了解住房公积金的有关情况，帮助其对有关资料进行分析、评价和运用提供了可靠的依据。

二十五、中国农业银行省以下机构四级网络 FMIS 示范系统

项目编号： 9713018

获奖等级：金融科技进步奖三等奖

项目完成单位：中国农业银行信息电脑部、中国农业银行广东省分行

主要完成人员：曹谷崖、邝志涛、廖育源、曾文胜、曾维文

其他完成人员： 刘建军、谢昊、江朝晖、陈龙、赵珂、余晓平

项目简介：

中国农业银行省以下机构四级网络 FMIS 示范系统是国家“八五”科技攻关项目。该系统是为了实现农业银行各级管理机构的金融业务信息处理网络化和深层次的采集加工利用而设计的一个适合农业银行省以下各级管理运行机制的金融管理信息系统。该系统支持省分行、市分行、支行及支行以下四级机构建立一个金融网络管理信息系统。

一、主要功能

该系统主要由以下 14 个部分组成：文档管理子系统、人事档案管理子系统 、工资管理子系统、部门资料库、通用制表软件、法律库、行长办公系统、行长信息分析系统、综合业务数据库、信贷信息数据库、固定资产管理、设备管理、触摸屏控制系统、远程通讯系统。

二、主要技术难点和设计原则

该系统是采用 DOS、NETWARE 和 Windows 等系统平台实现系统集成，采用 FOXPRO、汇编、SAS 和 C 语言实现的。它的主要技术难点有以下三点。

1. 该系统要把多个操作系统、多个软件产品和多种编程语言集成起来。

2. 该系统要建立适合中国农业银行实际和发展需要的规范业务数据库。

3. 该系统要建立适合中国农业银行向商业银行转换的指标体系和对信息的深层次加工处理。

为此，该系统的设计遵循了下述原则。

1. 硬件环境配置灵活、通用和低成本，以保护现有投资。

2. 设计合理的数据库结构，提高系统检索、数据处理速度和满足网络读写并发处理要求。

3. 设计了与 IBM ES/9000 大型机 SAFE 集中式储蓄系统的连接接口，直接连接主机建立业务数据库。

4. 采用国际上流行的统计分析软件包 SAS 进行业务信息分析，使信息分析系统建立在标准化、通用化和有较高理论层次的基础上，并支持运行于不同硬件平台。

5. 采用内存剪贴技术设计通用制表系统。

6. 在信贷信息数据库中，建立了客户数据库和贷款户台账，按照资产负债比例管理和信贷资产管理要求，实现信贷风险度的科学评估，实现信贷资产合理管理。

7. 采用图像扫描技术，设计人事档案管理和系统总控。

8. 采用多媒体技术，运用三维动画、图像拼接技术设计了触摸屏查询系统。

三、应用效益

该系统已在全省范围内推广应用，现已有近 20 个二级分行和近 30 个支行使用了该系统，并且成为中国农业银行广东省分行日常信息管理运作中不可缺少的工具，根据用户反应，达到如下效果。

1. 该系统减轻了管理部门工作人员的劳动强度，提高了工作效率。

2. 该系统使管理部门的业务工作质量得到提高。

3. 该系统增加了对全行主要业务数据、历史数据等重要数据的共享手段和利用率，并对数据进行深层次加工处理，迅速生成图表，为决策提供辅助依据。

4. 通过网络，该系统加强了对全行数据资料的统计和积累，为今后扩充利用打下了基础。

该系统的研制成功，为中国农业银行管理信息系统建设在基层行的推广及发展开辟了一种新的形式，符合中国农业银行点多面广的机构实际。该系统充分利用原有的微机系统组网，使管理系统走向网络化。同时，该系统的开发设计考虑与大中小型机系统的连接方案，为今后的扩充留有余地，可以以此为基础不断完善扩展，扩大应用面。

二十六、投资项目评估系统

项目编号：9715022

获奖等级：金融科技进步奖三等奖

项目完成单位：中国建设银行总行、中国建设银行甘肃省分行

主要完成人员：魏克文、孙一顺、韩智慧、牛爱民、刘云辉

其他完成人员：梁洪晨、王小军、李仲凯、丁延峰、刘凯、马丽

项目简介：

投资项目评估系统为国家“八五”攻关专题——面向金融的软件开发工具和环境的子专题，编号为 85-712-14-4-1。

该系统根据国家计委建设项目经济评价方法与参数，结合新的财务会计核算方法和税收制度的变化，按照工具软件设计开发原理和规程，由中国建设银行完成开发。该系统不仅适合于各行业的新建项目，也适合于大多数技改项目，是国内评估经验和世界银行评估方法相结合的软件。该系统的功能如下。

1. 根据输入的数据，经过计算、打印平台，可形成整套财务报表、盈亏平衡分析和各种分析报表。

2. 可进行多因素和单因素敏感性分析，并输出分析结果。

3. 用户可确定每一种变化的概率值，分析项目的风险性。

4. 该系统考虑了数据的备份和恢复，实现了一个项目多个评估方案的输出，为方案的选择提供方便。

5. 该系统提供了产品市场环境、原料等各种预测分析工具。

该系统的技术特点如下：考虑评估方法和数学模型的变化对软件寿命的影响，该系统把可变部分和静态部分分开，用工具软件的设计思想，将可变部分放到数据库中，做到评估方法变化后主程序模块不动，仅维护相应的数据库。使二维表根据动态变化产生其逻辑结构，再通过层次化的行编码共同控制数据项的办法，实现了数据库对二维动态表的处理。

该系统已于 1995 年应用于中国建设银行 44 个省市一级分行，应用面占全国省市分行的 100%，所评估的项目有冶金、电力、煤炭、机械、矿山、化工、交通运输等新建项目，平均提高工效 8 倍以上，节省人力 80%。该系统对于规范项目评估工作、提高项目评估的质量和评估速度起到不可估量的作用。

二十七、中国建设银行广东省分行计算机联网交易与事务处理系统

项目编号：9715024

获奖等级：金融科技进步奖三等奖

项目完成单位：中国建设银行广东省分行

主要完成人员：周经华、娄凯、杨裕常、杨杰、邓景一

其他完成人员：李洪茂、汤政军、王行刚、吕立义、陈葆珏、林少怀、毕宗让、肖琨、何穗胜、黄江凭

项目简介：

中国建设银行广东省分行计算机联网交易与事务处理系统是广东省 “金卡”工程的一个重要组成部分，是一项较为庞大、复杂的系统工程。整个系统以省分行交易清算系统为中心，以连接全省的广东分组数据交换网（GDPAD）为依托，把全省建设银行计算机网络分为主干网（省网）和区域网两大部分。

主干网通过广东公共数据分组交换网（GDPAD）与全省 29 个联网成员行互联。中国建设银行广州市分行通过广州市数字数据网（DDN）与负责跨专业行交易清算的广东国际金融网络公司（GNEI）互联并与省分行连接。

该系统建立四级网络管理：通信网管、计算机网管、网络中间网管和交换中心应用网管，全面监控从底层通信到上层应用系统的网络运行状态，同时在网上开通使用的有电子货币支付系统（速办事 SPS）、管理信息系统（MIS）、多媒体办公自动化系统（OA）和储蓄 3.0 系统。该系统在交易进行或信息传输时，对网上传输的信息进行加密、认证（MAC），保证各种信息在网上的安全性和可靠性。

截至 1995 年 10 月 9 日，广东省 30 个联网成员行全部通过 GDPAD 与省行联通。其中有 25

个成员行（城市）的 400 多台 ATM 已在网上进行跨地区全天候 24 小时实时交易。持有这些行发行的储蓄卡和信用卡的客户可在这些 ATM 上取款、查询、更改密码等交易。该系统的开通大大加快了资金结算，为客户提供了安全可靠、方便快捷的优质服务。

二十八、中国建设银行广州市分行公积金综合业务处理系统

项目编号：9715027

获奖等级：金融科技进步奖三等奖

项目完成单位：中国建设银行广州市分行计算机应用管理处、建企管理处、财会处

主要完成人员：张应丰、陈忠、杜望延、李敏、黄冬红

项目简介[①]：略

二十九、中国建设银行计算机多用户审计系统

项目编号：9715028

获奖等级：金融科技进步奖三等奖

项目完成单位：中国建设银行陕西省分行、中国建设银行总行

主要完成人员：王彦军、张福生、张京娜、端木国站、常勇

其他完成人员：陈芮、王耀辉、石志强、董景平

项目简介：

中国建设银行计算机多用户审计系统是用于中国建设银行各级稽核审计部门的计算机软件，它是依据建设银行业务处理的规章制度，按照计算机软件工程的技术原理，在 XENIX 操作系统环境下，利用 INFORMIX 数据库和 C 语言开发完成的。该系统由会计柜台账务核算审计、“合同、汇票、担保”业务审计、业务核算应用软件合法性审计三个子系统和系统初始化、系统维护两个辅助系统组成。该系统实现了对建设银行日常业务的正确性、准确性及合法性审计，居国内领先水平。

该系统在设计上的创造性和先进性主要表现在以下四个方面。

1. 该系统在总体设计上引入“公共数据”的概念，使系统与系统之间既可有机地组成一个大系统，又保证了各子系统的独立性。

2 该系统中“核算软件审计”引入了“关系文件”和“文件关系”的概念，用来管理和描述各业务核算软件，从而实现了对各业务核算软件的合法性审计。

3. 数据接口设计立足于该审计系统的数据要求，并进一步考虑了系统的扩充。

4. 在功能设计上，该系统本着为审计部门提供一个利用计算机实现辅助审计手段的同时，还体现了一个工具软件的设计思想。

自该系统在建设银行系统推广应用以来，收到了良好的效果。

1. 加大了稽审力度。利用该系统可对会计账务、合同、汇票、担保等进行多角度的审核，实现了账务数据的全面审计，增强了资产风险的防范。

---

① 注：该年度印刷的纸质简介单行本中本条内容缺失。

2. 拓展了稽审范围。该系统不仅能对建设银行电子化业务进行审计，而且还实现了对核算软件的合法性审计，丰富了审计工作的内涵。

3. 规范了审计工作。该系统避免了手工审计的繁杂工作，降低了差错率，使审计工作更加规范化，提高了审计工作质量和效率，有力地促进了建设银行稽审工作的电子化发展。

三十、中国建设银行广州市分行缴费通综合业务系统

项目编号：9715029

获奖等级：金融科技进步奖三等奖

项目完成单位：中国建设银行广州市分行

主要完成人员：张应丰、邓劲翔、吕建新、林春漪、杨建庭

项目简介：

缴费通综合业务系统是中国建设银行广州市分行综合业务网络系统的组成部分，是以代理公共企事业单位收取（派发）各种款项等中间业务为目标的大型主机网络系统。

缴费通综合业务系统分析了银行中间业务的特点和可能出现的不同形式，具有全面的预约扣款（存款）功能，提供了现金、存折、储蓄卡、信用卡、IC 卡、支票等多种柜台缴费方式；在预约批量业务方面，实现了只需一本建设银行通存通兑存折，便可以代客户缴纳（存入）各种款项；还可根据客户需求的不同，提供面向单位的单位签约方式和面向个人的银行签约方式。众多处理功能的组合，使缴费通综合业务系统具有广泛的行业适应能力。

缴费通综合业务系统具有完善的中心管理功能，可以实时监控全行业务运作情况；个人账户实时更新，单位资金当日清算，加快了资金流动，扩大了银行电子化服务领域。

缴费通综合业务系统采用主机集中处理模式，两层网络结构，采用点对多点的 POLL/SELECT 网络协议，先进的联机备份和故障恢复措施，系统安全可靠，是一个技术先进、实用性强的计算机网络应用系统。

缴费通综合业务系统运行 1 年多来，连接银行柜台 256 个，代理了多个行业收费，收费项目已达 40 多项，为单位和客户提供了方便，满足了建设银行扩大服务领域的要求，为建设银行树立服务大众生活的新形象起到积极的推动作用。

三十一、人身保险业务软件生成系统

项目编号：9726031

获奖等级：金融科技进步奖三等奖

项目完成单位：中国人民保险公司电子计算中心、中国人民保险公司、广东省分公司

主要完成人员：黎锦康、蔡咏涛、潘治江、黄彪、陈国顺

其他完成人员：林杰、李斌

项目简介：

人身保险业务软件生成系统是一个实用的自动生成系统，它改变了传统的软件设计开发方法。在 UNIX 操作系统和 INFORMIX 数据库的环境下，为软件设计人员提供了一个功能全面的保险业

务处理系统的开发工具。软件设计人员经过对业务进行调查分析，将相应的分析说明书提交给系统，即可生成所需的数据库表的结构、用户界面和相应的处理程序。

该系统的设计适应人身保险的不同险种、不同地域的业务需求，在保险的实务处理或条款发生变化时，能够很快地适应相应的变化，经过适当的变动，可以应用于其他的业务信息处理系统。

该系统综合使用了快速原型技术、代码生成技术、表达式解释和翻译技术。其基本思想是：利用快速原型技术，以原型参数和数据字典为主要依据，实现实务原型的快速生成，支持用户对实务原型参数及实务原型的修改。

该系统通过数据字典传递数据，保证了数据基本特性的一致，同时，对数据的一些附加特性提供了灵活的处理手段。

该系统为用户设计了友好一致的用户界面，提供了交互式会话功能，用户界面做到“所见即所得”，并具有自动提示、自动纠错功能，自动化程度较高，操作简单易学，便于推广使用。经中国人民银行组织的鉴定会鉴定，该系统在国内同类系统中处于领先地位。

人身保险业务软件生成系统自 1995 年底开始在中国人民保险公司全国范围内推广使用，已生成养老金管理系统和福寿、安康保险管理系统等多个应用软件。经过使用证明，该系统基本能适应人身保险的不同险种、不同地域的业务软件需求，节省了保险业务软件开发的大量人力、物力，缩短了系统的开发周期，提高了生产效率，获得了较大的经济效益和社会效益。

三十二、国家保险管理信息系统

项目编号：9726032

获奖等级：金融科技进步奖三等奖

项目完成单位：中国人民保险总公司计算中心、中国人民保险公司山东省分公司

主要完成人员：成洋、曾静、詹肇岚、朱宏玲、丁丁

其他完成人员：李越、王秦荣、张萧萧、李政怀、范平、崔正宇、贾钊、郭咏梅、孙航、徐征、刘鲲

项目简介：

国家保险管理信息系统是中国人民保险公司在“八五”期间为实现保险业务和信息的计算机综合管理的重要课题。

该系统设计先进、联机反应迅速、界面友好，经中国人民银行组织的鉴定会鉴定，已达到国内先进水平。

该系统包括 4 个子系统，分述如下。

1. 再保险管理信息子系统。

（1）该子系统全面实现了再保险的分入和分出分保业务的计算机处理，可以为业务人员和各级管理人员提供业务经营和科学决策的必要信息。该子系统功能包括承保、账务、统计、重大损案及其他相关业务处理等。同时，还提供对公司、摘要表、船、机队和业务账单的输入、修改、删除、查询等功能。

（2）该子系统采用网状数据库（NDB）作为主数据库，具有较高的存取效率，采用关系型数据库作为统计查询之用，具有使用简便、易于扩展、易于修改的特点。

（3）该子系统用户界面友好，使用方便。

（4）该子系统稳定可靠，具有较为完善的安全措施。

（5）该子系统以 FACOM M760/4 计算机为硬件平台，可支持多种外部设备，如磁盘机、磁带机、激光打印机、行式打印机、终端等。

2. 人寿保险管理信息子系统。

“七五”期间，人寿保险业务费率的厘定和责任准备金的计算所用的死亡率一直借助日本全会社生命表。日本经验死亡率水平与中国被保险人群体死亡率水平存在差异，这对我国人寿保险业务的经营产生一定影响。人寿保险经过十多年的飞速发展，其长期业务承保人数已超过 8000 万人（1991 年底数字），已足够让我们进行死亡率调查。从 1992 年下半年开始着手进行资料的收集，1995 年 1—3 月进行经验资料数据库的建立及资料分析工作。1995 年 3—7 月由研制工作小组集中研究和编制本次经验生命表。

经验生命表是人寿保险业及其政府管理部门对市场进行监督控制和行业自律必不可少的依据。编制中国第一张人寿保险业经验生命表，对发展我国的寿险事业，提高管理水平，适应市场经济体制，参与国际竞争和国际交流有着重要和不可替代的积极作用。

3. 财产保险防灾防损数据库。

（1）该子系统具有保险业务防灾防损业务处理、统计分析等综合功能，能提高防灾业务统计分析的工作质量和效率，进行各种风险分析，实现防止和减少灾害损失，提高保险经营的综合效益。

（2）该子系统采用 Client/Server 方式，服务器为 UNIX/XENIX 操作系统、INFORMIX 数据库管理系统、INFORMIX-ESQL/C 开发工具；工作站为 Windows、POWERBUILDER 开发工具。网络环境为 NETWARE、TCP/IP。

（3）该子系统具有良好的用户界面，保证业务人员和技术人员操作简便、灵活，易于维护。

（4）该子系统具有灵活的数据查询功能，同时能实现简单的模糊查询。

（5）该子系统通用性强，数据表通过外部定义，只需修改全程变量及增减数据项定义和帮助文件，即可增减任何数据表。

4. 有关国际保险法律和典型保险案件数据库。

（1）为适应保险业务发展的需要，方便各级业务人员快速准确地了解相关的国际国内保险法律条文，以及保险重大案例的有关信息，为具体实务提供依据，故研究该子系统。

（2）该子系统具有数据录入、输出和多种查询功能。

（3）该子系统用户界面友好、操作简单、易学易用、易于维护。

（4）该子系统采用 FOXPRO 开发，具有较高的可靠性和可移植性。

该系统在开发设计过程中，采用了网状、关系两种数据库技术、网络通讯技术、客户 / 服务器技术和软件工程的技术，是将计算机技术在保险行业的成功应用。

该系统自 1992 年投入使用以来，运行稳定可靠，极大地提高了保险业务处理效率，并为管理决策提供了统计信息，产生了显著的经济效益和社会效益。该系统具有较好的可扩展性，可适应不断出现的新险种的业务系统开发，提高保险电子化投资的总体效益。

第七节 1998 年金融科技进步奖获奖项目

一等奖

一、中国人民银行全国电子联行系统

二、中国工商银行个人异地结算综合网络系统

三、中国银行外汇资金业务处理系统

四、中国建设银行资金清算系统

五、交通银行全国电子汇兑系统

二等奖

六、中央银行金融管理信息系统——货币发行管理子系统

七、《“八五”重点科技攻关项目可行性论证书》

八、中国国内批发物价指数调查统计系统

九、全国 AS/400 电子同城资金清算系统

十、中国工商银行房地产信贷综合业务处理系统

十一、《金融行业计算机系统安全对策规范》

十二、中国农业银行 ES/9000TPE 平台银行综合业务计算机网络系统

十三、中国农业银行 ES/9000 平台集中式对公业务处理系统

十四、中国农业银行集中式计算机网络 AS/400 平台对公业务处理系统

十五、中国银行省、市两级金融管理信息系统（FMIS）

十六、中国建设银行上海市分行 ES/9000 公积金业务处理系统

十七、制定 GB/T 15249-94《合质金化学分析方法》国家标准

三等奖

十八、中国工商银行出纳业务计算机综合管理网络系统

十九、全国工业企业景气调查分析网络系统

二十、城市电子支付与清算网络系统（“天地对接”）

二十一、城市资金支付清算系统

二十二、中国人民银行财务报表管理系统

二十三、电子联行统计分析系统

二十四、厦门市信贷资产监测网络系统

二十五、中国人民银行长春市分行区域网络系统

二十六、中国人民银行杭州市分行电子联行“天地对接”系统

二十七、经济、金融时间序列数据库

二十八、中国人民银行非现场稽核监督信息系统

二十九、多媒体光盘《金融博士》

三十、金融系统违法违纪案件信息管理系统

三十一、中国工商银行信用卡 AMC 综合管理网络系统

三十二、中国工商银行固定资产管理系统

三十三、中国农业银行 ES/9000 金穗卡业务处理系统

三十四、中国农业银行管理信息系统资产负债及辅助经营与决策子系统

三十五、《中国农业银行自动柜员机应用标准》

三十六、无色荧光油墨（UV-3# 颜料）的研制

三十七、GBSH-1996 纯金光谱分析用标准样品

一等奖

一、中国人民银行全国电子联行系统

项目编号：9811006

获奖等级：金融科技进步奖一等奖

项目完成单位：中国人民银行清算总中心

主要完成人员：印甫盛、梁英武、李德功、周林影、揭念义、刘大隆、苏云清、刘钟、吴铁生、陈晓平、王潺、赵宏、王全红、高天游、赵连

其他完成人员：许成军、王平、李莲、谢众、杨文杰、宋其章、李伟、林云山、韩宇冰、刘书军、冯烨、罗玮、梁梅、胡江、王聿德、葛衡、叶文、熊卫民、胡炜、李卫华、葛洪慧、沈力、朱轶男、赵志方、雷敏、谢琛

项目简介：

全国电子联行系统是根据中国人民银行制定的《电子联行往来制度》开发的应用系统，它是运行在中国金融卫星数据通信网上的最大的应用系统。它由既相互独立又相互联系的三个应用系统（主站应用系统、小站应用系统和通汇点服务系统）组成。

一、业务适用范围

全国电子联行是指发有电子联行行号的行与行之间通过电子计算机网络系统进行异地资金划拨的账务往来。汇款人通过电子联行向收款人进行资金划拨时，要经过汇出行、发报行、转发行、收报行和汇入行，其中：

1. 汇出行：设在商业银行通汇网点，发出汇划业务。

2. 发报行：设在中国人民银行清算分中心，办理往账业务。

3. 转发行：设在中国人民银行清算总中心，办理转发业务。

4. 收报行：设在中国人民银行清算分中心，办理来账业务。

5. 汇入行：设在商业银行通汇网点，接收汇划业务。

二、应用系统组成

全国电子联行系统通过卫星网络系统和地面网络系统实现异地资金划拨的账务往来，其中：

1. 主站应用系统。该系统是全国电子联行应用系统的中枢，运行在清算总中心的卫星主站中，运用 IBM9672 等大型计算机技术完成转发行的任务。

2. 卫星网络系统。该系统依靠人造卫星通过 C 波段（HNS 公司）或 Ku 波段（NEC 公司）保证卫星主站和卫星小站之间信息（包括支付指令、联络信息和其他金融经济信息，下同）的无差错传送。

3. 小站应用系统。该系统是全国电子联行应用系统的桥梁，运行在清算分中心的卫星小站中，运用 PC 微型机或服务器技术完成发报行 / 收报行的任务。

4. 地面网络系统。该系统依靠地面网络系统保证卫星小站和通汇点之间信息的无差错传送。

5. 通汇点服务系统。该系统是全国电子联行应用系统的终端，运行在商业银行的通汇点，运用 PC 微型计算机技术完成汇出行 / 汇入行的任务。

三、科学技术原理

1. 采用先进的卫星网络技术、地面网络技术和局域网技术实现主站应用系统与小站应用系统之间以及小站应用系统与通汇点服务系统之间的业务处理，特别是多种卫通设备及技术的综合成功应用，这在国内是首创，在国际上也是先进的。

2. 采用以 IBM 主机作为中心，以 PC（服务器）UNIX 系统作为分布处理节点的方法设计成大型联机事务处理系统，这在国际上没有先例。

3. 采用 Client/Server 系统结构将主站作为小站的服务器，小站作为通汇点的服务器，在账务处理时，一律采用“客户机主动请求，服务器自动响应”。

4. 采用多种措施，保证系统安全可靠，特别是通过计算机对每笔业务经过密押卡编押、核押，确保数据的合法性、有效性和安全性。

5. 通过共享通信资源，在同一系统上同时实现联机业务处理（OLTP 应用）和信息（文件）交换服务（批处理应用）。

四、主要技术指标

1. 主站系统可以支持 2000 多个联行小站。

2. 主机系统的业务处理能力不少于 30 万笔 / 日。

3. 小站系统受理业务能力不少于 1500 笔 / 日（业务量大的联行小站实际已达 4000 笔 / 日）。

4. 业务处理能力：每笔业务的平均处理时间在 486 微机基本配置下不大于 6 秒。

五、总体技术水平（根据 1996 年 10 月 30 日鉴定意见）

全国电子联行系统是一个已在全国范围内运行多年的大型金融计算机应用系统，其技术先进，设计思想新颖，具有创新性，适合中国国情，系统规模大，稳定可靠，用户使用方便，经济效益、社会效益显著，技术资料齐全，达到国内领先、国际先进水平。

六、应用及推广情况

1996 年底，全国电子联行系统由一个主站和 600 个小站组成，业务达到 10000 多个通汇网点。

全国电子联行系统从 1992 年 1 月 1 日到 1996 年 9 月 30 日，共处理转汇业务 14308737 笔，金额为 195140 亿元。1996 年平均每天转汇 30000 笔，金额为 400 亿元，占全国异地资金转汇的大部分，促进了金融秩序稳定和国民经济发展。同时，大大缩短了资金在途时间，加速了资金周转，提高了资金利用率。以 1996 年为例，按照每笔业务提前一天入账，可为客户增加利息 8.03 亿元，而每天 400 亿元的流动资金会为客户产生更大的经济效益。

随着“天地对接”和“应用到县”的实施和国民经济的发展，全国电子联行系统的收发站将会达 1000 个以上、通汇网点达 15000 个左右，处理转汇业务将达 80000 笔 / 日，金额将达 1000 亿元 / 日左右，为中国的金融事业和国民经济的发展作出更大的贡献。

二、中国工商银行个人异地结算综合网络系统

项目编号：9812018

获奖等级：金融科技进步奖一等奖

项目完成单位：中国工商银行科技部

主要完成人员：纪梅丽、苏文力、金熙炜、杨红、金骐、张竟男、胡稚弘、王刚、王嵩、吕仲涛、李秀媛、左小波、郭超、林勇、张洪晋

其他完成人员：刘少明、毛卫东、侯海卫、童璞玉、刘殊哲、肖向东、俞建立、黄斌、李金浩、刘驰、徐乐耕、陈锦锐、李卫、姚红玲、王士爽、胡绍中、胡受忠、朱亦剑、夏军、韩旭升、张新宇、杨小志、武苏文、刘雪恒、王建云、吕艾国、孟虎、李智、周永红、余海峰、殷竹清、宁雷、叶青波、王超民、胡红雨、陈洪、陆晔、文然、邵剑

项目简介：

为适应金融改革的需要并向社会提供更多更好的金融服务，中国工商银行科技部根据行领导的指示，决定组织开发中国工商银行个人异地结算综合网络应用系统。由于该系统规模庞大，涉及的业务范围广，无法一次性安排，所以科技部确定了“统一设计，化整为零，先简后繁，分期分批”的开发方针，并于 1994 年初、1994 年底、1995 年初和 1995 年中以工银科字第 8 号文《关于统一开发我行大型机 ATM 网络应用系统的通知》、（94）工银科字第 44 号文《关于牡丹卡异地授权应用系统开发的通知》、（95）工银科字第 4 号文《关于 POS 应用系统开发的通知》和（95）工银科字第 17 号文《关于开发大型机全国储蓄异地通兑系统的通知》的形式正式立项。

中国工商银行个人异地结算综合网络应用系统是根据中国工商银行储蓄部和牡丹卡部提出的业务需要而研制，用于处理个人异地资金结算业务。客户只要来到全国任意一家使用了该系统的分行就可以方便快捷地在其商户、营业网点和自动柜员机办理各种异地结算业务。该系统以中国工商银行全国计算机网络为依托，以联机实时网络处理的方式，实现了个人异地结算服务数秒内完成的目标。

该系统使中国工商银行的异地资金结算方法进一步电子化、网络化。在国内各专业银行乃至各金融机构中率先实现了客户在全国异地的消费和存取款等业务能在数秒内完成（包括对其本地账户的实时更新）的目标。与国外发达国家相比，虽然起步较晚，但在短短三年多的时间内，中国工商银行用有限的人力和物力实现了如此高效安全的网络系统，达到了国际先进技术水平。

该系统是一个大型计算机应用综合网络系统，它跨越全国各省市区域将中国工商银行的营业网点、商户和自动柜员机联成一体。该系统交易处理速度快、稳定安全、开放能力强。该系统适用于 VSE 和 MVS 两种软件平台。在规范了本地 ATM 和 POS 处理方式的基础上，确定了个人异地结

算的业务做法。另外，规定了跨地区交易数据传输标准，方便了与其他系统的连接。该系统功能丰富，可处理包括储蓄活期存折、牡丹信用卡、牡丹转账卡和牡丹取款卡等客户结算工具的各类异地业务。该系统处理交易量大，操作简单，易于维护。

截至 1998 年，中国工商银行全行已有 16 个省市级分行和浙江省全部地市行参加了该系统，入网的储蓄所约 2000 个、ATM 1000 台、POS 3000 台，日均异地业务量达 1200 笔，进网的资金流量日均近千万元，高峰日业务量达 2100 笔，资金流量达 2000 万元。

该系统的投产产生了重大的社会效益和经济效益。传统的个人汇兑业务每笔实际在途时间至少要 5~7 天。通过该系统，每笔异地存取现金业务通常在数秒内即可完成，平均在途时间为 5 秒。若按目前进网业务的平均业务量，全年为社会可累计多产生可用资金达 180 亿元。另外，该系统方便快捷的结算服务促进了电子货币的发展，大大减少了现金流通量。该系统的开通同样也带来了巨大的经济效益。每笔异地授权业务由原手工打电话时的几十分钟完成改变为数秒钟完成，节约了近百万元电话费用。由于结算服务水平的提高促进了储蓄业务和信用卡业务的发展，因而累计为工商银行增加了上百亿元的储蓄存款和数百亿元的消费交易金额，同时，增加了数千万元手续费收入。

该系统可以在国内任何银行推广使用。只要采用 MVS 和 VSE 操作系统，解决通讯线路，完成适当的培训和软件安装就可开通投产。未采用 MVS 和 VSE 操作系统的单位只要依据该系统所提供的标准进行开发就可联入。该系统的开发充分考虑了使用对象地域广、机种杂、数据处理层次多、人员水平参差不齐的情况。开发者将应用软件开发成操作简便、用户界面友好、处理步骤严密、标准规范和安全可靠的系统，使该应用软件的推广应用非常方便。该系统投产将带来的巨大社会效益和经济效益及其良好的性能，使其在中国工商银行和国内其他银行的应用推广前景十分广阔。

三、中国银行外汇资金业务处理系统

项目标号：9814030

获奖等级：金融科技进步奖一等奖

项目完成单位：中国银行总行

主要完成人员：李毅奇、葛文、刘淑清、李正茂、刘晓波、龚涛、邝丽燕、王浩、刘宁、卓越、王首飞、李东亚、张少普、和广北、王苹

项目简介：

中国银行外汇资金业务处理系统是根据中国银行外汇资金业务的需求，依照国际业务规范，设计开发的综合应用系统。系统设计以资金安全、风险防范为特色；以对资金、交易员、分行的全面层次管理为手段，采用与路透社、美联社、SWIFT 及中国银行自身网络实时联网的方式，形成一套完整的能实现从牌价传输、实时交易、头寸汇总到后线结算一体化的联机实时处理和风险控制系统。该系统对资金的流量、额度、盈亏、资本与利息等进行了全面的分析，从一般性的数据处理转向决策分析，使资金管理的水平大大提高，实现了中国银行外汇资金的业务处理和综合管理。

中国银行外汇资金业务处理系统通过中国银行的专网、全国邮电通讯网将 LAN 和 WAN 结合

起来，采用 TCP/IP、SNA 等异种网互联技术，把总行和分行交易中心连接形成中国银行外汇资金业务管理网络，实现交易网络的实时数据交换和风险控制。

中国银行外汇资金业务处理系统以国际业务规范和中国人民银行、国家外汇管理局的各项规定为设计依据，按照软件工程的规范，采用模块化设计，结构清晰，具有较强的可维护性和扩充性。该系统由前台交易风险控制、后台账务核算及与各分行联网处理三大部分组成，共分 26 个子系统，实现了外汇资金业务前台交易与后台核算自动处理的一体化。该系统可直接从交易机采集数据并完成交易员权限自动控制、代理行额度的集中管理，实时进行盈亏分析；可通过网络将前台交易数据自动送入后台复核，进行账务处理，最后生成各种统计报表。同时通过 SWIFT 直接向国外有关机构发送收付指令。该系统通过广域网与全国 400 多家分行连接，每日实时汇总外汇资金头寸进行平仓，为有效地避免风险提供了技术保障。

该系统依照国际标准，在开放式平台上，采用了关系型数据库、多维数据仓库和 TCP/IP、SNA 等异种网络互联技术；使用了多种开发工具。采用 IBM MAINFRAME、UNIX CLIENT/SERVER 两大体系互联的结构，可实现与主机实时交换数据、数据实时下载、牌价实时发送，开发技术难度大，性能指标达到了系统设计的要求。若利用专网，采用 TCP/IP 协议方式传输牌价和汇总上报头寸，平均处理时间小于 10 秒；若采用拨号方式，平均处理时间小于 30 秒，每笔交易的远程网响应时间小于等于 10 秒，本地响应时间为毫秒级，联机批量传送交易的速度为 10 分钟 /1000 笔，发送 SWIFT 电报的速度为 1600 笔 /20 秒。同时，网络数据传输安全、可靠，保密性强。统计、会计报表、SWIFT 电报及数据分析的准确性达到 100%。系统具有程序自动更新功能，可以实现各个用户终端系统的自动更新，以保证系统的一致性和可操作性。

该系统已在中国银行总行及 400 多家分支行投入使用，大大减轻了业务部门的劳动强度，提高了核算精度，实现了全自动的电子支付；可以及时掌握外汇资金头寸，进行各种层次的盈亏分析；完善了管理，在中国银行的保汇、创汇工作中起到了十分重要的作用，取得了显著的社会效益和经济效益。

四、中国建设银行资金清算系统

项目编号：9815032

获奖等级：金融科技进步奖一等奖

项目完成单位：中国建设银行科技部

主要完成人员：李早航、邓海魁、亓仲诚、王怀伟、徐捷、侯靖晖、金磐石、李国建、何凯、陈有钧、藏春照、谭浩、李晓华、申延云、饶昆仑

其他完成人员：卢洪先、王英均、胡晓吾、姜力争、邱昆、肖建刚、李丹菲、李子敬、施健、于潇、蔡兵、巫晓东、刘劲风、王天龙、苏秋誉

项目简介：

中国建设银行资金清算系统以邮电部公用数据网为通信媒体，采用计算机自动收发信息和处理业务，具有汇划、对账、清算、核算、监控、查询六大功能，是一个覆盖全行范围的资金清算业务计算机网络处理系统。

中国建设银行资金清算系统的总体结构分为四级，总行设清算总中心，省分行设一级分中心，地市分行设二级分中心，区、县支行设立清算组。截至 1998 年，已有近 3000 个清算机构遍布全国，通过清算网络进行汇划交易的会计网点近 8700 个，形成了覆盖全行所有营业机构的异地电子汇划业务网络。

资金清算系统的网络结构采用以总行为中心节点、以各一级分行为次级节点、逐级辐射的树型网络连接模式。相邻清算中心（组）之间通过 X.25 公共数据通信网相连接，使用电话拨号线作备份线路，并通过路由控制、加密传输、存取校验等机制增强网络传输的安全性。中国建设银行资金清算系统各级节点使用 UNIX 平台，地市级以上节点都采取了双机备份机制，经过压力测试和实际故障处理的考验，证明该系统稳定、可靠。

中国建设银行资金清算系统自 1996 年 10 月启用以来，已历时一年多。截至 1997 年底，共处理汇划业务 1500 多万笔，汇划交易总金额为 23000 亿元，单日汇划业务量最高达 5 万笔。该系统自运行以来，为中国建设银行吸引了大量的资金，仅为“大企业，大行业”服务一项，每年全行新增企业存款 200 亿元，其他存款也大幅度提高。

资金清算系统的应用加快了资金周转，提高了资金的营运效益。异地资金结算业务在手工操作方式下，一般汇兑业务的在途时间为 3~7 天；清算系统开通以后，相同的业务在系统内实现了快捷、准确、安全运行，系统内异地汇划资金可实现 24 小时到账，资金在途时间较原来平均缩短 4~5 倍，每天可减少在途资金近 370 亿元，减少了大量资金的无效占用，扩大了社会可用资金的规模。

资金清算系统的建立加强了对金融风险的防范。中国建设银行原有的清算体制存在资金在途时间长、对账时期跨度大和安全性较差等问题，资金的风险比较大。资金清算系统从硬件环境、应用软件、业务管理等多方面采取各种手段保障资金汇划的安全。应用系统职责划分清晰，对账及时、准确，最大限度地降低了资金营运风险和恶性案件发生的可能性。

资金清算系统的应用不仅使中国建设银行对客户的服务质量得到进一步的提高，而且为大企业、大行业参与市场竞争提供了有力的条件。中国建设银行依托资金清算系统，为十几家大的全国性（集团）公司提供代理清算，同时还取得了 16 个省或直辖市的证券交易资金的清算业务和部分社会公益事业资金的清算业务，使中国建设银行的服务领域进一步拓宽。例如，承办国际航空管理协会（中国）“开账与结算计划”清算银行业务；接受共青团中央委托，在全国范围内代办“中国希望工程”捐款受理和款项归集业务等。

中国建设银行资金清算系统的开通，产生了良好的经济效益和社会效益。同时，清算系统的稳定运行也使中国建设银行电子化、网络化建设走上了一个新的台阶，为中国建设银行今后建立更大、更全面的全国性计算机网络系统探索出一条成功之路。

五、交通银行全国电子汇兑系统

项目编号：9817034

获奖等级：金融科技进步奖一等奖

项目完成单位：交通银行

主要完成人员：周禹相、虞衔、张兵、陈威利、朱德庆、邬省文、田翔、沈肖雷、王康美、周

志强、张毅敏、朱乐华、周廉辉、李庆、郭纯懿

其他完成人员：周雅梅

项目简介：

交通银行电子汇兑系统于 1997 年 1 月 2 日在交通银行系统内 140 个联行网点全面联通。从初期一天 2 个批量的往来账处理扩展到一天 4 个批量处理，从运转第一天起至今，整个系统运转正常，大大加快了系统内汇兑的时间，比原先的手工处理至少加快 1~4 天，几乎达到了准实时的要求。

该系统功能齐全，具体如下。

1. 联行资金汇兑业务，汇兑种类有汇款、托收承付汇划、委托收款、储蓄托收、资金划拨、信用卡代收代付、银行汇款、银行承兑汇票收款等多种业务类型。

2. 联行查询查复处理。

3. 大额汇票签发销汇信息处理。

该系统与账务系统有良好的接口，中心每天日终轧算每行的汇差并联通兑行清算系统作资金清算，各分行系统连接会计系统，每天将往来联行数据自动转化成会计记账数据入账。

该系统是交通银行全国联行资金汇划的网络应用系统。它分为电子汇总中心子系统和通汇行子系统两大部分，整个系统呈星状。全国 140 个通汇网点通过 X.25/DDN 网与电子汇兑中心相连接，通信协议为 TCP/IP。电子汇兑中心采用 IBMRS6000/R40 小型机双机系统，外设配 7135DiskRaid。为保证中心的运行安全，双机系统安装 HACMP，以测心跳方式监控主机运行状态，A 机有故障时将自动切换 B 机，通汇行子系统将完成往账数据的录入、生成、发送以及来账数据的接收、核押、打印等。日终，通汇行子系统从本地数据库中提取流水与中心核对。电子汇兑中心子系统接收各通汇行的往账数据，经核对无误后，清分、转发并生成来账数据供通汇行接收。日终生成核对单并下发。该系统采用批量处理的方式且批次可增加，还提供与对公业务系统的自动入账的接口。电子汇兑中心在日终处理后轧差生成联行汇差数据表并以此作为联行入账的依据，实现与各分支行资金清算。

该系统采用先进、成熟的计算机网络通信技术和设备构成以总行为中心的星型网，网络结构合理、层次少、效率高。该系统采用加押、加密措施及包顺序号机制和简单有效的操权恢复机制，确保了安全传输和数据的完整性。该系统采用批量处理的方式且批次可伸缩，除最后一批次外，资金可当日到账。系统同时还提供了对公与汇差的接口，达到了减员增效的目的。

整个系统对系统的安全尤为重视，系统采用了硬件加密机作加押处理、数据传输、加密处理，在硬件加密机上采用 IC 卡作为用户身份验证，这在国内银行同类系统中尚属首创。该系统按不同的操作分级处理、授权处理，因而保证了整个系统数据安全正确。

系统自 1997 年 1 月 2 日投入运行后，取得了良好的经济效益和社会效益。经济效益主要反映在交通银行总行营业部在中国人民银行的存款余额增加了 20 多亿元；由于在当天 1~2 个小时内就可以实现异地资金划拨，因此交通银行吸引了大宗业务客户，很多要素市场公司提出过交通银行为它们作清算银行。在社会效益方面，由于加快汇划速度，从而大大压缩了企业在汇划资金的在途时间，增加了企事业单位可用资金量，缓解企事业单位资金短缺的紧张状况。

二等奖

六、中央银行金融管理信息系统——货币发行管理子系统

项目编号：9811001

获奖等级：金融科技进步奖二等奖

项目完成单位：中国人民银行货币金银司

主要完成人员：田均、于凤莲、商治宇、龙文彬、赵延、陈颖、梁锦秀、王少群、王建衡

项目简介：

货币发行管理子系统是“八五”国家重点科技项目（攻关）——中央银行管理信息系统的子系统。它是以运用计算机网络技术处理货币发行业务，传输及处理现钞流通信息，并进行辅助管理为目标，以达到保证现金供应，提高货币发行管理水平的计算机应用技术工程。

一、系统主要特点

1. 该系统充分运用中国人民银行已有的通信网络，建立了四级货币发行管理应用系统，为保证全国现金供应、制定国家货币政策提供了重要信息。

2. 该系统采用世界先进的 Client/Server 体系结构与分布式处理过程。根据总行数据量大的特点还采用了 SQL-SERVER6.0 大型数据库技术。

3. 该系统总结、规范了货币发行业务处理过程，功能齐全，反映信息全面，账务处理过程规范，报表种类多样，使用、查询方便。系统数据汇总及时，消除了手工处理难于解决的整理期问题，大大提高了货币发行信息汇总的时效性，总行全国日报数据汇总时间比原来提前 5 天左右，并可比过去提前一个月掌握全国发行基金库存券别情况。

二、系统的主要功能

1. 账务处理。全面处理货币发行业务，包括录入数据、传票打印、记账处理、数据备份等。根据货币发行业务的实际情况，系统还设置了发行基金在途账，彻底解决了由于发行基金调拨产生的账实不符现象。

2. 调拨管理。处理发行基金调拨业务，签发辖内发行基金调拨命令并监督其执行；登记上级行发行基金调拨命令并查询执行情况。

3. 销毁管理。签发发行基金销毁命令并监督其执行。

4. 通信管理。接收及发送数据文件。

5. 系统管理。与系统维护有关的各项功能。

截至 1998 年，货币发行管理子系统已在全国范围内运行，它的使用进一步规范了发行业务，加强了发行部的管理，其技术先进、设计思想新颖、具有创新，适合中国国情。该系统业务处理规范，运行稳定可靠，能及时、准确、全面、高效地提供货币发行数据，为中央银行货币政策的制定提供了重要依据。

七、《“八五”重点科技攻关项目可行性论证书》

项目编号：9811004

获奖等级：金融科技进步奖二等奖

项目完成单位：金融“八五”科技攻关可行性研究项目组

主要完成人员：李晔、陈天晴、周林影、卢小冰、印甫盛、张周甫、刘钟、单怀光、徐廷钢

项目其他完成人员：唐建邦、杨应辉

项目简介：

《“八五”重点科技攻关项目可行性论证书》是为解决金融电子化发展进程中的关键技术、促进金融科技进步，从而推动金融体制改革的顺利进行，同时为争取将金融系统重要的科研项目列入国家科技攻关项目中，得到国家科研经费的支持而编写的。

该论证书参考借鉴国际现代化的成功经验，紧密结合我国金融发展的现状，论述了“八五”金融科技攻关的目的、意义和作用，提出科学、合理、具有前瞻性的攻关内容和各项技术指标，分析了预期达到的经济效益、社会效益及成果推广的应用前景，并对攻关经费和人员投入进行了预算，内容全面、具体、准确。该论证书为金融系统的科研项目首次列入国家科技攻关课题，起到了非常重要的作用。

依据该论证书，“八五”金融电子化攻关课题分为《金融电子网络》《中央银行管理信息系统》《专业金融机构管理信息系统》《金融标准化》《银行资金清算系统》《面向金融的软件开发工具和环境》《银行计算机稽核与银行安全防范》《现代化支付体系和支付工具》《票、币、卡制造专用设备和银行机具的研制》《金融终端与支付工具》10 个专题共 95 个子专题。攻关结果共取得 111 项科技成果，其中有 8 项达到国际先进水平，73 项达到国内领先水平，22 项达到国内先进水平。截至 1996 年 12 月 30 日验收之日，科技成果已获国家科技进步奖 3 项，部级科技进步奖 20 项，创造直接经济效益 171602 万元，为金融行业和社会带来了巨大的经济效益和社会效益。通过“八五”科技攻关，解决了金融系统急需的关键技术，保证了“金融电子化”工程建设的顺利实施，有力地推动了金融科技的发展，促进了金融行业的进步，缩短了我国与发达国家在金融电子化之间的差距，同时，带动、促进了其他产业和国民经济的发展。

依据该论证书，不仅使金融系统许多急需研制的科研项目列入国家科技攻关项目中，同时为金融系统争取到国家科技攻关经费 3000 万元。这部分经费在项目的研制中发挥了重要作用，使一些重大的科研项目在经费上得到了补充，一些急需研制而没有经费来源的项目能够立项进行研究，在很大程度上解决了金融系统科研经费不足的矛盾。

金融系统“八五”科技攻关工作的成功开展和取得的许多重要成果都是建立在“金融电子化”可行性论证书成功的基础上的。正是由于可行性论证书瞄准了金融科技发展方向，选准了金融科技的攻关目标，“八五”科技攻关才会取得如此显著的成绩。实践证明了“金融电子化”可行性论证书在课题的立项和课题工作的开展中发挥了重要的作用。金融系统“八五”科技攻关工作也开创了金融科技的新局面。

八、中国国内批发物价指数调查统计系统

项目编号：9811008

获奖等级：金融科技进步奖二等奖

项目完成单位：中国人民银行调查统计司、中国人民银行沈阳市分行金研所、中国人民银行云南省分行金研所、西南财经大学统计系

主要完成人员：张利群、汪路、赵增德、石冬、陆建模、张子红、杨丽慧、白雪梅、王芸

其他完成人员：吴合仁、汤国彦

项目简介：

中国国内批发物价指数（以下简称 WPI）是经国家统计局批准、由中国人民银行负责编制的一个重要的综合物价指数，自 1992 年 10 月开始着手调查、研制、设计，1994 年 1 月开始试编中国国内批发物价指数。

一、系统的主要功能

从分布在除西藏以外的全国 30 个省（自治区、直辖市）的 1500 个报价企业按旬采集国内批发物价数据，按月编制中国国内批发物价指数，该价格指数能较好地满足物价运行结构分析、通货膨胀监测和宏观经济分析的需要，并且因其科学的分类体系，使之在体现综合价格指数的三大功能（衡量货币购买力、反映经济发展动态和作为平减指数）上优于其他价格指数。

二、系统特点

1. 指数编制方法包括指数法、固定权数加权几何平均公式和计算月环比指数推算定基指数，这些是自成体系的中国国内批发物价指数编制方法。

2. 调查的商品覆盖面广，基本与经济总体指标相对应。该指数的调查范围是全部物质商品，涵盖消费品和生产建设过程中使用的投资品（包括固定资产投资品和存货投资品）。所选 1400 个商品样本对全部物质商品的代表程度，按工业普查数据等资料测算为 79%，这与国内外同类价格指数调查体系比较而言，属较高水平。WPI 既反映中间需求，也反映最终需求，是反映全部物质商品价格总水平变化的物价指数，所以能更准确地反映总供求关系和经济周期的变化，能更全面地衡量通货膨胀水平。

3.WPI 按月编制，时效性强。特别是 WPI 中的投资品价格指数，滞后经济周期时间短，能够适应宏观经济分析的需要。

4. 货币作为交易媒介，既是消费品的交易媒介，也是投资品的交易媒介，所以 WPI 与货币 MI 的关系最为密切，是判断货币供给及币值稳定状况较为合适的综合物价指数。因此，对于测度通货膨胀而言，WPI 是更为理想的指标。中央银行在制定货币政策时，应特别看重由 WPI 反映的通货膨胀水平。

三、系统的设计原则、关键技术与创新点

1. WPI 分类体系。WPI 设计了三种分类：（1）根据国家标准行业分类设计划分为 4 个大类、22 个部门、79 个行业、284 个商品群、800 个商品和 1400 个规格品，这被称为基本分类；（2）按照商品的生产过程划分为初级产品、中间产品、最终产品；（3）按照商品的用途划分为投资品（固定资产投资品、非固定资产投资品）、消费品（食品、非食品）。这种分类设计，利用同一套价格数据资料，最大限度地获得信息资源，较其他国家的 WPI 分类有所突破与创新。

2. 原始数据的超级汇总方式。各 WPI 采价布点企业将价格数据定期报至各地 WPI 调查行，由

WPI 调查行汇总后，将不经任何加工的原始价格数据报送总行统一处理，保证了总行处理的价格指数信息的完整与真实，从而保障了 WPI 指数的质量。

3.WPI 指数法。对同一个代表商品采用若干条价格，以便反映价格变化的平均趋势。使用指数法和价格法所得结果有时差异很大，而这又是价格指数计算中最基础的一环。在 WPI 的研究中，我们充分论证了价格法的缺陷和指数法在理论上的科学性并将指数法付诸实践。

4.WPI 的几何平均公式。我们经过数学公式推证和实证分析，发现几何平均公式能满足要素和时间的逆转检验等各种对价格指数计算公式的检验要求，而且几何平均数的数学性质也与平均变化率形成的过程相一致，从而摒弃了算术平均公式。在 WPI 这样大的物价指数系统中采用几何平均公式的方法，在国际上是首次。采用几何平均公式计算价格指数是一项创新，是价格指数编制方法从理论到实践的革命性突破。

5. 计算 WPI 月环比指数，再推算定基指数、年距指数等，是在明确定基指数与月环比指数存在内在乘积关系的前提下，从易操作的角度确定的做法。

6. 权数：采用固定权数，五年调整一次，这是国际通用做法。WPI 权数的测算依据是国家投入产出表、工业普查资料和农业统计资料。

7. 计算机软件：使用数据库管理系统 FOX PRO 编写，功能强大，安全可靠、方便实用。

四、WPI 的开发、运行情况

该系统经过一年多的调研、分析、讨论、设计和四年多的试运行与维护，其指数体系的分类设计科学、合理，符合中国实际，研制的自成体系的中国国内批发物价指数编制方法科学、先进。该系统处于国际先进水平，有较高的学术价值和广阔的应用前景。

WPI 在我国的创建和运行，填补了我国价格指数统计体系的一项空白。我们在研究、设计 WPI 的过程中，对价格指数编制方法在理论上的研究处于国际先进水平，在实践的应用中，尤其是几何平均公式在这样大的系统中的应用，在国际上也没有先例。WPI 价格指数编制方法的科学性和先进性，既保证了该系统科学、高效地运行和更好地为宏观经济政策服务，也可资国内其他统计部门和其他国家编制价格指数或改革传统的价格指数编制方法时借鉴。

国内批发物价指数是测度我国通货膨胀水平和宏观经济分析的核心指标之一。在近几年，该指数为判断、分析我国通货膨胀形势和制定货币政策提供了重要依据。

WPI 价格指数体系所蕴含的信息量极为丰富，其原始价格信息与各种分类指数信息不仅能够为宏观经济政策服务，而且能够为企业的微观经济行为服务。

九、全国 AS/400 电子同城资金清算系统

项目编号：9811017

获奖等级：金融科技进步奖二等奖

项目完成单位：中国金融电子化公司

主要完成人员：李东风、郑斌、杨力克、崔萌、李华、张敏、吴振华、董刚、张怡

其他完成人员：郭安吉、张玉群、梁克重、杨龙玉、王强、闫洪刚

项目简介：

一、概述

随着全国金融业务不断发展，清算业务量也迅猛增长。加速资金周转、缩短资金在途时间、提高资金抵用率、为客户提供优良的服务是金融界面临的一个重要也是需要迅速解决的问题。为此，中国金融电子化公司根据先后为全国 21 个大、中城市人民银行配备 AS/400 超级微机的现状，在会计司和支付与科技司的支持下，牵头组织了“AS/400 电子同城资金清算系统”项目的开发。

1994 年 10 月 18 日，该项目在扬州顺利通过科技司、会计司及中国金融电子化总公司的验收，收获了很高的评价。同年 11 月，科技司发文并拨专款 1000 多万元在全国 21 个拥有 AS/400 超微机的城市中推广该系统。1997 年 10 月 31 日，该项目通过了金融系统的技术鉴定，被专家评为达到了国内领先水平。

截至 1998 年，扬州、泰安、新乡、镇江、淮阴、开封、洛阳、秦皇岛、兰州、武威、天水、驻马店、潍坊、威海、泰州、盐城已开通该系统。推广工作的结束说明该系统是可靠、安全及成功的。

二、特点

AS/400 电子同城资金清算系统分为三个子系统：主机清分管理子系统、微机（网点机）提入/出数据处理子系统、通讯网络多协议及数据传输安全检查加密子系统，每个子系统都相对独立。整个系统的设计开发都始终将数据的安全性作为工作的核心，因此该系统有很强的容错纠错能力。系统用户界面友好，易操作，使用范围广。该系统最大的特点是安全稳定的运行和资金抵用的时间加快。

该系统主要功能如下。

1. 账户库：收集全市所有账户，传入主机进行管理。交换网点可根据其功能在录入时只录代码，减少工作量，减少误操作，防止了串户等。

2. 日志：用户的所有操作都有记录，系统管理人员可以通过读日志文件查看，明确责任。

3. 数据接口文件用户可利用该文件进行数据格式转换，从而方便地进行与其他系统（商业银行业务系统、中国人民银行会计系统、“天地对接”）的连接。

4. 系统安全管理：系统设置了操作人员口令及交换网点代号。安装系统时，用户要将自己的交换网点代号输入，使用时，每次进入系统需输入其代号，否则无法进入系统。口令分三种：录入、复核、管理。每个口令有不同职责，不能串用。

5. 借机使用功能：某交换网点若机器坏了或停电，可借其他网点机器使用。只需安装借机使用文件，然后可当作自己网点机器使用，不影响别人的数据。

6. 容错、纠错及数据恢复功能：系统发生故障或操作有误时，会有中文错误信息出现以提醒用户。系统出故障时会有自动数据断点保护，故障排除后，系统自动恢复。这样可以最大限度地确保数据的完整性。

7. 双机冷备份功能：为确保系统不间断正常运行，主机配备两台（生产机、备用机）。为减少资源浪费及提高处理速度，系统设计为生产机出故障后用冷备份方式将系统切换到备用机上。这个过程对网点用户透明，所有数据自动恢复，确保系统不间断。

8. 通讯多协议：为适应各地情况，系统设计了三种以上通讯方式（X.25、X.32、SDLC 等）。用户可以通过参数选择确定通讯方式，通讯线路可有备份配置。

9.通讯处理：网点数据发送成功后，系统会自动提入自己的数据。在对账出现不平时，系统又会一次性完成接收对账表—接收提入数据—发送对账结果等过程，从而减轻了操作人员的劳动，提高了响应速度，减少了通讯时间，提高了整个系统的运行速度。

10.查询：可通过不同的条件查询统计当前数据及历史数据。

11.打印：可以灵活打印出不同场次成批次的各类同城清算业务表。

12.主机自动监控：当主机开始清分后，屏幕可以无人值守自动监控整个网点现状。

13.主机管理：主机可以对各网点进行管理，如对一些违纪网点可采取停止通讯交换等一系列措施；账户库管理；透支管理；差额、余额管理。

14.系统初始化：各地区可以根据当地的要求通过选项设置其功能，如是否要复核功能等。

15.系统故障“死锁”后的解锁功能：同城清算的有些业务做法会出现误操作，这在用计算机处理时是无法解决的（解决了这一错误，又会出现另一个不利因素，这种现象通常叫作连环套，即“死锁”现象）。为了能够很好地处理这一现象，系统设置了八个标识码，一旦发生误操作，出现“死锁”现象导致系统无法正常运行时，系统管理员可利用更改标识码的方法进行解锁，使系统绕过其误区进行正常运行（这确保了系统安全，避免了错误进一步发生）。

该系统的设计是调研了许多城市的业务做法才完成的，最终实现的系统集合了全国许多先进系统的优点，也弥补了其他系统的不足和漏洞。它的推广使用使同城清算业务的处理更趋完善、合理、严谨、安全，为今后城市资金清算系统的标准制定打下了坚实的基础。

十、中国工商银行房地产信贷综合业务处理系统

项目编号：9812019

获奖等级：金融科技进步奖二等奖

项目完成单位：中国工商银行技术保障部、中国工商银行房地产信贷部

主要完成人员：佟健民、陈猛、张卫东、漆英、丁高仑、陈红星、刁劲松、刘金华、卢星原

其他完成人员：孙明东、李永福、邓武斌、季爱东、张文宾、阮文青、马恒山、李建新、李金良、徐龙、张勇、赵冉、宋贵华、白艳华、贺西鸿、赵丽萍、韦祎、梁芝玲、陈茵

项目简介：

为促进中国工商银行房地产信贷业务的发展，中国工商银行技术保障部组织开发了房地产信贷综合业务处理系统，它包括会计核算、财务管理、住房储蓄、住房公积金和报表综合管理五个子系统，其中报表综合管理子系统又分为会计报表汇总和统计报表汇总两部分。

五个子系统既相互关联，又相对独立，每个子系统都可以自成一体，又可在综合业务系统环境下按需要选择。会计、财务子系统既可完全分离，各自生成自身部分的政策、经营性业务报表和合并表，又可相互关联，生成全面反映房信部业务的完整报表。住房公积金子系统充分吸收了中国工商银行住房公积金业务开展较好的分行的优点和长处，符合国家的房改政策，充分满足了住房公积金核算和管理业务的各项需求。报表综合管理子系统与其他子系统同机环境运行时可对前台业务系统进行综合分析处理，独立运行时又是一套完整的报表综合管理系统。

该系统的开发本着“以数据库设计为基础，以报表生成为主线”的设计思想，采用了UNIX

操作系统、INFORMIX 数据库和模块化的设计方法，设计手段先进、安全性能好、数据处理能力强、自动化程度高、用户界面良好、功能完善、报表种类丰富，具有很强的独立性、可移植性和兼容性。

该系统适用面广，不仅适用于中国工商银行总、省、市（地）三级行的房地产信贷业务的核算和管理，还可在办理住房信贷业务的各商业银行推广使用，经过一年多的推广和应用，促进了中国工商银行房地产信贷业务的发展，取得了较为明显的社会效益和经济效益，处于国内先进水平。中国工商银行房地产信贷综合业务处理系统的研制成功，对中国工商银行房地产信贷业务的发展、电子化进程的加强、我国住房制度的改革起到了推动的作用。

十一、《金融行业计算机系统安全对策规范》

项目编号：9812023

获奖等级：金融科技进步奖二等奖

项目完成单位：中国工商银行技术保障部、中国人民银行支付科技司

主要完成人员：陈天晴、仲安妮、王云生、张宏、董利、汪明娟、富凯雯、韩国强、潘亿庆

项目简介：

《金融行业计算机系统安全对策规范》是“八五”国家重点科技项目（攻关）计划“金融电子化”课题下的一个软科学研究成果。该成果由中国工商银行和中国人民银行共同研制、完成。该成果研究的背景在于伴随着金融电子化的飞速发展，计算机网络等先进技术在金融行业得到了普及应用。在客户自助服务和电话银行等新型服务出现的同时，如何保证金融计算机系统的安全、采取何种技术及管理对策等问题，受到人们越来越多的关注。研究制定一套完整的金融行业计算机系统安全对策规范是金融行业防止计算机犯罪、保证系统安全运行所急需进行的一项基础性工作。美国、日本、中国台湾等国家和地区都已制定了相应的对策规范，而我国大陆尚未开展这方面的技术研究工作。因此，该方面研究工作意义重大。

该研究成果在借鉴国内外先进经验的基础上根据我国金融部门的业务实际状况，结合我国金融行业的组织结构，对计算中心和营业点分别制定了防止自然灾害、设备故障、非法使用及发生故障时快速恢复、减少影响的一系列安全对策规范。该项目的主要研究成果包括《金融行业计算机系统安全对策规范》《金融行业计算机系统安全对策规范的研究报告》。

《金融行业计算机系统安全对策规范》分设备规范、技术规范、应用规范三个部分，共有 252 条细则。为方便有关人员查阅，在其附件中还汇集了国家最新的关于计算机安全的行政条例和技术标准共 8 个。

十二、中国农业银行 ES/9000TPE 平台银行综合业务计算机网络系统

项目编号：9813024

获奖等级：金融科技进步奖二等奖

项目完成单位：中国农业银行科技部、中国农业银行上海市分行科技处

主要完成人员：许国光、娄吉安、章佳强、刘新建、马效梅、顾士明、殷俊、陈海煜、陈懿

其他完成人员：吴敏、沈康健、张贤福、蓝海青、赵奇、侯永铭、年阿旺、王赤红

项目简介：

该系统实现了 IBM ES/9000 主机集中式联机作业，系统充分体现综合性、集成化，实现活期储蓄及信用卡全市通存通兑，为客户提供 24 小时 ATM/POS、跨行业务等服务。

该系统的处理范围覆盖了国家金卡工程、中国农业银行双卡工程、储蓄信用卡的通存通兑、个人支票等银行新颖业务领域。在系统中采用了不少新的技术，在大型机应用开发、网络构造等方面均有所突破和创新。该系统在选用应用开发工具上进行了重大突破，开创性地在金融系统内首次尝试运用 TPE 应用平台进行开发。该系统采用 IBM ES/9000 大型主机作中心机，网点采用开放的 UNIX 系统，成功地解决了异型机联网的关键技术，实现了不同主机之间、多种 ATM 与主机之间、多种 POS 与主机之间的互联。

该系统特点如下。

1. 系统设计新颖、技术先进、联网功能强。系统采用先进的客户服务器结构，使用协作式处理方式，减轻了主机压力；前端系统抛弃了传统的 4700 终端，改用开放的 UNIX 系统多用户终端，使用户界面更友好，系统配置方便灵活且较好地保护了原有微机设备投资。

2. 系统功能齐全，维护方便，操作简单，处理迅速。系统达到了本地交易处理在 3 秒内完成、跨行交易处理在 10 秒内完成的目标。

3. 采取多种措施，保证系统安全。数据通讯设计中借用 TPE 的数据压缩功能并同时对通讯数据使用密押，以确保数据安全可靠。对一些关键信息使用 DES 算法加密，对客户持卡的自助服务 PIN 直接在前端校验，增强了保密性，减少了通讯量，并且还为系统提供了完善的错误处理和根据当日日志快速向前恢复功能以确保系统的安全。

该系统自 1995 年 10 月投产后运行良好，至今已上营业网点 354 个、上网 ATM 310 台、POS 1000 多台，网络覆盖面已达 90%。交易量平均每天达 10 多万笔，跨行（与金卡工程联网行）交易每天几千笔，银行卡发卡近 60 万张，吸收了大量低成本储蓄存款。实时通存通兑，加快了资金周转。联机商户 POS 应用，减少了货币流通量，提高了功效，规范了业务做法，确保了核算质量。系统产生了明显的经济效益和社会效益。

目前，该系统作为中国农业银行推广项目已在北京、济南、江苏等行推广使用，取得了很好的效果，受到了普遍欢迎。

十三、中国农业银行 ES/9000 平台集中式对公业务处理系统

项目编号：9813025

获奖等级：金融科技进步奖二等奖

项目完成单位：中国农业银行科技部、中国农业银行北京市分行科技处

主要完成人员：曹谷崖、贾祥森、张德麟、王赤红、温梦芝、姜卫东、章鸿猷、李汉宁、王宪国

其他完成人员：郭春艳、纪钟、李辉、廖靓、张颖、祝向晶、黄宇、崔洪、岳进、崔伟、齐静、刘鹏、刘洪峰、肖延生、胡晓云、夏炜、柳永光、杨忠顺、游庆富、王耀良、董世任

项目简介：

中国农业银行 ES/9000 平台集中式对企业务处理系统的研制与开发遵循规范性、参数化、系

统操作多元化、安全可靠性和先进性原则。系统通过研究中国农业银行现行的会计门市业务，综合考虑全国大部分地区主要会计门市业务特点，强化为客户服务的思想，在ES/9000计算机网络平台上用TPE软件系统实现面向全国的集中式对公业务处理，同时充分考虑了网络系统的安全性。

一、系统功能

系统按照操作模式的不同分成联机处理系统和批量处理系统。

1. 联机处理系统通常也被称为日间业务处理子系统，所有会计账务的记账处理控制都由该子系统来完成。联机处理子系统按照业务处理层次分为中心维护、支中心处理、对公门市业务处理。

中心维护部分主要实现对整个对公门市业务的宏观控制，对账户分类、会计科目以及各网点资料等进行全面管理。

支中心处理部分主要完成报表的汇总。

对公门市业务处理部分主要由以下模块组成：网点系统维护、客户资料管理、记账业务、定期业务、贷款业务、表外业务、出纳业务、综合账务、交换业务、电话银行、汇票业务、支付密码管理系统、报表和常用文件的下传及报表打印、每日数据维护。

2. 批量处理子系统在系统退出联机处理子系统后，以批量方式处理各种会计业务所涉及的账务数据，完成账表输出等处理。

二、系统特点

1. 信息的集中和多层次管理。对于营业网点输入的各种信息、利率及科目比较重要的参数上级部门均能控制、查询和管理。营业网点—支行—分行各级数据能够自动汇总上报加以分析。同时，考虑各地区的不同情况，在营业网点与中心主机之间可以有多级管理以适应各地区的不同需求。

2. 多种参数控制。该系统为用户提供了多种配置参数，不同的参数有不同的修改权，各种参数控制着系统的数据流向、系统的操作方式和系统的各种功能。

3. 多种账户共存。对公营业网点开立的账户种类很多，除此之外还有许多种登记簿、卡片账。对公网点可以设立的分户账包括支票存款户、存折存款户、定期存款户、贷款户、存贷合一户、中央经费限额户、银行内部户、表外科目账户、许多辅助账户、卡片账等。该系统提供了各种操作权限控制以保证整个系统的运行安全。不同权限的操作者只能在自己的操作权限范围内办理业务。

4. 多种操作模式。该系统为适应不同行处营业网点的需要，提供了多种操作处理模式，如普通联机交易模式、复核记账联机交易模式、成批联机交易处理模式及批量处理模式。通过这些模式的灵活组合，既能满足传统的劳动组织形式及传统业务制度和做法的需要，又能提供快速录入、复式记账、柜员制、多功能柜员制的要求。

5. 完善的通存通兑功能。

6. 三级账务管理。

7. 统一客户管理。该系统提供了统一的客户管理功能，一个客户对应一个开户单位，从而使系统的管理更加完善。

三、经济效益和社会效益

该系统投入生产一年多来，运行效果良好。现在处理的日均业务量近3万笔，效益明显，现列举以下三点。

1. 理顺和规范了网点会计操作流程。统一了指定网点会计操作流程，理顺了对公系统同业务制度的关系，使各种业务制度更趋于合理化。

2. 加速了企业资金周转，提高了系统的安全性和可靠性。该系统包含支付密码子系统和通存通兑功能，客户可在任意营业网点办理存取款业务和汇款业务，这方便了客户，节省了交换过程的在途时间，加速了资金周转。同时，由于采用支付密码器，使系统增强了风险防范控制的能力，降低了差错率，从而提高了系统的安全性和可靠性，并使系统的效率大大加强。

3. 杜绝了伪造票据的案件发生。该系统通过对重要凭证的跟踪管理，杜绝了伪造票据的案件发生，为客户的资金提供了安全保证。

十四、中国农业银行集中式计算机网络 AS/400 平台对公业务处理系统

项目编号：9813026

获奖等级：金融科技进步奖二等奖

项目完成单位：中国农业银行科技部、中国农业银行浙江省分行科技处

主要完成人员：张居兴、曹少雄、付小红、李阳、朱强、凌韬、徐尧东、宋捷、王辰

其他完成人员：杨春江、张洁、刘光辉、王赤红、吴定风、邱琦、朱广怡、胡伟东、王以君、谭在华

项目简介：

一、系统功能、性能

中国农业银行集中式计算机网络 AS/400 平台对公业务处理系统采用集中分布式网络结构，中心 AS/400 主机与网点 UNIXPC 机通过 X.25 或 DDN 连接，形成星型拓扑结构；各中心主机间通过 DDN 专线连接，可在全国范围内构成 AS/400 综合业务处理网络。

该系统采用先进的客户 / 服务器处理模式，在客户、服务器端进行有效的功能分配，充分利用主机、网络资源进行联机事务处理。

该系统突破了网点一台 PC 机同时呼叫多台主机处理业务的技术难关，初步实现机群运作方式。整个应用系统结构采用“交易码驱动”设计，整个系统高度模块化，模块设计采用“表驱动”原理。业务要素参数化，使整个系统具有广泛的业务适应能力。

该系统性能优异，单笔交易处理响应时间平均 1.5 秒。多笔批量入账响应时间与批量大小成正比，每笔账务处理平均时为间 1 秒。跨中心交易平均响应时间为 4.5 秒。

该系统账务采用集中管理方式，将过去以账务信息为主转变为以客户信息管理为主，建立了以客户信息为中心的管理体系；将以账户核算为主转变为以经营核算为主。在同一中心范围内可以进行通存通兑、异地还贷、资金划拨、资金拆借等业务处理。该系统还提供一系列先进功能：对于联行、同城、现金、通兑业务采用自动记账；支持批量提交记账处理，在集中分布式处理环境下有效地提高了每笔业务处理平均响应速度；严格管理凭证；业务处理采用柜员制；以客户为中心管理；使用支付密码支持通兑业务；一台主机一个账务中心，可以支持多个账务体系；一个柜台可以办理对公、储蓄、信用卡等业务；提供企业银行、电话银行、磁卡查询等客户自助服务功能；该系统提供与“天地对接”、电子汇兑系统接口，使各网点数据汇总到中心，集中与中国人民银行通讯。

二、经济效益和社会效益

该系统于 1997 年 6 月完成试运行工作，在全国范围推广使用。浙江省是推广力度最大的省份，先后在杭州、绍兴、嘉兴等行推广应用效果良好。1998 年应用推广到长春、无锡、海南、陕西、吉林、河北、天津、兰州、杭州、宁波、苏州等分行。

该系统应用至今，浙江省 5 家应用行新增产值 1221000 万元，新增利税 59600 万元，节支金额 2480 万元；长春市分行新增产值 162500 万元，新增利税 2600 万元，节支金额 1260 万元；无锡市分行新增产值 640000 万元，新增利税 42000 万元，节支金额 1400 万元。该系统应用取得了良好的经济效益。

该系统的开发成功是实现建设大中城市计算机网络发展战略重要一步，自此在全国范围内形成的 AS/400 综合业务网络将大大促进中国农业银行业务的发展。

十五、中国银行省、市两级金融管理信息系统（FMIS）

项目编号：9814031

获奖等级：金融科技进步奖二等奖

项目完成单位：中国银行广东省分行

主要完成人员：温巩、王晓林、罗亦文、梁卫雄、崔勇、温家明、黄端、杜应炎、田德洪

其他完成人员：易婷、孙中东、吴洁、何剑波、李晓孟、陈方红

项目简介：

中国银行省、市两级金融管理信息系统，以数据仓库（DATAWARE-HOUSE）和联机分析处理（OLAP）技术为指南，在中国银行广东省分行统一的基础系统网络上建立起数据采集、数据仓库、数据呈现三个分系统，重点围绕中国银行资产负债管理的要求，建立覆盖全省 22 家分行的数据采集网络，实现计算机业务系统数据和手工报表数据采集、存储的自动化。同时，面向各级经营管理人员，开发出财务分析、业务管理、稽核评级、经营目标考核、动态报表和金融资讯等管理分析应用，使其成为中国银行省、市分行实行科学管理的有力工具。

一、该系统采用的技术原理

1. 基础系统网络在一个 SDLC、TCP/IP、NETBIOS 共存的广域网上，把省行及辖内 21 家地市分行的主机、微机系统连接为统一的客户 / 服务器系统环境，支持业务系统运作和管理信息应用。

2. 数据采集分系统面向计算机业务系统、手工报表及其他金融资讯源获取数据。计算机业务系统数据经由 DB2 DRDA 分布式关系数据库上传；手工报表和文本信息经由网络工作组应用 LOTUS NOTES 上传。

3. 数据仓库围绕机构、时间、客户、货币、报表项目等主题，分多个粒度层次存储和管理数据。详尽数据存储在 DB2 关系数据库，汇总数据存储在 ESSBASE 多维数据库。数据的加载、连接、穿透均通过开放数据库连接标准 ODBC 自动完成。

4. 数据呈现前端在全中文 OS2、Windows 桌面系统和 LOTUS NOTES 工作组应用平台上，集成了行政信息子系统和办公自动化工具，并通过网络直接访问多维数据库，实现业务管理、行政管理、决策支持、金融资讯、办公自动化等联机分析处理和动态报表应用。

二、关键技术及创新点

该系统广泛应用了信息技术领域的多项最新成果，其关键技术包括数据仓库理论和联机分析处理技术、多维数据库系统和多维数据库设计、跨平台分布式关系数据库体系结构、客户机/服务器系统与工作组应用平台及多种通信协议下的局域网互联。

该系统创新点如下。

1. 数据仓库：数据仓库按照主题分为不同的粒度层次存储和管理数据，使银行的经营管理信息与业务信息得以集成和统一，并支持自上而下的挖掘和面与块的切割分析；数据仓库采用 DB2 关系数据库和 ESS-BASE 多维数据库系统，支持多平台和元数据的可视化，确保数据加载、连接的安全与自动化。

2. 数据采集与共享：通过 SDLC、TCP/IP、NETBIOS 多种协议下的局域网互联，把 IBM ES/9000、AS/400 主机及微机连成统一的客户机/服务器系统环境；数据采集网络覆盖中国银行在广东省的 22 家单位，实现计算机业务系统、手工报表及其他信息源数据整理、采集的统一和自动化；集成联机分析处理、动态报表、主机终端仿真及 LOTUS NOTES、MS OFFICE 等办公自动化应用。

3. 信息分析应用：建立了资产负债管理 25 项指标测算模型，并应用变动分析、趋势比较分析、横向比较分析、结构分析、"what-if"分析平滑曲线预测方法，对银行的经营水平和财务状况进行考核，方便了管理和决策。

十六、中国建设银行上海市分行 ES/9000 公积金业务处理系统

项目编号：9815033

获奖等级：金融科技进步奖二等奖

项目完成单位：中国建设银行上海市分行

主要完成人员：陈峥、李颖、金清、汤敏、洪延生、严志根、徐雄华、周子坚、郑炜

其他完成人员：吴晓虹、吴斌、罗天盛

项目简介：

自 1991 年 5 月 1 日起，上海市正式实施公积金制度，中国建设银行上海市分行为住房公积金制度的推行提供了金融配套服务。当时，中国建设银行上海市分行与上海计算机厂联合开发了 PC 机系统。该系统运行 3 年以来，已经为全市 3 万多个单位、450 多万名员工住房公积金的汇集、住房贷款的发放及其他贷款业务提供了可靠、有效的手段。但是，作为开发应用的第一阶段，该系统受 PC 机条件的限制，在处理业务的方式、速度和能力上，距业务要求相差甚远，急需形成信息网络。

中国建设银行上海市分行 ES/9000 公积金业务处理系统主机采用 IBM ES/9000 9221/211，3745 通讯控制器通过 DDN 网与各营业网点的服务器相连接，网点服务器通过多用户卡连接 VT200 等通用终端或采用 LAN 工作站连接。主机使用 VSE/ESA 操作系统、CICS 软件平台和 COBOL 语言。服务器使用多用户 SCO UNIX 操作系统和 C 语言。

1995 年 5 月至 1996 年 9 月进行了系统设计、编程、测试、试运行，将公积金业务集中在主

机处理，并在主机上建立客户信息子系统。房改金融计算机处理分成三大处理模块：（1）网点服务器的脱机处理，包括除公积金外的所有房改金融业务处理；（2）网点服务器的联机处理，包括公积金、客户信息联机实时处理和联机批处理的交易提交；（3）主机批处理、公积金业务的日终、月终、年终处理及联机提交的批量账户处理。

该系统 1996 年 10 日正式运行。由于系统采取公积金账户集中管理、全市联网作业，因此实现了全市营业网点公积金的通缴通取；公积金的缴交采用以单位汇缴的方式，支取公积金或者会员变动单位等可以在中国建设银行所有联网的网点办理，不受地域的限制；职工单位转移均成为主机内部处理，方便了客户和柜员的操作；建立起来的全市公积金会员的个人及其单位的信息系统，使信息处理和账务处理实行分行、支行和网点的三级管理体系；对数据的维护采取了相应的保安措施，以确保数据的安全；公积金会员的账户在住房公积金的基础上能够扩展，能办理补充公积金等其他房改金融业务，实现一人一号、终身不变；整个系统具有良好的实时和分布处理能力；各类业务报表由主机高速激光打印机打印，账户数据维护、信息采集和备份集中处理节省了人力、物力，提高了工作效率，为后续开发的电话查询子系统和企业自助子系统提供了基础。该系统完全符合业务需求的规定，达到了设计目标，取得了很好的社会效益和经济效益，为房改金融业务的发展奠定了基础。

十七、制定 GB/T 15249-94《合质金化学分析方法》国家标准

项目编号：9828037

获奖等级：金融科技进步奖二等奖

项目完成单位：中国印钞造币总公司、成都印钞公司

主要完成人员：王自森、邢桂珍、林乐琴、刘烽、周以华、孙龄高

项目简介：（略）

三等奖

十八、中国工商银行出纳业务计算机综合管理网络系统

项目编号：9812021

获奖等级：金融科技进步奖三等奖

项目完成单位：中国工商银行北京分行海淀支行科技科

主要完成人员：孟昭宇、曾燕玲、潘亿庆、伊劲松、叶炜

其他完成人员：左杰、尹路、郑丛容、朱曼英、曲彤、齐比学

项目简介：

出纳业务系统是用 INFORMIX 数据库语言编写的大型网络系统，是一套适用于分理处出纳业务的计算机网络综合处理系统。该系统涉及业务全面，可进行人民币收、付款业务，还增加了外币业务、有价证券的发售与兑付、代保管有价值品、金银收购与配售等多项业务的处理功能。此

外，该系统还将北京分行出纳处的管理思想融入其中，为出纳内部现金转移交接、收款事后监督、尾箱合并、金库管理、目标管理、各类报表打印、数据储存、柜员业务量统计等方面提供了自动化处理功能，充分适应了出纳专业对原始数据准确性、续时性、综合性、安全性的需要，全方位地严密了对出纳各项规章制度的执行。

该系统以运行稳定、安全、高效、全面、快速为总体设计目标，采用 UNIX 和 WIN95 作为软件操作系统平台，以 INFORMIX 和 POWERBUILDER 为数据库开发工具。该系统包括出纳前台业务系统、管理系统和信息传输系统三大部分。

该系统的特点：操作简单、易于学习和掌握；业务涉及面广；严格按照有关出纳制度参与管理和控制；安全可靠；基础数据全面、实时、准确、共享；便于加强科室管理，实现办公自动化；设计思想先进；具有很强的灵活性和可扩展性；系统硬件采用高起点、高可靠性的通用设备；系统留有与新型智能点钞机连接的接口，系统具有比较广泛的适用性和超前性。

该系统应用以来取得了良好的社会效益和经济效益，表现如下：第一，与会计大机连接，节省用工；第二，提高了工作效率；第三，缩短了客户资金的入账时间，提高了工商银行的竞争能力，存款增加，信誉提高，产生了巨大的社会效益。

十九、全国工业企业景气调查分析网络系统

项目编号：9811007

获奖等级：金融科技进步奖三等奖

项目完成单位：中国人民银行安徽省分行、中国人民银行调查统计司、吉林大学

主要完成人员：王小奕、范毓洲、陆建模、王恩德、安荔

其他完成人员：李跃、胡柳生、宋勇、何红滢、刘建钢、王进、郭玉朝、张文胜

项目简介：

在 1990 年，中国人民银行总行决定建立全国工业景气调查制度并研制开发全国工业企业景气调查分析网络系统。在全国以国营大中型工业企业为主，选定 5000 多户工业企业作为基点调查企业，这些被调查企业产值占全民所有制工业总产值的 50% 以上，占全部工业总产值的 35% 以上，共涉及 22 个行业。通过对企业的生产、经营状况进行长期跟踪、监测和调查，全面系统地分析和研究了我国工业景气状况，及时、准确地把握宏观经济运行态势，从而为货币政策制定和决策提供了充实依据。

一、系统主要功能及特色

系统分为工业财务调查分析系统和工业企业问卷调查系统两大部分。在中国人民银行总行、除西藏自治区外的省、自治区、直辖市分行及所有的二级分行和部分县支行使用，形成了工业企业生产、经营及效益分析的四级汇总体系，规模超过了发达国家中央银行同类系统。

系统不仅能作大量的规范化的常规分析，还能根据用户自定义处理条件满足非常规分析的需求，对于热点问题与突发性问题，能组织翔实数据，深入调研分析。同时，系统有两个突出特点：一个特点是全部数据来自固定的调查企业，使其在分析上具有很强的可比性，而国内外同类型调查一般只采用随机抽样或企业自愿上报的方式，历史可比性不强；另一个特点是在满足总量汇总

的前提下，结构性分析和自定义生成数据的功能较强，而国外同类系统一般只进行总量表的汇总，再加工和深层次分析能力较差。

1991年3月，该系统正式投入适行。迄今仅中国人民银行总行的处理数据就有近2000万字节，还拥有108个月度的构成时间序列的各类宏观统计数据、派生计算数据和问卷数据，为系统地了解和研究我国工业景气状况提供了宝贵资源。许多省、市、县自行增补一批采样企业，逐步实现工业景气状况信息社会化。各分行已将地市级软件的分析范围，统一地从单一的宏观经济领域分析扩展到微观经济领域分析，为观测短期经济发展、系统全面地研究工业景气状况奠定了坚实的基础，为地方政府指导经济提供服务，带来的社会效益十分显著。

随着企业财税制度改革及国民经济行业划分标准的修订，对工业景气调查的内容也作了相应调整，与此同时，由于计算机性能的迅速提高和操作界面的改变，课题组的同志又研制了2.0版，并于1997年在全国各使用单位对系统进行了升级换代。

二、系统的主要技术特点

该系统以快速原型法为设计思想，采用软件重用技术、程序生成技术、数据字典技术及软件集成技术，将程序和数据分离，利用数据库对数据进行管理，将关于数据描述信息集中定义在数据字典库中，当需要访问数据库时，通过程序接口传递参数，并以此为标准，结合成一个整体。即由用户在使用中确定需要确定的对象，系统的各类使用要素都可由用户设定，通过模块可以直接构造相近的系统，大大提高了软件的集成度，较好地解决了程序的自适应性和通用性问题，生成的程序是积木式结构，用户可以作任意的组装和增减。该系统创造性地采用高级用户版定义系统基本属性生成基本用户版，既确保了系统高度的一致性，又适应了不同层次用户的需求。该系统运用了一批自编和改写的软件生成工具及15类要素的通用模块，技术难度高并可随着业务的发展与情况的变化而成长。该系统用菜单进行分类编排，然后用一个统一的菜单管理模块来驱动，成功地运用了软件工程关于建设信息系统的新思想、新方法。专家们认为，该系统是运用快速原型方法在中国人民银行建成的第一个覆盖全国调查统计常规业务的系统；该系统为中央银行制定和实施货币政策提供了科学、及时、准确的数据源，也直接为地方政府和其他部门服务，带来的社会效益十分显著。该系统在同类系统中居领先水平，属于国内首创。

三、系统的推广应用情况

1991年3月该系统在中国人民银行总行投入使用并推广到全国除西藏自治区外的所有省级分行和二级分行约450个单位，系统选定企业5129户，数据采集时间上溯到1989年。各省、市在中国人民银行总行选点调查的基础上自行扩充了本省、市的调查范围，部分地市级行将系统采样推广在县支行使用（约有100个县支行），自行增加了布点企业及分析报表种类，已推广应用约550个单位，应推广应用单位450个单位，推广程度为122%。1996年课题组的同志又研制了该系统的2.0版，并于1997年底在所有使用单位进行了升级换代。

多年来，该系统在550多个单位使用，节省了人力，大大提高了办公效率，降低了工作强度，快速、及时、正确、可靠地提供了中国工业景气调查统计分析信息。该系统的发明与创造在6年多来的运行实践中已得到充分证明，在信息系统设计和软件研制中起到示范和指导作用。该系统的设计思想已被中国人民银行调查统计司的其他软件所借鉴。1995年，当中国人民银行承接国务院领导同志交办建设全国千户企业资金监测的信息网络系统工程时，课题研制人员针对该系统特点，在时间紧、任务急的情况下，采用了全国工业企业景气调查分析网络系统的设计思想，并以该系统为原型快速构造出全国千户企业资金监测信息网络系统，使用了短短几个月的时间完成了软件的设计、测试并很快在全国 62 个城市 917 户企业推广运行，后经二期、三期扩网到 228 个城市分行，1318 户企业，较好地完成了国务院领导交办的这项艰巨任务，实践再一次证明了全国工业企业景气调查分析网络系统设计思想和研制手段的先进性，为推动我国计算机软件研制、缩短软件开发周期，探索出一条成功之路，获得了难以估量的社会效益和经济效益，并且培养了一支计算机高水平应用操作队伍。

二十、城市电子支付与清算网络系统（“天地对接”）

项目编号：9811014

获奖等级：金融科技进步奖三等奖

项目完成单位：中国人民银行湖南省分行、中国人民银行岳阳市分行

主要完成人员：蒋民生、侯加林、熊立群、邹团锋、莫卫平

其他完成人员：金爱钦、杨京健、彭嘉涛、杨小希、雷家政、田本全、盛铭、陈健、易昌善、刘康华、郭涛、林建、李伟、刘旭、陈迈实、方筱华

项目简介：

为实现中国人民银行支付清算业务的现代化，改变电子联行业务“天上三秒，地上三天”的业务现状，根据中国人民银行总行的统一规划和部署，中国人民银行湖南省分行从 1994 年起，历时两年多的时间，研制开发了同城清算、电子联行及会计核算三位一体的城市电子支付与清算网络系统（“天地对接”）。

该系统通过开发商业银行支付网点系统、中国人民银行同城网络中心系统、中央银行会计核算系统的电子联行业务处理部分及电子联行系统地面联网处理部分，并使之有机结合，创造性把同城票据清算地面网与全国电子联行卫星网无缝连接起来，形成完整的城市支付清算体系，实现了同城、异地支付结算与资金清算的一体化，彻底解决了电子联行业务“天上三秒，地上三天”的问题。这使电子联行往账从商业银行录入、发送到中国人民银行接收、入账、转发和电子联行来账从中国人民银行接收、入账、转发到商业银行接收、入账可以完全实时处理。这加快了银行资金结算速度，挖掘了资金潜力，使同城票据和电子联行转汇资金抵用率提高到 98% 以上。

该系统功能完整，既能处理同城清算业务又能处理异地联行业务，同时还为商业银行网点提供同城信息包往来、电子联行查询查复、在线事后核查和账务查询功能，实现了支付清算业务全过程的数据共享和实时联机事务处理，形成了真正意义上的从卫星通信网络到商业银行柜台的“天地对接”。

该系统采用 TCP/IP 互联协议，具有独立的通信网络平台，其联网方式是：利用中国人民银行局域网络连接中国人民银行同城清算主机、会计核算主机及电子联行卫星小站主机，构成一个专用的逻辑子网；利用邮电部门公用 X.25 分组交换网、数字数据网（DDN）或公用程控电话网（PTSN）连接各商业银行清算网点，构成城市通信网络；利用卫星信道，与中国人民银行清算总

中心、全国各卫星小站构成一个纵横全国的支付与清算广域网络，实现了同城清算和异地联行的实时联机事务处理。

该系统具有多种应用平台、多种入网方式。其中，同城清算系统、会计核算系统和电子联行卫星小站系统采用 UNIX 平台，有小型机和高档微机多个版本，其中，小型机（如 RISC6000）适用于中等以上城市，高档微机适用于中小城市。该系统适用性广，商业银行各清算网点可采用多种应用平台，以同步专线方式（网间网互联方式）、异步专线方式（X.28）或异步拨号方式入网，方便灵活。

该系统采用通信加密传输，使用支付密码进行银行间的电子凭证传递，商业银行清算网点还可随时进行在线事后核查和对账，保证了资金安全和信息安全。该系统采用 INFORMIX 的 ESQL/C 和 C 语言开发，应用软件全部以可执行方式提供，并可以方便地移植到其他数据库平台上。

该系统现已在湖南省全省 14 个二级分行推广应用，取得了巨大的社会效益和经济效益。

该系统于 1998 年 1 月 19 日通过了中国人民银行总行组织的鉴定。鉴定委员会认为，该系统符合我国银行有关法律法规，满足现行支付清算系统的业务需求，适应现代支付清算系统的发展趋势，具有先进性、创造性和广泛的适应性，安全可靠，运行稳定，在全国同类系统中处于领先水平，其模式在全国有示范价值。

二十一、城市资金支付清算系统

项目编号：9811002

获奖等级：金融科技进步奖三等奖

项目完成单位：中国人民银行山西省分行、北京宏泰电子技术有限公司

主要完成人员：郝爱平、张龙龙、冯黎平、孟建强、李永平

其他完成人员：李晓东、李永宏、兰瑞萱、孙瑞华、张建国

项目简介：

城市资金支付清算是同一城市或区域由各金融机构对相互代收、代付票据进行交换并清算资金的一种经济活动。

城市资金支付清算系统是将同一城市中的金融机构统一纳入中国人民银行城市网中，以现行的会计结算制度和业务做法为依据，利用计算机网络的先进技术，使用统一数据接口，连接各商业银行的支付系统，使货币资金结算从纸凭证的支付、清算、转账转变为网络中的电子信息流，通过对电子信息的确认完成资金的清算和转移，进而实现纸凭证的截流。

一、主要功能

城市资金支付清算系统由以下三大子系统组成：

1. 交换中心子系统：（1）支付信息接收和发送；（2）支付信息的核押、加押；（3）退票处理；（4）通过中央会计核算系统记账；（5）清算；（6）现场监控；（7）与交换单位对账；（8）查询、打印。该系统可根据需要设置为实时全额清算或适时差额清算两种方式。

2. 交换点子系统：（1）支付信息的录入、修改、复核；（2）支付信息的转入、转出；（3）编押、核押；（4）支付信息发送和接收；（5）借方确认；（6）退票；（7）清算、对账；（8）查询、打印。

3. 综合统计查询子系统：（1）业务量统计分析；（2）交换机构统计；（3）资金流量分析；（4）存款情况查询；（5）票据抵用率计算、统计分析。

二、主要技术难点和设计原则

城市资金支付清算系统的技术难点在于解决票据的电子验证和资金的实时清算和划转。

在解决票据的电子验证上，系统采用支付密码器来检查借方票据的合法性，具体做法是：提出行在收到客户支票时，将支票金额和支付密码等信息发送到交换中心，由中心转发给提入行，提入行收到支付信息后，通过自己的支付密码系统验证信息的合法性，并将验证结果返回给交换中心，再由交换中心将结果返给提出行。提出行、提入行和交换中心对合法的票据信息进行记账处理。

该系统采用中央银行会计核算系统提供的同城清算会计核算数据接口实现同城资金在各清算行之间的划转，系统向各交换行会计核算系统提供统一数据接口，由专业行各自会计核算系统进行记账处理，并将结果返回给系统。通过以上两个接口实现资金的实时清算和划转。

该系统采用上述这种分布式的验证和记账处理方法，有如下优点。

1. 避免将所有交换机构的企业账户信息集中在交换中心服务器上，减小了服务器的处理和存储压力。

2. 由各交换机构验证自己客户签发的票据，不在中国人民银行预留密钥，责任分明，可防止产生不必要的纠纷。

3. 系统结构简单，对交换机构内部系统改造要求较低。

在系统开发方面，采用了“网络资源与应用系统相分离”原则，即所开发的系统能够尽量地适用不同的平台和应用环境。充分利用 Client/Server 结构提供的灵活开发方式，使系统结构灵活、易于扩展和升级。

该系统主要技术性能指标如下。

1. 实现了同城资金的实时支付清算。

2. 大大提高了同城票据的抵用率，对账率达 100%，抵用率达 90%~98%。

3. 不同的系统网络设备配置可满足不同业务量城市的需要。

4. 实现了异构网的互联。

5. 实现了中心服务器和网络传输的备份。

6. 系统采用机密和密押器加押，两种措施安全性好。

7. 应用与网络资源相分离，实现一网多用。

三、应用效益

城市资金支付清算系统投入运行后，解决了资金汇划的瓶颈问题，使大量的在途资金变为可利用资金，产生了显著的社会效益和经济效益。过去一笔资金的汇划需要 2~3 天时间，而现在通过该系统，一笔资金在正常情况下，在几分钟内即可入账使用。

截至 1997 年底，山西省已在 5 个城市 40 多个县支行运行了该系统，据不完全统计，共汇入汇出资金达 3000 多亿元，这些资金按在途少一天计算，即可少付在途利息上亿多元，这样就等于给社会提供了大量的可利用资金。

二十二、中国人民银行财务报表管理系统

项目编号：9811003

获奖等级：金融科技进步奖三等奖

项目完成单位：中国人民银行会计司

主要完成人员：李忠林、卜又春、江航翔、袁欣、郑灿宏

其他完成人员：张明艳、许金钟、尤明祥、徐仁艳、阎胜国

项目简介：

中国人民银行财务报表管理系统是中国人民银行总行会计司组织研制实施的，在中国人民银行2400余个分支机构正式使用，通过快通工程、X.25网组成覆盖中国人民银行会计系统的网络。

一、主要功能

主要功能由基层行、管辖行、总行专用三个部分组成。

1. 基层行部分：包括从中央银行会计核算系统采集有关数据和直接编制各种财务报表两种方式形成上报数据，并进行预算管理、项目管理、文本输出及编辑、发送处理等。

2. 管辖行部分：包括数据接收处理、现场编制、数据管理、数据校验、汇总及输出、文本编辑、预算管理、财务分析、项目管理、发送处理、财务分析管理等。

3. 总行专用部分：对总行专有业务进行处理，并与中国人民银行会计报表管理系统数据共享。

二、系统特性

1. 该系统是面向中国人民银行业务开发的管理系统，适用于中国人民银行总行、省、市、县各级分支行财务部门。

2. 构成多层次树型拓扑结构网络，实现中国人民银行财务部门网络一体化，便于管辖行对辖属单位进行严格的监督管理。

3. 具有较高的可靠性和严格的安全措施，确保数据安全。

4. 具有较强的错误处理能力，避免运行中异常中断等。

5. 有较灵活的数据接口，与中央银行会计核算系统、中国人民银行会计报表管理系统相连接，实现数据共享。

6. 上报数据来源以网络传输为主，报送磁盘和现场编制为辅，适应各种情况需要。

7. 提供多种输出方式，可直接调用文本编辑软件编辑文本文件。

8. 数据处理采用相关性原则，增强系统稳定性。

9. 遵循软件工程开发要求，采用结构化程序设计方法。

10. 易于维护和技术升级、扩充。

三、使用情况与社会效益

该系统在全国各省市进行全国推广，1996年7月起在中国人民银行2000多个分支机构正式使用，运行稳定可靠，使用准确、及时、安全、方便，得到一致好评。系统满足财务预算管理要求，促进了财务预算管理的规范化和科学化，具有显著的社会效益和经济效益，在科学地进行财务预算管理方面取得显著成绩，通过反映资产负债结构情况和财务预算管理情况，及时为相关决策提

供依据，通过报表初步预计全年财务情况，供领导决策使用。

中国人民银行总行过去汇总需6个工作日且误差率较高，使用系统后只需半小时即可完成且准确无误，全国报表逐级汇总由过去的20日提到每月9日，保证了报表数据的及时性、准确性。

总之，使用系统后的准确性和及时性是手工编报不可比拟的，效益非常显著。

二十三、电子联行统计分析系统

项目编号：9811009

获奖等级：金融科技进步奖三等奖

项目完成单位：中国人民银行云南省分行、中国人民银行大理州分行

主要完成人员：彭明、赵明、戴静、杨绍云、李子义

其他完成人员：孙洪波、王雪峰、康文、李伟

项目简介：

近年来，全国电子联行业务发展迅速，收发报行已达到1072个，通汇网点1万多个，业务覆盖全国所有的大中城市及部分发达的县级城市，每天转发往账6万多笔，金额达800多亿元，基本达到了"快、准、平、清、安全"的要求，为加快资金周转，提高资金的利用率，起到了十分重要的作用，取得了良好的社会效益和经济效益。

1995年，随着金融体制改革的进一步深入和《中华人民共和国中国人民银行法》的颁布实施，金融宏观调控和金融监管的力度进一步加大，客观上要求加强电子联行业务的统计分析工作，使联行资金统计分析信息为金融监管、金融宏观调控和决策服务。为了充分利用好电子联行的基础数据和基本信息，使各级中央银行能够及时准确地统计、分析、掌握和预测本地区及本辖区的资金流向、流量和运行情况，以便为各级中央银行提供宏观决策和调控的依据，并以此促进国家和地方经济持续稳定健康地发展。经清算总中心批准，由中国人民银行云南省分行清算分中心组织研制开发了中国人民银行电子联行业务统计分析系统软件。该软件能对本地区的电子联行资金进行分类统计和加工整理及存储，并产生本地区所需的有关统计数据分析资料及图表，能对本辖区所有清算分中心的有关基础统计数据进行分类汇总和加工整理及存储，并产生本辖区所需的有关汇总数据分析资料及图表。系统所产生的统计汇总数据资料能从不同角度、不同需求，全面透彻、客观正确地反映出本地区及本辖区电子联行资金的运行情况，使各级中央银行能够迅速、及时、准确地掌握和预测本地区及本辖区的电子联行业务的运行情况和运行规律。1995年8月，在云南省进行了该软件的全省性推广和应用。1996年3月，该软件在全国所有省、地州及部分县支行得到推广运用。

该系统自投产以来，运行稳定，获得了用户的广泛好评，取得了较好的社会效益和经济效益。

二十四、厦门市信贷资产监测网络系统

项目编号：9811010

获奖等级：金融科技进步奖三等奖

项目完成单位：中国人民银行厦门市分行

主要完成人员：刘清波、黄燕芳、谢文新、曾武祥、洪忠案
其他完成人员：郑振平、陈马宝、施冬生、薛云双、白格洋

项目简介：

厦门市信贷资产监测网络是一个由厦门市金融机构共同组成的网络。该项目属于计算机网络在金融领域中的应用。该项目主要用于管理贷款证业务、防范信贷风险、加强中央银行的金融监管。该项目采用计算机技术，网络通讯技术和分布式数据库技术，在中央银行、商业银行及其他金融机构之间建立一个分布式数据库，商业银行通过网络实时地登记每一笔信贷业务，并可实时地从网络上获得企业的资信情况。

厦门市信贷资产监测网络主要功能是信贷登记、企业资信咨询和贷款统计分析。信贷登记的范围包括贷款、信用证、银行承兑汇票和保函等业务。企业资信咨询的内容包括登记的业务数据及这些数据经过综合加工的结果。这些信息可以分为企业的当前债务、或有债务、以往债务的归还情况和重大经济事件等。贷款统计主要以企业行业、经济成分、贷款种类、贷款期限、贷款质量和金融机构等指标交叉统计和分析。该系统是一个分层次的分布式数据库，上级金融机构通过该网络汇集其下属机构的信贷业务数据。

该系统从中国人民银行厦门市分行的监测中心连接到厦门市的各金融机构和这些金融机构的下属的信贷网点。每个网点都设有数据库，目前已经有 80 多个网点和数据库。该系统的核心是一个由 80 多个数据库组成的分布式数据库，各网点的数据库是 SYBASE SQL ANYWHERE5.0 数据库，监测中心的数据库是 MS SQLSERVER 6.5 数据库。该系统的网络是一个广域网，网络与网络之间采用路由器通过 X.25 互联，网络协议是 TCP/IP。单机采用普通电话线以 X.28 方式拨入 X.25 网络连到中心的远程访问服务器。中心的两台 WINDOWSNT 服务器既作为路由器，又作为远程服务器。

该系统在吞吐量、响应时间、存储容量、安全性和可用性五个方面达到以下指标。在吞吐量和响应时间方面，系统能同时处理 200 个远程连接，在 3 秒之内完成简单的查询，在 1 分钟之内完成关于企业综合情况的复杂的查询，在 1 分钟之内完成贷款数据的统计；在存储容量方面，能够存储厦门市的所有办证企业的基本概况、财务报表和 5 年信贷业务数据；在安全性方面，通过对网络上传输的重要数据采用加密传输，确保传输过程的安全，通过身份验证、授权和审计等手段来保证系统的信息不被非法访问；在可用性方面，采用标准的图形用户接口与用户对话使系统更容易使用。

虽然国内已经使用微机进行贷款证管理，但是这类软件均只管理企业基本档案，没有用计算机进行信贷登记。该系统是国内最早采用网络手段实现贷款证管理、实时信贷登记和实时咨询的系统。该系统已经于 1997 年 3 月底正式投入运行并取得效益。国内也有个别地方在开发这类系统，但尚处于试点阶段。

虽然西方较早实行信贷登记制度，但利用网络进行实时信贷登记的系统比较少。

该系统首次采用网络手段，实现贷款证管理、实时贷款登记和实时咨询，手段先进，功能相对丰富。该系统在国内属于新项目，该系统的异构型分布式数据库及其按数据归属分送方案是分布

式数据库领域中的新技术，企业的相关程度的界定方法是信贷评估方面的一种新方法。

该系统的研制和推行具有重大意义。一方面，网络系统使贷款证制度的功能进一步扩展，将成为中国人民银行强化监管和商业银行防范风险的更有效的手段，通过降低风险，提高信贷质量，可以节约以十亿元甚至百亿元计的资金；另一方面，提高贷款证制度管理工作效率，使商业银行在保证信贷资金安全性的同时增强流动性、效益性，使企业的合理资金需求能够及时获得。因此，网络系统的运行将为国家经济建设作出巨大的贡献。

该系统可以作为金融机构加强信贷管理和中国人民银行金融监管的一种工具。该系统适用于市场经济比较发达的地区，可根据城市规模的大小选择不同配置的计算机及网络。大城市可采用两台高档的服务器与快速的通讯设备和线路组建网络。中等城市可选择两个中高档的服务器与快速的通讯设备和线路组建网络。小规模城市可选择一个中档的服务器与适当的通讯设备和线路组建网络。

市场经济发展到一定阶段，企业多头开户和多头贷款的出现，使商业银行信贷风险增大，客观上要求建立一个信贷登记与信息咨询系统，用于加强银行间的沟通。同时，信贷登记与信息咨询系统也将为中央银行的宏观调控和金融监管提供直接详细的数据。防范信贷风险是金融业的一个永恒的课题，建立一个这样的系统是非常必要也是非常紧迫的，因此，该成果具有很好的应用前景。

二十五、中国人民银行长春市分行区域网络系统

项目编号：9811005

获奖等级：金融科技进步奖三等奖

项目完成单位：中国人民银行长春市分行

主要完成人员：王军、杨晓光、肖民、王丽艳、董少林

其他完成人员：康宏、白小燕、张冬雷、王平、孙中伏、李洋、钟世杰、王国玉、宋海春、刘日

项目简介：

中国人民银行长春市分行区域网络系统是依据国家金融网络总体框架及各种金融业务的传输需求而建设的。该系统具有支持无线传输网与有线传输网自动切换，整体可靠性远远高于单一传输网；无线传输速率达到 9600 比特 / 秒，满足金融信息实时传输要求；安全性、操作方便性满足使用要求等显著特征。整个工程建设分为以下两个阶段进行。

第一阶段：为无线通信网建设。1992 年长春地区还没有建成 X.25、DDN 等地面网，当时的许多业务通信依赖长途电话。长途线路部分为 PCM 电缆，部分为架空明线，不仅通信速率和质量无法得到保证，每年还有十几万元的话费支出。在这种情况下，中国人民银行长春市分行提出建设超短波无线通信网的申请，并在总行正式立项。

长春市超短波无线通信网解决了频点选择（无线信道干扰问题）、电路的测试和计算中继站的设置（解决超短波通信超视距问题）及按金融信息传输特点编制专用通信协议及通信软件等问题。该网传输速率可达 2400 比特 / 秒，并于 1993 年 7 月正式投入运行，是人民银行系统最早投入运行的超短波通信网之一，有力地推动了长春市金融事业的发展。然而，由于当时办公地点分散，试运行后发现主站的作用发挥得不好，同时由于数据储存于主站的通讯机内，增加了数据的不安全因

素，因此长春市分行提出了将原主站改为中继站，清算中心改为主站，信号在中继站不落地的设想。经过反复调试天线增益及电台的功率，同时修改了通讯软件，试验获得成功，这加快了数据传输率，提高了此网的保密性、安全性，为网络的正式开通打下了坚实的基础。

第二阶段：随着金融业务种类的增多，业务量的增大，业务中对金融通信网络提出越来越高的要求。建设一个安全可靠性、传输的实时性、操作使用的方便性、扩展灵活性、互联互通能力都能满足金融通信要求的金融数据通信平台已成为越来越迫切的现实需求。为此，在充分发挥无线通信网效能的条件下，长春市分行于 1996 年建设了 X.25 网作为超短波无线通信网的备份。两个网络相互补充、相互备份、优势互补，有效地解决了 X.25 网阻塞、故障率高等问题。长春市分行金融通信系统的二期工程在这样一种背景下，利用先进的数字处理及通信技术、网络管理技术及网络互联互通技术对单一业务的无线通信网进行了完善和扩充。在工作中主要解决了以下三个技术问题：一是采用无线分组数据传输协议和高速无线调制解调器，使无线传输速率从 2400 比特 / 秒提高到 9600 比特 / 秒，达到国内单一信道传输速率的最高水平，信息传输的实时性得到大大提高。二是利用 X.25 网作为超短波无线通信网的备份，通过软件控制实现两个通信网络的自动切换互为备份、互为补充，使网络传输的可靠性提高了两个数量级，是目前市—县网络中可靠性最高的传输网络。三是在软件编程中采用前后台技术，实现了无线传输与局域网的互联，使其他种类的金融业务可以非常方便地上网传输。该网络系统已将辖区的 6 个局域网、40 多台服务器、微机设备等联入网内，并使电子联行、调查统计、发行等应用系统成功地在网上运行，形成了多种通信手段优势互补、互为备份、互联互通能力强、各种金融业务统一集中上网运行、网络可靠性高、运行费用低、管理维护方便的通信网络，解决了中国人民银行长春市分行系统市—县之间的金融数据传输问题。该系统自 1993 年建成后，一直安全可靠、及时准确地运行，获得良好的经济效益和社会效益。截至 1997 年 8 月，系统已累计汇划联行资金达 28 万笔，金额达 1050 亿元，为长春地区的经济建设作出了巨大贡献，同时也为长春市分行节约了大量的资金，截至 1997 年 8 月，仅电话费一项就已节省资金近 70 万元，而且随着金融业务量的增大，节省的资金将远不止于此。该系统的正式运行必将在以后的工作中加速资金运转，减少联行资金的在途时间，同时各种金融信息的传递速度也得到大大加快，为中央银行行使金融监管和宏观调控职能提供了有力的手段和保障，对发展经济、维护金融秩序起到了积极的促进作用，所获得的经济效益和社会效益是无法估量的。

二十六、中国人民银行杭州市分行电子联行“天地对接”系统

项目编号：9811011

获奖等级：金融科技进步奖三等奖

项目完成单位：中国人民银行杭州市分行

主要完成人员：陈显明、庄晓、王巧勤、沈波、关欣

其他完成人员：石建芳、罗沙白、杨顺怡、吴洪俭、杨定一、陈晨辉、戴颖、范军、孙伟强、王明怡、杨志

项目简介：

1995 年 9 月，中国人民银行总行确定杭州为全国电子联行“天地对接”工程十个试点城市之一。

在总行和省分行的领导下，杭州市分行依靠自身的技术力量和各商业银行紧密配合，于 1996 年 7 月 5 日正式开通电子联行“天地对接”系统。系统的开通实现了杭州电子联行往来账的自动实时传输和清算，大大提高了在杭州 100 多家通汇行处的往来账收发速度，减轻了中国人民银行及商业银行的账务处理工作量，加强和规范了会计监督及风险防范，取得了显著的效益并受到商业银行和社会企事业单位的欢迎。

一、网络建设高起点

鉴于杭州市大多数商业银行拥有自身业务网络系统，“天地对接”工程采用数据网络联网方式。各商业银行以管辖行为单位，通过杭州金融数据网接入本系统，各行再通过自身的专用网与其下属通汇营业网点连接，中国人民银行内部则以审核转接系统为核心，通过局域网将会计核算系统和 EIS 小站联系起来，形成完整的网络互联和完善的业务架构。同时，采用电话拨号备份作为通信的备份手段。该种模式既充分利用了商业银行自身的网络资源，促进了各商业银行内部的网络建设，又加快了系统建设工作，有利于维护系统的安全。

“天地对接”网络系统采取了多种安全措施。审核转接站、会计核算系统、电子联行小站等工作站组成独立网段，独占路由器上 LAN 端口。所有进出该网段的数据都需要被身份鉴别和合法检查，禁止所有的非业务协议类型进入该网段，同时，在网管上设置访问日志，在业务机上后台登记所有数据通讯记录。这些措施的采用有效地加强了系统在网络上的安全性。

二、采用独创的审核转接系统

中国人民银行杭州市分行着力开发了运行于 SCO UNIX 服务器的审核转接系统，它是“天地对接”的核心，负责确保无误地收发商业银行的往来账和信息包数据报文，审核、备份、转送往账数据至 EIS 小站发送接口处理后卫星发送，从 EIS 小站接收、清分、编押、备份、转发来账数据至商业银行，其间还负责自动统计并访问会计核算系统自动记账和进行余额控制。审核转接站在保留原有系统的同时，将商业银行、EIS 小站、会计核算有机地结合起来。在业务上使各部分职责分工明确，便于操作人员分别控制，加强了原系统的安全性。此外，转接站程序入口单一、数据流进出口单一，解决了系统资源共享与独占、进程协同与互斥的技术难题。因此，审核转接站是数据汇入汇出及安全控制的核心。

三、系统特色

该系统的特点一是保密性好。总中心往来账数据格式及会计接口标准由中国人民银行杭州市分行内部掌握，商业银行的接口规范与数据格式由中国人民银行杭州市分行颁发，两者通过审核转接站进行转换，银行、EIS 小站、会计、审核站之间只能经由专门的通信软件互联。二是安全性强。除网络上一系列的安全措施外，为确保资金信息的安全，系统设置了采用硬件实现的“本地押”和“本行押”。中国人民银行杭州市分行与各商业银行间往来账数据加（解）“本地押”，内部审核转接站与 EIS 小站间加（解）“本行押”，保障信息传输和接口存储过程中均有密押。在此基础上，系统还自动产生数据和程序操作日志文件以监控系统运行过程。三是可靠性高。由于系统中工作站只与各自接口打交道且具有自动继点监测保护设置和备份，在意外情况下（如文件失控 / 掉电等）不致影响其他站点运行。四是性能佳。系统采用后台进程技术，无须人工干预即可实现实时的报文传输、往来账处理、记账、签到签退等，还设置了状态监控屏、即时报告网络活动、银行状态、资金情况、数据收发、进程活动及操作流水，便于管理人员巡查。

四、系统功能

该系统实现的主要功能如下。

1. 签到签退及密码管理功能：用于控制程序的进入和产生操作人员记录。

2. 进程管理功能：维护和启停数据接收、发送、审核、编核押、格式转换、请求记账、监控等后台进程。

3. 信息服务功能：统计金额笔数，查询打印各类数据及报表，录入、接收、发送、查询打印本地信息包。

4. 表项维护功能：配置、增删改联行表库、参数表、清分号表、账号对应表等，使系统运行具有较大灵活性。

5. 日终处理功能：用于数据一致性检查、日终对账、记账、数据入库、日月年报数据的转接和打印。

6. 系统维护：用于密押卡设置、数据清理和备份恢复。

五、系统效益

项目投产后，各家银行陆续加入该系统。截至 1998 年，在杭州所有 18 家商业银行（管辖行）全部开通“天地对接”业务，系统运行稳定可靠，经受了高峰期每日 4000 多笔往账和近 3000 笔来账的考验，取得了良好的社会效益和经济效益，其主要表现在如下。

1. 加快了资金周转和清算。系统实施后进一步畅通了资金汇划渠道，大大缩短了往账在同城的停留时间，来账则做到本地收款单位当日到账，往来账比未开通“天地对接”时缩短 1~2 天在途时间。

2. 提高同业竞争能力，最终使客户受益。先期入网的商业银行因异地汇划通过“天地对接”系统，显示出很强的同业竞争能力，促进了业务拓展。随着各商业银行的加入，广大银行客户也体验到资金往来的快速便捷，这为加速地方经济发展和树立银行良好信誉发挥了一定的作用，受到开户单位的欢迎。

3. 减少人员环节，提高监管效率。采用先进的网络和计算机技术后，免除了银行手工抄写、交换、清算分中心录入等环节，操作人员相应减少，业务量显著增加——由原每日 600 笔往来账增至目前近 3500 笔，精减的人员又充实到事后监督岗位，使核算质量得到可靠保障，这使中央银行的清算和监管职能得以充分发挥。

4. “天地对接”的实现客观上促进了全市商业银行联网在深度和广度上的进展，促进了杭州城市金融网的完善和效能发挥，为杭州市的金融电子化网络化展示了广泛的应用前景。

二十七、经济、金融时间序列数据库

项目编号：9811012

获奖等级：金融科技进步奖三等奖

项目完成单位：中国人民银行江西省分行

主要完成人员：孙工声、刘南园、杨东、石南、陈长安

其他完成人员：高小琼、胡平波、衷新如、李桦、熊伟、罗敏莉、王茁、李家先

项目简介：

该系统是中国人民银行的重要信息系统，是为货币政策决策和金融监管服务的。该系统采用 Client/Server 模式，以 SCO UNIX 为平台，运用大型关系型数据库 SYBASE 及面向对象的开发工具 POWERBUILDER 等先进技术开发完成。

该系统根据时序数据容量不断扩大的客观要求，以指标代码、时间、地区为确定唯一数据的三要素，利用 SYBASE 数据表之间的关联性，从而使时序数据的存储科学、合理，尽可能减少数据冗余；充分利用 SYBASE 数据库的系统功能，动用自定义存储过程进行数据处理，尽可能地使前、后台之间集中传输结果数据而无过程数据，极大地减少前台、后台之间的数据传输时间和次数，降低前台、后台之间的网络瓶颈压力，提高系统运行效率；结合业务分析的特点，建立分析指标运算公式数据表，用户可结合业务需要，对所需分析指标的运算公式进行自定义，使之能方便、快捷地得出分析指标的分析结果，既解决了系统对分析指标数据的不合理存放问题，又大大地强化了系统的分析功能，增加了业务使用的灵活性；系统坚持参数化设计原则，保证了其较好的维护性，通过对系统配置文件中参数的不同设置，可以很方便地对系统功能及其应用范围进行扩充；该系统具有友好、简洁的用户界面，操作简便，适合业务人员掌握和使用。

该系统于 1996 年初投入运行后，运行稳定可靠，各项功能灵活实用，为银行业务人员提供了了解本省、周边地区及全国经济、金融形势的先进手段，以准确、及时地把握本地区的具体特点和实际情况，为各级领导及有关部门制定货币政策提供决策依据。

对经济金融数据信息进行集中管理，实现了数据充分共享，为各级领导及有关部门的业务人提供了各类数据的查询、检索及分析处理功能，充分展示了无纸信息的方便性和快捷性。

丰富多样的手段和形式将用户所关心的数据信息及分析结果、准确、直观、充分地展现出来，帮助业务人员迅速了解和监测有关经济、金融指标的现状及其发展情况。

科学、丰富、迅速的数据检索和分析预测处理能力，为业务分析人员动用经济、金融理论，结合系统中丰富的数据信息，进行综合指标分析、时间序列分析等提供了可能性。

业务人员充分利用系统中丰富的数据信息和灵活的分析方法，与不同地区（如全国、周边省市以及所辖地市）进行各类比较分析，以更准确地判断本地的发展状况。

另外，该系统与其他分析软件间的数据转换接口功能，实际上也是该系统分析功能的一种扩展和延伸。

二十八、中国人民银行非现场稽核监督信息系统

项目编号：9811013

获奖等级：金融科技进步奖三等奖

项目完成单位：中国人民银行江西省分行、中国人民银行稽核监督局

主要完成人员：孙工声、陈国琳、黄运方、石南、李伏安

其他完成人员：吕钢、蔡汝森、饶春荣、韩伟明、李征宇、程焰、黄昌旭、周敏慧、李小勤、龚海雯

项目简介：

非现场稽核监督系统是根据中国人民银行制定的非现场监督指标体系，利用计算机、通讯网络，采用优选的数学模型和计算方法，建立的一套较为完善且符合我国国情的监督、考核、预警系统，可以及时、全面、系统地检查、分析金融机构的经营管理状况和风险程度并预测其发展变化趋势。

该本系统根据功能性质划分为五个子系统：报表输入、运算及输出、系统分析、管理与维护、系统服务。

报表输入是用于输入和修改各项原始数据，主要包括手工输入（资产负债表、损益表、补充表）、磁盘输入（资产负债表、损益表、补充表）、通讯输入、数据修改（资产负债表、损益表、补充表、经营状况表）等功能模块。

运算及输出主要用于进行报表的运算、汇总、查询、打印及上报，包括经营状况表运算、非现场监督表运算、汇总经营状况表、查询各项报表（资产负债表、损益表、补充表、经营状况表、非现场监督表）、打印各项报表（资产负债表、损益表、补充表、经营状况表、非现场监督表），以及生成上报文件等功能模块。

系统分析是根据运算的结果，对被监督结构的有关情况进行分析，包括结构分析、对比分析、趋势分析、单项排位分析、多项排位分析、综合排位分析、综合评估、综合文字分析、稽核结论。

管理与维护是用于系统管理人员（或有关人员）对系统进行各种设置、调整、登记等维护性和扩充性操作，主要包括：中国人民银行机构登记、金融机构类别登记、金融机构登记、报表科目调整、指标公式设置、指标标准值设置、指标权重设置、操作人员登记、结构分析设置、对比分析设置、文字分析模型制作、稽核结论模型制作、排位分组设置、经营状况表修改设置、计算单位设置、稽核频率设置、通讯代号设置等。

系统服务是为用户提供的一些辅助性操作工具，包括备份数据、恢复数据、删除数据、打印公式对照表、打印空白表样、查看系统当前状态、查看输入状态、查看前期记录、选择背景和计算器等。

该系统采用的一些新技术方法如下。

1. 录入校验技术：系统采用了平衡关系校验和逻辑关系校验等多种审核校验技术，并且所有的校验关系可以由用户自己设定，提高了分析数据的真实性和准确性。

2. 标准 SQL 查询：由于系统的数据处理量较为庞大，因此在数据查询、分析方面，采用当前比较先进的标准 SQL 语言进行设计，从而简化了操作过程，提高了数据的运算速度，解决了由于数据运算量大造成的占用时间长的问题。

3. 模型化、参数化设计：为了使系统的各项分析更加科学、更加符合实际，系统为用户提供结构、对比、趋势、排位、平均、回归、加权等多种分析模型，在分析模型中采用参数化的设计方法，使用户能方便地修改和完善分析内容。

4. 容错处理：系统对用户的每一步操作都进行跟踪和记载，并随时检测操作是否合法和正确。同时，提供了多种帮助手段，用户可以在每一个操作窗口上选择 &ldquo：帮助 &rdquo：按钮，也可以通过 F1 键寻求更详细、更全面的帮助。

5. 安全性设计：系统建立了用户操作权限管理制度和操作员登记制度，防止非法进入系统，同时为了确保数据处理的安全性，系统还设置了断电保护、数据备份及恢复等功能。

6. 动态链接OLE、DDE技术：系统为了增强可操作性、改善用户界面，利用了动态链接OLE、DDE技术，在界面设计时嵌入声音、图像等多媒体环境，形成了集下拉菜单、按钮选择、图像背景声音提示等为一体的较为友好的用户操作界面。

二十九、多媒体光盘《金融博士》

项目编号：9811015

获奖等级：金融科技进步奖三等奖

项目完成单位：中国人民银行电化教育中心

主要完成人员：王铁锴、张旭旭、杨文英、梁其程、郭国有

其他完成人员：钟玉琢、郭红玉、郑颖、张成虎、韩延明、向重伦、蔡学望、洪亮、蒋其敏、孟宪伟、杨贡林、马晓玲、孟威锋、徐德民、毛广玉、尹伯、沈洪、刘恩军、王鑫、郑润祥

项目简介：

一、概述

为适应金融体制改革和业务发展对人才培训的要求，提高金融系统办公自动化和信息化管理的水平，推动金融电子化和金融教育现代化进程。中国人民银行电化教育中心在对国内外多媒体技术发展调查研究的基础上，提出开发、研制多媒体光盘的创意。多媒体光盘《金融博士》是我国第一部金融类电子版百科全书。该应用研究项目于1994年12月被列为中国人民银行总行重点科研项目，1995年开始编制试验，1996年6月正式启动，1997年7月全部完成两张光盘的制作并通过中国人民银行总行组织的科技成果鉴定。该项目研制开发的根本目的是应用国内外计算机多媒体技术成果，结合我国金融业发展的需要制作出优秀的只读光盘软件。该软件可以作为金融系统各级各类干部学习、培训和进行管理、辅助决策的工具，同时也可用作各级各类经济管理干部、院校师生学习、研究的重要资料库。

二、主要性能指标及技术特点

1. 光盘涵盖的知识面广、内容新颖、信息量大，包括经济基础理论、金融基础理论、金融业务管理与运作、金融电子化、金融统计分析、法律法规及全国金融机构概览等，共650万字文本、2300幅彩色图片、17分钟视频，词条简练、结构合理，是一部高质量的金融百科光盘图书。

2. 光盘软件设计科学合理，制作采用了先进的多媒体集成技术（如视频压缩技术），采用INDEO4.1进行视频采集与加工；中文全文快速检索系统，运用国内先进的快速检索算法，检索速度极快、准确，无错查和漏查现象；在Windows环境下采用C++语言开发，运用多文档结构，可同时打开多个窗口，对应界面的目录和正文的内容可根据窗口宽度自动调整排版；采用VB开发分层次的超文本阅读等，使界面友好、操作简便、实用功能很强。软件采用Windows风格菜单，具有超文本阅读、词条检索、对话框检索、任意字拾取检索等多种检索方式，查询使用快捷方便、跳转灵活，同时可以将文本摘编打印、输出以供用户使用。

3. 自行研制开发了JPEG图像压缩和解压缩系统，全屏静止图像在真彩显示模式下仅占60~70KB的空间且图像质量清晰。该技术用于光盘制作属国内首创，达到国际先进水平。

4. 在MPC标准4X光驱、硬盘空间30M以上、Windows操作系统下，光盘安装简便，查询

检索响应时间及各项功能均达到和超出设计标准，运行稳定。

总之，该光盘无论从选题、编辑还是采用技术方面均已达到国内外同类产品的先进水平，该项成果具有比较突出的创新性。该成果将当代计算机和激光技术结合的高科技引入我国金融办公自动化及教育培训，对改变传统的干部教育模式、实现教育观念和手段上的更新和突破具有重要意义。

三、社会效益和经济效益分析

随着我国经济体制改革的深入和金融业的迅速发展，金融干部队伍素质和办公自动化水平的提高已成为制约事业发展的关键。尤其是全员性的各类岗位培训、适应性培训和继续教育的任务相当繁重。仅金融系统而言，便有20万个分支机构和250多万名员工，每年有30多万名员工要在院校和培训中心接受不同层次的各类培训。庞大的教育设施、材料、教师费用和往返差旅费用数额惊人，培训效果还不尽如人意。采用计算机多媒体光盘应用软件，员工可就地培训，各级各类干部在经营管理中可随时通过光盘进行信息查询，这为辅助决策提供了重要工具。随着计算机在我国金融系统的普遍推广和计算机网络系统的运行，这种先进的教育技术手段不仅方便、有效、节省投资，还有助于将我国金融办公自动化水准推向新的高度，并且，通过行业化应用的示范，也在一定程度上推动了国内多媒体技术的应用和普及。

多媒体光盘的开发研究是目前国内计算机行业看好的领域。金融系统是国内计算机应用和普及程度最好的领域之一。自1997年7月《金融博士》光盘在金融系统推广应用以来，得到了全国4000余单位及个人用户的好评，产生了极好的社会效益和经济效益。

随着国内计算机和多媒体技术的进步和市场的扩大，本项目成果还可在全国金融系统以外的经济管理部门、经济类院校推广使用。同时，也可以改版后向国外推荐介绍，应用前景很好。

三十、金融系统违法违纪案件信息管理系统

项目编号：9811016

获奖等级：金融科技进步奖三等奖

项目完成单位：中国人民银行金融监察局、中国人民银行支付科技司、中国人民银行江西省分行、中国人民银行安徽省分行

主要完成人员：赵东平、古树林、康少康、鲁峥、万振平

其他完成人员：邱晓瑾、高志敏、杨立、刘晓林、邵道远

项目简介：

金融系统违法违纪案件信息管理系统是根据金融系统监察工作的体制和案件管理工作的需要设计开发的，主要是为了金融系统各级纪检监察部门统计分析发生在金融系统内部的各类违法违纪案件，特别是对经济案件的发案部位、作案手段进行分析，为防范案件、堵塞漏洞提供依据。

自1985年以来，金融系统纪检监察部门一直沿用每季度通过邮寄方式上报案件统计报表的方法，不仅时效性和准确性差，而且案件资料信息量小、保存和查找不便、利用率不高，影响了对案件规律、特点的分析研究。这种统计方法已远远不能适应金融系统查处和防范案件工作的需要。认真分析研究这些年来金融系统案件的特点，从发案部位、作案手段上有针对性地制定防范措施和加强内控制度建设，不仅是防范案件的需要，也是防范和化解金融风险的需要。

金融系统违法违纪案件信息管理系统是在中国人民银行金融监察局、中国人民银行支付科技司的领导下开发完成的。从 1996 年 1 月开始，该系统在中国人民银行地市级以上分行、各专业银行、中保（集团）公司计划单列市以上分行、分公司应用。该系统的使用结束了各级纪检、监察部门手工统计案件的落后方法，不仅极大地提高了统计速度，而且从多方面准确地统计分析出各项所需数据，这为金融系统有针对性地制定防范案件措施提供了依据，也促进了金融系统案件管理工作的科学化、规范化水平。

该系统可在 Windows3.X/95 下运行，充分考虑了非计算机专业业务人员操作的特点。该系统界面友好、简单，操作容易，提示、纠错、控制机制较完善。

三十一、中国工商银行信用卡 AMC 综合管理网络系统

项目编号：9812020

获奖等级：金融科技进步奖三等奖

项目完成单位：中国工商银行北京市分行海淀支行科技科

主要完成人员：潘亿庆、雷杨、梁立奋、王晓玲、杨宇欣

其他完成人员：郑丛容、伊劲松、韩希为、朱曼英、赵大伟、彭华、陈永前

项目简介：

中国工商银行信用卡 AMC 综合管理网络系统是用 INFORMIX 数据库语言编写的大型网络系统，是一套能够为社会提供便捷的金融服务并树立中国工商银行北京市分行的良好形象的应用系统。该系统是按照工作权限的下放以及对缩短办卡时间的要求背景设计的。它面向支行及分理处，全部实现了自动处理，并利用先进的办公设备加快了处理速度，既减轻了分行的工作压力，又改善了支行的工作条件，同时大大便利了客户。在使用该系统后，办卡时间可由原来的 1~2 个月缩短为 1~7 天，对大批量工资户的效果更为明显。本系统的采用，使北京分行信用卡业务实现了质的飞跃。

该系统特点如下。

第一，将信用卡日常业务操作从烦琐的手工劳动中解脱出来，全部实现了自动处理，并且利用自动信封机、切纸机等先进设备加快了处理速度。

第二，通过 DDN 专线将分行信用卡处与支行信用卡科相连，实现了实时通讯，会员资料在全分行系统内实现了资源共享，实现了实时办卡、换卡、止付和销户，极大地提高了信用卡业务处理的效率。

第三，为资料的检索、查询及档案管理提供了很大方便，这为报表的汇总统计及结构分析和数据存储、恢复提供了良好的功能。

第四，可达到多个工作网点信息资源的共享和实时通讯，具有高效、统一的管理功能。

该系统自应用以来，取得了较好的社会效益和经济效益，表现如下。

第一，在人力和财力方面节省很大费用，以海淀支行为例，分理处节省费用 10 万元，处理速度提高了 1 倍以上。

第二，在客观上方便了客户，有效地防范了信用卡的风险，维护了持卡人的利益，提高了中国

工商银行的竞争实力和声誉，带来了信用卡用户的增加和存款余额的增加。

三十二、中国工商银行固定资产管理系统

项目编号：9812022

获奖等级：金融科技进步奖三等奖

项目完成单位：中国工商银行财务会计部、北京融商电子货币工程集团、中国工商银行河北省分行会计处

主要完成人员：王永刚、徐志宏、张彦欣、王英彬、刘艳萍

其他完成人员：李军、唐中武、张景良、杜勤、袁博光、孙毅、高笑雯

项目简介：

中国工商银行固定资产管理系统是通过电子手段把固定资产的管理纳入规范化、系统化和科学化轨道，实现固定资产保全、防止固定资产流失、控制固定资产不合理增长和充分提高固定资产利用率的一种资产管理技术与方式。

该系统采用网络化、层次化多级结构，覆盖了全国、省、地市、县四级，下级通过网络向上级传输各种统计信息和管理信息，各级均可以掌握所辖范围的固定资产信息以供管理和决策使用。系统设计遵循完整性、实用适应性、先进性、统一性、安全性等原则，系统功能设计完全满足了用户的需求，建立了全国各级固定资产卡片数据库，实现账、卡、物、图像对应管理，提供全方位查询、分析，自动提取折旧、生成报表和各种分析图，提供各式管理清单等，满足了中国工商银行对固定资产管理的需要。

中国工商银行固定资产管理系统是在Windows环境下，采用FOXPRO2.5B和C语言开发完成，可以在中文Windows3.2、中文Windows95或西文Windows3.1+中文之星或西文Windows95+中文之星下运行。系统运行硬件要求是486/66、内存4M以上，推荐使用586、内存8M以上的硬件，采用24针宽行打印机，如使用图形系统，推荐使用HP4彩色扫描仪和彩色喷墨打印机。系统操作界面采用Windows人机对话方式，界面友好、操作方便，查询、统计方式灵活多样，可按卡片任意条件查询、统计；报表设计合理，分析图、分析表相互对应、资产卡片与资产图片相互对应，具有很好的管理分析价值。网络传送采用LOTUS NOTES方式，与中国工商银行管理信息网络方式一致。

各主要功能模块：卡片管理包括卡片录入建档、内容审核、复制，按卡片任意项组合查询、打印，按任意条件统计资产数据，提供各种清单等；报表管理包括报表生成、数据汇总、数据审核、报表打印、折旧计算、各种折旧清单、资产超龄预测等；系统分析包括各种资产统计分析图、报表分析图、折旧情况分析图等；系统维护包括网络数据传送和软盘数据传送、数据备份和数据恢复、数据库索引维护等；系统管理包括密码管理、行代码管理和管理日志等；图形管理包括图形扫描输入和卡片图形输出。

该系统于1996年底在中国工商银行全系统投入正式运行，全行所有固定资产均实现微机管理，满足了中国工商银行对全系统固定资产的动态监测，有效地控制了固定资产总量、增量和结构均衡程度，提高了资产利用率和劳动效率，取得了良好的社会效益和经济效益，该系统适合于其他

金融单位，具有良好的推广应用价值。

三十三、中国农业银行ES/9000金穗卡业务处理系统

项目编号：9813027

获奖等级：金融科技进步奖三等奖

项目完成单位：中国农业银行广州市分行科技处

主要完成人员：李沛强、邝锦新、严见昆、张伟文、李泽辉

其他完成人员：张桂林

项目简介：

中国农业银行ES/9000金穗卡业务处理系统采用ES/9000作为主机，其操作系统为VSE/ESA，采用SNA的网络结构和IBM的联机事物处理系统CICS，应用系统采用COBOL及汇编语言编程，数据以VSAM文件的方式存放、集中式处理。信用卡部采用仿真3270终端，以LU2方式与主机连接，使用DOS环境下的FOXPRO编写用户界面；营业网点则利用原有的仿真4700终端，通过LUO方式与主机连接；前置机RS/6000通过LU6.2方式与主机相连，负责POS联机交易。

该系统包括控管、卡管理、中心资料管理、商号资料管理、账务处理、授权、止付管理、ATM、POS、储蓄所实时记账、电话银行、批量处理12个子系统，不仅可以实现发卡中心的卡资料录入、修改、查询、利息试算、授权信控、报表分析、止付等业务，还可以实现中国农业银行各基层办事处的实时记账功能，大大加快了信用卡的账务处理时间。

该系统主要特点如下。

1. 发挥ES/9000网络资源优势，业务处理量非常大，适合大量发卡及多交易量处理。

2. 充分发挥和利用了ES/9000系统的通信能力，可连接大量、多类型网络设备且网络功能安全可靠，平均每笔联机交易时间不超过3秒。

3. 系统采用交易码驱动，便于扩充新业务。

4. 应用系统结构合理，功能齐全。

5. 操作灵活方便，用户界面友好，利于业务人员的使用。

6. 考虑了本地各种类型金穗卡受理网点的实时账务处理，如ATM、POS、营业网点、跨行网络等，真正实现了信用卡业务通存通兑，改进了过去到账时间长的缺点且利用了原有的网络资源。

7. 充分考虑了各种接口，储蓄系统、对公系统和信用卡业务处理系统之间既可通过电话银行实现转账功能，也可通过ATM、POS、自助终端等访问。

8. 各种报表齐备，利用信用卡业务风险防范及业务拓展方向分析，并且新的自定义报表易于生成，业务人员可方便获得各种统计数据。

9. 可实现24小时授权，满足了信用卡业务的需要。

10. 充分考虑了安全因素，可实现各种级别的操作控制。

11. 实现了跨行ATM、POS的联网交易。

该系统自1996年在中国农业银行广州市分行投产以来，首先改变了过去信用卡账务录入等必须集中处理的方式，既减少了信用卡部的业务人员，又减少了基层办事通过同城交换进行账务处理

的工作量和工作强度。其次，由于使用该系统，使信用卡部存取款即时到账，从而减少了资金的在途时间，增加了广州市分行的利差收入及手续费收入。再次，由于使用该系统后到账快，ATM、POS 等自助终端得以推广使用，促进了广州市分行信用卡业务的发展，仅 1997 年就净增信用卡 2 万多张，大大促进了广州市分行信用卡的存取款及消费业务。1997 年，广州市分行卡部新增存款 1105 万元，新增消费 1436 万元，新增利税 25.41 万元，减少恶性透支利息支出 16 万元，减少止付名单印刷费 8 万元，年增收入 41.4 万元，大大增加了广州市分行的各项收入。最后，由于该系统安全可靠，业务人员可方便获得各种统计数据，大大减少了各种风险，减少了广州市分行的各种损失。

该系统增加了广州市分行信用卡业务的电子化程度，填补了农业银行系统的一项空白，提高了金穗卡的竞争力和社会影响。

该系统已在中国农业银行广州市分行和番禺支行推广使用，中国农业银行武汉市分行和珠海市分行正在做推广前的准备工作。

三十四、中国农业银行管理信息系统资产负债及辅助经营与决策子系统

项目编号：9813028

获奖等级：金融科技进步奖三等奖

项目完成单位：中国农业银行武汉市分行科技处

主要完成人员：曹谷崖、郑启心、唐绪斌、丁智敏、郭利涛

其他完成人员：曹伯坚、熊诗勇、湛露、郭凌灵、肖钧、朱政、张本权、吕红、万睿云

项目简介：

中国农业银行管理信息系统资产负债及辅助经营与决策子系统是基于 TCP/IP 局域网建立的，选用 HP9000K410 小型机作网络主服务器，并实现了与 IBM ES/9000 主机互联。该系统提供了与现有各业务系统的各种接口，如手工录入、数据转换、网络传输等，灵活的多接口特性为管理信息系统和办公自动化系统提供了丰富的数据来源。在利用现有业务系统的同时，部分子系统采用了广域网，如信贷数据库系统网络可延伸办事处一级，办公自动化系统可推广至各级职能部门，这使整个系统具有实时、高效的反应能力。此外，系统为移动用户提供了拨号上网的功能。整个系统在实现上表现出以下九个技术特点。

1. 网络硬件实施采用了综合布线方案，网络易于扩充和维护。

2. 采用 TCP/IP 协议组网，易于实现与其他业务网络及外部网络互联。

3. 开发平台选择 Windows95 及功能丰富的 SAS 和 LOTUS NOTES 软件包，应用系统界面友好、易操作。

4. 管理信息系统内部采用内码技术和公式化方法，系统结构严谨、清晰、具有创造性。办公自动化系统采用 NOTES SCRIPT 编程，具有高效、灵活、严密的内部控制机制。

5. 系统具有较好的安全性，用户使用权限可限制在模块级。

6. 与现有系统的接口灵活多样，包括手工录入、数据转换、网络传输等。

7. 每个子系统屏幕响应时间控制在 5~10 秒，用户完全可以接受。

8. 数据组织采用集中式和分布式相结合的策略，对于数据来源单一的系统采用集中式方案，对于数据来源复杂的系统采用分布式方案。

9. 数据共享和网络传递扩大了系统的应用范围，提高了系统的应用能力。

该系统的管理信息子系统在分行各处室、各支行信贷部门使用，为各级管理层加强对信贷资产质量的动态监控并及时调整信贷决策，实现规范化管理，提供了强有力的技术保障。此外，其办公自动化子系统用于中国农业银行武汉市分行办公室的日常收、发文处理和文件归档工作及文件查询工作。该系统的启用，加强了机关办公的规范化，提高了办公效率和办公质量，大大减轻了文档工作人员的工作强度和工作量。

三十五、《中国农业银行自动柜员机应用标准》

项目编号：9813029

获奖等级：金融科技进步奖三等奖

项目完成单位：中国农业银行总行科技部、中国农业银行福建省分行、中国农业银行广州市分行、中国农业银行武汉市分行、中国农业银行青岛市分行、中国农业银行成都市分行、中国农业银行上海市分行、中国农业银行天津市分行

主要完成人员：曹谷崖、郑启心、孙术、吴金坛、张贤福

其他完成人员：区林海、王渝、殷慧剑、周炜、周云彬、郑启心、王志辉、蒋冬惠

项目简介：

《中国农业银行自动柜员机应用标准》是中国农业银行制定的第一个企业级标准，属于国家三级标准。该项目于 1995 年 1 月在总行立项，1996 年 5 月完成，同年 6 月由总行发布实施。该项目的完成，标志着标准化这一广泛应用于现代化生产和工程建设中的重要方法已经成为中国农业银行电子化建设的有机组成部分，标志着中国农业银行电子建设走向规范化、统一化和开放化的新里程。

一、系统功能

该标准的主要内容包括适用范围、引用标准、术语、应用管理系统、交易类型、交易流程、报文格式、安全管理、资金清算、报单和磁道格式等。根据该标准的规范，可以实现全国范围内的 ATM 互联，使银行卡跨地区、跨系统交易成为可能。

二、系统特点

一是在中国农业银行开创制定标准的先例，使中国农业银行电子化建设与标准化工作相结合，促进中国农业银行信息技术的规范化。二是统一了 ATM 跨行交易的报文信息格式和交易流程，解决了 ATM 跨行联机的接口问题。三是引入了密钥自动重置技术，有效地提高了系统受攻击强度。四是立足于应用。

三、社会效益和经济效益

该标准于 1996 年 6 月由总行发布实施，在全行进行推广，对指导中国农业银行 ATM 跨行交易系统的标准化建设具有重要作用，此外，该标准也为各城市行参与当地金卡工程建设发挥了参考作用。

标准的间接社会经济效益巨大。首先，该标准的目标是实现总行提出的各城市行网络互联的战略目标和适应“金卡工程”的要求。从这种意义上讲，制定该标准比直接设计ATM联机方案更能适应全行的需要。其次，由于该标准的指导性和稳定性可以减少中国农业银行的联网投资费用，避免重复开发与方案调整带来的直接和间接经济损失，其中，直接损失来自重复开发的投入，间接损失来自调整期间的不稳定性。最后，该标准把中国农业银行ATM建设引入标准指导体系，促进了中国农业银行与国家经济信息系统的连接。

三十六、无色荧光油墨（UV-3#颜料）的研制

项目编号：9828035

获奖等级：金融科技进步奖三等奖

项目完成单位：中国人民银行印制科学技术研究所

主要完成人员：魏明章、李虹霞、张继卿、张虹

项目简介：（略）

三十七、GBSH-1996纯金光谱分析用标准样品

项目编号：9828038

获奖等级：金融科技进步奖三等奖

项目完成单位：中国印钞造币总公司成都印钞公司

主要完成人：王自森、杨晓东、林乐琴、邢桂珍

项目简介：（略）

第八节　1999 年金融科技进步奖获奖项目

一等奖

一、中国银行电讯业务集中管理及风险控制系统

二、双金属高面值硬币研制

二等奖

三、贸易进口付汇监管系统

四、中国人民银行杭州市分行杭州银行卡网络系统

五、全国千户企业资金监测信息网络系统

六、中国工商银行国际外汇清算业务网络综合处理系统

七、中国银行新一代管理信息系统

八、中国建设银行龙卡网络系统

九、《金融电子化系统安全管理规范》

十、银行计算机安全体系研究

十一、中国农业银行综合业务统计信息系统

十二、印钞油墨树脂油及合成树脂生产装置

十三、高性能自控号码机的研制

十四、晒版腐蚀凹原版工艺研究与应用（暨晒版腐蚀与手工雕刻合成制作铜凹原版工艺）

十五、YB650 型压印机的研制

十六、特种纤维用于钞票纸防伪的研究

三等奖

十七、同城电子支付系统

十八、中国人民银行杭州市分行贷款证管理信息系统

十九、中国人民银行浙江省分行办公自动化系统

二十、淄博市大同城票据清算计算机网络处理系统

二十一、中国人民银行安徽省分行行长金融经济信息综合查询系统

二十二、第二代联行密押机系统

二十三、电子汇兑数据押数系统

二十四、牡丹信用卡发、校卡加密系统

二十五、信贷综合业务管理系统

二十六、WJD-3EC 系列多功能点钞机

二十七、中国建设银行广州市分行异地双主机远程数据库备份系统

二十八、中国建设银行江西省分行计算机综合业务全省联网系统

二十九、蜗杆凸轮箱研制

三十、GB/T 17002-1997《防伪印刷产品生产管理规范》国家标准

三十一、CAM 钞券原版雕刻机的研制

三十二、南昌印钞厂计算机综合信息管理系统

三十三、小面额钞票检封联动线开发研制

三十四、西安印钞厂综合信息网络系统（XCCINS）

三十五、钞票纸高强度条件的研究——多种纤维配比的研究

一等奖

一、中国银行电讯业务集中管理及风险控制系统

项目编号：9914018

获奖等级：金融科技进步奖一等奖

项目完成单位：中国银行信息科技部

主要完成人员：柏士珍、华庆山、张启洲、郑敏民、李东亚、刘顺生、于锋、田铁汉、侯维刚、刘晓波、刘宁、张梅、司凯军、袁俊德、郭俊

项目简介：

中国银行电讯业务集中管理及风险控制系统是根据中国银行资金收付结算对电讯业务的需求，依照国际电讯业务规范，采用 SWIFT 国际标准设计开发的综合应用系统。通过电子手段把电讯业务的管理纳入正常轨道，使之规范化、系统化、制度化，建成一个由总行统一管理和处理、代理行密押的统一控制、动作有序、高效快捷的集中管理和风险控制系统，通过同外汇资金业务系统、收付清算系统、国际结算系统的连接，极大地提高了外汇资金业务、汇款业务、国际结算业务的自动化处理程度和处理速度，实现了全自动的电子支付通道，使业务处理标准化、自动化，提高了资金使用效率，缩短了外汇清算的时间，提高了中国银行的竞争力。

该系统涉及资金调拨和结算业务的全过程，基本覆盖了中国银行的资金调拨和结算业务，在 SWIFT 信息格式一体化处理的基础上，实现了全辖代理行密押集中到总行统一管理，无论 SWIFT 报文还是 TELEX 报文，都由总行统一自动加核押处理后再发出，实现了全国只有一个 SWIFT 出入口和一个 TELEX 出入口，从而实现了中国银行电讯业务的集中管理，大大降低了金融风险，保证了金融信息的安全传输，便于事中事后的检查监督，有利于资金风险控制，确保中国银行调拨和结算资金的安全，使总行能够直接快捷地分析全行的资金基础数据，为领导的管理和决策提供了可靠的依据，使中国银行的经营管理迈上一个新台阶。

该系统采用模块化设计，结构清晰，具有较强的可维护性和可扩充性，系统功能设计完全满足用户需求。系统以主机平台为主，采用分布与集中相结合的体系结构，包含 ES/9000、RS6000、PCSERVER 等多种硬件平台和相关操作系统，采用 DB2 关系型数据库及 SNA、TCP/IP、NETBIOS 等异种网络互联技术和多种开发工具。该系统可与纽约清算所银行同业支付系统

（CHIPS）等国际清算网实时交换数据，技术范围广、难度大。

整个系统采用网络化、层次化的多级网络拓扑结构，以中国银行一级骨干网、二级网和三级网为通讯手段，覆盖了总行、省、地市及部分县，并同国际 SWIFT 网相连。下级行的所有 SWIFT 报文和需加核押的电传通过网络传递到总行，由总行统一对外收发（转）、查询、管理。

系统投产后减少了工作环节，大大减轻了业务部门的劳动强度，全辖可以节约从事电讯业务和密押业务的工作人员 900 人。该系统目前已与国内 300 多家分支行、国外 4000 多家代理行及中国银行海外分行相连，可以实时传送金融数据，进行资金的收付清算，为有效地避免风险提供了技术保障，同时也为本行和其他银行节约了大量的电报费用和人工费用，平均年节约电报费 41302093 元（合 4989742 美元），平均年节约手续费 2699480 美元（合人民币 22344676 元）。因此系统投产后，每年的直接经济效益为 63646769 元（合 7689222 美元），这不仅有利于争取到更多的委托业务，而且在同行中建立了良好的形象。

中国银行电讯业务集中管理及风险控制系统与收付清算系统的连接，极大地方便了世界各地汇入中国的汇款能够时时通；与电子联行系统的连接，使国内人民币资金能够一日通，为客户提供了极大的方便，保证了客户的资金能够及时到位，得到了客户的好评。

该系统已在中国银行总行及 300 多家分支行投入使用，推广率达 93.8%，取得了显著的社会效益和经济效益，处于国内领先水平。在实现电传和 SWIFT 一体化处理方面达到了国际先进水平，具有极大的推广应用价值。

二、双金属高面值硬币研制

项目编号：9928026

获奖等级：金融科技进步奖一等奖

项目完成单位：沈阳造币厂

主要完成人员：王生龙、宁应成、董江、李学飞、孙凤全、林兰英、仁军传、赵丕信、吴伟、王福德、宴景奎、刘宪轻、杨明志、阚博文

项目简介：（略）

二等奖

三、贸易进口付汇监管系统

项目编号：9917001

获奖等级：金融科技进步奖二等奖

项目完成单位：国家外汇管理局信息中心

主要完成人员：门晓波、吴维霞、吴华杰、陈云开、徐光贤、邱桂清、杨健、陈敏、宋宾

其他完成人员：贾吉恒、杨晓明、黄捷、黄山、王铮、王海林

项目简介：

一、项目背景

进口付汇监管是我国外汇管理的重要内容之一。为加强对贸易进口付汇的监管，1994 年 8 月国家外汇管理局发布实施了《贸易进口付汇核销监管暂行办法》，该系统正是适应这一监管要求实施的系统工程项目。1996 年 12 月我国实现了人民币经常项目可兑换，也就是说，对于进口贸易，只要是真实的，就应该允许购、付汇，但资本项目外汇收支还要采取相应管理措施，这就使外汇监管工作面临更大的困难。为适应国家宏观管理的要求，我们进一步完善了这一系统。在过去几年的监管工作中，特别是在 1998 年全国外汇大检查过程中，该系统发挥了巨大作用，使国家避免了数百亿美元的经济损失，保证了国家经济、金融形势的稳定健康发展。

贸易进口付汇监管系统是为适应人民币经常项目可兑换和对外贸易金融监管的需要，用于贸易进口付汇事前和事后监管而设计、开发、实施的计算机应用系统工程。

二、系统结构与功能

贸易进口付汇监管系统包括事前管理和事后管理，共分四大部分：进口单位名录（单）管理子系统、进口真实性实时核查子系统、贸易进口付汇核销子系统和监管辅助决策子系统。进口单位名录（单）管理子系统和进口真实性实时核查子系统以事前管理为主，贸易进口付汇核销子系统和监管辅助决策子系统以事后管理为主。

在进口单位名录（单）管理子系统中，国家外汇管理局通过 Intranet 网实时公布进口单位名录、名单，各外汇指定银行在为企业办理付汇业务时可通过 Intranet 网实时查询进口单位名录、名单，以审查企业的付汇资格。

进口真实性实时核查子系统借助海关部门提供的报关单数据，国家外汇管理局或外汇指定银行通过 Internet 网实时查询报关单数据，以鉴别企业要求付汇的真实性及有关单据的有效性，并将有关信息在计算机系统中存档，以备进一步核查。

贸易进口付汇核销子系统采集海关到货信息，外汇指定银行的付汇信息及企业的付汇和到货信息，以进口付汇核销单为主线，一方面通过对付汇信息的检查，监管企业和外汇指定银行的外汇行为是否规范；另一方面将付汇数据与到货数据进行核对，检查二者是否一致，审查贸易进口付汇的真实性。

监管辅助决策子系统一方面通过总额监管辅助决策模型，防范和识别违规或可疑企业；另一方面通过对数据的统计分析，为宏观管理决策提供详细可靠的依据。

三、系统主要技术特点

1. 系统采用 Internet/Intranet 机制和客户机 / 服务器结构，数据相对集中，存放数据中心管理。

2. 系统集事前管理与事后管理、微观监管与宏观管理于一体，具有辅助决策分析功能。

3. 系统可以多渠道、多形式采集数据并核对数据，系统可以从海关、各外汇指定银行、进口单位通过 Internet/Intranet、DDN、X.25、电话线、软盘、手工输入等多种方式采集数据，从而确保数据的完整性、真实性、及时性和有效性。

4. 系统综合了多种信息技术的应用，跨多种硬件平台，如 HP/D 系列小型机、PCSERVER、PC 机多种机型和设备；跨多种操作系统平台，如 HP-UX、SCOUNIX、Windows9x 等操作系统；

跨多种网络技术平台，如 TCP/IP、ONNET、PPP 等多种网络技术；跨多种数据库技术平台，如 SYBASE、SQLANYWHERE 等数据库技术。

5. 系统以数据为中心进行规划设计，根据不同的业务环境和技术环境分为多个版本（两种国家外汇管理局版、三种银行版、一种企业版），适合在全国各相关部门推广应用。

四、推广应用情况

该系统从 1994 年 8 月开始研制，1997 年 9 月完成全部研制工作并开始在全国推广应用。

国家外汇管理局信息中心为各省、自治区、直辖市分局的业务人员和技术人员举办了多期培训班，共培训了百余人次。各省、自治区、直辖市分局负责所辖分支局、外汇指定银行及进口企业的培训和推广工作，共举办近 400 期培训班，培训 19000 余人次。

该系统现已在国家外汇管理局、全国 750 多家分支局、3500 多家外汇指定银行及万余家企业运行一年多。该系统达到设计要求，运行安全稳定，发挥了重要作用，取得了巨大的经济效益和社会效益。

五、经济效益和社会效益

1. 该系统提高了进口付汇监管工作的力度和质量，有力地堵塞了进口付汇工作中的漏洞，大大提高了进口付汇核销率，从而有力地防范和减少了各种逃汇套汇行为，仅此方面，每年将为国家挽回几十亿美元的损失。

2. 该系统在全国采集汇总数据，为宏观管理决策提供了翔实可靠的依据。

3. 在 1997—1998 年亚洲金融危机和 1998 年全国外汇大检查过程中，该系统发挥了巨大的作用，通过系统查出了大量假报关单，涉及金额百余亿美元，为国家挽回了百余亿美元的经济损失。

4. 该系统加强了外汇部门与海关之间在贸易进口监管方面的紧密协作关系，共同完善管理，协同反走私和打击骗汇。在 1998 年海关部门反走私斗争中，该系统为海关部门提供了大量数据资料，有力地配合了国家反走私斗争。

5. 该系统的实施规范了贸易进口付汇秩序，为保障经常项目可兑换的顺利实现，保持我国国际收支平衡和人民币汇率稳定，有效防范涉外金融风险，维护国家经济安全，作出了重大的贡献。

四、中国人民银行杭州市分行杭州银行卡网络系统

项目编号：9911003

获奖等级：金融科技进步奖二等奖

项目完成单位：中国人民银行杭州市分行

主要完成人员：陈显明、单宏学、庄晓、姜安、冯国燕、章磊、王继涛、陈煜、王巧勤

项目简介：

一、系统概述

杭州银行卡网络系统是国家“金卡工程”在杭州试点的主体工程，是改善杭州市用卡环境、健全卡基支付体系的具体建设成果，是综合运用现代化网络及计算机技术，实现 ATM 和 POS 资源共享、互联互通的实时交易系统。该系统自 1997 年 6 月开通，就可受理所有发卡银行各类借记卡、贷记卡和 ATM 取款卡近 30 种，数量达 100 多万张，且 ATM 和 POS 交易同时开通。

该系统的核心是杭州银行卡网络交换中心，交换中心通过广域网与杭州 8 家发卡银行主机相连。在商户入网模式上，中心独创采用商户直联模式，与在杭的 10 家大型商户的 MIS-POS 网和 417 家中小型商户 POS 直接联网，进行全网络范围和全交易过程的实时 ATM/POS 授权交易转接。该系统基于联机事务处理的实时交易方式，变持卡人只能在发卡行 ATM 取款、查询为在全市联网 ATM 上均可取款、查询，变持卡人在商场压单消费和电话授权为直接 POS 授权转账消费或授权。

该系统的开通受到发卡银行、各类商户和广大持卡人的欢迎，交易量逐月快速递增，联网范围也已扩展到杭州的周边县市。系统的稳健运行极大地方便了持卡人的 ATM 取款和 POS 转账消费，有效地防范和化解了信用卡作案风险，为杭州的社会经济发展作出重要贡献。

二、技术特点

1. 采用实时网络通信和不停顿服务。该系统在交换中心配备了路由器和通信控制器，具有很强的网络通信能力，并根据联网单位的特点采用相应的接入方式：对发卡银行统一使用 DDN、CHINAPAC 做备份，对大型商户采用 CHINAPAC、电话拨号做备份，中小商户采用 PSTN、DOV 及 POS-PAD，在通信协议上可选用 SNA、TCP/IP、X.25、FR、HDLC、T3POS、SLIP、PPP。多协议多网络的选用既适应了从发卡银行 IBM、NCR、Sequent 主机到单个 POS 机与交换中心的互联，又满足了系统的实时性要求。

为了与通信能力相适应，交换中心选用了天腾 K20CM 容错主机，在主机硬件级、系统（NSK）级和应用程序级均采用容错方式，切实保障了杭州银行卡交易一年 365 天、一天 24 小时的不停顿服务，系统自开通以来，异常停机时间为 0。

在先进的网络和主机的支持下，系统实现了严格的超时控制机制，每笔交易设计时限为 40 秒，超时作废。在实际运行中，95% 以上的交易在 5~12 秒内正常完成，体现了整个主机和网络系统的优良性能。

2. 采用国际和国家标准。系统严格采用 ISO8583 国际标准作为信息交换格式，能够处理各行发行的各种磁条卡交易。在与国家银行卡信息交换总中心进行异地银行卡交易信息交换时，严格遵守总中心的业务规范和技术标准，并且能够按照国家总中心的技术要求随时方便地进行卡片识别修改和交易路由选择，确保异地交易的完成。

3. 创立商户直联的模式。在系统方案设计时，中国人民银行杭州市分行经大量的调查研究后认为杭州商业电子化较为发达，应充分发挥城市交换中心的联网能力，直接与商户联网。在系统实施中，我们完善了一系列技术和业务规范，提出并确立了具有杭州特色的商户直联模式。

商户 POS 直联模式具体有两种实现形式，对大型商户而言，是通过其局域网 MIS 系统的服务器与交换中心相连，使商户的销售、POS 交易、统计与管理成为一体，较好地解决了商业电子化与 POS 交易的融合，提高了综合运行效益；对中小型商户而言，则通过电话拨号或 POS-PAD、DOV 直接与中心主机相连。商户 POS 直联将交易信息直接从商户送达交换中心，由中心判别转发相应发卡银行，再经银行确认回至中心并最终返还商户。直联摒弃了间联模式（商户通过银行再联至中心）的诸多弊端，赢得商户的一致认同。目前该系统的 POS 入网均采用直联模式。

4. 实现 POS 接入技术拓展和机具改造。为适应直联模式的应用，系统除采用了成熟的网络连接方式以外，还尝试并成功实现了多种新型的联网技术。对大商户 MIS-POS 系统采用了公用数据交换网（X.25）联通，对中小商户除了采用PSTN外，还联合电信部门攻关，实现了商户前端POS-PAD和DOV方式接入交换中心，同时为适应T3-POS协议和杭州直联POS技术规范，改造、开发了多种POS终端程序，使各类POS顺利与中心联通进行银行卡交易。此项技术应用的创新为POS业务的发展奠定了良好的技术基础。

5.建立严密的技术安全保障体系。作为实时交易系统，涉及资金转移和个人密码在网上的传输，信息安全十分重要。在系统设计和实现中，我们要求交易信息具有规范性、完整性、合法性。系统具有超时控制、出错自动引发冲正、存储转发等机制，确保交易的完整。为保障交易信息的安全，整个银行卡网络中的各节点都采用硬件加密机制和分层密钥机制，对交易报文进行MAC运算，并对个人密码作加密处理，防止交易关键信息被窃取和篡改。

6.具有层次应用体系。该系统在软件设计上基本可以分为网络通信、实时交易处理和周边应用三个层次，各层次由一组模块构成且层间采用消息队列和数据库技术为桥梁。这一基本架构使系统具有良好的扩展性和易维护性，在实际运行中任何通信配置的变更和启停、实时交易的控制转发、批处理及监控方式的变化均互不影响。软件在应用级做到了紧内聚、松耦合，在真正意义上保证了交易的实时性和独立性。

7.系统具有网络交易数据统计分析能力，能够根据成员银行的需求，及时产生各类业务报表供成员银行管理层进行决策。

杭州银行卡网络系统的建设，采用了新思路，运用了新技术，在与国际接轨的同时充分注意中国的国情和杭州的特点，强化网络的服务功能，力求系统做到安全、可靠、严密、规范，并留有业务发展的层面和降低运行成本。杭州银行卡网络系统的建成运行，实现了各商业银行银行卡设备资源的共享，避免了重复投资，开拓了杭州银行卡业务联营的新局面，推动了杭州银行卡业务的快速发展。杭州市10个大型联网商户的银行卡交易额占当天营业总额的比例从联网前1996年的4%发展到现在的12%以上，最多的达到21%，创造了良好的社会效益和经济效益。

五、全国千户企业资金监测信息网络系统

项目编号：9911006

获奖等级：金融科技进步奖二等奖

项目完成单位：中国人民银行信管中心、中国人民银行调查统计司、中国人民银行安徽省分行

主要完成人员：卢祥一、王茁、周云碧、陆建模、王进、郭玉朝、张文胜、张军、杨东晓

项目简介：

根据国务院领导同志关于重点抓一批优势企业的指示精神，按照关系国计民生、资产利税大户和行业排头兵的原则在全国范围内选择具有代表性的千户大型国有企业作为调查对象，实现对千户大中型国有企业的资金运行、存贷款情况及生产经营状况的监测。

中国人民银行全国千户企业资金监测信息网络系统计算机应用软件于1995年研制的第一版（95）是在国务院领导直接要求、任务艰巨、时间紧迫的情况下开发的，并第一次应用了SYBASE数据库、POWERBUILDER工具、OS2等新的计算机环境，系统推广后虽然取得了预期目标，达到了设计要求，但系统功能还不是很完善，特别是对数据的分析处理功能没有全部开

发完成，在实际应用中也发现了某些运行缺陷。根据新形势的需要，为进一步健全全国千户企业资金监测信息网络系统，于1997年决定尽快组织开发适应业务发展的第二版（97）全国千户企业资金监测信息网络系统。到1998年初，新版应用系统开发成功，经过若干月的运行，用户反映应用系统基本满足了资金监测网络的日常汇总及分析。

该系统对企业上报数据进行汇总分析，为国务院及中国人民银行提供了国有大型企业生产经营、资金运行的重要经济信息，为反馈宏观经济金融政策效应，为领导进行宏观政策调整和决策提供有用的决策依据，为国家“抓大放小”政策的顺利实施、“主办行”制度的贯彻执行起到了积极效果，沟通了中国人民银行与企业之间稳定快捷的信息渠道，形成了相对健全的企业信息监测网络。

该系统主要分为参照系维护模块、数据的录入及通讯读入模块、报表的分析汇总模块、系统的维护模块四大模块。

该系统以快速原型法为设计思想，采用面向对象的开发工具POWERBUILDER及大型关系数据库SYBASE，采用软件重用、生成、数据字典及集成技术开发而成。

专家们认为，该系统是中国人民银行建成的覆盖全国范围的重要网络信息调查系统，已在全国30个省级行、221个城市分行及1286个企业联网使用，取得了显著社会效益，在国内同类系统中处于领先水平。

六、中国工商银行国际外汇清算业务网络综合处理系统

项目编号：9912010

获奖等级：金融科技进步奖二等奖

项目完成单位：中国工商银行国际业务部

主要完成人员：王正龙、蔡报国、高嗣福、高军、张立新、朱敏、刘伟、翟朝辉、安丽艳

其他完成人员：黄才任、丁霞、彭华、范立、宋立新、荆仁、王青云、阚叔颖、兰莉、华强

项目简介：

中国工商银行总行国际业务部成立于1987年，负责全行的外汇清算业务。在未建立国际外汇清算网络综合处理系统时，总行的清算业务主要采用电传机，以非国际标准格式依靠香港账户行与世界上各国银行发生资金往来。为了使总行尽快与国外清算体系直接接轨，用世界银行统一公认的往来标准信息格式完成国内外的外汇清算，使中国工商银行的国际业务的各项业务处理达到电子化、标准化和网络化的要求，从1989年开始，总行国际业务部利用5年时间，分四个阶段，建立了SWIFT—IBS90一体化全功能国际外汇清算业务网络综合处理系统——ICNIS。

ICNIS系统的建立主要经过以下四个发展阶段。

第一阶段：粗具规模的基础设施和SWIFT网络的开通。这一阶段主要是引进小型机和转报机及与全国32家分行联机电传专线和16条电传呼叫网络，并于1991年12月2日正式开通了SWIFT的清算。

第二阶段：统一了全国各分行SWIFT付汇电文格式。对SWIFT软件进行版本升级，SWIFT密押从16位升到32位，使全国各分行使用自己的境外账户发生的资金及信息往来经过总行发送时，

总行不需再次输入，收发电文能够自动核押、加押和转发，这进一步增强了系统的保安措施。

第三阶段：引进 IBS—90 国际业务处理软件。实现各分行和总行之间、总行和境外同业之间的各类业务信息和联机处理，极大地提高了自动化的工作程度，降低了人工错误的劳动强度，为以后业务量的成倍增长提供了前提条件。该阶段是整个外汇业务清算系统极其关键性的发展阶段。

第四阶段：推广使用分行 PCC 系统。该阶段包括引进 SWIFT PC-CONNECT 软件，开发其连到总行 CONNECT400 的接口及传送、接收软件。在总行与分行之间建立起了 SWIFT 报文的自动加押、核押传递网络，把 SWIFT 清算网络的应用延伸到分行。

在方案的实施中，根据中国工商银行开办外汇业务分支机构多、网络要求覆盖面广、联网复杂的特点，结合多年来的外汇业务操作特点，在硬件配置、软件修改、网络建立三个方面进行了总体系统集成，对业务子系统、业务查询、系统保安等方面进行了细化。

该系统从 1994 年 1 月 1 日正式投入使用后，能自动地实时处理总行与分行、总行与国外银行间的外汇业务，处理能力有了很大提高。总行 1989 年每天处理交易仅 20~30 笔，现在已增加到日处理业务 4000~5000 笔。全国已有 100 多家分行直接与总行的 SWIFT 联网，总行则与国外 500 家银行建立了 SWIFT 密押关系，可进行不同币种业务的直接清算，并可与国外 5000 家银行的 SWIFT 部门直接交换信息，真正做到了全行的外汇清算业务的网络化处理和报文的实时自动收发。总行处理收汇、付汇业务及资金调拨、外汇即期和代客买卖等业务只需要经办的银行操作员一次性输入，后台核对就能自动产生 SWIFT 标准电文格式，并在日终处理后，自动产生各种资金、会计和账务报表以及对账单等。

分行通过接驳远程查询终端的方法，可即时查询在总行开立的不同币种的账面发生额和即期余额，并可查询各种业务报文和综合信息。

分行的 PCC 系统可随时直接收发 SWIFT 报文，以国际标准格式利用 SWIFT 网络与其他银行发生往来。

远程查询终端和 PCC 系统的应用加快了全行外汇资金的周转清算，极大地方便了总行和分行之间的资金划拨和分行的对外资金收付，使分行能及时地解付客户的汇款，便于更好地服务于客户。

据统计，全国有 90% 以上的外汇清算业务通过该系统进行，日均运作资金达几十亿美元。从 1993 年 12 月至 1999 年 1 月，累计节支金额达 2740 万美元。该系统的成功应用，带来了巨大的社会效益和经济效益。

目前，分行 PCC 系统的推广应用工作仍在进行中，截至 1997 年 7 月 1 日，全国已有 82 家分行、35 家支行安装了 PCC 系统。该系统具有投资少、结构简单灵活、技术水平较高、保安性强等特点，具有很好的推广价值。

七、中国银行新一代管理信息系统

项目编号：9914017

获奖等级：金融科技进步奖二等奖

项目完成单位：中国银行信息科技部软件开发中心、中国银行财会部

主要完成人员：陈皓、林斯、黄光侠、霍健雄、毕玉虎、刘伟、祝红燕

其他完成人员：罗卫东、邢开荣、陈艳、李军、田晓东、许倩、廖为

项目简介：

一、系统概述

中国银行新一代管理信息系统是结合了计算机、网络、数据仓库、多维数据库等理论及技术的一个联线分析（OLAP）产品，具有资产负债分析、损益分析、财务指标分析、费用管理分析、汇率变化趋势分析、汇率对利润的影响分析、资金流量分析、风险分析、客户分析及灵活的各种报表制作等功能。它是当今计算机最新技术与现代商业银行管理理论相结合的结晶，充分利用了中国银行及其他金融机构宝贵的信息资源，在提高银行管理水平、适应市场需求、减小风险、预测市场趋势、提高银行利润等方面提供了强有力的辅助手段。

该系统的分析功能按信息的种类分为资产负债及经营状况分析（银行内部管理分析）和客户资料分析两大类。

1. 资产负债及经营状况分析。提供资产业务和负债业务总规模的信息，以便结合国家经济政策和不同经济发展时期的具体情况，为适时调整本行的资产和负债业务的发展规模提供资料；提供资产和负债内部结构信息，掌握各项资产和负债业务在总资产和总负债中的地位、作用和发展水平，弥补存贷比率信息价值的不足，加强对资金流动性的监控；为优化结构、适时调整和加强有关业务的管理和开拓力度提供资料；提供资本及其在各有关阶段的盈利水平的信息；提供各项综合比例指标，了解本行的经营状况，综合考察各行在盈利性、流动性和安全性方面是否符合商业银行的管理要求，提高经营管理水平。

2. 客户资料分析。根据商业银行面向市场、面向客户的发展战略，从各个角度对客户在银行的业务情况进行分析。其中，有根据企业本身的经营数据划分（如客户的资产规模、负债比例、营业额、利税额等），也有根据客户在本行的业务数据划分（如客户在本行的存贷款情况、创利情况、授信情况等）；同时还按照企业性质、行业代码、客户类型和产品码等对客户进行归类，并将每一类再细分到某一客户；对每一类客户及其所包括的每一个客户的所有业务数据的现状及变化进行分析。

二、体系结构

中国银行新一代管理信息系统提供了异构平台、异种数据库之间的数据采集和传输处理手段，能够利用数据仓库、多维数据库对数据进行筛选、加工；通过联线分析（OLAP）工具为终端用户提供灵活、方便的多层次、多角度分析手段；同时提供基于客户机 / 服务器（C/S）和基于 Internet 和 Intranet 的系统架构；按照中国银行核心数据模型标准，支持不同时间周期数据采集及多渠道的数据源；最终可通过全球性的高速、宽带的广域网（WAN）实现中国银行的国内和海外分行的信息资源共享，提供大数据量、多种层次的数据仓库系统，建立全球性的大型信息中心。

三、技术难点

中国银行新一代管理信息系统是以数据仓库的理论为指导，采用多维技术实现的联线分析系统（OLAP）。在系统实现中主要存在以下难点。

1. 数据采集部分：由于全国范围的业务系统平台多样、数据格式各异，因而带来数据采集的技术实现复杂；由于是全国范围的数据采集，因而对数据的一致性、完整性以及采集周期的统一性要求很高。

2. 数据仓库部分：由于业务数据格式不规范、数据质量不一，因而对数据的转换和清理困难；为保证良好的速度性能和便于灵活分析，对数据的存放结构要求很高。

3. 多维分析：为保证良好的响应速度，提供灵活多样的分析手段，在维的设置和汇总的层次、深度等技术环节上要求有综合、平衡的考虑。

四、推广情况

在总行的组织下，该系统现已在全国包括总行在内 31 个一级分行推广投产，通过分布式数据库的向上汇总，实现了中国银行的全行集中管理，为中国银行的各决策层提供及时、准确的管理信息。

五、社会效益和经济效益

NISE 系统充分利用了中国银行长期积累的数据信息和其他机构的信息，大大提高了中国银行的管理水平，把以往大量枯燥乏味的数据进行筛选、加工、处理，产生对中国银行的经营管理有指导意义的信息。它是当今最先进的科学技术与现代商业银行管理理论相结合的产物。由于它不是具体的业务系统，因而其社会效益和经济效益在于为高层管理人员、决策分析人员、业务分析人员了解本行经营管理状况提供强有力的辅助工具，使中国银行的决策和经营管理更加科学化、规范化和合理化，力求中国银行的各项业务在低风险、高效益的状况下运作。随着该系统的日趋完善，它对整个中国银行的经营管理所起的巨大作用将会越加明显。

八、中国建设银行龙卡网络系统

项目编号：9915019

获奖等级：金融科技进步奖二等奖

项目完成单位：中国建设银行总行

主要完成人员：杜文和、林伟平、刘静芳、陈道福、尚波、易丹娜、王清、刘庆元、王少青

其他完成人员：李林源、韩波、蒋晓谷、汗博、干恂、黄智华、刘丹、马建东、景文光、李晓峰

项目简介：

中国建设银行龙卡网络系统是一个利用中国建行银行现有的虚拟专用网，以城市综合业务网络处理系统为基础，采用国际标准，在全国范围实现龙卡异地实时交易的网络系统。

一、系统功能

1. 授权及金融交易转发功能。中国建设银行龙卡网络系统主要负责龙卡信用卡的授权及龙卡信用卡、储蓄卡金融交易的转发，授权交换中心负责向全行系统受理行与发卡行之间提供交易转发服务。交易数据格式遵守《中国建设银行业务处理系统交易信息格式和编码暂行标准》，符合 ISO8583（87）国际标准。

2. 日结清分功能。日结后对全天的跨行交易记录实施清分，以便成员行进行资金清算，主要功能包括：对本网络成员行的交易日结清分；计算网上交易费用；完成成员行的日结对账；根据需要组织中心、受理行、发卡行三方的交易明细对账；向各成员行发送有关清分数据；产生提交系统管理员、业务部门的统计报表等。

3. 应用网络监控和管理功能。交换中心与各成员行的应用系统构成银行卡互联网络的应用网

络层，交换中心应当具备应用层的网络管理功能。在技术上主要采用ISO8583的08XX、06XX类报文，实现交易网络的应用层网络管理，包括网络成员行应用系统的交易准入与关闭；成员行签到、签退；中心与成员行之间应用系统的可达性测试；网络交易流量监控；中心与成员行操作员交互；交易权限的安全控制与管理；交易报文密钥的更新与传输；业务运行状况的统计、分析功能等。

4. 网络交易异常处理功能。对于各种网络交易异常，交换中心必须能够进行监视、追踪和处理，保证交易异常的可见性与可控性。对超时、断线、延时响应、重复等异常情况，采取自动的重发、拒绝、冲正、存储转发、替代授权等方法予以实时处理和相应的记录，提高网上联机交易的响应速度、成功率，最大限度地确保跨行交易的完整性。同时，提供必要的人工核查及事后处理功能。

5. 日志切换功能。由于系统以24小时不停顿方式运行，因此必须具备交易日志切换功能，即对上配合上级中心的交易日志切换，对下组织各成员行完成本网络的日志切换，包括切换过程控制、切换异常处理及具体日志操作。

6. 系统管理与维护功能。该功能包括系统参数管理，操作员级别管理，交易数据备份管理及对交换中心主机系统状态的查询、配置、修改及运行监控等。

二、系统特点

1. 中心系统集成技术。在龙卡网络系统中，总行授权交换中心是整个授权网络系统的核心，是交易转发的必由之路；同时，由于中心的流水数据是整个网络系统清分的依据，因此为了保障授权交换中心系统的可靠性，总行授权交换中心采用两台IBM RS/6000 R50双主机作为生产系统、两台IBM RS/6000 R40双主机作为备份系统，用双冗余的IEEE802.3LAN互相连接，通过HACMP/6000构成高可用性群集系统。

2. 完备的测试环境。大型的广域网实时交易系统的联调存在着距离遥远、组织复杂、协调困难等问题。为保证生产系统正常运行，龙卡网络系统设置有生产环境和测试环境，以供测试和生产用；新的成员行在与总行交换中心联网前，必须进行本地认证测试及与总行连接的认证测试，通过认证测试后再切入生产系统。

3. 可靠的通讯环境。龙卡网络系统中总行授权交换中心与所有的成员行均采用多协议路由器，中心与成员行在路由器上设置防火墙，主要采用IP包过滤技术，禁止远端进行TELNET、FTP等操作，从而提供高可靠的网络环境，同时，为了避免暂时性的网络故障导致系统无法正常工作，中心及各成员行都有至少一台路由器作为热备份，在每一台路由器上都设有自动拨号备份，实现通信备份线路的连接，以保证网络系统正常运行。

4. 可靠的安全技术。通过采用如下多种安全技术，保证网络、系统及交易的安全、可靠。

网络安全性技术：利用路由器的地址过滤功能，禁止非法用户进入交换中心；与主机安全性技术相结合，提供进一步的网络访问控制和审计。

主机安全性技术：授权交换中心主机的安全，主要是在操作系统和数据库一级采取措施，防止越权访问、窃取数据、对系统访问的审计跟踪。分离系统管理员和应用系统管理员的权限，限制超级用户的访问权限，增强对系统管理员的审计和监督。

应用系统的安全技术：主要由应用软件实现，其重点是对参与互联网络的中心和成员行及其操作人员的交易运行操作权限进行严格的限制，并对操作控制行为进行审计跟踪。

报文安全技术：终端、主机、中心三级系统的报文安全处理统一设计、统一规格，建立起全行统一的网络报文安全体系，特别是定制了严格的密钥管理体系，包括密钥的产生、使用、存储、传输、更新、同步、销毁等。

三、经济效益和社会效益

龙卡网络系统自 1997 年 6 月投产以来，系统运行稳定，实现了龙卡信用卡、储蓄卡的所有业务即包括 ATM 查询、取款；柜台网点查询、存款、取款，特约商户 POS 消费，卡部终端取款授权、消费授权、异地大额购货转账等，异地交易响应时间一般在 10 秒以内。

目前，已有 217 个城市发卡行的信用卡和 243 个城市发卡行的储蓄卡实现了全国异地联网；入网的 ATM 为 3839 台，特约商户 POS 终端为 29786 台，取现网点为 12396 个；日均交易笔数为 13 万多笔，日均交易金额达 2 亿多元；按照目前异地交易手续费收取千分之五计算，龙卡网络系统每年至少可获得上亿元的手续费收入，为中国建设银行创造了显著的经济效益。

龙卡网络系统的建成投产，提高了中国建设银行龙卡业务的技术水平和服务质量，增强了风险控制能力，为龙卡持卡人提供了高效快捷、安全可靠的用卡环境，增强了中国建设银行在商业银行中的竞争力。目前，龙卡网络系统的联网规模仍在继续扩大。

九、《金融电子化系统安全管理规范》

项目编号：9913023

获奖等级：金融科技进步奖二等奖

项目完成单位：中国农业银行科技部、中国农业银行四川省分行、中国人民银行支付科技司、中国科学技术大学国家信息安全重点实验室

主要完成人员：唐建邦、孙术、杨显白、耿慧、张渡、彭刚、韩国强、赵战生、吕述望

其他完成人员：董占球、戴英侠、张旭、荆继武

项目简介：

《金融电子化系统安全管理规范》是国家“八五”科技攻关专题“金融标准化”的软科学研究成果。它是在全国金融标准化技术委员会的组织领导下，由中国农业银行科技部为主要承担单位，组织有关科技人员研究开发完成的。

《金融电子化系统安全管理规范》以金融电子化系统的主要组成部分为管理和操作对象，以实现金融电子化系统安全为目的，全面定义、阐述了系统安全的作用、内容及其相关规定，对系统的可靠性、环境与运行的安全性、信息的安全保密性以及参与运作的人事组织管理都作了详细的说明。此外，遵照《中华人民共和国计算机信息系统安全保护条例》，在综合保密性和可靠性的基础上，结合金融行业的特点，按照系统所处理信息数据的重要性，对金融电子化系统的安全进行了五个等级的划分，为与安全管理有关的各部门提供了一个统一衡量电子化系统安全的依据。

《金融电子化系统安全管理规范》分为五个部分，共十八章，包括总论（金融电子化系统及其安全管理、安全等级及安全管理的重要环节、本规范使用的术语）、安全组织与人事管理（安全组织、人事安全管理、操作安全管理）、系统的安全可靠运行（场地与设施安全管理、设备安全管理、操作安全管理、操作系统及数据库安全管理、计算机网络安全管理、金融电子化应用软件安全管理、

金融交易卡安全管理）、信息的安全保密（密码算法及密钥管理、技术文档资料管理、金融数据安全管理、涉外应用计算机系统的安全管理）、应急计划（应急计划、计算机病毒及其防范）。

《金融电子化系统安全管理规范》以金融电子化系统的主要组成部分为安全管理对象，以实现金融电子化系统安全为目标，系统、全面地定义和阐述了系统安全的作用和内容，对系统的可靠性、信息的安全保密及参与运作的人事组织管理都制定了严格的规范，涵盖了银行、保险、证券的各类系统的各个方面，是我国金融行业产生的第一部系统、全面的和有广泛指导性的金融电子化安全管理规范。

该攻关成果的研究以我国金融电子化系统和它的安全管理研究为基础，广泛采集资料，吸收国内外成功的技术和经验，重视计算机、通讯、信息、密码学等科学理论和技术应用，并得益于计算机信息系统安全管理有关专家、学者的指导，紧密结合我国已经建立和正在建设中的金融电子化系统，保证了规范的科学性、严肃性和权威性，是一部适合中国国情、先进适用的金融计算机信息系统的安全管理规范。

该攻关成果不仅对现有的电子化系统的安全有指导作用，对进入信息时代、网络世界的金融电子化系统也具有指导性。

十、银行计算机安全体系研究

项目编号：9913024

获奖等级：金融科技进步奖二等奖

项目完成单位：中国农业银行科技部、中国人民银行支付科技司、航天工业总公司 710 所、中国工商银行技术保障部、中国银行科技部

主要完成人员：曹谷崖、曲成义、耿慧、戴珊、韩国强、张宏、强群力、刘玉宏

项目简介：

银行计算机安全体系研究是国家下达的“八五”科技攻关课题“金融电子化”中的一个软科学研究成果。其从银行计算机安全保密体系的高度，全面研究了银行计算机的安全与保密，其成果包括国际计算机安全概况、国内银行计算机安全现状与分析、银行计算机安全体系研究与建议三个方面。银行计算机安全体系研究对国际计算机安全领域的计算机犯罪、计算机安全对策、计算机安全机制、计算机安全系统进行了全面的综合评述。在研制过程中，采用了大量的实例和成果，进行了大量的资料采集工作，并使用了报表统计调查法、现场考察调查法、专家座谈调查法、德尔菲专家评测调查法等多种调查方式，从多层面、多角度进行了定性与定量的综合调查，产生了大量有价值的科学数据，为安全体系的研究提供了重要的科学依据，在信息的综合集成方面具有一定的创新性。

银行计算机安全体系研究是在对国际计算机安全领域中的计算机犯罪、计算机安全对策、安全标准、安全机制、安全系统和安全框架模型的深入研究基础上，紧密结合国内计算机电子化领域内安全现状和风险调查分析的结果，对安全对策、安全管理、安全立法、安全标准、安全机制、安全服务和计算机稽核七个安全领域进行分析和研究，提出银行计算机安全体系，并通过研究揭示银行计算机应用、安全服务、安全机制和网络层次要素之间的内在的联系，勾勒出银行计算机

安全体系结构。银行计算机安全体系研究为银行计算机安全的规划制订、安全课题立项、安全系统研制、安全管理、模型管理、模型完善、安全连管机制改进等提供了重要的依据，并采用综合集成与系统工程的方法构造了一个银行计算机安全保密体系的框架，就安全管理、安全立法、安全策略、安全标准、安全机制、安全服务和计算机稽核七个方面提出了建议。

该项成果对今后计算机安全工作的规划、研究和实施有重要的指导作用，有利于进一步开展银行计算机安全研究专题的设置、安全工作规划的制定、安全系统的实施、安全管理模式的完善及银行计算机系统安全管理机制的改进等工作。

由于银行计算机安全体系研究是从全局的角度来探讨银行计算机系统的安全问题，因此，对未来银行电子化建设安全、健康的发展具有重要意义。

十一、中国农业银行综合业务统计信息系统

项目编号：9913025

获奖等级：金融科技进步奖二等奖

项目完成单位：中国农业银行总行科技部、中国农业银行宁波分行信息处

主要完成人员：马泽君、范原辉、陈小萍、刘志清、汪学军、王妙龙、王国连、庞祥福、葛建清

其他完成人员：傅强、吴惺怡、韩岭

项目简介：

中国农业银行综合业务统计信息系统（以下简称农行统计系统）是在中国农业银行从国有专业银行向国有商业银行转轨的背景下，为适应中国农业银行加强监管及中国人民银行按照新的指标体系上报金融统计数据的需要而立项并组织开发的系统。系统由网络版和单机版两个版本组成。网络版已于 1998 年上半年推广到所有中心支行和部分县支行，单机版于 1998 年底推广到所有县支行。

从推广应用的效果来看，该系统不但提高了统计数据的及时性、全面性和准确性，而且还大大增强了对统计数据的加工分析和自动化处理能力，这标志着中国农业银行信息中心的建设迈出了重要一步。目前，通过该系统处理的报表近 90 类、指标 10000 多条，涵盖了中国农业银行所有的业务。上报总行的报表单位已扩大到 47 个大中城市行，并准备进一步拓展到所有中心支行以及部分县支行。报表上报时间平均提前了 3 天，并可进一步缩短。

系统采用分布式的客户机 / 服务器模式，选择 WindowsNT 作为后台网络操作系统平台，Windows95/98 作为前端平台，SQLSERVER6.5 作为后台数据库（单机版用 ACCESS 数据库），开发工具为 VISUALBASIC5.0，数据通讯方式为 LOTUS NOTES DOMINO 和 MODEM。

从应用方面来看，该软件系统使用简便灵活、功能强大、可扩展性强、用户界面友好、数据处理快捷、准确、安全，并实现了不同类型报表的统一处理和统一的数据库管理。由于在系统中所提供的丰富的算术运算符、函数运算符合理地划分了计算公式类型、层次，并引入表、时间、地区键值切换等处理技术，使数据加工处理极其灵活方便，可完成从图形、报表到综合经营状况评价的各层次信息分析，满足了业务部门的各种需求。

从技术来看，系统有以下五个方面的突出特点：一是根据信息编码原理和中国农业银行统计业

务的需要，设计了 9 位 36 进制编码方案，大大扩充了统计系统的信息容量。二是有完善的出错处理机制，包括数据录入时的键值和数据本身不确定性（奇大奇小）检验以及数据之间关系的确定性校验、各类公式的语法、语义校验等。另外，在系统的每一个界面都提供了联机帮助以方便用户。三是可靠的安全设计方案。系统可把操作员使用权限定位至模块级和表级，非授权用户不得使用；系统具有完整的数据备份和恢复功能，保障统计处理的安全性；利用 SQL 数据库与电子邮件系统的安全控制和特定的加密算法，保证了信息传输、存储的安全性。四是利用 LOTUS NOTES 实现数据在广域网上进行传输，并进行自动数据校验和信息的反馈，通过这些设计，系统实现了后台无人值守。五是采用后台处理的存储过程技术，大大提高了关键环节的处理速度，满足了前台业务处理的响应速度要求。

十二、印钞油墨树脂油及合成树脂生产装置

项目编号：9928027

获奖等级：金融科技进步奖二等奖

项目完成单位：上海印钞厂、西安印钞厂、中国人民银行印制科学技术研究所、中国印钞造币总公司科技开发部、北京印钞厂上海化工研究院

主要完成人员：赵长富、安森森、章星、任红梅、陈德鑫、冯文、张占东、田社教、徐亚强

其他完成人员：岳凤娟、曹晓芳、王岐山、刘克谦、金汉城、胡占峰、李勇、杨宝华、张军、李碧若、谢瑛、徐逸飞

项目简介：（略）

十三、高性能自控号码机的研制

项目编号：9928029

获奖等级：金融科技进步奖二等奖

项目完成单位：北京印钞厂

主要完成人员：陈永发、肖海燕、尹广华、董淑兰、周海、孙贵峰、马纯金、巩志强、李东

项目简介：（略）

十四、晒版腐蚀凹原版工艺研究与应用（暨晒版腐蚀与手工雕刻合成制作铜凹原版工艺）

项目编号：9928030

获奖等级：金融科技进步奖二等奖

项目完成单位：成都印钞公司

主要完成人员：蒋治全、王仕荣、刘继伟、曹绪辉、石方元、陈顺安、罗鹏

其他完成人员：邱燕新、张勇、刘茂海、任红卫、刘东乐、袁泽兰

项目简介：（略）

十五、YB650 型压印机的研制

项目编号：9928031

获奖等级：金融科技进步奖二等奖

项目完成单位：上海造币厂

主要完成人员：陈国良、邬国强、李从孝、张立安、沈敏华、周建栋、乔水国、王江涛

其他完成人员：夏永胜、徐立群、黄平、华光明、沈吉宝、肖根宝、张仁桃

项目简介：（略）

十六、特种纤维用于钞票纸防伪的研究

项目编号：9928037

获奖等级：金融科技进步奖二等奖

项目完成单位：昆山钞票纸厂

主要完成人员：关维安、文大兴、何任秀、李策、李晓伟、郭建中、王都义、王善洪、唐帮志

项目简介：（略）

三等奖

十七、同城电子支付系统

项目编号：9911002

获奖等级：金融科技进步奖三等奖

项目完成单位：中国人民银行武汉市分行

主要完成人员：刘东、汪传丹、严治中、高云鹏、邓立新

其他完成人员：余鸿、成楚华、何桂芳、万其应、张俊、赵宏、刘书军

项目简介：

一、技术原理和适用范围

同城电子支付系统为基于公用数据网（CHINAPAC），遵守 TCP/IP 网络互联协议的计算机网络应用系统，其开发运行环境为 UNIX、C 语言和 INFORMIX 数据库。它适用于中、小城市各金融机构间资金的及时清算与划转，可做到“纵向往来、实时交换、及时确认、日终对账、差额清算”。通过与电子联行系统和中央银行会计核算系统的连接，实现“天地对接”的目标。

二、功能及特点

1. 同城票据清算功能。该系统通过网络方式完成市区内票据的实时交换、日终轧差。该功能支持贷记、借记业务的录入、复核、提出、清分、提入、审核、凭证补制以及日终轧差、对账、统计、报表打印等全部业务处理，实现资金的及时清算与划转。

2. “天地对接”功能。该系统将异地资金汇划业务纳入同城范畴，实现同城、异地一体化处理。交换行可采用“先横后直”或“先直后横”方式来处理异地往来业务。就中国人民银行电子联行而言，

该系统将电子联行卫星小站作为一特殊交换行对待，并提供同城、异地数据转换功能，从而解决异地联行往来业务与同城清算不同步的问题，实现以同城实时清算为基础的“天地对接”。

3. 税款自动入库功能。该系统将税务部门的纳税业务纳入其中，通过纳税大厅与各商业银行及中国人民银行国库部门的计算机联网，使税款经由本系统实现从纳税者到中国人民银行国库的直接入库。

4. 同城资金往来的实时监控功能。通过会计终端方式，中国人民银行可实现对清算业务运行状况的实时监测，实现清算余额管理、透支控制、非法账户管理、票据挂失及同业拆借等业务。

5. 通信传输功能。自行研制的基于 TCP/IP 协议的 CEPS 通信软件，能保证系统在无人工干预情况下，完成业务信息的自动传送。

6. 查询、查复功能。交换行和清算中心除能完成各自系统的账务信息的实时查询外，还能以“联络包”形式进行提出 / 提入账务查询、查复及普通文字信息的交换。

7. 系统管理功能。以口令和权限方式对系统管理员、操作员等进行分级管理；对系统使用者登录、注销时间、操作过程及系统通信等情况进行准确记录；对入网单位的行名、行号、端口地址、密钥、借贷窗口开关时间等参数进行集中管理；对各种归档数据定期备份，实现动态全程监控。

8. 网络备份功能。当某入网节点出现故障时，可通过软盘下载的方式完成支付信息的传递。

三、主要技术措施

作为一个资金清算系统，系统安全是首要问题，因此从系统设计上必须尽可能做到万无一失，保证数据的合法性、唯一性和不可否认性。作为网络通信系统，还必须十分注意研究通信环境的适应性、数据的真实性、完整性以及通信资源的经济性。为此，本系统的设计、开发中采取了以下具体措施。

1. 在开发环境上，利用 UNIX、C 语言、INFORMIX 数据库等开发工具，充分发挥各自的特点，采用多进程并发执行及进程通信控制（IPC）等技术，将业务处理、远程通信、系统管理等应用分解为多个进程，每个进程独自完成特定的任务，以进程间的通信控制机制来决定各个进程的睡眠、等待、执行、结束等状态。这样，除数据录入、系统监控等必不可少的人工干预外，大部分处理过程如数据发送、接收、清分、汇总等均由系统自动调度执行，从而使系统具有较高的透明度和自动处理能力，减少了人为原因造成系统出错的可能性。

2. 采用多种措施优化数据录入等必要的人机对话操作。其一，采取口令设置、权限控制、系统日志、录入复核双重操作认定等方法，确保人工操作的合法性；其二，采用数据匹配、运行控制技术，提高对误操作的防范能力；其三，对主要数据要素采取多种校验检查，提高数据的正确性；其四，采用多窗口方式，以提高用户界面的表现能力。

3. 运用重定向、路径搜索等技术使开发环境与应用环境完全分离、手工操作与运行状态监视完全分离；在手工操作中，采用屏蔽所有非法中断方式，将错误操作限制在最小范围内，使系统具有较强的不可入性。

4. 在网络通信中，自行研制的基于 TCP/IP 协议的通信软件，采用管道技术解决了通信模块与应用模块间较多的调用和数据传递等问题，使整个系统有较高的响应速度；采用可变长报文格式，通过 CRC 校验、动态加密、数据压缩等技术，保证数据通信的安全性和可靠性。

5.采取通信回执、业务回执、联络包查询/查复、日终清差对账等措施，以保证业务处理的无差错。

6.采用基于 RSA 算法的银行数字签名，以保证交换行间数据使用的安全性。

7.采用“通用报表生成器”的思想设计报表程序，以方便对各种报表的生成、修改和扩充。

四、社会效益和经济效益（以随州为例）

1.提高了银行结算的社会效益。其一，同城电子支付系统的运行加快了同城结算资金周转速度，实现了企业单位结算资金快速到账，实时同城系统开通后，贷票业务不超过几分钟，借票业务不超过 2 小时。其二，网络化的天地对接，提高了异地资金汇划速度。自系统运行以来，异地业务不仅方便了商业银行，而且使联行资金当日抵用率达到了 100%，使异地资金汇划速度成倍地提高。其三，实时清算系统减少了社会结算资金占用量，提高了社会资金使用效益。系统没有开通以前，随州市每天至少需要 7000 万元以上的清算资金才能保证手工清算的正常进行，使用本系统后，资金占用量只需 500 万元，年为企业节约利息支出 286 万元。其四，银税联网提高了税款入库速度和报解速度。

2.加强了中国人民银行的宏观调控能力，强化了中国人民银行结算监管和资金清算职能。截至 1998 年 12 月底，该系统已累计实时处理业务 30 万笔，清算资金 350 亿元。平均每天处理同城及异地业务 700 笔，金额为 8000 万元。

3.扩大了业务服务范围。原来清算系统仅指基本的同城清算系统，如今却包括同城、异地、纳税等业务处理。服务范围的扩大无疑带来更大的经济效益和社会效益。

4.有利于防范金融风险。同城电子支付还对减少银行结算环节、减少银行结算风险、提高银行结算服务质量、改善银企关系、减少现金流通量等产生了明显的积极影响。

五、主要技术指标及应用情况

在局域网（10Mbps）环境下，本系统每笔交易平均时间不大于 3 秒；在广域网（CHINAPAC 速率为 9600bps）环境下，每笔交易平均时间不大于 2 分钟。

该系统已在随州、鄂州、黄石、宜昌正式运行，并拟于 1999 年在湖北省辖内各地市投入运行。

十八、中国人民银行杭州市分行贷款证管理信息系统

项目编号：9911004

获奖等级：金融科技进步奖三等奖

项目完成单位：中国人民银行杭州市分行

主要完成人员：王泽军、姚君、罗沙白、关欣、王明怡

其他完成人员：张依丽、赵洁华、范军、杨定一、戴颖、金庆春

项目简介：

中国人民银行杭州市分行贷款证管理信息系统是采用基于 CLIENT/SERVER 体系结构，以数据库和 IC 卡技术相结合，依托杭州市金融网，充分利用各金融机构的现有资源，全面、实时地采集辖区内企业的各类负债信息的管理信息系统。该系统将贷款证从手工、静态操作上升到实时、动态管理。为各金融机构防范信贷风险，为中国人民银行全面掌握辖区内的信贷总量、流量、流

向等提供了有效的手段。

该系统始建于 1996 年底，1997 年 9 月 22 日系统正式投入运行。通过近两年时间的运行，该系统已发挥出较好的管理效益，主要表现为以下四个方面。

1. 系统可为金融机构及时提供任何一家贷款企业在任一时点上的基本情况、财务数据、各类负债以及不良信用记录，信息较为完整、全面、及时，解决了原手工贷款证提供信息相对滞后的不足。有利于提高企业贷款等负债信息的透明度、完整性和时效性，制约企业过度负债、重复担保，有效防范金融诈骗和金融风险。

2. 系统建立后，进一步强化了各金融机构对分支机构信贷资产的实时管理，使其决策领导层可及时、全面地掌握本系统信贷资产总量、结构和质量情况，有利于其加强对分支机构的内部控制和管理，使贷款调查更真实、可靠，贷款检查更落实。

3. 系统运行的实时性，增强了中国人民银行对企业管理的时效性。保证各金融机构能够及时获取企业贷款证卡的挂失、注销或停用信息。杜绝了过去企业利用假挂失的方式仍可向银行套取贷款的管理漏洞，特别是对在转制过程中逃废银行债务的企业，有效地起到了金融联手制裁的作用。

4. 系统建成后，中国人民银行杭州市分行有关部门可及时掌握杭州市企业各类负债情况和财务状况等第一手资料；了解杭州市所有企业负债和财务状况的变化特点和变化趋势，便于为杭州市分行根据杭州市实际情况进行科学的微观经济分析与信贷决策提供较为可靠和有价值的参考依据。同时，杭州市分行可及时发现金融机构及其分支机构的违规行为，使中国人民银行对金融机构的大额贷款管理、非现场检查等监管工作有了更详尽的可靠依据，提高了金融监管水平。

一、系统的主要功能

杭州市贷款证管理信息系统主要分中国人民银行中心发卡、管理子系统和金融机构信贷数据登录、查询子系统两部分。

（一）中国人民银行中心发卡、管理子系统的主要功能

1. 贷款证管理：开户、核对、修改、年审、挂失、解挂、注销、停用及解停用等，登记或修改企业年度财务报表，建立企业的基本数据。

2. 异地贷款数据管理：异地贷款的输入、修改及删除。

3. 查询、统计功能：按照各业务点的分类贷款、银行承兑汇票数据查询；按照企业的分类贷款、银行承兑汇票数据查询；按照设定的统计口径交叉统计，产生各类统计报表。

4. 金融机构管理：对金融机构及其下属的信贷机构的管理、对金融机构的合并和隶属关系的转移、对信贷网点系统管理员用户的管理。

（二）金融机构信贷数据登录、查询子系统的主要功能

1. 贷款管理：企业贷款的登记、删除、查询、展期、归还及贷款形态的调整；对企业的呆账贷款的冲销。

2. 银行承兑汇票管理：对企业签发银行承兑汇票的登记、删除、查询及兑付；对企业承兑汇票造成的呆账贷款的冲销。

3. 银企合作协议管理：金融机构与企业签订的银企合作协议的登记和删除。

4. 企业信息管理：对企业在同级金融机构的贷款检查；查询企业法定代表人在其他企业的兼

职情况；按照指定的时点（或时段）查询某个企业在各金融机构的债务及其归还情况；按照指定的时点（或时段）查询某个企业在各金融机构的对外担保情况；按企业管理本机构的贷款台账；查询企业概况；企业年度财务报表的输入及查询；修改企业 IC 卡密码。

5. 操作人员管理：管理本机构的操作员及其密码。

二、该系统的主要技术特点

1. 采用 SYBASE 数据库技术，数据实时通讯。系统采用数据集中存储模式，符合目前金融电子化的发展趋势，避免了分布式数据库数据一致性维护的开销，降低了程序开发的复杂程度。

2. 采用网间网联网模式。根据杭州市城市金融网和各商业银行网络的现状，系统组网采用网间网方式，即商业银行信贷网点通过其网络中心的 IP 路由转发实现与中国人民银行中心服务器的连接。该联网模式充分利用各商业银行的网络资源，网络分段管理、界限清楚，保障了网络系统的安全。

3. 采用 IC 卡技术，实现一卡多用。系统利用已投入使用的杭州市基本结算账户 IC 卡作为贷款证介质，实现了一卡多用、信息共享，减轻了中心发卡录入工作量，利用 IC 卡存储部分变动不频繁但信息量较大的数据，减少了广域网的通信流量和数据库服务器的负荷，降低了系统的运行费用。同时，一卡多用减轻了企业和金融机构的负担，降低了系统投资。

4. 根据实际情况，灵活选用开发工具。在中国人民银行中心的软件设计中采用面向对象的程序设计方法。中心客户机选用 Windows95 图形界面操作系统平台和面向对象的开发工具——POWERBUILDER5.0，提高了系统开发的效率，用户界面友好。

在信贷网点软件的设计中，我们选择 UNIX 操作系统平台，符合多数金融机构业务网点的实际情况；选用 CURSORS 制作字符终端界面，实现了全屏幕编辑式的前台输入；采用 C 语言调用 SYBASE 的 Open/Client（DB_Libmry）访问中心数据库。在网点应用程序设计时，我们把降低系统的运行费用，即降低广域网的流量作为开发重要原则，将大量的逻辑控制放在本地处理，只有必须访问数据库时才与中心库建立连接。

5. 采用标准通讯协议，开发 IC 卡读写器底层驱动程序。

三、系统的性能指标

1. 实时性要求：系统能实时记录和处理最新发生各网点上的各种本地贷款业务和中国人民银行中心的各种异地贷款业务，以此为各类查询统计提供最新、最可靠的原始数据。

2. 响应速度：在网络情况良好时，对单一记录基本查询的响应时间小于 20 秒；10 分钟之内完成较为复杂的数据统计。

3. 吞吐量：系统能同时处理 240 多个远程连接。

4. 存储量：系统能存储全市企业的基本概况数据、财务报表数据及五年内已还清的贷款、银行承兑汇票和担保数据。

5. 安全性：通过网络防火墙保证网络安全；所有口令均加密存储和传输，通过身份和权限验证保证信息和系统的安全。

6. 易操作性：采用图形界面和字符终端界面与用户对话，操作方便。

十九、中国人民银行浙江省分行办公自动化系统

项目编号：9911005

获奖等级：金融科技进步奖三等奖

项目完成单位：中国人民银行浙江省分行

主要完成人员：龚方乐、金金水、孙兆源、金夏生、周琼

其他完成人员：王学斌、盛开、李亚鸣、陈阳耀、徐卫飞、朱亚红、傅柏勇、戴颖、相明军、江力、殷兴山、叶颖芝、吴观潮

项目简介：

中国人民银行浙江省分行办公自动化系统（OA 系统）是采用基于客户机 / 服务器、单域多服务器、分层次的管理方式，以 LOTUS NOTES/DOMINO 多媒体数据库软件为平台开发的办公业务信息处理系统。系统实现省分行、市（地）分行、县支行三级计算机联网的信息处理，并与相关单位逐步实现联网处理。

该系统建设始于 1994 年初，通过大量的调查研究和反复论证，到 1997 年上半年，基本完成程序设计及代码的编写。根据“先易后难，逐步推开；边使用，边优化”的原则，从 1997 年 5 月起，OA 系统在省分行机关开始试运行。目前，该系统的全部功能已在省分行机关正式运行，部分功能在市（地）分行、县支行运行。

OA 系统自应用以来充分发挥了所具有的特点，显示出很好的效益，主要表现在两个方面：一方面提高了工作效率，数据文件从县支行到市分行，再从市分行到省分行的整个传递过程中，几乎没有产生过误码，并且能自动传送，提高了数据文件的传送速度；在文件处理过程中，省分行的发文传送到市（地）分行比手工操作可缩短 2~3 天，公文流转时间从原来的半个多月缩短为一天；在处理其他信息时，有关人员即可批阅、办理，比手工操作可提前 3~4 天。另一方面提高了办公现代化管理水平，OA 系统与金融、经济管理信息系统（FMIS）实现了有机衔接，可以直接从 FMIS 中读取最新的经济、金融信息，便于领导决策使用；使用 OA 系统部分地实现了无纸化办公，规范了办公程序，加强了办公业务处理和内部监督的管理机制，提高了办公科学化管理水平。

在 1998 年 4 月中国人民银行召开的全国人民银行科技工作会议上，该系统被进行了演示，受到了与会代表的好评。在 1998 年底，浙江省分行应邀向总行专门作了汇报和演示，得到总行有关部门的充分肯定。中国人民银行的许多分支行和其他单位来浙江省分行参观和学习 OA 系统，表示了使用该系统的意向。

一、系统的主要功能

1. 收文管理：对来文进行登记、分发、审批、办理、退回、阅览、入档、查询、打印等功能，包含了对纸张的电子来文的两种处理方式。

2. 发文管理：公文的起草、处长核签、处室会签、办公室核稿、行领导签发、阅览、存档、查询、打印等功能，并保留所有环节对公文修改的记录，以备后查。

3. 事务管理：事务管理基本包含了办公室所需处理的各项日常事务信息，具有创建、审核、传送、发布、查询、打印等功能。目前运行的主要事务有：行长每日必读、月度工作简报、年度工作简报、

一周工作安排、假日值班、外事简报、大事记、电子公告、领导小组备忘录、培训 / 会议安排和员工论坛。

4. 档案管理：对各个模块中提交归档的各种文件、信息进行登记、组卷、编目、移卷和封卷工作，提供方便的案卷目录和卷内目录的查询、打印等功能。

5. 文件服务：实现数据文件的传送、接收、查询及查看回执单的功能。

6. 信息服务：实现下级分、支行向上级行传送周报、信息及办理等功能。

7. 电子邮件：该系统扩展了传统的邮件传递功能，使之得以在计算机上更安全、可靠地进行传送。

8. 系统配置：系统配置、数据维护及监控查询等功能。

二、系统的技术特点

1.LOTUS/NOTES 工作流机制与银行办公思路的结合：遵循源于手工而高于手工的原则，系统实现了 LOTUS/NOTES 的工作流机制与银行的办公思路相结合，且这种结合彼此融合、彼此完善。

2. 严格完善的安全、权限控制：系统是采用 NOTES/DOMINO4.5 提供的验证、存取控制、字段级加密和电子签名四级安全措施来保证信息的安全，并通过对用户身份的验证，将操作权限、对数据的文档特性和文档的权限与用户身份相结合，以及设置不同的角色来实现自动运作等方式来确保系统的可靠性和安全性。

3. 收文、发文、事务及档案一体化：系统将收文、发文、事务的信息按照特定的机制直接归入档案库，无须档案管理员的手动操作，有权限的用户和档案管理员可直接在档案库中调阅和处理这些信息。

4.OA 系统与外部系统的紧密衔接：目前 OA 系统与分行的金融、经济管理信息系统相连接以及与分行大楼一层的广播大屏幕相连接。系统可以快速方便地读取大量实时和历史的金融、经济信息，将这些信息提供给具有相应权限的领导查询。系统与大屏幕相连，大大提高了信息传播的速度和覆盖范围。

5. 命名规则层次化：系统采用了层次化的命名结构，一方面真实地反映了中国人民银行的组织结构；另一方面便于系统的扩展、使用和维护，从而适应组织的变化和增长。

6. 易操作性：系统运行在中文 Windows95/98 环境下，提供了一个极为友善的人机界面。用户按相应提示点击鼠标即可完成所有操作，美观形象、易用易学。

7. 易配置性（易推广）：当工作流程有所变动或人事有所变动时，可以通过系统配置功能，很方便地实现用户在办公自动化系统中相应权限的变更。对于其他部门单位进行相应的系统配置之后也能运行此系统，因此该系统有着良好的推广前景。

二十、淄博市大同城票据清算计算机网络处理系统

项目编号：9911007

获奖等级：金融科技进步奖三等奖

项目完成单位：中国人民银行山东省分行、中国人民银行淄博市分行

主要完成人员：张汉中、刘克俭、孟庆斌、刘学义、王利明

其他完成人员：徐宁、王强、刘升兰、李文祥

项目简介：

淄博市大同城票据清算计算机网络处理系统（以下简称淄博市大同城清算系统）是在中国人民银行山东省分行的指导下，由淄博市分行自行研制开发的。该系统集成了大同城票据清算和电子联行“天地对接”两大功能。

1.大同城票据清算：系统延续了原来手工交换时的大同城处理模式，业务范围覆盖全市五区三县的市、区（县）、乡（镇）三级金融机构，采用交换网点适时提出票据信息、中心实时清分、日终各网点分别对账、分级清差的做法，将原来分别进行的市、区（县）两级票据交换处理合为一体，缩短了同城票据进账时间，加快了资金周转，提高了资金的使用效益，减少了各单位的人员投入，大大减轻了票据交换人员的劳动强度，杜绝了清算差错，为清算资金安全提供了有力的保障，提高了票据清算的管理水平，促进了结算工作的发展。

2.电子联行天地对接：将电子联行往来账业务处理纳入同城清算体系，统一处理、分别清差，利用同城清算网络系统实现电子联行往、来账信息在联行小站和汇出行、汇入行之间的传递，在较高层次上实现了电子联行“天地对接”，这样做一方面缩短了联行资金（特别是来账资金）的进账时间，彻底改变了电子联行“天上三秒，地上三天”的现象；另一方面将电子联行往账业务范围延伸到全市，使各区县不必在当地建立卫星小站即可处理电子联行业务，大大节约了设备方面的投资和人力资源的投入，以经济、安全、高效的方式实现了“电子联行到县”，提高了电子联行系统的使用效益。仅此一项就节约设备投资210万元。

淄博市大同城清算系统包含中心机子系统、交换网点子系统和天地对接子系统三个组成部分，中心机子系统是整个同城清算系统的核心，主要完成数据清分、差额信息生成、系统流程控制和状态管理等；交换网点子系统和天地对接子系统是同城清算系统的重要组成部分，主要完成同城和联行数据信息的录入生成、接口数据的转换和各种凭证报表的打印等。三者之间通过计算机网络实现基于TCP/IP协议的通讯连接。

淄博市大同城清算系统以UNIX和INFORMIX系统为基本的开发、运行环境，中心机子系统基于中国人民银行总行配发的IBMRS/6000550L超微服务器和AIX操作系统，由INFORMIXESQL/C和C语言开发而成，交换网点子系统和天地对接子系统基于PC机和SCOUNIX操作系统，由INFORMIX4GL、ESQL/C和C语言开发而成，整个系统具有较强的可靠性、安全性和易维护性。

淄博市大同城清算系统以淄博市金融专用区域网为基本的系统支撑和运行环境，308家交换网点遍布全市五区三县，是目前在区域网上运行的最大的应用系统。淄博市金融专用区域网是中国国家金融专用网（CNFN）的组成部分，以邮电部门的数据通讯公网（CHINAPAC和CHINADDN）为广域网通讯基础，局域网选用交换式以太网技术，支持TCP/IP通讯协议，具有良好的安全性、可靠性和可扩展性。系统支持多种通讯方式：对于商业银行系统内部已建网的，利用DDN专线连接双方主路由器实现网间互联，对于单个网点既可通过DDN或分组专线加同步网卡实现联网，也可通过市话网（PSTN）利用异步通讯以PPP方式联通。

该系统自1997年10月运行以来，清算效率大为提高，资金在途时间明显缩短，电子联行业务量稳步增长。该系统平均每天处理同城交换票据约8000笔，金额为4亿元；电子联行往账500笔，金额为6000多万元；来账180笔，金额为5000多万元。其中，电子联行往账业务量由联网前每天70笔增加到现在的500笔，增长614%，同城票据和电子联行来账业务的进账时间由3天缩短为当天入账，大大加速了资金周转，缩短了资金在途时间，缓解了资金供求矛盾。仅此一项，按照企业在银行活期存款利率计算，每年可为企业节约利息支出2000多万元。淄博市大同城清算系统初步显示了较好的社会效益和经济效益，为促进地方经济发展作出了贡献。

二十一、中国人民银行安徽省分行行长金融经济信息综合查询系统

项目编号：9911008

获奖等级：金融科技进步奖三等奖

项目完成单位：中国人民银行合肥中心支行、合肥华宇高新技术公司

主要完成人员：刘建钢、李京、黄敏、王进、王刚

其他完成人员：杨晓峰、张伟、刘志刚

项目简介：

中国人民银行安徽省分行行长金融经济信息综合查询系统是在网络平台上使用SYBASE大型数据库，采用先进的客户/服务器模式，主要利用POWERBUILDER等编程工具，并结合C语言和其他编程工具，利用面向对象的开发思想开发而成。在系统中完整地定义和实现了一套金融经济指标编码体系，并据此设计和建立起全省综合金融经济时间序列数据库，成功地集成了多种平台、通讯协议和数据库系统，充分利用现有的业务系统，通过数据采集模块将现有业务系统平滑地集成整个系统中，建立了安徽省综合性的大型数据库，使网络上的各个使用者（包括行长和其他业务人员）均可方便地使用数据库中的数据，并可利用其强大的分析功能，对数据库中的数据进行分析。

该系统在软件研发技术上有多项创新，成功地实现了通用报表系统和方法模型库管理体系，实现了模型的动态复用，并采用小程序思想建立数据模型，提供了动态灵活组表和数据加工处理、分析的扩充能力，可以很好地适应银行业务变化的特点。该系统设计上采用了国际上比较新的MVC（模型视口控制器）技术设计用户界面，各模块之间呈网状结构，实现了超文本查询。在系统安全上采用了多种安全管理技术，使该系统更具有可靠性。

该系统整体上基于开放性设计，具有很强的通用性，系统中所有的数据项及其相互关系、系统参数均可由用户通过系统维护子系统进行定义，使该系统可以直接或仅作少量修改后应用在其他行业中基于指标体系的应用系统中。

该系统执行的技术路线合理，先进和实用并重，已全面完成项目需求分析报告规定的任务，面向行长和业务科室的金融查询系统功能较完善，查询手段多，动态分析能力强，使用方便、灵活、扩充性好，技术资料和用户手册齐全，为行长决策分析提供了有力的手段。该系统在金融指标体系的建立、时序数据库设计、动态通用报表定义等方面都取得了重要的研究开发成果。该系统于1998年11月在合肥通过了总行的鉴定，鉴定委员会最后鉴定结论为：该系统整体技术居国内同

类系统领先水平，部分技术达到国际相关系统先进水平。

二十二、第二代联行密押机系统

项目编号：9912011

获奖等级：金融科技进步奖三等奖

项目完成单位：中国工商银行湖南省分行、中国工商银行技术保障部、中国工商银行长沙市分行

主要完成人员：向延刚、柴志宽、毛明先、刘忠、罗新春

其他完成人员：谢宜斌、戴凯歌、齐雁滨、赵力、黄德璋、刘邦模、杜建平

项目简介：

1994 年 10 月，为了适应中国工商银行业务电子化的发展，满足联行集中的需要，总行财会部、科技部组织十多个省市会计处负责联行业务的人员和密押研制人员在长沙召开了第二代密押功能需求研讨会，决定采用联机自动编核密押方式取代第一代密押机的半自动脱机方式。1995 年 8 月，总行科技部、财会部联合发布《关于下达“电子汇兑数据押数系统”和“第二代联行密押机系统”研制开发任务的函》给中国工商银行湖南省分行科技处，对第二代联行密押机系统正式立项。

第二代联行密押机系统是用于保证银行内部联行之间汇划资金安全而进行联机编押核押的一个认证系统。该系统采用密押卡与 GW600M 终端串口相连、GW600M 终端与联行用 UNIX 系统主机相连的方式，实现联机编押核押。编押核押工作在保密的密押卡中完成，确保了密押算法的安全保密。密押卡的参数由参数编制机产生，用密件方式下传，输入安装到密押卡中或用参数编制机对接安装到密押卡中。

该系统在功能上与第一代兼容，使原有投资不会浪费，但在性能上已由“脱机”方式跳到“联机”方式。硬件采用参数编制机、密押卡及 GW600M 终端，使参数和密押在保密的单片机芯片中产生。软件既与第一代兼容，又在功能上进行了扩展，使之更方便实用。目前该系统时效为 0.23 秒 / 笔，如果采用高速芯片，系统预计时效为 0.02 秒 / 笔。在管理上，密押员一人一卡，上班人不离卡，下班入库上锁。更换密押员时，在管理上更加方便，只需修改密押卡上的密押员代号，而不需要更换参数。

该系统属国内首创，安全高效、使用方便、管理简单，适合联行集中批量处理汇划业务。如果将该系统稍加改进（如串口改并口，单片改多片），也适合电子实时汇兑业务，有较好的实际应用价值。

该系统单台售价为 4000 元，按全国金融系统集中联行网点 1 万个左右计算，可创销售产值 4000 万元，利税达 1000 万元，具有十分良好的直接经济效益和巨大的社会效益。

二十三、电子汇兑数据押数系统

项目编号：9912012

获奖等级：金融科技进步奖三等奖

项目完成单位：中国工商银行湖南省分行、中国工商银行技术保障部、中国工商银行会计结算部

主要完成人员：刘邦模、杨鹏、黄德璋、谢宜斌、盛路英

其他完成人员：齐雁滨、柴志宽、赵力、阳秋云

项目简介：

电子汇兑是中国工商银行于 1994 年开通的一项全新的业务，它利用最新技术使国内的汇款、转账在 24 小时内到账，大大缩短了客户资金的在途时间，它将中国工商银行在国内的全部网点连在了同一个网络内。这项新技术在给我们带来方便的同时，也给我们带来了风险。因为电子汇兑使资金汇划成为电子数据交换而不再是票据的交换，所以防伪和防止篡改成为当时较为迫切的任务。为此，中国工商银行湖南省分行科技处根据多年从事银行数据加密产品方面的经验，提出研制电子汇兑数据押数系统设计方案。

为了保证电子汇兑数据押数系统设计技术的先进性和安全性，研制小组在经过对以往研制成功并推广使用的加密机具产品技术设计方案进行了详尽的分析后，根据业务需求书的要求，采用了先进的电子计算机软、硬件技术相结合的方法，使该系统的设计水平有了较大程度的提高。在系统的业务和参数管理及各联行网点使用的有关设备的应用上都有一些创新的设计思想。经过刻苦攻关，使系统达到以下功能。

1. 系统利用由总行和各分行业务部门掌握的参数编制器（以下简称参数盒）及相应的管理软件能够方便地产生整个系统加密软件正常运行所需的各类参数，这些参数的产生均通过硬件加密产生，操作员无法伪造。

2. 系统中各经办行使用的电子汇兑数据押数器（以下简称押数器）中固化了多层加密软件，通过这些软件能够十分安全有效地保证电子汇兑数据押数码产生和校验。

3. 发送电子汇兑系统数据时（联行往账）利用押数据可对本行发出的电子数据押数，接收电子汇兑系统数据时（联行来账），利用押数器对电子数据核押数。

4. 押数器有记录功能，可以按日期记录有关数据以及某些错误信息，并可事后调出查询。

5. 由于采用加密芯片技术，每台押数器安装参数后，只能对本行电子数据押数和核押数，具有“点对点”功能。

6. 押数器可安装全国联行和省辖联行两类 Key 值的参数，对这两套系统的电子数据押数或核押数。

7. 押数器可供 5 位操作员使用，每人均可用自己设定的个人操作口令开机，若输入个人口令四次不正确，机器将在自动擦除参数并记录该信息后停止工作。此时需要重新输入参数后方能恢复正常工作。

8. 押数器可对某套参数进行止用操作。

9. 押数器具有与计算机联机操作功能，并有两位显示器提示某些工作信息码。

利用电子汇兑押数系统使全国中国工商银行系统联行电子汇兑系统每年所传输的金融数据（人民币金额达万亿元）能够安全传输，带来的社会效益十分明显。相信随着这一系统在各金融系统的进一步推广，必将产生巨大的经济效益和社会效益。

该系统单台的售价为人民币 1180 元（国外同类产品单台约 1000 多美元），按全国金融系统联行网点 3 万个计算，可创销售产值 3000 多万元，利税 1000 多万元。

二十四、牡丹信用卡发、校卡加密系统

项目编号：9912013

获奖等级：金融科技进步奖三等奖

项目完成单位：中国工商银行湖南省分行、中国工商银行银行卡部

主要完成人员：李凌、王刚、张艳、盛路英、黄德璋

其他完成人员：王汉民、刘邦模、李卫、韩旭升

项目简介：

随着信用卡业务的蓬勃发展，发卡量与持卡人日益增多，发卡的安全性与持卡人的身份校验成为突出问题。目前，中国工商银行采用软件加密的方法对牡丹卡的磁卡偏移量和个人密码进行控制。发卡时，计算机根据加密算法和许多加密要素计算出个人密码，并将初始为“0”的磁卡偏移量和个人密码进行校验，判断是否正确。由于微机的安全性有限，所以作案人很容易获取软件加密的程序及密钥来伪造磁卡或窃取持卡人的个人密钥。另外，作案者还可以在程序初始化时，修改行号等要素，伪造出其他行的信用卡。

鉴于以上问题，迫切需要一种硬件加密器取代软件加密，将加密算法固化在加密芯片中，同时使各行处的加密器只能对本行处的磁卡进行运算，这样就可以保证发卡的安全性，并可保证对持卡人进行准确的身份校验。为此，中国工商银行湖南省分行科技处提出研制牡丹信用卡发、校卡加密系统设计方案。

牡丹信用卡发、校卡加密系统主要用于采用小、微型计算机处理牡丹卡发卡、校卡业务的行处，该系统应具备以下功能。

1. 该系统应能将参数加密算法与程序加密算法固化在加密芯片中，外部无法读出，也无法修改。算法的参数也应进行加密处理，使外部无法掌握。

2. 该系统应能利用微机的终端接口（RS-232 串口）与业务用机通讯，运算速度与响应速度要达到业务的需求。

3. 该系统应能根据微机传来的数据，发卡时根据初始为“0”的磁偏移量，准确地算出各人开机密码。校验时，根据偏移量与个人密码，判断是否合法用卡。

4. 该系统采用制约参数控制方法，每台加密器必须输入相应的参数才能起用。该参数由总行信用卡部产生，与总行的制约参数、卡部的行号、加密器的编号等要素有关。这样就能控制各卡部只能发出本行的信用卡，变形制约参数又分为多部分，由不同人员掌握，达到分割制约的作用。

5. 该系统具有存储功能，可以记录所有经过运算的数据及结果，当主机需要核对时，可随时调出查询。

6. 该系统具有排重的功能，在发卡时记录相应的数据，发现有重复卡时提示主机。除非有高级别的命令输入，否则拒绝产生重复卡的个人密码。

7. 该套系统具有挂失功能，当某个操作员丢失制约参数时可进行挂失，不影响业务的进行。该系统应与业务处理计算机联机后具有动态加密配对功能，一旦发现校卡硬件设备失窃，此设备无法与其他计算机联机。

8. 该系统应具备操作员管理功能，当操作员输入个人口令日常开机时，系统应能够判断输入的个人密码正确与否，当错误次数超过设定值时系统锁死。

由于该系统较好地解决了采用微型计算机处理信用卡业务安全级别不够的问题，从而杜绝了伪造假卡案件的发生，有效地避免了信用卡资金的损失，具有极大的社会效益。

该系统单台的售价约 1500 元（国外同类产品约数千美元），按全国金融系统信用卡经办行 1500 个，每个经办行配备 2~3 台计算，可创销售产值 450 多万元，利税达 200 万元左右。

二十五、信贷综合业务管理系统

项目编号：9912014

获奖等级：金融科技进步奖三等奖

项目完成单位：中国工商银行杭州市分行

主要完成人员：张衢、朱菲菲、孙赛红、陈忠德、缪根华

其他完成人员：金锋平、杨龙如、陆峰、黄海燕、徐海东、程宁刚、叶晓挺、姚丽佳、叶华、唐亮、丁敏、杨美琴

项目简介：

信贷综合业务管理系统是中国工商银行杭州市分行为提高信贷风险管理的实效性、解决信贷管理滞后性、强化信贷审批权限管理而开发的信贷综合业务管理系统。该系统以信贷和会计核算实时联机为基础，统一规范了全行的信贷业务操作与管理。在国内金融界首次建立了实时的信贷监督控制体系，实现了与对公会计核算联机的、多层次、全方位的信贷审批管理，具备了处理全行本外币各类贷款审批、会计控制与核算、统计分析、规模调控及信贷风险管理、客户台账管理等各项信贷业务的能力。

系统在 UNIX 平台上以集中的联机网络方案，通过 Client/Server 体系结构，覆盖全行所有支行。通过与对公大机仿真系统连接，实现了与大机的互联，使信贷业务处理成为全行业务处理系统的一个有机组合，保证了信贷审批事前控制的严密性，从而突破了信贷系统以往的计算机管理模式。

信贷综合业务管理的应用，从根本上提升了信贷业务审批管理的刚性，在严格规范信贷审批程序方面具有鲜明的特点，从而取得了明显的经济效益和社会效益。

1. 加强了银行信贷风险管理，提高了信贷资产质量。系统实现了从信贷关系建立、贷款发放、展期处理、项目申请、银行承兑汇票签发、票据贴现、按揭贷款、个人消费贷款处理等多项计算机控制，并按照信贷政策制度的要求和授信授权管理的规定设置了 5 个方面共 30 多项不同方面的审批控制内容，统一了全行的审批权限，刚化了贷前审查，从而杜绝了越权、违规放贷的发生。

2. 实现了与会计核算联机同步处理。该系统通过信贷业务与临柜账务系统有机的结合，将信贷业务审批权限和审批级别限定直接反映在临柜会计核算账务系统的实时控制上，加强了信贷审批管理。

3. 由于与会计核算联机同步处理，信贷台账与会计账务随时保持一致，互为牵制互为平衡，严格保证了信贷台账的完整性和准确性。

4.加强了资金规模的调控，提高了资金使用效率。在信贷规模的管理上，主管部门可以从系统中实时监控规模使用情况，灵活调控全行的资金头寸，确保用足、用好，避免规模闲置，保证优秀贷款客户的授权额度，确保及时有效放贷，贷款的实际利用率明显提高，流动性增强。

5.加强了贷后管理和收息工作。系统能及时、准确地反映完整的信贷信息台账，贷后稽核效率大大提高，全面性、及时性得以实现。由于系统与临柜系统连接的特点，贷款明细、欠息信息、存款信息均能实时反映，收贷、收息的主动性大为加强。

信贷综合业务管理系统在开发设计中充分吸取各行在信贷系统开发中的经验和教训，采用与对公临柜大机联机的方式，将全行信贷政策最终体现在会计账务事前控制中，符合商业银行集约化经营的思路，特别适合城市行统一信贷管理的模式。

二十六、WJD-3EC 系列多功能点钞机

项目编号：9912016

获奖等级：金融科技进步奖三等奖

项目完成单位：中国工商银行广东省分行计算技术研究所

主要完成人员：林天源、郑小键、周庆荣、陈灿光、陈泽涌

其他完成人员：黎志南、刘庆东、邹建文

项目简介：

WJD-3EC 系列多功能点钞机适用于各金融机构及收付现金较多的单位中作为鉴别人民币假钞的银行机具，以维护人民币的信誉和威望，维护正常的社会经济秩序。

该产品的研究开发项目经中国工商银行科技部批准立项，并列入“八五”国家重点科技项目中的一项子专题“多功能点钞机”。该产品采用了许多新技术和新工艺，使其机械结构和电气性能都产生了质的飞跃，致使该产品的主要技术性能指标、技术工艺水平、技术先进性、性能价格比等诸多方面均已达到国内领先水平。

该产品采用了先进的智能化信息处理原理和技术，其中包括通过计算机模糊控制技术处理光、磁、电传感器的检测信号，并在软件上正确地确定了真假钞票模糊集合的隶属度函数的逻辑算法，采用软件补偿技术以提高信噪比，通过机器学习技术较好地实现三种辨伪方法的智能综合和灵敏度的自适应。此外，通过增加捻钞轴与出钞轴的间距和改变捻钞轴的几何形状以提高橡胶件的寿命；采用四个特制音频磁头串联以提高磁辨伪的检测效果；采用了冷阴极的 1W 小墨光管明显提高了黑光管的使用寿命；采用了诸多技术工艺措施来解决电气和机械配合的问题，从而使该系列产品的点钞机性能和辨伪技术均达到了较高水平。

目前，国内银行部门使用的辨伪点钞机绝大多数还是单荧光辨伪或荧光磁性双辨伪，然而，现金流通领域中的无荧光纸质并具有磁性油墨的假钞也不断增多，加之 50 元人民币的磁性油墨剩磁和矫顽力较弱，所以目前国内的辨伪点钞机的误报和漏报的概率较高。WJD-3EC 系列机的研制成功，可为银行及社会提供更有效的反假工具，更好地维护人民币的信誉和威望，维持正常的社会经济秩序。由于 WJD-3EC 系列机经国家信息产业部电子产品检测中心测试完全符合国家标准 GB/T16999-1997《人民币伪钞鉴别仪》的要求，所以将会有很好的市场前景，并将为我国的人民币

反假工作、推动社会经济发展和技术进步作出贡献。

二十七、中国建设银行广州市分行异地双主机远程数据库备份系统

项目编号：9915020

获奖等级：金融科技进步奖三等奖

项目完成单位：中国建设银行广州市分行

主要完成人员：沈奕明、范杰、张应丰、林伟平、袁斌

其他完成人员：张子正、林岸波、周凯风、李建威、连树雄、孙剑威、罗雄清、胡鹏、江毅、云涛

项目简介：

中国建设银行广州市分行异地双主机远程数据库备份系统（RDB）经过两年时间的艰苦努力，已于 1997 年 3 月 28 日正式开通。它是以位于广州市东郊工业园内新落成的中国建设银行广州市分行科技中心为主运行中心（生产中心）和以位于广州市沿江西路的原计算中心主机房为备份中心。两地中心相距 16 千米，通过广州市 DDN 网络专用光纤联通，构成了全国金融系统各家专业银行中第一个异地双主机远程数据库备份与灾难恢复系统。

RDB（Remote Database Backup）是国外已发展成熟的先进的数据库备份与灾难恢复技术，RDB 系统结构的组成依主机和数据库的各种不同情况可以有多种设计形式。根据广州市分行的具体情况，我们将 RDB 结构设计成由两台中大型主机（位于主运行中心的 A18-622 和位于灾难备份中心的 A16-62L）和四个 RDB 系统即储蓄综合业务处理系统（IBS）、对公会计综合业务处理系统（ACC）、住房公积金综合业务处理系统（HOUSE）和信用卡综合业务处理系统（CARD）组成。各 RDB 系统运行在 ABW 传送模式并将同步水平设定为最高模式的情况下，实时交易数据在更新生产数据库的同时，更新结果信息也被传送到备份数据库完成同步更新，从而实现了实时远程数据库备份。

主运行中心与灾难备份中心分属于不同的电信分局用户，所申请的两主机之间光纤通信专门开辟 2M 带宽用于 RDB 数据传送。储蓄网点终端、ATM 使用广州市数字数据通信网（DDN），分别可通过 6 分局、7 分局接入主计算中心，也可通过 3 分局、8 分局接入灾难备份中心。POS 机、电话银行和部分需使用拨号备份的网点可以通过公共电话交换网（PSTN）拨入两个中心。正常情况下，DDN 网点由市电信局网管中心路由到主运行中心，拨号网点拨号到主运行中心。当灾难发生时，所有 DDN 网点由市网管中心切换到备份中心，所有拨号网点改拨到备份中心。生产通信网络与备份通信网络能迅速准确切换到位，实现了“网络切换集中统一，切换操作对网点透明”的设计要求。

目前广州市分行的 RDB 已经稳定运行两年半，利用 RDB 系统友好的用户界面，可方便地进行系统的监控、维护操作，可实时跟踪检查 ABW 模式下交易结果信息从生产主机向备份主机连续传送的情况、备份数据库及时正确更新情况以及当前的数据库同步水平；可方便地建立或取消数据库的 RDB 系统功能、RECLONE 数据库等。在此期间，先后进行了多次模拟灾难情况下的主机系统切换实验；根据实际需要进行了 RDB 数据库四种 AUDITIMAGES 传送模式之间的灵活转换；

多次完成了生产数据库与备份数据库相互恢复的任务等。实践证明，该系统运行稳定、可靠，各项指标达到了设计目标。

此外，由于 RDB 系统对备份主机系统资源的占用通常仅为 20% 左右，依据 RDB 系统的设计原理，广州市分行还实现了将 A18 上各应用系统的查询、打印和抽取交易流水等报表移到 A16 上运行，从而充分利用了备份中心 A16 主机系统资源，有效地减轻了 A18 生产运行主机的工作负荷压力；另外还利用 A16 进行部分开发工作，从而在一定程度上改善了广州市分行的应用开发条件，缓解了开发环境紧缺的压力。

广州市分行 RDB 系统特点可概括为：一是实时远程数据库备份，保障银行业务数据安全。二是系统故障与灾难恢复，提供 24 小时不间断服务。在发生大的故障（如机房供电中断、系统意外停机、通信网络故障和重要磁盘及其驱动器故障等）或灾难（如火灾、水灾和地震等）情况下，根据上级授权，实施主机系统的 RDB Takeover 操作（生产主机与备份主机以及相应的数据库相互切换），使应用系统得以迅速在备份主机上恢复运行。RDB 系统整个切换过程（从灾难发生到恢复正常运行）包含了主机及其数据库的 Takeover 角色转换和通信网络切换两个过程，前者大约只需 10 秒，而后者占整个切换过程的绝大部分时间，大约为 10 分钟，整个切换过程大约需 10 分钟。这达到了国外同类大型商业银行（如澳大利亚的 ADVANCEBANK 等）的 RDB 系统运行水平。

RDB 系统的投用使广州市分行具备了抵御各种灾难和故障的能力，为广州市分行系统安全运行提供了全面可靠的保证，使有计划的主机系统维护所需停机时间减少到零。同时，在数据的安全可靠性方面，使实时交易的丢失风险减少到最小，数据库数据丢失的风险减少到零。尤其是在避免银行业务数据损失及防范系统运行风险方面获得了十分显著的直接和间接的经济效益和社会效益，进一步树立了广州市分行的良好社会形象，大大增强了广州市分行在同业中的竞争实力。

二十八、中国建设银行江西省分行计算机综合业务全省联网系统

项目编号：9915022

获奖等级：金融科技进步奖三等奖

项目完成单位：中国建设银行江西省分行

主要完成人员：肖毅、朱云、刘彦、刘强、郑斌

其他完成人员：王帆、王清华、彭小俊、章云

项目简介：

中国建设银行江西省分行计算机综合业务全省联网系统（以下简称全省联网系统）以城市综合业务网络为基础，建立了以省分行为交易转发、对账中心，实现了计算机联网处理省内跨城市之间信用卡、储蓄、会计业务和 ATM、POS 联机交易，完成了网间交易资金（中国建设银行机构之间或与非中国建设银行机构间）清算的银行计算机实时业务处理系统，为建立全省范围银行柜台业务处理系统提供了一个先进的应用技术。

一、技术策略与系统结构

全省联网系统采用高档 UNIX 小型机构成集群系统，使用 INFORMIX ONLINE7.X DSA 关

系数据库引擎及开发工具，实现了数据库集中管理，保障了数据库服务器的高可靠性和高可用性。

采用 TCP/IP 网络标准协议和局域网交换技术，以交换机为中心建立网络连接。采用高性能、容错交换设备连接机房内 FDDI 网和 ETHERNET 网，经过路由器外联远程局域网或营业微机。通过网络分段划分与采用交换技术防止通讯瓶颈产生，提高数据传输速率，增强系统安全性。

采用客户 / 服务器模式组成三级应用结构：省分行、地市行与营业柜台、自动设备。省分行为交易交换控制中心，通过 X.25 网络下联 11 个地市计算机综合业务网络系统，实现了跨城市之间业务处理。

软件开发遵循标准化原则，采用模块化结构设计与参数化设计，系统层次清晰、结构合理、操作简便、便于维护和扩充。

全省联网系统主要分为通信平台、联网交易、省中心管理、资金清算子系统、安全控制五个部分。

1. 通信平台：负责客户端与服务器之间的进程通讯。功能包括交易数据加解密，申请交易密钥，交易数据发送、接收，确认机制，文件的传送、接收等。

2. 联网交易：采用 ISO 8583 交易格式标准，实现了储蓄、信用卡、会计业务处理，ATM 和商户 POS 联机交易。为客户提供了跨城市的龙卡（信用卡、储蓄卡）与储蓄存折查询、存款、取款、转账交易，在 ATM 上可进行龙卡取现、转账、改密、查询交易，在商户 POS 上实现购物消费等交易，在联网柜台开办了各种代收代付的中间业务，如与证券联网、实时代收话费、代收税费、代收保费、个人电子汇款等。

3. 省中心管理：为联网的成员行之间提供网间交易转发、对账、仲裁及管理服务。对交易进行严格控制，只有经省分行批准注册的入网机构，系统才能允许其交易。省中心实行每日定期进行网间交易对账，对可能出现的交易差错进行仲裁后，生成差错通知单，交有关成员行进行差错处理。

4. 资金清算子系统：实现了交易资金的及时清算，它分为系统内资金清算和系统外资金清算。系统内资金清算完成本地和异地信用卡业务、储蓄卡 / 折通兑、会计通兑的资金清算。该资金清算由代理方生成汇划信息，次日交由中国建设银行清算系统完成。系统外资金清算通过与中国人民银行清算系统联网，完成与其他金融机构之间交易资金当日清算到账；同时，实现辖内一个备付金账户清算，加快了资金的周转，并且减少了中国建设银行在中国人民银行的备付金额度。

5. 安全机制：全省联网系统有较强的安全控制机制。网间交易数据加入报文鉴别码（MAC），进行 DES 加密传输，关键数据的存放加入数据鉴别代码（DAC）字段，加强了数据的安全。每笔网间交易自动对交易的双方进行鉴别，不是联网机构表内的代理方或委托方不允许交易，确保了交易的安全。

二、效益与总体技术水平

全省联网系统采用国际先进的计算机及网络技术，是集银行柜台业务、ATM、POS 等客户自动服务和资金清算业务为一体的银行综合业务处理系统。实现跨城市之间的柜台交易时间最多为 6 秒，ATM 取款交易最多为 11 秒，网间交易可靠、响应速度快、系统性能好、应用达到国内领先水平。

全省联网系统投入运行，带来的经济效益特别显著。截至 1997 年底，中国建设银行江西省分行储蓄存款余额为 125.29 亿元，比 1997 年初增长了 13.66 亿元，发卡量也得到迅猛增长；按

1998 年 1—5 月日均交易额统计，联网处理业务在途资金共收益 1.6 亿元；据不完全统计，通过与中国人民银行联网，中国建设银行江西省分行减少在中国人民银行备付金约 13366 万元，中国建设银行南昌市分行备付金率由 5.37% 减少至 1.97%。

该系统具有很好的集成性、扩展性，全省联网系统向社会提供集存取款、转账、购物、消费与交纳税、费款为一体的电子货币，使中国建设银行的业务涉及全省各个行业，为客户提供了安全、可靠、便捷的现代化金融服务，进一步提高了银行服务质量。

三、应用推广情况

该系统自 1996 年 12 月投入运行以来，联网范围大、涉及面广，实现了江西省 11 个地市 1128 个营业柜台所有 ATM、POS 联网，并和多家证券公司、电信局联网，拓宽了社会服务覆盖面，实现了信用卡省级集中授权，可有效地防范风险。

该系统已在中国建设银行河北省分行推广使用。

二十九、蜗杆凸轮箱研制

项目编号：9928028

获奖等级：金融科技进步奖三等奖

项目完成单位：南京造币厂

主要完成人员：俞伍权、陈国良、姚家笠、李有为、唐承德

其他完成人员：卢香弟、汤祥麟、黄国平、张立安

项目简介：（略）

三十、GB/T 17002—1997《防伪印刷产品生产管理规范》国家标准

项目编号：9928032

获奖等级：金融科技进步奖三等奖

项目完成单位：北京印钞厂

主要完成人员：陈永发、左建玲、张若琰、谢祥庭

项目简介（略）

三十一、CAM 钞券原版雕刻机的研制

项目编号：9928033

获奖等级：金融科技进步奖三等奖

项目完成单位：北京印钞厂

主要完成人员：陈永发、尹广华、穆祥义、翟福生、杨润成

其他完成人员：陈明光、李爱平、程燕

项目简介：（略）

三十二、南昌印钞厂计算机综合信息管理系统

项目编号：9928034

获奖等级：金融科技进步奖三等奖

项目完成单位：南昌印钞厂

主要完成人员：尹炳桂、曾广珍、肖官林、温雪萍、杜宾

其他完成人员：谢英福

项目简介：（略）

三十三、小面额钞票检封联动线开发研制

项目编号：9928035

获奖等级：金融科技进步奖三等奖

项目完成单位：南昌印钞厂

主要完成人员：陈义清、尹炳桂、冯清漳、郝丽萍、白俊武

其他完成人员：彭立志、罗宗平、彭汉平、金晓维、张伟君、李德其、黄秀珍、李江兰

项目简介：（略）

三十四、西安印钞厂综合信息网络系统（XCCINS）

项目编号：9928036

获奖等级：金融科技进步奖三等奖

项目完成单位：西安印钞厂

主要完成人员：赵昕、黄明、杨军、胡安斌、韩小林

其他完成人员：郭小卫、李震、王忠、吴茜媛、杨晓彬

项目简介：（略）

三十五、钞票纸高强度条件的研究——多种纤维配比的研究

项目编号：9928038

获奖等级：金融科技进步奖三等奖

项目完成单位：昆山钞票纸厂

主要完成人员：李策、宋志英、黎富勤、何任秀、关维安

其他完成人员：朱德良、罗光裕、郭剑中、唐邦志

项目简介：（略）

第九节　2000 年金融科技进步奖获奖项目

一等奖

一、中国工商银行资金汇划清算系统

二、中国银行办公自动化系统

三、特种标记物油墨及检测器的研制

二等奖

四、中国工商银行电子邮件及办公自动化系统

五、中国工商银行信贷管理台账系统

六、银商收银一体化综合处理系统

七、中国农业银行人民币实时汇兑系统

八、中国农业银行信贷综合管理系统

九、ES/9000 大型机多平台跨地区跨银行联网业务处理系统

十、中国农业银行国际业务应用系统

十一、中国建设银行信贷管理信息系统

十二、中国建设银行个人电子汇款系统

十三、中国建设银行企业内部网

十四、中国银行湖南省分行家居银行服务系统

十五、湖南金融信息工程（湖南金信港）

十六、国产化同城票据自动清分清算系统

十七、中国农业发展银行计算机网络通用统计管理系统

十八、国家开发银行柜台前移系统

十九、交通银行外汇宝交易系统

二十、交通银行零售业务系统

二十一、1018 工程颜料的选择

二十二、缩微文字磁性安全线的生产和施放

二十三、HSn72-1-1 造币用黄铜光谱标准样品的研制

三等奖

二十四、ATM 监控系统

二十五、中国工商银行行领导及秘书办公管理系统

二十六、中国农业银行人事信息管理系统

二十七、中国农业银行 AS/400 平台金穗卡业务应用系统

二十八、中国农业银行浙江省分行管理信息系统

二十九、电子商务银行支付系统

三十、证券保证金自助转账与清算系统

三十一、中国农业银行集中式计算机网络 AS/400 平台支付密码系统

三十二、中国农业银行集中式计算机网络 AS/400 平台企业银行系统

三十三、中国农业银行 AS/400 平台集中式综合代理业务处理系统

三十四、SAFE 平台上的代收代付系统

三十五、UNIX 平台通用代理业务系统

三十六、中国农业银行中长期贷款项目评估及后评价系统

三十七、中国农业银行四川省分行计算机网络 UNIX 平台集中式银行中间业务系统

三十八、中国建设银行国际结算系统

三十九、中国建设银行总行资金清算灾难备份系统

四十、中国建设银行城市综合业务网络安全子系统

四十一、大集中式国际贸易结算系统

四十二、中国银行山东省分行企业银行系统

四十三、中国人民银行现场检查项目管理系统

四十四、河北省省辖联行系统

四十五、中国人民银行人事信息管理系统

四十六、农村信用社综合业务网络系统

四十七、云南省四级国库业务综合处理系统

四十八、宁波市农村信用社综合业务处理系统

四十九、交通银行“电子总行”系统

五十、交通银行外汇电子汇兑系统

五十一、交通银行郑州分行网上银行系统

五十二、171 通用自助交费计算机网络系统

五十三、新一代印钞胶印油墨的研制

五十四、超级凹印机控制系统、拖动系统国产化

五十五、计算机图形监控技术及网络系统在造币机上的应用

五十六、紫外荧光油墨用于钞票定量机读分检的研究

五十七、制定《GB/T17001.1—1997 防伪油墨第一部分：紫外激光荧光油墨（胶版、凸版印刷）技术条件》国家标准

一等奖

一、中国工商银行资金汇划清算系统

项目编号：200012004

获奖等级：金融科技进步奖一等奖

项目完成单位：中国工商银行软件开发中心

主要完成人员：纪梅丽、苏文力、王刚、卢练文、李家豪、钱勇、张卫东、戴旻、徐浩、丁旭东、毛永全、邓志坚、黄海燕、徐向阳、黄分星

其他完成人员：段晋鹏、严震、贾建中、严勇、涂震宇、张洁、许燕、卢学功、胡稚弘、王嵩

项目简介：

一、概述

为加强资金汇划和清算管理，中国工商银行软件开发中心于 1999 年 1 月开发出资金汇划清算系统（以下简称本系统），本系统于 1999 年 5 月 31 日在中国工商银行所有 7083 个通汇营业网点同时投产。自 1994—1999 年本系统经历了以下三个开发阶段：一是 1994 年投产的批量电子汇兑阶段，实现了资金汇划报文 24 小时发、收；二是 1997 年开通的实时电子汇兑阶段，实现了少量特急汇划报文实时传送；三是 1998 年 2 月到 1999 年 1 月完成本系统的最后开发。

本系统是中国工商银行向社会各界提供各种异地汇划和银行内部资金清算功能的一种新型的、覆盖全行的大型网络应用系统。本系统利用中国工商银行现有的对公网点设备，应用软件平台为 IBM 的 MVS 操作系统下的 MERVA、CICS 等软件，运用了多项独创的先进技术，如 IBM 主机的 DPL 跨分区访问、报文自动处理等技术，主要编程语言为 COBOL 和 C。一笔资金汇划报文由发送到接收整个业务处理过程仅为几分钟，计算机数据传输时间只需十几秒钟。本系统目前可以处理的业务覆盖所有的异地资金汇兑、汇票、储蓄通存通兑等十二大类业务，还具有内部汇差资金的同步清算功能，主机硬件自动加押、核心技术及对账子系统更大大减少了差错，保障了系统的可靠性和安全性。

本系统成功地实现了汇划资金当时到账，开通以来平均每天处理汇划资金 30 多万笔，处理异地资金往来的金额达 300 多亿元。系统开通一年累计产生的经济效益达 3.7 亿元，并吸收了大量的对公存款。运行情况表明，本系统确实是一个高效、安全、快捷的网络系统。系统的开通也为业务部门提高资金使用效率和经营效益提供了强有力的工具，一举解决了长期困扰中国工商银行的超占联行汇差的问题。

在 2000 年 1 月 20 日中国人民银行支付科技司组织的鉴定会上，鉴定委员会一致同意本系统通过技术鉴定，并确认本系统对商业银行提高资金管理水平，防范和化解金融风险，为社会提供优质高效的金融服务具有重要意义。同时，也为银行自身及其客户带来了巨大的直接和间接的经济效益。该系统已达到 20 世纪 90 年代国际先进水平，更是国内首创，具有较高的推广应用价值。

二、系统组成

本系统的主要功能模块有清算行 / 分签行子系统、业务处理子系统、通讯处理子系统、总行省行清算中心子系统、对账处理子系统、密押子系统、资金调拨管理邮件子系统。

1. 清算行 / 分签行子系统。清算行 / 分签行子系统为分签行提供资金汇划（汇兑、委托收款、托收承付、信用卡、银行汇票、资金调拨、查询、查复等）、汇划结算（汇票签发、委托收款 / 托收承付登记簿、收报挂账登记簿、应解汇款）等业务的终端联机处理功能，为清算行提供资金清算管理（备付金检查、备付金控制、借款、还款）业务的终端联机处理功能。本系统通过 4700 仿真设备，以 LUO 方式与通讯处理系统连接，为清算行和分签行用户提供交互式联机业务处理功能，

并提供业务处理报表和汇划对账系统的接口。

2. 业务处理子系统。业务处理子系统通过LUO方式与清算行/分签行子系统相连，通过LU6.2APPC方式与通讯处理子系统相连，实现资金汇划、汇划结算、资金控制等业务的主机联机和批量处理功能。该子系统主要功能有接收清算行/分签行处理系统提交的业务处理请求、对处理请求进行合法性检查（如柜员权限、业务处理流程合法性等）、对处理请求进行逻辑分解，控制数据的处理（如该处理请求是否进行流水号分配、日志更新、数据统计、账务处理、备付金检查控制等数据处理）、与通讯处理子系统进行数据交换（如把汇划发报数据传送给通讯处理子系统、接收通讯处理子系统传送来的汇划收报数据）、完成处理请求所需的所有数据处理、把处理结果返回给清算行/分签行处理系统、提供与其他系统的接口（如与对公系统接口，与储蓄系统/牡丹卡系统接口）。业务处理子系统由子系统启停控制、交易流程控制、合法性检查、用户管理、数据处理等部件组成。

3. 通讯处理子系统。通讯处理子系统按城市行、省行、总行的不同分别实现不同的功能，主要是通过LU6.2APPC方式与本地的业务处理子系统、与总行/省行清算中心的小型机及日立机行的日立机相连，利用MERVALINK实现与异地通讯子系统的网络通讯，完成发送、接收报文的功能。

4. 总行省行清算中心子系统。总行省行清算中心子系统是在原小型机对公系统的基础上，增加了备付金的存入和调出、借出款项、强行拆借、收回借款、备付金和拆借资金计息等有关清算资金的管理功能，并提供各类业务处理报表。它为清算中心用户提供交互式联机业务处理，采用全中文画面，通过LU6.2APPC方式与主机处理系统的通讯子系统进行数据通讯，把清算中心的发送数据传送给主机通讯子系统，并接收主机通讯子系统传送来的数据。

5. 对账处理子系统。对账处理子系统分为清算对账和汇划对账两部分。清算对账处理系统是进行主机批量处理系统的对账，地市行与省行备付金账户、资金拆借户的对账，省行与总行备付金账户、资金拆借户的对账。根据业务的需要，清算对账子系统采用账户对账的方法实现，对账范围包括城市行与总行备付金账户、资金拆借户数据中采集生成；省行的清算对账数据从省行通讯处理子系统保存的数据中采集生成；总行的清算对账数据从总行通讯处理子系统保存的数据中采集生成。汇划对账在清算行/分签行处理系统中提供了经办行数据采集功能，替代了原汇划对账经办行系统。

6. 密押子系统。密押子系统通过硬件加密的方法实现联行密押的自动编押和核押。

7. 资金调拨管理邮件子系统。资金调拨管理邮件子系统利用LOTUS NOTES平台提供同级资金部门给会计部门的指令、下级行给上级行的申请、上级行给下级行的通知三种邮件。每一邮件录入后，需由有权人审批后才能发送给有关机构和部门，有权人只能审批权限内的邮件；分行可根据具体情况分别设置多级有权人，同一级别的有权人可设置多个。

三、技术特点

资金汇划清算系统设计思想先进、结构清晰，基于中国工商银行全国三级计算机网络环境和IBM主机大型操作系统平台，遵照软件工程开发规范和国际国内的有关标准，采用软件标准化和开放性技术、结构化程序设计思想和表驱动方法，运用了多项先进技术，其主要技术特点如下。

1. 采用计算机网络异步传输技术，连接全国 7083 个对公营业网点，构成一个大型计算机异地实时网络，其处理一笔实时报文的整个业务处理时间不超过两小时，计算机传输时间只需十几秒，处理一笔批量报文不超过 24 小时。

2. 主机程序、小型机程序全面采用表驱动的方法，使系统易于扩展和维护，程序设计采用结构化方法，模块独立性强，系统处理效率高、速度快、操作简单。

3. 采用了 DPL 分布式程序调用技术，实现了同一 IBM 主机中不同 CICS 之间的应用程序调用。

4. IBM 主机与小型机通讯采用 SNALU6.2 方式，使用了 APPC 和 CPI-C 两种应用程序接口，适用多种通讯卡，应用范围广。通讯时自动识别重报、丢报、错报等情况，并自动恢复重发，不需人工干预。

5. 系统设计充分考虑了 2000 年问题，所使用的系统软件均可跨越 2000 年。

6. 系统设计中充分考虑了与新一代会计核算系统的接口，在总行推广新会计核算系统的时候可以做到新旧 RACE 系统的并行。

7. 具有汇票实时查询功能，兑付行可以向签发行实时查询汇票各要素的真伪，对防止假汇票具有重要作用。

8. 收报采用了实时自动打印报文摘要、自动入账的技术，操作人员可以在第一时间就了解收到报文的情况。

9. 在报文的存储、分检、处理、转发过程中大量采用了自动交易处理的技术，自动采集数据，某些报文涉及两个收报行系统会自动由一笔报文生成两笔报文。这些自动交易的采用极大地减轻了操作人员的压力，减少了人为差错的可能，大大提高了系统的安全性和可靠性。

10. 采用了硬件自动加押和解押技术，保证了业务数据的安全性，提高了系统的效率和可靠性。

四、经济效益情况

资金汇划清算系统给中国工商银行带来了巨大的经济效益和社会效益，其经济效益主要体现在直接经济效益和间接经济效益两个方面。

1. 直接经济效益：资金汇划清算系统开通后，新增了实时汇兑业务品种，目前日均业务量达 9900 笔，每天可为中国工商银行带来 57915 元利润，每年可获利 1508 万元（以每年 260 个工作日计算）。

2. 间接经济效益：根据估算，系统投产后平均为工商银行多吸收 44.4 亿元低成本存款（以抽样测算河南、上海 6 月、7 月两个月对公存款增长额估算出全国对公存款增长额，以其中 10% 的存款增量来自资金汇划清算系统的开通测算），仅此一项当年就可为工商银行创造经济效益 1.02 亿元。

中国工商银行资金汇划清算系统的实现，使工商银行不仅在资金汇划电子化、网络化方面领先于国内各专业银行，为客户提供方便、灵活、快捷的服务；同时在资金清算、汇划结算等业务处理方面吸取了国外的先进经验，率先实行资金的同步清算，大大强化了工商银行的内部管理，使工商银行的管理水平到达了一个新的台阶。与国外发达国家相比，我们在短短的一年内，用有限的人力和物力，建立了一个在业务处理能力、资金管理水平均达到国外 20 世纪 90 年代先进水平的系统。

二、中国银行办公自动化系统

项目编号：200014032

获奖等级：金融科技进步奖一等奖

项目完成单位：中国银行信息科技部、中国银行行长办公室

主要完成人员：王雪冰、徐辰、张启洲、王浩、郭霁明、崔宏、宫和建、华庆山、刘宁、梅非奇、李国才、杨一勇、周权、张晓路、宋世梅

其他完成人员：李新

项目简介：

一、概述

中国银行办公自动化系统涵盖了日常办公过程的重要环节，由电子邮件、日程安排、待办事宜、会议管理、督办工作管理、简报汇总、考勤管理、签报、发文、档案、外来文管理、信函管理、规章制度和标准文本等 30 多个功能模块组成。

中国银行办公自动化系统采用模块化设计，结构清晰，具有较强的可维护性和可扩充性，系统功能设计完全满足用户需求。系统采用 Client/Server 体系结构，包含 SP2、RS6000、PCSERVER 等多种硬件平台和相关操作系统，采用 LOTUS DOMINO 网络平台及 INFORMIX 关系型数据库和多种开发工具，可以和 MS-OFFICE、方正排版系统等软件实现无缝连接，技术范围广。

整个系统采用网络化、层次化的多级网络拓扑结构，以中国银行一级骨干网、二级网和三级网为通讯手段，覆盖了总行、省行、地市行以及部分县行。下级行的主要业务数据可以直接传递到总行，由总行统一加工，提高了数据的真实性。

中国银行办公自动化系统的投产，不但提高了办公自动化水平，还提高了管理人员的素质和管理水平，为中国银行的各级领导的决策提供了各种高效、灵活和准确的手段和信息依据，从而大大提高了办公效率和信息传递速度，扩大了信息资源，降低了办公成本。

二、系统组成

该系统的主要功能模块有个人办公工具子系统、办公行文子系统、信息查询子系统、交流园地子系统。

1. 个人办公工具子系统。个人办公工具子系统包括电子邮箱、电子传真、待办事宜、个人日程安排、电话记录、个人地址本、文字编辑工具、电子表格、投影制作工具、网络访问和个人文件柜等。

2. 办公行文子系统。办公行文子系统由送阅文件、签报管理、行发文件、部（处）发文件、部（处）内文件、部（处）间文件、外来文件、信函管理、收发文归档、档案管理、公文传输、档案管理系统和参考消息等模块组成。该子系统实现了从文件的创建到流转审批的各个环节的功能，从而真正实现了信息电子化和流转自动化，使办公跨越了时间和空间的障碍，使远程移动办公成为可能，真正实现了办公“无纸化”。公文从纸质载体变为电子载体，速度快，同时具有不失真、防篡改、防伪造、防破译等功能。

3. 信息查询子系统。该系统包括各部门报表、海外行日报、存贷款日报、固定资产月报、统一授信监控等功能模块。

4. 交流园地子系统。该系统主要包括员工守则、规章制度、培训教材、公用通讯录、常用电话、公告版、意见与建议、讨论区和标准文本等功能模块。

三、技术特点

该系统设计思想先进、结构清晰，基于中国银行 INTRANET 网络环境和 LOTUS NOTES 系统平台，采用了数据库互联、数据库复制、电子签名以及网络互联等技术，有如下特点。

1. 标准化。该系统严格遵循行内有关系统标准和规范，结合中国银行的办公业务流程，建立了一套网上办公的标准和制度。

2. 先进性。采用先进的网络技术和软件技术来提高系统的稳定性，采用世界上先进的群件系统做平台。

3. 实用性。具有较好的实用性和可操作性，有良好的用户界面并且操作简单，易学、易用。

4. 安全性。选择了具有较高安全级别的操作系统和软件平台，采取数据集中和分布相结合的访问控制、加密等方式来保证系统的安全性。对于一些有密级的特殊的文件，采用特殊的加密处理，即中办机要局规定的“普密”。加密的设备和算法已报中办机要局备案。

5. 可伸缩性。该系统采用模块化设计，结构灵活，具有高度的可伸缩性和良好的可扩展性，能够适应中国银行不断变化的业务需要。

6. 可集成性。由于办公自动化的特点——涉及大量的文字处理，因此要求系统有很好的可集成性，可以很好地与其他软件进行集成。该系统已经和 MSOFFICE、北大方正排版系统进行集成。

7. 可互联性。该系统可以和关系型数据库互联，实现数据采集、加工、呈现一体化。在经济效益情况上，中国银行办公自动化系统给中国银行带来了巨大的经济效益和社会效益，其经济效益主要体现在直接经济效益和间接经济效益两个方面。

1. 直接经济效益：通过中国银行办公自动化系统（部分模块）在 1999 年一年的运行可以看出，每年的直接经济效益将达到 1000 万元。

2. 间接经济效益：节省了行文交换所耗费的人工费用，提高工作效率，现在发文最快的几秒钟即可收到，以前却要几天才能收到；加强了管理，通过对文件的跟踪监督，可以及时发现文件的滞留情况，防止文件的丢失，并通过规章制度来规范办公流程。

中国银行办公自动化系统的使用使中国银行的日常办公达到了一个很高的自动化处理水平，提高了中国银行管理人员的素质和全行管理水平，规范了管理工作程序，提高了工作效率及信息共享程度和传输速度，为各级管理人员的决策和操作提供了更为及时有效的信息依据，加强了总行党委各项决策在全行系统贯彻落实的督办职能，并能及时反馈、收集总行各部门、海内外银行等各基层行的每日工作信息，充分利用了现有内部、外部网络资源，减少了工作环节，节省了人力，使中国银行向先进的国际化大银行的行列迈进。

三、特种标记物油墨及检测器的研制

项目编号：200028054

获奖等级：金融科技进步奖一等奖

项目完成单位：中国人民银行印制科学技术研究所

主要完成人员：黄小义、刘卫东、张昆峻、孙萍、张继卿、邬立勇

项目简介：（略）

二等奖

四、中国工商银行电子邮件及办公自动化系统

项目编号：200012052

获奖等级：金融科技进步奖二等奖

项目完成单位：中国工商银行技术保障部

主要完成人员：单怀光、纪梅丽、王汉明、赵丽萍、朱中星、陈忠德、贾卫东、杨伟军、徐海燕

其他完成人员：陈猛、贾涛、王鹰翔、王宝庄、刘玉松、宋贵华、郭东征、严红华、沈春生、张劲、刘晓光、后其林

项目简介：

一、概述

中国工商银行电子邮件及办公自动化系统是面向无纸化办公的综合性信息处理网络系统，该系统主要由以下几个子系统组成：电子邮件子系统、公文档案子系统、秘书办公子系统、日常办公子系统、公共信息子系统、项目管理子系统、应用接口子系统及 Internet 服务子系统等。

该系统采用客户 / 服务器结构，同时支持浏览器 -WEB- 服务器的三层应用结构，全行系统采用层次型网络结构，在总行、省行、地市行分别建立局域网，各局域网通过 DDN 主干网连接起来，运行 TCP/IP 协议，在每节点行设有邮件服务器、数据复制服务器与应用服务器，全行的办公用机接入本地局域网，构成全行的 OA 网络结构。

该系统采用 LOTUS NOTES/DOMINO4.5.5 中文版作为基础运行环境，该环境是中国工商银行办公与信息处理的基础结构设施。该系统实现了全行范围的电子邮件发送，解决了行内信息的快速传递；实现了文档一体化的办公系统，公文与各类报告的自动归档，档案的联机查询，公文的自动化流转，行领导决策信息的快速传送，各类办公事务信息的自动化交换与共享；实现了机关、部门、系统或项目的高效管理，实现了 Internet 的安全服务等。

该系统设计遵照现有国际标准、国家标准与行业标准，重点对安全性方面进行了全面防范，分别在网络级、系统级与应用级采用了防火墙、系统域、数据库多级授权控制及应用密码等技术实现网上信息的安全，并实施了全面防病毒方案。

系统建立在 ATM 高速网络上，服务器采用 WindowsNT 操作系统和 NOTES/DOMINO 平台；客户端采用 NOTESCLIENT，通过 TCP/IP 协议与 DOMINO 服务器相连。

该系统设计容量为 10 万个用户，1000 个以上应用，目前全行省、市、县级分行已全部连接该系统，系统中已注册服务器 800 余台，用户近 6 万个，应用达数百个，总行机关已基本形成无纸化办公环境，总行发分行的文件、分行报总行的数据全部使用该系统传递。

该系统是涉及网络工程、应用开发及协作推广等各方面建设的全国综合性大型工程，该系统的建成与使用，促进了中国工商银行信息化进程，加速了信息沟通，扩大了信息共享，为科学管理与决策提供了先进的服务手段，规范了办公管理的模式与流程，提高了办公效率。

二、系统组成

该系统主要功能模块有电子邮件、公文档案、秘书办公、日常办公、公共信息处理、项目管理、应用接口及 Internet 服务等子系统。

1. 电子邮件子系统。电子邮件子系统将日常工作中信件的处理电子化。用计算机来发送、接收和管理信件，包括信件的起草、修改、发送、转发、接收、答复、归档和打印等功能。

2. 公文档案子系统。公文档案子系统应包括公文起草、编辑、发文、收文以及公文呈批、归档等功能模块，应用数据、网络、加密及权限设定等技术，实现文书档案从收文、催办、请示批阅，文书起草、核稿、审核批阅、签发、套红头、盖章加密到电子传递、归档、检索、统计等工作整个过程的自动化，实现“文档一体化”。

3. 日常办公子系统。日常办公子系统属于工作流事务处理，其是为了规范处理行为，加强团队协作精神，提高群体生产率。目前行内的电子银行、资金汇划等业务处理、文档处理、网上用户管理等办公管理应用已广泛采用该系统进行工作流事务处理。利用该系统规范了业务、信息处理行为，减少了不必要的事务性工作，加强了员工信息和时间管理，提高了生产率。

4. 公共信息子系统。提供发布公告、通知、启示等公共信息的场所。该系统具有与外部 Internet 的接口，能及时、有效地获得外部信息，诸如各种法规、企业信息、证券、期货及外汇市场行情，并可与其他信息网连接，读取其最新信息。该系统同时可将指定的网内信息通过本行 Internet 出口发布到 Internet 网上。

5. 项目管理子系统。为加强对行内各类工程项目的实施管理，在 NOTES/DOMINO 平台上开发了针对各个项目实施管理的应用，如 2000 年工程园地、资金汇划清算系统园地、头寸报表系统、备付金余额对账系统、零售业务信息系统、外汇储蓄存款利息所得税系统、银行卡报表系统、住房信贷系统、防病毒工程实施库、电子邮件系统工程库、信贷台账信息专栏、纪检监察组织建设年报、纪检监察项目季报表等。这些应用主要用于项目的信息发布、技术管理、经验交流、报表传输、报表汇总和报表分析与统计。

6. 应用接口子系统。应用开发遵循 ISO、GB 和行业标准、规范。支持多种平台、多种网络传输协议，方便有效地实现与非 NOTES 电子邮件系统连接和交换数据。与其系统内的主要业务应用有效地交换数据和信息。

7. Internet 服务子系统。该系统可以通过中国工商银行 Internet 出口与 Internet 网彼此通讯。行内员工在个人 NOTES 邮箱中即可实现与 Internet 网之间的电子邮件相互传递。同时 NOTES/DOMINO 服务器也能够从 Internet 及外界的信息数据库中将各类所需信息采集到行内 NOTES 网的相关数据库上，或将指定的信息通过本行 Internet 出口发布到 Internet 网上。

三、技术特点

该系统设计思想先进、系统结构清晰。该系统采用了先进的群件技术、面向对象的软件开发技术、OLE 技术，通过 NOTES/DOMINO 平台，将电子邮件、文档数据库管理结合在一起，通过应用软件的开发，实现了工作流的自动化，主要特点如下。

1. 标准化。系统严格遵循国际标准、国家标准及中国工商银行的企业标准，符合金融电子化系统标准化总体规范。在处理办公业务中，对业务流程和工作模式规范化，在信息数据方面，对汉字文本数据、数值型文本数据、图像文件格式等确定统一的交换规范。

2. 先进性。系统采用先进的网络技术和软件技术来保证系统的效率和稳定，支持被广泛采用的 Internet 模式，采用世界上先进的群件系统 LOTUS NOTES/DOMINO 作为系统的应用平台。

3. 实用性。系统利用中国工商银行已有的网络基础设施，满足中国工商银行当前的办公和信息交换的需求，使系统具有较好的实用性和可操作性。办公应用软件具有良好的用户界面，操作简单、易学、易用、易管理。

4. 安全性。系统在设计和实施中，基于具有较高安全级别的操作系统和软件平台，采取集中与分布相结合的访问权限管理、数据备份、传输加密等方式来保证整个系统的安全性。由于本系统和 Internet 相连，在系统中设立了多道防火墙，采用访问控制、地址过滤、代理访问、全网防病毒方案等安全技术保证内部网络的安全性。在技术保障的同时，建立了完善的系统管理制度。

5. 可伸缩性。系统结构灵活，能够适应中国工商银行不断增长的企业规模。系统设计本着由小到大、由简到繁的原则，应用软件的设计采用分布式和模块化的设计方法，具有高度的可伸缩性。系统只需增加少量的硬件和软件，就可实现系统升级或扩充新的功能，有效地保护用户原有投资。

6. 可集成性。在系统集成性方面，开发了可以在其他应用软件中进行调用的 API 接口函数，使其他应用系统可以方便地和 NOTES 系统进行数据切换。

7. 可互联性。系统可以和 ORACLE、SYBASE、INFORMIX 等关系型数据库互联，实现数据采集、加工、呈现一体化。系统实现了与 Internet/Intranet 的连接与服务集成，NOTES 系统可以直接与 Internet 进行邮件接收和发送，用户还可以通过浏览器访问 Internet 网络上的站点和信息。

四、经济效益情况

中国工商银行电子邮件及办公自动化系统给中国工商银行带来了巨大的经济效益和社会效益。

1. 经济效益。中国工商银行电子邮件及办公自动化系统自 1997 年投入使用以来，通过在全行推广使用该系统，其投入 / 产出比已达 1 ∶ 5 以上。由于采用该系统节省了收发文人员与办公管理人员的人工及材料费用，节省了差旅、电话、通信和会议等办公管理费用，减少了工作环节，规范了办公管理的模式与流程，极大地提高了办公效率与决策水平。该系统的建成还将推动一系列新型金融服务项目的开发。例如，资金汇划清算系统的审批流程和指令发布是在此平台上开发的，资金汇划清算系统投入使用后，可增收各类中间服务费，已为银行带来可观的经济效益。

2. 社会效益。中国工商银行电子邮件及办公自动化系统的建成与使用，实现了全国各分行之间信息传送和办公管理的自动化，加速了信息沟通，扩大了信息共享，充分利用了现有内部、外部网络资源，为实现科学化管理与决策提供了先进的服务手段，有力地推动了中国工商银行办公自动化和办公无纸化的进程，为加速中国工商银行转变为国际化的商业银行起到了巨大的推动作用。

五、中国工商银行信贷管理台账系统

项目编号：200012005

获奖等级：金融科技进步奖二等奖

项目完成单位：中国工商银行软件开发中心、中国工商银行技术保障部、中国工商银行工商信贷部、中国工商银行项目信贷部、中国工商银行房地产信贷部、中国工商银行风险资产管理部

主要完成人员：谢渡扬、苏文力、张元良、凌文、林燕、蒋睿涛、嵇津湘、高永延、王汉明

其他完成人员：武凌、张昀、薛鸿建、杨林、史凯波、何泉、张斌、卫东、叶桦、林战、孙洪阁、王一、陈芳、陈镇、容丽萍、毕明强、李金良、陈金亮、程连喜、曹伟俊、吴炳凤、王现、胡艳兵、刘玉松、江永清、王宝庄、渠晓东、杨学义、邓午阳

项目简介：

一、概述

随着我国社会主义市场经济体制的确立和金融体制改革的加深，客观上要求国有商业银行按照国际惯例和通行规则，建立起以防范、控制和减少资产风险为核心的新型的信贷管理机制，实现信贷资产安全性、流动性和效益性的协调一致。

长期以来，尽管中国工商银行已建立起较为完善的信贷管理制度和管理体制，但是缺乏一个全行一体化的计算机信贷管理系统，影响了对全行信贷方针政策的贯彻落实情况进行及时全面的跟踪控制和适时调整，也影响信贷决策的科学化和信贷管理的量化考核，制约了信贷管理水平的进一步提高。

为此，中国工商银行按照总行行长办公会决议，结合全行信贷业务特点和信贷信息管理需要，于 1997 年 6 月立项，1997 年 7 月在软件开发中心组建项目组，开始研制信贷管理台账系统。该系统以中国工商银行的办公自动化网络为依托，采用准实时复制数据的方式和分级处理、逐级汇总上报模式，通过信贷业务的全过程计算机化，达到规范操作、规范管理，保证信贷信息的及时、准确和完整的目的，实现全行一体化的计算机信贷管理，贯彻落实全行信贷方针政策，及时全面地跟踪、控制和适时调整信贷决策的目标。系统建设时间为一年，自 1998 年 2—6 月试运行，1998 年底全面投产。

该系统功能上涵盖工商、项目、房地产、资产保全、外汇等多个信贷专业的业务；技术上依托中国工商银行遍及全国的通讯网络，建立起一个跨平台、分布式、网络化、大规模数据库应用系统。

1998 年 6 月发布推广中国工商银行信贷管理台账系统版本 1.0，1998 年 11 月启动版本 2.0 开发，1999 年 8 月发布推广，推广上点率为 100%。实践证明，该系统的应用全面规范了信贷业务操作，从根本上改变了信贷管理传统作业方式，实现了信贷信息的全面、完整、准确和及时高效性，有效地防范和控制了贷款风险，大幅度提高了信贷工作质量和工作效率。

二、系统组成

中国工商银行信贷管理台账系统是一个跨专业、多层次、功能完整的应用软件系统。从管理层次上，分为总行、一级分行、二级分行和基层行；从管理内容上，分为工商信贷、项目信贷、房地产信贷和资产风险管理；从管理过程上，涵盖与客户建立信贷关系、企业资信评估、贷款项目评估、业务申请审批流程、贷款处理、贷后管理、资产风险监测和贷款呆坏账核销等全过程；从业务种类上，包括企业人民币和外币流动资金贷款、项目贷款、住房消费贷款、汽车消费贷款、大额耐用消费品贷款、银行承兑汇票、贴现贷款、对内担保、银行保函、外汇转贷款等银行业务。

系统提供了综合信息查询、通用查询、综合分析查询等大量信息检索分析功能，提供了报表管理功能，实现银行内部使用的所有固定格式报表的数据自动生成和汇总。

系统提供了与中国人民银行的信贷中央登记系统的数据接口。

三、技术特点

中国工商银行信贷管理台账系统集中体现了当前国际上最为先进的数据库设计方法和技术实现手段，具有以下特点。

1. 先进。该系统是一个跨平台、网络化、大规模分布式数据库应用系统。它选用NT、UNIX、Windows等国际主流操作平台；以TCP/IP协议、C/S模式组建应用通讯网；采用C++、DEVELOPER2000技术，选择ORACLE关系数据库实现数据采集、数据加工、数据存储；采用多维数据库、OLAP等现代数据仓库技术实现信息综合查询、数据挖掘分析。该系统具有TB级的数据处理能力。

2. 面广。该系统通过中国工商银行通讯子网，实现了总行、一级分行、二级分行的三级分布式数据存储和应用结构，并建立400余个数据库。采用准实时数据复制技术传送数据，保证各级机构数据的一致性，并实现了数据分布及分级管理，将中国工商银行所有的有信贷业务的机构和网点连成一体。该系统覆盖全行4000多个支行，共有30000多名员工使用本系统。

3. 安全。该系统有一套严密规范的业务制度和管理办法，实现了角色分离、权限控制，保证了系统运行的安全稳定；该系统具备很强的数据安全维护能力，对由于机器线路故障或操作失误而引起的问题均能圆满恢复。

4. 实用、灵活。该系统界面友好，提示描述业务化，便于操作。不但具备处理一般信贷业务的功能，也提供了通用查询、数据挖掘分析、多维数据分析这些多层面、多视角的分析工具，使系统具有较高的综合分析能力，并满足用户临时的特殊需要。

5. 开放性、可扩展性。该系统开放性与可扩充性强，不仅建立了全行贷款客户综合信息数据库，而且充分考虑了同其他业务系统的数据接口；根据业务的发展和变化，该系统可以方便地裁剪或扩充功能，具有良好的扩展性。

四、经济效益情况

中国工商银行信贷管理台账系统的实现使中国工商银行信贷管理做到了一体化、电子化、网络化。通过两年多的推广实践，信贷管理台账系统在统一行业管理、增进贷款效益、提高贷款质量、增强中国工商银行的竞争能力、优化人员劳动组合、降低劳动成本、推动客户群优化的管理、防范经营风险等方面发挥了巨大的作用。

六、银商收银一体化综合处理系统

项目编号：200012001

获奖等级：金融科技进步奖二等奖

项目完成单位：中国工商银行北京市分行技术保障处、北京博大创新科技有限公司

主要完成人员：李卫东、纪翔、蒋静华、李蜀北、张茂军、郑小川、刘歆、赵燕、杨念东

其他完成人员：刘明辉、张仰晨、肖南、孙海燕、郭斯、杜彬、韩希为、姚传鼎、郭明阳、杨瑞英

项目简介：

银商收银一体化综合处理系统作为一个重要课题，是按照国家“金卡工程”发展的战略要求，以客户为中心，主动适应市场变化，从为客户提供方便、快捷、安全的金融服务出发，根据我国金融业务不断创新的发展趋势和日益增长的客户消费与支付需求市场所设立的项目。

近年来，中国工商银行在培育开拓金融服务市场方面投入了大量人力、物力和财力，随着不懈的努力，客户及特约商户迅速发展，伴随而来的是客户的迅速增长与受理客户消费与支付环境发展缓慢的矛盾日渐突出，主要表现在：

1. 商户特别是大中型商户内部已实现收银系统网络化，对与银行联网结算的需求日益增加。

2. 各家银行的客户消费支付业务处理系统各自封闭、自成体系，商户柜台成为各银行及 POS 厂家的展台。

为了适应国家“金卡工程”的战略要求，使“一店一行”“一柜一机”成为现实，必须打破银行间的各自封闭而走向联合发展，使发展从无序走向有序，从自成体系向规范化方向发展。中国工商银行北京市分行技术保障处和北京博大创新科技有限公司自 1997 年开始，大约经过两年时间，分三个阶段进行了项目的开发和推广。

该系统研发工作的宗旨主要基于以下四点。

1. 利用银行现有强大的计算机网络和先进的结算系统，拓展新的服务渠道及方式，进一步延伸银行结算系统。

2. 充分利用商户现有 MIS 及收银系统的资源，密切银企合作，做到资源共享、互惠互利。

3. 进一步提高中国工商银行北京市分行结算系统的竞争力，以快捷、方便、安全的方式为客户提供金融服务。

4. 为特约商户提供企业账户及时入账、电子对账单传递等多方位服务，为特约商户建立客户消费分析系统提供数据资源。

该系统的开发主要分为四个部分。

1. 银行侧通讯服务器的开发，主要实现通讯协议转换的功能，其中包括：对商户实现 TCP/IP 通讯协议的连接、对银行前置机实现 SNA 通讯协议的连接。

2. 商户侧通讯服务器的开发，主要实现通讯集线器的功能，其中包括：将商户各个终端的交易信息集中后再转发到银行。

3. 商户终端侧的开发，主要实现银行结算终端的功能，其中包括：采用符合 ISO 8583 金融报文标准的金融交易数据接口，并分别采用 ANSI9.8 和 ANSI9.9 的标准算法以确保客户密码及数据报文的安全性。

在密钥存放的问题上，我们采用了硬加密的方法，使安全性得到进一步的保证。

4. 为确保网络的安全性，在网络结构中增加了“防火墙”。

该系统的推广前景及经济效益如下。

据西单商场统计：系统推广前客户消费业务交易额月均 170 万元，推广后月均交易额达到 450 万元，增加了 150%，每年为商场节约电话拨号费用 20 万 ~30 万元，给商户带来可观的经济效益，同时也为银行创造了更多的手续费收入。以西单商场为例，一年可为中国工商银行创造手续费收入约 60 万元。

该系统的推广大大降低了银行投入商户的终端成本，以推广的 10 家商场计算，在改造收银机方面银行仅投入资金 80 万元，较以往投入节约资金 80% 以上。

总之，该项目的推广给商户和银行创造了可观的经济效益并降低了投入成本。该系统的推广是以客户为中心，为客户创造了良好的受理环境，在发展完善商户受卡环境的同时，也创造了良好的社会效益和经济效益。

目前，银商收银一体化综合处理系统的推广工作仍在进行中。该项目在实现银行结算系统与商户收银管理系统联网中采用了先进的计算机技术和网络技术，实现了多协议转换，有力地推动了客户消费与支付业务的发展。该项目具有投资少、技术水平高、安全性高等特点，是具有国内领先技术水平的联网系统，具有较高的应用推广价值。

七、中国农业银行人民币实时汇兑系统

项目编号：200013009

获奖等级：金融科技进步奖二等奖

项目完成单位：中国农业银行总行科技部

主要完成人员：曹谷崖、王志辉、苗玉峰、任宝胜、吴京、梁辉、黄安奇、欧杰章、刘木生

其他完成人员：吴泽滨、马驰、杜晓、殷明、吴军、周云杉、张秀萍、卢一安、葛明霞、薛昌华、张渡、吴小仪、沙军、张嘉敏、柳翊、齐煊、杨永会

项目简介：

为了加快中国农业银行资金运转速度，进一步完善农业银行现代支付系统，中国农业银行总行决定：由中国农业银行科技部和财务会计部组织有关技术、业务人员，研究开发中国农业银行实时汇兑系统。

中国农业银行实时汇兑系统是中国农业银行现代支付系统的一个组成部分，它以计算机网络为基础，通过快速传递资金汇划指令，使全国农业银行系统内的客户异地汇款能实时到账抵用。

中国农业银行实时汇兑系统完全居于中国农业银行一级网络和二级网络之上运行，呈层次化树型结构，与中国农业银行的行政管理体系完全相适应。总中心、分中心、支中心及混合中心为“树”的根节点和节点，经办行设在中国农业银行通汇机构为“树”的“叶子”。实时汇兑系统的各节点之间由中国农业银行一级网络和二级网络连在一起，而与经办行的连接只有需要交换信息时才自动建立起来。电子信息逐层传递，一笔实时汇兑业务信息由发报行发出后，在各层的传输、记录是自动进行的，这就保证了信息的快速传递，实现客户汇款的实时到账抵用。

中国农业银行实时汇兑系统实现了业务上要求的汇兑、查询查复功能，其业务的清算由电子汇兑系统完成。

中国农业银行实时汇兑系统在技术实现上有如下特点。

1. 利用严密的数据接口降低了各子系统之间的耦合度，极大地方便了系统的设计、调试和维护处理。

2. 采用通讯中间件技术，把应用软件与复杂的网络协议分离开，使应用软件的开发更加简单、方便。

3. 利用逐级授权入网的安全管理措施，把数据保密与管理紧密地结合起来，既确保了数据传输的安全，又便于管理。

4. 采用自动核对数据密押技术，在信息发出之前进行密押自动核对，确保发出数据的正确性，提高了业务的成功率；收报行接收数据时自动核押，核对结果即时返回，达到了即时到账的目的，提高了系统处理效率。

5. 健全的抗错设计使系统在硬件或软件故障的情况下能不间断地进行业务处理，保证系统的可靠、实用。

中国农业银行实时汇兑系统投入使用后，一笔汇兑业务只需要几十秒左右的时间就可以完成，达到了异地汇款实时到账抵用的目的。

该系统主要性能指标如下。

1. 实时汇兑业务的办理是本系统核心的性能指标。查询查复功能的实现是保证实时汇兑业务准确无误办理的基础。同时，为其他业务提供了实时查询查复的有力工具。

2. 该系统提供有省辖实时汇兑的功能，在处理全国实时汇兑业务的同时，可以开办省辖实时汇兑业务，或独立开办省辖实时汇兑业务。

中国农业银行实时汇兑系统于 1998 年 10 月 7 日正式投入运行。目前，参加运行的中国农业银行全国联行机构已遍布全国各重点城市，其处理的业务主要是证券公司、保险公司、石化公司等日常办理的资金汇划业务，每日汇兑金额高达几亿元到几十亿元。实时汇兑系统的投入运行使中国农业银行成为第一家具有办理实时汇兑业务能力的银行，这大大地增强了中国农业银行的竞争力，提高了中国农业银行的服务水平和知名度。

八、中国农业银行信贷综合管理系统

项目编号：200013010

获奖等级：金融科技进步奖二等奖

项目完成单位：中国农业银行总行、中国农业银行江苏省分行、中国农业银行山东省分行、中国农业银行云南省分行、中国农业银行广西区分行、中国农业银行湖北省分行

主要完成人员：徐雨云、张继荣、王育东、林敏、徐明富、王举国、谭琦、谢元呈、杜忠于

其他完成人员：张琨、张汀、李成忠、周贤亚、顾飞飞、王文涛、尤余山、罗爱华、陈光明、刘强、何元程、黄金平、何艳芳、谷岩、李佳、张伟、陈敦军、詹庆平、赵刚、石雨芳、陈建洲、朱斌、王雁

项目简介：

为了加强信贷管理，更新信贷管理手段，改进信贷管理方式，促进信贷管理规范化，解决市场经济条件下的不确定性因素增多与管理信息不足的矛盾，逐步达到提高信贷决策水平、防范和化解信贷资产质量风险的目的，中国农业银行总行于 1996 年决定研制开发中国农业银行信贷综合管理系统。同时，为了强化商业银行信贷资金的宏观调控和微观监督、防止企业骗贷套贷，中国人民银行建立了中央银行信贷登记咨询系统并与各大商业银行互联。1999 年 4 月，根据中国人民银行信贷登记咨询系统接口规范的要求，信贷综合管理系统完成了接口软件的开发。

信贷综合管理系统目前的主要功能包括：（1）机构与人员注册，即在计算机中模拟了贷款人环境，只有经过注册的人员才能运用该系统；（2）客户管理，用于登记客户（含自然人和法人）、法人代表的基本情况和财务数据；（3）贷款决策管理，用于操作贷款的受理、调查、审查、审批等信贷决策的各个环节；（4）日常业务处理，用于记录贷款、还款、展期、形态调整、呆账核销等信贷台账；（5）风险预警，是通过设定一套反映客户经营、信贷安全的指标体系，对客户信贷风险进行早期预警；（6）数据查询，用于对系统中的各种数据信息作灵活的查询；（7）数据分析，用于对系统中的数据进行有规则地统计、计算等分析处理，产生符合信贷需要的分析报表；（8）数据上报与接收，用于上下级行之间数据信息传输。

在信贷业务方面，信贷综合管理系统适用本币贷款，其范围包括短期贷款、中长期贷款、自然人贷款和承兑汇票业务。

中国人民银行接口软件的功能主要包括：（1）贷款业务、各类贷款数据的补充录入；（2）承兑汇票及相应的担保人资料的补充录入；（3）信用证的开立及担保人、信用证的单证处理、信用证付款、垫款还款、押汇还款；（4）保函的开立、保函解除、垫款还款；（5）授信额度登记、授信的终止；（6）借款人大事记，记载借款人发生的重大事件，包括财务指标、被起诉情况、欠息情况、逃废债情况、提供虚假资料、信用等级、其他情况；（7）数据处理，用于从信贷系统中提取数据、生成接口文件、核对数据及错误处理；（8）系统维护，用于安装数据字典、维护信贷系统与人民银行系统之间金融机构代码及借款人代码的对照关系。

信贷综合管理系统采用 C/S 应用模式，客户机端采用 POWER BUILDER 开发，运行于 Windows95/98 之上，服务器端采用 SYBASE 数据库，运行于 WindowsNT 之上。该系统同时支持单机应用模式，采用 SQLANYWHERE 数据库，运行于 Windows95/98 之上。

信贷综合管理系统具有如下特点。

1. 建立了事务信息，实现信贷业务全过程（受理、调查、审查、审批、发放贷款、检查）的规范化管理。通过设置调查、审查、审批、检查、综合五种岗位，任何一笔信贷业务严格实行三岗分离（调查、审查、审批）。

2. 定义了系统中数据库的数据字典，系统的查询、分析等功能均以数据字典为基础，并通过程序生成各种固定报表可以被用户任意定义，增强了系统的灵活性和自适应性。

3. 通过定义一套灵活可变的信用等级评估、风险预警指标体系，可以即时测算借款人的信用等级，在信贷决策过程中的各个岗位自动进行风险预警，帮助信贷人员决策，达到降低风险的目的。

4. 在数据录入方面，充分利用 Windows 的特点，采用列表框、组合框、无线按钮、检查框等控制，并尽量提供简捷美观的界面，简化操作，生成多种样式的输出结果（表格、统计图等）。另外，对输入的数据进行有效性、合法性检查，确保输入的数据合法、有效，符合信贷业务的规范。

5. 提供数据查询工具，实现系统中单表、多表查询及相关查询的定义、维护等功能。

6. 提供数据分析工具，通过对各种报表的定义以实现对系统提供的信贷基础数据、中间数据、定期汇总数据等各种数据源的综合性分析，并可将分析结果以报表或图形形式输出。

7. 在系统安全性方面，充分利用服务器上的操作系统和 SYBASE 数据库自身的安全性设计为本系统提供安全性保障。用户必须用独立的系统用户名和密码进入该系统，只有在系统中注册过的用户才能使用本系统。在系统的操作权限方面，系统的所有业务处理都由事务信息驱动，只有安排了有关工作以后，相应的信贷人员才能进行相应的业务处理。系统自动将信贷人员的姓名登入有关表中，该信贷人员对相应的数据负责。

8. 针对相对复杂的操作建立操作导航器，即在每一步操作过程中，根据当时的实际情况，提供操作指示信息，指导用户进行正确的操作。

9. 提供丰富的联机帮助信息，帮助用户获取正确的操作信息，及时获得系统的操作方法。

1998 年 12 月和 1999 年 7 月，中国农业银行总行分别举办了信贷综合管理系统和中国人民银行接口软件培训班，在全国中国农业银行系统推广使用该系统并实现了与中国人民银行信贷登记咨询系统的网络互联。

信贷综合管理系统的推广应用为推进中国农业银行管理手段现代化，提高整体管理水平和信贷人员整体素质，规范信贷行为等发挥了积极的作用。

九、ES/9000 大型机多平台跨地区跨银行联网业务处理系统

项目编号：200013011

获奖等级：金融科技进步奖二等奖

项目完成单位：中国农业银行广东省分行

主要完成人员：黄东航、邝志涛、庞业江、钟澄军、廖育源、曾文胜、孙良儒、区林海、谢昊

其他完成人员：江朝晖、肖斌、张志成、苏益南、李紫云

项目简介：

ES/9000大型机多平台跨地区跨银行联网业务处理系统充分利用当今国际上先进的大型机软、硬件技术和现代通讯技术，建成以大型机网络为骨干的全省网络；开发基于主机平台的高效先进的联网报文交易系统，实现与总行、省分行、各下属分行的交易互联，实现同城储蓄业务、会计对公业务和 ATM 业务等的上网处理，支持柜台储蓄、ATM、POS 业务的异地通存通兑，初步把省行中心建成全省网络中心、交换中心、数据处理中心和清算中心。

一、技术特点

1. 系统设计思想是以 IBM 大型机为网络主要结点，采用 SNA 网络体系结构为主干网，利用 CICS 系统为应用平台，连接其他机型和操作系统，建立跨平台、跨地区、跨银行的业务处理网络。

2. 网络层采用 SNA 层次式网络结构，支持不同的网络连接方式，实现多种平台的网络互联，各大机中心配备 3745 通讯控制器，通讯控制器之间通过 DDN 相连构成主干网；通过 DDN 专线连接省行的 3745 与深圳分行、广东银联（GNET）TANDAM 机，走 SDLC 协议，实现 IBM 系统与 TANDAM 系统互联；通过 LU6.2 通讯仿真卡实现 IBM 大机与 UNIX 系统的连接。

3. 采用路由器和 CIP 技术延伸网点，把中国农业银行广东省分行的 13 个非大机行全部远程直连省行。结合了 SNA 和 IP 技术的优势，扩展灵活，可以同时支持 IBM 传统的通信控制器方式、路由器（非 IBM 的）方式和通信控制器与路由器结合方式。

4. 使用先进的 RVA 技术，从硬件级支持负载均衡、数据压缩、快照拷贝（SNAPSHOT）、多级容错功能，保证系统和业务数据的可靠性。

5. 联网应用层是基于 CICS 的通用报文交换软件，采用命令级的 COBOLII 语言和 VSAM 文件结构，具有交易转发、文件维护、网络监督、交易查询、资金清算和业务统计等功能。系统采用 ISO8583 报文协议；大量使用内存驻留表，减少磁盘 I/O；采用灵活交易路由选择，以均衡网络负载和提供路由备份；提供 PIN 校验，支持 HSM 和多种软件加密逻辑；采用动态日期切换，实现 24 小时不间断运行。

6. 柜台通兑系统沿用 SAFE 的体系结构，采取表驱动方式提高运行效率；采用异步方式处理柜面通兑交易，并使用 SNA/APPC SYNC LEVELO 的通信规程，通过 SWITCH 系统来进行通讯和信息转发的控制；采用参数表的方式定义各个城市的运行环境、处理参数和各种限额，便于运行环境的生成；建立通信超时自动发出冲正的请求机制和通信故障自动排队重发的机制，以保持交易结果的一致性。

7. 采用多级安全管理，数据中心系统用户采用多级权限控制；主干网通讯路径预先设定；设计了密码安全管理系统，使用硬件加密器进行密钥存储分配和管理。

二、应用推广情况

该系统已在广东省农业银行系统得到了全面的使用，已经在省行建立了 IBM9672 全省联网交换中心和数据中心，省行中心的直联网点延伸到了 13 个微机行，所挂网点近 2000 个，还有广州、深圳、中山、珠海、东莞、佛山 6 个 ES/9000 分中心，全省通存通兑网点超过 3250 个，实现了全省柜台储蓄、ATM、POS 业务的上网处理和广东银联 ATM 通兑处理，使广东省农业银行的网点优势真正转化为网络优势，取得了明显的经济效益。

十、中国农业银行国际业务应用系统

项目编号：200013014

获奖等级：金融科技进步奖二等奖

项目完成单位：中国农业银行总行、中国农业银行广东省分行科技部

主要完成人员：张居兴、朱梦磊、王赤红、黄东航、陈佳湖、李沛强、云雨、程平、林松

其他完成人员：罗向阳、何伟斌、叶志宇、刘迎雪、梁扬成、李泽辉、汪向群、符建华、蔡文育、陈珊、张敏苗

项目简介：

根据中国农业银行国际业务发展的需要，中国农业银行总行在 1997 年 7 月进行立项，由中国农业银行广东省分行组织开发，成立了国际业务系统开发小组，小组成员由中国农业银行总行及中国农业银行广东省分行的技术人员组成。经过充分的调研及论证，决定开发一套基于 SYBASE 数据库、以客户为中心的集中式国际业务应用系统，该系统实行分层逐级控制，在省会城市行进行数据集中，进而在全省范围内进行国际业务的数据集中是该系统的最大特点。该系统覆盖了国际业务部的所有业务。

一、主要技术特点和性能指标

（一）主要技术特点

1. 体系结构：基于 Client/Server 的集中式处理模式。

2. 操作系统：AIX、SCOUNIX、Windows95/98。

3. 网络协议：TCP/IP。

4. 数据库：SYBASE。

5. 应用软件设计语言：ANSI-C、APT、POWERBUILDER5.0。

（二）系统基本功能

1. 基于图形界面的管理信息系统：（1）公共信息子系统；（2）系统管理子系统；（3）额度管理子系统；（4）报表管理子系统；（5）面函打印子系统；（6）SWIFT 报文收发子系统。

2. 基于多用户平台的柜面业务系统：（1）清算业务子系统；（2）会计账务子系统；（3）进口业务子系统；（4）出口业务子系统；（5）汇兑业务子系统；（6）资金业务子系统；（7）授信（信贷）业务子系统。

（三）系统主要特点

1. 以客户为中心，以会计账务为核心。

2. 自动化程度高，业务人员完成业务资料录入的同时完成会计账务记账，避免重复劳动。

3. 多级控制 SWIFT 报文的自动收发业务，通过办事处—支行—分行的逐级控制、逐级授权实现有效的风险控制。

4. 多级清算，通过分行—支行—办事处的逐级清算，大大提高清算速度。

5. 额度控制，通过各个模块额度设置功能，完成上级行对下级行、客户及操作员总额和单笔的控制。

（四）性能指标

该系统采用 IBMRS/6000 作为主机，其数据库为 SYBASE，采用 TCP/IP 的网络结构，后台通过 SYBASE 的存储过程来实现，大大提高了系统的运行效率。该系统与 SWIFT 系统、路透社系统、中国农业银行总行信息网之间具有完善的接口，并且与人民币系统留有接口，大大提高了应用系统的扩展性，各项性能指标达到国内同行业的先进水平。

二、系统的应用前景

（一）系统设计的超前性

1. 通过银行国际业务的全盘电脑化，建立起一个完整统一的银行信息资料库和业务数据库。在强调对银行重要信息资料管理的唯一性基础上，着重解决资源使用的共享性，达到及时性、正确性、安全性、唯一性的要求。

2. 配备前后台强大的业务功能模块及管理功能模块，抛弃手工劳动，简化业务处理程序，加强业务的控制，特别是由于该系统能保存所有的完整业务数据，可以极大地方便管理部门随时对动、静态数据资料进行采集、汇总、分析，为领导层决策提供了有力的辅助工具。

3. 该系统通过网络把各部门的业务连接成一个有机的整体，彻底消除了由于业务的延伸和人为的不规范操作而引起的上下道工序之间、部门与部门之间的矛盾，减少大量的重复性业务动作，使业务处理流程规范、顺畅。

4. 与内外界保持紧密联系留有各种接口。该系统与电传、SWIFT、中国农业银行总行信息网连接，自动对外发送和接收各种电讯报文。

5. 充分利用人民币系统的主干网，节省网络通讯费用。

（二）系统投产的效益

该系统投产以来，各项业务运作正常，带来了效益。首先，系统的自动程度高，减少了业务部门的重复劳动，提高了工作效率；其次，系统严格按照有关部门的规定进行设计，避免了由手工操作出现的违规行为；再次，系统本身具有报文的传输功能，减少使用 SWIFT 三级网的费用；最后，系统推广费用极低，而中国台湾的嘉腾系统、鼎盛系统推广每家分行需要 160 万元人民币。该系统是中国农业银行总行国际业务部唯一指定的统一推广的版本。

十一、中国建设银行信贷管理信息系统

项目编号：200015026

获奖等级：金融科技进步奖二等奖

项目完成单位：中国建设银行科技部

主要完成人员：陈彬然、李纪军、丁文阁、移容树、栾日平、贾东、周凡、张建功、鲍立瑾

其他完成人员：廖铮、方景星、王鹏翔、李红骏、宇树庆、段怡玲、康韬、刘剑、惠彬、徐兆森、邓杰刚、赵烨、殷志东、周晓军、何涛、臧晓波、王晓松、邵跃进、余茜、李敏

项目简介：

一、系统功能

1. 信贷业务基本信息的处理功能。信贷管理信息系统经办行的业务处理功能是系统的基本功能，该功能模块具体包括客户基本信息、财务信息、项目信息、合同信息、贷款台账信息等信贷基础信息的录入、修改、查询功能。

2. 贷款风险分类（清分）数据的处理功能。贷款风险分类是中国人民银行对商业银行的政策要求，信贷管理信息系统按照中国人民银行的有关规定结合中国建设银行的实际业务开发了贷款风险分类数据的处理功能，具体包括清分数据的录入、修改、查询，清分认定表的打印，多笔合同的批量审批，清分数据的检查、上报等功能。

3. 剥离贷款数据的处理功能。1999 年下半年中国建设银行开始不良资产的剥离工作，为按时完成不良资产的剥离工作，掌握剥离贷款的数据情况，信贷系统增加了剥离贷款数据的处理功能，具体包括经办行剥离贷款台账数据的录入、修改、查询功能，管理行业、机构、贷种等多角度的剥离贷款逐笔合同的汇总、统计、查询、报表功能。

4. 自动打印逾期通知单、催收通知单功能。为减少经办行的工作量，系统开发了按报告期、分机构为各经办行打印逾期通知单、催收通知单的自动功能。该功能能够提前 10 天为经办行的业务人员完成上述工作。

5. 经办行查询、对账功能。系统不仅为经办行提供了按客户、按项目、按合同的逐笔查询功能，同时通过查询对账功能、模块，还为经办行提供了按机构、按贷种、按客户对信贷基本信息、清分信息、剥离贷款等汇总信息的查询功能。

6. 固定报表功能。系统为各级管理行提供了信贷业务基础类、清分类、剥离贷款类、客户类四种类型的固定报表 98 张。

7. 灵活、方便的报表、查询、统计分析功能。信贷系统在管理行采用了 BO 工具作为对数据查询、统计的展现界面，BO 工具具有界面友好、使用方便等特点。用户可利用 BO 工具事先定义了的 11 个语义层模型根据业务需要以自行制作报表，进行灵活的查询、统计分析。

8. 经办行基础数据质量、数据上报进度的监测功能。系统在各级管理行提供了各经办行录入数据质量、数据上报进度的自动监测功能，管理行的系统管理员可根据需要对各经办行的数据质量、上报进度进行监测。

9. 管理行特殊客户的查询、统计功能。由于信贷系统采取了数据大集中的模式，在管理行通过系统即可查询、跟踪到中国建设银行的每一笔贷款的客户、项目、合同等信息，也可根据需要将“一类性质相近的客户”定义成特殊客户，对这些分类客户单独进行查询、统计、分析、汇总。

二、系统特点

1. 采用先进的群件系统 LOTUS DOMINO/NOTES 作为系统开发应用平台。LOTUS DOMINO/NOTES 面向文档的管理方式，以及集成的、跨平台的开发环境使商业决策应用的开发更为有效快捷，其作为先进的群件系统在国内外已得到广泛的应用。信贷管理信息系统在开发和运行中应用到 LOTUS NOTES 以下关键技术：复制机制使远程存取、数据传输的应用更加快速和安全；系统提供的电子邮件、工作流控制使软件开发更加方便快捷；严格的用户管理和系统加密机制，使中国建设银行信贷业务核心数据安全性得到有效保证。

2. 数据存储和管理采用了当今业界领先的数据仓库技术。信贷业务数据经抽取到数据仓库。数据仓库是面向主题的，使业务人员更加容易理解。在数据仓库技术实现中应用 OLAPSERVER 功能，加快了数据查询与分析挖掘的速度。OLAP 服务器将多维映射信息作为元数据存放起来。当用户按业务逻辑提出多维查询后，OLAP 服务器就根据储存的元数据将其转换为关系查询，提交关系数据库处理。在关系数据库处理结束后，查询结果又经由 OLAP 服务器转换为多维立方形式交给前台的报表/图形工具，并最终展现在用户面前。此时，用户可以在此多维立方体上进一步用切片旋转及按维层次钻取的方式进行分析。

3. 数据的前台综合查询和报表采用了 BusinessObject 数据分析工具。BO 作为报表展现工具，具有界面友好、使用方便等特点。在信贷系统中，利用 BO 工具事先定义了 11 个语义层模型，前端用户利用 BO 就可以自行制作报表，进行灵活的查询、统计分析。可扩充的语义层模型和灵活的查询分析工具，满足了不断变化的报表需求，减少了程序员的工作负担，提高了用户根据不断变化的业务要求自行定制报表的灵活性。

4. 构建了较为全面的中国建设银行信贷指标体系。信贷管理信息系统的建设，初步建立了一套比较齐全的信贷指标体系，包括：客户基本信息、客户财务信息、项目信息、合同信息、清分信息、计划信息等，满足了中国建设银行各级行信贷业务管理和统计的需要，为中国建设银行信贷质量管理、防范金融风险提供了有力的参考依据。

5. 信贷管理信息系统总行数据中心集中了全行信贷业务的明细数据，在中国建设银行总行即可跟踪到每笔贷款的详细信息。

信贷管理信息系统的推广运行按照全行建立的机构模式分别在各级行建立了总行数据中心、一级行数据中心、二级行数据中心。各级数据中心集中了所辖各行信贷的明细数据，可根据工作需要跟踪到每笔贷款的详细信息，特别是总行数据中心采取了全行数据大集中的模式，使总行有关部门和领导可根据需要跟踪到中国建设银行的每一笔贷款的详细信息和相关的客户信息。

三、经济效益和社会效益

信贷管理信息系统的成功应用，初步实现了中国建设银行信贷业务的电子化管理，其经济效益和社会效益主要体现在以下六个方面。

1. 有力地支持中国建设银行资产清分和资产剥离工作，两项工作的完成是系统推广应用效果的直接体现。通过信贷系统中国建设银行已完成了 1997 年、1998 年、1999 年及 2000 年的多次全行性的贷款风险分类工作，每次五级分类共涉及客户 70 多万户、合同 90 多万笔，打印清分工作底稿 30 多万份，同时还要按照中国建设银行的“三层四级”机构分行业、贷款期限等多种角度进行分析汇总，用手工处理完成此项工作，其工作量之大可想而知。资产剥离工作也是中国建设银行 1999 年的一项巨大工程，根据中国人民银行给中国建设银行下达的 2500 亿元的不良资产剥离指标，中国建设银行需按要求将这 2500 亿元对应到每一笔合同，同时还要和中国信达资产管理公司按照经办行、二级分行、一级分行、总行次序进行剥离合同的笔数、金额、客户资料、合同信息的逐笔审查核对。如果没有信贷系统及时、准确统一地向中国信达资产管理公司提供完整的相关信息，没有信贷系统随时向中国建设银行的有关业务部门提供每一笔贷款的详尽情况，而是沿用传统的手工处理模式或报表模式实现行领导提出的 1999 年底完成资产剥离工作目标是相当困难的。

2. 工作继承性强。凡是录入信贷管理信息系统中的业务数据将长期保存，可以被多次、多角度地应用。信贷部门以往的报表汇总工作基本采用手工，每一次的统计报表都要投入专人进行工作。通过信贷管理信息系统推广应用，录入了客户信息、项目信息、合同信息等大量信息。客户信息和项目信息，对每个经办行来说基本趋于稳定，系统内的大量数据作为中国建设银行业务数据的一大笔财富，无须再机械地重复录入，只需采集录入变动信息。该系统的投产将节约信贷业务部门大量的人力、物力。

3. 规范信贷业务操作。经办行在信贷管理信息系统推广过程中，不仅按规范的业务要求整理了全部信贷合同，纠正了大部分的违规操作，并对重要资料进行了归档管理，而且增强了信贷人员的责任心，对今后发生的业务将起到较好的规范作用。

4. 初步实现了信费业务管理的电子化。由于采用了先进的科学技术，使各级管理行能够随时了解所辖分支行的信贷业务经营情况，加强了各级行之间的联系，使管理行能及时了解信贷资产的经营状况。通过信贷管理信息系统，有效实现了对中国建设银行内部信贷信息管理的电子化，对加强金融监管、防范金融风险起到了重要作用。

5. 信贷管理信息系统作为管理信息系统的一部分，为中国建设银行的管理、经营和决策提供重要的科学依据，同时，减轻各级行信息统计的工作量，在系统推广上线近一年的时间里，应用该系统产生的经济效益在有关部门已经得到体现。

6. 随着市场经济的不断发展，国内部分企业在市场竞争中处于不利地位，这部分企业如果在中国建设银行有贷款，则这部分贷款将发生潜在风险，并有可能造成中国建设银行信贷资产的巨大损失。中国建设银行的经营和管理者可以应用信贷管理信息系统对信贷业务数据进行灵活的统计和分析，随时分析监测客户经营情况，为资产风险控制和客户战略实施提供依据。

通过信贷管理信息系统，信贷业务及企业财务变化情况只要10天即可反映到一级分行和总行，加强了各级行之间的联系，使管理行能够及时掌握各下级分支行的信贷资产经营情况，为增强资产经营的灵活性，提高信贷资产的流动性提供了有力的手段。同时，社会中也存在部分企业和个人，利用银行信贷管理上的漏洞欺骗银行，在有限的信用额度范围内，在多个分支机构进行贷款，骗取大量银行贷款，使银行信贷资产面临巨大威胁并极有可能造成损失。

信贷管理信息系统以客户为中心、以合同为基本单元进行信息的组织与管理，通过该系统，信贷业务部门可以方便地得到客户的信贷数据，并可以跟踪其信贷历史，能够发现企业多头开户等违规行为，有效地规避风险，为中国建设银行信贷资产的管理提供重要依据。

十二、中国建设银行个人电子汇款系统

项目编号：200015027

获奖等级：金融科技进步奖二等奖

项目完成单位：中国建设银行科技部

主要完成人员：李早航、许会斌、徐捷、王怀伟、沈明、陆华隽、邱昆、张雷、庄灵芳

其他完成人员：李瀚、黄慧萍、杨琦峰、涂耀旭、严俊、申延云、陈栋、张善敏、刘彦、刘丹、雷春弟、谢敬东、高博、黄枚、王璐、冯子保、梅雨方、郭从秀

项目简介：

中国建设银行个人电子汇款系统是以储蓄网点为基点，以城市综合业务网络系统为依托，以电子汇划系统为纽带，通过个人汇款清算部，将储蓄通存通兑网络与资金清算网络进行连接，实现个人汇款业务的快速资金汇划。

个人电子汇款系统是在业已建立的城市综合业务系统上的功能拓展与技术创新。由于个人电子汇款业务功能相对独立，业务操作与管理流程有其特殊的要求，同时也为了保持城市综合网络系统的稳定性，该系统不改变原系统的体系结构，通过另行增加独立的新系统来处理个人电子汇款业务。个人电子汇款系统通过城市综合网络系统的通讯环境与主机进行数据交换，各种版本的用户界面和程序设计风格尽量与原城市综合网络系统保持一致，实现资源共享。

该系统严格按照软件工程的原则和方法进行开发，利用结构化和模块化方法来进行系统分析设计，模块之间具有低耦合性，模块内部具有高内聚性。作为对城市综合业务网络系统功能的扩充，该系统应避免对原城市综合业务网络（储蓄业务）系统尤其是主机后台系统的影响。

通过在现有的城市综合业务网络系统上开发一套独立的业务处理系统，实现汇出汇款处理、汇款业务数据的存储转发、汇入汇款的自动入账，并对后台系统进行一定的改造后，完成对个人汇款业务的内部清算。

该系统按照中国建设银行资金清算系统提供的汇划账务信息和事务信息接口数据文件格式，通过汇划磁盘或电子文件的方式与清算系统交换数据。按照资金清算系统的要求，该系统采用联行密押器编制并核对业务密押，数据交换过程中自动生成并核对MAC校验数据。

该系统采用交易码驱动技术，通过交易码来驱动系统的输入、控制、处理、输出，保持前台操作界面的简洁统一，增强了系统的灵活性，便于扩充功能。

系统设计上充分考虑了风险防范，采用授权机制以确保业务的安全稳定运行，包括超限额、异常业务等的授权。

一、系统功能

1. 储蓄前台系统功能。储蓄前台在原有系统功能基础上，增加对汇出汇款、汇出查询信息的发送处理和汇入查复信息的处理以及退汇款项的解付处理，具体功能如下。

（1）签到：操作员身份验证、日始工作。

（2）汇出汇款：录入汇款、复核发送、确认汇款、撤销汇款、查询补打。

（3）发出查询事务：查询主机汇出汇款、录入查询事由、复核发送、确认查询事务、撤销查询事务、接收查复信息、查询补打。

（4）退汇解付。

（5）一般查询：查询个人汇款联行号表（本地数据）、查询未确认汇款、查询汇款情况、查询事务查询、查询退汇信息、退汇解付查询。

（6）下载个人汇款联行号表。

（7）打印功能：打印每日汇出信息、打印每日查询 / 查复信息。

2. 个人汇款清算部系统功能具体如下。

（1）个人汇款清算部既要完成自综合网到清算系统的汇出业务处理，又须完成从清算系统到综合网的汇入业务处理以及各种异常业务的处理。

（2）汇出汇款处理：接收汇出汇款、编押录入、复核密押、生成汇划磁盘（卸盘）、磁盘信息验证。

（3）汇入汇款处理：文件接收、核押发送、发出查询事务。

（4）发出查复事务。

（5）向清算系统转发汇出查询查复事务。

（6）向后台主机转发汇入查询查复事务。

（7）一般查询：系统监控、前台查询。

（8）异常处理：冻结止付、解冻、退汇、密押更正。

（9）打印。

（10）日终处理：日终开始、日终对账、数据备份、恢复备份数据、数据清理、修改汇划参数。

（11）辅助管理。

（12）年终结转。

二、系统特点

1. 系统关键技术的创新性。我们从信息资源的安全管理和自动化处理出发，实现了严密的“个人电子汇划信息配对”和“交易连锁驱动”新思想。

2. 实现数据向后台集中、减轻通讯压力、保持数据一致性、安全控制管理等多项性能指标，简化流程、减少复杂度，从而降低风险。

3. 建立健全了安全保障体系。系统具有严密的安全体系，严格控制数据的录入权限、程序的修改访问，对传输的数据进行 MAC 校验、加密、解密和认证处理。个人汇款清算部具有故障恢复功能，各城市综合业务网络及清算系统确保在规定时间内不间断无差错运行，提供数据备份与恢复功能，防止硬盘失效、断电、灾难造成损失，确保了资金运行的安全。

4. 采用了集中业务处理方式，减少了中间环节，加快了汇划信息传输速度，保证在清算网络开通条件下，24 小时内汇款能到账支取。

5. 采用参数化技术，系统使用方便灵活。对系统业务状态、联网机构及其归属等采用参数化管理方法，能十分方便地进行添加修改，当业务发生变化时，应用系统不用修改程序，只需修改相应参数即可。

6. 充分利用现有资源，节省投资。系统开发和实施充分利用了中国建设银行现有的城市综合业务网络系统的主机、前端机硬件和网络资源，并与原城市综合业务网络系统有机地结合起来，既保证了系统的功能完善，又节省了项目投资，除了在个人汇款清算部增加一套微机设备和操作管理人员，整个系统投入运行无须增加其他设备和组织结构。

7. 实时可刷新的动态监控能力。在个人汇款清算部，系统具有动态监控整个分行汇出（入）汇款以及汇出（入）查询查复和退汇、解汇情况。

8. 可扩充性。实现了与龙卡网络系统的有机结合，同时具备良好的扩充能力，便于增加新交易以适应业务发展需要。

9. 易于推广应用。该系统由主机、储蓄网点和个人汇款清算部三个部分组成，均与原城市综合业务网络系统在风格上保持一致，易于培训和管理。主机和储蓄网点部分程序容易更新和安装，具有较多特色的个人汇款清算部在一个城市也只有一个。1998 年 8 月 18 日湖北武汉、福建等第一批入网分行个人电子汇款系统正式投入运行对外开办个人汇款业务，到 2000 年 6 月底，该项业务在全国 297 个城市 23715 个中国建设银行储蓄网点全面推广。

从技术层面来看，该系统开发不仅要在四大软硬件平台上实现，而且在系统移植推广的过程中，各分行的城市综合网络平台存在着较大的差异性，或同一种主机其前端机不同，或主机软硬件平台一样而前端机不一致，这大大地增加了系统实施的技术难度和组织管理难度。从组织管理上看，该系统要在全国中国建设银行系统 297 个城市 23715 个储蓄网点全面实施需要涉及零售、计财、会计、清算和科技多部门协同作战。

无论是从技术上还是组织管理上看，该系统都是一项艰巨的系统工程。该系统版本多、推广面广、任务重、时间紧，四大系统版本的软件质量可控性管理难度大，项目组严格把握了三个层次的测试认证：第一，试点分行的测试验收与认证；第二，各分行移植开发程序的测试与认证；第三，申请入网分行的配对测试与上线认证，使系统不断地得到完善。系统上线采取了分期分批、稳步推进的原则，条件成熟一批就上线一批，杜绝了不合格金融电子产品的推出，确保了上线系统的稳定、安全、高效运转。

随着业务需求的变化和新技术的出现与采用，我们将进一步对系统予以优化、完善，以技术创新去开发市场、占领市场和巩固市场。

三、经济效益和社会效益

从银行自身经济效益来看，中国建设银行开办个人电子汇款业务为汇出方银行增加了汇款手续费收入；为汇入方银行带来了资金沉淀；从全行来讲则既充分利用了现有的计算机网络资源和人力资源，又带来了可观的经济效益。

1. 充分利用中国建设银行现有的网点优势和网络资源。经过40多年的建设和积累，中国建设银行具有点多面广、区域性通存通兑率较高的优势。目前全行储蓄网点有25000多个，其中，城市行网点约占一半，全行网点前台上机率达到90%，区域性通存通兑率达到85%，在297个城市建立了综合业务网络系统。下一步，随着结构调整，网点布局将日趋合理，功能将进一步完善。

此外，1996年10月，覆盖全行的电子汇划清算系统已经开通，该系统覆盖了全行近6000个分支行，连接了近3000个清算点，实现了汇划、对账、清算三位一体，资金汇划可一日到账。资金清算系统第一期设计能力日处理汇款量可达10万笔，目前该系统每日发生汇款量还不到5万笔，还有50%处理能力有待发挥，完全有能力承担起个人资金的汇划与清算。

个人电子汇款业务是一种网络业务，经过储蓄所、个人汇款清算部和清算中心三个节点，实现了城市综合网和资金清算网络的连接。由于城市综合网和资金清算网的网际通讯费是每月固定交缴的，与网间交易量没有比例关系；再加之个人电子汇款业务可以共享储蓄所和清算中心的场地设备、人力、网络等资源，而且不会造成网络阻塞，两网运行依然平稳良好。综上所述，可以说个人电子汇款业务是充分利用和发挥两网构建的信息高速路资源，以低成本、低投入进入金融市场，博得了同业的一致喝彩。

2. 个人电子汇款业务的直接经济效益分析。中国建设银行目前个人电子汇款业务稳步增长，成绩喜人，按目前日均5600笔、每笔32元的手续费估算，中国建设银行2000年个人电子汇款手续费收入将达到6516.82万元。

因个人电子汇款业务由总行实行统一业务需求、统一技术方案，开发了基于中国建设银行四种主流机型的个人电子汇款系统标准版本，由总行统一验收、统一推广应用，所以综观个人电子汇款业务的开发和推广应用过程，不难看出个人电子汇款业务投入成本主要包括研究开发成本与运行成本两部分成本。研究开发成本主要指总行统一的个人电子汇款项目研究与开发费用；运行成本则指个人电子汇款业务在开展过程中所发生的费用，主要指因增设个人汇款清算部而发生的费用和网际间的交易费用。

3. 个人电子汇款业务的开展，为中国建设银行个人客户提供了在中国建设银行系统汇款的通道，既方便了客户，又实现了中国建设银行资金的体内循环。目前在中国建设银行开户的储户已达1.6亿户，开通个人电子汇款业务后，这些储户完全可以在中国建设银行储蓄网点直接办理异地汇款业务，不必绕道邮政。引用可行性研究报告中的数据分析可看出，未开办个人电子汇款业务以前，通过中国建设银行部分会计柜台和储蓄网点办理个人汇兑业务月均571笔，月均汇款金额达2100万元；而开办个人电子汇款业务后，通过这种途径的月均汇款金额就高达11.2亿元。不难看出，个人电子汇款业务的开通每月阻止了近11亿元的资金外流，仅1999年全年由个人汇款业务产生的资金沉淀效益即达27955.2万元。个人电子汇款业务作为一种间接的融资手段，对中国建设银行发展储蓄业务实在功不可没。

十三、中国建设银行企业内部网

项目编号：200015028

获奖等级：金融科技进步奖二等奖

项目完成单位：中国建设银行科技部

主要完成人员：徐捷、杜文和、李纪军、康韬、刘剑、惠彬、舒滨、肖野、陈铭

其他完成人员：王晓松、马骏、王超、姜力争、刘会刚、赵欣、谭明

项目简介：

一、系统功能

中国建设银行企业内部网是一个具有丰富功能的系统，它的服务对象从概念上讲覆盖了全行所有的人和所有的部门，在实际应用过程中可以从根本上改变全行旧的、传统的信息观念和工作方式，提高信息化水平。企业内部网的建成，除了为全行提供一个统一的应用开发和运行平台，还可以向全行用户提供以下服务。

1. 电子邮件通信服务。电子邮件又被称为 E_mail，是一种廉价、迅速的电子通信方式。如果您是企业内部网的一个邮件用户，便可以通过您的邮箱向企业内部网内外的任何邮件用户发送电子邮件和接收他们发来的电子邮件。

2. 域名服务。域名服务又称 DNS，提供方便访问企业内部网上计算机的方法。用户可以通过名字而非 IP 地址访问企业内部网上的计算机，使网络服务地址不再依附网络物理结构，提高了网络服务的适应能力、可扩展性及便捷程度。中国建设银行企业内部网采用三级域名命名方式，设置了基本 DNS 服务器和备份 DNS 服务器为全行企业内部网用户提供服务。

3. FTP。文件传输协议 FTP 是收发文本及二进制文件的标准协议。企业内部网提供 FTP 服务用于用户在不同平台计算机之间传送文件。

4. 目录服务。中国建设银行企业内部网采用公用通讯录（LOTUS DOMINO/NOTES）和 LDAP 相结合的方式，对内部 NOTES 用户提供公用通讯录服务方式，以保证多级别的管理和安全监控，对内部和外部 Internet 用户提供 LDAP 服务方式，以保证不同系统结构之间的目录互操作性。目前，LDAP 服务方式只为内部 Internet 用户提供服务，以后根据需要再扩展到外部 Internet 用户。

5. 网络新闻服务。网络新闻服务是分布式讨论数据库，又称布告板系统。允许用户在基于相关话题的各组间通信，提供了一个论坛数据库，在此用户可以进行讨论，发消息，进行关于任何话题的虚拟会话。

6. WEB 服务。WEB 服务提供独立于平台在各计算机之间共享信息的方法，用户可通过通用浏览器查看含各种多媒体成分的文档，执行数据库检索。中国建设银行企业内部网设置有内部和外部两个 WEB 服务器系统，内部 WEB 服务器只允许企业内部网内 WEB 用户访问，为行内用户提供服务，行内用户同时可访问外部 WEB 服务器系统，外部 WEB 服务器系统接入国际互联网 Internet，向所有 Internet 用户开放，用于中国建设银行对外宣传和服务。

7. 电话拨号访问服务。电话拨号访问服务为移动用户和远程办公机构接入企业内部网提供廉价而安全的手段。中国建设银行企业内部网用户只要在一个地点注册，就可以在全国各地通过拨号接入企业内部网服务的地区，通过拨打当地市话入网，通过当地企业内部网节点获得认证、授权，实现网际漫游，节约通讯费用。

8. 支撑网上管理信息系统。在中国建设银行企业网建设工程中，依托企业网平台各类应用系

统的开发工作也相继展开，目前，信贷管理信息系统、办公自动化系统和人力资源系统已经在企业网上上线运行。信息服务站作为企业网内部信息发布中心已经活跃在企业网上，并逐步为网上用户接受和喜欢；为加强中国建设银行各技术开发项目的支持工作，在企业网上又建立了科技部网站以提供网上技术支持服务。

二、系统特点

中国建设银行企业内部网集成了帧中继技术、LOTUS DOMINO/NOTES 群件技术、防火墙技术、AAA 访问服务技术等多项先进技术，构建成可以提供邮件服务、信息发布服务、HTTP 服务、移动漫游服务、应用系统支持服务等多功能统一的企业内部信息网络平台。

中国建设银行企业网的物理网络采用了国家金融网（中元网），由于中元网覆盖了全国主要城市，使中国建设银行的广域网接入只需通过本地电信从当地中元网机房连入中国建设银行。网管工作主要由中元公司负责，减少了中国建设银行对网络的维护工作量。与海关等单位采用直接租用电信的线路、自行购置交换设备、自行管理的自组网方案相比，中国建设银行企业网的物理网方案具有投入小、见效快，扩容方便等优点。同时，帧中继是目前国际流行的广域网技术，中国电信也将其作为重点发展技术，未来的发展前景很好。

中国建设银行企业网采用的 LOTUS DOMINO/NOTES 群件技术、防火墙技术、AAA 访问服务技术等技术都是国际流行的成熟技术，在国内外广泛应用于大型企业的企业内部网之中。中国建设银行企业网的独特之处在于，中国建设银行将企业网定位为信息系统的应用平台，通过企业网统一管理应用系统的资源分配、规范应用系统的开发和应用技术环节。由此在中国建设银行企业网的建设过程中，硬件选型、平台选择、实施方式等都紧密地与中国建设银行的信息系统相衔接。在企业网初步建成后，中国建设银行的信贷管理信息系统随即上线推广，并在两个项目的协作下，企业网的应用平台职能已经步入正轨。在此基础上，企业网产生了一系列的技术规范，并根据需要对企业网的系统设置进行了优化，使之更加适应承载多个应用系统。人力资源系统、办公自动化在通过了企业网组织的测试后，已经上线推广。中国建设银行企业网也伴随着应用系统的发展不断壮大。就上述特点而言，国内其他企业的企业内部网还未做过此类尝试，并且据 IBM 公司称，成功在统一的企业网平台上成功地应用并均衡如此多的大型应用系统，在国外也不多见。

三、经济效益和社会效益

中国建设银行企业内部网使内部信息高速工作，其主要任务是支撑行内的信息传输和为信息系统提供开发、应用平台。虽然它不同于柜面业务系统，可以直接辅助经营活动、创造经济效益，但是作为行内的信息高速公路和应用系统平台，企业网所间接产生的经济效益也是非常可观的。

自企业网建成后，通过企业网交换的内部电子邮件多达 200 万件，外部邮件 30 万件，若以传真或邮寄费用核算，即为行内节省了上百万元办公经费。

企业网为全行提供 Internet 代理服务。据不完全统计，代理服务器所同时接到的代理请求从未低于 100 个。企业网的 Internet 代理服务正逐步成为全行获取外部信息的主要途径。由于通过局域网访问 Internet，从而节约的 MODEM 费用和 ISP 服务费用也很高。

企业网提供移动漫游服务，用户在外地只需拨打当地 AAA 电话即可进入企业网并获得与在局域网中相同的服务。这项服务所提高的工作效率带来的经济效益是无法估量的。

企业网作为管理信息系统的开发应用平台，从1998年底开始支撑信贷管理信息系统的运行，信贷系统通过企业网传输的数据共300余行次，总量高达40GB。如此大量的数据和传输频度如果以其他方式传递，其费用之大可想而知。另外，由于采用了统一规划资源，人力资源系统上线将几乎不需增加服务器端设备，仅此一项即可节约设备资金上千万元。

由此可见，企业网所间接创造的，或节约的资金非常之多，因此，企业网当之无愧地成为经济效益明显的项目。

中国建设银行企业网的建成投产，其所获得最为突出的即是社会效益。

首先，中国建设银行作为中国四大商业银行之一，以前的企业形象都是通过各类企业标示物体现的，而在企业网建成后，通过企业网的对外信息发布，为中国建设银行的形象宣传、业务宣传以及向全社会普及金融知识都发挥了重要作用。同时，中国建设银行员工的通讯方式由以前的电话传真，逐步过渡到电子邮件上来。这不但提高了工作效率，同时也对行内员工了解使用先进技术起到了重要的推动作用。

其次，中国建设银行企业网的建成，有力地推动了中国建设银行管理信息系统的发展，从而使中国建设银行信息积累的周期缩短，使中国建设银行决策支持系统的基础条件迅速成熟。

最后，中国建设银行企业网的建设过程，也是中国建设银行培养企业网技术人才的过程。通过高强度的系统推广和维护要求，在较短的时间内培养出分布在中国建设银行各层机构的企业网技术人才队伍。

由此可见，中国建设银行企业网的社会效益也是十分显著的。

综上所述，中国建设银行企业内部网从基础技术角度采用了国际流行技术，而从集成技术角度则创造性地发展了企业网作为应用平台的模式，打破了企业网只维持其基础的邮件和信息发布功能而应用系统需另行组织技术方案的旧模式，达到国际先进水平。经过两年的应用，企业内部网在中国建设银行的各项工作中发挥了巨大的作用，创造了显著的经济效益和社会效益。随着中国建设银行企业网的发展，各类企业网上应用需求不断被提出，对企业网的要求也越来越高。根据各方面的需求，中国建设银行企业网将大幅度扩容物理网络，同时扩充网上应用类型，从而实现数据、视频、音频等多媒体应用在企业网平台上的和谐统一。

十四、中国银行湖南省分行家居银行服务系统

项目编号：200014033

获奖等级：金融科技进步奖二等奖

项目完成单位：中国银行湖南省分行、中智信息技术有限公司

主要完成人员：姚丹、肖宇、杨志军、黄劲霄、谭胜、余乐文、贝坚红

其他完成人员：尹仲夏、方德庆、王伟、陈桂强、刘尔洪、王创新、胡勇军

项目简介：

一、家居银行的概念

家居银行服务是指银行通过与电信紧密合作、网络互联，利用电信网络的多种接入设备，如电话、PC机、简易终端、电视等，向客户提供一种能让其在家中或其他任何可能的地方，方便、快捷、

安全地办理原来必须到银行柜台办理，甚至是银行柜台也无法提供的金融业务服务。家居银行服务实际上是一种基于多信息系统环境（非单一的银行信息系统）的客户服务系统。

家居银行服务系统的出现是银行业竞争的必然结果，而金融系统如银行、证券、保险与社会各服务行业如电信、交通、商业等相互融合、互惠互利，面向客户提供多样的服务也是社会发展的方向。低成本、全方位的金融服务产品和服务手段必然是各家银行追求的目标，通过服务获取利润已成为银行越来越重要的收入来源。

二、技术原理

1. 系统结构。家居银行服务系统主要有如下六个部分。

（1）中心主机：中国银行湖南省分行的主机为 IBM9672 大型机，每笔与银行相关的交易最终由该机处理完成。它通过 3746 通讯控制器与银行通讯前置机相连。

（2）银行柜台：家居银行柜台部分主要是完成客户家居银行开户、服务申请、资料查询、密码修改等功能。

（3）银行通讯前置机：银行通讯前置机以 RS/6000 为服务器，一端以 APPC 通讯协议与主机相连；一端与银行支付网关相连，通讯协议为 TCP/IP。

（4）银行支付网关：银行支付网关选用 PC 服务器，通过防火墙与湖南电信电子商务平台连接，以实现证书交换、密钥管理、交易过程的证书校验等功能。

（5）湖南电信 169/179 电子商务中心：湖南电信电子商务中心除担负 CA 中心的职责外，还将客户端各种接入方式的数据转换为统一格式，与银行支付网关连接。

（6）客户操作平台：家居银行服务系统的客户目前使用的操作平台是电话（包括手机）、PC 机（上 Internet）、智能终端、湖南电信加密电视二合一接入盒、电视机 + 机顶盒等。

2. 技术特点。整个系统涉及计算机软件开发、通讯、多平台网络环境，各种电信网技术、信息安全、数据库（乃至数据仓库）等各种技术。总的来说，系统具有如下特征。

（1）按照功能将整个系统划分为四大功能体系：接入体系、安全体系、支付体系、银行业务体系。各功能体系既相对独立，又以统一接口相互联系，因此整个系统的开放性好。整个系统支持多种安全模式的业务，再加上功能体系的开放性，从而也支持多种类型终端接入，可以很快拥有庞大的用户群。

（2）在安全策略上，针对各种业务的特点加以归类。采用基于技术和业务两种方式加以控制，综合了网络安全、传输安全、存储安全、身份认证和权限控制。

考虑湖南地区电信的具体情况，使家居银行服务具有推广价值，拥有广泛的用户群体。我们采取了后台交易与客户操作平台无关的设计方案，使客户可通过各种通讯手段，如电话（包括手机）、PC 机（上 Internet）、智能终端、湖南电信加密电视二合一接入盒、电视机 + 机顶盒等，利用电信的图像、语音、数据网完成各种交易，摆脱了银行系统原有电话银行、网上银行等各种服务系统各成体系的局面，使系统的可扩展性好，易于维护。

三、对社会经济发展和科技进步的意义

随着家居银行系统的拓展，将极大提高银行、电信等行业的客户对电子商务的了解，特别是对地大物博的中国来说，在交通不便的地方用户不必去电信营业厅排队缴费，不需要到证券营业厅存钱，买东西也可足不出户。这将极大地方便用户，为用户节约了时间和交通费等，也正因为这样，反过来将推动电子商务业务的发展。

该系统充分利用电信已有网络资源，大大地降低了银行投资成本，使银行通过一套设备和链路即可充分开展各种服务。这些服务在降低投资成本的同时，还节约了人员市场费用，更加促进了银行一卡通的业务，增加了发卡量，刺激了卡消费，也有利于银行卡的产业化道路，从而形成良性循环。

四、推广应用的条件和前景

本技术方案旨在提供一种跨行业的面向多种终端用户群的电子商务解决方案。电信与银行作为其中的两个主导行业，前者为用户提供接入服务并利用其网络资源优势，后者则可利用其得天独厚的资金清算职能，两者都具有非常强的行业渗透性，并相互共享客户资源。因此可以在统一的规范下，迅速扩大业务领域和客户群，从而使家居银行的应用以最快的速度得以拓展。目前，湖南地区家居银行已被推广到十几个地市，用户数达到 10 万名，显示了良好的发展前景。

十五、湖南金融信息工程（湖南金信港）

项目编号：200011039

获奖等级：金融科技进步奖二等奖

项目完成单位：中国人民银行长沙中心支行

主要完成人员：雷家政、谢章武、谢涛、侯爱莲、易昌善、侯加林、林建、彭洪、鄢小夫

其他完成人员：杨时康、王伟

项目简介：

湖南金融信息工程是一个大型综合信息管理与查询系统。它基于 B/S 与 C/S 相结合的三层计算模式，采用数据仓库的设计思想，以金融系统的业务数据信息、经济金融信息为信息源，运用 Internet/Intranet 技术、异构平台异构数据库互联技术、软构件对象组装技术、防火墙技术等，通过业务系统信息与技术集成，提供了一个灵活多用、准确快捷的信息处理与共享平台，形成了由 API 业务数据采集系统、综合信息维护系统、信息安全控制系统、综合信息发布系统等组成的协作群件系统，构成了一套完整的信息采集、分析、查询访问和信息发布体系，保证了信息的时效性、准确性和安全性，为中央银行更好地履行监管职能和办公自动化，提供了全面的金融、经济信息服务。

系统创新点：一是通过异构平台异构数据库的 ODBC 互联，设计了通用数据采集构件，实现从各业务系统中采集数据，提供准确、实时、高效、方便的业务信息查询，解决了一般信息系统无法解决的数据信息源和数据采集的关键技术难题。二是采用数据仓库的设计思想，充分融合组件对象模型、软构件组装等技术，以面向主题为组织形式，实现了各业务信息集成和各类文档信息集成，达到信息集中管理、分类应用，解决了一般信息系统无法回避的指标体系编码难题。三是设计了页面访问权限控制、业务信息访问权限控制软构件，结合外网物理隔离和网络防火墙技术，形成了有效的“网络—页面—业务数据”三级安全防护机制，实现了严密信息授权。解决了一般信息系统难以解决的信息安全问题和授权机制可操作性差、可管理性差的难题。四是运用 WWW 技术、浏览器技术，以多媒体为信息的表现形式，界面友好、操作 / 维护简便，使用基本达到零培训，极

大地降低了使用培训成本和维护成本。五是设计了性能优良的电子文档管理构件和扩展 HTML 语言解释器，实现了电子文档的自动采集、交互式动态页面生成和页面访问权限控制，形成了内容丰富的交互式动态页面。

十六、国产化同城票据自动清分清算系统

项目编号：200011040

获奖等级：金融科技进步奖二等奖

项目完成单位：中国人民银行哈尔滨中心支行、北京博世金电科技开发有限公司

主要完成人员：林治非、李宏峰、李树峰、刘东洲、吴娟、程红梅、张晓微、杜成民、乔昕

其他完成人员：高小康、韩建国、张志国、刘力、杨竑、陈介午、韩国强、董国滨、周友芬、刘莉、姚会云、潘喜英、王红新、高立新、李红、王军、崔铁男、关军、唐明

项目简介：

同城票据自动清分清算主要是指同城（或异地变同城——大同城）范围内各金融机构间的资金自动清算及票据的自动清分交换。随着我国改革开放的深入发展，特别是商品经济的迅速发展，要求各城市中国人民银行提供快捷、方便、安全的同城结算环境，为金融业的同城票据的清分和资金清算自动化提供更加良好的条件。

国产化同城票据自动清分清算系统（以下简称系统）是根据中国人民银行同城票据清分清算业务的需求，以微机服务器构成的局域网络为硬件平台，以目前流行的多种操作系统为软件运行环境，由国内首家独立开发的具有中国人民银行版权的同城票据自动清分清算系统。

系统依据我国中国人民银行票据清分清算业务流程设计总体方案，做到系统与需求最大限度地结合。系统的通用性强，完全满足中国人民银行清分清算业务的需求，是第一个版权归中国人民银行所有的国产化同城票据自动清分清算系统。系统具有国内领先水平，其中采用的 FLASH-DISK 存储技术的应用属国际首创，极大地提高了票据自动清分清算系统的可靠性和数据的安全性，确保数据信息万无一失。系统在处理提出卡中采用定位方式，真正实现了不移动票据信息的物理位置来处理缺卡和混批现象，杜绝了国外引进的清分软件中卡处理和票据移动造成的数据混乱现象，提高了数据的安全性。该系统具有较好的人机交互界面，采用便捷的表格方式进行系统行、清算行、办事处、交换行四级清算单位的维护和清分模式的定义。该系统采用填表方式定义票据磁码格式，可保持在原磁码格式不变的情况下移植到其他清分系统上使用，这一点对那些已使用清分机的城市来说是至关重要的。因此，系统的可移植性非常好。该系统可以处理十几万张到几百万张的票据，而且处理速度比国外同类产品快几十倍，完全可以满足目前以及今后一定时期内我国各大城市的同城票据清分清算的需要。

系统自 1996 年 1 月 6 日正式投产以来，经过几年的稳定运行，充分证明其可靠性和效率都远远超过进口软件。特别是在解决计算机的 2000 年问题中，经过进一步优化，系统现已被推广应用到全国七大城市（沈阳、南京、武汉、大连、青岛、天津、哈尔滨），并取得了显著的经济效益和社会效益。系统的推广应用克服了国外票据清分清算系统与我国业务不相适应的问题，同时系统的推广不受任何厂商和公司的制约，这就大大降低了开发、使用、推广及功能进一步扩充的成本，

也为今后中国人民银行票据自动清分清算系统的规范和统一以及城市间票据的相互自动清分清算奠定了良好的基础。

十七、中国农业发展银行计算机网络通用统计管理系统

项目编号：200011044

获奖等级：金融科技进步奖二等奖

项目完成单位：中国农业发展银行

主要完成人员：周智多、韩兆云、刘笑芝、窦基昌、夏红权、吴冰、薛奎、石卿、王世祥

其他完成人员：吕建华、郭石薇、陈留才、唐莉、杨盈、吴宇、纪新元、王景蓉、崔晓军、张国清、石存成、陈湘基、肖俊雄、韩芳、张激、耿长杰、陈洁

项目简介：

中国农业发展银行计算机网络通用统计管理系统的研制与开发遵循标准化原则、模块化原则、参数化原则、操作系统多元性原则、数据库统一性原则、网络无关性原则及安全可靠性原则和技术先进性原则。该系统通过对中国农业发展银行及其他银行统计业务的详细调查与分析，考虑其未来发展变化要求，综合金融业所有各类分析报表的特点，遵照面向客户、简单、易学的思想，在UNIX开放平台、OS/2Windows平台上设计开发了面向全国的中国农业发展银行计算机网络通用统计管理系统。该系统实现了全国农业发展银行统计管理系统数据分布、集中化管理，可及时、方便、准确地检索数据、加工数据、分析数据。

一、系统功能

该系统为一个通用的网络化的统计管理系统，其主要业务功能包括：

1.数据采集功能，分为手工采集、网络采集和软盘采集三种，其所采集的机构与数据可通过参数设定，并可按照预设的公式进行计算、打平、量纲转换等处理。

2.数据汇总功能，可根据要求，汇总某些机构的采集数据以供查询、分析使用。

3.综合查询功能，可按任意组合机构、报告期、模式进行数据查询，其中，还可根据特定的查询模式，进行查询、打印。

4.数据上报功能，可将本级的数据通过网络上报给上级行，上级行实时对所报数据进行检查，加以计算、打平，并将结果及时反馈给上报行。本级机构可根据返回结果确认本次上报正确与否。

5.报表分析功能，可按用户定义的行、列关系，自动分析、生成各类分析报表，并按用户要求做套表打印。

6.口径调整功能，由于业务的变更而造成历史数据的不一致，可进行口径调整。

7.数据备份与恢复，为保证数据安全、可靠，在用户交互级具有数据备份、恢复功能，可备份、恢复到表级、记录级。

8.系统维护功能，具有机构字典维护、系统参数维护、项目定义、各种集合定义、平衡公式及计算公式定义等功能。

二、系统特点

1.该系统是一个建立在全国性系统级广域网基础上的，以中国农业发展银行的县支行、地市

分行、省分行及总行四级机构为应用点的网络应用体系。

系统采用 TCP/IP 作为中国农业发展银行应用系统的网络协议，采用 X.25 分组交换规程为传输协议并以基于 X.25 的 TCP/IP 网作为广域网。

总行与省级分行间、省行与地市级分行间采用多条数字数据网（DDN）或分组交换网 X.25 作为数据传输的主干网，拨号网（PSTN）作为备份网，地市行与县行间采用拨号网（PSTN）作为主传输网。

2. 该系统采用世界上较为流行的 Client/Server 两层体系结构，在 Server 端统一采用 IBM 公司开发的大型关系型数据库 DB2，可根据硬件平台的不同采用 AIX 操作系统、OS/2 操作系统、NT 操作系统、Windows98 操作系统作为服务器端的操作系统。Client 端在 Pwin98 系统上使用。该系统还可将 Client 端和 Server 端同时安装在一台 NT 系统上或 OS/2 系统上使用，被称为 Client/Server 一体机系统，同时，该系统推出了 Windows98 单机版。一体机的统计系统现已在中国农业发展银行系统内 1644 个县支行安全、稳定、有效地运行了 3 年。

3. 该系统在县支行、地市分行、省分行和总行四级机构上使用一个统一的软件版本，只需在系统初始化时简单地设置自己的系统参数即可。

4. 系统数据的安全性：该系统采用数据备份措施和操作员权限管理相结合的方法。

（1）两级数据备份措施。

①各级行数据库管理员定时做好后台的数据库备份。

②各级行统计业务员按时进行前台的统计报表数据备份。

（2）操作员权限管理。

通用统计应用管理系统提供权限管理子系统，该系统将统计业务权限分为：统计员管理权限、数据上报权限、报表分析管理权限、数据查询权限等多种权限。

5. 系统的高可靠性：该系统能按照预先定义的关系，及时判断所采集的数据是否正确，并能指导业务人员查找错误的原因，及时纠正。各类权限管理机制、数据保护机制确保系统和数据的安全与完整，即使在任何不可预见的情况下，都能快速恢复系统，保护统计业务的平稳连续运行。

6. 系统的高通用性：该系统提出并采用了类似于电脑程序设计中的面向对象的技术概念。根据统计管理系统，我们针对各业务部门的需求，成功地派生出资金头寸报表管理、贷款收息报表管理、粮油贷款报表管理、棉花贷款管理等多个实用的统计管理系统。尽管业务种类不同，但是不需对统计管理系统软件平台做任何修改即能实现不同银行业务处理过程、报表生成和数据分析等工作。

7. 面向具体业务人员：该系统提供了独创的开放式的二次开发环境，即报表定义、分析和生成工具。各级机构的统计人员和分析决策人员可自行定义、生成和输出符合本行工作实际和业务要求的分析报表和图形，提高了统计业务人员的创造性工作能力和积极性，在日常的统计管理工作中，能够做到实事求是、针对性强、有的放矢。

8. 该系统开发了功能强大的报表公式分析生成器模块，此报表公式分析生成器可按照用户所定义报表的行、列公式自动生成单元公式，并自动分析此公式，从数据库中取出相应的数据。

三、经济效益和社会效益

该系统已在中国农业发展银行近 2000 个点上运行 3 年，系统稳定、效益显著，并主要表现在以下三个方面。

1. 保证了各级行的统计数据被准确、快速地采集、汇总和上报，为中国农业发展银行各级领导的经营和决策提供了数据。

2. 减轻了统计人员的劳动强度，加快了统计工作的速度。仅从减少劳动时间计算，三年节省劳动力费用 6000 多万元。

3. 使各种复杂的业务数据分析成为现实，有利于强化经营和管理。

目前，中国农业发展银行业务人员通过对该系统进行 3 年多时间的使用，一致认为该系统简洁、方便、灵活、易用，用户维护量少且具有强大的分析报表功能，为中国农业发展银行统计系统工作的规范化管理提供了技术根据，并及时、准确地为领导的工作、决策提供理论基础。

十八、国家开发银行柜台前移系统

项目编号：200011045

获奖等级：金融科技进步奖二等奖

项目完成单位：国家开发银行信息中心

主要完成人员：陆德、郭濂、魏鹏、韩国新、滕荣松、梅家祥、舒家伟、俞小平、李虹

其他完成人员：房云群、王苏翼、熊平旭、关欣、吴琼、陈喜昌、孙晓东、罗静、李惠梅、白新民、杨组元、魏刚、胡知非、娄文剑、史楠、屈瑞生、孙栩栩

项目简介：

柜台前移系统实现了网络银行的基本功能。在功能的实现上采用了电子商务通用的 TCP/IP 网络、CA 认证、数字签名、WEB 浏览器三层构架等现代信息技术。同时，从柜台前移系统这一国内单笔资金量最大的企业银行或支付系统的角度出发，我们在设计时从系统安全、实现效率等方面考虑，采用了大量的新技术，有机地融合了 CA 体系和国内 MAC 密押技术，实现了一个以开放体系为基础的电子银行平台。采用的主要新技术包括：

1. IC 卡浏览器技术。通过 IC 卡与浏览器的无缝结合，达到了以硬件介质保存和保护关键数据，进行安全签名运算的目的。

2. 加密读卡器技术。通过配备专门的商密加密读卡器，实现了以硬件为基础的商密密押运算，从而在通用的 SSL 安全隧道和数字签名基础上，实现了国内银行专用的支付密押系统，使系统在具备开放性的同时，也满足了银行特殊安全性的需要。

3. 显式数字签名技术。充分利用 CA 体系提供的身份认证和安全机制，在交易数据本身附着高强度数字签名，从而可以随时根据需要对交易数据本身进行完整性验证，从技术上保证了在线交易数据的合法性。

4. 交易系统与办公系统合二为一。通过充分发掘 LOTUS NOTES/DOMINO 的功能，统一了国家开发银行内部办公和业务处理平台，极大地降低了培训成本，提高了员工工作效率。

5. 用户透明的服务器数据交换技术。利用 MQ 实现了 DominoServer 与 DB2Server 之间的

双向实时数据交换，浏览器或 NotesClient 端不需要安装任何额外的软件，从而为柜台前移系统的广域网移动办公创造了必要的条件。

一、系统功能

柜台前移系统将营业柜台以客户终端形式前移至借款人，以使在国家开发银行在营业网点不足的情况下，借款人可以通过客户终端直接上网办理贷款申请、支付通知、周转金请领、对账、传递财会报表、项目管理报表和信息反馈等业务。

柜台前移的最终目标是构建一个具有国家开发银行特色的电子银行系统。

二、系统特点

1. 符合国际上电子商务、网上银行的技术特点和功能要求。

自 1995 年 10 月 18 日全球第一家网上银行——美国安全第一网络银行（Security First Network Bank）对外营业以来，网上银行的方便、快捷逐渐为业内外人士所认同，其服务功能也日渐完善。目前，网上银行主要具备三大服务功能，即对外宣传介绍功能、用户信息查询功能、客户办理柜台业务功能。国家开发银行柜台前移系统，通过中元网进行电子支付交易和信息查询业务，实现了网上银行的三大功能，达到了 20 世纪 90 年代末国际先进水平。

2. 采用虚拟柜台观念设计开发的柜台前移系统已实现了现代网络银行“3A”概念。

（1）任何空间。

柜台前移系统采用虚拟柜台观念进行设计，使每一位客户无论在任何地方都能办理柜台业务，而传统的自助银行、POS 和 ATM 则要通过固定装置使客户向其集中靠拢才能办理业务。

这种虚拟柜台的设计使客户和柜台人员在各自不同的游动位置都能进行业务操作，突破了两个“空间”的界限。

（2）任何时间。

系统能提供 7×24 小时在线服务，打破了传统银行 8 小时工作的时间限制。

（3）任何方式。

柜台前移系统采用电脑拨号方式办理业务，目前，我们正在把它实现为一个集电脑、电话和手机等各种服务方式于一体的客户服务系统。

查新结果表明，国内还没有哪一家机构或哪一位学者提出虚拟柜台和虚拟银行的概念，这在我国金融系统尚属首创，在国外的资料中，也未见到有实际案例。

3. 安全性。

系统越开放，就越要注重安全，这是一对矛盾的统一体。柜台前移系统以开放性安全协议为基础，融合国内加密和安全技术，实现了一个符合国内商密标准和规范的安全电子银行平台。

国内外的网络银行通常使用 X.509 证书，做 SSL 加密传输和数字签名，国内的支付系统则一般建立在封闭平台基础之上，采用 MAC 密押作为数据安全保证，而柜台前移系统融合了这两种方案和技术，这在国内的文献和成果资料中未见报道，属国内独创。

同时，以柜台前移骨干网为基础的 IP 电话功能 24 个省分行已在开通，使网络资源得到了充分的增值利用。

4. 可扩展性和可变动性。在软件系统的设计中，采用国际先进的三层结构原理，即简化操作层，应用层采用模块结构，使各功能相对独立，可根据银行业务功能的扩展和变动增减软件功能模块以尽量减少对底层和源码的影响，同时，留有充分的接口以适应改革和业务变化的需求。

三、经济效益和社会效益

1. 社会效益。

（1）柜台前移系统利用最新的电子商务技术建立了一个现代电子银行的基本框架，在国内率先把一些技术模型变成了应用系统。它所特有的加密读卡器、IC 卡、数字签名和 MAC 密押使用方式具有独创性，为在开放网络环境中建立符合国家安全要求的网络银行系统和其他电子商务系统提供了可借鉴的模式。

（2）柜台前移系统所采用的业务操作与办公系统相一致技术解决策略，消除了客户与银行之间的物理距离，是现代网络银行发展的必由之路。

（3）柜台前移系统把原平均为 7 天完成的工作量缩短为 1 天之内完成，有效地保证了借款单位的及时用款。由于柜台前移系统是在国家开发银行总行和 28 家省分行范围内使用的系统，借款单位遍及全国，因而业务受理时间的缩短会极大地提高借款单位的资金利用效率，还会带来巨大的社会效益。

另外，该系统的应用大大加强了国家开发银行的业务综合实力，使国家开发银行的信贷管理达到了国际先进水平，为迎接 WTO 和世界经济全球化做了充分准备。

2. 直接经济效益。

柜台前移系统总投入 3000 万元，该系统的成功实施，将给国家开发银行和借款单位带来巨大的经济效益。经初步测算，每年可为国家开发银行节省 11.56 亿元，每年为借款单位节省 4800 万元，分析如下。

（1）每年节省分支机构运营或业务代理费 3 亿元。建成柜台前移系统后，在对借款实行同力度、同质量管理的情况下，至少可少设分支机构 300 个，按平均每个分支机构 10 人，每年运营费 100 万元计算，每年总费用 3 亿元；或者按原来委托代理方式计算，可节约代理费 3 亿元。

（2）每年减少资金在途损失 1.48 亿元。按每年新增贷款 1500 亿元，平均项目 10 年回收期，每年回收 1500 亿元计算，如果减少 3 天在途时间，就可减少资金在途损失 1.48 亿元。

（3）每年减少头寸损失 2.6 亿元。由于头寸集中管理调度使用，因而可有效降低备付金率。目前全行日头寸 87 亿元，实施柜台前移后可降低 50%，合计 43.5 亿元，按年利率 6% 计算，每年可减少头寸损失 2.6 亿元。

（4）保持良好贷款规模和市场份额，每年可减少利润流失 4 亿元。

若国家开发银行未建柜台前移系统，参照美国网上银行“蚕食”传统银行的例子，在外资银行进关后，其他银行或将会每年多抢走国家开发银行优良项目贷款额 200 亿元，利差纯盈利 2%，将使国家开发银行每年损失利润约 4 亿元。长此以往，将直接影响国家开发银行的生存和发展。

（5）每年节省贷款借款单位业务成本 4800 万元。按每次业务 400 元计算（1 人半天成本 100 元、住宿费 200 元、交通费等 100 元），一个贷款借款单位一年发生业务 24 次，则一年节省费用 9600 元，全行 5000 个借款单位，总费用 4800 万元。

综上所述，柜台前移系统无论是从经济效益还是从社会效益上来看，其作用都是显而易见的，它为国家开发银行的改革和发展作出了巨大的贡献。

十九、交通银行外汇宝交易系统

项目编号：200016047

项目等级：金融科技进步奖二等奖

项目完成单位：交通银行上海分行电脑处

主要完成人员：谢卫国、邹滨津、陈立群、吴宇、孙江海、蔡幼华、仲少英

项目简介：

1993 年，交通银行上海分行根据业务发展需要，率先在上海开发成功了个人外汇买卖实盘交易系统，即交通银行外汇宝系统。经过多年的不断改进与完善，在全国同行业中，该系统的开发与应用水平始终处于领先地位。与此同时，外汇宝系统在得到交通银行总行的大力支持下，在交通银行系统内开办个人外汇买卖业务的分支行被重点推广使用，产生了良好的社会效益和经济效益，成为交通银行的拳头产品之一和最具知名度的品牌。

一、系统情况

目前，交通银行使用的外汇宝交易系统是集中式个人外汇买卖系统。该系统与交通银行总行推广的零售业务系统关联紧密，是利用零售业务系统中的外币存款账户实施交易的。

系统采用 Client/Server 三层模式，以提供联机实时交易。前台使用 PCSERVER 服务器，安装联想平台（LXBS），后台使用 IBMRS6000 主机或 NCR 主机。中间件采用 IBM 的 CICS 或 NCR 的 TOPEND，数据库采用 SYBASE 或 INFORMIX。后台开发工具主要使用 ESQLC 编程。对于非柜台终端的自助设备则采用前置机方式进行连接，如多媒体、自助终端、电话银行、网上银行、手机银行等外围设备。所有交易设备都依托网络进行交易，网络的通讯协议采用 TCP/IP 协议。

系统按功能划分成报价、柜面交易、平盘三个子系统，开发有网络版的新一代大屏幕牌价显示与走势图的分析软件包、专用于外汇交易的外汇定期存折一本通等新业务品种，并提供有准确、及时的平盘头寸数据，使交易员在国际市场上能适时平盘，为银行规避风险、获得利润创造条件。为了能满足因没有时间来银行柜面交易的客户需要，交通银行上海分行在银行同业中率先开发出了外汇宝电话交易系统，扩大了客户群的范围。随着网络技术与互联网技术的日益成熟，1998 年和 1999 年又相继领先推出了外汇宝多媒体交易系统、外汇宝自助交易系统以及外汇宝网上交易系统。

二、应用情况

交通银行外汇宝系统于 1993 年底开始在交通银行上海分行存汇部投入使用，并逐步在交通银行系统内部推广使用，该系统提供业务和客户所需要的各种功能。

1994—1999 年底，上海分行外汇交易累计成交笔数已超过 36 万余笔；交通银行外汇宝电话交易量在 1997 年为 38000 笔，1998 年为 89000 笔，1999 年为 108000 笔，占当年总成交笔数的 88%。各种交易手段累计成交金额超过 18 亿美元，其中电话交易金额在 1997 年为 2.4 亿美元，1998 年为 4.4 亿美元，1999 年为 4.8 亿美元，占当年总成交量的 85%，单交易日交易笔数峰值达 2200 笔。

业务操作人员与客户均反映该系统的柜面和自助服务界面操作方便、简捷、效率高并且系统运

行稳定、安全可靠。

二十、交通银行零售业务系统

项目编号：200016049

项目等级：金融科技进步奖二等奖

项目完成单位：交通银行总行电脑部

主要完成人员：徐玮华、邬敏、胡国宏、姜明、谷志逵、虞衔、蒋韧、吴新忠、逄换众

其他完成人员：邵理煜、余彤、苏国经、吴苗、朱冲、张漫丽、周冲、张兰冰

项目简介：

交通银行零售业务系统遵从交通银行开放、统一的电子化建设规范，是以先进的客户信息管理（CIF）为基础，以资金流会计核心为账务处理基本模式，采用客户机 / 中间件 / 服务器三层次体系结构，是一个集中式数据处理的大型联机事务处理系统，集储蓄、信用卡的传统业务和卡储业务、电话银行、自助银行、中间业务等新兴金融业务为一体的银行对私业务系统，实现了卡储联动、储蓄同城通存通兑、太平洋借记卡信用卡全国联网等功能。在系统的开发方式和处理方式上采用和创造了许多先进的手段，是一个安全、可靠、实用、多功能、易维护、易扩展的系统。

系统具有以下功能及特点：

1. 引入国外商业银行普遍采用的客户信息管理模式，以客户号统揽客户在交通银行所有太平洋信用卡、借记卡账户及本外币的储蓄账户。

2. 柜员的操作面向交易，账务处理由系统记账核心自动完成。

3. 在同一客户号下，根据客户的需要可以开设单、折、卡等不同载体的存款，并可对同一客户号下的各账户间进行转账。

4. 实现储蓄本外币全储种的通存通兑。

5. 实现交通银行信用卡和借记卡全国联网交易，具有即时入账、当日清算、自动对账等特点。

6. 系统将业务规章制度的管理要求融于计算机应用的操作中，通过计算机自动运作现金管理、凭证管理、柜员管理、权限管理等管理要求，有利于规范管理手段，加强业务操作安全。

7. 该系统提供了电话银行、银证转账等功能，并为客户提供有效安全的代理业务服务功能。

交通银行零售业务系统包括账务处理系统、前置处理系统和交易转发系统。账务处理系统建立在小型机的主、备机结构之上，采用客户 / 中间件 / 服务器三层模型的系统逻辑结构，保障业务数据的一致性和账务处理的安全性。网络通信采用 TCP/IP 协议，使用经过变形的分组密码算法及区域性多密钥技术对通信数据进行安全加密，确保交易数据与业务应用的安全可靠。

系统自投产运行后，取得了很好的经济效益和社会效益。截至 1999 年底，全行 86 家分支行中已有 66 家行投入运行了本系统，这些行在使用该系统后一般当年就能收到系统所带来的促进存款增长的效应。全行人民币储蓄存款余额在 1998 年底的 911.12 亿元基础上，实现了 1999 年底人民币储蓄存款余额新增 127 亿元，比上年底增长 14%，高于全国银行业平均增幅 2.34 个百分点，储蓄存款息转本等自动转存业务增加存款 20 亿元左右。另外，太平洋发卡量新增 367 万张，相当于前 6 年发卡量的 1.12 倍，卡上存款比上年增加 26 亿元，交易额增加 286 亿元，比上年增长

161%，私人金融业务被全面推上一个新台阶。该系统不仅为交通银行带来了巨大的经济效益，社会效益也由此得到显著提高。由于发展了轻松简便的代发工资，代收水费、电话费、手机费、数据通讯费、寻呼费，代扣保险费、养老金等各项代理业务，开发了卡折一体化的新型先进的个人业务，构筑了强大的自助银行服务体系，开通了电话银行、银证业务、自助银行等多项便民服务，保证了 24 小时不间断服务，推出了有特色的全方位、多层次个人理财自助系统，扩大了拥有广泛特约商户的消费网络，建立了太平洋卡跨地区交易受理体系，免除了持卡人异地携带现金的麻烦与消费的不便，为客户提供了优良的用卡空间和环境，在时间和空间上极大地方便了客户，满足了人民现代社会生活与活动所带来的日益增长的多领域、多层次、多品种的服务需求，受到客户普遍称赞和表扬，进一步强化了交通银行优良的新型金融形象。同时，由于该系统设计符合金融监管要求，强化了风险防范，加强了监督力度和监督质量，提高了决策管理的科学性和适时性，确保了业务运行严密、有序，系统运行至今一直安全、平稳，没有发生重大金融差错事故，促进了私人金融业务的蓬勃发展。

二十一、1018 工程颜料的选择

项目编号：200028055

获奖等级：金融科技进步奖二等奖

完成单位：上海印钞厂

主要完成人员：黄凤珍、王洪波、钱丽英、张嘉申、项鹏、吴亚复、陈彪

项目简介：（略）

二十二、缩微文字磁性安全线的生产和施放

项目编号：200028056

获奖等级：金融科技进步奖二等奖

项目完成单位：保定钞票纸厂

主要完成人员：常为民、常和峰、田子纯、张荣禹、王玉山、郑栓柱、王真、孙赫男

项目简介：（略）

二十三、HSn72-1-1 造币用黄铜光谱标准样品的研制

项目编号：200028057

获奖等级：金融科技进步奖二等奖

项目完成单位：沈阳造币厂

主要完成人员：宁应成、张焕文、赖茂明、李秉宽、王德雨、韩征难、佟风兰、李爱军、朱慕平

其他完成人员：于晓光

项目简介：（略）

三等奖

二十四、ATM 监控系统

项目编号：200012003

获奖等级：金融科技进步奖三等奖

项目完成单位：中国工商银行北京分行技术保障处、北京博大创新科技有限公司

主要完成人员：刘赫赫、闫会平、杜保卫、吴京成

其他完成人员：王静、李梦龙、吴焱、腾家亮、徐家琨

项目简介：

ATM 摄像监控系统是中国工商银行北京分行计算中心根据 ATM 的发展趋势及业务部门的实际需求，经反复实验攻克了一系列技术难关，而自行设计开发的 ATM 的配套产品。该系统分模拟方式和数字方式两种。模拟方式是指：把图像资料通过长延时录像机转变为模拟信号记录到录像机的录像带上。数字方式是指：把图像资料通过计算机转变为数字信号记录到计算机的硬盘上。采用模拟方式，操作简便、安全可靠、价格适中，但需一天换一盘录像带。数字方式由于采用计算机技术故不需要每天换带子且可通过网络实行远程监控。该系统的成功之处在于：打破了各生产厂商在 ATM 外部安装监控设备的束缚，而以一个全新的视角来对用户在 ATM 上所有的操作进行全过程的监控，该项技术填补了 ATM 安全防范方面的空白，解决了各专业银行深感头痛的问题，技术水平在国内处于领先地位。

该系统主要由微型针孔摄像机、专用安装平台、专业录像机或计算机、监视器、直流稳压电源及控制柜组成。

该系统具有摄像头隐蔽、全新的视角、摄像机具有红外功能、管理及维护方便等特点，具有如下功能。

1. 为解决银行和用户之间的经济纠纷提供完整的图像资料且使用户对银行的服务质量以及金融业科技发展水平有了新的认识。

2. 提高银行的信誉，减轻了工作人员的劳动强度。

3. 保护客户的财产安全，对潜在的犯罪嫌疑分子具有防范和威慑作用，为公安部门破案提供有力的图像证据。

4. 标准化。规范化的安装，让大众看到了银行严谨科学的工作作风，从而树立起我国金融业整体的良好形象。

计算机技术在金融领域的应用日益广泛，随之而来的高技术犯罪也时有发生。因此，对此类犯罪活动采取必要的安全防范措施已是形势所需。中国工商银行总行也一再强调，要加强计算机的内控机制。ATM 监控系统的产生，既符合当前形势，又符合中国工商银行总行的要求，是一个经济效益和社会效益都非常可观，具有良好前景的项目。

二十五、中国工商银行行领导及秘书办公管理系统

项目编号：200012008

获奖等级：金融科技进步奖三等奖

项目完成单位：中国工商银行技术保障部

主要完成人员：王汉明、靳晓鹏、赵丽萍、段文卫、张志天

其他完成人员：宋贵华、王宝庄、王鹰翔、陈猛、崔亚欣、叶军、宫鉴、韩松、邱顺隆

项目简介：

中国工商银行行领导及秘书办公管理系统是围绕行领导日常办公、文件处理等业务要求，专为行领导及秘书办公管理设计的办公管理系统。系统包括文件流转管理、值班信息管理、值班安排管理、电话记录管理、会议管理、通讯录管理、人员基本信息管理等基本内容。

该系统为中国工商银行办公管理系统的核心，是行领导及秘书处理日常事务的重要环节，是中国工商银行办公自动化系统的一个重要组成部分。系统高度集成了 ATM 网络技术、电子邮件、文档信息数据库管理、远程用户信息共享和数字签名安全机制等先进的计算机技术，实现了总行文件从起草、编辑、递交到文件签批等全过程的自动化文件流转处理，大大缩短了文件传递时间；实现了文件管理归档一体化，为信息共享、资料查询和行领导决策提供了便捷的手段；解决了行领导外出期间无法及时处理紧急事务的难题，扩大了行领导的办公范围，显著提高了全行的办公效率。

该系统满足了行领导进行日常公务处理的要求，符合我国的日常公务处理习惯，系统操作界面简洁、直观，条理清楚，便于使用。该系统投入运行后，得到了用户的认可和好评。自系统投入运行以来，秘书处机要室使用该系统平均日处理文件 100 多件，减少了秘书来回传递文件和等候的时间，提高了秘书文件管理和办公处理的条理性和时效性。行领导可在办公室里方便地批阅公文并作批示，同时行领导还可在出差期间通过网络及时了解日常的办公事务，扩大了办公范围，显著提高了办公效率。该系统大大方便了行领导和秘书处工作人员的日常工作，将原来各种人工传递、手工审批等方式转换为计算机自动流程处理，改进了传统的管理方式，规范了工作流程，实现了行领导和秘书办公文件流转的自动化管理，促进了行领导及秘书办公管理的现代化。

二十六、中国农业银行人事信息管理系统

项目编号：200013012

获奖等级：金融科技进步奖三等奖

项目完成单位：中国农业银行总行、中国农业银行上海市分行

主要完成人员：范原辉、王鸿庆、张冰岭、李丽、侯岚峰

其他完成人员：陈志平、娄吉安、周竹英、杨金国

项目简介：

中国农业银行人事信息管理系统是采用面向对象技术开发实现的新型人事信息管理系统。该系统在总体设计上思想新颖，在银行人事系统中将人员信息、单位信息、劳资信息结合起来，采集的人员信息、单位信息、劳资信息完整，实现了从人事与劳资信息采集、信息管理、信息传输到信息分析的一体化与自动化。

该系统采用客户机 / 服务器模式的分布式数据库系统结构，服务器以 WindowsNT4.0 作为

网络操作系统，以 SYBASE 作为数据库管理系统，客户机以 Windows95/98 作为操作系统，以 POWERBUILDER 作为开发工具，以 ACTIVEX 方式集成电子表格工具 FORMULAONE 实现各种表格的自定义与制作，集成 NOTES 进行各种信息的远程电子传输，成功实现了不同应用系统与工具之间的集成与协同工作。该系统严格按照关系型数据库的规则进行数据库设计，并对数据库操作进行了优化，提高了系统的性能与效率。该系统采用自动生成方法产生人员信息表主键 ID 标识，保证了其唯一性与不变性，避免了数据上传加载时的标识冲突；采用即时标记待删记录、定时清除待删记录的方式，来保证上下级单位清除记录的统一性；以数据驱动方式实现了人员信息变动对相应劳资信息的自动更新，可根据职务、职称、年限、奖励等人员信息变动实现对相应劳资信息的更新，保证了人员信息变动与劳资信息变动的一致性。该系统很好地解决了分布式数据库系统中典型的数据不一致与数据冲突问题，所采用方法合理、实用，针对性强。

该系统采用报表自定义方式实现制作花名册、统计报表、个人信息表、工资单与工资分析表的功能，使系统的报表分析与工资单制作具有很大的适应性，实现了晋升、考勤、加班、工资、日常发放、离退休、养老金等全方位的劳资管理功能。系统支持以复杂组合与智能模糊方式对信息进行查询，根据查询条件自动实现表间连接并自动生成 SQL 语句；报表公式定义支持组合条件公式与模糊条件公式，报表制作计算中支持行、列四则运算和常规函数运算。该系统可通过报表的平衡公式对报表数据的正确性进行自动检验，并提供了对报表单元格数据生成条件的逆向分析功能，以确定单元格公式与生成数据的一致性。该系统还实现了以时间序列方式对各级领导干部职务分类信息的回溯分析，可了解领导干部任职的历史情况。

该系统采用结构化、模块化模型设计，易于扩充；采用事件驱动方式，使事件处理与环境信息设置参数化，通过设置本地信息、单位环境信息、人员信息代码、劳资信息等使系统可适用于不同地区不同性质单位的人事与劳资管理。综上所述，该系统易于推广。

该系统采用自动收发系统与文件传输两种方式实现上下级行之间的数据交流。自动收发系统支持 DDN、X.25、侦中继等通信方式，文件传输则支持 Modem 拨号与盘片传递方式。

该系统设立 12 个不同权限的操作岗位，每一岗位需经密码认证并授权后方可进行操作，保证了数据的安全性与保密性。

中国农业银行人事信息管理系统已被全国农业银行县支行以上单位及绝大多数县支行推广使用。应用结果表明，该系统提高了人事管理工作效率，减轻了工作人员的工作量，强化了人事管理规范，为配置合理的人力资源和控制人员经营成本提供了科学依据，该系统达到了开发的预期目的。

二十七、中国农业银行 AS/400 平台金穗卡业务应用系统

项目编号：200013013

获奖等级：金融科技进步奖三等奖

项目完成单位：中国农业银行科技部、中国农业银行浙江省分行

项目完成人员：曹少雄、张建明、何春富、李阳、吴建伟

其他完成人员：王伟、程旭霞、王末识、涂晓军、梁岳威、陆卫平、吴定风、方敏、黄潇、栾大海

项目简介：

中国农业银行 AS/400 平台金穗卡业务应用系统是总行确定的“九五”期间重点开发应用项目之一，该项目的开发由中国农业银行总行主持，中国农业银行浙江省分行组织实施。

该系统根据总行任务书的要求，完成 AS/400 平台金穗 MASTER 卡、金穗万事顺卡、金穗 VISA 卡的综合业务处理功能，实现统一的前置机功能，联通全国自动授权网。

该系统的网络模式是以大中城市集中为主，兼顾跨城市集中，支持一个主机多个卡部并行处理，一个卡部多个城市代号统一核算。业务处理采用客户机 / 服务器的集中处理模式，所有业务数据集中存放 AS/400 主机，卡部设立独立的客户机满足其卡管理需要；网点客户机与现行 AS/400 储蓄业务客户机结合，业务处理终端界面合一。为满足综合柜员制的要求，一台主机内不同卡部之间或主机联网的卡部之间的信用卡业务处理可以实时交易。

在 AS/400 操作系统环境下开发主机的后台处理功能，在 UNIX 环境下实现卡部、网点业务处理和前置机处理功能，完成了金卡工程接口系统、银证转账系统。

该系统充分利用现有主机网络资源，各主机中心可以通过高速 DDN 专线连接，形成 AS/400 主干网，实现跨主机业务的通信；各卡部客户机、网点客户机、通信前置机通过 X.25 网络或 DDN 网连到 AS/400 主机；POS、电话银行客户设备通过拨号线连接到通信前置机，ATM 通过 DDN 连接到通信前置机，金卡信息交换中心通过 DDN 连接到本行金卡前置机，授权网前置机通过 X.25 连接全国授权网，银行和证券公司通过 TCP/IP 协议实现账户资金的对转。

SNA 网络体系实现了主机与主机之间、主机与客户机之间双向事务远程触发、双向文件远程传送的功能，构成了系统强大的联机事务处理的新颖特色。

主机中心由 IBMAS/400 主机作生产机，由 MIMIX 系统组成热备份。操作系统为 OS/400，数据库为 DB2 关系型数据库，开发语言为 RPGILE/400、CLILE/400、CILE/400、SQL/400，开发环境为 ADT/400。卡部客户机采用高档微机或服务器，操作系统为 SCOUNIXSERVER5.0 以上版本，配开发系统和 SYBASEV11.0 以上版本数据库，采用 C 语言和 SYBASEDB-LIBRARY 编程。通信前置机的软、硬件配置与卡部客户机相似，并需 POS 用网控器，ATM 用局域网卡。电话银行采用 Dialogic 语音传真卡，也可与其他系统共用前置机。POS、ATM、TBS、银证转账及全国授权网所用的通讯前置机可以根据业务情况而扩充，也可以集中在一台 PC 机上，而且是可以根据网络模式和规模，灵活设置在 AS/400 主机房所在地域或设置在卡部所在地，还可设在县支行所在地。网点设备直接采用储蓄所的业务微机作为客户机，无额外配置要求，操作系统为 SCOUNIXSERVER5.0 以上版本，采用 C 语言编程。

该系统性能优异，单笔交易处理的响应时间平均为 1.2 秒，跨中心交易响应时间少于 4 秒，批量入账时间与批量大小成正比，每笔平均时间 8 秒。

该系统满足中国农业银行经营管理统一规范的需要，满足信息技术数据集中处理趋势的需要，满足信用卡业务不断发展的需要。系统以一个城市行（卡部主管行）为一个经营管理、账务核算单元，数据集中、授权集中、信控集中、集约经营以防范经营风险；全行各级支行机构可以在所在地开拓市场、发展商户、制卡打卡及资料管理，并对辖属网点的业务情况进行监控和管理；全行各网点可以在柜台业务中发展卡户，为持卡人提供联网带来的各种方便服务内容；系统提供各级机构（网点）的资料统计及汇总，如卡户发展情况、商户发展情况、卡余额、卡透支等；系统实行卡部、支行、网点职责的分级控制，不同操作员权限分级别控制；各种通兑业务由主机实现自动清分。

该系统已在中国农业银行全国范围中采用 AS/400 平台的省市行内得到推广应用，具体包括：浙江省（含宁波市）分行，天津市分行，河北省唐山市分行、石家庄市分行、秦皇岛市分行，陕西省分行，海南省分行，江苏省无锡市分行、南通市分行及吉林省分行，在中国农业银行总行的重视下，目前的推广程度达到 90% 以上。

此外，该系统已实现和杭州金卡工程的连接，银证转账系统现已在温州、宁波、杭州、衢州、台州等地得到使用，并将在湖州、嘉兴等地市行被进一步推广。

二十八、中国农业银行浙江省分行管理信息系统

项目编号：200013016

获奖等级：金融科技进步奖三等奖

项目完成单位：中国农业银行浙江省分行

主要完成人员：曹少雄、陈庆飞、张勇军、陶红、范原辉

其他完成人员：金晋、陈宇晨、石磊、刘军、章新、顾宏、金向华、杨帆

项目简介：

为适应改革的要求，切实提高工作效率与质量，浙江省分行组织省、市分行的技术人员与省分行办公室人员通力合作开发中国农业银行浙江省分行管理信息系统。该系统已报总行备案，由浙江省分行组织实施。

该系统是一个基于 Internet/Intranet 技术、LOTUS NOTES 群件技术和数据库技术，利用中国农业银行专用业务数据通讯网络而建立的，集公文处理、信息发布查询等功能为一体的面向 21 世纪的新一代农业银行办公管理、信息服务和辅助决策的综合性应用软件系统。系统通过今日办公、信息时空、数据广场、专业天地、焦点论坛、轻松一刻和系统导航等模块组成一个有机的整体，用户通过浏览器方式充分实现信息共享，发挥整体效益。

该系统充分利用中国农业银行专用数据通讯网络，市地行和省分行机关内采用多台 PC 服务器的局域网结构；局域网与局域网之间采用基于中国农业银行专用数据通讯网，进行局域网互联；市地行与县支行间采用帧中继技术的远程局域网方案；通过 TCP/IP 通讯协议，构架全省的企业网（Intranet）；通过代理服务器与因特网（Internet）连接。

该系统 PC 服务器采用 WindowsNT 操作系统、MICROSOFT INTERNETINFORMATION、MSSQLSERVER 数据库和 LOTUS NOTES 群件系统。工作站端为 Windows95/Windows98。系统开发环境为 VB、VBSCRIPT、NOTES SCRIPT、FRONTPAGE98、ULEAD、PHOTOSHOP 等。

该系统与同类系统相比，具有以下先进性：

1. 易学易用。该系统功能强、应用面广，界面直观友好，在鼠标点击中就可轻松完成公文的签批、流转、排版、盖章、档案管理和信息的浏览、检索，且维护管理简单方便。

2. 网络性能好。该系统充分发挥网络技术的功能，使中国农业银行的管理工作通过网络形成

一个整体。

3. 安全性高。该系统在设计时十分注重系统的安全性，主要在以下几个方面提供安全保证：网络登录的口令验证；进入NOTES平台的用户口令验证；文档和信息检索时安全级别控制。收发文系统为保证公章的安全，还特别设计多道安全防范措施：公章压日期，不可分离；公文传送、传阅过程中，公章不可见，只有授权用户通过打印才可见到；分离黑色墨水打印时，打印公章同时迭印上红色的日期，并且日期字体为该系统特制，无法再通过其他方法压盖等处理；所有公章都进行加密，只允许在规定程序下软盘盖章；每次盖章必须联网操作，系统自动记录文件名、公章名、盖章时间、文件大小等要素在案备查；打印有印章的公文都有作记录。

4. 扩充性强。该系统采用通用平台，并提供了扫描引入转发和附件转发等方法，方便与总行数据系统和其他单位公文处理系统的衔接。该系统还通过数据广场、专业天地等，实现与门市业务处理系统和各专业管理信息系统的衔接，快捷汇集综合业务数据库的数据，提供决策参考。

该系统的今日办公模块提供如下先进功能：网上拟办公文，保留各批阅环节处理过的文档版本及修改痕迹，并可随时查看各个版本和批阅意见；自动记录公文处理者的身份；按一个按钮，系统即对公文进行自动排版；可根据各个公文的要求，灵活组织流转批阅或并发批阅；发文和收文自动衔接，免除了收文登记工作量；收发文与档案管理有机衔接，档案的立卷、归档自动进行；文档信息智能检索，可进行模糊检索和无限组合检索；支持用户手签输入、扫描识别等辅助办公技术；采用配置库配置不同人员的权限，适应管理人员不断流动的要求；通过电子邮件系统，使以往需几天或几星期才能送达的各种文件、信息，现在仅几分钟即可完成，加速了指令的畅通；标准版和精简版实现互联。

该系统于1999年4月通过业务处室的2000年测试，已处于2000年就绪状态。

该系统于1998年9月开始被推广至浙江省全省，目前外省有中国农业银行深圳市分行在使用该系统。该系统的开发成功和全面推广应用，对全面提高中国农业银行经营管理水平，提高机关办公效率和质量，树立中国农业银行良好形象都产生了积极的影响，成为促进中国农业银行加快发展的现实生产力。

二十九、电子商务银行支付系统

项目编号：200013017

获奖等级：金融科技进步奖三等奖

项目完成单位：中国农业银行湖南省分行科技部

主要完成人员：陈金龙、曹立珊、谢福明、周志、张伟

其他完成人员：王四春、吴学红

项目简介：

电子商务银行支付系统是在《中国邮电电信总局与中国农业银行联合开发电子商务合作框架协议》（1998年10月28日）中指定湖南省邮电管理局和中国农业银行湖南省分行分别进行电子商务的试点工作，根据《湖南省邮电管理局与中国农业银行湖南省分行合作协议》，由中国农业银行湖南省分行科技部进行研制、开发的。该系统于1999年9月14日通过由信息产业部科技司委

托中国邮电电信总局和中国农业银行在长沙联合组织的测试认证。1999 年 1 月，该系统投入中国农业银行湖南省长沙市分行进行试运行，1999 年 9 月起正式运行，并先后在常德、岳阳、娄底、衡阳等城市行推广应用。该系统通过了中国农业银行总行组织的 2000 年问题的三次停业测试。

电子商务银行支付系统设计上采用结构化、层次化的体系结构，按照《ISO8583 金融信息交换标准》提供了统一、规范的数据接口。安全上采用 CA 认证技术及定向对应关系的方案，网络通信采用国际上流行的 TCP/IP、HTTP 协议。该系统以电子商务中心的信息港为基础通信平台和连接枢纽，从结构上分为三大部分：与信息港（或业务委托单位）通信接口；银行内部通信接口；银行业务处理系统。该系统具有实时业务处理能力、故障容错及系统监控能力，具备联机事物处理功能。系统具有较强的可扩充性和可维护性，使用 UNIX 操作系统和 SYBASE 数据库确保了数据的一致性、完整性和安全可靠性。

该系统采用先进的分布式数据库管理系统 SYBASE 及 UNIX 标准 C 作为开发环境，具有良好的联机事务处理能力。网络通信采用国际上流行的 TCP/IP 协议，使用套接字或 MQ 技术，支持电话专线、X.25、DDN 通讯环境。整个系统可以方便地与银行其他各大业务系统进行连接，信息交换均采用《ISO8583 金融信息交换标准》。该系统采用电子账号进行二级身份合法性检验并结合 CA 进行身份认证；对于支付型业务采用定向关系方案进行定向转账（或支付）；网络互联时采用防火墙技术、日志审计及通讯前置机的进程间数据交换进行信息隔离。以上技术的采用使该系统在国内电子商务银行支付系统中处于先进水平，其业务处理的实时性、高可用性、高安全性和高可靠性，促进了中国农业银行电子商务业务的快速发展，为中国农业银行带来了巨大的社会效益和经济效益。在全国中国农业银行系统中，对已采用 UNIX 通讯平台的城市行来说，该系统为进一步扩展现有网络功能，避免重复建设，加速电子商务的发展提供了较大的推广应用价值。

目前，该系统运行平稳、可靠，已提供有话费代缴、银证转账、银企对账等功能，应用前景广阔。该系统对于在银行内部跨城市间的自动漫游业务、非定向支付型业务安全处理等方面还有待进一步完善与优化，以适应银行业务新的要求。

三十、证券保证金自助转账与清算系统

项目编号：200013018

获奖等级：金融科技进步奖三等奖

项目完成单位：中国农业银行广东省分行

主要完成人员：黄东航、潘望旺、车宏原、于富国、刘炼烘

其他完成人员：马俊

项目简介：

证券保证金自助转账与清算系统于 1997 年 10 月由中国农业银行广东省分行立项并组织中国农业银行广州市分行和中国农业银行总行南方软件开发中心联合开发。

通过使用该系统可使银行业务系统与多家券商业务系统联网，股民开户后可以自助方式（电话委托、键盘委托或其他委托方式）在银行端或券商端实现资金实时转账，银行与券商日终清算。该系统采用了数据库、通信、加密等技术。后台数据库采用 SYBASE；与券商间通信采用 TCP/

IP 协议，线路中传输的数据通过 DES 算法加密；与银行业务系统间采用 SDLC、TCP/IP、数据库等连接技术。与券商通信的网络和银行内部网络在物理上隔离，以保证银行内部系统的安全性。该系统具有以下特点。

1. 实现股民银行储蓄或信用卡账户与券商保证金账户间的资金转账以及由此引起的银行与券商间的资金清算。广大股民只要开立银行的活期储蓄账户，就能通过电话和互联计算机终端自助进行证券保证金账户和活期储蓄存款账户间的转账。

2. 能够实时快捷高效地实现银行与证券公司之间的资金转账与清算，股民通过自助手段即可委托转账。

3. 系统投入低，实用性强。

4. 银行可与多家券商联网。

5. 充分考虑数据存储、数据传输、网络设计等各环节的安全加密问题，确保系统运行安全可靠。

该系统于 1998 年初开发完成后，首先在广州市分行推出，随后向全国的农业银行推广。截至 2000 年初，该系统已在广东、湖北、海南、重庆、辽宁、广西等省市分支行使用，在中国农业银行的市场占有率居同类产品的首位。以广州行为例，截至 1999 年底，已开通券商 41 家；开户股民总数 52000 多人；每日交易金额一般在 3000 万~4000 万元，最高达 8000 万元，资金沉淀 3 亿元；开通券商的日均对公账户余额为 2.1 亿元；开户股民的储蓄账户为 3.9 亿万元；1999 年全年转账笔数为 26.4 万笔；全年转账金额为 49.7 亿元。对于广州市分行来说，新增产值 3090000 元，新增利税 1514000 元。该系统使劳动生产率和管理水平大为提高。该系统提供的数据有助于银行和券商进行市场分析和决策。

该系统自 1998 年 3 月正式推出以来，以其实用、安全、快捷的特点，得到广大券商、股民的好评，带来了较大的社会影响，对完善中国农业银行的金融产品种类、树立中国农业银行锐意进取的新一代国有商业银行形象、开拓零售业务市场都起到积极的作用，社会效益显而易见。迅速增长的券商开通数和股民开户款体现了广大券商、股民对保证金自助转账系统在实用性、快捷性和安全性方面的认同。

该系统推出后，被广东省内的多家大型报刊及《香港商报》报道，在广东卫视也被报道，传媒称此项服务是在电话委托系统之后，股民自助服务的又一重大革命。据不完全统计，各类新闻报道达 30 多次，其中新闻发布会 2 次，这为中国农业银行带来良好的社会效益。

2000 年 1 月 16 日由中国人民银行支付科技司对该系统进行了技术鉴定，鉴定委员会一致认为该系统设计合理、技术先进、功能齐全、运行可靠，推动了银行业务的创新，达到国内同类系统领先水平，并建议该系统尽快扩展到缴费、收费等应用领域，使其应用范围更广。

三十一、中国农业银行集中式计算机网络 AS/400 平台支付密码系统

项目编号：200013019

获奖等级：金融科技进步奖三等奖

项目完成单位：中国农业银行浙江省分行

主要完成人员：曹少雄、朱强、付小红、王辰、杨春江

其他完成人员：张洁、凌韬

项目简介：

银行结算是社会经济活动各项资金清算的中介，是银行的一项重要业务。该业务中要涉及各种银行的重要凭证，而对凭证的合法性及支付行为的认证关系银行和客户双方的利益，这无疑是十分重要的环节。传统的认证办法是对图章进行人工识别。这种做法除了工作效率低下，更主要的问题是无法对付高科技图章伪造，图形印章也难以上网传输，无法实现对公业务的通存通兑。因此，银行电子化网络要取得更理想的使用效果，就必须解决这些问题。在结算票据诸要素中，客户的支付印鉴是一个关键要素，这关系银行和客户双方的责、权、利，关系银行结算制度和票据法等。目前，印鉴识别技术的改革之一是支付密码系统。

支付密码系统正是基于以上背景提出的。它是基于电子技术、计算机技术、信息科学和密码学等成果的综合性的高科技产物。它对凭证的合法性认证是通过一系列复杂的加、解密运算来实现的，具有唯一性和科学性。由于认证及校验过程均由计算机实现，因此，可实现通存通兑。同时，它极大地提高了防伪能力，加强了资金安全，加快了资金周转速度，而且降低了柜员的风险和工作量，效率大为提高。

中国农业银行浙江省分行在 1997 年初已开发完成 AS/400 平台对公业务处理系统。中国农业银行总行在这样的背景下于 1997 年 3 月底提出了中国农业银行集中分布式计算机网络 AS/400 平台支付密码系统项目开发任务。该项目由中国农业银行总行主持，浙江省分行组织实施。

该系统完全满足中国人民银行总行有关支付密码一系列标准的要求。该系统是以 IBMAS/400 为主机，运行 UNIX 的 PC 机作为客户机，采用 Client/Server 体系结构。它与 AS/400 平台对公业务处理系统既独立又联系。

该系统采用集中分布式网络结构，在同一中心范围内，AS/400 主机与网点 UNIXPC 机通过 X.25 公用分组交换数据网或 DDN 公用数字数据网连接，形成星型拓扑结构。AS/400 主机使用 OS/400 操作系统，DB2/400 关系数据库。系统开发环境为后端使用 ILERPG/400、C/400 语言；前端使用 C、C-ISAM 文件系统。

与同类系统相比，该系统在管理、主机校验、密码器发放上具有先进性。

在管理上制定了一系列管理办法、使用章程、业务申请表等。在密码器密钥发放上采用了集中管理方式，统一在网络中心下载，而其他与密钥无关的操作则下放给营业网点，这样既可减轻中心的负担，也方便管理。该系统的先进之处在于，在主机校验上能同时支持多厂家的产品，已突破只能支持一家厂家的限制，使中国农业银行在行业中处于有利的位置。

该系统是由支付密码器、校验程序、管理程序和发放程序等组成。支付密码器的作用是：输入有关要素，运算产生支付密码、输出、储存和查询。由开户银行在开户时按规定管理办法发放给客户，并由客户持有，客户按规定输入要素，经过运算产生支付密码，填写在结算凭证上提交。校验程序的作用是银行在受理结算业务时，输入结算凭证上的有关要素和支付密码，其能进行运算校验客户支付密码的合法性。管理程序的作用是管理客户预留密码、支付密码器等。发放程序的作用是发放支付密码器，包括初始化支付密码器等。

目前该系统已在嘉兴、绍兴、温州、台州等地区应用。该系统已有三家公司的产品联入，有力地支持了通存通兑、企业银行的运行。

三十二、中国农业银行集中式计算机网络 AS/400 平台企业银行系统

项目编号：200013020

获奖等级：金融科技进步奖三等奖

项目完成单位：中国农业银行浙江省分行

主要完成人员：曹少雄、杨春江、付小红、张洁、朱强

其他完成人员：王辰、凌韬、吴定风、王江伟、李锋、李浪捷

项目简介：

电子商务在我国的兴起，为银行发展新的更方便、更快捷的金融工具提供了机会。

截至 2000 年，我国各商业银行已基本实现储蓄、对公、信用卡业务的计算机联网实时处理；用户也能通过电话查询账目账务，通过 POS 进行信用卡业务转账等，然而却没有提供银行对公业务中企业自己办理转账结算的功能。为此，中国农业银行浙江省分行信息科技部研制开发了中国农业银行集中式计算机网络 AS/400 平台企业银行系统（AEBS）。

企业银行系统要求企业用户配备的微机通过电信局提供的拨号网络与中国农业银行计算机中心的前置机相连，这样企业财会人员足不出户就能完成转账、现金收妥入账、批量入账、抹账、查账等交易，实现对账户的实时管理。该系统的应用极大地改善了银行与客户之间的关系，提高了银行与客户的工作效率，并为银行的电子化服务开辟了新的领域。

企业银行系统是一个与 IBMAS/400 对公应用系统密切相关但又相对独立的系统。系统主要由前置机部分、客户机部分和 AS/400 主机组成。前置机为 IBMAS/400 主机的预处理机，是企业银行系统的核心，主体为一台高档微机，系统软件采用 UNIX 操作系统和 C-ISAM 数据库。它通过公用电话网与企业客户机相连，另一端通过 X.25 公共数据网与 AS/400 主机相连，完成客户机与前置机之间、前置机与 AS/400 主机之间的数据格式转换，从而实现客户对主机数据库的访问。

企业银行系统的客户机端采用 Windows 95/98 平台编程，利用 VisualBasic 设计漂亮生动的人机对话界面，绝大部分业务界面均采用标准的票证格式，使用户感觉亲切、自然，从而在轻松的氛围中完成工作。

企业银行系统软件设计、开发、测试等严格遵循软件开发规范，具有很强的容错能力，保证系统长时间稳定正常工作。企业银行系统通过客户身份验证、软硬件加密、包文加密、伪终端识别等措施来保护程序和关键数据，确保客户机和前置机软件不被破译和修改，保证整个系统的安全性。在企业银行系统中，客户可以实时地查询账户信息和其他金融信息，进行实时转账等，因此企业银行系统具有很强的实时性。企业银行系统采用客户 / 服务器结构和 TCP/IP 协议，可使企业银行的容量易于扩展，以适应未来业务发展的需求。

企业银行是传统银行柜台在空间上的延伸，即把银行柜台放置在企业“家”中，企业会计人员通过办公桌上的客户机就可以办理银行授权的各种结算业务，查询打印与自己账户有关的账务信息。该系统充分体现了银行方便及时的服务特性。

该系统目前已有绍兴、杭州、温州等地多家企业在使用，系统运行至今，性能稳定、反映良好。

三十三、中国农业银行 AS/400 平台集中式综合代理业务处理系统

项目编号：200013021

获奖等级：金融科技进步奖三等奖

项目完成单位：中国农业银行浙江省分行

主要完成人员：曹少雄、张建明、王辰、朱强、付小红

其他完成人员：张志坚、杨春江、凌韬、梁岳威

项目简介：

随着社会经济的飞速发展，人们对银行提供金融代理服务的要求越来越强烈。为了适应社会发展的这种需求，促进银行自身业务发展，拓展市场份额，提高本行综合竞争力，中国农业银行浙江省分行设立了开发 AS/400 平台集中式综合代理业务处理系统的项目。该项目由中国农业银行浙江省分行主持并组织实施。

该系统是在中国农业银行现阶段门市业务应用基础上开发的供中国农业银行使用的 AS/400 平台集中式代理业务处理软件。该系统的代理业务处理功能满足《AS/400 平台集中式综合代理业务处理需求书》的要求，支持各类代理业务处理。

该系统采用三级客户 / 服务器（Client/Server）处理模式，联机与定时事务处理相结合的处理方式。对各级客户服务器进行有效的功能划分，充分发挥各自系统与网络资源。

系统采用集中分布式网络结构，代理业务前置机通过令牌环网与 AS/400 业务主机相连（速率最高可达每秒 16M，使用常规的 PAN-LINK、COMPUTONE 卡通过 APPC 协议与 AS/400 连接也可以，但速率较低），构成令牌网拓扑结构。代理业务的客户机通过专线或帧中继连接到代理业务前置机，并且使用电话线路作拨号备份。主机与前置机通讯采用 SNAAPPC 协议，底层采用令牌环网提供通讯服务；前置机与客户机通讯采用 TCP/IP 协议。

AS/400 主机使用 OS/400 操作系统，集成的是 DB2/400 关系数据库。系统开发环境：后端使用 RPGILE/400、CLILE/400、CILE/400 语言；代理业务前置机前端使用 C、UNIXSHELL 语言、C-ISAM 文件系统。

系统与客户机采用速度较快的令牌环、帧中继和 DDN 专线，单笔交易时间平均不足 1 秒，多笔批量交易响应时间不足 0.5 秒。为保证系统的安全，在客户服务器端采用硬件卡方式防伪客户服务器。在代理业务前置机与客户机的 TCP 通讯协议上加上了加密协议，以密文格式在网络上传输数据。

与同类系统相比具有业务处理先进性。系统支持对当前大多数代理业务处理，并可以方便地增加新的代理业务。账务采用集中管理方式；账户各类余额的实时查询，实现政府职能部门对特定账户余额的查询，如税务部门对纳税专户的实时查询，或者企事业单位为下属和指定单位查询余额；账户交易明细信息的查询与发送，实现与企业进行网上对账，或再通过委托单位进行对账，如银企无线对账等；实时代理收付记账处理，如税务局征税大厅在开具税票过程中实现代理收付记账处理；批量代理收付业务的定时记账处理，能被用于实现批量代收付处理，如税务部门将需缴税户信息上传银行，由银行负责代理收付，或由中国人民银行发来的代缴各类款项的数据进行代理。

在技术应用领域具有先进性。系统采用多级 Client/Server 处理模式。系统联网涉及多平台、多系统、多协议，有 AS/400 平台、UNIX 平台、WINDOWSNT 平台等；应用 APPC/APPN、TCP/IP 协议。该系统对数据通讯作了加密，保证数据的安全。该系统实现了从银行营业网点到 AS/400 中心通过代理业务前置机向客户机进行信息的实时访问。这种技术的实现可以为银行代理客户机业务打下基础。系统在设计中采用了交易码驱动方式，整个系统高度模块化，同时采用参数化设计方案，使系统能适应对不同地区、不同业务的处理。该系统提供的多种代理处理方案使整个系统具有较强的业务适应能力和支持多种通讯方式及抵御网络突发事件的能力。

集中式综合代理业务处理系统能与正常运行的 AS/400 门市业务系统一起共享系统设备，支持通兑业务。综合代理业务处理系统的运行，充分利用了现有的资源，适应了当前金融市场需求，支持了业务的拓展，提高了中国农业银行在同业中的竞争力与知名度，努力挖掘新的利润增长点，推进中国农业银行向国有商业银行转轨的进程。

该系统已在浙江省杭州市、绍兴市、嘉兴市、温州市、台州市、湖州市分行正式投入运行，取得了良好的社会效益和经济效益。

三十四、SAFE 平台上的代收代付系统

项目编号：200013022

获奖等级：金融科技进步奖三等奖

项目完成单位：中国农业银行辽宁省分行营业部、中国农业银行辽宁省分行信息电脑中心

主要完成人员：杜海涛、胡英石、张秀丽、张铁阜、吴东一

其他完成人员：赵维嘉、朱宏杰、谢志强、宋佳凯、刘德清、范唯谦、关铭久

项目简介：

代收代付系统在 IBMES/9000 主机上开发，VSE/ESA 操作系统基于银行专用 SAFE 平台，与在 UNIX 或 NT 平台上开发的系统相比技术含量和运行效率极高。该系统支持本地收费和联机收费两种方式，本地收费方式的优点是交易响应速度快、错账率极低；联机收费方式的特点是多家同时代理收费，可以避免重复收费。该系统通用性极强，可以满足不同的收费需求，目前运行的有代收市内电话费、联通 130 手机话费、平安保险费、寻呼费、工商管理费、税费等。客户可以采取前台现金、金穗万事顺卡、活期存折、电话银行、ATM 和批量代扣六种交费方式，极大地方便了客户。

该系统与储蓄软件完全融为一体，继承了 SAFE 系统吞吐量大、处理速度快的特点。同时，与传统业务处理有机地融为一体。

该系统主要由以下五个部分组成。

1. SAFE 联机部分。处理终端上送的交易，经合法性验证后，更新代收代付分户账等，记录 SAFE 流水和相关文件，向终端返回数据包。如采取联机收费方式，还要完成 SAFE 与通讯前置机的通讯和数据包转换，同时记录各种流水，完成对账、查询等管理性功能。

2. 4700 仿真部分。为了统一不同收费交易的前台界面，简化操作过程，4700 仿真程序根据客户号将前台交易转换成 SAFE 内部约定的交易码，上送主机并处理不同交费应答数据的打印和

显示。实现了前台一套交易码完成多种收费的功能，大大方便了操作人员。

3. 代理服务器部分。代理服务器通过 3745 通讯控制器与 ES/9000 相连，收费单位通过拨号方式与代理服务器连接，完成 ES/9000 与收费单位的数据交换。每个收费周期之前，收费单位把客户的欠费信息传到服务器，并从服务器上传至 ES/9000，所有储蓄所依据这些信息代收费用。每日日终从 ES/9000 下载当日的收费明细，收费单位从代理服务器取回自己的收费信息。

4. 实时回传部分。当采用本地收费方式收费时，有些收费单位需要及时得到交费信息，以便做某些即时处理。例如，联通公司对于停机用户承诺，用户交费后 2 小时内开机。

5. 通讯前置机部分。通讯前置机用于与收费单位实现联机收费，使用 NT 操作系统，通过 4.5M 高速通道与 ES/9000 相连，通信协议为 SNA。通讯前置机经过路由器同各收费单位连接，采用 TCP/IP 协议高速转发数据，同时完成交易格式的转换。

代收代付业务发展迅速，由 1998 年初至 2000 年本地交费系统的用户已增至 80 多万户，效益逐日增加。平安保险一项的月平均收费 500 万元；代收各种税费 300 多万元；130 手机 10 万户月平均收费 1000 多万元；寻呼月平均收费 120 万元。联机交费系统投产运行半年来，日平均交易量 25000 笔，月收费 1000 万元。代收代付系统月平均沉淀资金 80% 以上，经济效益十分可观。同时，通过代收费业务使广大人民群众进一步认识了中国农业银行，对中国农业银行的实力有较高的评价，万事顺卡的方便、快捷也逐渐被广大客户熟知，从而带动储蓄存款和发卡量的增加，有力地支持了中国农业银行辽宁省分行业务的发展。

三十五、UNIX 平台通用代理业务系统

项目编号：200013023

获奖等级：金融科技进步奖三等奖

项目完成单位：中国农业银行福建省分行科技处

主要完成人员：魏炳成、孙建平、李炜、陈航、吴金坛

其他完成人员：林航、陈逢源、黄志粹、翁云榕、吴雷、付晓东、郑俊峰、王少然、林亚玲、杜军

项目简介：

通用代理业务系统项目由中国农业银行福建省分行于 1998 年 6 月提出并立项。提出该项目的目的是满足不断增加的各类代理业务的需要，以灵活的软件参数设置解决代理业务的多样性、多变性和复杂性，避免软件的重复开发和频繁更新。该项目由中国农业银行福建省分行科技处开发，1998 年 10 月陆续投入应用，1999 年 2 月全面开发完成并在全省农业银行推广应用，1999 年 12 月通过了中国人民银行支付科技司组织的鉴定。

该系统以全省联网的储蓄业务系统为依托，使用 SYBASE 数据库，以 C 语言、SYBASE 的 TSQL、DB-LIBRARY、TCP/IP 的 SOCKET 等为开发工具，实现了代理业务通用化，实现了代理业务跨数据中心代理，不改变原有业务系统的账务结构。该系统设计合理、操作方便，还综合采用了网络通讯技术、多媒体技术、故障处理技术。该系统由两部分组成，即非实时部分（含准实时）和实时部分，分别由中心环境设置模块、柜台代理业务模块、通讯处理模块、后台记账模块、

自动冲正模块、电话银行及自动缴费机模块组成。

该系统具有如下技术特点。

1. 对各类代理业务采用统一的处理模式：对内创建软件的统一模型，统一规范账务处理，避免项目重复开发、功能无序添加；对外适应业务多样化，提供灵活的对外接口，能为开拓业务市场提供迅速的技术支持，至今尚未发现不适合使用该软件的代理业务类型。

2. 创立格式定义生成技术，即对于每增加一种代理业务时，可根据该业务要求，通过软件参数设定产生其输入界面、录入要素、录入限制、打印格式和数据导入导出等格式数据。通过这些格式数据的控制把代理业务的数据流转换为统一的记账格式；通过这些格式数据把所有代理业务统一到一个界面上进行操作；通过这些格式数据把交易结果转换成指定数据流与各代理单位交流信息，全部过程不需改动程序，在设计上具有创新之处，该技术的应用使该软件具有很广泛的适应性。

3. 该系统的实时业务采用交易码驱动方式，通过添加交易驱动码即可增加一个接口模块程序。该方式使代理单位、交易种类、报文格式、软件编写和加密算法的扩充都很灵活，有效地解决了代理单位的软件接口复杂性问题。

4. 该系统的实时业务采用三层结构模式，其中应用服务器提供了完善的冲正机制，即超时冲正机制和实时冲正机制，保证每一笔实时业务处理的完整性。

5. 该系统提供手工输入、邮件传输、实时和准实时等数据传输方式，可以满足不同层次的代理单位要求，如保险、工资、证券和手机缴费分别是该四类传输的典型代表。同时，该系统提供移植性强的通讯软件，可适应于 UNIX、Windows、NT、DOS 等不同平台。

6. 该系统具有很好的稳定性，对于通讯故障能够自动检测、及时发现和处理。

7. 为用户提供了柜台、电话银行、自助缴费机等服务方式，支持现金和转账方式的跨数据中心交易，为用户提供了极大的方便。

8. 在安全方面，采用互设前置机和网关的方式，建立可访问主机名册，加强了网络安全。实时交易还对报文进行了加密传送、压缩传送和 MAC 校验认证。

在中国人民银行支付科技司组织的鉴定中，与会专家一致认为该系统在设计上具有创新之处，程序可维护性和扩展性强，该系统在全国金融系统的同类应用系统中，因其完整性、通用性、先进性等方面居领先水平。

通用代理业务系统的建设符合中国农业银行电子化总体发展的需要。该系统设计合理，在现有网络设施的情况下充分发挥了软件的价值，自投入运行以来就引起了各行业务开拓部门的关注，目前尚未发现不适应的代理业务类型，表现出其强大的软件生命力，在应用上非常成功，在人寿保险代理、国库代发工资、票款分离、联通手机和传呼等各种缴费上立即显示出竞争优势，在电信手机代理业务、银证转账业务上更是方兴未艾，深受代理方和客户的好评。由于该软件的成功推广应用，中国农业银行福建省分行目前在全省同业代理业务中品种最齐全、项目最多、开发周期最短。因此，我们认为该系统有较高的推广和使用价值，在统一软件、避免重复开发、提高效率、技术先进等方面都有可取之处，是银行拓展中间业务的支撑软件。

三十六、中国农业银行中长期贷款项目评估及后评价系统

项目编号：200013024

获奖等级：金融科技进步奖三等奖

项目完成单位：中国农业银行吉林省分行

主要完成人员：刘强、谷岩、徐会峰、冯朝铸、王伟

项目简介：

中国农业银行中长期贷款项目评估及后评价系统分为信贷项目评估系统和项目后评价系统两个子系统。该系统以工业项目为主，兼顾农业、交通、能源等行业特点，适用于新建和技改项目，可对中国农业银行的中长期贷款项目进行评估和后评价。

信贷项目评估系统适应新建项目评估（也适应边建设边生产项目）和技改项目评估，可对项目进行投资估算、资金筹措估算、成本费用估算、效益估算、财务评价、不确定性分析等。在录入基础数据后，自动生成投资估算表、流动资金表、资金来源运用表、销售收入表、损益表、利息估算表、现金流量表、成本费用表，并画出敏感性分析图和盈亏平衡图；自动计算出贷款偿还期、投资回收期和财务内部收益率等主要评估指标。该系统分为文件、数据录入、选项、不确定性分析、数据查询、表格打印、帮助七个功能模块。

项目后评价系统可进行建设实施后评价、成本费用后评价、财务效益后评价、贷款风险后评价等。在评估预测的基础上，根据项目实际发生的数据，对项目重新进行评估计算。根据预测的评估报表和实际的评估报表自动生成损益对照表、贷款偿还表、现金流量表、财务对照表、投资来源变动表、投资概算表等各种后评价报表。该系统分为实际数据评估、对照表生成、查询、打印报表、退出、存盘、系统帮助七个功能模块。

该系统运行平台为 Windows95 以上或 WindowsNT，开发及运行环境为中文 Excel 7.0，利用面向对象语言的对象属性、对象嵌入、图形、ActiveX 控制项、程序模块化、工作表函数等特点，充分利用 Excel 提供的电子表格自动计算的强大功能和 VBA 的程序设计功能，使整个系统画面清晰、直观，使用简单方便。

1. 充分利用 Excel 电子表格的自动计算功能，达到计算的中间数据和最终结果实时刷新。

2. 采用模块化编程，使程序具有较强的可读性、可维护性和可扩展性，缩短原代码的长度。

3. 大量使用自定义函数，采用统一的数据接口，通过控制 VBA 参数的传递，完成模块间的数据交换和模块连接。

4. 通过设置单元格的外观属性，使界面清晰、直观，便于操作；通过设置单元格的保护和锁定等属性，对无须评估人员操作的部分进行了保护，提高了系统的安全。

5. 应用 Excel 的嵌入和绘图功能，实现图形的嵌入和图表的绘制，使系统界面美观，评估结果直观、易懂。

6. 应用 ExcelVBA 的各种控件，使系统易于操作并减少了评估人员的工作量。

7. 通过改变 Excel 的内置函数，重新设置了评估软件的菜单结构，使其符合本系统的需要；通过改变 Excel 表格的启动和关闭函数，为系统管理评估工作簿提供了方便。

三十七、中国农业银行四川省分行计算机网络 UNIX 平台集中式银行中间业务系统

项目编号：200013025

获奖等级：金融科技进步奖三等奖

项目完成单位：中国农业银行四川省分行科技部

主要完成人员：张渡、张勤、高阳、喻梅、鲁锦、孙韬、宋朝霞

项目简介：

随着社会的进步和金融事业的发展，各行各业在商务活动过程中的支付手段发生了巨大的变化，从而产生了大量的代收、代付等各种形式的中间业务。为了适应这种发展，中国农业银行四川省分行决定研究开发一套集中式的银行中间业务系统，以为中间业务的运行和拓展提供有力的技术保障。

银行中间业务系统以 UNIX 中、小型机为中心服务器，以网点微机作为客户机，基于 TCP/IP 网络协议，采用 Client/Server 体系结构，实现数据全集中，是一个充分利用现有计算机网络的银行应用系统。

银行中间业务系统将多种代收代付业务集成为一体，能接收代理各企事业单位的委托，代为办理委托方指定款项的收付事项。系统由中心客户端和网点客户端组成。中心客户端主要实现系统管理、数据备份与恢复等功能，网点客户端主要完成具体的代收付业务的处理，包括数据收发、实时收费、自动扣款、查询打印等功能。

银行中间业务系统在设计和实现上有以下技术特点。

1. 该系统在总体设计及应用系统集成上有创新，首次将代收付中心、代收付主办机构、代收付网点有机地结合起来，形成三级模式，并与现有的对公、储蓄柜台业务并存。

2. 该统采用先进的数据库设计工具 S-DESIGNER 和 SYBASE、C 语言等开发工具开发而成。系统人机界面友好、操作简便，对于需求各异的中间业务在数据接口、收费方式以及数据交换上采用了多种方式灵活实现，通用性与实用性强。

3. 建立了一个集成化的中间业务系统。该系统在总体上建立了一种管理各种中间业务的框架；从数据库的角度，所有中间业务的数据都由一个数据库完成；从软件开发的角度，设计了各类丰富的基础函数，建立了一套完整的软件内部接口模式和规范，使系统成为一个新业务的开发平台；从应用的角度，各类中间业务的处理在统一的用户界面下有一致的操作方式与处理流程。

4. 该系统安全保密性强。系统在应用层建立了操作员管理机制，在与委托方的通讯上采用实时和批量传送两种方式。实时传送一是指通过非 TCP/IP 的专用通讯软件进行的文件型数据交换；二是指 TCP/IP 网络通过消息队列隔离并加防火墙的连接方式实现系统安全。批量传送方式则是银行方与委托方通过磁盘或通用文件传输程序进行接口文件传递。

5. 该系统构思巧妙，按项目进行独立管理。一个具体的业务被定义为一个代收付项目，项目又按具体的业务需求和业务流程进行分类，系统按项目类型控制处理方式和流程。这样做既避免了软件的重复开发，又有利于其扩展和规范化。

6. 该系统设计新颖。该系统采用模块化中间件的方式，简化了接口程序的编制，而独特的打印数据设计方式，又使使用者可以根据实际需求方便地制定和调整打印格式和打印内容。

该系统设计合理、功能齐全，达到国内同类系统领先水平。

目前，银行中间业务系统上已实现了电信、保险、水电、行政事业及银行证券自助转账等多种代收代付功能，具有较大的灵活性和较好的可扩展性。该系统自 1997 年 11 月正式投入运行以来，已在四川省分行营业部及眉山、内江、乐山、自贡、德阳、绵阳、泸州、南充、雅安、巴中、遂宁 12 个市、地、州分行，包括 70 多个县支行、1000 多个营业网点投入运行，经初步统计，增加存款（以 1 年计算）为 60000 多万元，取得了显著的经济效益和社会效益。随着银行中间业务的不断拓展，该系统正以更快的速度在更大范围内推广。

三十八、中国建设银行国际结算系统

项目编号：200015029

获奖等级：金融科技进步奖三等奖

项目完成单位：中国建设银行科技部

主要完成人员：武青、孔永新、江先周、徐捷、黄文华

其他完成人员：张伯杰、张丽、陈力平、傅群智、田昌越、孙丽梅、高琼、陈虎田、洪怀宇、胡克奇、李彦发、罗晶、刘立志、舒展、袁青、徐文娟、蔡双南、李丹阳、吴丹红

项目简介：

中国建设银行国际结算系统（CCBTFS）是中国建设银行为适应国内国际商业银行竞争，防范风险，实现国际结算业务电算化、网络化建设的需要，由总行立项并统一组织开发的。国际结算系统项目于 1997 年 7 月中旬开始需求分析，经过一年半的项目开发、测试和试运行，该系统于 1999 年 2 月初通过专家委员会验收。该系统推广应用工作从 1999 年 3 月开始分批进行，并于 1999 年 9 月底全部完成全国各一级分行的推广上点工作。目前，该系统已在全行除西藏分行、深圳分行外的各一级分行及沿海近 20 个二级分行投入运行，系统总体运行情况良好。国际结算系统不仅实现了国际结算业务处理的自动化和网络化，同时也实现了贸易融资额度管控的自动化和网络化。国际结算系统的推广应用将彻底改变中国建设银行手工的业务操作模式，是中国建设银行外汇业务处理手段的一次大变革，为规范管理、防范风险、提高竞争力起到重要的作用。

一、系统功能

中国建设银行国际结算系统作为一个业务处理系统，以实现国际结算业务处理的自动化为主要目标，系统内容涵盖各种国际结算方式，并通过有关接口实现与周边系统的联动，以实现业务处理最大限度地自动化。该系统包括的业务功能模块有：信用证（包括信用证项下进口业务、信用证项下出口业务）、托收（包括进口代收业务、出口托收业务、光票托收业务）、汇款（包括汇入汇款业务、汇出汇款业务）、外汇保函、贸易融资（包括贸易融资额度授信、提货担保、进口信用证项下单据押汇、打包贷款、出口信用证项下单据押汇、出口托收项下单据押汇等），其实现的具体业务功能描述如下。

1. 实现国际结算业务处理过程的自动化。业务人员通过各种业务信息的一次性登记，即可自动生成业务上需要的各种面函、报文、传票和报单等。该系统可根据设定自动提示业务人员进行有关业务查询、应收款项催收、承兑到期付款等，并且可以根据要求自动生成各种统计报表。通过与 PC-CONNECT 的接口自动收发 SWIFT 报文，并可将收到的 SWIFT 报文 DEMERGE 进行

有关业务处理交易。通过与外汇会计系统 FEBS 的接口，国际结算业务所生成的外汇会计账务可自动记入 FEBS 系统。通过与国家外汇管理局国际收支申报系统的接口，自动生成有关申报数据提交国际收支申报系统处理。

2. 实现贸易融资业务处理、额度管控的自动化业务人员可以通过该系统建立维护客户授信额度账，在业务处理过程中主动使用有关额度，根据业务需要办理有关贸易融资业务，并与相应地结算业务紧密相连，互相制约。

3. 实现上下级行间业务授权管理设定的自动化、规范化，上级行能够通过系统区别业务种类和金额并对下级行进行授权，下级行只能办理权限以下业务，权限以上业务均须通过上级行授权发出。

4. 实现国际结算业务信息资源的共享。上级行可以通过系统对下级行业务进行随时查询监控，下级行定期将业务统计资料汇总上报上级行。业务中涉及的公共信息（如代理行信息、汇率表、利率表、费率表、假日表等）可以做到分别补充、统一管理、共同使用。

二、系统特点

国际结算系统的体系结构采用 Client/Server 结构。该系统需运行在两台物理上不同的 Server 上，即 FILESERVER 和 DATABASESERVER。该系统在局域网上与周边系统有四个接口（与外汇会计系统 FEBS 接口、与 PC-CONNECT 接口、与 PC-TELEX 接口及与国家外汇管理局国际收支统计监测系统接口），在广域网结构上为三级架构，即总行、一级分行和二级分行。对有权支行处理有两种模式：一是将该支行逻辑上当作二级分行处理；二是采用支行数据集中在分行的有权支行架构。上下行之间的通讯借助于中国建设银行现有的营业网或企业网；网络通讯协议采用国际标准的 TCP/IP 协议。该系统特点概括如下。

1. 灵活性。国际结算系统的灵活性表现在业务处理系统的参数化设置可随业务变化进行调整；同时，系统可扩充成多级网络层次机构，又可收缩成单点系统，并能适应于不同的硬件环境。

2. 联动性。国际结算系统的联动性主要表现在以下两个方面：一是与 FEBS 外汇会计系统接口、与 PC-CONNECT 接口、与 PC-TELEX 接口及与国家外汇管理局国际收支统计监测系统四个接口的实时联动性；二是与将来新一代柜面业务系统本外币会计一体化的实时联动性。

3. 自动化。国际结算系统的自动化主要表现在五个方面：一是业务处理的自动化；二是上下级业务授权的自动化；三是额度管控的自动化；四是电文处理的自动化；五是信息传输的自动化。

4. 规范化。国际结算系统的规范化主要表现在以下四个方面：一是业务处理流程的规范化；二是业务岗位设置的规范化；三是输出面函的规范化；四是权限管控的规范化；五是技术标准的规范化。

5. 安全性。国际结算系统建立完善的安全管控机制，对从业务的权限管控、岗位设置的权限级别、授权的级别分类，到网络信息的加密传输、系统的病毒防范和数据安全备份机制等方面加以安全管控。

6. 先进性。国际结算系统的设计广泛采用业界标准，充分考虑系统的前瞻性和先进性；借鉴并引进国内外银行在结算业务处理上的先进经验和管理办法，融入中国建设银行多年办理结算业务的经验教训，形成具有中国建设银行特色、具有同行业先进水平的国际结算业务处理系统。

三、经济效益和社会效益

经过1999年下半年的系统推广，截至2000年1月，在全行省市行合并后的38家一级分行中，已全部完成系统安装和调试工作，并正式投入运行。

国际结算系统作为一套技术含量很高，业务处理程序很复杂的系统，以实现国际结算业务处理的自动化为主要目标，系统内容涵盖各种国际结算方式，并通过有关接口实现与周边系统的联动，以实现业务处理最大限度的自动化。该系统纵向涉及总行、一级分行、二级分行及支行，横向涉及全国所有国际业务机构，通过计算机网络构建总行、一级分行、二级分行三级网络架构，实现全行系统业务处理、授权、查询统计、信息发布等总体自动化。系统指导思想完全依据科学化、规范化需要，系统先进性超前于目前的操作和改革实践。

作为中国建设银行国际业务发展重点的国际结算业务，多年来一直未能摆脱手工作业的落后状况。1998年中国建设银行国际结算业务笔数有35万笔，国际结算金额超过431亿美元，这就使业务迅猛发展与操作手段落后的矛盾严重激化。自1999年国际结算系统在全行推广后，绝大部分国际结算业务进入系统中操作，通过国际结算系统完成的交易累计约20万笔，累计金额约180亿美元。从系统投入应用至申报奖励累计新增产值60亿美元以上，新增利税5600万美元以上，同时对全行的国际结算业务发展也起到极大地推动作用，产生了良好的经济效益和社会效益。该系统的成功开发标志着中国建设银行国际结算业务电子化和网络化建设又迈出了重要的一步。

在国际结算系统上线后，由于业务处理的自动化使国际业务部的工作效率得到大幅度提高，因此受益的部门不单是国际结算部门，还有外汇会计、外汇信贷、对外通讯、信息统计等部门；同时，国际业务部的人力资源得到节省、劳动效率大大提高。

国际结算系统不单是业务处理系统，也是国际结算业务的管理系统，为贯彻总行国际部对各分行的业务管理提供了有力的管理工具和防范手段。通过广域网建设的总分支三级架构实现了国际结算业务信息资源的共享，同时也实现了总行对各分行的业务授权管理；通过贸易融资额度系统，提高了分行的贸易融资风险防范能力；通过系统设置统一规范的业务操作流程，使分行国际结算业务的操作更具科学性、严谨性。

各分行使用国际结算系统后，加速了中国建设银行向客户提供外汇资金收付速度；保证了银行和客户的资金安全；由系统向国外银行和国内客户提供的各种表单、面函达到规范、统一、整洁。这不仅为中国建设银行在国内外银行同业和客户群中树立了一个国际性大银行应有的良好形象，而且为中国建设银行在国际结算业务的市场竞争中提供了坚强有力的支持和保障。

国际结算系统为中国建设银行参加国际贸易业务链上的监管机构组织的EDI工程奠定了基石，为中国建设银行外汇业务的电子化、网络化进行了基础性工作。

总之，国际结算系统在全行的成功开发、推广应用，给中国建设银行的国际结算业务处理模式和手段带来了本质的变化，为国际结算业务健康稳定地发展打下了坚实的基础，为中国建设银行的外汇业务电子化翻开了崭新的一页。

三十九、中国建设银行总行资金清算灾难备份系统

项目编号：200015030

获奖等级：金融科技进步奖三等奖

项目完成单位：中国建设银行科技部

主要完成人员：亓仲诚、朱玉红、侯靖晖、郭玉章、李巍

其他完成人员：于国靖、黄江武、熊伟华、李力、关承荫

项目简介：

中国建设银行总行资金清算灾难备份系统是为保障中国建设银行的关键业务系统——资金清算系统而开发建设的，该系统采用了国际上先进成熟的技术手段，实现了多平台系统集成，构筑了银行关键业务系统的远程灾难备份系统，有效地防范了金融风险，为社会提供了安全可靠的金融服务。

一、系统功能

中国建设银行总行资金清算灾难备份系统方案采用HP9000/T600作为生产系统主机，HP9000/T500作为灾难备份系统主机，采用EMC智能存储系统的SRDF远程磁盘镜像技术作为数据备份技术，在生产中心和灾难备份中心之间（距离20千米）通过直连光纤实现数据备份通道，构成总行资金清算灾难备份系统。该系统实现的功能为：资金清算系统在总行洋桥的生产系统在遇到火灾、水灾等不可抗拒因素（地震除外）及动力、主机、网络设备等长时间不能正常工作的情况下，备份系统能够及时完成系统的切换工作，接替生产主机，恢复正常运行。保证切换不影响其他应用系统，提高数据的安全性，保证总行的资金清算系统的可持续运行。

该系统由网络备份、远程数据备份、系统备份、应用数据检查与恢复四部分组成。

网络设计是在总行两座大楼内各申请一条带宽为256K的X.25线路，分别经过两座大楼的DDN节点机，走不同的路由连到X.25分组机房，利用电信局提供的连选功能使两条X.25线路共享一个X.25地址，实现了两地X.25网络以同一地址与分行互联，既起到总行清算网络实时备份的作用，又扩展了网络带宽，同时还避免了灾难发生时与分行的关联操作。

远程数据备份则通过以下方式实现：两地系统EMC磁盘阵列的远程链接控制器RLD（Remote Link Director）提供ESCON标准端口，ESCON端口通过多模通信光缆连至光纤扩展器Repeater上，再通过单模通信光缆建立起数据备份通道。由于EMC磁盘采用了磁盘镜像复制技术和ESCON专有通信协议，所以可以保证备份数据通信的安全性。为保证数据备份通道的可靠性，每台EMC磁盘RLD端口采用双份冗余，并用两根多模光缆连至Repeater（单、多模光纤转换器）上，这样RLD端口、连至Repeater上的多模光纤、Repeater中的转换卡及连至远方的单模光缆均为双备份冗余。在系统正常运行中，将生产系统的磁盘阵列设置成源磁盘，将灾难恢复系统的磁盘阵列设置成目标磁盘，这样源磁盘中的数据就会在EMCSRDF软件的管理下通过数据备份通道镜像至目标磁盘之上。为了在灾难发生时，尽可能减少数据丢失，磁盘镜像的工作方式被设置为同步方式，以保证两地磁盘写入数据的一致性。

系统备份由两地的HP9000系列主机实现。在生产系统中，由两台HP9000/T600型计算机共享一个EMCSymmetrix3000磁盘阵列。为保证生产系统的高可靠性，磁盘阵列中的磁盘在本地组合成磁盘镜像，两台T600计算机通过HP的MC/ServiceGuard软件构成群集系统。异地备份系统启用原总行清算系统两台运行主机设备HP9000/T500，其结构与生产中心相同。为了进

一步增加系统的可靠性，异地备份系统中还采用了 EMCTimeFinder 快速可分离逻辑卷技术，在备份系统另外建立一个数据库的定时备份，解决在极端情况下备份系统数据库不能启动的问题。此外，方案中还将采用 INFORMIX 提供的 onbar/ism 数据备份工具以在生产中心和备份中心保留 INFORMIX 数据库的零级备份和逻辑日志备份，作为上述数据备份 / 恢复方案的补充。

应用数据检查与恢复是对于系统层和数据库层不能保护的数据而言的，通过在应用系统层采取一系列的手段（如故障恢复、日间勾对、日终勾对等）进行数据恢复，最终保证应用系统恢复运行。

二、系统特点

（一）系统可靠性高

1. 数据实时备份。数据库数据和逻辑日志数据通过光纤实时地从生产中心恢复到备份中心。

2. 数据库具有多种恢复策略。中国建设银行总行资金清算灾难系统数据库有以下四种恢复策略。

（1）用 EMC 的 SRDF 盘上的数据库直接恢复。

（2）用 EMC 的 BCV 盘和 onbar 的日志挖掘技术恢复数据库。

（3）用 EMCBCV 盘上的数据库和应用的故障恢复来恢复数据库。

（4）用 0 级备份和逻辑日志恢复。

一般情况下，第一种方式能恢复成功。若在特殊情况下，当某种恢复方式失败时，可接着使用后面的方式恢复。

3. 恢复能保证数据的完整性和一致性。通过以上各种方法与应用的故障恢复结合，可以保证清算系统恢复业务数据的完整性和一致性。

4. 整个系统无单点故障。主机内部设备全部冗余，包括网卡、CPU、电源、风扇、SCSI 卡等。主机上的硬盘都做了镜像。生产中心主机还利用双机系统提供的软件工具在应用层实现了对主要后台业务守护进程的双机监测。

EMC 内部设备完全冗余，硬盘内部做了镜像。主机接 EMC 有两条 SCSI，每个盘有两个通道，组成了 PVLINK。同步光纤有两条，互为备份。

网络设备冗余，包括：接主机的网线有多条，局域网和广域网的路由器有多个，生产中心和备份中心的连接线路有两条，广域网的接入方式有四条 X.25 和 8 条 PSTN 拨号线路且生产中心和备份中心的 X.25 通过连选功能使用一个地址。

（二）系统性能好

1. 主机由 T500 转移到 T600，经过压力测试，主机吞吐能力有很大提高。

2. SRDF 数据同步独立于主机和操作系统。远程磁盘镜像技术不占用主机资源，仅仅对存储数据进行操作，与平台无关。

3. I/O 高性能。使用该高端磁盘系统使系统的 I/O 性能提高，且数据库空间分布于不同通道的磁盘上，均衡了负载。

（三）切换简单迅速

备份中心能迅速接替生产中心。使用同步方式，用远程磁盘镜像系统数据在几分钟内只需要几个步骤即可完成。用 BCV 和 onbar 恢复也可以在四十分钟以内完成恢复生产系统的数据。这些步骤都已经形成文档，复杂且相关的命令已经编在shellscript中，因此，实际需要手工输入的命令并不多。

（四）其他特点

1. 测试灾难恢复简单，只需把源现场环境切换到远程磁盘镜像现场环境便可测试，不影响业务运行。

2. 用远程磁盘镜像系统能够使银行在维护期间继续运行，这些维护包括操作系统升级、CPU升级等。

三、经济效益和社会效益

中国建设银行总行资金清算灾难备份系统为银行的关键业务系统——资金清算系统提供了灾难备份手段，有效地防范了灾难所带来的金融风险。该系统的经济社会效益主要体现在保障银行计算机系统安全和提高中国建设银行在客户心目中的整体形象两个方面。

一是该系统保障了银行计算机系统安全。资金清算系统是中国建设银行的关键业务系统，它覆盖面广，对计算机系统依赖性强，而且总行是该系统的根节点，全行范围内的跨省资金清算交易全部依靠该节点转发，一旦该节点发生灾难（如火灾、水灾、断电等），必将影响全行范围内的资金清算业务。中国建设银行总行资金清算灾难备份系统建成之后，在一定程度上消除了灾难所带来的影响，我们可以将总行节点切换至远程备份中心，使总行节点能够（对下级节点）透明地、平滑地连续运行。

二是该系统提高了中国建设银行在客户心目中的整体形象。在计算机安全形势日趋复杂的今天，银行参加同业竞争和吸引客户的手段已经不局限于常规的业务手段，必须依靠安全、可靠、便捷的金融服务来赢得竞争和吸引客户。中国建设银行总行资金清算灾难备份系统的建成，使中国建设银行在客户心目中的形象大大提高。同时，安全稳定的银行服务也为社会的稳定作出了贡献。

四十、中国建设银行城市综合业务网络安全子系统

项目编号：200015031

获奖等级：金融科技进步奖三等奖

项目完成单位：中国建设银行湖北省分行

主要完成人员：李丹发、徐彤、李涛、童海涛、金晓屹

其他完成人员：涂凯、李线纲、郝彦、蔡旭东、卢振宇、董国飞、胡初文、吴世琨、曾钦祥、娄国伟、杨先文、杨锡汉、余晓江、郑静、余勇明、郭乐勇、胡爱华、汪运明、叶恒雄、高博、肖茂兵、赵宜江、彭涛、安智斌、熊志超、吴全波、杨荣、刘平杰、李波、赵炎波、杨保林、卢洪武、车青、余章严、庄林芳

项目简介：

城市综合业务网络安全子系统自1995年在全国中国建设银行推广应用以来，已有279个城市采用该系统建立起了本行的综合业务网络系统。由于系统设计初期技术的局限性和资金的不足，所以系统安全性方面存在着一些问题和隐患。1997年9月中国建设银行总行在杭州召开计算机应用安全工作会议后，确定了对城市综合业务网络系统进行以系统完全为主要内容的系统优化工作。

在优化过程中，由于安全保密部分的需求分析、概要设计、详细设计、编程、测试、系统切换以及它在整个系统逻辑结构上的独立性，使该部分形成了一个相对独立的子系统，即中国建设银行城市综合业务网络安全子系统。

一、网络安全子系统的设计目标

1. 针对现有城市综合业务网络系统安全缺陷进一步优化系统的安全机制，提高系统的整体安全性。

2. 根据《中国建设银行计算机信息系统安全体系总体设计方案》制定新的安全策略，设计城市综合业务网络系统的安全模型和体系结构，为城市综合业务网络系统建立一套功能齐全、方便适用的安全保密系统。

3. 能方便地与总行和其他外部网络连接。

二、设计原则

1. 整体性原则：均衡系统的安全强度，兼顾各个环节的安全性能，充分保障系统的整体安全性。

2. 效益性原则：把握系统安全性与实现成本、安全性与易操作性，选择合理的实现方案。

3. 规范性原则：严格遵守中国建设银行总行各项安全策略、安全制度、安全标准，利用强有力的技术手段实现安全管理。

4. 完整性原则：协调应用系统、安全需求、安全机制和网络体系结构的关系。

5. 平滑过渡原则：新旧系统平滑过渡。

三、功能特点

在设计过程中，安全子系统做到了安全服务与应用服务分离，设置了独立的安全服务器，使安全体系对应用系统透明并给应用系统提供尽可能多的安全服务。同时，该系统以国际安全标准为基础，遵循中国建设银行计算机应用系统标准，系统主要功能特点如下。

1. 采用了与业务系统分离的加密机方案，使安全子系统与应用系统做到相对独立，安全子系统只提供调用接口，内部处理对应用系统完全透明。

2. 采用 IC 卡来保存、传输密钥，并进行机构认证。IC 卡是一种含有微处理芯片的卡片，它能够为内部数据提供一定的逻辑保护，并有加解密功能。卡片的应用仍需要基于卡片厂商提供的资料进行编程，所以 IC 卡可以视为一种“准”硬件。它解决了软件方式中密钥存储和传递的问题。

3. 采用了 RPC（远程过程调用）技术来实现安全子系统与应用系统的通讯。RPC 是操作系统提供的一种稳定、成熟的通讯技术，它的引入使安全子系统与应用系统可以位于两台不同的机器上，做到物理上的真正独立。

4. 设计了双向认证流程。在机构认证过程中，可以做到交易前台与后台的双向合法性认证，确保了交易的合法性。

5. 摒弃了用共享内存存放密钥的方案，将交易密钥存放在程序的内存变量中，使非法访问变得更加困难。

6. 数据传输上采用了中国建设银行标准 MAC 算法，能够检测通讯线路上的跳变或人为篡改，同时能够很方便地与其他系统实现互联。

7. 利用邻近网点信息进行灾难恢复，并且采用控制管理进程、消息队列进行流量控制，屏蔽终端用户进入 SHELL 状态，创建了数据库维护用户，系统可对该用户的数据维护工作跟踪审计等。

8. 把握系统安全性与实现成本以及安全性与可操作性之间的平衡，制定了较为严密的安全保密策略，结合城市综合业务网络系统的实际，设计了多种安全机制，为应用提供了包括数据完整性、标识与认证、访问控制机制、安全信息维护、可审计性与责任性等较为完整的安全服务功能，并制定了新旧系统平滑过渡方案，顺利完成了新旧系统过渡。

四、性能指标

城市综合业务网络系统采用了安全子系统后，基本保持本地交易响应时间 1~4 秒，异地交易响应时间 8~15 秒，在 PCSERVER 上日交易吞吐量可达 80000 笔，业务高峰期（上午 9:00—11:00，下午 2:00—4:00）交易吞吐量每小时 20000 笔左右，CPU 空闲率达到 60%，日终处理时间由原来一般 120~150 分钟减少为 30 分钟。

五、该系统与国内外同类技术比较

该系统与国内外同类技术比较主要有如下关键技术和创新点。

1. 首创 IC 卡参与密钥传递、前台认证。

2. 采用 RPC 网络编程，保证主机与加密机之间的通讯质量。

3. 首次采用加密服务与业务主机分离的设计思想，保证业务系统和重要密钥数据的安全。

4. 是首个实现中国建设银行总行计算机应用系统安全总体方案的应用系统。

5. 创建了数据库维护用户，可对该用户的数据维护工作跟踪审计。

6.一定程度上解决了纯软件方式中密钥存放、传输不安全的问题，又没有增加过多硬件。

7. 在加密请求方与加密机的通讯中，采用了 100 兆高速网卡直连的方式，比一般硬件加密机与主机 RS232 串口通讯更稳定、快速。

六、经济效益情况

该系统运行以来，取得了巨大的经济效益。

1. 新增的安全子系统在提供多种安全服务的前提下，对城市网的安全运行不需要再过多地投入资金，有效地保障了系统的运行，杜绝了某些因管理不严出现的计算机犯罪。

2. 保障了资金安全运转。城综网采用安全子系统以后，系统整体安全性得到了很大提高，不仅交易的完整性有很好的控制机制，而且还很好地保证了交易的成功率及一致性，有力地保证了资金的安全，取得显著的经济效益。

3. 由于安全子系统的应用使系统的安全性、稳定性得到提高，赢得广大客户的认可，增强了中国建设银行湖北省分行的资金实力。

七、社会效益情况

该系统是严格按照《中国建设银行计算机信息系统安全体系总体设计方案》实现的中国建设银行新一代安全体系。该系统的设计、实现、应用使中国建设银行湖北省分行计算机系统的安全性有了本质提高，为银行计算机系统，特别是网络系统抵御越来越猖狂的金融计算机犯罪提供了强有力的安全保障，保证了银行的资金安全运营，提高了银行竞争力。

四十一、大集中式国际贸易结算系统

项目编号：200014035

获奖等级：金融科技进步奖三等奖

项目完成单位：中国银行山东省分行

主要完成人员：张明、姜志远、秘少华、刘健、孙铮

其他完成人员：曹建、孙吉波、刘松浩、许涛、吕力、孙建军、杜长刚、于立均、周金凤、王建、张苗青、黄建颖、于力、韩明玉

项目简介：

大集中式国际贸易结算系统用于联网集中处理银行国际贸易进出口结算业务，它包括国际结算出口、进口、托收、代收、汇款、快邮、融资、统计分析等业务领域，可实现银行国际结算全部业务的电脑自动处理。

该系统采用客户机 / 服务器结构开发，以小型机为主机服务器，PC 机为客户机，通过 DDN 网络实现系统的大集中处理模式。系统实现了远程联网大集中处理，设计并实现了总行、省行、地市行、支行四级机构的控制和处理，可进行单机构和多机构多种业务处理方式，实现了上级行可实时地控制下级行的各项业务的发生情况，加强了业务的风险防范能力，提高了管理力度，为上级行提供了一种行之有效的管理工具。整个系统分为出口系统、进口系统、托收系统、代收系统、汇款系统、系统管理、辖内监控、批量处理八大部分，并包括与 SWIFT/TELEX 电讯系统、会计系统的实时接口，是一个综合性较强的、系统规模较大的银行业务处理系统。

该系统采用基于 Windows 下的 POWERBUILDER 开发工具开发，数据存储采用 ORACLE 数据库，经过 TCP/IP 协议，通过 DDN 广域网实现全省联网集中处理。该系统采用“一条龙”的设计思想，即全部结算业务整体考虑，做到了数据信息共享，最大限度地减少重复输入，提高自动化程度。根据业务专家多年的经验做法，系统设计了多个数据模型和计算公式，对复杂业务实现了许多自动处理功能，如自动选择账户行、自动索汇、自动算费、自动催收、自动结汇、文字的自动编辑压缩技术等。系统按照软件工程化标准设计，注意到了参数化、模块化。业务发生变化时，只要修改参数文件，即可满足业务的需要。系统对安全性进行了控制，设计了三级柜员及业务权限控制，考虑了各种异常的恢复处理，可根据业务需要进行功能裁减，保证了系统安全。该系统采用的技术新、功能强、使用简便，在国内处于领先水平。

该系统在中国银行山东省分行全辖 50 多家机构（省行、地市行、县行、办事处）实现全省大集中处理，这在全国金融机构中是首家。该系统的使用使中国银行山东省分行全辖国际结算业务的运作、管理、服务全部实现了电脑化和自动化；各种凭证、格式、账卡及业务做法更加规范化、科学化；对各种风险业务加强了防范，实现了省行可实时监控各地市行的业务情况，越权违规现象明显得到控制。该系统上机后，提高了工作效率，提升了银行对外的服务水平及社会形象，加快了银行的收汇及结汇速度，提高了与同业间的竞争能力，使中国银行在山东省全省国际结算对外窗口的形象上升到一个新层次。

该系统在山东省全省的中国银行使用的两年来，所取得的经济效益和社会效益显著。该系统较强的自动化功能，大大减少了人力，简化了工作流程，提高了工作质效，业务差错明显减少；该系统自动的催收功能、合理的自动收费，提高了准确性，补收了大量的利息；由于收汇指示明确，

加快了对外的收汇速度；该系统实现了全省大集中后，省行统一购买一套主机即可，省去了各地市购买主机的投资，可节约大量的硬件投入；报表统一实时生成，提高了及时性，可节约大量的办公费用。该系统得到总行领导的充分肯定，各兄弟行组团前来考察学习，在全国中国银行系统中产生极大影响，其经济效益和社会效益十分显著。

该系统是经中国银行总行同意，由山东省分行组织开发，经过两年多的时间完成。中国银行山东省分行全省国际结算集中处理模式的建立，填补了国内空白，不仅对中国银行山东省分行国际结算业务的发展有着现实的意义，而且会对整个中国银行乃至全国国际结算业务处理模式的探讨与发展起着积极的推动作用。

四十二、中国银行山东省分行企业银行系统

项目编号：200014036

获奖等级：金融科技进步奖三等奖

项目完成单位：中国银行山东省分行

主要完成人员：徐晓鸥、王鲁安、李耘平、李军、郭继革

项目简介：

企业银行通过电话线将企业的电脑与银行的电脑主机连接起来，将银行柜台延伸到企业，客户足不出户就可以通过自己的电脑进行金融信息咨询及办理汇款、转账、查询余额、代发工资、账单发送和集团企业理财等业务，提高了企业的资金周转速度和办事效率，给客户带来客观的经济效益，让客户真正做到了理财不出户的梦想，其最大特点是方便、省时、快捷、自主、不受地区限制。

一、企业银行的主要功能

1. 金融业务信息查询功能。

（1）对公存款账户、信用卡户余额查询。

（2）对公存款账户、信用卡账户对账单查询。

（3）牌价查询。

（4）结汇查询。

（5）利率查询、信用证查询。

2. 金融交易功能。

（1）转账交易。

（2）企业内部收款交易。

（3）企业内部结汇业务。

（4）国内汇款业务。

（5）国外汇款业务。

（6）同城转账交易。

（7）代发工资业务。

（8）信用证开证。

（9）信用证修改功能。

3. 企业银行用户安全管理功能。

（1）增加交易员。

（2）交易员改密码。

（3）查询交易员。

（4）账号加解锁。

（5）查询账号锁状态。

4. 日常系统维护功能。

（1）修改企业银行密码。

（2）签到。

（3）签退。

（4）客户信箱功能。

（5）信息发布。

二、企业银行的主要特点

1. 企业银行能够给客户提供优质的服务：一是有利于企业集团公司总部对集团财务进行监管。随着我国经济改革的不断深化，许多大中型企业向规模化、集约化经营的方向发展，随着集团公司的规模不断扩大，集团公司迫切需要一种计算机网络系统能够使集团总部的财务监管力度得到进一步加强，宏观调控手段得到更大提高，企业银行在这方面可以满足集团公司的需求。二是企业通过企业银行可以对中国银行山东省分行金融信息进行咨询以及完成会计、信用卡、国际结算等日常金融业务，使企业处理银行相关业务时达到快捷、方便、自主、直接的效果，真正做到理财不出户的梦想。企业银行的使用可以减少企业会计到银行办理业务的次数，从而为企业节约了人力和物力。

2. 客户投资少：企业银行系统设备要求简单，用户仅需一台 PC 机、一根电话线和一个 MODEM 就可在任何地点享受服务。

3. 企业银行安全可靠、保密性强：企业银行是基于 AIX 平台的一套客户终端系统，客户端软件运行于 PCWindows 平台，通过公用电话网实现数据传送，完成一系列的功能。采用 RS232 实现与 PC 的通讯，通讯模块对数据进行校验控制及加密运算，应用程序由中国银行山东省分行电脑人员自行开发，使该系统具有较高的安全性和稳定性，并且减小了对主机的安全性影响。客户通过企业银行到中国银行山东省分行的应用系统上办理付款业务必须通过四次安全控制检查：一是客户必须要有企业银行账号和密码，密码就是企业使用企业银行服务的电子钥匙。二是业务人员必须有操作人员的柜员号和密码。三是办理业务必须要有财务主管的授权。四是每办一次业务必须要有银行的结算号和结算密码。

4. 企业申请办理企业银行简单：凡在中国银行山东省分行开户的企事业单位均可到中国银行山东省分行及下属的各支行、办事处申请办理企业银行服务，并确认履行申请书约定，经银行审查批准后，即可享受企业银行服务。

5. 企业银行使用方便：企业银行开户后，由电脑产生企业银行账号和密码，企业就可以在自己的电脑上登录，成为企业银行服务的合法用户，享受企业银行提供的各项服务。

四十三、中国人民银行现场检查项目管理系统

项目编号：200011037

获奖情况：金融科技进步奖三等奖

项目完成单位：中国人民银行莱芜市中心支行

主要完成人员：谭乐清、刘洪来、李学斌、高卫中、刘树满

其他完成人员：王秀芸、张晓峰、马兴国、李妍丽、尚绪宝

项目简介：

该项目主要是解决中国人民银行监管人员在现场检查工作中存在的检查不够规范、效率不高、档案整理困难、检查行为随意化等一系列问题。以程序化的工作流程来规范现场检查行为，提高检查效率和检查质量，并适应当前金融业与国际接轨的需要，达到进一步提高监管人员整体素质的目的。

该系统完全按照 1997 年 3 月总行下发的《中国人民银行现场稽核规程（试行）》要求设计开发，主体模块完成现场检查五个阶段，即一次检查从准备阶段到档案整理阶段共计 28 个环节的所有工作流程。辅助模块包括机构人员管理、系统维护、通信处理、档案管理、稽核依据、系统帮助等。总体来看，该系统具有以下五个突出特点。

1. 为规范检查行为，系统采用了当前国际上通用的问卷调查方式，将《现场检查手册》中检查前问卷、内部控制问卷和检查程序等几十万字的大量内容收录其中，这些内容几乎涵盖了目前我国银行类金融机构所开办的所有业务，适用于对我国中资或外资银行类金融机构的检查。从检查的规范化和内容来看，该系统尤其适用于对外资银行的检查。问卷调查方式的使用极大地减少了检查随意性行为，提高了监管水平。

2. 为保证现场检查工作的顺利开展，系统特设了表格处理模块。表格处理功能突破了以往检查中制表、填表工作需依靠外部电子表格软件的限制，制表范围广，可完成所有有序表格的格式设计。表格设计方法新颖、速度快、使用方便，既节省时间，又易于数据的归档保存，从而大幅度提高了检查效率。此外，该系统内预设几十种常用表格，可满足一般现场检查的需要。

3. 该系统从应用人员角度出发，设计功能完善、实用性强。该系统采用当前流行的关系型数据库开发语言设计，运行环境要求适中，既可运行于单机环境中，又可运行于网络环境下。对文档的处理除了常用的增、删、改、查询、打印，还设有复制、粘贴、读入、汇总、合并、字型选择等功能，以减少操作人员数据录入工作量。

4. 该系统设计起点高、应用范围广、网络通信功能健全。该系统在信息编码、数据通信、参数设置等方面的设计可完成中国人民银行总行—九大分行及营业部—中心支行—支行四个层次的所有数据上传下达工作。

5. 该系统安全措施全面，数据保密性好。系统对操作员权限、项目小组权限的划分，既可保证数据的一致性和完整性，又可防止检查内容泄露。在系统的备份数据和上报数据中，系统对数据进行了加密处理，数据安全性强。

该系统的运用是对传统的手工现场检查中“一个算盘一支笔”模式的重大突破，将为中国人民银行的监管工作尤其是现场检查工作的繁荣发展增添活力，促进中央银行金融监管事业的不断发

展和现场检查水平的不断提高。

四十四、河北省省辖联行系统

项目编号：200011038

获奖等级：金融科技进步奖三等奖

项目完成单位：中国人民银行石家庄中心支行科技处

主要完成人员：周考增、任宇光、陈锡坤、薛素巧、田鸿恩

项目简介：

河北省省辖联行系统是采用先进的数据库技术、网络技术和分布式数据库开发工具建成的由通汇行、清算行、分中心、省中心组成的大型网络清算系统，充分利用了中国人民银行“网络到县”的网络资源，建立了具有会员性质的资金汇划组织。加入省辖联行的通汇网点相互之间可以直接通汇，办理信、电汇业务，签发和解付省辖银行汇票。

一、系统功能

1. 系统初始化：包括注册系统管理员代号、名称、所在行级别、本站行号、工作日期、本日编号及对操作员管理库、行名行号库、本站信息、报单箱、汇总 / 汇差数据、历史数据、凭证盒、凭证使用记录、操作日志等任意数据清零配置。

2. 业务处理：业务处理是通汇行业务的核心部分，全部业务处理集中在这个菜单中。基于联行业务的特殊性及本部分的重要性，系统采取了一系列特殊的设计和控制，可以有效地防止断电等特殊因素的影响，以最大限度地降低事故所带来的危害。

（1）数据核对指的是对录入员、复核员录入计算机的原始报单数据进行核对，检测录入错误的过程，以保证数据的准确性，核对正确后将形成已复数据。此项工作由复核员进行，录入员和系统管理员则没有此权限。

（2）日终处理是本日工作的最后一步，包括汇总上报、报表打印、数据备份三部分。

（3）汇总上报是指对已复数据进行分类统计汇总，统计出本日发生的及上年发生的笔数和金额，计算出本日汇差资金，生成上报数据文件的过程。

3. 系统维护：只能由系统管理员来操作，提供操作员管理、行名行号库管理、本站行号库管理、空白凭证管理、数据恢复等功能，对于操作员和复核员则本功能不能使用。

4. 数据查询：用于数据清单、分类账汇总、汇差、操作日志的查询，包括本日和历史数据的查询。

5. 数据传输：通过分组交换网发送、接收数据，只用于省中心、分中心。

6. 下级行管理：用于维护本站所辖的下级行的行名、行号等信息。

7. 辅助功能：可以实现系统管理员、操作员、复核员口令的定期修改、文件复制及重新登录系统等。

二、系统特点

1. 该系统采取集中对账的方式，往、来账都集中省中心进行勾对，避免了现行联行系统对账时间长，不能及时发现联行资金被挪用或盗用的问题。防止了参加联行的通汇网点的联行经办人员利用联行制度缺陷进行内部作案，最大限度地规避联行资金风险。

2. 采用最流行的分布式数据库前端开发工具 POWERBUILDER5.0 进行系统开发，同时在 WindowsNT4.0 环境下，利用大型数据库 SYBASE 对数据进行管理。为了确保传输数据快速、安全、保密，采用了先进的算法对传输的数据进行了加密处理。

3. 该系统对于操作员的权限进行了严格的区分和限制，对整个业务流程作了严格的控制，每项功能只能在被允许时才能使用。

4. 该系统采用了一系列特殊的流程设计与处理方式，可以有效地防止断电等非常因素造成的危害。该系统设计了一系列的开关及流程状态标志，可以很方便地解决错误，具有较强的查错及纠错功能。

5. 采用模块化设计，使整个系统具有较强的可移植性和扩展性，可以很方便地扩展业务功能。

6. 省中心采用双机热备份，保证了系统数据完整备份。

7. 资金解付时采用核对密押技术，以防范金融风险的发生。

8. 省中心动态监测各分中心上报的往、来账情况，并进行分析，及时进行往、来账配对，保证资金清算的实时性和准确性。

三、经济效益和社会效益

该系统投入运行 1 年多来，运行良好，现在处理的日均业务量近 3000 笔，经济效益和社会效益明显。该系统以其覆盖面广、功能强大、安全有效、经济实用、方便快捷、界面友好等先进性能，受到了广大用户的欢迎。河北省省辖联行系统解决了农村信用社、城市商业银行体系的异地结算问题，使其逐步具备了与专业银行竞争的能力。

四十五、中国人民银行人事信息管理系统

项目编号：200011041

获奖单位：金融科技进步奖三等奖

项目完成单位：中国人民银行人事教育司、广州金电图腾软件有限公司

主要完成人员：周建国、高军、卓群、段志田、何智勇

其他完成人员：李文来、张晓莹、杨越明、杨文海、吴一兵、熊志强、李洋

项目简介：

中国人民银行人事信息管理系统——PMS 是为实现中国人民银行（以下简称人民银行）人事管理和信息处理的自动化，建立统一的人事管理信息库，逐步实现人事管理工作的标准化和现代化而设计的信息管理系统。该系统由人民银行人事教育司、支付科技司、广州金电图腾软件有限公司共同开发完成。相对于其他人事信息系统，该系统在应用设计和采用技术方面具有独到之处。

1. 采用标准代码体系。该系统的信息结构体系的设计遵循中组部《中共中央组织部全国组织、干部、人事管理信息系统信息结构体系》（组通字〔1995〕1 号）中的标准，包含信息结构体系中关于人员管理和单位管理的所有 49 个信息集、600 多个信息项。

2. 高技术起点。该系统采用的客户机 / 服务器计算模式支持多机同时进行查询、录入等操作，SYBASE 数据库管理系统为该系统提供了强大的数据管理能力；UNIX 操作系统（服务器）严格的安全控制机制集合和 SYBASE 的安全性为人事信息提供了安全保障；Windows-9X 图形界面规

范（客户机）为该系统的易用性提供了友好的界面。

3. 功能齐备、方便实用。该系统涵盖了人事信息管理功能，较其他人事信息管理系统而言更为全面且通用。该系统除具备一般人事信息系统的任免、劳资、统计、档案管理等功能外，还提供用户灵活方便的信息调阅和打印功能，可直接打印干部履历表、干部任免审批表、年度考核登记表、工资变动审批表、档案目录等常用表格。针对人事工作的实际情况，采用树状结构表示各级机构的级别及其之间的隶属关系，并可在同一系统中管理在职、离退、调出等多类人员，使用十分方便。

4. 查询功能特点突出。该系统在同类系统中率先引入“面向主题”的信息查询及统计分析的概念，主题的设置包括年龄结构、男女比例、受教育程度情况、任职情况、职称情况等多个方面。该系统采用逐层深入的思想，以具体工作为线索，简化操作步骤，减少重复性的劳动，使人事管理工作更为简单而直观，更加贴近人事工作实际，易于用户掌握。此外，该系统还具有非常灵活的自定义查询功能，从而使系统的查询功能更为完整，可满足用户不同层次查询需求。

5. 适应性强。该系统采用纵横兼备行政管理体系，适应跨地区大企业、事业单位统一控制、多级管理的管理模式。不仅适于总行一级单位使用，也适于各级分行的使用。应用软件在安装和使用过程中可结合各单位人事管理工作的需要进行表格化的配置，增强了软件使用的灵活性。该系统采用的平台具有很强的适用性，既可以基于微机、微机服务器，也可以基于小型机运作。

此外，该系统具备灵活的信息项目设置功能，可适应不同单位的信息需求；灵活的代码维护、检索机制；真正的数据库操作网络化，支持多人同时对数据进行修改、查询；界面规范友好，操作简洁；完整的数据校验机制。

该系统客户端应用程序从功能上可以分为四个部分：一是系统设置；二是数据维护；三是信息查询；四是统计报表。

该系统已于 1998 年 8 月，在中国人民银行总行及其下属各分行、中心支行约 60 多个单位安装使用，反映良好。

四十六、农村信用社综合业务网络系统

项目编号：200011042

获奖等级：金融科技进步奖三等奖

项目完成单位：河北省武安市信用联社

主要完成人员：王付合、李学、吕立君、陆惠亮、王鉴纲

项目简介：

农村信用社综合业务网络系统采用先进的操作系统、数据库技术和网络技术。全面实现了农村信用社辖内综合业务电算化，业务处理功能涵盖了储蓄、对公、通存通兑、事后监督、辖内电子联行和贷款管理、信贷报表生成、会计报表汇总、对信用网点监管和提供领导决策管理，并且具备了与各系统及中国人民银行监管所要求的相关数据接口，既适应了传统业务要求，又拓展了新形势下农村信用社发展需要。

一、系统功能

1. 储蓄子系统包括数据移植子系统、日间子系统、系统管理子系统、数据备份恢复系统。

（1）数据移植可将手工的储蓄数据移植到该系统，作为该系统的基础账务。

（2）日间业务可实现活期开销户、续存、支取、补登折、双整、零整、整零、定活、存本取息、教育存款业务、代发（收）款业务。

（3）该系统管理包括定期处理、账务输出、系统维护、系统服务。选择账务输出可打印出所需要的流水、日报、余额表、总账等 18 项打印的内容。

（4）数据备份可以拷贝每日的数据，并能恢复昨日数据和流水。

2. 对公业务系统包括环境子系统、日间子系统、后台子系统、系统管理子系统。

（1）环境子系统可实现库表维护，并提供了对会计、信贷有关报表的录入、修改、删除、查询功能。

（2）日间记账包括记账员处理、复核员处理、特权员处理三个部分，可完成对公业务账务的核算，能够完成营业网点的转账、现金、存款、贷款、对公通存通兑、储蓄数据自动接收、营业网点并账处理、重要空白凭证管理、贷款分类、分档次、按限期管理、自动生成会计报表和各种数据分析报表。

（3）后台子系统实现日终、例假日、更新总账、计息处理、生成报表、接收电子凭证、年终结转、账务输出等功能。

（4）该系统管理子系统完成一些数据维护如开销户、分户账、总账、贷款合同等。

3. 事后监督系统按业务功能采用模块化设计，包括系统管理模块、日常维护模块、日间业务模块、时间序列模块、社内往来对账模块、数据移植模块。

（1）系统管理模块包括系统配置和数据维护。账务设置灵活，可随各种业务的变动而变动，每项设置了增加、删除、修改、查询、打印的功能。系统配置涉及整个系统的一些重要参数的定义和修改，该系统将其归属到一个模块，以便需要维护时，指定系统管理员专人进行维护和管理。

（2）日常维护模块可以对系统的数据和操作安全进行日常管理。

（3）日间业务模块是按凭证对站所的业务进行实时记账监督。

（4）时间序列模块可在特定或不定时间需要执行的功能模块。实现功能包括计提利息、社凭证处理、工资处理、数据整理、年终结转、余额统计等。

（5）社内往来对账模块加强了对信用社内各营业网点的监督管理，减少了营业网点往来账务管理的劳动强度。

（6）数据移植模块可将手工站所的业务数据转入该系统，也可对微机储蓄、对公前台和旧版事后监督数据自动转换，使原手工账和旧版事后监督软件与该系统无缝衔接，因此，使用该系统时与原系统的衔接方便、简单。此模块独立于系统主菜单运行，一般只在系统安装后移植时使用。

二、系统特点

1. 符合农村信用社特点。

该系统结构符合农村信用社自身特点，本地业务采用主机集中式处理，跨社业务采用基于 Client/Server 结构的分布式处理方式。该系统具有较强的灵活性和适应性，可根据实际业务规模大小而灵活调整。投资少、见效快而且维护方便，适合农村信用社现状，便于推广使用。

2. 本地业务集中处理适合信用社经营管理。

符合各地农村信用社作为独立的企业法人自主经营、自负盈亏的现状。数据集中存放、集中管理模式主要优点在于如下四个方面。

（1）使管理人员不出信用社就可以掌握各网点营业状况，有利于加强信用社对信用分社和信用分站的监督管理。

（2）日终处理和大部分的系统维护工作都在信用社机房统一完成，各服务网点系统操作和维护简单方便、好学易懂，使微机业务普及比较容易。

（3）凭证的领用、作废和使用统一管理，堵塞了利用重要空白凭证作案的漏洞。

（4）方便了本社客户存取款，只要在一个信用社内，无论哪个网点都可以进行款项存取。

3. 信用社贷款管理功能比较完善。

（1）对信贷业务以合同作为管理依据，在每张借款合同上，增加了批准人、信贷员代码等关键字段，明确信贷责任。

（2）日常还贷业务操作方便，既可做到只还利息，又可做到利随本清，对于情况特殊的还可做到先还本金，暂缓还息，但在本金结清之前，必须同时结清其所欠贷款利息，并打印还款还息凭证，对信贷资产质量反映做到真实清楚。

（3）规范了贷款质量管理不实的现象，实现了贷款自动转逾期、转呆滞，并在日终后打印贷款调整通知单。

4. 加强了重要空白凭证管理。

5. 丰富灵活的会计及信贷报表功能。

6. 采用交易码方式使系统操作维护简单。

7. 打印机和打印方式选择方便；建立运行环境表，增强系统可维护性；数据安全性和保密性强；新旧账号自动转换，实现账号重新规范；解决了原有系统存在的 2000 年问题。

8. 事后监督系统既可独立使用，又可以与储蓄、对公合为一体。

9. 监督要素和范围的全面性。该系统可以全面监督信用社、分社、信用站（包括微机、手工站所）的储蓄、对公业务，为所有的微机和手工营业网点建立了一套完善的、规范的后备账务。

10. 独有的社站往来对账功能，能够实时核对各网点往来账务，并进行逐笔勾对，能及时查出未达款项，以减少风险、堵塞漏洞，防止利用往来账务进行犯罪的可能。

11. 重要空白凭证采用分级式管理，即由信用社—信用站—客户的三级监督管理。

12. 贷款管理监督方式规范、功能完善，可以监督科目日结单，保证账务的平衡，核对每个科目总情况及传票张数；可对营业网点的工资进行处理，依据存款余额增长情况为上级主管部门提供提取工资的信息。

13. 领导查询和数据统计分析功能，支持按各站各科目户数和余额统计；储蓄定期存款到期统计；按贷款户名统计贷款余额；查询并统计出各站存、贷款余额和贷款占用形态比例；为上级主管部门提供计提应付息，便于领导及时统计分析预测业务状况；自动生成所需业务报表以及分析报表。

三、经济效益和社会效益

该系统于 1998 年 7 月 10 日通过了由中国人民银行总行支付科技司和合作司、中国人民银行河北省分行科技处和合作处、河北省科委联合组织的部级鉴定，结果确认该系统符合农村信用社业务需求和管理特点，技术先进、实用性强，系统有一定的独创性，处于国内领先水平。同年 10 月，该系统在河北省各地市及河南部分地区被推广。12 月，河北 2093 个电脑应用网点正式使用。2000 年在总行合作司和科技司共同组织的全国农村信用社计算机综合业务网络系统评选工作中，河北武安市信用联社在全国 23 家网络系统开发及集成商评比中荣获服务器平台第一名，并取得了资格证书。截至 2000 年，除河北、河南使用该软件外，甘肃、湖南、黑龙江、安徽、山西等地区也与我们建立了业务联系。

运行情况表明：系统性能稳定、安全可靠、使用准确、可操作性强，得到专家及用户的一致好评。

该系统的应用推广对城乡居民存取款业务产生积极影响，缩短了办理时间，实现加密处理、多层保护、准确计息，业务发展后可实现通存通兑，快速划转资金，减少在途时间，对借贷款户，程序按期处理，自动生成占用形态，能使借款户合理安排资金，增强还贷意识。该系统的准确、周到、省时、安全，加速了信用社电子化建设，增强了与专业银行竞争的能力，而且已经产生较大的经济效益和社会效益。

四十七、云南省四级国库业务综合处理系统

项目编号：200011043

获奖等级：金融科技进步奖三等奖

项目完成单位：中华人民共和国国家金库云南省分库

主要完成人员：周易达、张康宁、杨占福、杨家宝、多运盛

其他完成人员：李荣军、唐昌荣、穆海韬、杨文锋、陈逢枢、王敏华、李昆云、张军、马著、李银、王仁昆、朱志云、蔡晓梅

项目简介：

云南省四级国库业务综合处理系统是云南省国库业务电算化的第三代程序，是 10 年来国库业务电算化的成功总结。与前两代系统相比，该系统在数据结构、综合查询、易变性、纠错能力、系统维护、联网报解、数据交换、系统日期等方面的设计，作了革命性的改进。该系统适用于中华人民共和国国家金库云南、西藏各级金库业务的综合处理。该系统在云南省的推广于 1998 年 3 月 29 日结束，在西藏自治区的推广于 1999 年 11 月 18 日结束（西藏有史以来首次脱离手工）。先后举办培训班 13 期，培训科技干部 156 人、国库干部 207 人。通过不断地调试及完善，该系统现已在云南、西藏 2 个省级分库、25 个中心支库、128 个县支库、具备条件的 6 个开发区支库和 8 个乡金库中正常运行，实现了云南全省、西藏全区联网报解库款。

云南省四级国库业务综合处理系统在两省区的成功推广不仅使国库业务规范化、标准化，而且缩短了城乡业务水平的差距，缩短了少数民族地区与汉族地区业务水平的差距。同时，也说明该系统具有很强的适应能力和易学易用性。

一、开发环境

系统采用先进的 ORACLE 数据库、C 语言和自行研制的基于 ORACLE 数据库的软件开发工具，在 UNIX 平台上开发。该系统采用自设计的独立的日期计算函数，使系统运行与环境日期无关，

从而不存在2000年问题。操作系统符合国库业务实际，能满足省、地、县、乡各级国库业务核算需求。

二、运行环境

云南省四级国库业务综合处理系统在硬件上只要求486以上的微机及外接终端即可运行，适用于多用户环境，采用X.25联网方式。财、税、行、库横向联网以X.25方式为主，多种方式并存。操作平台主要是UNIX多用户系统，通讯协议是TCP/IP。

三、运用效果

云南省四级国库业务综合处理系统程序自推广运行以来，全面适用于云南省、西藏自治区国库会计核算业务，通过不断的运行和完善，满足了国库业务发展的各项需求，实现预抵税收各级返还、共享分成、款项之间的不同分成；机构改革后省分库、中心支库、县（区）支库合并国库业务的处理，完成新国库部门几级库的总账（含行库往来科目）、日结单、日（月）计表合并汇总平衡功能，可以根据自己的需要设计和实时打印各种报表，传输日报通讯文件，提高工作效率和核算质量，保证国库业务核算日常工作的正常运转，加快了国库资金的准确、及时入库。

四、系统特点

数据容量大（多年数据）、运行效率高、功能齐全，检错、纠错能力强，安全性能高；用户界面直观；菜单简洁、易学易懂；远程维护方便。

1.功能齐全。

（1）国库业务核算系统（省、地、县、乡四级国库业务）。

（2）报表数据汇总系统（预算收支、退库季报、人员机构管理、总账汇总）。

（3）横向联网处理系统（财、税、行、库联网）。

2.数据安全可靠。

该系统采用大型ORACLE数据库系统，充分利用其并发控制机制、数据完备性机制和安全保密机制，并提供了数据维护的强大功能，使系统中的数据安全可靠。

3.表、账、单、传票、文本齐全。

（1）该系统提供了45个基表和13类通讯文本。

（2）该系统在综合查询中提供了任意组合条件的自定义表格和文本。

4.适应能力强。

（1）该系统适用于省、地、县、乡四级国库核算、报表汇总和横向联网等业务。

（2）该系统能够处理各级共享分成、总额分成、预抵税收各级返还，非共享科目的按款项分成。

5.使用灵活方便。

（1）一切可变性信息都可在维护初始中进行设置，使系统使用灵活方便。

（2）一机多库时，仅须更改调用格式，无须更改程序。

6.维护功能强大。该系统提供了文本转换功能和数据备份恢复功能，为数据维护提供了有力的手段。

7.辅助功能有趣实用。

（1）综合查询功能可以任意使用组合条件查询打印。

（2）表格事务处理系统可以处理表格类事务性操作。

8. 原始数据保留完好。

（1）流水账数据按月存储，全年保留。

（2）系统数据按年保留。

（3）系统数据按日备份。

9. 一机多库共享和一库多年保留。

四十八、宁波市农村信用社综合业务处理系统

项目编号：200011046

获奖等级：金融科技进步奖三等奖

项目完成单位：宁波市农村信用社

主要完成人员：周耐安、翁明、陈耀芳、孙祖海、周国富

其他完成人员：崔金利、马丹、耿海鹏、徐朝阳、刘宇、周卫国、吴祈毅、卓静杰、施红军、谢舟水、俞丰、洪兆其、史坤、王惠娟、蒋志刚、冯鹏云、毛婵娟

项目简介：

该系统的主机采用 IBMRS6000 服务器或 HPDATAWARE 服务器，其 SMP、SSA 磁盘阵列、磁盘镜像、双机热备份、群集、容错软件（HACMP）等技术保证了主机系统的可靠性。整个系统采用基于应用服务器模型的 Client/Server（客户机 / 服务器）体系结构，操作系统为 IBMAIXUNIX 和 SCOUNIX，采用 InformixServer7.3x 作为数据库管理系统。开发平台采用南天公司 OFP（Open Financial Platform）系列组件。

该系统包括 16 个子系统：会计综合核算子系统、公共信息管理子系统、客户信息管理子系统、储蓄业务子系统、对公业务子系统、结算业务子系统、出纳现金子系统、资金清算子系统、表外科目管理子系统、内部账业务子系统、日终处理子系统、市辖联行往来子系统、同城实时清算接口子系统、跨联社储蓄通存通兑子系统、中间业务子系统、事后监督子系统。

系统主要特点如下。

1. 适应信用社管理模式，适宜被全国推广和应用。该系统采用的是以联社为单位组织实施，采用 IBMRS6000 小型机或 HPDATAWARE 超级服务器作为中心主机，业务数据集中在联社，市办负责跨联社的通存通兑和资金清算的一种管理模式。该系统好处包括：（1）适应现有的管理模式，便于组织实施和管理；账户数据集中管理。（2）符合农村信用社实际情况，保护现有投资，可根据规模大小灵活选择小型机或 PC 机作为主机，较节省投资。（3）市办统一协调负责全市通存通兑和资金清算，便于向外接口和兄弟市联网，有一定推广价值。

2. 该系统采用了五项关键技术：一是三层客户 / 服务器技术；二是中间件技术；三是数据库技术；四是容错性技术；五是安全性技术。在业务处理上主要采用了“大会计”思想，集中了各项业务处理，并实行了综合柜员制，具有国外新一代商业银行管理模式，在国内处于领先地位。

3. 规范了内部管理，强化了会计制度，提高了核算质量。该系统提供了公共信息管理，统一建账，统一进行机构、柜员管理，会计科目设置和调整，统一规定授权权限，灵活设置柜员的最大交易

金额和交易列表等功能。这些功能既减少了基层社压力，又规范了内部管理，增强了安全性。同时，该系统提供了资金自动清算、费用自动提留、损益自动上划、固定资产自动折旧、应付利息自动计提、报表自动产生、利息税自动扣划等功能，加强了财务管理，提高了会计核算质量。

4. 该系统实现了以客户服务为中心，集中统一的会计核算；面向交易的业务处理；以管理决策为导向的总体设计思想。该系统功能基本齐全、适应性强，可以满足农村信用社系统的业务需要。

5. 该系统采用当前流行的计算机软硬件技术、网络通讯技术、中间件技术、数据库技术、容错安全性技术和三层 Client/Server 体系结构，使整个系统具有较高的可靠性、灵活性、可扩充性、可维护性和安全性。

6. 完整的事后监督体系。该系统实现了对各项柜面业务的事后监督功能。既可以分散在各信用社进行账务事后复核，也可以在联社进行集中复核，提高会计质量，减少会计差错率。

7. 发挥网络优势，发展代收代付中间业务。该系统网络优势明显，实现了系统资源和数据的共享，真正发挥了信用社点多面广的优势，有利于开展代收、代付中间业务。通过应用该系统将大大提高农村信用社在社会上的知名度和竞争力。

8. 为领导决策提供了强有力的依据。该系统将信用社各机构的业务数据全部集中在联社中心机房，由中心机房统一进行轧账、统一进行有关业务报表处理，账务数据实时集中反映，为领导决策提供了强有力的依据，为下一步管理信息系统的应用提供了数据来源。

该系统由于其具有良好的开放性、扩展性、安全性、可靠性、全面性、实用性和可操作性，各项功能的实现符合农村信用社的业务需求，并且在具体需求上已考虑了省、市级管理机构对辖内资金清算和管理需要。因此，该系统在应用范围上，不仅适用于市（县）级联社集中管理模式，还适用于省（市）级分布管理模式；在核算体系上，不仅适用于多级法人体制，还适用于一级法人体制；在设备选型上，不仅适宜沿海经济发达地区应用（小型机版），也适宜西部经济相对落后地区应用（PC 服务器版），在性价比上可灵活选择。总之，该系统在全省乃至全国范围内具有良好的推广应用前景。

该系统自 1999 年 1 月在宁波市农村信用社投产使用以来，实现了全市各信用社之间的资金汇划，与市同城实时清算系统连接，自动入账。辖属九个联社摆脱了大量的、繁杂的手工劳动，普遍推行了综合柜员制。联网以后所有数据集中在各联社存放，联社与联社之间通过市办结算中心实现资金清算，通存通兑范围覆盖全市营业网点，使代收、代付等中间业务得到了更好、更快的开拓，大大改善了农村信用社的整体社会形象，加快了农村信用社金融电子化建设的步伐，同时带来巨大的社会效益和经济效益。例如，鄞县联社在开办综合业务处理系统后，实行综合柜员制，人员编制缩减 70 多人，按 5 万元 / 人年计算，一年可减少经营费用 350 多万元；同时，大力拓展代收代付业务，1999 年 1—10 月办理各种代理业务 942157 笔，合计代理金额 469032900 元，按 10% 余额留存增加 4700 万元活期存款，截至 1999 年 12 月底，全社各项存款为 485089 万元，比年初增加 64450 万元，增长 15.32%，低成本存款余额为 125571 万元，比年初增加 33376 万元，增长 36.2%，充分发挥了网络优势，加大中间业务拓展力度，为县域内近千家企事业单位、10 万多名客户开办代发工资、养老金，代收水、电、电信费等业务，取得了良好的经济效益和社会效益，提高了同业竞争能力，真正发挥了农村信用社点多面广的优势，极大地提高了联社的金融服务水平和服务手段，更好地为“三农”服务。

该系统已通过中国人民银行总行支付科技司组织主持的科学技术成果鉴定，目前其开放性、扩展性、安全性、可靠性、全面性、实用性和可操作性等在浙江省农村信用社系统地市级属于第一家，在全国农村信用社系统也是处于领先水平，并且在全国信用社系统第一家开办市辖联行往来业务。目前，该系统已在宁波市辖九大农村信用联社推广和应用，极大提高了农村信用社的知名度，加快了农村信用社金融电子化建设的步伐。

四十九、交通银行“电子总行”系统

项目编号：200016048

项目等级：金融科技进步奖三等奖

项目完成单位：交通银行总行电脑部

主要完成人员：张路、周维琪、周雅梅、周云康、周彦倜

其他完成人员：刘沪生、杨蔚蔚、郭纯懿、王海鹰

项目简介：

一、系统概况

交通银行“电子总行”系统是由交通银行总行办公室策划、有关业务部门配合，并由电脑部自行开发的基于WEB/NOTES技术的内部办公信息系统。从1998年底启用至2000年运行情况良好。

该系统集电子邮件、办公信息报表、信息发布、信息采集于一体，全行范围内的用户通过浏览器即可获取相关信息。该系统操作简便、易用，易于维护，便于扩展，大大加强了总行与分行之间的信息沟通，提高了办公效率。

“电子总行”系统的宗旨是将Internet技术应用在银行内部，构造Intranet，并通过建立一个虚拟的“电子总行”，来为全行范围内的员工提供各种现代化的信息服务。

二、服务内容

“电子总行”系统从内容上可分为五大类：（1）计划、财会、法律等信息发布及查询；（2）数据仓库、在线分析（OLAP）；（3）电子期刊；（4）外部信息查询（路透之窗）；（5）员工办公桌面服务（个人电子邮件、电子通讯录等）。

“电子总行”系统从信息控制的角度可以分为授权应用及非授权应用两大类。员工通过输入专门机构授予的账号和密码进入授权应用。非授权应用则直接提供信息共享服务。

授权应用包括以下内容：办公报表信息系统、领导外出报告系统、通讯录维护及高级查询、Y2K信息上报系统、路透之窗。

非授权应用包括以下内容：信息网刊、法律法规查询系统、Y2K信息查询、代理行信息查询、电子通讯录查询。

三、系统平台

1.软件平台。WEB服务器由LOTUS DOMINO、NETSCAPE ENTERPRISE SERVER、MSIIS构成，分别运行在SUNSOLARIS及MSNT操作系统下。邮件服务器采用LOTUS DOMINO，运行在SUNSOLARIS平台。数据库服务器包括关系型数据库服务器SYBASE及文档数据库服务器

NOTES。OLAP 应用服务器采用 SASAP SERVER。

2. 硬件平台。该系统中采用的硬件包括 UNIXSERVER 及 PCSERVER 两种。UNIXSERVER 采用 SUNENTERPRISE5500（双机热备份）；PCSERVER 采用 IBM NETFINITY5000 三台。

四、技术特色

无论是在 DOMINO 还是 SAS 软件的应用方面，“电子总行”系统大量使用了这些软件在 WEB 方面的技术，尤其是在联机分析方面具有一定的独创性，形成了较为鲜明的特色，在国内银行界处于领先水平。

五、实用价值

“电子总行”系统提高了办公效率，挖掘了历史数据的使用价值，尤其是在加强总行与分行沟通方面，如在计算机 2000 年过渡期的监控方面发挥了巨大的作用，体现出较好的社会效益和经济效益。

六、今后发展

“电子总行”系统已经证明 WEB 技术在银行内部网建设中的可行性，今后将根据管理和办公的要求，不断扩充原有功能，以期获得更大的效益。

五十、交通银行外汇电子汇兑系统

项目编号：200016050

项目等级：金融科技进步奖三等奖

项目完成单位：交通银行总行电脑部

主要完成人员：虞衔、张兵、陈瑜、邹新京、邬省文

主要完成人员：夏华英、王康美、杨慧新、宗晓燕、廖康乐、孙煦、郑英姿、庄捷、王勇

项目简介：

为进一步提高交通银行电子化业务水平，1997 年交通银行在成功开通交通银行人民币电子汇兑的基础上，进一步开发了外汇电子汇兑系统，该系统于 1998 年 1 月 4 日在所有办理外汇业务的交通银行分支行开通。

交通银行外汇电子汇兑系统是交通银行国内外汇联行资金汇划的网络应用系统。它覆盖了全国近 70 家有独立联行行号的外汇业务分行机构，涉及的业务种类有汇入汇出、票汇、外汇买卖和内部资金划拨，以及外汇联行查询、查复、联行通知等，币种囊括了交通银行开展外汇业务的所有 22 个币种。

交通银行全国外汇电子汇兑系统由外汇电子汇兑分行系统和外汇电子汇兑中心系统组成。以设在交通银行总行的外汇电子汇兑中心为主节点，通过全行帧中继及 X.25 数据骨干网连接各外汇电子汇兑分支行，整个系统呈星状模型，层次少，提高了传输效率并易于维护。电子汇兑中心主机运行在IBM RS6000/R40上，并采用HACMP为双机备份软件。通汇行机构采用SCOUNIXPC服务器。

数据传输形式是基于 TCP/IP 的文件传输，系统采用硬件加押、加密技术，以及包顺序号机制和授权恢复机制，利用 IC 卡作为用户身份验证，确保了数据的安全传输和数据的完整性。中心的密码机以多台并行方式同时加押、核押。

该系统采用汇兑数据批量处理模式，批次量可以根据业务发展需要任意设定，目前实际应用中设置为一天三个批次。日间，外汇电子汇兑中心操作控制批处理的批次，分行根据中心的规定收发往来账数据文件。日终，中心和分行同时按照币种生成本日往来账数据核对单，由分行主动接收核对，并以此作为本日汇差入账的依据。

同时，外汇电子汇兑系统向外汇会计系统提供了外汇联行电子结算数据自动入账的功能，还提供了其他外围系统批量读入数据的接口。该系统减少了会计核算、汇差清算录入环节和工作量，大大提高了工作效率。

交通银行外汇电子汇兑系统自1998年1月开通以来，性能稳定，运行正常。以1999年为例，全年累计通汇达33.7万笔，通汇金额折合人民币5302.97亿元。

交通银行外汇电子汇兑系统的开通，大大加快了外汇资金汇划的速度。原来手工联行报单3~4天才能到账，现在按照一天三批的处理，最快1~2个小时就可以到账。基本满足了当前业务发展的需要，大大减少了资金的在途时间，体现了银行资金盈利性、流动性和安全性的特点。

交通银行外汇电子汇兑系统的开通，大大改善了原来手工条件下效率低下、差错率高的局面，大大减轻了外汇联行业务的工作量。同时，以电子化手段有效地加强了总行对外汇资金流动的监管力度，取得了很好的经济效益和社会效益。

五十一、交通银行郑州分行网上银行系统

项目编号：200016051

项目等级：金融科技进步奖三等奖

项目完成单位：交通银行郑州分行电脑处

主要完成人员：靳继同、袁文霞、曹顺国、刘亚丽、黄明军

其他完成人员：陈广华、刘鹏、王晓建、李春琦、耿素琴、程宏

项目简介：

随着我国信息化建设步伐的加快，以及网络用户数量的急剧增加，网络商业和金融服务面临着巨大的市场潜力和广阔的发展前景。银行业作为一个与众多社会成员紧密联系的行业，更需要利用计算机网络这种新兴交互手段来使自身业务获得更大的发展空间。正是在这种环境下，交通银行郑州分行的“神通网”应运而生。从诞生到粗具规模，再到2000年的踌躇满志，“神通网”一步一个脚印，走过了两年的风雨历程。1998年8月，交通银行的网站首次在国际互联网上展现交通银行郑州分行的风采；1999年9月，交通银行成功地在中原地区首家推出了网上银行，该业务一经推出便获得了社会各界的广泛赞誉，目前“神通网”的点击量已超过160000人次，已有1200余位固定用户使用网上银行办理私人业务，日交易量近百笔。

目前，网上银行业务系统为用户提供银行卡的账务查询、卡内转账、卡间转账、缴纳费用、国库券买卖、抵押贷款、口头挂失、外汇买卖等服务内容。用户可以不出家门，轻松理财，随时掌握各种信息，适时调度资金。

一、总体设计方案

交通银行郑州分行的网上银行系统采用Client/Server（客户机/服务器）结构和B/S（浏览

器/服务器）结构，把用户前端界面统一为浏览器模式。并在客户端和服务器端分别放置安全代理，二者协同工作为客户提供身份验证、数据加密传输和完整性校验、业务数字签名及审计跟踪等服务，有效保障了信息在 Internet 上传输的安全需求。

二、网上银行安全系统

网上银行系统是一个构架在因特网上的业务系统，安全成为一个必须重点考虑的问题，交通银行分别从应用层和网络层来实现网上银行系统的安全保障。

1. 网上银行系统应用层安全保障。该系统综合使用了以下安全机制。

（1）身份鉴别机制。在网上银行系统中，用户的身份认证依靠公钥密码体制、数字签名机制和用户登录密码的多重保证。银行对用户的数字签名信息和登录密码进行检验，全部通过以后，才对此用户的身份予以承认。

（2）访问控制机制。在网上银行系统中，WEB 服务器中的所有资源都经过分级管理，在安全系统中建立安全等级标签，只允许符合安全等级的用户进行访问。

（3）数据加密机制。网上银行系统采用了对敏感数据流进行加密传输的方式，一旦用户登录并通过身份认证后，用户和服务方之间在网络上传输的所有数据全部用会话密钥加密，直到用户退出系统为止，而且每次会话所使用的加密密钥都是随机产生的。

（4）数据完整性机制。网上银行系统采用了基于散列算法和公钥密码体制的方法对数据传输的完整性进行保护。具体做法是，对敏感的信息先用散列算法制作“数字文摘”，再用公钥密码体制加密算法进行数字签名。一旦数据信息遭到任何形式的篡改，篡改后所生成的“数字文摘”必然与由数字签名解密后得到的原始“数字文摘”不符，所以就可以立即检验出原始的数据信息已经被他人篡改。

（5）数字签名机制。在网上银行系统中，每一笔金融交易都会附带发出方的数字签名，这主要有两个目的：一是银行根据交易信息的数字签名来确认交易发出方身份的合法性。二是用户每次业务操作的信息均由用户的私钥进行数字签名，交易发出者不能对自己的数字签名进行否认。

（6）防重发机制。网上银行系统采用了“时间戳”的方法来保证每一次操作信息的唯一性。在每个用户发出的操作数据包中，加入当前系统的时间信息，时间信息和业务信息一同进行数字签名。

（7）审计机制。在网上银行系统中，对用户每次登录、退出及用户的每次交易都会产生一个完整的审计信息，并记录到审计数据库中备案。

2. 网上银行系统网络层安全保障。

为建立一个完善的安全防御体系，在网络层有效保护银行内部网络，并实现内部对外的访问控制，该系统选用了“防火墙”和安全监测产品。在该系统中，“防火墙”是由四级构成的。

面临电子商务带来的巨大机遇与挑战，交通银行郑州分行将矢志不渝地推进其在中原地区的推广与应用。我们坚信，经过全体交通银行人的共同努力，网上银行业务一定会更加生机勃勃。

五十二、171 通用自助交费计算机网络系统

项目编号：200012053

获奖等级：金融科技进步奖三等奖

项目完成单位：中国工商银行秦皇岛市分行、秦皇岛市电信局

主要完成人员：史立军、马恒山、侯淑萍、胡旭光、周亦

其他完成人员：秦明、张志勇、董淑红、秦爱民、韩玉萍、历海燕、王金华、徐英强、边红

项目简介：

171 通用自助交费计算机网络系统是在中国工商银行总行科技部立项，由中国工商银行秦皇岛市分行和秦皇岛市电信局合作开发的。

随着社会的发展、时代的进步，人们的生活水平生活观念和生活方式发生了很大的变化。人们不断追求更高层次的物质生活和精神生活，与之相适应地，电话、电、水、煤气、有线电视等的使用量将会逐步加大。传统交费是以用户到固定网点或收费单位上门收费为主，给用户在时间上、路途上带来诸多不便。交费难已成为社会问题。为寻求一种方便、快捷、安全的交费方式，中国工商银行秦皇岛市分行利用电信网络和银行网络，开发研制了 171 通用自助交费计算机网络系统。该系统投资少、见效快、方便用户、便于管理、优化服务、一次投资长期使用，避免社会资源的浪费，提高了劳动生产率。该系统是一种现代、高效、理想的交费方式，充分体现了工商银行的开拓业务与强化内控的辩证思路，是交费方式上的一次全新尝试。该系统达到此领域国内领先水平。

该系统将银行业务网络系统与电信业务网络系统相连，实时处理客户交费业务，用户只需拥有一张牡丹卡，通过电话拨通 171，便可实现足不出户交纳电话费、电费、有线电视费……甚至提供这样的可能：出差在外的用户往本地打回一个 171 就能交纳各种费用。该系统方便了客户，增加了银行存款，减轻了收费单位的柜面压力，无形中为该行在商业银行日益激烈的竞争中增强了力量。

为了保证系统的安全，该系统具有主叫识别功能，能识别来自本地网、移动和长途的主叫号码，有内容齐全的各种日志文件，能完全记录用户在该系统中进行的任何操作。对数据库操作采用加锁和事务处理的方法，保证数据的一致性和完整性。用户交费和查询都通过密码操作，保证了用户的安全性。交易出错时，通过自动冲正机制，保证了银行与收费中心数据的一致性。通过银行与收费中心每日的资金对账，保证了双方数据的正确性和一致性。完备的安全功能为系统的推广应用奠定了坚实的基础。

该系统不仅实现了资金清收与入账一体化，而且对中国工商银行秦皇岛市分行吸引客户、增加存款、提高效益起着不可忽视的作用，具有重大的社会效益和经济效益。一次转账只需几秒钟，交费资金实时入账，客户可当时查询账户，既方便快捷又安全可靠，而且便于管理，大大加快了电子钱包的普及。该系统选择银行卡作为现金载体，这样不仅提高卡的使用量，而且可以减少市场上货币流通量，大大减轻银行和电信局，以及其他相关单位员工清点现金的劳动强度，节省了人力、物力，提高了工作效率和服务水平。

五十三、新一代印钞胶印油墨的研制

项目编号：200028058

获奖等级：金融科技进步奖三等奖

项目完成单位：上海印钞厂

主要完成人员：姚卫、陆泰伟、翟兰英、韦渝芳、张世范

其他完成人员：李青、蔡晓刚、张琰

项目简介：（略）

五十四、超级凹印机控制系统、拖动系统国产化

项目编号：200028059

获奖等级：金融科技进步奖三等奖

项目完成单位：上海印钞厂、上海交通大学

主要完成人员：顾克俭、陈佳品、朱建平、程君实、邱开植

其他完成人员：诸光裕、冯萍、夏明、周玉萍、王仲裁、吴炜、程奔、梁文泳、丁文

项目简介：（略）

五十五、计算机图形监控技术及网络系统在造币机上的应用

项目编号：200028060

获奖等级：金融科技进步奖三等奖

项目完成单位：南京造币厂

主要完成人员：范玉民、俞伍权、唐承德、邱焕瑜、陈临春

其他完成人员：龚杰、李梅

项目简介：（略）

五十六、紫外荧光油墨用于钞票定量机读分检的研究

项目编号：200028064

获奖等级：金融科技进步奖三等奖

项目完成单位：中国人民银行印制科学技术研究所

主要完成人员：马长生、张继卿、张虹、孙萍

项目简介：（略）

五十七、制定《GB/T 17001.1—1997 防伪油墨第一部分：紫外激发荧光油墨（胶版、凸版印刷）技术条件》国家标准

项目编号：200028065

获奖等级：金融科技进步奖三等奖

项目完成单位：中国人民银行印制科学技术研究所

主要完成人员：马长生、赵殿卿、史力

项目简介：（略）

第三章

银行科技发展奖成果

第一节　2001 年银行科技发展奖获奖项目

一等奖

一、中国工商银行会计核算系统

二、国债交易和结算系统的研究与开发

三、SM 机读防伪系统的开发

四、钞票纸白水印制网焊接技术的研究

二等奖

五、印钞号码在线实时监测系统

六、流通硬币边缘滚字新工艺的研究

七、丝齿滚字工艺技术研究

八、自动称量配墨装置的研究

九、《全国金融系统信息交换网 IP 地址、域名规范》

十、中国工商银行网上银行系统

十一、中国工商银行后台应用系统

十二、中国工商银行天津市分行日立 -IBM 主机系统换型工程

十三、中国工商银行加密系统

十四、中国工商银行客户信息系统

十五、中国进出口银行办公自动化网络应用系统

十六、中国建设银行人力资源管理信息系统

十七、调查统计业务处理系统

十八、中国人民银行天津分行金融综合通信应用网

十九、国家开发银行非现场稽核与风险预警系统

二十、交通银行信贷管理信息系统

二十一、点阵动态衍射图开窗式安全线的研制

二十二、点阵动态衍射图防伪技术在钞票上批量转印的应用研究

二十三、国家金融行业标准《印制专用号码机》

二十四、号码隔色印刷工艺的研究与应用

二十五、开发研制防涂改纸张

二十六、YB95 型硬币光边（滚字）机

三等奖

二十七、中国工商银行银行卡业务系统

二十八、中国工商银行资金交易系统

二十九、中国工商银行中间业务平台系统

三十、中国工商银行新疆分行综合个人业务平台

三十一、银行自助设备综合应用及远程监控系统

三十二、中国工商银行综合业务终端仿真系统

三十三、中国工商银行自助终端系统

三十四、中国工商银行零售业务处理系统

三十五、个人外汇买卖系统

三十六、中国工商银行新疆分行同城清算电子支付系统

三十七、中国工商银行新疆分行综合报表暨行长查询系统

三十八、中国工商银行河北省分行中间业务系统及其开发平台

三十九、中国工商银行吉林省分行自动化报表与中间业务数据传输控制平台系统

四十、中国建设银行资金清算系统二期（优化）

四十一、中国人民银行天津分行金融监管信息系统

四十二、金融管理信息系统

四十三、山东特约联行汇兑清算系统

四十四、中国农业银行上海市分行企业网络系统

四十五、中国农业银行监察业务管理信息系统

四十六、IBM ES/9000 大型机零售业务应用系统

四十七、中国农业银行青岛市分行中间业务系统

四十八、中国农业银行浙江省分行经营数据综合分析系统

四十九、声像档案网络管理信息系统

五十、银币坯饼表面深腐蚀处理新工艺

五十一、YB98 型机械式坯饼检查机的研制

五十二、国家金融行业标准《金币》

五十三、造纸用不锈钢网焊接技术

五十四、双色印码机号控系统

五十五、特种防伪黄光颜料（绿色）的研制

五十六、异型号码机研制

五十七、弧形电控号码机的研制

五十八、银坯饼化学抛光及废液治理工艺研究

五十九、铜合金硬币坯饼表面处理工艺技术研究

六十、冷胶工艺在铜原版腐蚀工艺上的应用

六十一、红外上转换材料（IR-RED）及其油墨的研制

一等奖

一、中国工商银行会计核算系统

项目编号：200112001

获奖等级：银行科技发展奖一等奖

项目完成单位：中国工商银行软件开发中心

主要完成人员：单怀光、庞月瑛、王晓燕、罗延刚、胡德斌、吕志刚、李兴双、许燕、杨红、罗毅、高俊国、李秀媛、蔡东、漆英、钱晨红

其他完成人员：王旭光、徐伟、李英昌、谢沐、王哲才、钱伟、吴英、葛振爱、王煜辉、刘庆志、郭军、陈辉、张晓波、郝颖、曲玮、张爱民、姚红玲、廖艳梅、姚远、凌万马、王中来、陈艳、骆惠芬、何锋、陈煜、麦瑞文、孔令莉、王志刚、汤铭、赵德武、高东、张红、陈伟红、张建勤、林海玲、梁向东、刘华、翟力、殷国刚、崔月皎、刘盛群、李兵、姜传富、庞军

项目简介：

中国工商银行会计核算系统是中国工商银行新一代综合业务系统的核心和基础，是面向该行经营网点的综合性、多功能对公业务处理系统，它以客户为中心，为客户提供了办理本外币存、放、汇三大对公业务的处理手段和 24 小时不间断服务。该系统自 1999 年 11 月 29 日在中国工商银行深圳市分行投产以来，取得了良好的社会效益和经济效益。为进一步完善系统，为客户提供更优质的服务，2000 年初，根据中国工商银行总行《关于新系统会计核算子系统的二期业务需求》内容精神，中国工商银行开发中心根据需求的轻重缓急，结合该年度开发推广总体规划，制定了全年工作分两个阶段进行的目标：第一阶段主要是针对中国工商银行深圳市分行反映的一些迫切需要解决的问题，该版本已于 2000 年 3 月 27 日成功升级并投入深圳生产使用；第二阶段自 2000 年 4 月初开始，主要完成以下内容：补充个人住房房贷功能；与信贷台账对接；增加对公外汇买卖与路透实时联机处理；规范统一批量代理业务处理和通兑清算流程，并提供中间业务平台 / 外围系统；网上银行 CALLcenter 接口及信雅达支付密码系统升敏，参数表关系检查补充完善；另外，为便于事后监督处理，对 NASE 管理类交易日志的内容进行了格式规范，同时增加了打印功能，还提供了全面解决旧系统账号的处理和修改，同时深圳外围系统也全面升级，进一步优化了柜员钱箱管理等。该版本已于 2000 年 8 月 27 日在工商银行深圳市分行全面投产。之后中国工商银行软件开发中心又根据首批推广行的不同需求，增加了异地贷款处理、集团户回单、汇总入账、三项贷款清单打印等功能的完善。

2000 年 10 月，会计核算系统相继在北京、上海、浙江、山东、福建、广东 6 家分行投产，为综合业务系统在全行的推广开了一个好头。并因此获得了中国工商银行总行授予的“综合业务系统推广特等奖”。

中国工商银行会计核算系统是一个以客户为中心、以会计核算为基础的能够涵盖中国工商银行主营业务的超大型、综合性、多功能的业务处理系统。在业务管理上，建立并实现了综合化的机制，

切实做到了“事权划分、事中授权、事后监督”；在编程工具上，采用了IBM的可视化编程工具VISUAL GEN，可支持多平台操作，为用户提供了友好界面，并实现画面引导；采用DB2关系数据库作为主机数据库，具有较好的数据容错功能；拥有严格的安全监督和管理机制，具有较高的系统安全性；充分利用工商银行的网络优势，实现了跨平台、跨机种、多协议、多种类型的网络联网运行，实现了业务数据全面参数表化管理，同时提供了24小时不间断服务。这些大大提高了中国工商银行在同行业的竞争能力，在国内率先推出的综合业务系统，使中国工商银行在电子化、网络化方面领先于国内各专业银行，为客户提供方便、灵活、快捷的服务。

会计核算系统立足于面向中国工商银行综合网点，具有业务综合性、系统安全性、高性能价格比、24小时不间断服务等特点，是国际先进水平的业务处理系统。该系统使用统一平台和技术规范，综合规划、综合设计，具有多项技术方面的优点。

该系统采用Client/Server结构，合理分配应用软件，联机交易采用可视化编程工具（VISUALAGE GENERATE）；操作界面采用GUI（图形用户界面）全汉化提示，为柜员提供友好的操作界面，部分联机交易采用了交互式对话方式，并可随意使用图标驱动或交易代码驱动进行业务处理；主机操作系统采用OS390MVS；数据库平台采用DATABASE2。该系统采用严密的安全防范和监督机制，部分交易复核控制，例如，同城交换业务，记账柜员在记完账后，必须经由复核柜员复核通过方能提出，以确保安全。柜员轧账采取硬性控制，必须复点默写张数/金额与机器数核对无误方可通过。大额、差额、反交易等9种类型的授权控制，切实做到事前发现、事中控制。

对于终端处理系统，中国工商银行软件开发中心设计了图形终端连接和仿真终端连接两种方式，并且提供交易码和画面引导两种业务处理方式。终端使用PC服务器，运行于OS/2或UNIX操作系统下，主要进行数据合法性检查、授权处理、配款处理、数据加密、密码处理等功能，通过LU6.2通讯方式（图形终端系统）或L3LC2、SDLC（仿真终端系统）与主机联机处理系统相连，将数据发送主机联机处理系统，对主机联机处理系统返回的处理信息进行打印、记终端日志等处理。这种模式使以前投资的旧设备能够再利用，减少设备投资。

主机处理系统使用IBM OS390大型机，运用DB2数据库系统实现对数据的存储和管理，主要完成数据解密、柜员合法性检查、授权处理、账务处理、记录日志、发送打印信息到终端处理系统等处理，对于异地交易完成数据上送和接收处理。批量处理采用作业提交方式，主机房操作员将完成某项批量功能的作业用命令提交给主机进行处理，主机处理后将结果报告在主控含显示或存放在主机的磁盘中。主机批量处理系统功能是完成日终的账务更新处理，通过处理联机日志，将所有交易按应用加以区分，累计各科目的发生额，更新相关账务，打印各种业务报表，以及数据初始等处理。另外，对批量代理业务提供了多次即时的入账处理；考虑多个地区共存的情况，为全国大集中及跨地区的业务应用留出空间。对于24小时不间断服务方面，该系统采用了主机两套日志，在工作日结束后进行日志切换来实现，对系统的日终批量和参数表设置，以及联机交易等各方面都进行了考虑，从而向客户提供24小时不间断服务，从技术上为银行24小时服务提供了保证，满足不同客户的需要。

在参数表的设计上，该系统对几乎所有的业务数据都进行参数化定义，使以往需要根据业务需求重新开发才能实现的功能变更，现在只需要调整参数表数据即可实现，为快速重组应用提供了方便。以客户为中心，把某个客户的账户信息有机地联系在一起，可以方便分析客户的贡献度和资信状况，提高对客户的服务质量及个性化服务。

在人类历史进入网络信息时代高速发展的今天，中国工商银行会计核算系统的成功开发和投产，不仅使工商银行建立起了国际先进水平的银行经营网络体系，具备了更强的市场竞争能力，而且也使工商银行服务于社会的能力大大增强。综合化的服务、畅通而且简洁的结算汇路，有利于加强内部管理、防范金融风险、降低运营成本，有效地提高社会资金的使用效率，使客户在工商银行办理存、放、汇业务更安全、更方便、更快捷，更好地适应现代金融业务发展的需要。使工商银行真正成为客户“身边的银行，可信赖的银行”。

会计核算系统完全是依托工商银行现有大型计算机网络建立，在厉行节约的基础上，提高了运行效率，并可获得一定规模的经济效益。会计核算系统投产后，新增网络业务服务、批量代理业务等金融产品，目前（以中国工商银行深圳市分行近一年业务测算）日均业务量达 10 万笔，每天可为工商银行带来 592000 元利润，每年可获利 15392 万元（以每年 260 个工作日计算）。根据不完全统计，会计核算系统投产后平均为深圳市分行吸收 40 亿元的低成本存款，仅此一项当年就可为该行创造经济效益 1.01 亿元 [40 亿元 ×（半年期贷款利率 - 活期存款利率）/2]。

总之，从会计核算系统仅 1 年的运行情况来看，该系统功能完备、操作灵活、使用方便、安全控制能力强。对于用户来说，该系统是一个性能良好、功能强大、安全、先进、高效的系统。该系统的推出，使工商银行可以在更广泛的领域与社会各界加强联系、密切合作，不仅用更先进的存、放、汇服务手段为工商银行探索出了一条在新形势下为客户服务的有效途径，而且还使工商银行在赢得社会效益的同时获得了经济效益。

中国工商银行会计核算系统是中国工商银行面向 21 世纪开发的一个面向经营网点的综合性、多功能会计业务处理系统。它基于商业银行基本会计核算准则，以客户为中心，为客户提供了办理本外币存、放、汇三大零售业务的处理手段。该系统通过引进先进的管理模式，运用先进的开发工具和技术，实现了综合化的服务和管理、统一的会计核算、严密的安全监督管理机制和 24 小时服务功能。为工商银行加快与国际惯例接轨和提高工商银行的同业竞争能力提供了有力保证。该系统自投产运行以来，运行安全平稳，取得了良好的经济效益和社会效益，是工商银行 21 世纪的龙头产品。

在国内尚未发现有与之相同的银行综合业务系统达到了该系统的技术水平和业务覆盖范围。在国际上目前 IBM 公司的 Core Banking 系统具有与该系统类似的特点，但其目前尚处于实验研制阶段。因此，可以说该系统是一个具有国际先进水平的会计核算处理系统。中国人民银行科技司于 2000 年 11 月 20—21 日在北京组织的科技成果鉴定会上，该系统被确定为“国际先进水平”。

二、国债交易和结算系统的研究与开发

项目编号：200115024

获奖等级：银行科技发展奖一等奖

项目完成单位：中央国债登记结算有限责任公司、中国外汇交易中心

主要完成人员：陈天晴、宋其章、柴洪峰、张世杰、金顺根、周自立、戴德毅、丁亚华、胡剑、齐成宣、许再越、崔文蔚、李忠民、张伫、张海英

其他完成人员：吴亚洲、王成勇、王明建、计谦敏、王洪华、陈向阳、姜溟、范晓梅、鲁岩、于红、吴洲

项目简介：

国债交易和结算系统的研究与开发是中央国债登记结算有限责任公司与中国外汇交易中心于1997年8月共同承担的“九五”国家重点科技项目（部门专项）。该项目的总体目标是研究和开发货币市场债券交易系统和政府债券簿记系统应用软件。在通过专家评审会的立项评审后，两家单位即着手进行技术方案的设计和实施工作。在对债券交易和结算业务的需求分析基础上，经过系统分析、系统设计、编码和系统测试各阶段，两家单位分别完成了银行间债券交易系统和中央债券综合业务系统的应用软件的开发和网络环境的建立工作，两个系统分别于1999年6月12日和1999年8月30日投入运行。目前，两个系统已经稳定运行了近3年的时间，为银行间债券市场的债券发行、交易、托管、结算业务提供了有力的支持，较好地满足了我国债券市场的业务需求。“国债交易和结算系统的研究与开发”项目完成了既定的攻关内容，实现了项目的总体目标，达到了预期的社会效益和经济效益。

银行间债券交易系统和中央债券综合业务系统是根据目前世界计算机及网络技术发展的最新进展及我国数据通信网络建设的现状，利用已有的资源和技术条件开发完成的，是一个具有独立知识产权的、符合中国特色的全国性债券交易、托管、结算网络系统。在这统一的体系中，两个系统具有各自的技术特点，两个部分既相互独立又紧密联系，体现“前台交易，后台结算，控制风险”的原则，既能够有效地活跃市场，同时达到了充分防范和化解市场风险的目的。整个项目的总体技术水平达到了国内领先水平。

银行间债券交易系统是一个覆盖全国范围的高可靠性分布式实时大型综合系统。在系统设计上以全国银行间同业拆借交易系统原有的数据库和网络为基础，借鉴原有基于Client/Server方式的交易系统，充分利用Internet/Intranet技术、ACTIVEX技术，实现了全面基于WEB、数据库和浏览器的实时交易系统，包括人民币拆借交易系统、国债回购交易系统和债券买卖交易系统等。系统具有以下的技术特点。

1.在系统建设和实施过程中，充分考虑金融创新和新兴市场的建设模式，在总结国际上交易和信息产品经验的基础上，引入了门户、综合业务数字平台等概念，将各种交易业务融合在统一的体系结构中。

2.在系统安全策略上，广泛使用用户口令识别认证机制鉴别登录用户身份和网络设备的合法性，对关键数据采用SSL加密技术，保障信息安全传输，对于用户整个登录和操作的过程有详尽的日志记录供审计跟踪。

3.在技术上，借助于成熟的互联网技术组建了用于交易和信息的内联网构架，成功地使用了浏览器/中间件/服务器模式、分布式容错、主存技术、双机与磁盘阵列热备份等先进技术。

4.在组网方式上，因地制宜，既立足于高起点，又兼顾各地电信基础设施建设的条件，推出以中元帧中继、DDN为骨干网，CHINAPAC分组网和卫星网作为主要备份，公用电话网作为补充手段的联网服务，保证了系统的实时性和高效性。

银行间债券交易系统从所实现的业务功能上分为以下六个部分。

1. 全国联网的，完成会员报价、询价、成交等交易指令并提供相关辅助功能的债券市场交易系统。

2. 监督会员进行成交后的正常资金清算和债券过户工作的市场清算提示跟踪系统。

3. 提供对会员成交、地区成交、全国成交及其他按不同口径、不同种类的要求进行统计的会员统计系统、分中心统计系统和总中心统计系统。

4. 完成市场管理部门对市场交易的日常管理及实时监控，并提供基础数据录入、应急处理等功能的分中心、总中心场务管理系统。

5. 提供市场成交行情、会员公开报价等信息并发布市场管理部门最新公告的市场信息系统。

6. 提供一级市场债券发行后分销过程中的报价系统。

中央债券综合业务系统是一个广域网应用系统，由中央债券簿记系统、中国人民银行公开市场业务操作系统、中国人民银行债券发行系统、债券账户语音查询系统及结算成员客户端系统五个应用子系统组成，并以中央债券簿记系统作为核心，为其他子系统提供技术支撑环境，系统采用星型网络结构，由中心和结算成员二级结构组成。中心主机采用 AS/400 小型机作为系统的应用服务器、数据库服务器和 WEB 服务器，是连接系统所有用户的网络枢纽和应用核心；结算成员可通过 DDN、FRAMERLAY、X.25 分组交换网、电话拨号线或其他通讯方式入网访问主机。其技术特点体现在以下五个方面。

1. 利用互联网技术构建系统的 Browser/Sever 技术框架。充分利用 AS/400 主机的技术资源，使用 HTTP SERVER FOR AS/400 作为 WEB SERVER，使用 CGI 中间件连接 WEB 服务器和数据库服务器。

结算成员通过浏览器实现与系统主机的数据交换，完成实时的债券结算、债券发行和公开市场业务。

2. 采用异构数据库的互联技术实现对 AS/400 主机数据库的共享，公开市场业务系统和债券发行系统是在 WindowsNT 平台采用 POWERBUILDER 前端工具，通过 AS/400 客户端软件 CLIENT ACCESS 访问主机 DB2/400 数据库，以 Client/Server 方式完成招标端业务处理。

3. 采用多层次的安全机制保证系统的安全。该系统充分利用 AS/400 安全管理策略，实现对系统用户和目标的权限管理。采用 SSL 加密协议保证数据在传输过程中的安全。在结算成员客户端使用 IC 卡机制实现对业务人员的身份识别和业务操作的控制。在中心网络系统中采用“防火墙”和侵入检测系统抵御非法入侵。

4. 采用 VISION SUITE 热备份软件实现 AS/400 主机的双机热备份。该软件通过局域网，基于 AS/400 的系统日志（Journal）对 AS/400 数据库文件、数据队列等目标进行实时复制，使系统具备较高的可用性和可靠性。

5. 应用系统采用事务处理中心的设计思想，在逻辑结构上将系统分为用户层、业务层和数据层，这种设计方式将事务处理和数据库管理有效结合起来，给系统带来极大的灵活性。同时，系统采用参数化设计，对业务管理功能和系统管理功能实现参数化，可以通过对参数的调整很方便地完成业务调整和系统调整，使系统能够很好地适应未来业务需求的变化。

中央债券综合业务系统实现的业务功能包括以下三个方面。

1. 债券托管结算功能。建立债券托管账务管理体系，保持账务记录的及时性、准确性及账户之间相互关系的正确性；为客户提供各项托管服务，包括债券登记、债券转账过户、代理还本付息等；为全国银行间债券市场的债券交易办理债券的结算交割，并提供四种结算方式的选择；定期向中国人民银行和财政部报告债券托管、结算的有关情况，及时为客户提供债券托管、债券结算、本息兑付和账务查询对账等服务。

2. 公开市场操作功能。完成中国人民银行公开市场操作招标、投标、中标和发布中标结果的业务处理；为中国人民银行提供公开市场操作的各类统计信息。

3. 债券发行功能。完成国债、政策性金融债券及其他债券的市场化发行的招标、投标、中标和发布中标结果的业务处理；为发行人和债券承销人提供债券发行的各类统计信息。

银行间债券交易系统和中央债券综合业务系统在达到各自建设目标和设计要求的同时，实现了两个系统之间的连接。债券交易在银行间债券交易系统完成后，债券结算统一通过中央债券综合业务系统办理；为保证交易的有效性，银行间债券交易系统及时向中央债券综合业务系统传递交易信息，并及时得到债券结算信息的反馈，将交易与结算密切联系起来，防范和化解市场风险，维护市场的稳定运行。

两个系统投入运行后，系统成员范围和数量不断扩大，覆盖了国有商业银行、股份制商业银行、城市商业银行、农村信用社联社、财务公司、保险公司、信托投资公司、证券公司、证券投资基金及外资银行在华分行等各类金融机构。截至 2002 年 6 月底，银行间债券交易系统联网成员有 499 家，中央债券综合业务系统入网结算成员有 430 家，开立债券托管结算账户共 770 个，债券托管余额达 21862 亿元。在应用和推广的过程中，系统的各项业务量也逐渐增长。截至 2002 年 6 月底，财政部、政策性银行及中信公司发行债券累计 15890 亿元，银行间债券市场债券回购和现券买卖交易金额分别为 102404 亿元和 3832 亿元，中央债券综合业务系统累计办理债券结算为 106233 亿元，三年中债券交易量和结算量均以每年 200% 的幅度在增加。

国债交易和结算系统的研究与开发项目的建设满足了我国国债市场的迫切需要，符合国际通行的做法，有利于统一债券市场的规范化发展和货币政策的有效实施。项目的成果——银行间债券交易系统和中央债券综合业务系统作为我国货币市场的重要基础设施，实现了债券市场的统一联网、统一报价、统一交易和统一结算，对于增强金融机构的资产流动性，建立和完善债券市场的风险控制机制，促进我国债券市场的规范化发展发挥着重要作用，为国家积极的财政政策和货币政策的实施提供了有效支持。

银行间债券交易系统和中央债券综合业务系统与国内外同类产品相比，具有技术上的独创性和首创性、操作上的简便性、运行上的安全性、推广范围上的巨大性、社会效益与经济效益的显著性。“国债交易和结算系统的研究与开发”项目的实施，无论是项目的组织管理还是新技术的采用都具有良好的创新意识，体现了很强的创新能力，产生了良好的社会效益。相信在主管机关发展银行间债券市场的政策指导和推动下，随着市场成员和结算成员的范围和数量的逐渐增加，系统的应用推广规模将不断扩大，项目的经济效益和社会效益将会更加显著。

三、SM 机读防伪系统的开发

项目编号：200128041

获奖等级：银行科技发展奖一等奖

项目完成单位：中国人民银行印制科学技术研究所

主要完成人员：黄小义、邬立勇、张莉、刘卫东、张昆俊、张继卿、张虹、邓德斌

项目简介：（略）

四、钞票纸白水印制网焊接技术的研究

项目编号：200128042

获奖等级：银行科技发展奖一等奖

项目完成单位：成都印钞公司

主要完成人员：田德卿、王化平、赵永康、郑尚钦、卢平、易波、张明辉、杨忠明、陈强、胡学义、赵洪新、杨帆、李任佑、骆富文

项目简介：（略）

二等奖

五、印钞号码在线实时监测系统

项目编号：200128043

获奖等级：银行科技发展奖二等奖

项目完成单位：成都印钞公司、中科院成都计算机应用研究所

主要完成人员：童宗仁、王晓宇、郭春友、付忠良、陈斌、蒋治全、阮波、钱裕沛、张文权

其他完成人员：古乐野、张炳权、苏波涛、罗蓉江、李品、张豪林

项目简介：（略）

六、流通硬币边缘滚字新工艺的研究

项目编号：200128044

获奖等级：银行科技发展奖二等奖

项目完成单位：上海造币厂

主要完成人员：李从孝、章军、陈洪祥、张斌、刘耀光、仇昌平、姚大鹏、夏永胜、刘扣成

项目简介：（略）

七、丝齿滚字工艺技术研究

项目编号：200128045

获奖等级：银行科技发展奖二等奖

项目完成单位：沈阳造币厂

主要完成人员：王生龙、宁应成、董江、魏立营、李学飞、张吉刚、陈贵财、罗宝华、李长江

其他完成人员：刘志刚、孙凤全、赵大仲、吴伟、康金哲、王祯杰、杨明志、冯桂兰、仇喜祥、林兰英、赵阳、刘现轻、富毅、杜春生、曹兵

项目简介：（略）

八、自动称量配墨装置的研究

项目编号：200128046

获奖等级：银行科技发展奖二等奖

项目完成单位：上海印钞厂

主要完成人员：赵永才、李家春、于健、达朝平、李培祥、宋文元、张琰、陆善庆、唐德勋

其他完成人员：左昕、华雁耀、杨鹏龄

项目简介：（略）

九、《全国金融系统信息交换网 IP 地址、域名规范》

项目编号：200111040

获奖等级：银行科技发展奖二等奖

项目完成单位：中国人民银行科技司

主要完成人员：陈逢吉、陈小新、张永福、陈天晴、卢祥一、陈文雄、谭国安、卢小冰、林野

其他完成人员：王赛、朱中星、齐煊、吕宝文、杨小洁、聂舒、唐克培、戴明、陈敏、赵连、张莉英、谢逵、陈国凤、陈斌、梁利民、于晓滨、李树星、徐卫飞、金川、张嘉敏、钟向群、陈小毛、纪朝晖、夏星、郭纯懿

项目简介：

为适应金融系统网络建设的需要，规范中国人民银行和其他金融机构的互联网络及中国人民银行内联网的 IP 地址和域名的编码和管理工作，中国人民银行科技司牵头制定了《全国金融系统信息交换网 IP 地址、域名编码规范》，在此基础上，结合金融系统网络建设的新形势和网络技术发展的最新成果，修订形成了《全国金融系统信息交换网 IP 地址、域名规范》的新版本，旨在对中国人民银行与其他金融机构的互联网及人民银行内联网的 IP 地址和域名进行统一规划、编码和管理，以便有效地实现银行业各金融机构内联网的互联，提高金融信息交换效率，为金融网络业务的顺利开展奠定基础。

该规范适用于中国人民银行、中国工商银行、中国农业银行、中国银行、中国建设银行、交通银行、中国人民保险集团及其他金融机构采用的 TCP/IP 互联技术的计算机网络。

该规范依据科学性、系统性、完整性及可扩展性的代码分类原则，采用先进的网络编码技术，保证金融信息交换的效率和质量，既要在相当时期内保持技术的先进性，同时也充分考虑现期工程的可实施性。

同时，该规范结合人民银行和其他金融机构网络建设的现状，吸收了国际国内 IP 地址和域名的编码和管理的先进经验，并已在实际的网络建设工程中开始实施，在实施过程中充分显示了其规范性和灵活性相结合的特点，取得了良好的效果。

该规范主要有以下四个特点。

1. 按地域和行业分层次为全国金融系统各级机构采用 TCP/IP 互联技术的计算机网络制定统一的编码范围和规则。

2. 从总体结构上分为 IP 地址规范和域名规范两大部分，根据目前各金融机构的内部网络和人民银行内联网建设的现状，将 IP 地址规范中的 IP 地址编码分成了三个部分，即 IP 地址编码规范（对 IP 地址编码的总体结构加以规定）、中国人民银行—金融机构 IP 互联地址编码（对人民银行与其他金融机构间的互联网 IP 地址编码结构加以规定）、中国人民银行内联网 IP 地址编码（对人民银行内联网的 IP 地址编码结构加以规定）；将域名规范中的域名编码分为域名编码规范（对金融系统域名的总体结构进行规定）、中国人民银行内联网域名编码规范（对人民银行内联网的域名结构进行规定）。上述方案较好地解决了规范的稳定性与网络建设具体情况相适应的灵活性之间的平衡。同时，通过总结以往在地址规范的推广实施过程中的经验，修订的规范特别强调了 IP 地址和域名的管理，制定了 IP 地址管理规范、域名管理规范和中国人民银行内联网域名管理规范，以及有关的地址分配和注册记录文档的格式，规定了地址和域名分级管理的管理模式。

3. 金融系统信息交换网是一个行业性的专用网络，鉴于专用网络的可扩展性及今后的发展，该规范以合理利用、科学分配为原则，采用 VLSM 和 CIDR 等先进网络技术，按照连续比特（BIT）分割法，以一定层次和规则，将整个地址空间划分为大小不同、用途各异的规范化 IP 地址块空间。由于采用了 VLSM 和 CIDR 等先进技术，该规范中对地址块的描述方法突破了传统的 A 类、B 类、C 类 IP 地址分配法的约束，力求更加科学地分配利用 IP 地址空间。

4. 该规范对各种不同类型和用途的地址块作出详细说明。对各系统及其各分支系统所分配的 IP 地址空间，各有关主管单位可依据该规范中的有关分配规则作出进一步详细划分和分配。

十、中国工商银行网上银行系统

项目编号：200112002

获奖等级：银行科技发展奖二等奖

项目完成单位：中国工商银行软件开发中心

主要完成人员：纪梅丽、王刚、童玲、王嵩、李华彪、武俊鸿、陈昭旭、黄朝锋、陈静娴

其他完成人员：马雁、嵇津湘、殷明、程中、魏蓬朝、徐欣力、范少龙、谭勇山、毛航、何斌、陈雪梅、夏军、吕艾国、李一旗、陈隽、封莉、皮东红、李岩、张胜安、林燕、侯小川、吴烂烂、何昌林、翁伟勇、杨光、鲁小涛、童杰、李明、李志豪、裘愉锋、王怡、眢星、王振飞、方柏法、夏曦、谢小康、鲁毓芳、戴勇、卢维山、王宏宇、程俊、贺锴、刘辉、徐耀生

项目简介：

随着 Internet 技术的不断发展和日益广泛的应用，电子商务在全球金融业掀起了一场革命，基于 Internet 的网上业务已成为银行经营战略调整的新热点，网上银行即将呈现出无穷魅力。

中国银行界面临的是全球经济一体化与信息科技高速发展带来的强烈冲击和加入世界贸易组织后金融市场开放引发的国内及外资银行业的全面争夺战。能否抓住因特网发展的良好机遇，充分利用信息技术的优势，不断开拓创新网上银行业务，已成为中国金融界最现实的选择。为此中国工商银行总行决定开发中国工商银行网上银行系统。

中国工商银行网上银行系统是工商银行为其企业客户和个人客户提供全方位网上金融服务的重要手段。该系统以工商银行现有的遍及全行的三级计算机网络为依托，通过国际互联网实现工商银行企业客户进行账务查询、管理，资金划拨，B2B 网上支付的功能，为个人客户提供账务查询、转账、银证转账、外汇买卖、B2C 网上支付的功能。

中国工商银行网上银行系统从系统功能和功能实现角度上划分为企业网上业务子系统、个人网上业务子系统及内部管理子系统三个部分。

目前，企业网上银行子系统能够支持所有的对公企业客户，包括全国集团客户、省级集团客户、地市级集团客户和一般企业客户。能够为客户提供网上账务信息服务、资金划拨、网上 B2B 支付和批量支付等服务，使集团公司总部能对其分支机构的财务活动进行实时监控，随时获得其账户的动态情况，同时还能为客户提供 B2B 网上支付；在具体的客户服务方面，也能提供集团账户总部主动收款、支付指令多级授权、支付指令批量提交、E-mail 发送账务信息、B2B 交易收费等服务。

个人业务子系统主要提供工商银行牡丹信用卡、牡丹灵通卡，本外币活期一本通客户账务管理，信息管理，网上支付等功能，是网上银行对个人客户服务的窗口。个人业务子系统设置了账户信息查询模块、人民币转账模块、外汇买卖模块、银证转账模块、账户管理模块、网上支付模块六个部分。内部管理系统是整个网上银行系统用来进行全行范围内信息维护的管理界面，通过遍布全国的工商银行三级内网进行本地或异地的实时管理。系统内置总行、省行、市行三类七级柜员，实现纵向逐级管理、横向互相审核监督的管理机制。

由于互联网上环境错综复杂，网上银行系统在设计过程中既要考虑客户使用时的方便性，又要同时兼顾安全性，在客户可用性和系统安全性中寻找了一个可行的平衡点。工商银行根据安全级别的要求，分别对企业网上银行和个人网上银行采取了相应的安全策略。

进入企业网上银行的客户必须持有银行签发的证书才能进行交易。证书存放在 IC 卡中，其公、私密钥长度为 1024 位，利用证书来验证客户身份，以确保该客户为工商银行的真正客户，以防止非法用户的入侵。工商银行为客户办理了网上银行开户之后，为客户发放以 IC 卡为存储介质的客户安全证书，客户安装了工商银行网上银行客户端安全代理后，可以通过 Internet 网络直接登录到工商银行的网上银行，登录时会提示客户插入 IC 卡和输入密码，工商银行安全认证系统在对客户证书进行身份认证确认之后，便登录到工商银行网上银行可以进行所有交易，并且客户在进行提交支付（支付指令、B2B 支付和批量支付）时会提示客户进行交易电子签名，保证交易的唯一性和不可否认性；可以根据支付指令的付款限额支持多级授权，保证客户交易的安全；同时客户还可以通过查询指令来跟踪指令的审批和执行情况。

对于个人网上银行，则通过发放特约商户证书和银行证书并采用 128 位 SSL 协议的方式，以确保商户、客户的网上银行密码及加密密钥在网上的加密传送，客户的每一笔交易都将按照机密性和完整性的要求记录，在降低客户操作烦琐度的前提下最大限度确保了客户网上交易和支付安全。

整个系统从 1998 年 8 月开始开发，历时两年，从仅有对公业务的网上银行 1.0 版本，经过多次版本升级，逐步扩充功能，扩大覆盖范围，发展到目前覆盖 100 个城市的工商银行，既能为企业客户服务，又能为个人客户服务，既有账务查询、管理等基本功能，又能实现 B2B、B2C 网上支付的综合性、大规模的网上银行。

截至 2000 年 11 月底，工商银行网上银行已经在全国开通近 200 个地区，覆盖全国主要城市。该系统的运行情况良好，网上交易业务量逐渐增加，其中仅中国工商银行广东省分行营业部的网上转账金额达 44 亿元，大大提高了企业资金划拨效率，吸引了包括摩托罗拉、三星电子、ABB 等 400 多家大企业客户。在稳定大客户的同时，吸收了 30 亿元左右的低成本存款，为广东省分行创造了一定规模的经济效益。其率先推出的 B2B 支付平台，填补了国内空白，缓解了电子商务支付领域的燃眉之急。

综上所述，从网上银行系统近一年多的运行情况来看，该系统功能完备、操作灵活、使用方便、安全控制功能强。该系统的推出，使工商银行可以在 Internet 领域为客户提供安全、快捷的客户服务工具。

十一、中国工商银行后台应用系统

项目编号：200112003

获奖等级：银行科技发展奖二等奖

项目完成单位：中国工商银行软件开发中心

主要完成人员：苏文力、王刚、薛鸿健、胡艳兵、黎建明、蔡东、钱勇、王现、钱湘隆

其他完成人员：卢洪兵、徐泽中、吴际涛、王彦红、曹伟俊、吴炳凤、王榕、赵芯、李伟良、肖景、王栓应、许春生、黄鼎、陈景荣、陆春义、孟宇、吴向阳、徐建华、刘云

项目简介：

随着我国国民经济的不断发展及金融改革的不断深入，金融业务也迅速拓展。为了适应新形势的需要，加强中国工商银行的同业竞争力，中国工商银行开发了新一代综合业务处理系统，在利用计算机技术优势提供全方位服务，满足客户需要的同时，如何更加及时、全面地掌握营业状况，防范、控制金融犯罪，妥善、方便地保存和查阅业务档案，成为十分重要的一个环节。

由于新一代综合业务处理系统采用“综合柜员制”，集会计、零售、银行卡、国际结算等业务为一体，具有事权划分、事中控制的交易处理机制，并且使用大型主机系统进行日常业务处理，数据高度集中。在这种体系结构下，随着业务量的增加，原有配套系统的弊端也充分暴露出来，例如，报表种类繁多，集中打印量大，并且有些报表的使用率较低，增加了打印成本，保管、查阅不方便，事后监督在“分散监督、全面监督”的情况下，劳动强度较大，使监督力度下降。因此，充分研究新系统的特点，立足现实，放眼长远，提供与之相适应的高效、实用的配套系统就成为亟待解决的问题。

中国工商银行后台应用系统设计为新一代综合业务处理系统的配套系统，它应该提供对前台日常业务数据的进一步加工处理，通过文件拆分返传来获取前台的各种业务数据，通过各类报表的打印来反映业务处理状况，通过事后监督来加强风险控制，通过报表缩微来实现快捷、灵活的业

务档案查询功能，为前台各业务系统提供强有力的服务与支持。考虑将来的业务发展及各地区的差异，该系统应具有强大的数据集中处理能力，在较大数据量的情况下，也要有较快的响应速度、较短的处理时间，并且具有很强的灵活性和可扩充性，以满足将来的变化。

文件拆分返传系统作为新一代综合业务处理系统的后台数据集散中心、前后台系统之间的连接枢纽，把该系统设计成一个通用的、每个环境都同时支持多种方案的功能强大的系统，以适应实际生产中千变万化的情况。它具有强大的数据吞吐能力和数据处理能力，以及优良的应用可扩展性，并且在译码过程中，对数据进行了严格的校验，特别是使用完善的汉字校验模块对汉字字段进行校验，以保证输出数据的正确性。

前台业务报表子系统具有先进的客户端 / 服务器体系结构。系统使用优秀的 ORACLE8 数据库和 VISUALC++、ORACLE PRO*C 预编译器。选择这些开发工具，使系统具有强大的数据处理能力，300 多兆的源数据，入库、整理，按照各种条件生成报表数据文件，整个过程半个小时就可以完成。为了保证系统和数据的安全，报表系统提供了完善的用户管理、可靠的数据库及数据安全保障和周密的备份 / 恢复策略。针对旧系统的缺陷，前台业务报表子系统采取了数据集中处理、报表分散打印的处理方式，形成了涵盖所有业务系统的完善的核算业务报表体系，提供了清晰明了的逐级汇总的中文报表。

事后监督子系统将会计、零售、银行卡、资金汇划、中间业务等的监督功能集中一个系统中，真正实现了综合监督的功能。该系统在设计思想上充分体现了中国工商银行总行的改革精神，只核对柜面业务处理情况，对计算机自动处理的业务不再进行监督，同时只监督联机日志，不建立副本账，充分体现了重点监督的原则。该系统对于集中监督的基本原则是以地区为单位建立监督中心，将监督数据和传票送到监督中心进行监督。同时，该系统也考虑工商银行网点分布特点，提供了很大的灵活性，既能实现集中监督，又能兼顾因地域或交通问题无法集中的网点，并且也可在一台服务器上集中进行多个地区的监督业务。该系统虽然实现了对多个临柜系统的统一监督，但对各系统的处理上做到“无缝兼容”，操作人员无须知道正在监督的业务属于哪个子系统，系统会根据操作员录入的临柜交易代码自动切换监督画面，真正实现了综合业务处理的概念。客户端采用 ORACLE 可视化编程工具 DEVELOPER/2000，开发出的程序具有可靠、易维护的特性，由于其专门针对 ORACLE 数据库进行了优化，因此与服务器端衔接流畅、效率较高。同时采用了 VB、VC 等多种开发工具，制作了完善的安装程序和联机帮助等功能程序。

业务档案缩微系统是集历史交易明细数据、报表数据文件的集中处理和存储，报表、历史明细数据的 Internet 查询，以及建立该系统的用户、与系统相关的管理等多方面功能为一体的综合处理网络应用系统。在系统方式设计上，采用 3 级服务结构（工作站—服务器—数据库）、分布式处理机制、海量存储管理，实现系统的无缝扩展和网点零管理；在具体实施中，使用 COM 技术实现数据集中处理，工作站则仅提供用户界面及简单的输入控制，使系统在功能上具备良好的可扩展性、处理数据的安全性。客户端及 WEB 查询模块中在接口上大量地使用控件技术，为应用程序提供简便、快捷的升级手段。同时，使用 DOMINO/NOTES 技术传输报表、历史明细及离线查询数据，保证了数据安全、快速的传输。在数据存储上，使用大型的 ORACLE 数据库、易操作的 ACCESS 数据库及光盘库相结合技术保证了数据海量的存储。在查询方式上，使用在线查询、离线查询及单盘查询的方式为用户提供快捷、方便的本地查询和 WEB 远程调阅。整个系统使用了大量的开发工具，其中包括 VC、VB、VI、PL/SQL 及 DOMINO/NOTES 编程及 API。这些工具的使用保证了系统开发的高效、快捷。

十二、中国工商银行天津市分行日立 -IBM 主机系统换型工程

项目编号：200112004

获奖等级：银行科技发展奖二等奖

项目完成单位：中国工商银行天津市分行技术保障处

主要完成人员：王朝中、张义正、赵荣亮、秦育民、高翔、陈立岩、贯柱军、龚绍亭、齐劲松

其他完成人员：高利仁、陈铮、王强、弓丽英、曹申、沈泉、刘兆鸣、张胜利、陈延红、戴天、卢丹、李立、董晓荣

项目简介：

中国工商银行天津市分行从 1980 年开始，到日立 -IBM 主机系统换型工程项目实施完成前一直使用日立公司中大型计算机处理银行业务。自 1997 年初，主机处理能力不足的矛盾日益凸显，特别是在业务高峰日的高峰时段，CPU 使用率趋于 100%，造成联机终端响应速度慢，超时现象严重，已影响业务的正常进行。此外，中国工商银行天津市分行使用日立公司产品也不符合总行关于统一软件版本（使用 IBM 公司大型机产品）的总体发展规划。因此，中国工商银行天津市分行的计算机系统转型工作势在必行。

该项目是以安导公司计算机（型号为 IS-815，其 CPU 处理能力为 100MIPS）取代日立公司计算机（型号为 M660-H，其 CPU 处理能力为 25MIPS）作为银行储蓄业务系统主机，完成中国工商银行天津市分行大型计算机系统的升级和转型工作。该项目全部设备于 1999 年 8 月到货，2000 年 2 月 8 日投产使用，创下国内同等规模计算机系统引进项目开发周期最短的佳绩。

GS-815 是一种和 IBMS/390 在微码级兼容的主机系统，在此系统上，可以运行 IBM 公司的 MVS、OS/390 系统的各级版本。IBM 公司的软件平台产品主要包括操作系统（OS/390）、层次型数据库产品（IMS）和联机事务处理平台（CICS）；日立公司的软件平台产品主要包括操作系统（VOS3）、结构型数据库产品（XDM）、联机事务处理平台（DCCM3）及 TCP 终端通讯平台（DCCM3/XNF）等。

该工程的主要技术难点在于应用软件的转换。

中国工商银行天津市分行储蓄业务应用软件从 1993 年开始开发，1995 年初投产使用。其应用程序主要是用 COBOL 语言编写的 500 多个程序模块，约 60 万行源代码，开发工作量至少在 20 人 / 年以上。

日立公司与 IBM 公司的软件平台差异巨大，软件人员的任务是克服这些差异，把庞大、复杂的储蓄应用软件系统从日立软件平台迁移到 IBM 软件平台上。类似的工程在国内没有先例，没有经验可以借鉴。

在系统转换方案设计、开发阶段，中国工商银行天津市分行的技术人员充分发挥集体智慧，成功应用中间件（MIDDLEWARE）技术，实现了 COBOL 源代码在异构机之间的迁移复用，使应

用程序的复用率达 70% 以上，大大提高了工程进度和质量。整个 COBOL 源程序的迁移工作是中间件开发和应用程序修改两个阶段完成的。

中间件技术原理的引入，屏蔽了复杂的账务处理逻辑，使软件开发人员不需要过多地了解程序的业务处理细节，只需集中精力，在原来程序的基础上，按照规则进行少量的语句替换等修改工作，就可很快地完成 COBOL 源代码的编程工作。软件开发人员对此工作熟练以后，把一个原来 2000 行源代码的联机交易处理程序从日立平台迁移到 IBM 平台，一个人用一天就可以修改、编译完成，而且质量相当高。如果不是采用中间件技术，而是按通常的软件开发方式，先读懂原来的业务程序，再重新编写，那样的迁移工作势必大费周折。

在测试阶段，该行的技术人员大胆创新，成功运用计算机仿真测试（COMPUTERSIMULATIONTEST）技术代替人工完成大部分测试工作，不仅取得事半功倍的效果，还保证了应用软件产品的质量。

所谓计算机仿真测试技术，就是使用自主开发的软件工具从生产机（日立机）导出日常业务的输入数据，然后加载到被测系统（IBM 机），对被测联机系统（CICS）进行测试的一种方式。该工程应用计算机仿真测试技术的关键在于测试工具。该工具主要由日立机联机业务输入报文导出程序、IBM/CICS 交易加载程序及 IBM/CICS 环境定义程序组成。该工具涉及日立（生产系统）和 IBM（被测系统）两个软件平台，中国工商银行天津市分行的技术人员克服困难，在安岛厂商的支持下，终于研制成功。

如何保证新旧系统平稳切换是该工程实施上的另一个难题。

为保证系统切换的平稳，整个工程分为两个阶段进行。经过半年的设计、开发、测试，应用系统的一期工程于 1999 年 11 月 18 日开通。一期工程是应用系统的试运行阶段，其目的是对应用系统的主要交易，即大部分日间联机交易程序及全部 H 终批量程序进行充分的磨合，减少软件故障率。为此，一期工程只开通基本的储蓄业务，如活期、定期等，不开通 ATM 业务、代理业务等；只开通新营业网点，不涉及老系统的应用数据移植工作。经过两个多月，13 个营业网点的实际生产业务量数据的一期试运行，极大地提高了应用系统的可靠性。

工程的第二阶段（整体一次切换阶段）于 2000 年 2 月 5 日至 2000 年 2 月 7 日顺利实施。在这三天内，主要进行了主机系统硬件设备割接工作、通讯网络的割接工作及全部应用数据移植等工作。经过精心准备、科学组织，主机系统硬件设备割接工作顺利实现，连接的多台前置机（银行卡前置处理机、电话银行前置机等）、遍布天津市的 400 多个营业网点及 400 多台 ATM 等终端，以及网络通讯设备一次割接成功，上千万名客户的账户应用数据移植准确无误。由于利用了春节假期，最大限度地减少了系统切换给客户带来的不便，保证了银行业务的连续性。

该系统投产以后，运行完全正常。由于增强了主机处理能力，使日均最大业务处理量由原来的 30 万笔提高到 50 万笔以上，杜绝了原来老系统日处理业务量超过 30 万笔就死机的现象，维护了中国工商银行天津市分行在广大客户中的形象；加快了柜员对外办理业务的时间，人均办理业务量由原来的 200 笔 / 日，提高到 300 笔 / 日以上，满足了业务发展的需要。与此同时，技术人员还开发了新业务程序，为客户提供品种多样的金融业务服务，主要包括基于电话银行的客户信息查询、实盘外汇买卖、即时转账、银证转账、代理交费、手机银行等业务。新业务的开展取得良好的社会效益和经济效益。

日立 -IBM 主机系统换型工程的完成，实现了中国工商银行天津市分行日立机型向 IBM 机型的转变，向总行电子化、集约化经营目标又迈出了关键性的一步，保证了中国工商银行“九五”科技发展计划的顺利实施，加快了工商银行电子化工程的建设速度。按照总行统一部署，2001 年，中国工商银行天津市分行将使用总行统一的应用软件版本，实现对公、储蓄、信用卡等业务的集中处理，可向社会提供更多的金融产品，有效地提高天津市分行计算机系统的安全性、可靠性，同时提高天津市分行集约化经营能力和管理水平。

十三、中国工商银行加密系统

项目编号：200112006

获奖等级：银行科技发展奖二等奖

项目完成单位：中国工商银行软件开发中心

主要完成人员：苏文力、许燕、张洪晋、徐乐耕、韩韬、刘映镇、王寅、郝颖、谷澍

其他完成人员：金增、云蕾、曾美才、孙雨辰、孙洪阁、黄思颖、霍斌、林景涛、曾志强、吴文伟、简志雄、赵志东、郭伟毅、潘天明

项目简介：

为了满足工商银行综合业务处理系统对系统安全控制方面的要求，中国工商银行总行软件开发中心于 1999 年 9 月开始，组织开发了中国工商银行综合业务处理系统加密子系统（ESE），历时 1 年，于 1999 年 8 月发布。

该系统作为综合业务处理系统的一个子系统，主要负责应用交易安全控制方面的处理，它由 3 个相对独立的部分组成：密押系统、支付密码系统、HSM 系统。

密押系统是在全国资金汇划清算系统中，为了保证银行之间进行的资金汇划数据的传输安全，防止非法窃取和篡改网络数据，或者涂改汇票数据，对资金汇划清算数据报文进行有效的数据防护。发报行的业务主机将准备发报的资金交易数据传送到工商银行的密押机，用全国密钥加押后得到带押的数据报文。收报行的业务主机将接收到的带押资金交易数据报文传送到工商银行的密押服务器，用全国密钥核押后得到数据报文的数据准确性认可。

支付密码系统对企业用户的支付票据进行安全处理，综合业务处理系统的支付密码采用两种方式并存：支付密码器方式和支付密码单方式。支付密码器方式包括银行端的支付密码业务系统和企业端的支付密码器两大部分。企业购买工商银行的支付密码器，使用票据时，利用支付密码器对票据计算生成支付密码，到银行使用票据时，通过主机的支付密码系统对企业生成的支付密码进行校验，以确认票据支付的合法性。支付密码单方式只有银行端的支付密码业务系统，企业客户在使用票据前，到业务网点将票据信息输入支付密码工作站，支付密码工作站将输入的票据信息送到主机房的支付密码系统，支付密码系统计算票据的支付密码，并返回到支付密码工作站，企业客户使用主机计算的支付密码进行交易。

HSM 系统仿照国外业界标准的 RACAL HSM 加密设备，负责完成对零售、银行卡、ATM、POS 和自助终端等系统密钥的生成、客户密码生成和校验、客户密码的加密传输、交易信息的完

整性校验等安全控制。

加密子系统在开发时，遵照软件工程开发规范和国际国内的有关标准，通过软件标准化和开放性技术，采用结构化程序设计思想。系统主要技术特点如下。

1. 该系统为集中处理模式，系统集中运行在中国工商银行数据中心和使用主机的一级分行。

2. 该系统设计采用多机热备份、负载均衡的运行方式，不仅增强了系统可靠性，而且最大限度地提高了系统的利用率和交易的吞吐量。

3. 该系统的加密算法使用国家密码委员会批准的专用加密算法，算法安全性高，密钥存储在专用的硬件加密卡中，不易泄露。校验机使用高速加密卡，加密及解密速度快。

4. 该系统使用统一的主机通讯程序访问加密机，主机通讯程序实现了 CICS 通讯 TASK 对加密机的并发访问控制，减少了交易排队，大大提高了访问加密系统的主机交易吞吐量，缩短了交易访问时间。

5. 该系统的 SNA 通讯网关与 IBM 主机通过 CIPESCON 通道和 100M 以太网连接，采用 LLC2 通讯技术，具有与主机的通讯速度快、稳定性好的特点。

SNA 网关使用微软的 NT 操作系统加 SNASERVER 通讯平台，通讯协议为 SNA LUO。SNA 通讯应用程序使用多线程的方式实现对主机交易请求的并发处理。它实现了与主机 CICS 自动建立 SESSION，SESSION 中断后重新建立的功能，增加了对各种通讯异常情况的处理，最大限度地减少人工操作，增强了与主机通讯的稳定性和高可靠性。

工商银行加密系统目前已经在全行广泛使用，每天处理的交易量达上千万笔，在数据中心业务高峰期可以达到每秒上百笔的交易吞吐量，达到了设计目标，满足工商银行业务运行的要求。

加密系统的投产大大提高了工商银行应用系统的安全性，可以较好地防范来自外部和内部人员的金融犯罪行为，保护客户利益，使客户在工商银行系统做交易更加放心，同时更好地维护了工商银行的信誉，提高工商银行的竞争实力，为工商银行树立良好的社会形象。

十四、中国工商银行客户信息系统

项目编号：200112014

获奖等级：银行科技发展奖二等奖

项目完成单位：中国工商银行软件开发中心

主要完成人员：单怀光、王刚、李金浩、胡德斌、杨红、胡稚弘、徐乐耕、高俊国、韩旭升

其他完成人员：钱伟、王哲才、翁章卫、马泽政、程杰、敖建、陈志祥、韩登云、李玉衡、张勇、范远希、骆璇、蒋日明、李舰艇、韦有华

项目简介：

中国工商银行客户信息系统是中国工商银行综合业务系统的基础，是一个面向该行经营网点的综合性、多功能客户信息处理系统，它抛弃过去以账务为中心的观念，转变成为以客户为中心的服务模式，该系统自 1999 年在中国工商银行深圳市分行投产以来，取得了良好的社会效益和经济效益。随着银行卡系统在深圳的投产，客户信息得到了进一步的完善，增加了客户资信评估功能，为中国工商银行综合业务处理系统对客户进行管理提供了丰富的数据和有效的手段。而后又在北

京、上海等六家分行投产，取得了全面的成功。

中国工商银行客户信息系统包括单位客户信息、个人客户信息、客户信息参数表、开户申请书、资信评估系统，客户信息系统相继在北京、上海、浙江、山东、福建、广东六家分行投产，为综合业务系统在全行的推广开了一个好头，并因此获得了总行授予的“综合业务系统推广特等奖”。

中国工商银行客户信息子系统（Customer Information System，CIS）是中国工商银行综合业务处理系统的一部分。在综合业务处理系统中，客户信息的管理是通过客户信息子系统来实现的。

客户信息系统是实现由以账户为中心向以客户为中心服务观念转变的基础，为中国工商银行的其他业务系统提供客户信息资料，同时也收集在业务系统中生成的客户信息。客户信息系统是综合业务处理系统关于客户资料的建立、维护及查询的一个子系统，目的是为客户建立档案。客户档案独立于账户之外，通过客户信息编号与账户连接。在档案中，提供关于客户的多方面信息，从而大大提高会计的决策辅助功能与控制功能。客户信息主要来源于初始数据和相关的账户信息，初始数据在开户时由业务人员手工输入，账户信息则在开户后通过系统自动追加生成。另外，客户信息系统提供了操作性较强的联动查询功能。

由于 CIS 的存在，业务系统能够有机地结合在一起，便于为客户提供更全面、更方便的服务。CIS 的功能实现范围包括：（1）客户（单位 / 个人）档案管理。凡属于客户提供的档案资料，或以客户号为关键要素建立的档案资料都属于 CIS 管理的范围。CIS 提供的资料为各个业务子系统所公用。（2）记录客户在各个业务系统中建立的账户信息。（3）系统参数表的维护。（4）对客户进行资信评估等其他信息。

客户信息系统立足于面向工商银行综合网点，具有业务综合性、系统安全性、高性能价格比、24 小时不间断服务等特点是国际先进水平的业务处理系统。该系统使用统一平台、技术规范，综合规划、综合设计，具有多项技术方面的优点。

客户信息系统采用 Client/Server 结构，合理分配应用软件，联机交易采用可视化编程工具；操作界面采用 GUI（图形用户界面）全汉化提示，为柜员提供友好的操作界面，部分联机交易采用了交互式对话方式，并可随意使用图标驱动或交易代码驱动进行业务处理；主机操作系统采用 OS390MVS；数据库平台采用 DATABASE2。

CIS 由五个子系统组成，分别是主机联机子系统、批量子系统、主机维护子系统、终端联机子系统和终端维护子系统。

通过终端子系统接受用户输入的数据，经过合法性检查及权限检查后传送到主机。主机联机子系统接受终端送来的处理请求或者业务系统通过 API 送来的处理请求，完成对数据库的处理、记录日志，并且把处理结果通过提示信息代码返回给请求者。主机维护子系统建立 CIS 主机数据库的初始化环境，为 CIS 的生产做准备。终端维护子系统根据 CIS 设定的条件下载主机参数表的数据到终端，并且把参数表的内容调入内存，用以提高终端子系统的运行效率。

客户信息系统推广应用的成功标志着工商银行开发新一代应用系统迈出了关键的一步。因为它是在全新的体系结构下开发完成的，采用了 IBMDB2 关系型数据库、Client/Server 网络架构，以及利用可视化编程工具。这在国内金融界的软件系统中还是第一次。

在研制客户信息系统的过程中，积累了 VISUALGEN 编程、编译的经验；引进了新的柜员管理观念；初步形成了 VISUALGEN 应用处理标准和画面标准。客户信息系统是新的业务子系统的应用核心，业务子系统将通过它有机地联系起来。

在人类历史进入网络信息时代高速发展的今天，中国工商银行客户信息系统的成功开发和投产，不仅使工商银行建立起了国际先进水平的银行经营网络体系，具备了更强的市场竞争能力，而且也使工商银行服务于社会的能力大大增强。中国工商银行综合化的服务，对银行客户档案进行有效管理，对银行客户进行资信评估，划分客户信用等级，有利于加强内部管理、防范金融风险、降低运营成本，有效地提高社会资金的使用效率，使客户在工商银行办理存、放、汇业务更安全、更方便、更快捷，更好地适应现代金融业务发展的需要，使工商银行真正成为客户“身边的银行，可信赖的银行”。

客户信息系统作为中国工商银行综合业务处理系统的基础，彻底改变了过去以账户为中心的服务观念，实现以客户服务为中心，同时为工商银行的业务系统提供客户信息资料，同时也收集在业务系统中生成的客户信息。由于 CIS 的存在，业务系统能够有机地结合在一起，便于为客户提供更全面、更方便的服务。同时为其他系统的良好运行提供了坚实的基础。

充分发挥工商银行的科技优势，充分调动技术人员的积极性，去开拓新的应用领域，不断创新。为广大银行客户提供安全、可靠、方便的金融服务，树立工商银行的良好形象，开拓新市场，为工商银行吸收更多的低成本存款，创造良好的经济效益和社会效益。

中国人民银行科技司于 2000 年 11 月 20—21 日在北京组织的科技成果鉴定会上，该系统被确定为“国际先进水平”。

十五、中国进出口银行办公自动化网络应用系统

项目编号：200112021

获奖等级：银行科技发展奖二等奖

项目完成单位：中国进出口银行总行信息科技部、融商新一代软件公司

主要完成人员：王云生、陈立功、王蕙、晋晓东、朱英春、闫石、吴燕晖、李军、陈炜宁

项目简介：

中国进出口银行办公自动化网络应用系统（Office Automatic Network & Application System of Eximbank,OANAS），是依照中国进出口银行行领导对《关于业务系统与办公自动化系统分别组织开发的请示》批示精神立项研制的一个综合信息网络应用系统。该系统根据国有政策性银行的特点，突出贯彻实施国家政策的要求，旨在促进银行办公事务和信息处理现代化进程，通过高科技手段提高办公效率，改善服务水平。

该系统主要由以下几个子系统组成：电子邮件子系统、行内办公信息子系统、部门办公信息子系统、部门业务专项管理子系统、总行局域网和全行广域网子系统及 Internet 服务子系统等。

在系统结构方面，该系统采用客户 / 服务器通用结构。主服务器采用 SUN 公司 3500 型企业级服务器，运行 SOLARIS8.0 操作系统和 LOTUS DOMINO 5.0.3 应用软件平台，Internet 服务器系统采用 IBM 公司 NETFINITY5500/5000，运行 MICROSOFT NT4 SP4。客户机为 HP、IBM 及联想微机，基本配置全部在 PIT266 以上，运行中文 Windows98、LOTUS NOTES、

MSIE 等系统及软件。广域网及 Internet 接入方面使用 CISCO3600/2600/1750 系列路由器，局域网采用 IBM8274 型路由交换机及 IBM、联想公司的普遍交换机产品等，网络通信协议采用 ATM、DDN、TCP/IP 及 TPX/SPX 等。

该系统采用层次型网络结构，在中国进出口银行总行和各地代表处分别建立局域网，总行与代表处之间通过市区租用 DDN 线路、长途租用 ATM 线路的方式组成广域网，PSTN 线路作为广域网备份线路，全行的办公用机全部接入一个整体网络，形成全行统一的办公自动化网络应用结构。为发挥网络效益，整个网络安装网络打印机近 40 台，较好地实现了网络打印的功能，满足了全行员工打印的实际需要，节省了大量的设备投资。

在应用功能方面，该系统实现了与 Internet 的连接与信息共享，全行全体员工内部电子邮件及与 Internet 电子邮件子系统全部开设、开通；开发行内应用及部室级应用数据库近 100 个，开发部室级专项应用数据库 24 个，行内信息发布、通知通告、意见与建议、公共信息、网上讨论、行长信箱、文档管理、人员管理、部门工作总结、员工思想园地、车辆管理、电话记录等多项应用实现了自动化统一管理功能，基本实现了全行政策信息、办公信息的快速传递，各类综合业务管理信息的共享，以及全行协同工作的目的，满足了全行服务集成、统一维护管理的要求。

该系统实行全行网络统一安全管理策略，分别在网络级、系统级与应用级运用了多种安全防范技术。在内部网络控制方面，利用网络域及 NOTES 数据库权限控制实现了对网上数据的安全保护；在 Internet 接入方面，采用了 MICROSOFT CHECK POINT 和 SUN SCREEN 软硬件技术，构造两道“防火墙”，将内部网络与外部网络相对隔断，具有较好的安全性。

中国进出口银行办公自动化网络应用系统切合国有政策性银行的实际要求，应用范围广，目前该系统已在中国进出口银行总行及各地代表处推广应用，全行员工应用率达 100%，应用项目达 120 余个，取得了较大的经济效益和社会效益。整个系统从高起点、高要求设计原则出发，技术先进，系统结构清晰、规范，运行稳定可靠，客户界面美观简便、可维护性强、扩充性好。该系统设计、开发、投产与运行全过程实施目标管理，各种文档编制严格遵照国家及中国人民银行有关标准、规范进行，较好地保证了项目的顺利实施。通过该系统的研制，培养了一批技术人员，积累了许多银行电子化建设经验，建立了大量相关规范与管理办法，对今后中国进出口银行计算机技术应用推广具有重大的积极意义。

十六、中国建设银行人力资源管理信息系统

项目编号：200115023

获奖等级：银行科技发展奖二等奖

项目完成单位：中国建设银行

主要完成人员：陈彬然、孙玉辉、林磊明、杨泽新、周理文、刘东杰、陈亮、李政、刘建伟

其他完成人员：韩勇、程燕、曹文中、邱斌、王建军、孙力

项目简介：

一、概述

为实现对全行机构资源和人力资源的集约化管理，中国建设银行总行于 1999 年主持开发人力

资源管理信息系统，并在全行范围内推广使用。该系统主要由以下8个子系统组成：资源概览子系统、信息管理子系统、信息分析子系统、报表统计子系统、人员控制子系统、考核子系统、同业信息子系统和政策文件子系统。

中国建设银行人力资源管理信息系统是覆盖总行、一级分行、二级分行及三级机构的大型网络应用系统。该系统依托建设银行企业内部网，采用 Client/Server 结构，客户端软件以 LOTUS NOTES 为基础开发平台，同时利用 DELPHI5.0、VB6.0 开发出大量控件以弥补 LOTUS NOTES 在复杂编程方面的不足。后台服务器使用 AIX 或 SCO UNIX 操作系统、INFOXMIX 大型数据库。客户机使用 BDE 数据引擎通过 TCP/IP 协议与数据库服务器连接。通过企业内部网，总行、一级分行、二级分行分别与本行数据库服务器连接，上下级行之间通过 LOTUS NOTES/DOMINO4.6 复制机制保持数据同步。

二、系统组成

1. 资源概览子系统。资源概览子系统以图文并茂的方式对全行机构、人员、工资福利、培训和同业情况进行全面的概述和动态分析。系统数据内容以超文本方式与后台数据库进行动态连接处理，并随后台数据库数据的变化定期进行更新。此功能主要使用了 OLE 嵌入及 MICROSOFT WORD VBA 技术。

2. 信息管理子系统。信息管理子系统是人力资源管理信息系统的基础部分，主要完成对机构和人员信息进行日常维护和动态的查询统计，包括机构和人员信息增减、维护处理、档案浏览、动态查询、常用表格、名册、机构地理信息等功能。其中，查询统计利用自行设计开发的 SQL 语句生成器动态生成 SQL 语句，可以任意条件组合进行查询，同时以图表的形式定义输出。支持自定义模板制作动态表格，如干部任免表、工资审批表等，同时在机构管理上引入空间管理理念，用地图方式对所有机构的信息和地域分布情况进行管理。

3. 信息分析子系统。信息分析子系统通过信息管理子系统中采集的原始数据，建立人力资源决策信息库。在此基础上可以对机构资源、人力资源、同业信息进行统计和分析，并以直观的图形方式输出结果，支持“逐期增量”“定基增长”“环比增长”等多种处理方式。该子系统以数据仓库技术为基础，按照季度自动从基础信息库中抽取相关信息，可以实现面向主题的多维分析。

4. 报表统计子系统。报表统计子系统可以实现干部、劳资、组织等各类复杂和动态报表的自动统计工作。采用 DELPHI5.0 研制开发出类 Excel 报表统计平台，具有动态报表样式、动态设置报表统计条件、自动上传下发、自动统计汇总和自动校验表内表间平衡关系等功能，在行列统计的基础上可以单元格形式定义条件，实现了对当前和历史报表的存储、检索和分析。

5. 人员控制子系统。人员控制子系统通过抽取人员自然属性信息建立特征信息库，可以使总行对全行员工变化进行动态监控，掌握全行员工增员、减员和员工信息变动的类型，从真正意义上实现了建设银行对全行员工的集约化管理，从管理和技术上杜绝了个别分行在人员管理方面违规操作的问题。

6. 考核子系统。考核子系统由领导班子考核和员工考核组成，在员工考核中，可以按员工群体分为系统干部考核、领导干部考核和一般干部考核，按考核类型分为日常考核、年度考核和任期考核。该考核子系统利用 LOTUS NOTES 的安全机制，同时采用 128 位 DES 算法对后台数据进行加密来保证数据的安全。

7. 同业信息子系统。同业信息子系统主要用来掌握金融同业机构人力资源管理的总体发展情况及中国建设银行所处位置，并作专题分析，包括机构分析、人员分析、工资分析、福利分析四项内容，提供了数量分析、趋势分析、差值分析、极值分析等多种分析方式。

8. 政策文件子系统。政策文件子系统完成人力资源相关文件的管理、检索、查阅等功能。提供扫描录入、信息转入和手工录入等多种方式。政策文件子系统以 NOTES 文档数据库为存储载体，全部信息存储在 NOTES 库中。

三、系统特点

中国建设银行人力资源管理信息系统应用了数据仓库、Intranet、LOTUS DOMINO/NOTES、OCX 控件、DELPHI、VB、AIX、SCO UNIX、INFORMIX、多媒体技术等一系列国际先进的软件开发技术和现代人力资源管理理念，设计思想先进，系统结构清晰，在国内金融系统处于领先水平。

1. 动态指标体系。该系统的指标体系以国家标准（GB/T14946）为基础，同时参照建设银行现有的技术标准，对国标中未涉及的领域根据建设银行人力资源管理的实际情况进行了扩展。规范的指标体系使该系统与同类系统具有良好的兼容性和可接口性能。该系统指标设置涵盖了机构资源和人力资源（含正式职工、非正式职工、临时工和劳务用工、离退休职工）等领域，包括 39 个信息子集、387 个指标项。该系统通过建立中间表（middletable）和项目字典表（itemdict）建立动态指标体系结构，提高了系统的应变能力。

2. 全面的功能设置。该系统除实现传统意义上的机构、人员档案管理功能外，在数据类型上设置了机构地理信息、人员照片和多媒体音像等信息；在功能上设置了信息分析、动态报表、查询统计、人员控制、考核等功能。同时采用 OLE 技术实现了与 Excel 等办公软件的无缝连接。该系统功能设计和实现上力求引入全新的思想、理念，从信息到功能基本涵盖了当前建设银行人力资源管理与开发工作的各项内容。

3. 可靠的安全保障。该系统从信息维护权、访问权和功能使用权三个方面进行安全性设计，按照工作岗位划分使用权限，有效地保证了信息的安全。对于干部考核、后备干部等绝密信息，采用 128 位 DES 算法进行加密，保证了信息的绝对安全，即使对系统有深入了解的技术人员也无法访问这些信息。

4. 网络化的信息管理。该系统的客户机通过 INFORMIX-CLI，利用 Borland 公司提供的 BDE（Borland Database Engine）访问 INFORMIX 数据库，经实际测试，运行效率比常用的 ODBC（Open Database Connectivity）技术高出一个数量级。上下级机构之间借助企业网，利用 DOMINO/NOTES 的复制技术进行数据交换，该系统采用 SQL 日志（SQL LOG 和 SQL LOGBLOB）上传技术，可以实现仅传变动信息，大大降低了网络资源占用，提高了传输效率。

四、使用效益情况

1. 经济效益。中国建设银行人力资源管理信息系统的经济效益主要体现在两个方面：一是在对全行的人员管理方面，解决了人员虚报、漏报的情况，系统推广当年全行就上收空额指标 1 万多个，其直接经济效益显著；二是提高了统计工作的质量和效率，通过这一系统，仅全行一年一度的报表工作就可以节约差旅费和加班费用约 624000 元 / 年度。

2. 社会效益。中国建设银行人力资源管理信息系统的推广及应用不仅能够实现中国建设银行总行在统一法人体制下及时、准确和全面地掌握该行机构资源和人力资源情况，为各级领导提供准确、翔实的人员、机构、劳资、培训和同业信息，为领导决策提供充足的数据支持，而且能够提高中国建设银行人力资源管理的工作效率和工作质量，实现资源的充分共享。通过现代信息技术的引入和应用，将改善一些思想观念和工作方式，为合理配置资源、优化使用资源、公正评价资源，以致充分发挥中国建设银行人力资源整体效能都将产生积极的作用。

十七、调查统计业务处理系统

项目编号：200111025

获奖等级：银行科技发展奖二等奖

项目完成单位：中国人民银行统计司、中国人民银行沈阳分行

主要完成人员：赵润静、刘朝晖、张敖、何昕蒙、王宏斌、李海昌、李佳良、符林、乔宇

其他完成人员：陈立君、王伟、刘凯、王茁、赵治本、董毅、孙英、安荔、张志东、姜巍、王彬航、李家先、徐洁勤、张倩、王文浩、张军

项目简介：

为适应日益变化的调查统计业务的发展，建立科学的全方位的数据采集体系，1997 年 4 月中国人民银行统计司和科技司决定开发调查统计业务处理系统，由中国人民银行沈阳分行科技部门具体组织实施。

该系统采用快速原型法思想、客户 / 服务器（C/S）模式，利用面向对象的开发工具 VB 完成，并将软件工程技术、数据仓库技术、数据字典技术、软件重用技术、系统集成技术应用到设计之中。整个系统由后台数据库部分和前台应用程序部分组成。后台采用非面向对象的关系数据库管理系统 RDBMS，由 MS SQLSERVER 实现对应用数据的组织，完成安全性、完整性维护，以及存取控制；前台应用程序部分利用 VB 提供的可视化编程技术实现用户的各种需求。

该系统界面友好，功能完备，使用方便，运行稳定，提供动态的录入环境，可进行任意组合的汇总输出，代表了金融统计业务应用的发展方向；采用标准化接口，使面向 WEB 开发、加入 Intranet 和办公自动化系统成为可能，表现出良好的扩展性；采用四级安全措施：网络级、操作系统级、数据库级和应用级，数据与程序分离，具有良好的安全性。

该系统通过对全国 5000 户重点企业的经济活动定期调查，以及通过对总行当前关注企业的临时问题调查，了解我国工业企业景气状况及发展趋势；通过对城乡居民储蓄情况和消费情况的调查分析，了解国民生活动态，为国家制定经济政策和中央银行制定货币政策提供有力依据；时间序列数据库的建立，实现了金融数据的共享，为经济金融决策分析提供强有力的支持。

1999 年 7 月，在中国人民银行科技司、统计司的组织下，在中国人民银行沈阳分行的配合下，完成了该系统在全国的业务技术培训和应用推广工作，得到了总行及各级分支行用户的肯定，创造了良好的社会效益和经济效益。

十八、中国人民银行天津分行金融综合通信应用网

项目编号：200111027

获奖等级：银行科技发展奖二等奖

项目完成单位：中国人民银行天津分行

主要完成人员：何成玉、王永勤、李双玺、任宇光、贺晓云、张轶林、薛素巧、翟悦、刘楠

其他完成人员：梁志平、刘海涵、邢凤起、刘鹏、张继胜、李书海、邢景强、包力尔

项目简介：

金融综合通信应用网是中国人民银行天津分行建立的辖区内金融数据传输网、专用电话网、专用会议电视系统，是一个集数据、语音和视频为一体的综合性多媒体网络系统。该系统已经建成，并于2000年初开始投入应用，2000年12月通过中国人民银行总行技术鉴定。

该系统在中国人民银行天津分行辖区（天津、河北、山西、内蒙）范围内，利用中国金融数据通信网建立了拥有40个会议电视网点、10000多门IP电话及多种数据传输的信息系统应用。该系统涉及电信技术、网络通信、计算机局域网及广域网、H.323会议电视技术、MCU级联技术、H.323与H.320会议电视系统互联技术、网络OverIP技术、改善QoS机制的相关技术。该系统实现了数据、语音、视频与业务的多网合一的应用。

该系统在技术、功能和管理上用到了电信、电视、计算机三网融合技术，并且投入了实际应用。

该系统自2000年初投入使用以来，在中国人民银行天津分行全辖区发挥了巨大的作用。人民银行天津分行使用该系统已经召开了30多次电视会议和培训班，全辖区各中心支行之间电话通信大部分都用IP电话进行，天津分行和各中心支行利用该网络在系统内部发布、传递各种信息并实现了全辖区信息联网、资源共享。该系统运行安全、稳定、可靠，应用规模大，覆盖范围广，为天津分行全辖区提供了一个高效、快捷的网络平台。该系统的应用大大提高了全辖区电子化应用水平，并对全国同行业产生了极大的影响，该系统会议电视模式和IP电话应用已在全国其他行业和部门引起关注，对国内多媒体技术应用产生了积极影响，具有良好的推广前景。该系统会议电视模式（采用基于H.323协议技术）已经在人民银行6个大区行100多个地区推广。

一、系统功能

金融综合通信应用网主要功能是数据通信网、电话通信网、会议电视网，即实现在中国人民银行天津分行辖区内35个中心支行和311个县支行，以及各级行、各部门计算机数据通信联网；辖区内分行至各中心支行及部分县支行专用IP电话通信；辖区内可随时召开专网电视会议；该网与中国人民银行总行及辖区内各商业银行实现网络连接；同时实现天津分行和省会中心支行的网络分级管理。符合中国人民银行总行内联网技术规范，既满足了当前业务需求，又保证了适应今后发展的要求。

1. 数据通信网络。数据通信网络是该网络最基本的功能，数据通信网络为辖区内各级行提供数据通信服务，并使各局域网互联，天津分行对各中心支行网络系统进行管理和控制。网络具有网管功能，并在该网络平台上提供电子邮件和各种信息系统服务功能。

2. 电话通信网络。电话通信网络是在中国人民银行天津分行辖区内建立的IP电话网系统，该

电话网覆盖了天津分行及辖内的3个监管办、35个中心支行和个别县市支行。电话通信专网实行辖区内统一编码。专用电话网实现了网内各级行之间、各部门之间的通话和收发传真，为辖区人民银行系统内提供了快速、安全的电话联系及传真服务，并与公用电话网联通互为备份。

3. 会议电视网络。会议电视网络是指覆盖中国人民银行天津分行辖区“三省一市”各中心支行及北戴河疗养院共40个会议点的会议电视系统。该系统与IP电话及数据通信网资源共享，综合利用了线路及设备资源，以减少线路租金和设备投资，避免资源浪费。会议电视系统建成后，实现了在全辖区随时可召开电视会议，以及异地上下级的面对面沟通。该系统具有快捷方便、直观可视、节省费用的特点。

二、技术特点

金融综合通信应用网系统设计主要有以下几个方面的考虑：满足功能需求、采用技术先进、综合利用、节约投资、设计合理。系统实现数据、语音、视频“三网合一”，即实现数据通信网、IP电话网、电视会议网在同一个物理网上运行，实现电路资源共享PVC；在网络功能上实行逻辑分离、分类管理、自成体系、集中控制、分级管理、用户权限管理。该系统主要技术包括以下十一个方面：（1）路由技术。路由器采用动态路由技术，可根据网络中的步跳、网络带宽、负载及费用进行综合衡量决定路由，支持路由更新的认证机制，提高安全性，支持大规模的网络路由更新及可变长子网掩码。（2）QoS（包括时延）技术。采用路由器中内置的服务质量保证（QoS）技术，保证时延的抖动在一定范围内，在低带宽的广域网线路中也能保持高质量传输。（3）带宽合理占用及保证。根据试验的测试及厂家提供的理论数据经计算后，对各类多媒体信息占用的带宽固定，既保证各种数据信息畅通又可使各种信息在必要时突发共享电路资源，支持IP电话的路由器，可对话音进行数字压缩，采用实时传输协议（RTP）的包头压缩技术及静音抑制技术，减少对带宽的占用。（4）综合应用保证。路由器采用的NHRP（Next Hop Routing Protocol）协议，减少在省会中心支行对中转IP包的转发，从而降低省会中心支行处的接入线路带宽。（5）H.323会议电视技术采用基于IP的H.323协议解决方案，实现了音频、视频及数据在以IP包为基础的网络——LAN、Intranet、Extranet和Internet上的通信。（6）先进的IP语音处理技术。IP电话技术是通过数据网络传输话音的技术。通过支持IP电话的路由器，可对话音进行数据压缩，采用实时传输协议（RPT）包头压缩技术、静音抑制技术，减少对带宽的占用。（7）电话网关（GW）。用户程控交换机通过IP电话网关（GW）接入IP专用网络，与专网内用户进行语音通信。在IP电话专网实现呼叫控制功能，并进行地址翻译、带宽控制和管理、注册控制与管理、呼叫鉴权、呼叫控制信息和管理等功能。（8）科学合理的电话编码。本着“便于记忆，使用方便，科学合理，统一编码”的原则，对中国人民银行天津分行辖区内各级行专用IP电话进行了统一编码。实践证明，该编码方案应用效果良好，受到了全行各级用户的好评。（9）先进的多媒体技术。该系统涉及计算机局域网、广域网、网络、会议电视技术、通信技术、集成技术等多项技术的应用，是一个典型的多媒体技术应用。其中用到的H.323会议电视技术、MCU级联技术、H.323与H.320会议电视系统互联技术、网络OVERIP技术、改善QoS机制的相关技术等都是目前国际先进技术。（10）三网融合技术。该系统在技术、功能和管理上都用到了电信、电视、计算机三网融合技术，并且在实际工作中投入了应用，这在国内是首创，为今后三网合一应用探索出一条路子，随着现代通信技术的迅速发展及宽带网的应用，这种基于 IP 技术的网络应用必将成为今后网络发展的方向。（11）科学的管理。为保证该系统的运行及管理，中国人民银行天津分行建立了一整套的管理办法和操作规程，在项目建设过程中始终贯彻“五统一”的原则，在管理上实行“三分建设，七分管理”，加强系统的全面应用。

三、经济效益和社会效益

中国人民银行天津分行金融综合通信应用网系统建成后投入运行，实现了在中国人民银行天津分行辖区内可随时召开电视会议，及时贯彻各项方针政策、落实解决各种问题，也可开办电视讲座、培训班，进行各种业务培训或进行点对点谈话；可利用 IP 电话拨打辖区内各中心支行专网电话；利用该网络可进行数据信息快速传输。中国人民银行天津分行金融综合通信应用网自 2000 年初在全辖区全面推广应用以来，系统性能稳定，运行良好。中国人民银行天津分行辖区内利用金融综合通信应用网共召开了电视会议 30 多次，共节省会议费开支超过 2000 万元，会议电视系统的应用节约了大量的费用开支。IP 电话网应用也取得可喜成绩，全辖区内各中心支行的专网电话已全面开通使用，IP 电话的应用使全辖区通信费用大大减少，2000 年全辖区通信费比上一年减少 1322 万元，既节约了大量的电话费，又方便了各级行的业务联系，产生了较大的经济效益和社会效益。数据通信网的应用也大面积延伸和推广，中国人民银行天津分行数据通信网与总行内联网配套，为分行机关各处室和各中心支行有关部门都开通了电子邮箱，解决了分行与辖区内所有中心支行业务部门之间数据传输的迫切需求。分行和各中心支行都可利用该网络在系统内部发布、传递各种信息，并实现了全辖区信息联网、资源共享。

十九、国家开发银行非现场稽核与风险预警系统

项目编号：200111031

获奖等级：银行科技发展奖二等奖

项目完成单位：国家开发银行稽核评价局、国家开发银行信息中心

主要完成人员：瞿映华、陆德、邱胜利、郭濂、虞育新、王兰丽、王瑾、鲁佑明、陶莉

其他完成人员：张洪迅

项目简介：

国家开发银行非现场稽核与风险预警系统是国家开发银行合并原中国投资银行后在实行二级管理体制的背景下，为适应国家开发银行履行政策性银行职能，加强非现场监管工作，根据中国人民银行非现场稽核监管指标报表填报的需要，按照原国家开发银行行长陈元关于对信贷管理实施全过程、全方位监控，对新增贷款逐个、逐年跟踪，对资金运行进行实时监控的指示精神，而立项并组织研制开发的。该系统充分应用先进的 IT 技术建立开发银行经营风险非现场稽核监管体系，防范和化解金融风险，促进开发银行经营业务的稳健运行和发展。该系统以网络版本组成，通过广域网对全行系统的信贷管理、会计核算和资金运动实施动态、实时监控。该系统已于 2000 年 12 月 29 日通过了中国人民银行支付科技司组织的科学技术成果鉴定。鉴定委员会一致认为，该系统设计思想高、适用性强。该系统已覆盖 28 家分行，在银行系统非现场稽核与风险预警方面处于国内领先水平。

该系统于 2001 年上半年在全行系统 28 家分行推广应用。从推广应用的效果看，该系统不但提高了非现场稽核监控工作的及时性、全面性和风险预警性，而且还开辟了业务创新领域开展网络系统的非现场稽核监管工作。全行系统实施三级监控，即总行稽核评价局、驻分行 9 个稽核专员组、各分行稽核监察处都可以通过该系统按照其访问权限，完成对全行经营风险监控、监测指标（58 项指标）实施风险指标预警；各分行会计核算系统、信贷管理系统进行财务稽核和项目跟踪监控；对全行的资金运动进行实时监控，尤其是对全行 1800 多个信贷项目（8000 亿元资产）的本息回收、不良资产（五级分类）状况实施全过程、全方位的动态跟踪监控。非现场稽核监管的方式超越了传统现场稽核监督每年一次的时间局限，大幅度提高非现场稽核监控和风险预警的及时性和预警性，大大提高了防范金融风险和稽核监管工作效率，节省稽核费用，社会效益和经济效益极为显著。

该系统采用先进的总行数据处理大集中模式，基于 WEB 模式的应用软件系统，使用美国赛仕研究所 SAS/INTRNET 作为 WEB 服务器，采用 JAVA、JAVASCRIPT 及 SAS 软件工具作为主体开发语言。选择 WindowsNT 作为后台网络操作系统平台，Windows98 版本以上作为前端平台，后台数据库为 IBM DB2，前端平台通过浏览器进行操作。数据通讯以 TCP/IP 协议为基础，通过广域网、局域网和通信技术为载体开发成的开发银行非现场稽核与风险预警系统。数据的集中处理，使原本各分支机构需要专人处理的数据由总行统一自动处理，由于数据来自一线业务的原始数据，确保了数据的真实性和准确性。同时，大大提高了全行经营风险非现场稽核预警的时效性和一致性，克服了银行系统传统稽核监督手段的局部性和风险信息的时滞性。

从应用方面来看，该系统使用简便灵活，功能强大，可扩展性强，用户界面友好，数据准确、安全，并实现了不同计算机业务系统按照开行信息化标准实施数据的自动转换和采集。该系统通过每日数据的加载和更新，数据使用日期比系统使用前提前了 10 天以上，大大提高了数据应用的时效性，为及早发现和预警风险赢得了时间。该系统采用 Internet 结构，运行于国家开发银行广域网上，因此，该系统为各级稽核监控人员和有关领导干部提供了先进的电子化办公手段。

从技术上，该系统有以下四个方面突出的技术特点：（1）以开放性 Internet 技术标准为基础，采用 WEB/BOWSER 体系结构，规范并统一全行经营管理业务信息的连续采集过程，以数据处理大集中模式将全行各类信息统一储存于总行基础数据库，体现全行基础数据的唯一性要求，使基础数据有统一的来源、统一的计算口径、统一的展现，解决了数据唯一致性问题，在电子银行总体框架下对全行资金的流动性、效益性和安全性风险实现了实时预警监控。（2）以总行统一的服务器数据整合交换技术，采用基于 WEB 的 SAS 统计分析系统工具开发本系统，实现与 IBM DB2 数据库之间的数据交换，使总行、分行各用户能通过浏览器直接访问各授权范围内的稽核监控业务。（3）建立总分行非现场稽核预警网络系统，实现总分行监控、监测经营风险非现场稽核预警指标体系（58 项指标）。全行建立三级非现场稽核预警监控模式，总行稽核评价局、驻分行稽核专员组和分行稽核监察处按照权限分别对总行、分行的信贷管理、会计核算、资金运动实行动态、实时的非现场稽核预警监控。（4）采用灵活的数据接口、公式体系和活动图表设计，提高系统的灵活性、可维护性、可扩展性和对业务变化的适应性。系统数据储存时间为 5 年，其间以时间段为 5 个月、5 个季度、5 个年度范围内实现同比、定基比等各种图表趋势分析，并及时发现问题和提出预警信号。

二十、交通银行信贷管理信息系统

项目编号：200116039

获奖等级：银行科技发展奖二等奖

项目完成单位：交通银行电脑部

主要完成人员：郑良玉、蓝福民、胡丹、宗晓燕、萧明明、徐裕善、陈云、穆建军、盛毅皿

其他完成人员：牛丽娟、颉刚

项目简介：

一、概述

交通银行信贷管理信息系统是为适应交通银行新的信贷业务运作和管理体制而进行全新设计开发的系统。该系统于 1998 年 11 月在交通银行总行立项，经过近一年的开发、推广工作，目前已在全行范围内运行，建立了 1 个总行数据处理中心、86 个分支行数据中心，连接全行 650 个信贷网点，构成了一个完整的信贷数据处理网络体系。

交通银行的信贷管理信息系统是以信贷风险防范为目标，以客户管理为基础，以业务处理流程为主线进行设计开发的。该系统完整地记录了信贷业务处理过程中所涉及的客户信息、业务信息及账户信息，并对每一笔信贷业务变化发展的历史数据进行完整的记录。该系统对收集的各类信贷业务信息进行进一步的整理、加工，产生供各层次管理所需的报表和信息资料，并产生上传数据。系统提供灵活的查询手段，使业务部门可以方便地对业务历史数据进行查询、分析，对业务发展趋势进行预测。

在该系统的开发和推广过程中，采用了世界银行技术援助项目加强交通银行信贷流程中对信贷 MIS 系统设计方案所提出的有关建议，对授信管理、信贷审批流程、风险监控等部分进行了重点的改进，以适应信贷业务的需要。

二、系统特点

1. 全行性的信贷管理数据库。交通银行信贷管理信息系统是一个分布式的、网络化的大规模数据库应用系统，目前已经建立起了总行信贷数据处理中心，在 86 家分支行分别建立起了分行级的信贷数据处理中心，形成了总行、分行、信贷网点三层结构的信贷数据网，各信贷网点所发生的一切业务，通过这样的数据网，及时地汇总到总行数据库，分行数据中心存储所辖信贷网点的所有信贷数据信息，总行数据中心拥有主要客户或全部客户的数据信息，总分行数据库之间保持数据的一致。

2. 完整的信贷管理综合信息平台。在交通银行信贷管理信息系统中，已建立了一个比较完整的信贷数据指标体系，形成了信贷数据综合信息平台。其中，客户信息指标有 320 个，贷款信息指标有 89 个，存款信息指标有 40 个，承兑汇票、信用证、保函的信息指标有 110 个，授信管理指标有 30 个，信贷审批指标有 15 个，风险分类的数据指标有 80 个，完全满足了信贷业务和管理的日常需要。

信贷管理综合信息平台已成为交通银行信贷管理信息系统和信贷业务处理的信息标准。一方面，使信贷业务处理系统的各种不同信息和处理纳入统一、完整的体系中；另一方面，也为信贷

管理信息系统的各项高层次运用提供完整的基础数据源。

3. 以客户信用等级评估为代表的风险分析模型。客户信用等级评估是利用企业所提供的财务数据和一些非财务的定性数据，通过信用等级评估的测算模型进行计算，从而得出最终的等级。交通银行信贷管理信息系统已经把原来的信用等级评估子系统纳入统一的信息平台中，与系统中的其他模块有机地结合在一起，成为一个完整的整体。

目前，用户只要将客户的企业财务报表输入系统内，系统就能计算和打印出规定的财务分析指标、现金流量分析指标，同时，根据信贷台账系统中所记录的客户在用银行的信用情况，按照设定的行业分值卡的数值，自动建立客户信用测算模型进行测算，得出客户的信用等级。

在各个分行每年对客户进行等级评估的基础上，总行收集了全行近几万户企业财务数据和评级数据，利用全球著名的 SAS 统计分析软件，对一些财务指标进行主要行业的聚类分析，得出行业财务指标的平均值，同时，对行业的分值卡进行更细致的调整，作为下一年度的评估参数，从而使信用等级评估朝着更加科学、更加精细的方向发展。

4. 对公业务系统数据的自动引入处理。交通银行信贷管理信息系统与对公业务处理紧密相连，业务数据发生的确认和余额数据更新，最终是以对公系统账务数据为依据，从而保证了信贷系统业务数据的准确和完整。同时，信贷系统还直接转入对公系统中的客户存款数据、贷款计息和欠息等大量的账户类数据，并进行分类汇总，定期分析，扩大数据来源。

为提高对公数据引入的效率，利用 UNIX 操作系统中所提供的后台进程处理方式，建立了对公数据自动转入程序，通过监测指定目录下文件存在的情况，将对公业务系统传送过来的数据包进行解包、检测、转入等操作，实现数据转入的自动操作，避免了人工干预和守候。在对公业务系统中，专门制作了信贷数据的转换接口程序，在每天营业结束后，由对公系统自动把与信贷有关的数据转换出来，压缩打包，传送到分行服务器，在营业结束后的空余时间段中，进行自动转入处理。

三、系统的经济效益和社会效益

交通银行信贷管理信息系统自 1999 年 10 月在全国范围推广以来，全行上点率为 100%，2000 年 3 月又推出了 1.2 版，增强了许多业务功能，整个系统运行稳定，已满足了交通银行信贷业务处理和信贷管理的各层次需要。该系统已改变了信贷业务管理的传统操作方式，实现了信贷数据信息的收集、加工、统计、汇总的电子化和自动化，规范了信贷业务的操作流程，有效地抑制了贷款风险的发生，大幅度提高了信贷工作的效率和质量。在该系统的支持下，交通银行顺利地完成了 1999—2000 年的客户信用等级评估工作，完成了 2000 年全行贷款风险分类工作，并顺利地完成了上报人民银行信贷登记咨询系统的数据上报工作，有力地支持了交通银行信贷工作的开展，并取得良好的经济效益和社会效益。

二十一、点阵动态衍射图开窗式安全线的研制

项目编号：200128047

获奖等级：银行科技发展奖二等奖

项目完成单位：中钞信用卡厂、保定钞票纸厂、成都印钞公司

主要完成人员：张静方、徐正铭、田德卿、李尚昆、刘立民、常为民、冯振基、常和峰、叶中东

其他完成人员：朱军、骆富文、程军、刘志新、王艳英、张荣禹

项目简介：（略）

二十二、点阵动态衍射图防伪技术在钞票上批量转印的应用研究

项目编号：200128048

获奖等级：银行科技发展奖二等奖

项目完成单位：中钞信用卡厂、上海印钞厂

主要完成人员：张静方、王葆云、叶中东、朱军、李尚昆、刘立民、冯振基、赵永才、刘志新

其他完成人员：杨四九、陈元龙、王明武、邵国伟

项目简介：（略）

二十三、国家金融行业标准《印制专用号码机》

项目编号：200128049

获奖等级：银行科技发展奖二等奖

项目完成单位：北京印钞厂

主要完成人员：左建玲、孙贵峰、陈永发、马纯金、巩志强

项目简介：

国家金融行业标准《印制专用号码机》是我国金融印制行业第一部有关钞券专用号码机的技术标准。该标准适用于各类生产钞票、证券和其他防伪印刷产品的企业。

随着印制系统生产经营活动向着多元化方向的迅速发展，承担的钞票和各类有价证券的种类越来越多，因而在各单位所使用的印码机和号码机的种类也就越来越多，这样就给实际工作带来了不少困难。尤其是在号码机方面，由于在号码机的字形、规格、编号，甚至在零件名称上，都没有统一的技术标准，因而给印制工艺的统一管理，以及各单位的生产和使用带来了诸多不便。这一标准的制定，对于强化印制专用号码机的生产、使用与管理，统一规范号码机的生产和使用的技术标准，以及提高质量具有重要意义。

该标准在起草制定过程中，工作人员对印制系统各企业所使用的各种不同类型的印码机和号码机的情况，以及所承接产品的情况，均作了较为全面的调查和了解，对以往的经验和存在的问题也作了深入研究，在此基础上从提高质量、加强管理和方便使用的角度出发，考虑行业的现状及长远发展，经广泛征求意见并反复修改最后形成该标准。

该标准共分八个部分、一个附录。其中，第一部分明确了该标准的使用范围；第二部分提出了各项基本定义；第三部分至第七部分分别规定了有关号码机的型号与编码规则、基本参数和技术要求，以及润滑和检验规则方面的标准；第八部分提出了号码机的包装、运输及标志方面的标准。附录 A 用图录的方式直观地示意了号码机的型号与主要尺寸。这些内容为号码机的供需双方提供了全面、科学、使用的技术规范和标准依据，从而为印制行业生产的统一规范化管理奠定了基础。

该标准颁布实施后，有效地避免了印制专用号码机实际使用中的混乱现象，促进了号码机产品生产和使用两个方面质量的提高，为实行印刷工艺的规范化、标准化管理，为印制事业的现代化

建设起到积极的推动作用。

二十四、号码隔色印刷工艺的研究与应用

项目编号：200128050

获奖等级：银行科技发展奖二等奖

项目完成单位：北京印钞厂

主要完成人员：栾金属、刘长武、陈永发、黄玉珍、尹广华、张柄乾、马海、彭双记、曹晔

其他完成人员：王笑非、王云明、翟振强、张志伟、张宝珠、马德武、何增源、任学良、刘长明、陈伟、章博威

项目简介：（略）

二十五、开发研制防涂改纸张

项目编号：200128051

获奖等级：银行科技发展奖二等奖

项目完成单位：保定钞票纸厂

主要完成人员：曹秀痕、苏秀军、李亚娟、刘敏昌、田增建

项目简介：（略）

二十六、YB95 型硬币光边（滚字）机

项目编号：200128052

获奖等级：银行科技发展奖二等奖

项目完成单位：上海造币厂

主要完成人员：周建栋、夏永胜、乔水国、华光明、王江涛、谈骏、唐桦、徐劲松、王拥军

其他完成人员：陈国良、夏明富、张传发

项目简介：（略）

三等奖

二十七、中国工商银行银行卡业务系统

项目编号：200212005

获奖等级：银行科技发展奖三等奖

项目完成单位：中国工商银行软件开发中心

主要完成人员：苏文力、李凌、左小波、王嵩、简志雄

其他完成人员：史永恒、韩旭升、赵宏鑫、赵志东、蔡凌玮、盛国君、王友新、黄元炯、邝惠勇、吴藩、程书彦、倪志良、白峰、赵泽栋、伍宏卫、张波、陈名骏、刘意、王强、高希成、徐江、

黄勇、王颖华、刁吉祥、徐洪、彭深、陈明、吴宇晖、王向军、刘德伟、王晶、张建洪、勤云苑、陈益军

项目简介：

中国工商银行银行卡业务系统是中国工商银行新一代综合业务处理的重要组成部分，该系统是为适应银行卡业务发展的需求、加强银行卡在同业中的竞争能力、树立银行卡品牌超前意识、提高银行卡业务的集约化经营和管理、实现中国工商银行总行银行卡部提出的银行卡部应成为全行银行卡业务的“客户服务中心、账务处理中心、业务管理中心、风险防范中心、卡片制作中心”而开发的。

该系统以会计核算和客户信息为基础，能处理工商银行牡丹卡（牡丹准贷记卡、牡丹贷记卡、牡丹专用卡、牡丹灵通卡、牡丹借记专用卡、牡丹国际卡、牡丹 IC 卡）的所有业务。该系统为牡丹卡业务部门提供卡片管理、账户管理、授权管理、止付名单管理、卡片制作管理、风险防范管理、客户信息管理等功能；为网点提供牡丹卡卡片启用、存取现、转账、挂失等功能；为特约商户提供在销售终端办理牡丹卡结算及授权业务处理功能；为持卡人提供在自动柜员机上存取款、转账、查询账户、修改密码等功能，在自助终端查询明细和转账功能；通过该系统与电话银行系统和网上银行系统的连接，为持卡人提供了通过电话和 Internet 网络查询和转账功能；支持通过银券联网实现了牡丹卡与证券账户转账，通过同业银行联网实现了受理它行卡的功能；该系统还包含了外卡收单功能。

该系统与当前国内外同类系统比较具有以下特点：第一，它是一个全新的、面向中国工商银行经营网点的综合性、多功能业务处理系统；第二，它是一个提供 24 小时不间断服务的综合业务处理系统；第三，它是一个采用 DB2 关系数据库作为主机数据库的综合业务处理系统，因此具有较好的数据容错功能；第四，它是一个提供友好界面、实现画面引导的综合业务处理系统；第五，它是一个采用国际信用卡组织认可的硬加密设备（HSM）对用户重要交易信息进行加密的综合业务处理系统，因此具有较高的系统安全性；第六，它是一个采用区域主机为中心，区域主机通过工商银行一级网与总行主机相连，通过总行主机建立了区域主机全国三级计算机网络连接的网络体系的综合业务处理系统，该系统实现了跨平台、跨机种、多协议、多种类型网络的联网运行，网络覆盖全国，因此具有较好的网络通讯能力和网络规模；第七，它是一个能全面实现贷记卡业务处理功能的综合业务处理系统；第八，它是一个优化网络设计、优化通信程序，采用高性能的网络连接产品，选择合适通信方式和通信协议的综合业务处理系统，因此有较高的交易响应速度，是一个具有较高性能价格比的综合业务处理系统。

二十八、中国工商银行资金交易系统

项目编号：200112007

获奖等级：银行科技发展奖三等奖

项目完成单位：中国工商银行软件开发中心

主要完成人员：陈晓燕、李政朝、卢练文、童玲、赵丽萍

其他完成人员：张卫东、张兴东、黄朝峰、吴烂烂、朱长法、李波、林荣、程中、闵捷、王雄

洲、李华彪、唐建一、杨菲、毛钢、陈强、成汉平、张少龙、俞丽萍、王辉

项目简介：

为实现中国工商银行内部资金的最优配置，提高资金的使用效率，中国工商银行总行决定改革现行以行政管理为主的资金配置方式，建立以市场为导向的系统内资金融通机制，灵活有效地调控资金流向和流量，强化全行资金营运，逐步建立适应商业银行经营管理要求的资金营运体制。

中国工商银行资金交易系统（RMB Dealing System，RDS）是为中国工商银行总行及各级分行资金管理部门提供的通过中国工商银行系统内备付金账户进行实时资金清算的电子化程度高、运行速度快、操作简便、管理规范的系统内资金融通市场。该系统以中国工商银行现有的三级计算机网络为依托，采用先进 BS 结构，使用类似于股票交易的竞价撮合机制，以各分行在总行的备付金账户作为支付保障，以中国工商银行资金汇划系统为竞价成交时资金调拨、到期时资金归还和利息清算的后台系统。各分行在总行的备付金盈余 / 足时，以一定的价格（相当于系统内资金拆借利率）在资金交易系统中提出卖出 / 买入委托。系统按照公开、公平、公正的市场原则和价格优先、时间优先的成交原则进行竞价撮合，并通过中国工商银行的资金汇划清算系统实现成交资金与到期资金的实时划拨与清算，并将资金到账信息实时传递给交易双方。总行也可通过该系统随时监控各行的交易情况，掌握全行资金的流动规律，并通过适时适量地参与市场交易，既解决了各行对内对外支付问题，又缓解了资金在地区间的不平衡状态，确保供求关系和供求结构基本平衡，避免价格的异常波动，实现全行资金在总量平衡的基础上按照市场的原则达到最优配置。

该系统由系统管理 / 维护子系统、交易子系统、竞价撮合子系统、到期清算子系统、安全子系统、记账子系统六个子系统组成。系统管理 / 维护子系统提供交易员开户、品种管理、参数设置等功能；交易子系统提供交易委托、行情查询等功能；竞价撮合子系统对交易员提交的交易委托根据竞价撮合原则进行自动撮合，并且与 RACE 系统进行连接，进行实时资金清算；到期清算子系统与 RACE 系统连接，对到期委托交易进行实时清算处理；安全子系统提供用户密码生成及校验功能且使用三层体系结构、SSL 加密及 RSA 动态公私密钥来保证交易的安全性；记账子系统包括日记账、月记账等。

截至 2001 年，整套系统现已粗具规模，在中国工商银行资金配置中发挥着不可替代的作用。

二十九、中国工商银行中间业务平台系统

项目编号：200112008

获奖等级：银行科技发展奖三等奖

项目完成单位：中国工商银行软件开发中心

主要完成人员：李政朝、张元良、简志雄、赵宏鑫、郭燕平

其他完成人员：徐凌、伍宏卫、戴明海、王旭光、黄剑、彭兴华、陈名骏、王现、庄黎明、申宇坤、刘成武、刘德伟、李茂业、王超波

项目简介：

中国工商银行中间业务平台系统（MAPS）是中国工商银行新一代综合业务处理系统的一个子

系统，是专门为解决中间业务开发而设计的一个软件平台。在 C/S 三层次分布式应用架构中，它位于中间层，起到一个承上启下的枢纽作用。中间业务平台提供了多种与外部系统联网模式，支持多种数据格式协议。它还提供了一个核心程序包，用来协调各种内部通信、调度交易、管理日志、监控系统，自动控制各种定时操作，提供系统的安全保障机制等。它安装在分行的一台 UNIX 服务器上，各种中间业务均在这台服务器上运行，这样大大减少了在硬件设备上的投资，同时也为各种不同中间业务之间交换数据提供了条件。

一、系统模块结构

请求端系统既可以是银行柜台终端系统，也可以是行外系统或行内其他的外围应用系统。

交易数据从请求端发送到中间业务平台，由核心模块调用相应的交易处理模块进行处理，处理完成后再将返回数据包传给核心模块由核心模块返传给请求端系统。

二、系统特点

1. 通用性。中间业务平台系统采用开放式的开发方法：首先，主机提供统一的中间业务接口；其次，各类中间业务的特色部分可通过中间业务平台提供的接口进行增加和修改。这样，既避免了主机上的重复开发，也提高了分行中间业务开发的速度。

2. 节约资源。中间业务平台实现了银行主机与企业主机的连接，作为通信中间方，这种连接方式节约了银行主机通信上的资源。

3. 安全性。为了保证银行侧的系统安全，中间业务平台提供了 TCP/IP 网关，避免非法信息入侵银行系统；另外，通信时采用了加密和通信校验的方式，以保证数据传输的安全。

4. 灵活性。中间业务平台提供了友好的维护界面和接口，方便分行进行中间业务的增加和修改。此外，中间业务平台提供了丰富的接口函数，支持多种联网模式，支持多种数据格式等。

中间业务平台系统功能完善、通用性强、安全性高、开发使用方便灵活。该系统的推广，必将使中国工商银行在更广泛的领域为其客户提供更加优质的服务，并用更先进的技术手段为工商银行在激烈的同业竞争中抢占更有利的地位。

三十、中国工商银行新疆分行综合个人业务平台

项目编号：200112009

获奖等级：银行科技发展奖三等奖

项目完成单位：中国工商银行新疆分行

主要完成人员：王维萍、谭路远、戴毅、蔡学德、张治华

其他完成人员：谭映峰、汤光华、王睿、张瑞琦、张茵、库热西、王玮、刘辉

项目简介：

现代商业银行的代收代付业务作为一种重要的个人业务得到了迅速发展，代收费品种不断增多。这些代理业务的推出，不仅有利于加强银行和企业之间的紧密合作，而且可以充分利用商业银行城市综合业务网络资源和工商银行网点优势，有效地解决企业收费难、用户缴费难问题。

综合个人业务平台是在中国工商银行新疆分行的组织下，由中国工商银行新疆分行技术保障处开发的满足综合个人业务需求的计算机应用系统，旨在依托现有的计算机网络，建立数据集中，

功能分散，由综合个人业务中心统一管理，实现综合个人业务处理的电子化、网络化。综合个人业务平台是一个统一的、标准的综合个人业务平台，使用这个平台可以方便地与其他有代收、代付业务的单位实现其具体业务需求的应用软件。

整个系统采用 Client/Server 方式，选用 INFORMIX 数据库。该系统不仅是一个业务的处理与管理平台，而且是一个新业务的挂靠平台，该系统具有很强的扩展性。同时，与硬件平台无关的设计思想使系统适用于不同的服务器环境，并且可利用中国工商银行现有的计算机网络，降低了硬件投入，提高了系统的通用性。通过系统提供的各种维护和设置功能，可对系统的打印格式等进行设置，满足了综合个人业务平台的复杂性和多样性需求，使该系统具有很强的适应性。系统提供了丰富的联机帮助信息，直观便捷，即使不懂业务的人员也能很快胜任工作，增强了系统的易用性。

该系统建立了一个集成化的综合个人业务平台，将代收付网点、办理代收付企业客户、代收付中心（分行中心）进行技术整合。通过三级直连模式，实施系统的管理及业务资金的及时清算。在新疆特殊的地理环境下，该系统给企业客户带来方便，充分体现了以客户为中心的整体思路。

该系统在总体设计及集成上有所突破。该系统办理业务方式灵活、广泛，并为各单位提供了各种平台下的接口函数，建立了一套完整的软件内部接口模式，提供了良好的新业务开发平台。

三十一、银行自助设备综合应用及远程监控系统

项目编号：200112010

获奖等级：银行科技发展奖三等奖

项目完成单位：中国工商银行北京市分行、北京博大创新科技有限公司

主要完成人员：李卫东、赵燕、郭斯、纪翔、吴庆

其他完成人员：杨靖、陈莉、花楠、胡凯乐、施嵘、刘歆、蒋静华、姜翠玉、李蜀北、郑小川、刘彬彬、张仰晨

项目简介：

银行自助设备综合应用及远程监控系统充分发挥中国工商银行北京市分行现有的大型计算机业务处理系统和网点优势，适应金卡工程的战略发展要求，对各商业银行发行的银联卡实现开放，并对其相关交易进行处理。数据在银行自助机具、管理站与银行主机、银行主机与金卡中心各级间的传输准确、可靠。该系统具有良好的故障恢复机制和并行处理能力，并且具有较强的灵活性、可用性和实效性的特点。

该系统采用先进的开发工具，通过集中的网络方案，实现了 TCP/IP 和 SNA 多网络协议的互联，利用关系数据库及其相关技术保证了数据全程的一致性；数据在联机处理传输中，采用国际上标准的 ISO 8583 金融数据接口，通过密钥管理、故障恢复手段、严格的网控及日志文件等方法，保证了用户账户和银行系统的安全。其硬件设备监控及时准确。

该系统开发遵循了规范性原则，采用模块化、结构化方法，程序设计合理，结构清晰；以支行为单位，将不同品牌如 NCR、IBM、SIEMENS、SMI 等各类自助设备和多种类型的银行自助机在同一台服务器上并行应用，实现联机交易及银行自助设备的硬件实时监控管理，使基层支行业

务人员及时监控到每台银行自助设备的交易状况及设备的硬件故障情况。该系统增加了代理业务交费、1C 卡交易、外汇即时买卖等功能，丰富了金融服务品种。该系统建立符合实际的锁卡机制，减少服务纠纷，在充分保证安全的基础上减少吞卡，提高了对外服务水平。其应用具有良好的扩充性和实用性。

该系统自投产以来，运行安全可靠，业务部门管理人员能够实时监控自助银行设备的运行情况，发现故障及时采取措施，使设备恢复正常运行，提高了对外服务的质量，使银行自助设备的开机率、使用率明显提高，增强了工商银行的竞争力。该系统具有显著的经济效益和社会效益。

该系统的研制，是银行在银行自助机卡应用上的一次新尝试，其技术处于国内同系统应用中的领先地位，它集交易管理及设备监控管理于一体化，解决了银行基层业务部门对设备难于管理的难题，为系统的稳定运行提供了可靠的技术保障。为加强银行自助设备管理，该系统提供了较好的解决方案。它是适合目前我国银行自助设备的综合应用系统，并且具有良好的推广价值。

三十二、中国工商银行综合业务终端仿真系统

项目编号：200112011

获奖等级：银行科技发展奖三等奖

项目完成单位：中国工商银行软件开发中心

主要完成人员：苏文力、张元良、漆英、姚远、卢练文

其他完成人员：胡德斌、敖建、王文志、程杰、彭兴华、葛振爱、刘鹏、席改玲、李舰艇、韦有华、鲁建华、王越健、杨国正、吴春杰、孙望粤、张丰胜、刘涛、文杰、易善鹏、曹秋华、阙勇、许伟权、李小雍、郭文晶、吴文超、皮东红、张爱民、郑琰、张英、陈家耀、徐斌、李洪平、王新红、吴海荣、陈艳、文飚、陈昱、孙健、杨大治、蔡坚洲、胡新华、杜其祥、郑宇、孙建成、张明、李国煜、熊俊民、沈敬东、张立军、刘丽君、张念文、陈浩

项目简介：

中国工商银行综合业务终端仿真系统（Terminal Emulation System Environment，TESE），是根据中国工商银行新一代综合业务系统的整体框架而开发的。它包括客户信息系统仿真、会计核算系统仿真、零售业务系统仿真等八个部分，所提供的交易数量超过千笔，是一个超大型的、复杂的终端仿真系统。

该系统综合考虑了中国工商银行实施综合柜员制的总体思想及各相关业务部门的业务需求，是面向中国工商银行全国各个营业网点，处理各种柜面业务的大型网络应用系统。从业务角度看，它能处理以下业务：对公、对私、银行卡业务；跨网点通兑、同城交换、异地汇兑业务；本币、外币业务；具有地区差异的各种中间业务；各类新型业务，如开放式基金业务。

该系统以中国工商银行业已成熟的全国三级计算机网络为依托，实现了工商银行各营业网点的每个营业柜台均可为客户提供所有柜面业务服务的目标，彻底改变了我国银行系统不同类型的业务需不同柜台办理的传统局面，为中国工商银行实行综合柜员制改革的顺利实施奠定了坚实的技术基础，为中国工商银行实现集约化经营目标提供强有力的技术保证，它的投产表明工商银行在向具有国际水平的商业银行转变中又跨出了至关重要的坚实一步。

该系统综合使用了面向对象的开发技术和参数化方法。该系统具有很好的可扩充性和可维护性，可以方便地增加联机交易和修改联机交易，为银行业务的发展提供了一个可塑的技术平台。

该系统对于网点网络的配置可灵活多样，可以为直联式、Client/Server 模式、大集中模式。因此在网络的模式方面它满足了中国工商银行多种网络结构的现状要求，又为今后的发展方向——南北两大中心的大集中模式作了技术准备。

该系统充分考虑了现有的网点设备的兼容性，设计时采用指令参数化的方法，使设备的驱动部分与系统的程序主体相对分离，极大地提高了设备的兼容性。经过测试各类终端及其外围设备均能很好地接入系统，深圳、北京、上海、浙江、广东、山东、福建等分行相继投产该系统，充分表明 TESE 系统具有较高的推广价值和极广阔的应用前景。TESE 将直接为中国工商银行的经济效益和社会效益作出贡献。

三十三、中国工商银行自助终端系统

项目编号：200112012

获奖等级：银行科技发展奖三等奖

项目完成单位：中国工商银行软件开发中心

主要完成人员：胡稚弘、左小波、简志雄、赵宏鑫、邢斌

其他完成人员：刁吉祥、黄元炯、何昌林、高希成、盛国君、吴昊、黎建民、李伟良、童杰、杨坚、张永雷、周宏庆、胡伯远、王晶、黄怡瑾

项目简介：

中国工商银行自助终端子系统是综合业务系统的一个组成部分，以自助式服务终端面向客户，与对公、零售和银行卡等业务子系统连接起来，为客户提供金融信息查询、储蓄账户查询、企业账户查询、补登存折、对账单打印、电子转账等服务。

自助服务设备主要放置在大堂、营业网点或无人银行内，可全天 24 小时为客户提供服务。自助服务设备的主要构成包括磁条读写器（外置或内置）、存折打印机、对账单打印机、显示屏和键盘等。

该系统主要用磁卡作为交易媒介，同时也支持使用存折。磁卡泛指灵通卡、信用卡和客户卡。客户使用自助终端时，系统将用卡号和相对应的密码作为客户身份标志，通过主机认证正确后再提供相应服务。客户卡是在该子系统新增的卡种，磁卡卡号由银行统一分配，在主机上通过对应表，将卡号与客户的信息号和账户对应上，可实现一卡对应多账户的功能；卡片可分成单位客户卡（对应对公账户）和个人客户卡（对应储蓄账户），除了用于自助服务终端，还可在柜面、基金买卖、电话银行等服务设备上使用。

中国工商银行自助终端子系统为客户提供以下服务：（1）客户卡的发卡、销卡、调整、挂卡、脱卡、重置密码、挂失解挂；（2）客户卡使用统计；（3）客户卡在自助终端上的查询余额、查询明细、打印对账单等；（4）灵通卡在自助终端上的查询余额、查询未登折、转账等；（5）信用卡在自助终端上的查询余额、查询明细、打印对账单等；（6）存折在自助终端上的打印未登折明细；（7）无折灵通卡在自助终端上打印对账簿。

该系统于1999年8月启动，历经1年的开发，于2000年8月首先在中国工商银行深圳市分行投产，随后在全国的工商银行进行了推广。

该系统的稳定运行标志着该软件开发成功，不仅使工商银行建立起了具有提供24小时不间断服务的自助终端系统，具备了更强的市场竞争力，而且也使工商银行服务于社会的能力大大增强，增强了自助设备的业务处理能力，有效减轻了银行柜台压力。

三十四、中国工商银行零售业务处理系统

项目编号：200112013

获奖等级：银行科技发展奖三等奖

项目完成单位：中国工商银行软件开发中心

主要完成人员：纪梅丽、肖在翔、王新红、刘殊哲、郭超

其他完成人员：王建、陈雅峰、于芳、黄剑、岳万国、谢小康、任西明、万晓宁、高临、于惠滨、许浓柏、姚远、林朝红、张海军、王晓霞、文涛、类维宾、陈宝生、王汉跟、刘玮、王文志、杨玉新、袁铭华、庞跃立、黄波、徐刚、谢晨阳、谢荔、李洁怡、王正萍、尚朝军、陈鹏、王志群、谷世金、宋唯桢、江松、李明、何友球、杜建平、孙琳、刘杰、蒋哨、林志勇、刘义、李宏、王艳新、李金程、李漫、高宗熙、金豪、裴方、林雯、秦毅、叶风华、黄秋妮、何又红、曹克俐、叶伟明、方惠珊、郑仁辉、林少文、赵平安、文琳娜、钟俊敏、杨继荣、李荣凤、张楠

项目简介：

为尽快完成中国工商银行向商业银行的转变、加快与国际惯例接轨，以及提高中国工商银行的同业竞争能力，中国工商银行总行零售业务部及软件开发中心于1998年开始组织人员进行需求分析和讨论，继而由软件开发中心组织开发中国工商银行零售业务处理系统。2000年8月完成了综合业务系统零售业务子系统的投产工作。自投产以来，系统运行稳定。

该系统是面向工商银行营业网点综合的、功能齐全的零售业务子系统，主要实现储蓄活期存款（包括单币种户和多币种一本通户）、存单定期、一本通定期、存本取息、定活两便、零存整取、教育储蓄、国库券、小额抵押贷款、个人外汇买卖、异地通存通兑、个人电子汇兑及灵通卡一卡通业务，它基于商业银行基本会计核算准则，以客户为中心，为客户提供了办理本外币存、取、贷三大零售业务的处理手段和多种中间业务的处理功能，以及个人账户一卡通的管理，具备24小时不间断服务和同城、异地通存通兑业务，为工商银行向商业银行的转变、加快与国际惯例接轨及提高工商银行的同业竞争能力提供了有力保证。与旧零售系统相比，该系统具有以客户为中心，业务综合、功能齐全、安全可靠的特点。

该系统采用的软件平台如下：主机侧采用IBMMVS操作系统、DB2数据库；图形服务器则采用OS/2操作系统；仿真服务器采用UNIX操作系统；开发工具是COBOL语言、VISUALGEN、C语言。同时，该系统结合其他系统的功能，使在工商银行整个交易系统中实现了储蓄、贷款、结算、外汇买卖、股票买卖、基金买卖、债券买卖、代收付费等多项功能，极大地方便了客户到工商银行办理各项业务，实现个人金融资产增值保值的目的，更充分发挥了工商银行在网点、结算和电子化上的优势，培养和吸引了大批优质客户，迅速抢占了零售市场。该系统是一个全新的、

面向工商银行经营网点的综合性、多功能业务处理系统，它吸取了国外的先进经验，是工商银行近年来电子化建设取得的又一重大成果。

该系统实现了跨平台、跨机种、多协议、多种类型网络的联网运行，网络覆盖全国，因此具有较好的网络通信能力和网络规模，具有较高的交易响应速度，是一个具有较高性能价格比的综合业务处理系统，且达到国外银行的先进水平。

三十五、个人外汇买卖系统

项目编号：200112015

获奖等级：银行科技发展奖三等奖

项目完成单位：中国工商银行浙江省分行电脑中心

主要完成人员：朱菲菲、王超明、王雍、徐小宙、董轶

其他完成人员：陈钧、许宜、陈航、章景勉、边翔

项目简介：

个人外汇买卖系统在遵守国家外汇管理有关规定和银行内部业务管理制度的前提下，提供外汇实盘买卖和挂盘买卖两种交易形式，柜面、自助、电话等多种交易手段，实时国际汇市市场行情，给个人外汇客户从事外汇买卖交易提供优质的服务。

该系统于 1999 年 10 月正式在中国工商银行浙江省分行营业部投入运行，具备了 24 小时不间断处理外汇交易的能力，全面达到了业务需求所要求的各项指标，主要包括以下五个方面。

1. 外汇买卖。提供柜面、自助、电话等交易手段，完成外汇买卖相关交易的处理（如即时买卖、挂单交易、合并转存等）。账务处理完成对个人外汇买卖专户的账务处理。

2. 牌价控制。接收国际市场的实时行情，提供工商银行的报价并向客户公示。

3. 平盘。实时提供各个币种的敞口头寸、平均成本，据此平仓处理，并提供各种报表。

4. 客户信息处理。记录详细的客户档案信息，对客户的交易情况进行全程跟踪管理，对照客户的不同情况提供相应的优惠点数，并实现客户的有效需求分析、交易情况分析等。

5. 事后监督。提供对柜面业务事后的传票复核、对账等处理。

该系统在多个操作系统（AIX、UNIX、WindowsNT、Windows95）和数据库管理系统（INFORMIX、ACCESS、FOXPRO）上开发，使用多种开发工具，跨越多个网络协议（TCP/IP 和 SDLC）。该系统严格遵照软件规范性原则，具有可扩充性、可持续性及可维护性，功能全面，性能良好。该系统结构合理，采用三层 Clinet/Server 模式，应用 TCP/IP 构建数据通路。系统实现了与大机互联，把账务处理的最终结果统一到大机账务中。该系统用户操作界面友好，在同一个交易中可以提交与用户的多次交互，使用户操作的方便性和易用性得到提高。

该系统提供了充分的数据备份和故障恢复手段，通过数据的确认机制和平衡检查，保证了账务的正确性、完整性和可恢复性。系统注重安全性，提供通信数据包的冗余校验机制、柜员分级和授权控制、数据库重要字段的加密处理，以及对多个字段的校验和加密，并提供了完备的日志记录。同时，该系统也注重实时性和稳定性，通过交易控制、交易缓冲、牌价传输异步机制等多种手段，提供 24 小时不间断的实时交易处理。该系统功能全面，能为客户提供全方位的个人外汇买卖服务。

个人外汇买卖系统的应用，为客户提供了一种新颖的理财手段，并占领了市场，进一步提高了工商银行的品牌形象；同时拓展了中间业务品种，取得了良好的经济效益和社会效益。

三十六、中国工商银行新疆分行同城清算电子支付系统

项目编号：200112016

获奖等级：银行科技发展奖三等奖

项目完成单位：中国工商银行新疆分行

主要完成人员：王维萍、谭路远、蔡学德、汤光华、张治华

其他完成人员：张瑞琦、张刚、夏军、王国华、何利润

项目简介：

为适应社会主义市场经济的发展，运用现代电子计算机网络和通信技术结合支付密码器的推广应用，处理同城票据清算业务加速社会资金周转，中国工商银行新疆分行开发了“中国工商银行新疆分行同城清算电子支付系统”。

同城清算电子支付系统是实现同城或异地电子联行交换清算的网络系统，支持多种入网方式及灵活的邮件收发；使用 TCP/IP 协议，软盘交换是实现系统网络数据备份的手段。

该系统实行分级管理，中国人民银行乌鲁木齐中心支行设同城清算电子支付管理中心（以下简称中心），各商业银行在乌鲁木齐市的管理行设同城清算电子支付管理分中心（以下简称核算中心）。中心负责跨系统票据清算，以及电子联行转汇的组织管理和支付信息的传递及资金清算。跨系统的支付信息一律通过中心进行传递。中国工商银行新疆分行核算中心负责系统内同城票据清算的组织管理和支付信息的传递及账务处理，包括所属网点跨系统支付信息的收集、发送，以及与管理中心的清算。

中国工商银行新疆分行同城清算电子支付系统的开发和研制，大大加快了中国工商银行新疆分行电子化建设的步伐。它的推广将使中国工商银行新疆分行对公业务进一步实现网络传输、实时到账、方便快捷、高效良好的经济效益和社会效益；它的推广不仅使中国工商银行新疆分行同城票据交换、记账，同城跨行票据交换、记账，以及跨行的业务变得更快、更安全，还节省了大量的人力、物力，同时使该行的竞争力得到加强。

三十七、中国工商银行新疆分行综合报表暨行长查询系统

项目编号：200112017

获奖等级：银行科技发展奖三等奖

项目完成单位：中国工商银行新疆分行技术保障处、北京银河星科贸有限公司

主要完成人员：蔡学德、张治华、戴毅、谭映峰、汤光华

其他完成人员：谭路远、曹崴、陈波、王睿、张瑞琦、张茵、刘明利、李栋、李春燕、何庆、李军、潘栋横、李宗俐、张红、罗俊、王勤

项目简介：

中国工商银行新疆分行综合报表暨行长查询系统投产两年来已经取得了良好的经济效益和社会效益。该系统按照“软件系统工程”的标准和要求对业务部门的需求进行了科学的分析、整理及归纳，使系统完全符合“数据大集中”及“CB2000”的业务处理标准和规范。该系统投产以后进行了三期改造、升级、开发及完善，使系统在综合业务信息、对公会计业务、个人金融业务、银行卡业务、客户信息、信贷业务、经营情况分析、评比考核、决策支持信息等方面都有了大规模的功能扩充及优化完善，使系统在信息的数量和质量方面都有了重大提高和改进，实现了质的飞越，增强了系统的实用性，提高了经营管理工作效率，基本实现了业务信息统计查询分析传输的网络化、自动化。

一、系统的设计目标

系统设计的总体目标是以计算机和网络为手段，利用现有的中国工商银行内部广域网，建立覆盖中国工商银行新疆分行全辖业务内容的计算机综合报表处理系统。

利用大机数据，将数据进行分类存储，以实现报表的快速检索和其他数据的综合检索。根据各种业务需求，实时、灵活地生成所有主要报表，依据大量及时准确的报表数据及相关数学模型，生成近于动态的分析图表，从而达到提高全行整体决策与日常管理水平的目的，真正实现自动报表处理与无纸化办公。

二、系统设计原则

系统设计的原则是先进性、实用性、节省用户投资，为后续工程做好准备。也就是说，在系统设计中要充分考虑后续工程，使系统较易升级，以满足各业务部门的需求，适应中国工商银行新疆分行业务发展的需要。

1. 该系统采用国际流行的 Browse/Server 两层体系结构，利用 Internet 的先进技术，充分体现了信息共享，只要有授予的权限，在整个工商银行的广域网内可以随时随地的使用该系统。

2. 根据报表的管理体制结构，该系统形成了省支行、各地州分行、县分行、营业网点四级的网络结构，数据层层汇总，各级行在系统的应用维护上是完全独立的，但在业务关系上具有逻辑上的主从关系，即上级行管理下级行。

三、系统的主要技术性能指标

1. 该系统基于开放式的网络环境，运用 TCP/IP 协议，HTTP 协议利用 Internet 技术，利用 HTML、ASP 脚本语言进行数据处理和传输。

2. 该系统的服务器端数据采集模块用了效率较高的 VC++ 开发，数据入库分析部分采用 POWERBUILDER 开发工具，同时应用了 ORACLE 的存储过程和视图技术，尽量提高数据处理的效率。

3. 该系统中的所有项目定义平衡公式、计算公式等由中国工商银行总行统一制定下发。

4. 该系统报表生成、查询部分采用基于 WEB 技术开发，这样使整套系统的升级、改造全部放在服务器端。

5. 系统使用 Browse/Server 两层网络体系结构，客户端采用 IE 为主体的浏览器界面，操作简便，用户使用基本达到零培训，同时降低了培训成本，客户端只需一台安装了浏览器的普通 PC，就可使用该系统，软件升级时只需在服务器端改造，不需要客户端安装就可以使用。整套系统只需一台性能不错的服务器和一台数据备份机，就可以使省内各个地区同时使用该系统，大大降低了系统维护成本和硬件投资成本。

四、推广应用前景

中国工商银行新疆分行综合报表处理系统主要由实现 IBM ES/9000 大机基础报表数据下载、分离、上传、打印功能的报表返传子系统，实现报表信息的筛选、入库、分级汇总功能的数据采集子系统，实现各种高级报表图表的生成、查询、打印功能的查询子系统组成。以自上而下树型拓扑结构形成的报表数据传递流程，为中国工商银行新疆分行全辖范围的分行级、二级分行级、县支行级、营业网点等各级行长、会计结算业务人员、零售业务人员、银行卡业务人员、筹资业务人员、资金营运业务人员、管理信息业务人员等提供了关于全行反映主要经营状况的各种报表及分析图形，使最新的经营状况、业务报表、图形分析信息能在第一时间得到迅速反应，为中国工商银行新疆分行优化内部经营机制、强化管理措施、及时掌握业务发展信息提供重要的参考依据。

数据采集子系统和查询子系统采用数据库技术积累存储有用数据，为信息的再加工和深加工提供了资源，采用流行的 B/S 结构，使用户借助浏览器就可以方便迅捷地查询到主要业务报表及图形分析，操作方便易用。

良好的系统结构为后期扩充和丰富系统功能打下了良好的基础。

三十八、中国工商银行河北省分行中间业务系统及其开发平台

项目编号：200112018

获奖等级：银行科技发展奖三等奖

项目完成单位：中国工商银行河北省分行技术保障处

主要完成人员：沈学勤、陈福军、胡旭光、吕春风、朱振宇

其他完成人员：任建国、左俊英、刘伟姿、刘立强

项目简介：

中国工商银行河北省分行中间业务系统及其开发平台操作系统采用 SCO OPENSERVER，数据库采用 INFORMIX ONLINE，开发工具采用 SCO OPENSERVER 的 C 语言开发工具包和 INFORMIX 的 ESQL/C 开发工具包。整个设计系统做到参数化、模块化，方便了系统的扩充和维护。系统通讯服务程序采用定制的方法，使系统适应了不同代理行业定义的各式各样的通讯包格式，避免了程序的重复开发，增加了系统的稳定性，缩短了新业务的开发周期。

自中国工商银行河北省分行中间业务系统投产以来，各种代理业务蓬勃发展，业务种类和范围不断扩大。基于中间业务平台先后投产的主要业务包括银证转账（恒生、新利）、固定电话代收费、移动电话代收费、联通手机话费代收、寻呼机服务费代收、电费代收、寻呼银行、手机银行客户登记、自助终端缴费，以及各类批量代发、代扣等。以 2000 年 11 月为例，中国工商银行河北省分行中间业务总笔数为 150 万笔，交易总金额为 21 亿元。

随着中间业务的广泛开展及业务种类的不断增加，中国工商银行河北省分行在广大储户和客户单位中信誉日益提高，不仅直接增加了河北省分行的储蓄和对公存款余额，其间接带来的经济效益和社会效益也是非常巨大的。此系统平台可扩展性强，在此基础上，可以非常快速可靠地开发

新业务程序，可适应客户单位使用的各种系统和通讯方式，为客户提供可靠、高效的服务，使河北省分行在激烈的市场竞争中抢得先机，迅速开辟新市场。

该系统在开发过程中，严格按照软件工程标准和银行业对发展代理业务标准需求进行，文档规范、资料标准齐全，有良好的推广价值和应用前景，适应于中国工商银行全系统。该系统注重独立性原则，不因主机系统和终端系统的变更而变化，可以适应中国工商银行总行“9991 大集中工程”，同时还可以在我国其他商业银行推广使用。

三十九、中国工商银行吉林省分行自动化报表与中间业务数据传输控制平台系统

项目编号：20012020

获奖等级：银行科技发展奖三等奖

项目完成单位：中国工商银行吉林省分行技术保障处

主要完成人员：郝文友、刘赫、伊孝平、宋宇宁、黄红

其他完成人员：崔韶光、韩冬、张铁达、胡韶中、赵丽丽、王宝志、钱卫、张明、肖向东、吴思奇、孙雷

项目简介：

中国工商银行吉林省分行自动化报表与中间业务数据传输控制平台系统是中国工商银行吉林省分行计算中心针对吉林省大机延伸后，省行与各二级分行、支行及营业网点之间对公、储蓄、资金汇划、中间业务等数据传输量急剧增加的实际情况而组织开发的应用项目。

大机延伸之初，由于各类报表和中间业务数据传输方式不统一，存在着操作过程复杂、人工作业时间长、劳动强度大、ES/9672主机侧定义复杂、占用主机联机资源过多、报表数据不能长期保留、数据安全性得不到保证、批量作业不能进行自动化等诸多弊端。

为了解决以上弊端，保证 ES/9672 人机生产系统联机业务的安全运行，批量作业和系统管理工作的自动化，提高业务报表和中间业务数据传输的实时性和可靠性，在充分论证和需求分析的基础上，开发了自动化业务数据传输与控制系统平台，同时做到了在网络结构和通讯模式上，与综合业务系统投产后的模式相统一。

该系统包括报表返传子系统和中间业务数据上传子系统。报表返传子系统脱离大机联机方式实现了报表返传。其实现过程如下：利用省行 ES/9672ENTR 0SA-2 和主机房的以太局域网，以及全省的 OA 广域网，以将大机 VSAM 文件格式的业务报表传送到省行 PCSERVER 上，数据经过分离、压缩和加密，按 FTP 方式将报表传输到地市行报表服务器，数据经过分离后，各支行 PC CLIENT 报表客户机以 TCP/IP 的 Client/Server 方式，自动 / 手动从地市行报表服务器接收读取报表，并进行解压缩、解码和打印。中间业务数据上传子系统，实现了中间业务数据从二级分行到省行的自动上传。其实现过程如下：利用省行 ES/9672ENTR 0SA-2 和主机房的以太局域网，以及全省的 OA 广域网，由营业网点作为 PC CLIENT，按 TCP/IP 的 Client/Server 方式将营业网点上的中间业务数据上传到地市行数据服务器，地市行数据服务器再自动将数据传输到省行中心服务器，并以 SNA APPC 的 Client/Server 方式将 PC TEXT 中的数据上传到 ES/9672 主机磁盘中。在应用系统工作过程中，自动记录运行状态、日志和统计结果，并通过加密进行保存和永

久备份；系统提供相关的查询功能，有关查询和打印操作对象是系统自动解密后的副本；在支行的 PC CLIENT 端无人工方式里置和定义文件，系统运行的文件参数均由地市行 PC SERVER 通信提供，以此保证 PC CLIENT 端良好的免维护特性；系统设有“用户 / 口令”和安装密码，PC CLIENT 子系统的“用户 / 口令”和安装密码必须在对应的 PC SERVER 子系统中定义。

该系统有效地缓解了综合业务系统全面上机前，大机系统的联机运行压力，并且彻底规范和整合了中国工商银行吉林省分行的报表返传和中间业务数据上传的应用平台，在综合业务系统上机过程中和上机后的日常运行中发挥了重要作用，取得了很好的应用效果。

四十、中国建设银行资金清算系统二期（优化）

项目编号：200115022

获奖等级：银行科技发展奖三等奖

项目完成单位：中国建设银行

主要完成人员：范传东、谭浩、王成山、申延云、郝风光

其他完成人员：陆登强、于国靖、余斌、朱慧平、李迎辉、朱长春、唐岑、费永健、朱晓光、费继能、林晓航、黄江武、陈洪、杨旭、刘正、龙梅、周伍齐、管斌辉、陈瑜、许小星、纪朝晖、李珊

项目简介：

中国建设银行资金清算系统自 1996 年 10 月开通运营 1 年多来，在全行各级业务人员与技术人员的配合下，运行安全、稳定，取得了良好的社会效益和经济效益。为建设银行树立新形象、拓展新业务，发挥了不可替代的作用，得到了广大客户的普遍赞誉。

为进一步拓宽系统的应用领域，满足开办多种新业务的需要，提高系统运行效率，延长软件的生命周期，加强系统安全控制，中国建设银行总行决定对资金清算系统进行优化。中国建设银行总行清算中心在总结各分行运行经验的基础上，结合用户的新需求，在 1998 年初提出了资金清算系统优化需求，并对业务需求进行了讨论和分析，提出了资金清算系统二期（优化）需求分析报告，为后期开发奠定了基础。

资金清算系统二期（优化）工作从 1998 年 5 月正式启动。遵循软件工程的组织原则，项目成立了网间、本地、安全通讯三个开发小组，为保证软件质量，还专门成立了技术测试组。经过仅 10 个月的设计开发及充分测试，项目于 1999 年 3 月在全国近 3000 个清算机构一次性成功切换上线。上线后，系统运行稳定，很好地满足了项目的各项业务需求，达到了项目的预期设计指标。

一、系统功能

资金清算系统二期优化规模大、涉及面广，几乎涵盖了所有功能模块。同时，还对功能进行了扩充。在原系统基础上，加强系统内部安全控制，提高系统处理效率，扩充系统接口标准，并根据系统切换特点，新增数据过渡功能，使系统更趋完善。新增代理行外机构、加急跟单、自定义格式事务类查询 / 查复、系统内定期存款等业务。

1. 增加代理外行资金清算功能。该系统增加代理其他中小商业银行和非银行金融机构电子汇划及资金清算业务功能，提供独立的代理外行业务软件，从而使资金清算系统的服务范围从行内

扩展到了行外，具有良好的社会效益和经济效益。

2. 扩展系统的接口功能。该系统除保留原有接口外，新增加城市综合网与资金清算系统直联接口软件，实现了资金清算系统与各分行综合网系统的快速数据交换，进一步提高了系统汇划到账速度，从而能为各类客户提供更优质的服务。

3. 扩充业务接口标准。该系统对原有业务标准进行了扩充和完善，拓宽了系统的业务范围和服务领域以适应新一代柜面、个人汇款等新业务的需要。

4. 进一步扩充了系统的信息交换功能。该系统增加自定义格式的事务类查询查复业务，为系统内部和客户提供快速信息交换服务（如代理 BSP、体育彩票）。

5. 增加加急跟单功能。为满足客户特殊需要，该系统增加了加急跟单功能，为以后业务的拓展提供必要准备。

6. 增加系统内定期存款功能。

7. 该系统优化通讯平台，加快传输速度，提高传输效率，节约通讯费用，提高系统业务处理能力。

8. 该系统加强系统安全控制，增加系统内逐级授权安全控制，对于代理行外业务，使用经国家认可的加密卡数字签名认证功能，以避免发生业务纠纷。

9. 该系统新增安全审计子系统，校验运行码和标准配置文件的正确性，检查系统有无非法进程，以保证系统的高效及安全运行。

10. 该系统重新设计机构调整子系统，加强控制，杜绝了网上死报文的产生；增加灵活性，通过参数控制代理行外机构业务范围。

11. 该系统强化故障恢复功能，增加辅助恢复和单方向恢复，提高了故障恢复的效率。

12. 该系统全面检查、测试程序，彻底解决 2000 年问题。

13. 为保证新老系统的顺利切换，该系统开发版本切换数据过渡功能。

二、系统及项目特点

1. 大范围一次性成功切换。由于资金清算系统是一个全国性的实时汇划系统，连接着全国近 3000 个清算网点、5000 多个会计柜台。因此，如何使新老系统的切换不影响业务的正常运营是系统优化成败的关键。为此，项目组抽专人会同有关公司经过缜密研究，制定了详细的系统切换方案，并进行了多次演练，为后期正式上点积累了宝贵的经验。

为确保在特殊情况下新系统能够顺利转回老系统，本次优化特别开发了反向过渡程序，大大降低了系统风险。

2. 通用性。该系统开发的程序适用于各级清算机构，所有级别的清算机构使用统一版本的应用软件，通过参数设置以满足不同级别清算机构的需要。

3. 可维护性。该系统使用参数化设计，方便业务人员的使用与维护；提供丰富的查询监控功能，能方便地查询各种业务数据，监控系统的各种状态和运行情况。

4. 可移植性。应用系统不需修改任何源码就能支持多种操作系统运行环境，从而最大限度地减少了系统的维护工作量。

5. 可扩充性。为适应业务发展变化的需要，该系统预留相应的功能与接口，如新增业务种类时，只需定义相应的参数和接口标准，不需修改程序就能满足新业务的需要。

6. 安全性。该系统划分职责清晰，适合于业务部门的统一管理与监督；实现了上级清算机构对下级清算机构做关键操作的安全控制；行内、行外通过不同的安全机制来实现系统的安全功能。

7. 可恢复性。该系统对其运行过程中发生的异常情况自动及时处理，保障了系统的持续可用性；在发生灾难性故障时，能通过相邻节点快速准确恢复。

三、社会经济效益

自 1999 年 3 月 8 日至 2000 年第三季度，资金清算系统按发送方统计，共计处理汇划业务 2559.9 万笔（其中：全国汇划业务为 960.2 万笔、省辖汇划业务为 1599.7 万笔），汇划交易总金额为 9.29 万亿元（其中：全国汇划交易金额为 2.04 万亿元、省辖汇划交易金额为 7.25 万亿元）；汇划查询 / 查复交易总笔数为 16.36 万笔（其中：全国汇划查询 / 查复交易总笔数为 2.835 万笔，省辖汇划查询 / 查复交易总笔数为 13.525 万笔，分别占交易量的 17% 和 83%）；单日汇划业务量最高达 6 万笔。该系统投入运行后，大大提高了交易速度，加快了资金的周转速度，为客户提供了更优质的服务，为稳定建设银行的客户群体、树立建设银行良好的企业形象提供了强有力的技术保障。

优化后的资金清算系统不仅确保了原有传统业务优势，而且还拓宽了代理外行、BSP、信息交换等中间业务服务功能，为该系统开展新业务、进一步拓宽业务范围和服务领域打下了良好的基础。

四十一、中国人民银行天津分行金融监管信息系统

项目编号：200111026

获奖等级：银行科技发展奖三等奖

项目完成单位：中国人民银行天津分行

主要完成人员：刘崇明、何成玉、尹锡斌、朱平、徐静

其他完成人员：黄玉民、丁云杰、梁建法、徐立世、尹桂柱、吴希凤、闫龙光、曹元芳、马英、刘书钢、游宇、盖路、杨绍茹、张丽君

项目简介：

金融监管信息系统主要应用于中国人民银行天津分行辖区内的各级金融监管部门。为各级监管部门对各类金融机构的行政管理和非现场监管，以及机构人员管理、经营状况分析、风险评估等工作提供技术支援。系统于 1999 年 12 月建成并投入使用。目前，系统覆盖了中国人民银行天津分行辖区的 35 个中心支行、311 个县支行，跨越津、冀、晋、内蒙两省一市一区，面对全辖区的 8900 多家金融机构，为辖区内的各级监管人员提供金融机构行政管理、非现场监管数据采集、报表编制、金融风险监测分析、风险综合评估等处理。

一、主要功能

中国人民银行天津分行金融监管信息系统，主要是从金融监管部门对各类金融机构的行政管理和非现场风险监管方面着手，体现中央银行对金融机构的基本情况、人员结构情况、经营状况分析、风险综合评估和风险预警等金融监管工作的具体要求。该系统包括以下十大类功能。

1. 金融机构行政管理功能。该系统实现了对金融机构基本信息、高级管理人员及机构人员结构信息的管理，可以对金融机构的筹建、开业、变更、撤并等重要事件进行管理；对金融高级管理

人员知识水平、金融从业年限、业绩和劣绩等信息进行管理；对金融机构从业人员的数量、年龄结构、工龄结构、知识结构等信息进行管理；并具备记录金融机构年检情况和打印金融机构经营许可证功能。

2. 金融监管数据采集功能。对分行辖区各家法人和非法人金融机构的行政管理数据、会计全科目数据和监管补充数据进行统一采集。利用统一的接口程序从各中心支行、县支行的统计全科目系统中提取各家金融机构的会计科目数据；利用补充数据填报模板，采集各家金融机构的补充科目数据；从行政管理子系统中采集各家金融机构的行政管理信息。

3. 金融监管数据的快速传输功能。对集中采集的数据，通过人民银行 Notes 邮件系统和分行综合应用通信网，集中报送分行金融监管数据中心。分行数据中心设有专门的 Notes 邮箱，实现了数据自动接收、解压缩、数据检查、入库等处理。

4. 编制生成金融机构财务报表功能。根据统一的算法和科目归属关系，该系统将采集的各家金融机构的会计全科目数据和监管补充数据，按月、季度自动编制辖区内每一个法人和非法人机构的会计财务报表。

5. 打印非现场监管指标及报表功能。根据各金融机构的资产负债表、损益明细表、会计全科目数据和监管补充数据，该系统通过设定的模型和算法，按月自动生成各种监管指标 300 多万个，反映了辖区内各家金融机构的资金流动性、资产安全性、资本充足性、收益合理性、贷款质量与分布、不良贷款比例等情况。该系统自动生成各金融机构的经营状况监测分析表，比例变化趋势表，监管报告等非现场监管报表、报告 130 多种。

6. 金融风险综合评估、预警功能。根据金融风险监管指标体系，该系统对分行辖区内各家金融机构的分类指标和明细指标进行分类评估和综合评估，按不同等级对金融机构经营风险状况进行排序，对经营指标超过正常范围的金融机构和指标进行预警。

7. 金融监管数据发布、浏览功能。该系统定期发布辖区内各级监管部门所需的金融监管信息，用户可以通过 WEB 浏览器查询各家金融机构的有关信息。

8. 数据、算法的回溯功能。该系统具有对数据和算法的回溯功能，用户可以在查询各种财务报表、监管报表和各项监管指标及评估指标等信息的过程中，方便地挖掘指标的明细构成数据和计算方法公式。

9. 模型和算法管理功能。该系统将算法模型、数据、程序进行了分离，实现了对各种模型和计算公式的灵活管理，可以根据业务需要随时调整模型和算法。该系统具有模型、算法的生成、查询、修改和版本管理等功能。

10. 用户授权管理功能。该系统可以按不同区域、不同人员级别和各自监管的不同金融机构种类，分别设置用户使用及管理权限，保证用户只能接触和自己有关的数据。

二、关键技术及创造点

1. 运用数据仓库设计思想建立一套较完整的、灵活的金融监管信息数据库系统。在系统数据库设计过程中，运用了数据仓库设计思想，按照不同数据的属性，将数据库分为原始数据库、专用数据库和公用数据库三层结构。三个层次结构的设计既适应了采集会计科目数据的可变性，又保证了风险监测分析的相对稳定性和数据库的安全性。在建设上采取小规模、规范化、分步实施的方法，初步建立起数据仓库的基本架构。

2. 建立一套较科学的分行辖区金融风险监管指标体系和金融风险监测分析、风险综合评估的数学模型和算法。金融监管信息系统处理大量的、复杂的金融机构经营数据，编制各个金融机构的会计报表，生成风险监测指标，进行趋势和同类组等统计分析，并对金融风险作出综合评价。该系统在设计上充分考虑这些特点，将数据、算法模型、应用程序分离，按统一的金融监管指标体系，设立统一的模型算法数据库，可方便地对各种计算公式和参数进行直接维护、修改，适应了数据源、分析方法、计算公式不断变化的要求。

3. 采用 Intranet 和 WEB 技术方便用户使用。中国人民银行天津分行金融监管信息系统通过 Intranet 技术与辖区内各个中心支行、县支行连接，并将 WEB 技术应用于监测分析结果，数据报表的查询、浏览和下载处理。由于客户端不需要安装专门的应用程序，使该系统易于在分行机关、各监管办事处、中心支行、县支行推广应用，并降低了系统维护成本。

4. 统一数据采集渠道和数据来源。该系统在数据采集方式上改变了过去监管报表数据采集方法不一致的做法，采取从统计部门的金融统计监测管理信息系统中（全科目数据）统一采集数据和金融机构报送补充数据的方法，统一了监管数据的采集渠道，保证了有关监管数据来源口径完整一致，彻底改变了过去手工报送数据随意性大、准确性不高、统计口径不一致等问题，做到金融监管数据的统一采集、统一存储、统一管理、统一加工、统一使用。

三、主要效益

该系统成功地运用了现代化的计算机技术、网络技术和数据库技术，为分行各级监管部门有效监测辖区内金融机构经营状况，提高对辖区金融风险的掌控能力，实现金融监管工作的科学化、规范化，提高金融监管工作效率和工作质量，提供了有效的技术手段。金融监管信息系统的主要效益体现在以下四个方面：一是加快了分行金融监管信息采集传递速度；二是实现了分行金融监管数据的共享；三是提高了对分行辖区金融风险的掌控能力；四是提高了金融监管工作效率，降低了金融监管成本。

四十二、金融管理信息系统

项目编号：200111028

获奖等级：银行科技发展奖三等奖

项目完成单位：中国人民银天津分行

主要完成人员：周志远、曹元芳、吴黎成、李书海、贺媛玲

其他完成人员：姜洪强、梁栋、郭志勇、卢强、蒋卫东、马建

项目简介：

金融管理信息系统是中国人民银行天津分行为有效实施货币政策，全面、准确、及时掌握辖区内经济、金融信息数据，快速科学地分析信息，提高工作效率，实施科学决策指挥的管理信息系统。

该系统主要是利用中国人民银行天津分行现有的通讯网络，采用 Internet/Intranet 技术和标准，实现了业务数据信息、办公管理信息、行业信息及外部信息的集成，构建了人民银行天津分行的综合信息平台。用户可查询各种相关信息，并生成相关的报表或图形结果，为决策者提供详

细准确的依据。

金融管理信息系统综合采用了 Intranet/Internet 技术、数据库及数据仓库技术、OLAP 技术、对象技术、群件技术、N 层结构技术、信息安全等相关技术。通过一个通用、灵活的系统后台管理工具实现对系统中各类对象及元素的设置管理、定义、维护、信息采集、信息分类组织、存储管理、信息发布等功能，可方便地进行系统管理、用户管理、用户分组及其管理、WEB 页面信息权限管理、WEB 页面栏目管理、WEB 页面栏目个性化管理、数据采集管理、WEB 页面信息管理等。该系统提供通用灵活的从业务处理系统进行数据采集及动态发布的功能，不受业务处理系统平台、软件环境和数据结构的限制，并保证业务处理系统和业务信息的安全性。

该系统运行的网络通讯平台以中国人民银行天津分行辖区广域网和中国人民银行天津分行、中心支行、县支行三级局域网为基础。作为整个网络的核心，中国人民银行天津分行局域网主干采用千兆以太网技术。中国人民银行天津分行至 35 个中心支行的网络作为辖区广域网的骨干网，该网以中国国家金融数据通讯网（CNFN）为依托，采用帧中继技术。各地市中心支行到所辖县支行的网络通讯平台为基于 X.25 的区域金融数据通讯网。

该系统服务器端采用的操作系统为 WindowsNT4.0，WEBSERVER 为 MS IIS4.0，数据库管理系统为 MS SQLSERVER 7.0，数据仓库及 OLAP 工具为 COGNOS POWERPLAY SERVER6.5。

一、基本功能

中国人民银行天津分行金融管理信息系统具有以下功能：系统的设置与管理，信息的组织与管理，信息使用权限的设置与管理，数据库与文档信息的采集，信息的自动发布、挂接数据库、功能模块、信息系统等可扩展功能。

二、性能指标

据统计，目前每个月三省一市集中分行的各类金融和经济指标数据 20 万余条，形成各种报表数据 2 万余条，其他各种文字信息 5000 多条，存储量约 40MB。通过局域网、内联网、拨号方式在内的远程访问响应时间为 1~3 秒，达到了系统的设计目标。

三、效益情况

中国人民银行天津分行金融管理信息系统自 2000 年 4 月投入运行以来，中心网站的访问量已超过 180 万人次，平均日访问量在 3000 人次以上。中国人民银行天津分行金融管理信息系统的投入使用，使人民银行天津分行以往的信息发布、信息采集、信息传输、信息交流与信息共享发生了根本性转变，大大缩短了中国人民银行天津分行与所辖分支机构在时间和空间上的距离，显著提高了信息管理工作的效率和质量，同时也提高了管理人员的素质和管理水平，为中国人民银行天津分行各级领导的决策提供了各种高效、灵活及准确的手段和信息依据，并取得了良好的效益，同时，该系统受到广泛的欢迎。

该系统已在中国人民银行天津分行辖区 35 个中心支行、3 个监管办事处及 311 个县支行使用，用户超过 10000 多个。在使用过程中产生了良好的经济效益和社会效益，具有极大的推广和使用价值。目前，该系统已按中国人民银行济南分行的需求修改后，在中国人民银行济南分行应用，并向济南分行所辖各中心支行推广。

四十三、山东特约联行汇兑清算系统

项目编号：200113029

获奖等级：银行科技发展奖三等奖

项目完成单位：中国人民银行济南分行

主要完成人员：王进诚、王燕平、刘克俭、魏汝浩、侯吉云

其他完成人员：黄家栋、张树强、杜晓伟、刘传武、赵庆忠

项目简介：

山东特约联行汇兑清算系统是中国人民银行济南分行自行开发的软件成果，适用于城市商业银行、农村信用社、城市信用社等中小金融机构实时处理异地汇划和汇票业务，目前包含的网点机构有 1200 余家，是一个大型的网络化数据库应用系统。该系统既有效地解决了中小金融机构通汇难的问题，又在防范联行和汇票风险、提高资金效益方面取得了突破。

该系统利用人民银行的内联网和全省各地的金融城市网构建特约联行网络服务平台，是一个基于 UNIX 操作系统和 TCP/IP 网络体系，以 SYBASE 数据库技术为支撑，采用 Client/Server 网络体系结构，数据集中、分散处理的大型网络化数据库实时业务系统，在应用软件上分为省中心、分中心、清算行、通汇行四个子系统。在中国人民银行济南分行设立面向所有分中心的省中心，在各地市县人民银行设立面向清算行的分中心，在当地人民银行会计营业部门开立结算账户的信用社、商业银行等金融机构为清算行，清算行所属办理结算业务的分支机构为通汇行。全系统的业务数据集中存放在省中心和各分中心的数据库中，由中心统一维护，省中心与分中心之间的连接通过通讯中间件 JB-COMM 进行，保证业务数据在网上的实时传送，分中心以下采用了 Client/Server 网络体系结构，清算行与通汇行作为 Client 端通过 ODBC 调用 Server 端分中心的数据库。

该系统利用面向对象的先进技术，采用具有国内领先水平的青鸟开发工具和中间件进行开发，实现了四级子系统之间业务的同步处理，保证了多级系统分布式数据的一致性。在分中心设置了清算行存款监控功能，对通汇行的汇出和签发汇票业务进行授权，防止清算汇差资金时出现透支现象。汇票业务采用“变借为贷”的做法，即签发汇票时向省中心移存资金，解付汇票时向省中心查询确认；还提供了汇票的冻结、挂失功能，有效地克服了汇票的风险。使用了国际上公认的 RSA、DES、MD5 算法对在网络上传输的数据和保存在数据库中的数据进行了加密、加押处理，以防止关键数据被非法篡改或非法获取。省中心同时作为全系统的认证中心，负责生成、发放、管理各机构的私钥，以数字签名方式实现了网点身份认证。该系统具有较强的实时性能，广大中小金融机构通过计算机网络形成一个联行整体，进行直接通汇，减少了结算环节，缩短了资金在途时间。

山东特约联行汇兑清算系统于 2000 年 1 月在中国人民银行济南分行辖内推广使用，目前网点机构有 1200 余家，系统平均每天处理汇出、汇入、签发、解付业务万余笔，金额为 4 亿元。该系统具有实时处理、快捷方便、安全可靠的特点，拓宽了中小金融机构的结算渠道，对加速资金周转、繁荣城乡经济起到了巨大的推动作用，为地方经济的发展作出了贡献。

四十四、中国农业银行上海市分行企业网络系统

项目编号：200113032

获奖等级：银行科技发展奖三等奖

项目完成单位：中国农业银行上海市分行

主要完成人员：许国克、吴海涛、黄荣、刘之园、胡翔

其他完成人员：杨佩莹、朱伟

项目简介：

中国农业银行上海市分行企业网络系统是以高速帧中继链路作为网络主干连接手段，采用骨干核心层、汇集层和业务网点接入层三级树型结构的综合性大型银行计算机网络系统，覆盖全行 330 个营业网点和 30 个支行，实现了业务网络与管理网络的并合和资源共享，提高了网络管理性能，降低了网络运行成本。

该系统在总体设计与应用规模上有较大突破，在银行计算机网络系统中首次实现了基于 SNA 协议的业务网络和基于 TCP/IP 的管理网络、网络的资源管理和运行管理、网络用户的身份认证和访问控制等要素的全面集成和集中管理，为业务应用与管理应用提供了标准统一的网络通讯环境。该系统采用高性能路由器作为主要广域网网络连接设备，以资源管理系统和网络管理系统作为网络设备和各类资源的统一管理平台，采用硬件高安全“防火墙”系统和安全集中控制系统实现对整个网络系统的安全隔离和安全管理，成功解决了大型异构计算机网络系统的通讯连接、协议自动转换、运行监控等关键技术问题。该系统的建设过程严格按照工程质量控制方法进行，保证了系统的建设质量。

四十五、中国农业银行监察业务管理信息系统

项目编号：200113033

获奖等级：银行科技发展奖三等奖

项目完成单位：中国农业银行科技部、中国农业银行监察部、中国农业银行辽宁省分行

主要完成人员：侯海军、何芳、范宏、王荣葵、孙红生

其他完成人员：张建中、范原辉、于智勇、陈宇、于跃、崔存泽、王喜双、张耕、曹荣光、孟小强

项目简介：

一、系统概述

按照中国农业银行总行科技部下发的农银科〔1999〕5 号（《关于印发〈中国农业银行监察业务信息系统开发任务书〉的通知》文件要求，受中国农业银行总行监察部和信息部的委托，中国农业银行研制开发了中国农业银行监察业务管理信息系统。该系统实现了案件的数据共享、多口径灵活查询和上报人民银行，解决了数据传输上报安全保密性和数据接收无人职守问题。该系统在全国农业银行系统的推广使用，提高了农业银行案件管理工作的效率和水平，为农业银行经济案件的发展趋势提供了真实可靠的依据，为中国农业银行防范和化解金融风险提供了有价值的参考。

该系统包括案件编辑、案件查询、案件统计分析、通讯上报、系统维护、数据管理、系统帮助 7 个模块 13 种主要功能。该系统使用图形用户界面（GUI）作为用户接口，采用 Windows 作为操

作系统，以 VISUAL FOXPRO6.0 作为开发工具，使用户能够在友好、灵活、方便的窗口环境下简便操作。

二、系统设计

该系统建立在中国农业银行总行监察部《监察业务系统业务需求书》，以及国家标准局信息分类编码研究所编制的《全国人事信息管理系统代码汇编》的基础上，使该系统更加标准化、规范化。中国农业银行监察业务信息系统的地区代码、项目设置具有可扩充性和稳定性，编码意义明确。该系统采用分布式结构，由于农业银行是统一领导分级管理的运行机制，所以适合于总、省、市、县各级行监察部门使用，通过网络及上报功能，使各级行系统数据逐级归并，最后集中至总行。在该系统中提炼出了数据描述的各种字典库、项目库、关系库，这些数据库的建立简化了程序编写的难度，更加规范了程序的流程，同时使数据冗余度达到最小。

三、系统特点

该系统设计新颖，具有灵活的报表定义、查询、图形分析，以及多种条件组合的汇总输出等功能；用户界面友好，实用性强。该系统利用农业银行内部网络，实现安全加密的无人值守数据传输，保证了案件数据传输的安全性、保密性。在该系统中，通过 OLE 的报表连接和通讯无人值守部分，是其他系统所没有的。该系统目前是农业银行系统唯一的监察业务系统管理软件。

四十六、IBM ES/9000 大型机零售业务应用系统

项目编号：200113034

获奖等级：银行科技发展奖三等奖

项目完成单位：中国农业银行重庆市分行

主要完成人员：蔡火英、石维兴、胡新建、钱宏、阳远定

其他完成人员：甘万勇、卢德勇、石永惠、程耀、张晓翔、何俊、刘晓琴、郭亮、马晓冬、何波、何文、尹光明、王洪、黄隽、吴娟、程耕、邹进、周鑫、刘锷、刘欣

项目简介：

中国农业银行重庆市分行 IBM ES/9000 大型机零售业务应用系统是基于 IBM ES/9000 大型机平台开发的。该系统采用的是大集中模式，将零售业务数据全部存放在数据中心。该系统网络模式采用了分行中心→支行支中心→门市网点三级网络架构。系统功能设计完善，既能处理多储种、多币种的储蓄业务，又能处理各种银行卡业务，实现了卡消费、卡在柜台、银行自助设备上存取款，信用卡、借记卡全国通兑等功能，还实现了多种形式的代收代付服务功能及网上银行、呼叫中心、银证转账、银证通等新型电子银行服务，很好地满足了市场对金融服务工具的多种需求。该系统在实现卡消费及卡交易方面采用的多行无中心共用商户 POS 和信用卡授权网与金穗借记卡网络两网互联技术具有创新性，既保护了原有投资，又大大改善了城市用卡环境。另外，该系统在银行自助设备与大型机的互联方面进行了创新，采用 TCP/IP 技术和 LUO 通讯模式实现自助设备与大型机账务系统直联，方便了银行自助设备的统一管理，节省了宝贵的大机资源。该系统采用的灵活多变的代收代付平台为各个代理业务单位提供了多种选择，也为银行获取更多的中间业务收入提供了有利条件。整个系统采用了客户密码全程加密、通信系统三重加密、主干网通过 SNA 传输

和柜员分级管理、风险交易授权稽核等多种安全和控制措施，具有很高的可靠性和安全性。

该系统已于 2000 年 12 月 22 日通过了中国人民银行科技成果鉴定。鉴定委员一致认为该系统功能完善、技术先进，最大限度地发挥了现有系统的网络效益。该系统采用的大型机金穗借记卡网络与信用卡授权网的互联、银行自助设备灵活平滑接入大型机、多种模式实现代收代付业务等技术具有较大的推广价值，投产使用多年取得了良好的经济效益和社会效益，达到了国内先进水平。

四十七、中国农业银行青岛市分行中间业务系统

项目编号：200113035

获奖等级：银行科技发展奖三等奖

项目完成单位：中国农业银行青岛市分行

主要完成人员：纪军、于锋、宫虎波、孙云云、左大勇

其他完成人员：崔丰林、滕召光、肖永刚、李峰、孙文涛、邵淳、李思宏

项目简介：

中国农业银行青岛市分行中间业务系统是中国农业银行青岛市分行为适应银行商业化改革、提高银行服务水平和竞争力、方便广大用户而开发的一套完整的代收、代付系统，是目前青岛市唯一的集实时与非实时为一体的综合中间业务系统。其主要特点如下。

一、结构科学、技术成熟

该系统采用开放的客户服务器（Client/Server）模式，有效地利用了农业银行目前的网络资源、人力资源。采用成熟的 TCP/IP 网络协议和互联网安全技术，既满足了联机事务处理的要求，又保证了数据的完整性和交易的可靠性。

二、处理手段灵活

该系统提供了多种处理手段，按时效要求分，可分为实时处理和非实时处理两种方式；按缴费手段分，可分为柜台、自助（在自助服务终端、电话银行上）缴费和集中代扣三种方式。实时处理主要针对实时要求较高的场景，如电信收费、移动通信收费、联通手机费、电业局收费、报税等；非实时处理主要针对时效要求不高的场景，如工资、保险费、寻呼费等。对签订协议的用户可由银行实施代扣、代缴，对于代扣、代缴发票，用户可在三个月内到任何一家农业银行网点打印代扣、代缴发票。这些灵活的处理手段为用户提供了方便快捷的服务。

三、资金清算严密

该系统资金一日一清。清算时采用了网点、支行、分行、收费单位四级核实的方法，任一环节出现问题，都可由其他环节及时矫正。该系统通过各种统计报表，监控资金流向。通过采取一系列严密的处理措施，有效地保证了系统的资金安全。

四、推广使用方便

该系统前台处理界面采用表格方式，操作时附有大量的提示信息，操作人员根据提示信息，即可完成该系统的操作，系统培训直观明了，因此推广应用极为方便。

五、系统运行稳定可靠、效益显著

该系统投入运行后，实现了电信收费、电业局收费的独家代理，联通手机费的 95% 收费，其

他类型的中间业务也处在领先地位，青岛中间业务的市场份额达 60% 以上，许多客户通过中间业务从知道农业银行、认识农业银行，发展到信任农业银行、依赖农业银行，较好地体现了“科技兴行”的发展战略，起到了良好的科技带动作用，为树立中国农业银行青岛市分行“服务银行”的品牌，奠定了技术基础。

目前，该系统已成功地在全国部分农业银行系统使用，效果良好。

四十八、中国农业银行浙江省分行经营数据综合分析系统

项目编号：200113036

获奖等级：银行科技发展奖三等奖

项目完成单位：中国农业银行浙江省分行

主要完成人员：曹少雄、张建明、陈庆飞、杨林强、黄祥

其他完成人员：颜先福、李腾、叶斐、钱继华、黄洁、陈宇晨、顾宏、金向华、马海波、王萌

项目简介：

一、开发背景

随着浙江省辖内农业银行省域数据中心的全面建成，中国农业银行浙江省分行所有门市业务包括常规人民币储蓄、对公、信用卡、外币储蓄、专项业务、中间业务等全部实现了全省的版本统一和集中，为业务经营数据的分析、加工奠定了扎实的基础。经过多年的探索与实践，中国农业银行浙江省分行提出了建设经营数据综合分析系统的总体架构：以门市业务数据作为基础数据源，以内部经营管理、客户与产品分析为两大目标，实现中国农业银行浙江省分行业务经营与辅助决策的高效化与智能化。目前，中国农业银行浙江省分行已开发并全面推广了基于总账、损益、部分卡片的业务经营报表自动生成与发布系统，并已启动客户分析系统的建设。

二、系统逻辑框架

该系统在逻辑上分为 10 个地市行分中心和省分行 1 个中心，经营数据从门市业务系统中采集，通过该行内部的通讯网络分发到各市分行和省分行，进入系统服务器数据库，经过加工后将内部分析报表在 WEB 上发布。

三、系统功能

该系统分为数据采集、数据入库检测、数据加工、静态报表发布、动态报表发布等子系统。

1. 数据采集子系统：主要完成门市业务数据的下载和分发功能。

2. 数据入库检测子系统：主要完成对采集的数据源进行数据库倒入，数据准确性检查，异常数据处理等功能。

3. 数据加工子系统：主要完成会计、计划、信贷、个人等业务部门需要的定制的分析报表加工。

4. 静态报表发布子系统：主要完成业务部门需要的固定报表的发布，在 WEB 上实现。

5. 动态报表发布子系统：主要完成业务部门临时的个性化报表制作和发布，该功能可以灵活的由用户直接实现。

四、系统实现技术特点

该系统的开发设计技术比较广泛，主要涉及以下五个方面的技术。

1. 基于 AS/400（OS/400 操作系统）、RS/6000（AIX 操作系统）、PC 服务器（UNIX、Windows 操作系统）的数据库设计技术。

2. 基于 OS/400 操作系统的 RPG 软件设计，基于 AIX、UNIX 操作系统的 C 语言软件设计、基于 WindowsNT/98/2000 的面向对象的 C/S 软件设计。

3. 基于不同操作系统平台的零客户端 WEB 设计。

4. 跨操作系统之间的通讯软件设计。

5. 基于数据仓库技术的多维立方体数据库设计和应用。

五、开发使用情况

该项目于 1997 年启动，1999 年初步完成并开始试运行，截至 2001 年已进行了多次优化和功能的增强，目前已在浙江省全面推广使用。

该系统的投产，使各级行能自上而下地及时掌握本行与各下属机构业务经营的真实情况，彻底改变了原先业务经营数据自下而上、逐级上报的落后模式，提高了各级行领导与业务管理部门对全辖业务经营数据了解的及时性、准确性和前瞻性，得到了全行的充分肯定，取得了良好的效益，极大地推动了中国农业银行浙江省分行经营管理水平的提高，为中国农业银行浙江省分行近年来经营效益的大幅提升提供了有力的技术支撑。

四十九、声像档案网络管理信息系统

项目编号：200113037

获奖等级：银行科技发展奖三等奖

项目完成单位：中国农业银行大连市分行

主要完成人员：孙尉冬、曹军、李志伟、顾炜、杨东华

其他完成人员：张春丽、辛国阳、乔琳

项目简介：

声像档案网络管理信息系统（Av Archive Manager）是在中国农业银行大连市分行领导全力支持及课题组全体成员的共同努力下历时两年时间研制开发的声像档案管理软件。该系统利用农业银行现有的办公自动化网络，合理有效地利用了硬件资源。Av Archive Manager 具有强大的电子档案管理功能，可以实现从声像档案的收集、整理、组卷、归档到利用、统计等各种声像档案管理工作，并把工作流的机制引入档案工作中来，极大地提高了工作效率，达到了真正意义的网上多媒体文档信息共享，实现了中国农业银行大连市分行声像档案的文档一体化及网络管理，在农业银行系统尚属首创。2000 年 6 月，该系统顺利通过辽宁省档案局专家组鉴定，并被评为“档案科技进步一等奖”，同年 12 月 12 日，通过了人民银行鉴定。

根据对中国农业银行大连市分行声像档案管理工作的要求，该系统采用了模块化的解决方案。该系统体系结构划分为编辑子系统、存储子系统和管理子系统三个部分，通过这些硬件设备和软件系统的紧密集成，使系统很好地达到预定的目标。该系统有七个主要的功能模块，包括收集整理、维护管理、利用管理、统计报表、制度汇编、系统设置、系统帮助。

一、主要功能

1. 声像档案网络管理信息系统实现了档案工作流程自动化，缩短了声像档案的流转周期，过程控制更加严格、安全。该系统采用文档一体化的整体构想，融入了电子文件与电子档案管理的最新理念，通过与现有的办公自动化体系紧密结合，在遵循各种档案管理法律法规的基础上，建立了先进的档案管理模型。

2. 声像档案网络管理信息系统实现了声像档案信息共享。该系统通过办公自动化系统已有的内部网络结构，可以进行声像档案的网络实时播放且支持并发访问，实现了声像档案文档一体化。

3. 声像档案网络管理信息系统实现了档案信息的一次著录、多次利用，提高了工作效率。

4. 声像档案网络管理信息系统利用方式灵活、统计快捷准确。该系统采用全文、条件检索等方式对域中的所有档案信息进行检索，操作简单、输入灵活、速度迅捷，查全率、查准率可达100%。同时，该系统统计灵活、数字准确，可以根据要求随时对声像档案的归档、利用、管理等情况自动进行统计、汇总上报。

5. 声像档案网络管理信息系统实现了档案工作网络管理，便于对基层档案工作进行远程检查和管理，同时也为系统建立多媒体文档中心作了先期尝试。

二、应用与推广情况

该系统已经顺利通过测试，目前在中国农业银行大连市分行运行状况良好，下属各支行的部分档案室也开始使用，极大地提高了声像档案管理工作的质量、效率，缩短了查找时间，将有限的声像档案资源进行了合理利用，减轻了工作人员的劳动强度，实现声像档案信息的资源共享，更好地为全行业务工作服务。声像档案网络管理信息系统成功地实现了涉及档案管理的所有内容，可以帮助档案管理人员从繁重的手工劳动中解放出来，有助于使用者方便、快捷地利用现有的声像档案信息资源。

五十、银币坯饼表面深腐蚀处理新工艺

项目编号：200128053

获奖等级：银行科技发展奖三等奖

项目完成单位：上海造币厂

主要完成人员：张键建、陈剑峰、刘耀光、柯建平、朱荣兴

其他完成人员：肖金海、宋金华、米安田、刘国荣、沈敏筠、夏永胜、陈斌

项目简介：（略）

五十一、YB98 型机械式坯饼检查机的研制

项目编号：200128054

获奖等级：银行科技发展奖三等奖

项目完成单位：上海造币厂

主要完成人员：邬国强、沈敏华、周建栋、乔水国、夏永胜

其他完成人员：陈国良、陈斌、华光明、肖根宝、张仁桃、汤祥麟、孟辉

项目简介：（略）

五十二、国家金融行业标准《金币》

项目编号：200128055

获奖等级：银行科技发展奖三等奖

项目完成单位：上海造币厂

主要完成人员：章军、何伟、刘耀光

项目简介：（略）

五十三、造纸用不锈钢网焊接技术

项目编号：200128056

获奖等级：银行科技发展奖三等奖

项目完成单位：保定钞票纸厂

主要完成人员：邹丛标、张连祥、宗亚军、王艳英、赵建伟

其他完成人员：李建民、王卫新、王卫华

项目简介：（略）

五十四、双色印码机号控系统

项目编号：200128057

获奖等级：银行科技发展奖三等奖

项目完成单位：北京印钞厂

主要完成人员：肖海燕、周海、尹广华、董淑兰、陈永发

项目简介：（略）

五十五、特种防伪黄光颜料（绿色）的研制

项目编号：200128058

获奖等级：银行科技发展奖三等奖

项目完成单位：北京印钞厂

主要完成人员：王笑非、董慧珍、任红梅、郭民、刘建明

其他完成人员：杜亚林

项目简介：（略）

五十六、异型号码机研制

项目编号：200128059

获奖等级：银行科技发展奖三等奖

项目完成单位：北京印钞厂

主要完成人员：孙贵峰、马纯金、巩志强、陈永发、李炜华

其他完成人员：牛汉发、段建辉、张立军、郭道明、李东、关若娟、张伟、崔月

项目简介：（略）

五十七、弧形电控号码机的研制

项目编号：200128060

获奖等级：银行科技发展奖三等奖

项目完成单位：北京印钞厂

主要完成人员：孙贵峰、巩志强、陈永发、马纯金、李炜华

其他完成人员：牛汉发、张立军、李东、段建辉、郭道明、关若娟、崔月、张伟、柳颖、汪咏东、杨毅

项目简介：（略）

五十八、银坯饼化学抛光及废液治理工艺研究

项目编号：200128061

获奖等级：银行科技发展奖三等奖

项目完成单位：沈阳造币厂

主要完成人员：张焕文、王德雨、王忠、李秉宽、赖茂明

其他完成人员：任军传、张旭、费良汉、康今哲

项目简介：（略）

五十九、铜合金硬币坯饼表面处理工艺技术研究

项目编号：200128062

获奖等级：银行科技发展奖三等奖

项目完成单位：沈阳造币厂

主要完成人员：宁应成、董江、曹占双、魏立营、王祯杰

其他完成人员：时晓、林兰英、赵阳、阚博文、李学飞、金晶

项目简介：（略）

六十、冷胶工艺在铜原版腐蚀工艺上的应用

项目编号：200128063

获奖等级：银行科技发展奖三等奖

项目完成单位：上海印钞厂

主要完成人员：孙建华、吴国祥、杨文信、丁龙喜、陈克坚

其他完成人员：张民、谈建平、夏海滨、邵国伟、杨连生、赵爱华、沈志云、徐文霖、徐永才

项目简介：（略）

六十一、红外上转换材料（IR-RED）及其油墨的研制

项目编号：200128064

获奖等级：银行科技发展奖三等奖

项目完成单位：中国人民银行印制科学技术研究所

主要完成人员：刘卫东、张莉、张继卿、张虹

项目简介：（略）

第二节　2002 年银行科技发展奖获奖项目

一等奖

一、中国工商银行业务档案缩微系统
二、中国农业银行综合应用系统（ABIS）
三、中国建设银行柜面业务系统
四、交通银行综合业务处理系统
五、横管连续蒸煮漂白制备棉浆新技术

二等奖

六、国家开发银行信贷管理与风险监控系统
七、中国人民银行电子公文传输系统
八、中国人民银行财务管理信息系统
九、中国人民银行分支行办公自动化系统
十、中国工商银行开放式基金处理系统
十一、中国工商银行新一代开放式前端系统
十二、中国农业银行公文流转及档案管理系统
十三、中国建设银行网上银行系统
十四、交通银行太平洋卡“全国通”业务系统
十五、双色印码机号控系统
十六、隐形图案雕刻技术
十七、边部连续斜丝齿硬币研制
十八、粗银化学分析国家标准

三等奖

十九、中国人民银行营业管理部北京金融城域网
二十、区域性商业银行信贷管理系统（CBCM2000）
二十一、中国人民银行太原中心支行办公自动化系统
二十二、中国人民银行外资银行非现场监测分析系统
二十三、中国人民银行武汉分行支付结算与账户管理系统
二十四、中国工商银行高级管理人员责任稽核信息系统
二十五、中国工商银行融资及客户信用管理系统
二十六、中国工商银行个人金融业务管理信息系统
二十七、中国工商银行浙江省分行通用代理业务系统
二十八、中国工商银行河南省分行责任成本核算系统

二十九、中国工商银行浙江省分行信贷决策支持系统

三十、中国工商银行浙江省分行支付代理系统

三十一、中国工商银行河北省分行 POS 监控运行系统

三十二、中国工商银行江西省分行平安保险费业务代扣系统

三十三、中国工商银行江西省分行大机数据压缩传输系统

三十四、中国工商银行江苏省分行“汇市通”个人外汇买卖系统

三十五、中国工商银行江苏省分行基于策略的网络综合防护系统

三十六、中国农业银行汇兑业务管理监控系统

三十七、中国农业银行苏州市分行企业银行系统

三十八、中国农业银行大连市分行商业智能决策信息支持系统

三十九、中国农业银行上海市分行客户服务中心

四十、中国农业银行上海市分行个人信贷系统

四十一、中国建设银行深圳市分行多协议网络系统整合

四十二、中国建设银行北京市分行个人外汇买卖系统

四十三、合质金锭国家标准

四十四、新型半浆处理设备的研制与开发

四十五、安全线定面施放与监控装置的研制

四十六、超级凹印机墨车短传结构改中传结构

四十七、滚字后 NBS 坯饼不酸洗直接压印工艺研究

四十八、硬币边缘印字在线检测系统

一等奖

一、中国工商银行业务档案缩微系统

项目编号：200212017

获奖等级：银行科技发展奖一等奖

项目完成单位：中国工商银行软件开发中心

主要完成人员：苏文力、王刚、薛鸿健、胡艳兵、蔡东、徐泽中、吴向阳、王彦红、许春生、肖景、卢学功、黎建明、孙洪阁、张爱民、陈景荣

其他完成人员：李伟良、吴利华、刘云、曹伟俊、张凯、王靖、刘朝伟、何友球、苏恒、周庆林、梁沪光、吴晓勤、吕海文、郭锡超、帅翡芍、蔡芸

项目简介：

随着我国国民经济的不断发展、金融改革的不断深入、金融业务的迅速拓展，金融业务的电子化显得越来越重要，为了适应新形势下的金融发展和行业竞争，为了向客户提供更加全面、方便、快捷的金融服务，中国工商银行软件开发中心开发了中国工商银行业务档案缩微系统（BAMS），它是中国工商银行综合业务处理系统（CB2000）的重要组成部分。该系统是根据综合业务处理系

统的总体设计思想和总行会计结算部的业务需求而研制的，是一个技术先进、适应性强、海量数据处理的大型综合系统。该系统的研制及投产成功彻底改变了工商银行业务档案按网点和专业分散管理的落后局面，标志着工商银行的业务档案管理已经跨入了崭新的集中、高效、安全的综合业务处理电子化的网络时代，为工商银行全面推行综合业务处理系统提供了完善的服务和可靠的保证，创造了巨大的社会效益和显著的经济效益。

根据 1999 年 8 月中国工商银行会计结算部决定，开发中国工商银行综合业务处理系统（CB2000）的重要子系统——中国工商银行业务档案缩微系统（BAMS）。按综合业务处理系统整体的开发进度，由总行技术保障部立项，各业务部门牵头，安排该系统开发，软件开发中心负责实施。该系统的主要目标是充分运用先进的计算机技术（图像处理、计算机网络、数据库、多媒体、光盘存储技术等），实现票据存储、管理和查询的电子化和集中化，实现银行各种前台业务核算报表和电子清单的缩微，实现无纸化办公，从而达到提高业务凭证和报表的查询效率，提高用户服务质量；减轻金融部门的纸质凭证和报表在存储、管理和查询的工作难度，减少人力、物力和空间的投入，以达到减员增效的目的；通过查询效率的提高，大大缩短查账时间，增强银行抵御风险的能力。

项目组通过广泛听取各方面专家的意见和研究了解国内外同类型产品的情况，确定了系统构架和技术方案，主要有以下主要特点。

1. 以地区为单位，同时支持多地区。

2. 分批索引。凭证影像的、分批原则是“地区、网点、业务日期、柜员、币种、现转借贷标志”，即按前台柜员轧账的方式进行的；报表和历史明细是以“地区、工作日期、业务种类”分批的。

3. 系统设计主要采用三层结构（客户层 / 服务层 / 核心数据层），核心服务都是采用 COM 技术接口规范，大大减少了系统编程和维护工作量，提高了系统的灵活性和可扩展性，提高了开发团队协同工作效库。通过 COM 技术和三层结构模式，使系统具有了无限的伸缩性，从而能适应各种业务量情况的处理。

4. 瘦客户。该系统由于采用 HTTP 协议实现业务档案的查询，网点无须安装任何应用软件（IE 由操作系统自带），实现了瘦客户方式，大大方便了系统的维护和升级。

5. 海量数据存储管理和历史数据的查询支持。该系统采用廉价、容量大、数据存储长久且稳定可靠、可在线实时查询的存储介质光盘和光盘库实现海量数据的存储管理，提供了对多年以前的历史数据的查询支持。

6. 并发、多用户支持。无论对缩微中心内部还是网点用户来说，系统都必须支持大量用户的并发操作。

7. 以 ORACLE 作为数据库开发平台并采取 PARTITION 等技术对数据库的性能作了大量的优化，使数据库运行高效稳定。

8. 报表部分采用了模板技术，大大节省了存储空间。另外，该系统增加了对报表的版本号控制，适应了报表多变的需求，使系统有很强的容错性。

9. 该系统既支持通过 IE 浏览器实时查询业务档案，同时也提供了通过 NOTES 邮件的方式提交查询申请。

10. 系统监控。该系统提供了丰富的监控功能，比如，光盘库中空白盘监控、各种服务的状态监控、WEB 在线查询用户的跟踪等，大大减轻了缩微中心管理人员的压力。

11. 为了提高处理效率，该系统在应用服务、WEB 应用服务、文档服务和归档服务中采用了 RPC、MTS（事务管理）、多任务并发管理、链接池管理、队列管理等大量先进技术。

12. 该系统采用多媒体处理技术，方便用户查询处理。

业务档案缩微系统在项目实施过程中坚持统一规划、统一设计、统一开发的原则，从设计到开发、测试、试点及推广都严格按照 ISO9000 的规范进行操作，为整个系统的成功开发提供了保障。业务档案缩微系统于 1999 年 9 月立项并进行系统设计、编码和单体测试，截至 2000 年 3 月完成了历史明细、会计业务报表部分的缩微并通过了测试部门的严格测试，于 2000 年 4 月开始在深圳试点运行。2000 年 8 月，业务档案缩微系统报表部分（包括对公、零售和银行卡等所有业务报表）在深圳全面投产，随后在一级行推广。2000 年 9 月，业务档案缩微系统的凭证部分通过业务部门的测试验收，于 2000 年 11 月在中国工商银行上海市分行缩微中心进行试点，并顺利实现了报表和凭证缩微的整合，试点期间每天需要处理对公业务凭证 20 多万张。该系统于 2001 年 3 月发布了功能完善的全国推广版本 V1.1.0。整个系统包括如下 16 个模块：应用服务、文档服务、WEB 服务、归档服务、用户管理、系统管理、查询控制、凭证查询、扫描控制、质检、人工索引、文档修改、凭证库房管理、单盘查询、数据库安装、数据库备份及恢复。

业务档案缩微系统在试点和推广过程中，运行稳定、性能优异，深受业务部门的好评。业务档案缩微系统先进的技术和优异的架构充分表露了出来，该系统表现出极强的灵活性和适应性，完全能够胜任大中型地市行的数据处理需求。以上海为例，该系统每天处理超过 50 万笔的业务凭证，以及超过 50 万笔的交易明细数据和大量的报表；北京的交易明细数据更是超过了每天 100 万笔。业务档案缩微系统的投入使用，大大提高了业务部门的工作效率，同时也提高了中国工商银行的客户服务质量；加快了管理部门的决策速度，也加快了中国工商银行的集约化、电子化进程；由于报表实现办公的无纸化，大大节省了办公费用，同时各种详尽的报表为改善经营管理、防范金融风险也起到了一定的作用。

二、中国农业银行综合应用系统（ABIS）

项目编号：200213041

获奖等级：银行科技发展奖一等奖

项目完成单位：中国农业银行科技部、中国农业银行软件开发中心、中国农业银行财务会计部

主要完成人员：曹谷崖、叶又升、王志辉、王赤红、李沛强、张洪源、蔡钊、董世任、王敏、蔡仕志、佟梅、刘光辉、陈明生、霍宝东、李书

其他完成人员：钟澄军、陈典友、吴军、王荣海、高斌、黄朝晖、杨小燕、谢之波、章臣杰、韦甸、叶晓、苏耀明、云雨、廖育源、曾文胜、许国平、胡建、岳雷、谢少波

项目简介：

一、概述

中国农业银行在 1996 年立项开发中国农业银行综合应用系统（以下简称 ABIS），1997 年开

始技术实施，1999 年投产试运行，2000 年开始在全国 36 个省域数据中心推广使用。

ABIS 是一个处理中国农业银行全面柜面本外币业务的计算机应用软件系统。通过该系统的推广使用，统一了全行业务操作方法和管理制度，统一了全行业务处理系统软件，实现了国际通用的“大会计”理念，以及面向操作、柜员制的设计思想。

2001 年 12 月 28 日，在中国人民银行支付科技司组织的签定会上，鉴定委员会一致同意通过该项目的技术鉴定，并确认该系统“设计合理，技术先进，功能齐全，应用规模大，推广范围广，效益明显。在跨平台技术、批处理调度、运行状态控制、过渡传票设计等软件技术和业务处理上有突破和创新，达到国内领先水平，具有较高的推广应用价值”。同时，ABIS 获得国家版权局计算机软件著作权登记。

二、系统组成

ABIS 具有完整的系统控制管理功能和广泛的业务处理功能。

1. 功能划分。按照综合核算与明细核算分别设计、系统控制与业务应用分离设计的原则，ABIS 设计成：（1）核心控制，包括系统控制核心、批处理调度核心、系统操作子系统、系统维护子系统；（2）核心应用，包括重要空白凭证管理核心、公共应用子系统、内部核算（综合核算和通用核算）子系统、客户管理子系统、出纳表外子系统；（3）基本应用，包括存折、存单子系统、支票存款予系统、贷款业务子系统、本票业务子系统、银行汇票、电子汇兑、县辖联行子系统、网内联行子系统、资金管理子系统、银行卡子系统（含信用卡）；（4）延伸应用，包括自动转账（代收代付）子系统、各类自助设备子系统（ATM、POS、TBS、WEB 等）、一卡通子系统、同城交换子系统。

2. 业务操作。ABIS 在操作流程上重新设计了业务流程，引入了过渡核算的概念，柜员的操作简单化、规范化。综合应用系统的柜员在办理业务的过程中，只需正确地选择交易，并输入相应的交易数据即可，其账务处理全部由系统自动完成。

3. 运行体系。操作管理体系、核算体系、清算体系构成了 ABIS 的运行体系。

4. 系统结构。（1）ABIS 具有很强的可扩充性。（2）联机业务的 4 个运行状态：日间、平账、批处埋、夜间，实现了业务处理的安全控制。（3）批处理调度功能实现了批量作业的全自动化处理，减轻了运行人员和账务人员的劳动强度，规范了业务流程，大大降低了账务差错率。批处理线程并行处理充分利用了计算机系统资源，加快了批处理速度。

三、技术特点

ABIS 设计合理、技术先进，在软件技术和业务处理上有突破和创新，其主要技术特点如下。

1.ABIS 业务处理在设计上突破了国内银行应用软件以往将储蓄、对公、信用卡等业务处理隔离，各自管理各自总账的处理模式，在会计核算上大胆地进行综合，通过软件结构分层设计，实现了独立于具体业务操作的会计核心。

2.ABIS 独立性设计。通过应用独立性、设备独立性和功能独立性设计来实现独立性设计目标。

3.ABIS 高负载能力设计。通过高并发设计、联机与批处理负载均衡、数据服务与应用服务分离、应用服务与报表服务分离、流量控制及批处理业务事务管理等措施实现高负载能力设计。

4.ABIS 高可用性设计。它体现在联机交易统一事务管理、交易平衡检查、重要资源统一管理、交易监控及交易灾难备份等方面。

5.ABIS 的安全性设计。它体现在机构管理、人员管理、设备管理、应用和交易管理、系统运行状态管理、授权控制、功能分布与登录隔离、重要数据鉴定码及关键数据通讯加密技术等方面。

6.ABIS 可移植性设计。该系统实现了应用软件跨 ES/9000、AS/400、HP9000、RS/6000 等不同操作系统和数据库处理的可移植性。这项设计首次在国际上实现了应用软件跨平台移植。

四、效益及推广应用情况

ABIS 整体优势表现在：（1）采用当今国际通用的“大会计”设计思想，为金融产品的创新提供了广阔的发展空间；（2）改革了传统的业务操作流程，模糊了传统意义上的对公、储蓄等单一业务体系，使柜员的操作全面化、规范化和简单化；（3）建立了高效的劳动组合，ABIS 面向客户、面向交易的设计思路和严密可靠的操作授权，为全能柜员制、复核柜员制的实施提供了良好的应用环境；（4）强化了安全可靠的制约机制；（5）系统多层次结构，既保持了核心业务在应用软件上的稳定，又加速了各项代理业务的开发进度，使许多地方性代理业务及时、高效地投入市场；（6）在省域中心实现的数据集中为中国农业银行管理改革和应对市场竞争提供了更为广阔的空间。

目前，ABIS 已顺利在全国 35 个省域数据中心、大约 36500 个营业网点推广使用，日均交易量为 1200 万 ~1400 万笔，全面覆盖对公、储蓄、银行卡和代理业务，构成省级分行集中式综合应用网络系统，为客户提供了多种渠道的服务，为建设具有国际水平的、超大规模、高度集中又高度安全的中国农业银行数据运行总中心，打下了坚实的基础。

三、中国建设银行柜面业务系统

项目编号：200215013

获奖等级：银行科技发展奖一等奖

项目完成单位：中国建设银行信息技术部、中国建设银行信息技术部上海开发基地

主要完成人员：武青、张益民、刘静芳、胡宪忠、王申科、陈有钧、严志根、马恒鑫、潘人放、王美华、林志农、戚桂凤、叶晓东、高崇毅、杨朝晖

其他完成人员：周子坚、叶坚、彭坤玉、朱晓峰、郑玫、吴斌、杨忠伟、王远洪、李招拾、朱洪梅、徐浩、洪延生、何志芳、尹建清、黄萍、陈蓓华、许彤宇、雷新、周敏、杨书兵、王伟、陈岩、张学宇、刘金国、张博、邬娇萍、苏信、陈蔚、施哲夫、马松、施芸虹、郑滨涛、吴奔、顾凌、孙玉华、马婕、秦旭峰、许之珉、郑炜杰、沙云、张翼、刘宇萍、严峻、潘国慧、顾蓓、毛宇兰、江志辉、贺国庆、王振宇、蒋建新、蔡鸣蕾、徐生亮、严琼、葛颖、陶烈焰、王光绚、李兆婴、朱青、邱玮栋、周成江、李惠明、唐志明、黄凯、洪梅、钟准、陆瑾、陶军、张立胜、丁天红、沈霄峰、陈梅、秦军、朱福章、朱萌珍、虞海春

项目简介：

一、概述

1997 年 6 月，中国建设银行总行计算机应用领导小组第一次全体会议决定开发全行新一代柜面业务系统，标志着中国建设银行计算机应用总体设计方案中重要一步的柜面业务系统 ES/9000

项目正式立项。该系统的整个需求确定、方案论证、实施开发、中国建设银行上海市分行上线投产工作历时 4 年。2001 年初在深圳和北京进行推广工作，中国建设银行深圳市分行于 2001 年 5 月上线运行。

柜面业务系统集中管理和集中处理的模式使中国建设银行的业务管理工作更有效、更合理、更科学；系统信息的完整性和业务整合使中国建设银行的经营水平得到了提高，完备的安全控管机制使出现各类风险防范和内部管理工作得到了加强，降低了银行的经营风险。柜面业务系统有力地促进了中国建设银行上海分行和深圳分行的业务发展。

二、系统功能

中国建设银行柜面业务系统涵盖了主要的银行核心业务，包括活期存款、定期存款、贷款、代理、结算、信用卡 / 储蓄卡、会计、电子汇划、清算、账簿、客户信息、共用、外汇买卖、证券等业务。

三、系统特点

1. 系统设计分为四层体系。在充分分析银行业务交易的逻辑处理特点后，通过对不同业务间共性处理步骤和功能要求的抽象归纳，总结出信息的基本分类和主要流程。提出业务共性处理中的业务发起、业务受理、业务登记和特殊处理、会计核算四个环节。以此为依据进行柜面业务系统的逻辑结构设计，形成对应的四个逻辑层次，即体现全局架构性的相对稳定的核心层；体现业务功能，相对独立、易于扩充的业务层；体现操作界面，可灵活配置的系统服务层；以及不同对象的客户层。

2. 提出和实现了业务处理联动网络概念。联动网络由水平联动和垂直联动组成，水平联动是跨业务的联动，垂直联动是跨层次的联动，联动网络实现了业务的联动和整合。

3. 支持集中统一的会计核算体系。支持对公、对私及本外币业务处理的一体化和业务核算一体化。实现了后台统一管理和处理业务核算、业务参数、重要凭证、报表信息。

4. 以客户为中心的应用架构。总体应用架构提供了中心额度控制管理和部分客户关系管理。建立以客户信息为中心的客户管理和服务模式，使柜面业务系统能够实现面向客户及相应关系的信用管理和额度使用功能，通过建立的客户签约信息实现账户间的转账功能和客户理财功能。

5. 开发了 CCBMAIN 的应用交易控制平台。CCBMAIN 融合了国内外交易平台的长处，实现了应用逻辑结构核心层的主要功能，包括核心银行主控模块、系统调用模块、应用伺服模块、信息控制模块、报表控制模块等，在应用开发工作中，CCBMAIN 起到了规范统一交易处理流程、简化开发过程等作用。

6. 通过组合知识模块（KB）和共用函数（CF）来实现交易的处理流程。柜面业务系统针对银行业务处理的特点，提供了先进的应用处理模式。例如，连线批处理功能（CENTRECUT）、连线报表处理功能（ONLINEREPORT）、24 小时营业及追账功能和会计分录实时自动记账功能等。柜面业务系统的交易开发引用了面向对象（OO）的理论。尤其是通过组合知识模块（KB）和共用函数（CF）来实现交易的处理流程，结合业务数据和控制数据的参数化定义，大大增加了系统的灵活性和维护性。

7. 总体系统环境配置上做了慎重而又科学的选择。最终确定它在 IBM 的 S/390 主机和 SNA 网络上运行、操作系统选择功能强大且坚固稳定的 MVS、数据库选择运行性能最佳又适应银行业务数据储存特征的 IMS 层次型数据库，联机作业系统采用灵活通用的 CICS，端末系统使用最大限度保护现有资源的仿 4700 的 UNIX 系统。

四、使用效益情况

柜面业务系统本着加强内部经营管理、提高为客户服务的质量、满足客户日益多元化的金融业务的需求，按照市场化、集约化的原则开发设计的。该系统充分发挥各项业务的优势，互相联动、互相融合，减少中间环节，加速资金在中国建设银行内部范围流转，同时为客户提供快捷、多功能、全方位的服务。账务系统为信息系统提供大量的数据，保证了信息系统的数据与账务系统的数据同步。信息系统充分考虑以客户为中心，以客户编号为关键值统领与单个客户有关的所有信息，包括客户的资产、负债、非利差业务等一系列业务信息。该系统通过整合业务，以及整合系统各项资源，并合理配置资源，以较低成本集中采集、提取、加工处理有关信息，为中国建设银行的内部管理开拓市场及金融创新提供基础条件，同时，分析、筛选、培植数据，能够为中国建设银行及创造利润的客户提供可靠的数据。

柜面业务系统正式投入生产，全行的数据集中进行处理后，经济效益增长表现如下：一是节约了系统升级的大量费用，减少大量的维护人员，降低了维护成本，并节约大量的设备（对公、对私、外汇主机前端设备三合一）。二是节约了大量人力资源（对公、对私、外汇人员三合一实行综合柜员制），营业网点日结，每个柜员日结平均比使用原系统节约 1 小时，全行按 3000 人计算，每天可节约 3000 小时；月结、年终轧账主机统一处理，改变了原来逢月、年终通宵达旦的加班状况；后台稽核人员减少 2/3。三是银行经济效益显著增长，利税大幅增加。四是大大缩短新产品开发周期。

截至 2002 年，柜面业务系统在中国建设银行上海市分行已安全运行了较长一段时间，其中柜面业务系统 1.1 期和 1.2 期已安全运行了 2 年多，覆盖全部网点 300 多个，管理的账户和客户数据为 1500 万条，每天平均交易处理笔数为 45 万笔，最高达 70 万笔，达到了较大的处理规模。在中国建设银行深圳市分行，柜面业务系统同样发挥了应有的作用，达到了一定的处理规模，每天平均交易处理笔数为 20 万笔，最高达 30 万笔。在中国建设银行上海市分行和深圳市分行，柜面业务系统运行总体安全平稳，业务处理准确快捷。

在业务处理品种、业务处理规模、业务处理架构上，该系统体现了当前商业银行管理、业务和信息技术发展现状，以及未来的发展趋势。在系统运行环境要求、系统处理能力、系统先进性、稳定性、灵活性、开放性及可维护性等方面，该系统都达到了很高的标准，能够在技术上支持我国商业银行不同规模不同类型的银行业务处理工作。

目前，中国建设银行已实施全行数据集中工程，柜面业务系统将作为全行数据中心统一业务处理的核心平台，在全行业务管理、业务发展工作中发挥巨大的作用。

四、交通银行综合业务处理系统

项目编号：200216009

获奖等级：银行科技发展奖一等奖

项目完成单位：交通银行电脑部

主要完成人员：兰福民、唐素秋、李庆、沈肖雷、李豪、黄根福、包逸尘、许慧敏、吴燕、潘康、欧鸿胜、杜伟、李俊、陈隃、周怀丰其他完成人员：冯元海、王晨、戴蕴华、周邦烈、陆国兴、陈登宏、罗吉安、丁利君、王海东、李志城、陈苏、黄静文、张桂泉、仇佳麟、郝向阳、赵蕾、戴辰一、徐裕善、朱继康

项目简介：

综合业务处理系统是交通银行电子化建设的重大项目，它的成功运行极大地提高了交通银行整体电子化应用水平。1997 年 5 月，交通银行总行决定开发交通银行综合业务处理系统，要求该系统不但要满足目前业务发展的需要，而且要有所创新，充分体现业务品种综合和数据处理集中化的思想。综合业务系统是一个全新的课题，既不能照搬国外的现有模式，又没有一套现成的系统可供借鉴，经过 4 年的艰辛努力，项目组终于圆满地完成了综合业务处理系统的开发、试点、推广工作，截至 2002 年，该系统已在交通银行全部分行投入运行。

综合业务处理系统是根据现代商业银行的运作模式并结合交通银行的业务特点，建立起的以中央会计为核心，以客户管理为基础，以综合柜员制为操作形式，融本外币业务为一体的业务处理和会计核算系统。该系统是交通银行为加强经营管理、改善客户服务、提高工作效率、增强市场竞争力而开发的一个重大项目，在交通银行今后业务拓展中将发挥基础与核心作用。该系统使业务处理和会计核算相分离，着眼于加强内部管理和控制，强化前台服务手段和业务综合处理能力，简化操作手续，提高会计数据和业务信息利用效率。该系统开发了中央会计、客户管理、公共控制、票据管理、出纳管理、财务管理、账户管理、结算、贷款、外汇结算、资金调剂、报表管理、特殊处理十三大部分、共计 848 个交易，交易子码为 4423 个，有 130 万行源代码。该系统不仅构建了综合业务系统的基本框架，开发了本外币对公业务处理功能，而且增加了表外业务、外汇非贸易和贸易的会计核算、财务管理、信贷、计划统计等功能模块，并为将来构建管理信息系统提供了基础数据源。

综合业务处理系统基于开放式的平台设计，采用三层 Client/Server 结构，后台选用 IBM 的 RS/6000 系列小型机和 AIX 操作系统，前台选用 SCO 的 OPENSERVERSO，中间件选用 IBM 的 TXSERIES。数据库选用 SYBASE 的 SQLSERVER11。前后台均使用 UNIX 环境下的 C 语言编程，在 C 语言中实现前后台的通讯和对 SYBASE 数据库的访问和更新，对大批量的数据库操作均采用了存储过程，以提高效率。前台使用字符屏幕处理软件包，实现菜单和交易码双重驱动。

一、系统功能特点

1. 数据集中化。该系统数据集中、全行一本账，由原来各营业网点单机分散处理数据转变为账务中心集中处理。这种处理模式有利于各项业务间的联动处理和新金融产品的推出；有利于实现分级授权制，加强会计控制和监督，提高防范风险能力，防止经济案件和违规违法经营；有利于加强各项业务会计核算的统一性、规范性，提高集约化经营管理水平；有利于实现客户管理和综合授信，实现综合柜员制，提高工作效率。

2. 业务综合化。现有的银行应用系统大多是以垂直条块来建立的，每个应用系统只包含和定义自己的业务处理逻辑规则及自己所需的数据库，也只支持一部分业务处理，从而形成各业务系统相互孤立和信息不能共享的局面，给经营决策带来很大困难，同时，也无法为客户提供全面灵活的多种服务。新系统强调的是业务处理的综合性，它打破了现有的业务操作流程和运行模式，

它以柜员制为出发点，将临柜业务和非临柜业务整和为一体，使原来条块分割的业务可以联动起来。

3. 完善的安全体系。综合业务系统作为一个数据高度集中的系统，必须保证银行资金、客户资金、关键业务数据的安全。综合业务系统从网络、通讯、操作系统、数据库、体系结构及应用等方面进行了安全性的充分考虑。新系统建立了一套严密的权限分配、分级授权和监督稽核控制机制，切实保障银行、客户资金和信息的安全，杜绝和防范来自内部及外部的各种可能的犯罪渠道和犯罪企图。

4. 完整的客户管理。新系统引入客户管理的思想，以客户号统揽客户在交通银行的所有账户信息，可实现存贷款统一管理和本外币联动，同时客户的动态信息也可以得到及时而全面的反映，为进一步提高客户服务水平创造了条件。

5. 创建中央会计思想。综合业务处理系统吸取国内外商业银行计算机系统的先进经验，建立本外币一体化的中央会计系统，除设置本外币会计总账外，同时设置反映银行重大会计事项和重要财务信息会计账项，建立新的会计核算体系。中央会计账户在原有的科目和分户账之间增加了会计核算层次，提供更为具体的会计核算手段，使银行各部门能够更真实、可靠、详细地了解银行各项业务的运行情况，向决策者提供更为详细的分析数据。

6. 开放性和可移植性。综合业务系统采用 UNIX 环境下的标准 C 语言编程，并采用 SYBASE 数据库和 TXSERIES 中间件，它们都具有良好的开放性和可移植性。

7. 菜单、交易码双重驱动。新系统采用面向交易的处理方式，使交易和记账适当分离。在交易选择上，既支持菜单驱动方式，又支持交易码驱动方式，快捷方便。柜员录入界面友好，选择域有帮助提示，错误信息提示清晰。同时实现柜员菜单的动态和个性化定义，实现了综合柜员制。

二、系统的主要特点和使用的关键技术

交通银行综合业务处理系统采用了成熟的 Client/Server 开发平台，并根据交通银行特点，着眼未来，融合了许多关键的技术和系统处理的思想，使其成为一个先进的体系结构。该系统的主要特点和关键技术体现在以下五个方面。

1. 统一的公共记账核心。综合业务处理系统实现了可维护的自动会计分录，使账务处理自动化并对柜员透明，在此基础上建立了一个功能强大的公共记账核心，所有的记账包括复核、抹账、冲正、修改、删除、销账号的处理都通过调用这个模块来实现，确保了账务的一致性和完整性。

2. 强大的公共控制。综合业务系统有一套严密柜员身份认证、部门权限分配、柜员权限分配、分级授权和监督稽核控制机制。对某一系统状态哪些交易可以运行，进行了明确的定义及严格的控制。

3. 报表参数化生成工具。为配合综合业务处理系统中大批量报表生成的需要，系统辅助开发了报表参数化生成工具。

4. 实现账、证、款三要素相符联动检查。综合业务系统中的表外处理模块很好地实现了凭证的控号管理和现金的票面管理，实现了账、证、款三要素相符联动检查。

5. 引进先进的数据库设计工具。为了满足综合业务处理系统中业务数据与业务逻辑处理复杂性的需要，在系统的数据库设计方面，按照现代软件系统数据库设计的方法和特点，借助 SYBASE 公司的 PowerDesigner 数据库工具设计实现，使数据库的逻辑设计和物理设计达到第三范式的要求，符合 3NF 范式。

该系统基于模块化、参数化设计，整个系统结构清晰合理，利于系统的维护和扩充。该系统提供统一的记账核心，客户端操作简便，帮助和错误提示信息简明扼要，系统整体界面友好。

目前，交通银行综合业务系统已经成功地在全行推广使用，系统运行平稳，账务处理正确，日间处理效率和日终处理时间都达到较高水平，该系统已经为交通银行构建了一个核心的账务体系，为今后外围系统的开发奠定了基础。它将对交通银行在加强内部管理和控制、保障资金安全、强化前台服务手段、优化劳动组合、提高工作效率等方面发挥基础和核心作用。

五、横管连续蒸煮漂白制备棉浆新技术

项目编号：200228042

获奖等级：银行科技发展奖一等奖

项目完成单位：保定钞票纸厂

主要完成人员：陈挺业、刘才、王广维、黄国立、张挥、李小虎、张冀、李勤科、林艳提、王玉山、王现辉、王彦恒、王凤霞、岳保民、马山

其他完成人员：曹秀痕、史金元、刘亚全、刘风利、乔红宁

项目简介：（略）

二等奖

六、国家开发银行信贷管理与风险监控系统

项目编号：200211001

获奖等级：银行科技发展奖二等奖

项目完成单位：国家开发银行信息中心、国家开发银行信贷管理局

主要完成人员：陆德、姬巧玲、袁英华、郭濂、虞育新、熊平旭、张立文、沈以理、元晓平

其他完成人员：邢妍、邹兴宇、张才娴、沈涛、冷国臣、陈文珏、常承新、王文霞、吴小鸣

项目简介：

国家开发银行信贷管理与风险监控系统是国家开发银行总分行体系形成后，根据原国家开发银行行长陈元在国家开发银行工作会议上提出的“信贷管理要转到以合同管理为基础，以风险防范为中心，以电子化为手段的模式上来”的指示精神，为适应国家开发银行履行政策性银行职能，加强监管和风险防范，由国家开发银行信贷管理局和国家开发银行信息中心联合组织开发。该系统以合同管理为基础，以组合分析、编报审批、信贷评级等功能模块为手段，实现了全过程、全方位、实时信贷风险管理与监控的目标。该系统在功能上满足国家开发银行信贷业务规范化科学管理的高标准要求；在管理上实现了基于最新 IT 技术的信贷业务的合理化、科学化及岗位责任制管理；在技术上实现了全行电子化业务统一规范操作；在应用上实现全行范围内信贷业务的集中化科学管理和风险监控。该系统不仅符合国家开发银行当前信贷业务管理的应用需要，而且能满足未来

业务发展的要求。

该系统以合同管理、信贷台账、信贷非现场监控为重点，涵盖合同审批、合同变更、信贷资产质量分类、地区信用评级、信贷分析报告报送、贷款本息催收等国家开发银行主要信贷业务的操作。该系统可对信贷信息进行动态图表分析，对本息回收进行预测，对信贷人员、客户、项目、地区、行业进行非现场监控。该系统充分反映了国家开发银行政策性业务的特点，主要表现在：可对全行年度用款总规模实行总量控制；实现了地区信用评级；除按中国人民银行办法的资产质量分类外，还可进行国家开发银行关于办法的资产质量分类。信贷管理与风险监控系统推广使用后，对国家开发银行的信贷管理工作起到了极大地推动作用，降低了管理成本，促进了业务流程的规范化，加强了对信贷风险的防范力度。

该系统的主要技术特点如下：以开放性 Internet 技术标准为基础，采用 WEB/BROWSER 体系结构，完全实现客户端的“零维护”；采用“大集中”模式，做到数据集中和处理集中，确保数据的可靠性和真实性，节省了系统推广维护和主机设备的开销；系统操作层、业务逻辑层、数据层相对独立，可以根据实际运行负载的要求将 WEB 服务器、应用服务器、数据库服务器部署在一台或多台服务器上，提高了整个系统的运行效率和可伸缩性；系统采用跨平台的开发工具，使系统具有很好的可移植性；系统包括国家开发银行信贷管理的全部业务内容，可以做到对信贷员、贷款项目及贷款单位的全过程动态管理；实现了信贷人员移动办公的要求；系统本外币合一，既包括人民币贷款业务，也包括外币贷款业务；系统充分运用参数化和构件化的设计思想，操作界面标准统一；采用基于角色的访问控制，角色设计灵活方便；有充分的校验功能，能够自动校验交易数据是否完整和正确；系统提供多种审批功能，审批页面完全模仿手工签报样式；系统还提供了丰富的图形分析功能，信贷人员可以运用图形直观清晰地分析业务运行状况；系统包括业务报表数十种，所有报表都可以动态选择查询条件，报表显示运用 ACTIVEX 控件技术，并都可以转换成 Excel 格式作进一步的加工处理。

该系统于 2001 年 3 月在全行推广，目前，国家开发银行 4900 多份人民币合同已全部入库，经过该系统审批的合同还可以查询合同文本、贷款承诺函、评审报告等重要文件，已经建立 1999 年底至 2002 年底的全部人民币贷款信贷台账，并得到动态维护，可对贷款发放、本息回收情况进行动态监控，信贷人员可以在网上轻松查询客户、项目和合同的相关信息，提高了工作效率，使信贷人员有更多的时间到企业了解情况催收贷款，这对于提高国家开发银行的本息回收率及防范金融风险有重要意义。该系统推广后，简化了信贷人员的工作量，大大节省了人力资源和差旅费用，提高了管理水平和决策水平，取得了显著的经济效益和社会效益。

国家开发银行信贷管理与风险监控系统设计先进、结构合理、功能全面，自投产以来，运行稳定，在集中模式信贷管理与风险监控方面填补了国内政策性银行的空白，社会效益和经济效益显著，在同类系统处于国内领先水平。该系统的成功开发与推广，是国家开发银行电子化建设迈出的坚实一步，它采用的新技术和新方法为今后其他系统的开发积累了宝贵经验。其业务范围包含了国家开发银行信贷管理的各个方面，促进了信贷管理工作制度化、规范化、电子化的同时，该系统的成功开发和应用为国家开发银行信贷业务的发展打下了坚实的基础，为开发银行电子化建设翻开了崭新的一页。

七、中国人民银行电子公文传输系统

项目编号：200211002

获奖等级：银行科技发展奖二等奖

项目完成单位；中国人民银行办公厅文电中心

主要完成人员：林铁钢、徐金荣、苏云、陈学军、陈文雄、何军、苏姗、李晓枫、高淑美

项目简介：

中国人民银行电子公文传输系统是以电子计算机和现代通信技术为依托，完成公文在中国人民银行系统内的安全、快速传递，并对各类公文进行有效的管理，加快公文的运转速度，从而也解决了传统邮寄方式所需时间长、保密性差、容易丢失等问题，建立了一套安全、高效、畅通的公文收发管理系统，提高了整体办公效率。该系统于 1999 年 3 月正式立项，在中国人民银行办公厅文电中心与金融信息管理中心的共同协作下，现已在中国人民银行系统内 353 家单位运行。

电子公文传输系统主要由公文管理与公文传输两大部分组成。公文管理部分功能强大，实现了操作流程与实际工作流程保持相对的一致性，对各类公文提供登录、查询、声音提示、浏览、打印、运转状态跟踪、统计、转发、归档等多种操作。公文传输部分可实现各类公文通过网络，安全、快速传输，并可对传输过程中的公文状态进行跟踪，及时反馈回执等信息。经传输的电子公文与纸质公文在内容和版面形式上保持了高度的一致性，除保留原有的公文红头、公章外，还实现了公文红头、电子公章与文本文件不可分离、电子文本不可修改的要求。

该系统开发选择了 DOMINO NOTES 作为主要传输工具及软件平台，并与 DOMINO NOTES 实现无缝连接。公文排版、发排系统统一选用方正公司的书版系统，保证系统的适用性。电子公文传输系统的硬件设备与电子邮件系统进行分隔，采用一台设置了访问控制权限的专用服务器，保证公文系统的安全性，使整套系统达到安全、保密，可靠性，可管理性，高质量，经济性，标准性与开放性，操作简单的设计要求。

电子公文传输系统的网络结构如下：中国人民银行总行局域网以 622MATM 网络为骨干，10/100M 以太网交换到桌面，主要服务器使用 155MATM 网络的架构。人民银行各分行及省会中心支行则以 10/100M 交换式以太网方式运行各种业务。人民银行总行至各分行和省会中心支行采用两种传输通道：一种是帧中继线路，另一种是基于交换虚电路形式的 X.25 公共数据交换线路，并设置了核心链路加密机。

电子公文传输系统加密划分为二级网。一级网（中国人民银行总行到分行、省会中心支行及副省级中心支行）的密级为专业核心密，配备了中央办公厅机要研究所生产的 JWL60 型专用核心密码机，对租用的 X.25 网线进行链路加密。二级网（中国人民银行分行、省会中心支行到地市级中心支行）为普密，安装 PWL101 加密卡，实现端对端加密。该系统采用 IC 识别技术，对接收、打印、查询浏览等重要环节的操作加以限制。

该系统技术实现采用了 LOTUS NOTES 系统数据库 ACL 为控制访问权限，通过对 ACL 中权限、角色的不同组合，实现不同的安全控制。

公文数据在各数据库传递过程中，该系统采用了有效的可靠性处理。

公文在打印输出过程中，该系统采用了直接控制打印机硬件的技术，不调用 Windows 打印驱动程序，保证打印的数据不会被截取。公文公章不会被打印到其他公文或将公章盖到空白页上。并采用了专业的 RIP 技术，外加 WHITEDWARF 技术，提高了系统打印速度。

该系统采用了 JBIG 和小波等先进的压缩算法，在不失真的情况下，提高了压缩比率，加大了公文的传输量。

该系统采用代理设置和出错处理，减少了人为的干预，提高了工作效率。

该系统代码重用及系统提供的一系列的标准 WindowsAPI 方便了产品的维护和与其他系统相互调用。

电子公文传输系统自 1999 年 10 月正式运行以来，有力地推进了中国人民银行系统办公自动化的进程，极大地提高了工作效率，降低了办公管理费用，带来了显著的经济效益和社会效益。

八、中国人民银行财务管理信息系统

项目编号：200211006

获奖等级：银行科技发展奖二等奖

项目完成单位：中国人民银行会计财务司、中国金融电子化公司

主要完成人员：李忠林、卜又春、杨文艳、陈卓文、江航翔、杨富玉、马敬春、许金钟

其他完成人员：尹侠、张明艳、韩新立、袁欣、杨力克、赵红宇、袁静、武娟娟、胡军、汪筱瑜、孙江、李晓璐

项目简介：

一、系统概述

中国人民银行财务管理信息系统以中国人民银行内联网为依托，采用数据分级处理与数据逐级上报的模式，保证财务报表的及时性、完整性、准确性；提供财务分析、辅助决策功能，增强财务指标分配的合理性和透明度；提供了全面的财务管理工具，提高财务预算管理的科学化水平。

该系统主要包括财务报表和财务管理两部分功能。

1. 财务报表。财务报表是财务信息采集的主要渠道，也是财务分析、预算管理、财务监控工作的基础。此部分功能主要完成人民银行财务部门日常的财务收支、资产负债等 13 种报表按季度或月的编制，以及报表的上报、接收、汇总与查询、打印等工作。

2. 财务管理。财务管理包括财务分析和预算管理。

财务分析是对下级行上报的数据和本级行的基础数据表进行查询分析，能够根据财务基础数据自定义财务收支状况分析表等 12 类自定义分析表；能够生成财务分析季报；能够对各种财务分析表任意打印。历年情况分析是对财务收支表、资产负债表和机构人员表历年底的实际执行数或实际数按机构、科目、项目进行对比分析；能够自动结转或手工录入财务收支项目和资产负债项目年度数据；能够随时查询、打印 8 类历年情况分析表。

预算管理包括费用核批、专项资金核拨、经费拨款、周转金分户账记账等财务工作全过程管理工具。可以用费用核批辅助分配指标，管理费用核批项目档案。费用核批分为日常费用核批和年度费用核批。中国人民银行专项资金按项目管理最多可分为五级。专项资金管理根据项目五级归

属关系中的任意一级项目或子项目、收款单位等要素对本单位和下级单位的专项资金项目进行账户式管理，以便及时掌握专项资金的使用情况。经费拨款能够录入经费拨款项目，经费拨款明细；能够随时查询、打印经费拨款明细表。业务周转金分户账管理模块用于对本单位的各个周转金使用部门进行分户账管理。

二、体系结构

中国人民银行财务管理信息系统是人民银行各级财务部门使用的全国性的财务管理信息系统，该系统按照人民银行四级管理的机制整体设计各级分系统。整个系统从上到下可以分成总行层、大区分行层、省会中心支行层、中心支行层、县级支行层。总行负责九个大区分行、两个总行营业管理部、省会城市中心支行财务报表的汇总、管理工作；大区分行负责辖区内分行营业管理部、金融监管办公室、非省会城市中心支行、管理干部学院、银行学校及分行所在地重点库的财务报表和管理工作；总行营业管理部负责本级财务报表和财务分析上报工作，重庆营业管理部负责本部和辖区内中心支行财务报表的汇总、管理工作；省会中心支行负责本行和所辖县级支行的财务报表的汇总、管理工作；中心支行负责本行和所辖县级支行的财务报表的汇总、管理工作；县级支行负责本行财务报表上报工作。

三、技术特点

该系统满足中国人民银行财务管理的各项主要要求。该系统提供了财务分析、辅助决策功能，并对财务工作提供了全过程管理工具。该系统的使用，使会计报表做到及时、准确，财务指标分配合理、透明，财务预算管理更加科学化。在系统的实现中主要存在以下特点：

1. 总体设计周到完备。全国各级分支行采用统一版本，通过灵活的参数设计满足不同的用户需求，并通过统一的数据接口与会计核算系统相连接。

2. 具备良好的可扩充性和可维护性。应用系统与数据分离、可执行代码与资源库分离，并将不同子系统相近的组件，抽取共性组成组件库，便于升级维护。

3. 自定义报表工具满足用户变化的报表要求。该系统提供了自定义报表工具，以满足用户变化的报表要求；使用人员可以根据实际情况，在系统提供的图形化的自定义报表工具上，灵活方便地定义报表。

4. 实用的两层次备份恢复。该系统提供了数据和数据库两个层次上的数据备份和恢复功能，并且具有图形化操作界面，方便实用。数据备份可把选择的数据备份到软盘上，数据库备份可把系统数据库整体（包括数据、参照、日志等）选择备份到硬盘或软盘介质上保存。

5. 系统在操作安全性、数据传输安全性方面采取控制措施，系统运行安全、可靠。

四、推广情况

1999 年 11 月，中国人民银行财务管理信息系统在人民银行全系统推广，已推广范围为人民银行总行会计司、外管局、服务局，人民银行营业管理部、重庆营业管理部，各分行、各省会城市中心支行会计处，各城市中心支行会计科（处），各市县支行会计股（科）及其他有关机构，推广单位 2000 多家。

五、社会效益和经济效益

中国人民银行财务管理信息系统，自 1999 年 11 月在人民银行全系统推广以来，取得了良好的经济效益和社会效益。该系统的推广使用，提高了财务人员的工作效率，取得了较好的经济效益。按每套系统1万元计算，节约开支2000万元。该推广后统一进行支持维护和版本升级，按每套系统支持维护费每年2000元计算，每年节约支持维护费开支400万元。该系统推广后，根据用户的反馈信息对系统进行了升级，以保证系统对人民银行会计财务部门发挥更大的作用，带来更可观的经济效益。

九、中国人民银行分支行办公自动化系统

项目编号：200211007

获奖等级：银行科技发展奖二等奖

项目完成单位：中国金融电子化公司

主要完成人员：杨富玉、林鸿、朱建强、苏丽萍、周夕崇、吕罗文、王耀辉、陈卓文、甘勇

其他完成人员：杨力克、王少群、杨文艳、徐斌、狄刚、王磊、王大治、王利军、罗广、陈皇飞、童华、宁翔、

项目简介：

一、系统概述

中国人民银行分支行办公自动化系统是以计算机技术、网络技术和协同工作技术为手段，实现人民银行办公全过程的自动化，提高多部门协同工作能力，增强办公信息的及时性、准确性和透明度，提高人民银行办公管理的科学化水平。该系统集办公收发文的公文管理、信息发布、文档行内共享、档案管理、电子邮件、领导日程安排、会议通知、个人资料等系统功能于一体，实现人民银行机关政务、金融信息和公文的快速上传下达，大幅度地减少收发文管理的多次重复劳动，实现多人并行处理同一文档，有效提升各机构整体办事效率。该系统适用于人民银行各级分支行。

该系统包括办公事务、信息服务、个人事务、领导办公（领导办公专用）、系统管理五个功能模块。

1.个人事务。个人事务功能模块包括电子邮件、个人文档资料、个人名片夹、日程安排。

2.办公事务、领导办公。办公事务主要用于除营业管理部、分行、支行的行级领导外，所在行其他人员的公文管理和日常的办公事务。领导办公主要用于营业管理部、分行、支行的行级领导的公文管理和日常的办公事务。行领导的工作界面由个人事务、领导办公、信息服务组成，区别于行内其他人员的办公模块为领导办公，它与办公事务功能模块基本一样，只是界面由领导审批、周报、大事记、每日必读、信息简报组成，其中领导审批界面与办公事务模块的界面相同。公文管理是办公室自动化的核心任务，完成收发文的登记（拟稿）、审核、会签、传阅、保存、归档、查询、监控等工作；日常办公事务是管理部门内会议、金融信息、签报、信息简报、文件登记等。所有的办公事务机关人员使用统一的用户界面，界面上把办理的工作分为待办工作、在办工作、已办工作三大类，待办工作部分的管理应该是当前用户办理，但当前用户还没有签收的所有工作；在办工作部分用于管理当前用户已经签收，但没有办理完成的工作；已办工作部分用于管理当前用户已经办理完毕，但下一办理者还没有签收的工作。在这三大类中，又按照各种业务类型分子类进行管理，层次清楚、一目了然。

3.信息服务。信息服务功能模块包括行内信息、公共通讯录、规章制度、电子公告、电子论坛、

法律法规、系统帮助。

4. 系统管理。系统管理包括部门、人员、岗位角色、功能、流程等，实现流程的管理和配置功能。

二、体系结构

中国人民银行分支行办公自动化系统是人民银行各级分支行使用的全国性的办公管理系统，它的使用范围包括营业管理部、大区分行、省会中心支行、地市中心支行。该套系统不仅建立在各级分支行的局域网上，满足分支行办公公文管理和信息共享的要求，而且它按照人民银行统一制定的办公自动化总体方案同全行电子邮件、公文传输等重要应用系统集成在一起，可以实现整个人民银行公文快速上传下达和信息的传递。

该系统采用客户机 / 服务器模式（C/S）和基于 Internet 和 Intranet 的系统架构，开发工具采用 LOTUS DOMINO/NOTES、OFFICE97/2000VBA 技术，全面实现全行的办公自动化。

三、技术难点

1. 该系统提供集中统一可管理的办公事务入口界面，将各种办公事务集中分为待办、在办、已办、监控、已办结文件两个月内等文件夹；采用共享库技术，使系统可以从一个统一的入口访问到其他业务数据库中的文件。

2. 多人同时签批同一个文档。针对现实办公情况，该系统对多人同时签批同一个文档作了处理。采用附件修改锁定、超时自动解锁、保存前重取后台文档、保存时真存假存（后台文档和前台文档分别保存）、保存后检查后端文档等技术，实现了多人同时签批同一个文档的功能。

3. 将 DOMINO/NOTES 和 MSOFFICE97/2000 稳定集成。该系统把 DOMINO/NOTES 强大的工作流功能和 MSOFFICE 强大的文档编辑处理功能进行集成，为用户提供强大的办公文件综合处理能力，同时在技术上保证了集成的稳定可靠性。

4. 快速私有化的查询。该系统通过查询时只提取文档的一些摘要信息，并用表格的方式列示给用户和在每个用户终端自动创建一个本地查询结果数据库，用于存放结果文件的摘要文档的技术方案，实现了快速私有化的查询。

四、推广情况

考虑到目前各行办公设备的配置情况和资金状况，中国人民银行分支行办公自动化系统的推广工作实行逐步推广的方案，每年 1/3 地向人民银行进行推广。从 2001 年 6 月开始在全行范围内推广，到 2004 年 6 月全部推广完成。2000 年 11 月，该系统在中国人民银行营业管理部试运行，2000 年 12 月正式运行。从 2001 年 6 月开始至今已经推广并正式运行的机构有中国人民银行营业管理部、中国人民银行重庆营业管理部、4 个分行、10 个省会城市中心支行及 54 个城市中心支行，已经完成当年的推广任务。

五、社会效益和经济效益

该系统是根据中国人民银行近年来办公业务的实际情况，随着改革逐步深化，为统一各行的办公规范和办公业务接口、提高办公效率、增强管理和决策的科学化水平的要求而研制开发的。

该系统的投入运行，实现了办公业务的自动化和规范化，为全行员工提供了一个充分发挥主人翁作用的舞台，对宣传人民银行的形象、树立人民银行的信誉起到了积极作用。它所带来的经济效益和对国家改革开放建设的贡献是重大的，并且随着该系统的日趋完善，它对整个中国人民银行的科学决策、科学管理所起的作用会愈加明显。

十、中国工商银行开放式基金处理系统

项目编号：200212018

获奖等级：银行科技发展奖二等奖

项目完成单位：中国工商银行软件开发中心

主要完成人员：苏文力、赵跃、卢练文、张卫东、成永德、田耕、李四新、章敏、霍嘉

其他完成人员：王志敏、艾新国、吴海荣、王振飞、周燕华、许金铭、韦东俊、李敏、许鹏、张磊、林荣、李伟良、王静、莫石泉、曾海彬、毛航、李洪平、吴利华、黄分星、黄海燕

项目简介：

中国工商银行开放式基金处理系统是一套处理开放式基金发行、申购、赎回和过户代理等业务的计算机综合处理系统。该系统利用工商银行强大、高效、安全、可靠的全国计算机网络，为中国工商银行总行基金托管部有效地注册登记、代理发行销售开放式基金提供强大的计算机处理能力，为投资人提供完善的开户、申购、赎回、调整账户信息等服务，同时对开放式基金业务提供灵活的管理和控制手段。

中国工商银行开放式基金处理系统主要分为基金发行销售、信息传送、总行注册登记及资金清算 4 个子系统。该系统采用 IBMOS390 大型主机作为数据处理平台，操作系统为 MVS 或 VSE，编程语言为 COBOL；前台终端在 SCOUNIX 操作系统下开发，使用 AHA 平台和 A-BASIC 开发工具。该系统网络结构为树型三级网络，网络协议采用 SNA 和 TCP/IP。该系统与会计核算、零售、银行卡、客户信息、资金汇划、电话银行、网上银行等其他系统具有很好的接口，完全实现无缝连接，可以方便地实现身份验证、客户信息调整、自动入账、资金清算等功能。该系统还为基金管理公司、其他托管人或销售代理人留有接口，可以方便地进行功能的扩充和业务发展。

该系统目前可以处理基金账开户、基金挂失、基金解挂、基金属性表维护、额度调整、申购、定时定额申购、认购、赎回、预约赎回、基金转换、转托管、自动再投资、查询等 5 大类 30 多个联机交易，所有交易数据当天通过批量传输的方式传送到中国工商银行总行过户代理中心，由总行过户代理中心进行数据确认，并在规定的时间内将确认数据传回各个营业网点。总行过户代理中心还具有客户服务功能，保存所有投资人的信息和交易明细，可以进行数据的分析和处理。该系统通过资金汇划清算系统与各分行进行资金的实时清算。

该系统于 2001 年初开发完成后，在工商银行全行及部分基金管理公司进行了多次模拟运行，2002 年 9 月在工商银行全行所有 37 家一级分行投产。截至 2002 年 11 月，通过该系统代理销售了鹏华行业成长、南方稳健成长、南方宝元债券基金、华安上证 180 指数型基金共 4 只开放式基金，基金总份额超过 100 亿元，全年托管费收入将达 2500 万元以上（托管费一般为基金资产净值的 0.25%），基金销售手续费收入超过 8000 万元（销售手续费一般为销售金额的 1%，由银行和基金管理公司按比例分配），全年直接经济效益达 1 亿元以上，取得了巨大的社会效益和经济效益。该系统的发布投产已经在我国证券行业产生了重大的影响，极大地提高了工商银行在基金托管领域的竞争实力。

十一、中国工商银行新一代开放式前端系统

项目编号：200212020

获奖等级：银行科技发展奖二等奖

项目完成单位：中国工商银行软件开发中心

主要完成人员：苏文力、李政朝、张元良、胡德斌、李兴双、简志雄、漆英、姚远、敖建

其他完成人员：程杰、李小雍、蔡凌玮、王旭光、李四新、陈雅峰、胡锐明、江朝阳、罗毅、张爱民、李英昌、吴蕃、刘映镇、林荣、李敏、张磊、韦东俊、伍宏卫、高希成、戴明海、丁宇峰、江鸿、庞良、刘勇、陈宝生、丁光柄、黄剑、黄凯、类维宾、刘玮、陆添花、王汉根、杨玉新、袁铭华、高恩东、向平安、徐启鹏、陈志祥、镇超、潘金国、郑培龙、易邦平、周艳秋、刘朝伟、徐斌、文杰、张宏杰、昝星、曹秋华、张建洪、王晓霞、刘丽君、马泽政、翟力、孙骏、刘安、姜传富、张莹、李荣凤、吴海荣、张卫东、黄分星、刘殊哲、高俊国、成永德、文飙、张立军、徐凌、张大用、鲁自恒、何明宇、庄龙、常艳霞、欧启伦

项目简介：

中国工商银行新一代开放式前端系统（New Open Platform System,NOPS），是依据中国工商银行综合业务系统的需求及现有实际应用环境的情况，在原新一代综合业务系统的基础上，结合新的平台技术开发研制而成。它是直接面对广大工商银行客户的、全方位的新型业务处理系统，它涵盖了综合业务系统的所有柜面交易。NOPS V1.0 版从前台运行平台角度分，主要包括字符终端系统和图形终端系统，为客户提供了一套完整的业务运行环境，同时为客户提供了一套开放的业务开发平台；从业务角度分，主要包含客户信息系统（CIS）、资金汇划清算系统（RACE）、会计核算系统（NASE）、零售业务系统（PRAS）、中间业务平台系统（MAPS）接口、银行卡系统（BCAS）、IC 卡系统（PICS）和开放式基金系统（OFPS）八大部分，所提供的交易数量超过 1000 个，是一个超大型的、复杂的前端业务系统。

该系统综合考虑了工商银行实施综合柜员制的总体思想及各相关业务部门的业务需求，是面向工商银行全国各个营业网点，处理各种柜面业务的大型网络应用系统。从业务角度看，它能处理对公、对私、银行卡业务；跨网点通兑、同城交换、异地汇兑业务；本币、外币业务；具有地区差异的各种中间业务；各类新型业务，如开放式基金业务。

该系统以工商银行已成熟的全国三级计算机网络为依托，对于网点网络的配置可灵活多样。因此在网络的模式方面，它满足了工商银行多种网络结构的现状要求，又为南北两大中心的大集中模式作了技术准备。在业务角度上实现了工商银行所有营业网点的每个营业柜台均可为客户提供所有柜面业务服务的目标，彻底改变了我国银行系统不同类型的业务需不同柜台办理的传统局面，为工商银行综合柜员制改革的顺利实施奠定了坚实的技术基础，为工商银行实现集约化经营目标提供强有力的技术保证，它的投产表明工商银行在向具有国际水平的商业银行转变中跨出了至关重要的一步。

该系统不仅为业务部门提供了一个业务操作的平台，同时为其提供了一个开放的开发平台，允许工商银行各级分行根据自身的业务发展迅速高效地开发自己的中间业务和外围系统，并能友

好地与柜面系统相结合，同时为系统的升级和维护提供了一套完整的解决方案。该系统采用 SNA/ETHERNET 网络、词法解释（LEX&YACC）、ACTIVEX、COM、DCOM 等技术，提供了字符和图形两种界面的运行环境，为分行便捷开发新业务应用提供了基础开发平台，有效地解决了工商银行应用开发统一、数据集中处理模式与分行特色应用和需求变化快的矛盾。

字符终端子系统通过自行开发的词法解释引擎，实现了应用与平台分离和跨平台使用。交易容器函数库的公用模块方便了开发、界面规范风格统一。终端文件数据库的开发应用，提高了数据检索的效率，节约了软件投资。

该系统充分考虑了现有的网点设备的兼容性，设计时采用指令参数化的方法，使对设备的驱动部分与系统的程序主体相对分离，极大地提高了设备的兼容性。经过测试，各类终端及其外围设备均能很好地接入系统。

该系统采用了交易脚本加密、终端签入认证、柜员签到认证、安全系数核对、柜员岗位与级别控制、主机下载控制表等安全控制技术，提高了整个系统的安全性和抗风险能力。通过网关的负载均衡和灾难恢复功能设计大大提高了系统通讯的稳定性。

中国工商银行新一代开放式前端系统是中国工商银行软件开发中心的重点项目之一，在工商银行全国各分行投产后的良好运行情况充分表明该系统具有较高的推广价值和极广阔的应用前景。该系统的投产和推广已经为工商银行创造了良好的经济效益和社会效益。

十二、中国农业银行公文流转及档案管理系统

项目编号：200213035

获奖等级：银行科技发展奖二等奖

项目完成单位：中国农业银行科技部、中国农业银行浙江省分行

主要完成人员：苗玉峰、于智勇、杨林强、常亚峰、尹奂、李小明、徐建军、张建明、沈建林

其他完成人员：冯焱、王伟、石磊、章新、陶红、金晋、刘军、张海平、陈宇晨、傅国荣

项目简介：

中国农业银行公文流转及档案管理系统是根据《“中国农业银行经营管理信息网”软件开发任务书》（农银科 2000〔13〕号）中“全面实现农行各级机关的办公事务处理自动化，提高机关工作效率”的要求而开发的。

该系统基于 LOTUS NOTES 群件技术，依托农业银行办公自动化网络，集公文处理、档案管理、信息查询等功能为一体，是一个面向 21 世纪的新一代农业银行办公管理综合性应用软件系统。

该系统利用现代化的信息网络和工作流机制，以改革发展的眼光分析现有的办公流程，实现公文、档案管理及日常事务性办公流程的全面自动化，实现文件、资料、信息等在农业银行系统内按权限共享，建成了一个面向全行员工的操作简单、技术先进的日常办公系统。加快了政令的上行下达，提高了全行各级机构的机关工作质量和效率。

该系统的服务器端与硬件平台无关，即在 NT、UNIX、AS/400 上都可以运行。工作站端操作系统为 Windows2000/Windows98。系统采用 LOTUS NOTES 群件系统进行开发，开发工具为 NOTES 公式、NOTESSCRIPT、VB、PHOTOSHOP 等。

该系统由拟发文、传办文、签报、档案管理、督查、督办等模块组成一个有机的整体，用户使用鼠标轻松点击即可充分实现信息的快速共享，发挥公文流转及档案管理系统的整体效益，实现从公文的拟稿、审稿、会签、核稿、签发、编号、排版、发送、收文登记、批办、签批、承办、会办、催办、督办、已收发文件的检索、查阅、统计、汇总上报等全程自动化。

与同类系统相比，该系统具有使用简单、技术先进、功能全面等特点。该系统功能强，应用面广，界面直观友好，在鼠标点击中就可轻松完成公文的签批、流转、排版、盖章、档案管理和信息的查询、检索，且维护管理简单方便。该系统采用通用平台，与硬件无关，扩充性强，并提供了扫描引入转发和附件转发等功能，可有机、方便地与总行书生系统和其他单位公文处理系统衔接，在提高安全性能的同时节约了硬件投资和人员培训费用。

该系统提供以下先进功能。

1. 根据拟发文、传办文等公文的不同要求，该系统灵活组织流转批阅或并发批阅。

2. 该系统发文和收文自动衔接，收文和督办自动衔接，拟发文、传办文、签报、督办与档案管理有机衔接。

3. 按照“基本统一、分类指导”的原则，为适应总行、经济发达地区分行、经济欠发达地区分行在需求和规模上的不同要求，该系统采用配置库设置人员权限、主题词、单位名称收发、签发人员和代码等，并提供全功能版和精简版，使系统具有很大的灵活性，能适应管理人员不断流动的需求。

4. 该系统网上拟发公文，保留各批阅环节的修改痕迹及处理过的文档版本，并可随时查看各个版本和批阅意见。

5. 为保证不同单位的用印习惯，该系统提供“书生电子公章”和“农行电子公章”两种盖章方式。

6. 在文件流转过程中，该系统可根据需要随时“落地”，随时“上网”，便于使用推广。

7. 该系统安全性高。该系统具有网络登录的口令验证、进入 NOTES 平台的用户口令验证，以及文档和信息检索时的安全级别控制。该系统采用配置库对不同的用户赋予不同的权限，进入不同的子模块。为保证盖章方式的安全，该系统还特别设计以下多道安全防范措施：（1）公章压日期，不可分离；（2）在公文传送、传阅过程中，公章不可见，只有授权用户通过打印才可见到；（3）分色打印文件时，采用打印公章同时叠印上红色的日期底色并且日期字体为本系统特制等技术，保证无法再通过其他方法压盖；（4）所有公章都进行加密，只允许在规定程序和特殊用户下盖章；（5）每次盖章，系统自动记录文件名、公章名、盖章时间、文件大小等要素在案备查；（6）打印有印章的公文都有记录。以上诸项措施，很好地解决了公文流转和公章加密问题，确保信息的安全可靠。

8. 该系统具有动态记录签发人签名（记录笔速、压感等风格特征）的功能，以确保文件签发人的签名不被假冒。

该系统上下级行使用的全功能版之间，以及全功能版与精简版之间通过电子邮件系统实现级向对接，使以往需几天或几个星期才能送达的各种文件、信息，现在仅几分钟即可完成，加速了政令的畅通。

该系统于 2000 年底开始在中国农业银行北京市分行试运行，2001 年 1 月开始在中国农业银行浙江省分行辖内应用推广，当年浙江省分行机关、10 个市地行机关和 120 个县级支行全部使用该系统。该系统目前已在中国农业银行深圳市分行、中国农业银行广西区分行、中国农业银行江西省分行、中国农业银行重庆分行等单位推广使用。

中国人民银行科技司于 2001 年 12 月在北京组织召开了“中国农业银行公文流转及档案管理系统”技术鉴定会。鉴定委员会听取了该项目研制报告、技术报告、测试报告、查新报告和用户报告，并观看了演示和进行了资料审查，经讨论一致认为，该系统内容丰富，功能齐全，可靠性强，结构严谨，工作速度快，共享性好，准确率高，易学易用，安全保密性能好。该系统实现的收文并发处理、公章的多道加密和传输、公文流转过程中保留痕迹且动态记录签批人的签字笔迹、电子公文与电子档案无缝连接、灵活的配置库等技术填补了同类系统的国内空白。整个系统达到了当前的国内领先水平，受到用户的一致好评，一致同意通过鉴定。

该系统的成功开发和推广应用，对全面提高农业银行办公管理水平、提高机关办公效率和质量、树立农业银行良好形象等都发挥了积极作用，产生了巨大影响，成为促进农业银行加快发展的现实生产力。

十三、中国建设银行网上银行系统

项目编号：200215012

获奖等级：银行科技发展奖二等奖

项目完成单位：中国建设银行总行

主要完成人员：武青、许会斌、徐捷、刘建忠、史润生、杨旭、寇冠、周乐、刘正

其他完成人员：李克军、沈奕明、舒展、王红卫、李林平、唐岑、马琳、余力生、熊涛、李彬、孟庆波

项目简介：

一、概述

网上银行是指在 Internet 上提供银行服务，即银行的客户无须到银行柜台办理业务，可以在家庭、办公室等能够连入 Internet 的任何一处登录到银行的网站进行交易。这是一种崭新的银行运营模式，具有方便快捷、成本低廉、不受时间地点限制等优点，近年来极大地吸引着越来越多的银行和客户。不难预测，网上银行将是 21 世纪金融业最重要的发展方向。

中国建设银行网上银行系统是建设银行顺应时代潮流推出的一种新的业务网络系统，采取总行、分行两层结构。总行网银中心连接各一级分行，提供信息服务、客户服务、账务查询和实时交易等功能。其中，信息服务和客户服务由总行个人银行部从全行范围予以规划、运作和管理；账务查询和实时交易功能由网银中心和分行业务系统实现。网银中心与客户通过 Internet 相连，与分行业务主机通过城市综合网相连。

网上银行的交易流程为：网上银行的客户使用 BROWSER（浏览器）通过 Internet 连接到网银中心并且发起向上交易请求；网银中心接收、审核客户的交易请求，然后将交易请求转发给相应的分行业务主机；分行业务主机完成交易处理，返回处理结果给网银中心；网银中心对交易结果进行再处理后返回相应的信息给客户。

建设银行的网上银行系统旨在将营业柜台延伸到 Internet 上，为建设银行客户提供一种新的服务模式。其总体目标是，建立具有 Internet 出口的网银中心，网银中心与开展网上银行服务的分行通过城市综合网连接起来，实现实时的全国范围内的网上交易，通过网上银行 1.0 期、1.5 期、1.6 期和 B2B 四个项目的开发的实施，功能已逐步完善，覆盖范围也越来越广，这一目标已经基本实现。

二、主要技术特点

1. 网上银行客户提交的交易请求，通过 WEBSERVER 转发给应用服务器上的总控程序，总控程序根据交易属性进行相应的处理，并将交易结果返回给客户。

2. 该系统采用了业界领先的中间件产品（BEAWEBLOGIC）建立网上网上银行系统的交易平台，符合 J2EE 的标准。该系统的主控程序应用 SERVLET 编写，很好地发挥了 SERVLET 的多线程机制，大大提高了系统的性能；业务逻辑采用 EJB 技术实现，模块化结构利于新业务的开发与部署；数据库访问符合 JDBC 标准，利用 WEBLAGIC 的 JDBCPOOL 提高了数据库访问的效率。

3. 整个系统高度参数化，同时也提供方便的系统配置工具。该系统的交易属性、传输报文、出错代码等可利用系统的配置工具进行调整，为了适应分行不同的业务需求，对于同一个交易，该系统可为不同的分行设置不同的交易属性和报文格式。

4. 网上银行交易服务器采用了达到安全等级 B1 级的 VIRTUALVAULT 的操作系统。该系统具有如下特点：信息分隔、强行访问控制、最小权限、可信路径、审计、实时告警、口令管理及登录限制。

5. 该系统采用可信网络，在客户端、服务器端都安装了 CA 证书和 CFCA 系统的安全代理软件，传递的信息采用专用协议加密传输，更好地保证 Internet 上网络链路的安全；网银中心与城市综合网之间同样使用公开密钥技术（硬件加密）来保证通信参与方的身份认证、信息传输的私密性及信息传输的完整性。在对公业务中，采用第三方的人民银行 CFCA 的认证系统，进一步提高安全性。

6. 该系统应用的安全设计包含设置登录密码、检测证书 UID、设置交易密码、首次登录强制性修改密码、密码以乱码形式存放、设置会话密码、通报系统访问次数、审核用户交易请求、数据库中关键信息 DAC 校验。

7. 该系统业务的安全控制包含每笔交易限额和每天交易限额、账户事先签约、后台双人操作、网银中心与城市综合网核对交易流水。

8. 该系统采用反黑客软件 ISS 进行全系统实时监控，包含 INTERNETSCANNER、SYSTEMSCANNER、REALSECURE。

三、推广情况

截至 2002 年，建设银行网上银行已推广到了 29 个成员行（一级分行），如北京、上海、广东、青岛、深圳、四川、重庆、河南、厦门、福建、湖南、宁波、吉林、黑龙江、安徽、天津、广西、大连、辽宁、苏州、浙江、河南等。该系统运行平稳，效果良好，共发展个人签约客户 9 万个、签约账户 10 万个，累计交易笔数为 120 万笔，交易额为 1516 亿元。

十四、交通银行太平洋卡“全国通”业务系统

项目编号：200216010

获奖等级：银行科技发展奖二等奖

项目完成单位：交通银行电脑部

主要完成人员：虞衔、刘立志、钱菲、何乃煜、张杰、徐玮华、姜明、盛华、陈国宏

其他完成人员：李慧、谷志逵、陈宇、邬敏、董蕾

项目简介：

交通银行太平洋卡“全国通”业务系统实现了交通银行太平洋卡的全国通用，使持卡人能在异地完成存取款、消费、查询等功能，尤其是“全国通”的异地实时到账功能，使其成为继银行传统的汇款方式后第二种新型的卡基支付手段，以其资金划拨便捷、价格低廉的特点，在广大客户中备受推崇。“全国通”业务自 1999 年 4 月开办以来，取得了长足的发展。全行有 84 家分支行都开通了此项业务，覆盖城市达 133 个，连接了全行 2800 多个网点、2888 台 ATM、25905 台 POS。2001 年，太平洋卡“全国通”业务累计交易笔数为 2848 万多笔，交易金额为 6222.61 亿元，手续费收入达 14243.79 万元，已经成为交通银行业务创新的品牌产品之一，为两届“太平洋卡理财通天下”集中营销宣传活动提供了有力的技术手段和技术保障，拉动了零售业务的增长。

“全国通”业务系统由总行中心系统、分行前置机 STEPS 系统，零售业务系统及网点，POS、ATM、CDM、CRS 等自助设备组成，其结构复杂、庞大，每笔交易从收单到结果返回都要经过 10 来个节点，任一节点都可能造成交易不成功，甚至不平账，因此为了提高“全国通”业务系统的稳定性和运行质量，项目组付出了巨大的、不懈的努力，通过网络改造、把“全国通”日切时间改到晚上自动进行、完善分行卡业务系统、增加超时机制、完善“全国通”对账、加强监控等诸多手段，使“全国通”系统的运行日趋稳定，交易成功率有了极大的提高，现在日均交易成功率已经达 96% 以上，调账率也由开通初期的 5% 左右下降到如今的 1% 以下，保障了“全国通”业务的持续稳步发展。

此外，2001 年又根据中国人民银行关于银行卡联网联合工作的实施要求，在“全国通”的基础上，完成了跨行通实时交易（包括 ATM 取款、查询、POS 满费、预授权、预授权确认、撤销、冲正等交易）的转发，以及资金清算程序的开发、测试、试点等工作，2001 年底前共开通了 40 家分支行的跨行通业务，并且完成了对 POS、ATM 等自助设备的银联标准化改造工作，从而完成了人民银行关于跨行联网通用的实施进度，真正做到了银行卡的跨行通用。

太平洋卡“全国通”业务系统以其全面的功能优势、时间优势、价格优势，在激烈的同业竞争中处于领先地位，成为拉动太平洋卡发卡量、储蓄存款的重要载体。同时，通过办理太平洋卡“全国通”业务也取得了可观的手续费收入，成为交通银行新的利润增长点。太平洋卡“全国通”业务的不断发展和壮大，为交通银行树立了良好的品牌形象，成为交通银行零售业务中的一个亮点。

十五、双色印码机号控系统

项目编号：200228044

获奖等级：银行科技发展奖二等奖

项目完成单位：北京印钞厂

主要完成人员：肖海燕、周海、尹广华、董淑兰

项目简介：（略）

十六、隐形图案雕刻技术

项目编号：200228043

获奖等级：银行科技发展奖二等奖

项目完成单位：沈阳造币厂

主要完成人员：王生龙、董江、孙凤全、吴伟、赵大仲、李学飞、任军传、张吉刚、康金哲

其他完成人员：杨明志、谷宏、李珂、符晓

项目简介：（略）

十七、边部连续斜丝齿硬币研制

项目编号：200228045

获奖等级：银行科技发展奖二等奖

项目完成单位：上海造币厂

主要完成人员：章军、周建栋、钱永成、张斌、汤祥麟、华光明、吕迎兰、陈国良、严阳升

其他完成人员：陈士法、孟辉、陈斌、姚大鹏、王振华、邵德元

项目简介：（略）

十八、粗银化学分析国家标准

项目编号：200228046

获奖等级：银行科技发展奖二等奖

项目完成单位：成都印钞公司

主要完成人员：王自森、林乐琴、杨晓东、张焕文、王德雨、张勃、鲍珠玲

项目简介：（略）

三等奖

十九、中国人民银行营业管理部北京金融城域网

项目编号：200211003

获奖等级：银行科技发展奖三等奖

项目完成单位：中国人民银行营业管理部

主要完成人员：苏延萍、杨振海、常跃青、刘立安、李伟

其他完成人员：刘磊、杨军、赵玮、胡文哲

项目简介：

北京金融城域网是经中国人民银行批准立项建设的重大电子化工程领目。根据《中国人民银行内联网工程总体方案》中关于中国人民银行内联网分三层与“商业银行内联网的互联”要求，在北京市公用数据通信网基础上建设的金融专用网，是上联全国金融骨干线，下联北京各家银行和其他金融机构网（共 90 多家），内联机关局域网，外联北京市市政府有关部门网的城域骨干网，从而实现现有各网之间的连接和数据传输。该网络系统的建设，对进一步推动首都金融电子化建设的发展发挥了重要作用。

该网络系统采用双中心交换机、双中心路由器、双“防火墙”、双认证服务器等综合技术，主线路采用帧中继，备份线路采用 ISDN 和浮动静态路由，有效地解决了单点失效问题，实现了北京金融城域网的高可靠性。该网络系统还采用了虚网技术，利用局域网 VLAN 的划分实现了各部门间的访问权限控制及内部信息共享的安全性。该系统还设置了“防火墙”和 DMZ 局域网，实现了与商业银行及非银行金融机构安全连网，以及 WEB 安全访问，保证了系统的安全运行。

北京金融城域网于 1999 年立项，2001 年 4 月投入正式运行，2001 年 11 月通过中国人民银行总行科技司组织的技术鉴定。鉴定委员会一致认为：该系统采用了综合网络技术，设计合理，安全可靠，系统运行稳定，应用性强，用户反映良好，产生了显著的经济效益和社会效益。该系统在国内同类系统中处于先进水平。

目前该网络系统支持运行着银行信贷登记咨询系统、北京市账户信息管理系统、中国现代化支付系统北京 CCPC 系统、金融管理信息系统等重要业务系统，已经发挥了显著的经济效益和社会效益。该网络系统主要情况如下。

一、任务来源

根据中国人民银行总行《关于北京金融城域网项目立项的批复》（银科复〔1999〕121 号）文件的决定，同意该工程立项，由中国人民银行营业管理部负责开发建设。

二、设计总目标

中国人民银行营业管理部及北京辖区内各商业银行在金融电子化、信息化建设方面已经做了大量工作，在计算机网络化方面有了一定的基础，大部分商业银行已经建立了自己的计算机网络。为了满足北京辖区内银行业电子化、信息化的需求，迫切需要实现更大范围的计算机系统联网，沟通各商业银行，实现区域甚至全国范围内的金融电子一体化。同时，为了更好地履行中国人民银行金融监管和金融服务职能，迫切需要在中国人民银行营业管理部与各商业银行间建设信息高速路——北京金融城域网。这就要求北京金融城域网必须具备高安全性、高可靠性和无单点失效，还应具备开放性、标准化、可扩充性和便于维护等要求，以便实现网间互联，同时保证以下应用系统安全可靠运行，即银行信贷登记咨询系统、北京市账户信息管理系统、中国现代化支付系统北京 CCPC 系统、金融管理信息系统等。北京金融城域网达到一网多用、充分利用资源的目标。

三、研制过程

（一）前期准备

根据北京金融电子化发展的需要和中国人民银行对金融机构实施监督、管理和服务三大职能的要求，建设一个辖区内以中国人民银行为中心，各商业银行、非银行金融机构为节点的计算机网络系统迫在眉睫。为此中国人民银行营业管理部进行了前期的业务调研及可行性论证，对商业银行的网络现状、接口和业务量进行了深入细致的调查，写出了较高质量的立项报告，上报中国人民银行总行，并得到批准。

（二）正式立项

在中国人民银行总行各级领导的大力支持和指导下，北京金融城域网工程项目于 1999 年正式批准立项。该项目立项后，中国人民银行营业管理部进行了全面的业务需求调研和讨论，写出了正式的“业务需求书”和“邀标书”，并对投标公司提交的标书，反复进行方案论证、综合评比，初步选定了其中两家公司进入第二轮招标。在第二轮招标工作中，中国人民银行营业管理部邀请了中国科学院、清华大学、信息产业部、公安部的专家，与人民银行总行的有关领导和专家组成专家论证组，就该项目的总体技术方案进行了详细论证，根据专家论证组的论证意见和总行关于网络集成商范围的有关规定，确定了系统集成商。同时，为了保证工程的质量和进度，根据专家论证组的意见，中国人民银行营业管理部引入了新的网络工程管理模式，选用第三方作为该项目的网络工程监理。

（三）工程实施

该项目资金到位后，中国人民银行营业管理部分别与集成商、工程监理正式签约，同时该工程项目正式启动。工程实施分为以下三个阶段。

1. 设备订购和线路申请阶段。根据合同，完成了工程所需软硬件设备订货和通信线路的申请。

2. 设备到货验收和设备安装阶段。设备到货后，中国人民银行营业管理部组织了严格的验收，由中国人民银行营业管理部、集成商、监理三方对照合同清单对到货设备进行了详细核对，同时对设备进行了加电初验。集成商、监理各方分别出具了验收报告，并将所需设备安装连接到位。

3. 网络设备的软硬件调试和配置阶段。该阶段包括对双中心路由器、双中心交换机、楼层交换机、网管工作站、双认证服务器、双“防火墙”及各节点路由器的配置。

（四）项目投产

为了确保工程质量，在工程完成后，正式投产前，中国人民银行营业管理部认真组织对该网进行了网络初测、网络试运行及网络正式测试。测试及试运行结果表明，该网设计合理、安全可靠、运行稳定，达到了设计要求，符合设计技术指标。

2001 年 4 月，该网投入正式运行。目前，运行在该网上的应用系统主要是银行信贷登记咨询系统、中国人民银行营业管理部组织开发的全市银行账户管理系统、中国现代化支付系统北京 CCPC 系统。在内网和机关局域网上主要运行的是中国人民银行营业管理部 OA 系统和金融统计研究信息查询系统等。

该网正式运行后证明，该网具备了高安全性、高可靠性，以及开放性和标准化，网络结构清晰、合理，既便于网间互联又便于单点接入，同时便于各新业务系统的网络接入，扩容方便，可维性很好。

该系统符合国际标准，完全满足中国现代化支付系统的高标准要求。实现了一网多用、充分利用网络资源的目标。在安全体系方面，该网完全符合总行的安全体系架构，因此该系统具有很高的推广价值。

二十、区域性商业银行信贷管理系统（CBCM2000）

项目编号：200211004

获奖等级：银行科技发展奖三等奖

项目完成单位：中国人民银行宁波市中心支行

主要完成人员：胡茂伟、胡春霖、俞凤英、童国平、邬向阳

其他完成人员：张文元、平本红、雷国洪、赵金保、步万虎、白杰、董长兴、陈卫华、陈小新、叶盛青、陈唯、翁胜平、吴丽蓉、钱冰云、朱秀文、赵晖、杨海忠

项目简介：

区域性商业银行信贷管理系统（CBCM2000）是为配合中国人民银行在全国实施信贷登记咨询制度，配合银行信贷登记咨询系统在全国的推广，围绕商业银行信贷管理工作而开发的计算机应用软件系统。该系统开发推广的目标如下：一是提高银行信贷登记咨询系统商业银行端数据上报的效率；二是提高银行信贷登记咨询系统商业银行端数据录入的准确性和真实性；三是提高商业银行的信贷风险防范能力；四是提高商业银行信贷工作管理水平，挖掘经营潜能。该系统的总体设想由中国人民银行宁波市中心支行、北京人银华印电子技术有限公司、宁波市商业银行共同提出，在中国人民银行总行科技司、统计司的指导下进行设计开发。

该系统已先后在宁波市商业银行、济南市商业银行、温州市商业银行、绍兴市商业银行和广州市农村信用联社等机构推广使用，并在信贷业务工作中发挥了巨大的作用，具体体现在以下五个方面。

1. 为业务运作的规范化打下了基础。一方面，通过对客户档案的管理促使业务人员完整地收集客户的有关档案资料，规范地进行客户资料的管理；另一方面，通过严格规范的标准业务流程控制，促使有关的业务操作和管理人员严格按照标准化的运作流程进行工作，控制随意操作和决策现象的发生。

2. 为加强对信贷业务的管理提供了有效手段。该系统通过对业务调查、审查和审批手续等关键工作的严格定义，以及对有关审批权限的控制，提供了科学有效的管理手段，加强了对信贷工作整个业务过程的管理。

3. 为信贷风险的防范提供了系统、全面的信息。该系统中保存了信贷业务过程中的详尽资料，包括客户信息、业务信息，并可以根据一定的要求定制各种风险测量指标，为信贷人员了解客户情况、追踪信贷业务的发生过程、发现可能存在的风险提供了信息基础，为及时采取相应的手段防范可能发生的信贷风险提供了技术上的保证。

4. 为充分利用信贷业务信息创造了条件。信贷部门和其他有关管理部门可以通过系统提供的多种信息统计、汇总和查询手段对信贷业务信息进行进一步的加工分析，得出有价值的分析结论，从而为进一步提高业务管理水平和业务竞争能力创造条件。

5. 在解放信贷业务工作人员的生产力方体现了优势。部分信贷员已从繁重的案头工作中逐步解放出来，将精力投入贷前调查分析、贷中加强管理中去。

区域性商业银行信贷管理系统的推广应用，也有助于更好地实现银行信贷登记咨询系统项目的建设目标，为建立全国性的信贷风险防范和监控体系作出贡献。

该系统的总体框架包括以下四类功能模块。

1. 信贷业务处理类。通过客户档案的管理和业务流程的自动化，对信贷业务数据进行采集，包括客户档案管理、信贷业务管理、合同管理等模块。

2. 数据挖掘与分析类。通过对某个企业有关信贷数据（包括企业基本资料、信贷业务详细资料等）的个案分析和对某类企业的汇总统计等功能，实现信贷业务的综合管理，包括汇总统计、风险管理（如风险预警及跟踪检查、信贷业务五级分类等）、资信评估等模块。

3. 综合查询和报表管理类。为使用者提供所需的明细或综合信息，包括客户端综合查询系统及报表管理等模块。

4. 应用支持及系统管理类。通过机构管理、人员管理、数据通信、系统维护和外部接口等模块为系统的日常运行提供支持。

上述四类功能模块通过数据库系统实现数据存储和管理、通过通信中间件实现数据传输，通过 WEB 实现数据查询界面，共同构成 CBCM2000 的总体架构。

CBCM2000 通过三种不同的方式为商业银行信贷工作的三个不同侧面服务：一是通过对客户档案数据的管理为客户信息的汇总分析提供基础数据，支持面向客户的管理过程；二是通对流动资金贷款、承兑汇票、保函、授信和个人消费信贷等具体业务数据的管理，为业务控制及信贷业务风险评估提供基础数据和汇总统计资料，支持面向业务的管理过程；三是通过对信贷业务的申请、调查、审查、审批流程的自动化，形成系统内纵向（上下级行之间）和横向（相关部门之间）的信息流，支持面向工作流程的管理过程。

该系统的技术方案充分考虑了采用具有良好发展前景，同时又具有相当成熟度的技术，使系统具有更好的技术特性、运行稳定性、使用便利性和良好的前瞻性，具体包括以下五个方面。

1. 在体系结构和技术方案的设计方面，该系统通过合理设计应用结构，实现了应用与用户权限的相互对应，并具有动态裁剪应用功能的声力；通过采用适应开放系统的开发环境和开发工具，尽量避免与支撑平台的紧耦合，能充分利用客户现有的软硬件环境，降低了有关费用并有利于系统的推广。

2. 在数据通信的实现方面，该系统通过采用消息传输型中间件技术，利用高效、可靠的消息传递机制实现异构平台（包括不同的通信协议、操作系统、数据库）之间的通信，一方面在通信、供电、计算机硬件运行不稳定或发生故障时保证数据传输的完整性和唯一性，也为用户节省了通信线路的改造费用；另一方面也便于系统的扩展和集成。

3. 在数据管理方面，该系统采用集中和分布相结合的数据管理模式，分设经营行数据库和管理行数据库，日常业务操作针对前台经营行数据库，日常管理性操作针对后台管理行数据库，既实现了高效率数据操作，又通过事实上的数据异地备份提高了数据的可靠性。

4. 在系统的可扩充性方面，该系统充分考虑了预留与其他业务和管理信息系统进行数据交换的开发接口。

5. 在与银行信贷登记咨询系统的数据接口方面，该系统一方面通过实时数据提取接口从生产数据库中直接提取上报人民银行的信息，避免了数据项的错误，提高了数据真实性；另一方面也能通过接口下载银行信贷登记咨询系统中的贷款卡信息及有关参数和业务指标，提高了数据的正确性和一致性。

二十一、中国人民银行太原中心支行办公自动化系统

项目编号：200211005

获奖等级：银行科技发展奖三等奖

主要完成单位：中国人民银行太原中心支行

主要完成人员：杨世源、朱新春、刘新奇、郝惠泽、杨景芳

其他完成人员：郑芳、王侃、李立功、银保钧、张建国、张龙龙、王志强、刘勇、韩智军、何江云、孙瑞华、丁云杰、吕利萍、石江平

项目简介：

中国人民银行太原中心支行办公自动化系统是集公文流转、档案管理、信息共享、电子邮件等功能于一身的综合应用系统。该系统已于 2001 年开发完成并正式投入使用，2001 年 8 月通过中国人民银行总行技术鉴定。

该系统基于国际上先进的电子邮件和工作流技术，利用现有的网络通讯基础及先进的网络应用平台，以电子处理的方式协调组织各个部门、机构和员工之间的日常业务工作，为业务人员提供现代化的日常办公条件及丰富的综合信息服务，真正将办公水平提高到网络高度，实现了文书档案管理自动化和办公事务处理自动化，提高了办公效率和管理水平，并为领导办公提供强大的支持，最终实现无纸办公。

该系统从功能上分为办公事务、例行事务、信息服务、个人事务和中心支行金融信息网站。

办公事务包括收文、发文、签报、外出登记、档案管理等与公文流转有关的各类办公事务。采用工作流技术及客户化流程设计，严格控制公文运转程序，实现公文从收文、催办、请示批阅，文书起草、核稿、审核批阅、签发、文号登记到归档、检索、借阅等工作整个过程的自动化，实现了“文档一体化”。

例行事务列出了日常工作中急需办理的事项，其中“待办事宜”汇集所有需要进行处理的工作（如待审批的收发文、签报、周报及待查看的档案等）；“处室办公”为“行内信息”准备原始资料。由各处室用户负责采集、整理和授权、发布，实现行内信息共享；“周报”由每个处室的综合人员汇总本处的周报材料，形成处周报，上报办公室，由秘书汇总处周报，形成周报摘编，反馈给各处室负责人，并生成行周报；“信息简报”由各处人员起草金融信息材料或金融简报材料，处长审批后，送办公室特定人员阅批，后者根据材料起草金融信息或金融简报，送办公室领导审批后，在行内信息中发布，供全行人员浏览；此外还有“电子邮件”和“通知”等事项。

信息服务包括行内信息、电子论坛、电子公告、法律法规、系统帮助等各类经济金融信息。其中行内信息存放各部门由处室办公生成的信息，供全行人员浏览，只有在处室信息中被授权创建

处室信息的用户才能够将信息发布到这里。每份信息根据发布时读者授权的结果设置阅读权限。它同时也是金融信息网站的基本信息数据库。

个人事务包括个人信息资料的存储和管理，是各项办公事务的工作基础，只有提高了个人办公质量和效率，才能促进整体的办公水平向上发展。

金融信息网站在 LOTUSNOTESR5 平台上开发，管理员可以在 NOTES 客户端对系统进行维护，而其他用户则可以通过浏览器来进行数据、文档的阅读。该系统采用了严格的安全管理机制，用户登录后只能看到自己权限内能看到的文档，而系统文档主要来源于中国人民银行太原中心支行办公自动化系统的行内信息库。

金融信息网站主要包括“中支动态”“金融简报”“金融信息”“金融监管”“处室信息”“职业道德教育”“经济金融动态”“法律法规”“金融研究”“职工之家”“学习园地”“贴心服务”“休闲娱乐”“站点导航”等栏目。其中主页综合“金融信息”“处室信息”“金融简报”“金融信息”等主要栏目都是从办公自动化系统的行内信息库复制得来，无须人工干预，自动更新信息。

中国人民银行太原中心支行办公自动化系统自 2001 年运行以来，取得了显著的经济效益和社会效益。其提供的办公环境极大地提高了全行人员的办公效率，以及和上下级行部门之间的信息交流。现在已经为全行 500 人注册为用户，OA 系统已经连接到中国人民银行营业管理部和部分县支行使用，做到每人在系统上发文、收文、发布处内信息、接收全行的各种会议通知等。现在在网上行走的公文 5000 份、发布的信息 1000 条、各种会议和其他通知 2000 条，占用硬盘空间 10G。办公自动化系统在中国人民银行太原中心支行发挥了巨大的作用，系统的应用大大地提高了全行人员的电子应用水平，做到了全行人员自觉自愿地学习计算机操作及相关知识，为我国加入世界贸易组织对中国银行业带来的机遇与挑战打好了基础。

二十二、中国人民银行外资银行非现场监测分析系统

项目编号：200211008

获奖等级：银行科技发展奖三等奖

项目完成单位：中国金融电子化公司、中国人民银行银行监管一司

主要完成人员：宋德军、李伏安、申燕、马敬春、徐国俊

其他完成人员：田婕、金秀英、殷连臣、刘萍、朱国昱、杜刚、唐彬、张爱群、李徽翡、丁明、李辉、张连锋、张惠、林天南、吴静鸣、刘俊明

项目简介：

一、系统概述

根据《中华人民共和国人民银行法》《中华人民共和国商业银行法》《中华人民共和国外资金融机构管理条例》《中华人民共和国外资金融机构管理条例实施细则》等法律法规，中国人民银行依法对外资金融机构实施监管，以保护存款人利益，维护我国金融体系的合法、稳健运行。而通行全球金融业的《巴塞尔协议》对于各国中央银行所必须承担的银行监管责任也给出了具体明确的规定。

截至 1999 年 3 月底，在华的营业性外资金融机构的数量已超过 150 家，并且根据国务院精神，

我国还将进一步加大金融业改革的力度，继续审批合格的外资金融机构来华经营，逐步加快我国金融业与国际接轨的步伐。

非现场监管业务是中国人民银行对外资金融机构实施监管的重要环节与手段。随着在华营业性外资金融机构的数量与业务规模的迅速扩大，监管业务人员原有的手工操作已不能满足及时、全面、大数据量的工作要求。因此，如何根据我国国情和金融业的现状，改进监管手段、提高监管效果与监管效率是我国中央银行迫在眉睫需要解决的重要课题。在这种大背景下，用于指导中国人民银行的外资银行非现场监管业务的中国人民银行外资银行非现场监测分析系统项目于 1998 年在中国人民银行科技司立项，历经一年半的时间开发完成。

该系统的目标是能够有效地帮助外资银行监管人员实施监管，减轻监管人员的工作压力，提高监管效率，为防范和化解我国的金融风险作出应有的贡献。

二、体系结构

该系统采用目前比较流行的基于客户 / 服务器（Client/Server 模式）的两层体系结构，以及基于浏览器 /WEBSERVER/ 数据库服务器的三层体系结构，实现了数据共享、多用户访问的要求。除了本地用户可以访问该系统的数据资源，远程用户也可以借助于人民银行内联网来访问本地资源。因此，该系统可以处理大量非现场数据，支持多用户并发访问，是一个分布式、网络化、大规模数据库的应用系统。

三、技术难点

自改革开放以来，我国的内外部金融环境不断变化，随着外资银行监管部门对监管方法与监管理论的认识日益加深，以及新的外资银行监管理论方法与监管框架的形成，开发出新一代的外资银行非现场监管信息系统的意义变得非常重大，给该系统的开发提出了较高的要求。因此，该系统为之而作出了许多创造性的工作，以下为该系统的技术要点。

1. 数据库模型。该系统的数据库系统采用 SYBASESQLSERVER11.9.2，共包括四种数据库表，分别为：原始数据表、参照表、临时表、系统管理表。其中，原始数据表中存放经过统计司的数据上报系统审查校验过的、保证绝对正确的数据，原始数据表是最终的数据源；参照表中存放代码名称对照及项目的属性内容等；临时表中存放计算的中间结果，在运算结束后被程序自动清除；系统管理表中存放与系统维护、用户权限控制相关的数据，主要用于实现对系统的有效管理和控制，并且该系统所有的核心业务流程都在数据库的存储过程中实现，这样有利于应用系统与数据分离、可执行代码与资源库分离，并且对于不同子系统的相近组件，抽取其共性构成组件库，便于升级维护。

2. 核心算法。为了解决数据量庞大、处理速度快、多用户并发三者之间的矛盾，以及处理灵活性与稳定性及运算速度之间的矛盾，该系统利用较为先进的双排序搜索算法在临时表中完成几乎所有的核心业务处理功能，能够保证数据的查询与处理速度，保障业务人员在多用户并发情况下的工作效率。

3. 应用程序模式。该系统主要采用了基于客户 / 服务器（Client/Server 模式）的两层体系结构，以及基于浏览器 /WEBSERVER/ 数据库服务器的三层体系结构，实现了数据共享、多用户访问的要求。

四、推广情况

2000 年 6 月，中国人民银行外资银行非现场监测分析系统在中国人民银行全行范围内推广使用。该系统已推广范围为中国人民银行总行银行监管一司外资处，其辖区内有外资金融机构的各分行、营业管理部及中心支行的外资银行监管部门。该系统的推广使用，使监管人员从原有的手工汇总工作中解脱出来，大大提高了监管人员的工作效率，增强了监管工作的合理性与准确性。

五、社会效益和经济效益

中国人民银行外资银行非现场监测分析系统是一套利用国际先进的 IT 技术建立起的对全国 180 余家在华外资营业性金融机构进行财务分析、非现场监管和风险预警的应用软件系统。该系统可以根据外资银行按时上报的相关财务数据，从多角度利用多种手段进行相关分析和历史比较，既可以在日常监管工作中掌握一家或全部外资银行的业务经营状况与盈亏状况，也可以及时对某家或某些外资金融机构潜在的经营风险进行预警，对于发现和防范金融风险有着重要的现实意义，与现场检查构成了一个完整的监管体系。该系统的开发完成，极大地节约了监管人员的工作精力，提高了监管工作的准确性、系统性和效率，符合金融监管工具逐步现代化的需要，为适应世界贸易组织规则和经济全球化做好了充分准备，为金融监管工作的系统化奠定了坚实的基础。

二十三、中国人民银行武汉分行支付结算与账户管理系统

项目编号：200211011

获奖等级：银行科技发展奖三等奖

项目完成单位：中国人民银行武汉分行

主要完成人员：刘东、严治中、高云鹏、何东平、余鸿

其他完成人员：程福庆、杨毅、成楚华、肖志斌、龚成松

项目简介：

一、概述

支付结算与账户管理系统（Payment And Account Manage System，PAMS），是指以同城清算网络为依托，充分利用同城电子支付系统软硬件资源，按照人民银行现有的账户管理模式，连接同城电子支付系统，实现账户管理及支付结算监管的计算机应用系统。

随着经济金融体制改革地进一步深入，我国国民经济得到了持续稳定健康发展。为了加强银行账户管理及票据安全管理，规范银行和企业的行为，维护正常的结算秩序，提高社会整体信用度，充分发挥中央银行清算服务和支付结算监管的职能，自 1998 年开始，从中国人民银行原湖北分行党组到现在的武汉分行党委均十分重视PAMS的建设。由于该系统建设是一项系统工程，点多面广，涉及各金融机构。为保证该系统开发成功，分行先后成立了以分管会计、科技的副行长为首的系统建设领导小组、业务需求研究小组和程序开发小组，分别解决和协调系统开发及推广应用中的问题和困难。该系统建设自 1998 年 6 月开始，项目开发采取封闭式的工作方式，历时 3 个月，陆续完成业务需求调查、系统总体设计、程序编码、联机调试、操作文档设计等工作，并确定随州为试点单位。通过一年的系统模拟运行、程序完善及账户清理准备工作，该系统于 1999 年 9 月 1 日正式投入运行。

该系统业务处理设计遵循以下基本原则：（1）严格遵守中国人民银行账户管理办法和有关实施细则的规定，遵循同城电子支付系统的支付清算原则。（2）一个企业法人只能开立一个基本存款账户，一个企业法人在一家商业银行系统只能开立一个一般存款账户。（3）存款人在银行开立各类银行存款账户必须报经人民银行审批，经批准开立的账户应设置账户查询专用密码。（4）开户许可证由各地人民银行控制号码和数量，委托各银行核发，作废的开户许可证报人民银行备案。（5）企业法人必须对其在银行开立的所有账户承担同一法人的民事、经济、行政等法律责任。（6）账户管理数据由人民银行统一管理，不对外启用。

二、系统组成

该系统由以下五个部分组成，即商业银行前台客户端子系统、人民银行后台服务器端子系统、支付监管子系统、接口子系统、通信传输子系统。各子系统自成体系，又相互贯通，形成一个整体。

1. 商业银行前台客户端子系统。该子系统完成账户管理、信息申报查询、报表打印。其功能包括根据人民银行账户管理办法和有关实施细则的规定，完成辖内商业银行向人民银行申报企事业单位开、销银行账户信息，中国人民银行按规定条件自动进行账户检索并按程序审批，对已开立的账户及开户许可证进行管理；在账户管理基础上，由各商业银行在申报银行存款账户时，提供存款人基本经济信息及相关情况，并按规定向系统提供存款人不良支付信息记录、有关信用状况、存贷款状况，按规定即时向系统申报存款人票据挂失止付信息，由人民银行组成数据库，按不同信息层次供社会按公众、企事业单位、商户、银行从事经济活动时参考；系统查询功能提供商户查询、开户银行查询，分为公用信息和专用信息两大类。公用信息只要在与人民银行账户管理系统联网的任一终端上即可查询出票据挂失止付的票据种类、号码等要素及付款人不良信用记录等公共信息；专用信息限于经存款人授权的开户银行在提供信贷等金融服务时查询客户的账户情况及存贷款总额等信用状况；完成报表打印功能，即专为支付结算与账户管理系统设置的用于开户银行打印开户许可证及开、销户情况统计表，票据挂失止付信息统计表等。

2. 中国人民银行后台服务器端子系统。其功能如下：完成对商业银行申报的账户信息开销户审批工作，统计开销户情况；查询存款人信息，包括企业法人信息、存贷款情况、大额资金统计情况、企业金用程度及异地大额资金情况；打印开户许可证、开销户统计表、存贷款统计表、处罚通知、非法账户清单等。另外，根据中国人民银行监管需要打印相关统计分析报表和其他相应汇总报表。同时，该子系统还提供维护功能。在全国率先实现了与同城票据清算系统的对接，能够对参加同城电子支付系统和电子联行系统的账户进行监测，监管未经人民银行审批的非法账户，使非法账户不能参加清算，强化了中央银行的监管职能。

3. 支付监管子系统。其功能如下：从同城电子支付系统中采集参加清算的账户数据与账户管理系统中的数据核对，审核打印未经人民银行批准的非法账户清单，由人民银行有关监管部门据此进行核实并查处；从电子联行系统和同城电子支付系统中采集有关大额支付信息，并对大额资金、存贷款余额、异地大额资金作相应的数字分析、图形分析，为行领导决策提供服务。

4. 接口子系统。其功能如下：为商业银行端提供与贷款证系统的接口，使有关信贷数据自动转换为 PAMS 数据；同时 PAMS 服务器还与同城电子支付系统中心主机连接，产生账户比对数据及有关监管信息供人民银行后台服务器端子系统和支付监管子系统使用。

5. 通信传输子系统。其功能包括提供数据的发送、接收及通信日志等。

三、系统特点

PAMS 具有以下特点：（1）账户管理系统与同城电子支付系统相结合；（2）账户管理系统、同城电子支付系统与防范支付风险相结合；（3）账户管理系统、同城电子支付系统与贷款证管理和现金管理相结合；（4）账户管理系统、同城电子支付系统与中央银行统计分析归集系统相结合；（5）投资少。若基于同城电子支付系统运行环境，商业银行不需要投入资金，而只需人民银行投入一台 PC 服务器。

四、系统推广应用及效果

该系统于 2000 年 3 月首先在湖北省随州市、襄樊市、宜昌市推广使用，2000 年 11 月 PAMS 系统在湖北省其他地市全面推广使用，2000 年 11 月 PAMS 在中国人民银行武汉分行辖内，以及湖南省株洲市，江西省萍乡市、抚州市、上饶市推广使用，2001 年在江西省、湖南省其他有条件的地市全面推广。

从推广应用情况来看，PAMS 的账户管理功能成效明显。一是加强了账户管理，规范了开户行为。二是简化了开户手续，方便了企业。三是避免了不正常竞争，稳定了金融秩序。四是保全了资产债权，防范了金融风险。五是做到了实时监管，提高了监管效果。

二十四、中国工商银行高级管理人员责任稽核信息系统

项目编号：200212016

获奖等级：银行科技发展奖三等奖

项目完成单位：中国工商银行稽核监督局

主要完成人员：游彩云、杨洪海、贾伊宾、郑允弢、白宏伟

其他完成人员：于广生、马恒山、陈天元、崔亮、刘亚干

项目简介：

为适应商业银行经营管理的需要，加强对领导干部任职期间经营管理行为的监督，正确评价任期经济责任，促进其全面履行职责，近年来，中国工商银行各级稽核部门加强了领导干部离任的监督检查工作。现实情况迫切需要加快经济责任稽核工作的电子化进程，提高工作效率，规范经济责任稽核工作程序，全面、严格履行稽核监督工作职责。

中国工商银行高级管理人员责任稽核信息系统就是中国工商银行总行稽核监督局为适应当前这种迫切需要而开发设计的一个经济责任稽核工具软件和电子化管理平台。该系统根据现代管理学、审计学和计算机科学的原理，采用过程控制（process control）、知识管理（knowledge management）、业务流程重组（business process reengineering）、电子化学习（E-learning）和计算机辅助审计（compute raided audit）的思想，结合国有商业银行经济责任审计实际情况，根据用户输入的信息，自动生成“离任稽核通知书”“离任稽核签批单”“离任稽核方案”“数据采集表”和“资料调阅清单”，逐步引导现场稽核操作，完成离任稽核基础数据采集和违规事实录入，最终生成《离任稽核报告（草稿）》的全过程，用以规范稽核操作，力求客观公正地评价被稽核人在任职期间的经营情况和管理情况，进而提高经济责任稽核工作的质量和效率。该系

统在规范的前提下，提供给用户较大的灵活性，从而使系统能够适应37个一级分行多变的实际情况。另外，友好的界面、丰富的帮助、多媒体的演示和简洁明了的“用户使用说明书”，使该系统成为“免培训软件”。

该系统遵循目前流行的 WEB 开发理念，采用 B/S 结构。客户机使用浏览器（HTTP 客户）即可在 TCP/IP 网络上通过 HTTP 协议获取服务端（HTTP 服务）信息，并实现交互。该系统服务端程序可运行于多种系统平台，如 UNIX、WindowsNT、Windows2000、Windows98 等；可使用多种数据库系统，如 ORACLE（网络版）、ACCESS（单机版）。该系统在处理表格信息时创新地使用动态生成技术，不同的形式和内容的表格可根据其结构信息动态生成。在业务发生变化从而要求表格结构同步变化的情况下，维护人员只需要通过程序对结构的配置数据进行适当修改即可实现表格的增减变化，并且表格的形式和内容可无限扩充。此技术大大减少了系统的维护量，提高了系统的可扩充性。

该系统已在工商银行系统全面推广应用，经济责任稽核操作过程得以规范，稽核质量和效率大幅提高。据初步测算，稽核效率较之前提高 40%，每次离任稽核平均多发现问题 30%，每年可产生直接经济效益 835 万元，间接效益和社会效益显著。

二十五、中国工商银行融资及客户信用管理系统

项目编号：200212019

获奖等级：银行科技发展奖三等奖

项目完成单位：中国工商银行软件开发中心

主要完成人员：张元良、蒋睿涛、张斌、何泉、林战

其他完成人员：史凯波、刘瑞霞、高永延、夏岩、胡益民、季景玉、李烨、张志斌、樊志勇、卫东、唐青松、王越

项目简介：

中国工商银行融资及客户信用管理系统是为中国工商银行总行及中国工商银行各级分行信贷部门及资金营运部门对融资、客户信用信息进行管理的应用系统。该系统由以下五个系统组成：风险预警系统、客户评估系统、信贷综合授信系统、股票质押系统、金融机构授信系统。

1. 风险预警系统。通过预先定义的指标及安全范围实时对数据库中的数据进行监测，根据预警对象及内容的不同，建立起一套适合于不同行业、不同地区及不同企业并能够准确地描述风险的科学的指标体系。各项预警指标之间建立有效的内在联系，真正反映客户贷款质量、财务指标状况、银行资产质量风险关键点，并以科学、合理的预警指标值或范围为依据，使中国工商银行基本实现信贷实时化、体系化和标准化的风险预警。

2. 客户评估系统。客户评估是信贷管理工作不可或缺的首要环节，该系统的推出，使标准化评价客户和系统管理评价工作成为可能，因而客户评估系统成为现阶段全行信贷综合管理系统的核心部分之一，成为各级行信贷资产经营管理的重要工具和决策的必要依据。一方面，依据国际先进的评价办法，科学的、系统的对客户信用等级进行评价，促进贷款审批过程中的合理性，从而加强对前台业务系统的管理控制功能；另一方面，实现了信贷综合管理系统中对客户的自动评

级功能，保证了客户评级办法的规范化、标准化，同时减轻了信贷人员的劳动强度。它实现了全行新的客户评价体系和评价办法的计算机化操作。

3. 贷款综合授信系统。贷款综合授信系统实现了授信审批功能，记录真正审批的结果。同时，对授信项目作了相应的调整，建立了授信项目与会计科目的对应关系，确保在贷款审批过程中科学、合理地利用授信项目，进而更有效地控制与防范信贷风险。

4. 股票质押系统。股票质押贷款管理信息系统包括股票质押贷款的申请、审批，通过卫星向证券交易所发送质押清单，接收证券交易所的核对确认信息，发放贷款，通过巨灵公司提供的实时行情对质押股票提供风险监控，总行对分行业务实施监控。多个系统相互交流信息，加强对股票质押贷款从审批到发放，直至完全收回整个过程的实时监控管理，从而提高了贷款的质量，降低了贷款的风险，减轻业务人员的劳动强度。股票质押贷款管理信息系统还无缝连接了股票交易系统、巨灵信息系统、证券交易所自动报盘系统，使股票质押贷款风险监控易于操作、及时、准确。

5. 金融机构授信系统。金融机构授信系统实现了金融机构融资业务的授信管理，通过网络实现授信的申请、审批和下达；实现了统一法人下额度的授信、分配与调整；根据企业的经济指标等信息进行信用等级的评定，并能根据评定的结果在授信申请时进行授信额度的测算，作为授信额度的参考，为正确决策提供了可靠的依据。金融机构授信系统实现了客户档案资料的电子化、规范化，客户资料通过网络逐级上传，从而使授信工作的各个环节速度加快。此外，系统能够方便地对信用风险评价指标体系及评分标准、业务种类及分项业务风险系数等进行维护。

该系统是一个分布式网络数据库系统，分别在总行、一级分行、二级分行设立相应的专业关系型数据库系统，它们之间通过中国工商银行专用通讯网络进行连接。该系统的整个结构采用现在流行的 C（Client）/S（Server）结构，各级行的客户机登录到本地的服务器，即可进行各种功能的操作，各级行服务器之间通过数据库链路实现数据传输。

二十六、中国工商银行个人金融业务管理信息系统

项目编号：200212021

获奖等级：银行科技发展奖三等奖

项目完成单位：中国工商银行软件开发中心

主要完成人员：张元良、蒋睿涛、杨龙如、卫东、李烨

其他完成人员：何泉、张斌、赵建、王永生、刑善云、龚光庆、张志斌、樊志勇、唐青松、许鹏、沈力、刘安、杨学义、庞良、叶晓挺、傅朝芳、叶华、王班纳

项目简介：

个人金融业务是当今银行业一个稳定的收益来源，个人金融业务的开展在我国时间不是很长，但是发展趋势迅速，是每家银行的必争之地。其中，个人住房贷款和个人消费贷款是核心业务。

为全面规范个人金融业务的运作与管理，提高业务管理效率，中国工商银行总行各部门提出了相应的需求。个人金融业务管理信息系统是根据个人金融实际业务操作建立的计算机管理系统，将原先的手工、纸面的业务操作搬到个人金融业务管理系统中，做到个人金融信贷信息的数据库管理、业务流程电子化，将实际业务流程同业务管理系统中的数据组织方式对应起来，这样便于

信息的统一、完整、科学、安全管理，信息资源的有效共享，大大减轻了信贷人员的工作强度，提高了工作效率，提升了服务质量。个人金融业务管理信息系统的建立使信贷人员对个人金融业务贷款的贷前审批，贷款发放、收回，贷后管理等操作流程更加规范、科学，提高了业务效率，保证个人金融贷款业务的健康发展。更重要的是利用基础数据能够科学、有效、快速地进行贷后检查、统计、分析等管理性工作，利用分析统计结果来降低信贷风险，提高资产质量，制定产品营销策略，指导业务发展。该系统在贷款业务处理上是通过与会计核算系统的接口实现的。该系统还建立了与CALLCENTER的接口，能实现逾期贷款的自动催收，大大减轻了信贷员工作强度和催收力度，有力地控制了贷款风险；在综合信息查询上新设了查询作业网络下发、查询结果网络上报的功能，提高了监控能力。

该系统个人住房贷款管理部分是在信贷综合管理系统基础上的升级和功能的扩充，个人消费信贷管理部分是中国工商银行信贷管理系统在新兴贷款业务品种上的应用。该系统遵循了规范性、通用性、效率性和延续性的原则，充分考虑与中国工商银行新一代会计核算系统、中国工商银行个人客户信息分析管理系统等应用系统的挂接问题。

该系统已在全国进行推广使用，对中国工商银行个人金融业务的开展和管理起到了很大的作用。

二十七、中国工商银行浙江省分行通用代理业务系统

项目编号：200212023

获奖等级：银行科技发展奖三等奖

项目完成单位：中国工商银行浙江省分行

主要完成人员：朱菲菲、王超明、徐小宙、王雍、陈航

其他完成人员：许宜、董铁、陈钧

项目简介：

随着代理业务在银行总体业务量中的占比逐年提高，如何为代理业务的发展提供强大的后台技术支撑系统成为各家商业银行关注的焦点。中国工商银行浙江省分行技术部门和业务部门在总结多年代理业务发展经验的基础上，利用先进的网络、数据库技术和模块化编程手段，开发了通用式代理业务处理系统。

传统的中间业务平台出于对代理业务品神多、变化多的特点考虑，主要侧重于业务流程的定制和通讯报文定制等方面，和业务的关联度较小。该系统开发人员归纳和分析了大量的代理业务产品处理流程后，认为银行代理业务完全可以按照银行核心业务系统的处理方式，通过制定一系列标准的联机交易和批量处理方式来实现各类银行代理业务。因此，通用式代理业务处理系统采用了统一的前台交易界面、后台数据库、内部通讯报文、标准数据缓冲为基础的开发框架，提取代理业务品种各处理环节中的共性，实现了银行代理业务标准操作流程的系统集成，可以处理代收代付现金类业务、授权客户代扣代发转账业务、代理单位数据托管业务等各类银行常用代理业务品种。

该系统避免了以往在中间业务开发模式下新增业务品种后前台增加交易界面、后台增加各类不同数据库表的弊病，开发人员可根据业务现实需要，从标准处理流程集合中选择部分功能进行配置，

并进行少量的客户化改造工作就可以实现一项新的代理业务品种，大大提高了代理业务的开发效率。同时，由于联机及批量操作已经标准化，临柜及代理业务中心操作人员也不必为新增代理业务品种而花费大量时间学习操作技巧，缩减了产品的投产周期并减少了业务处理差错。

在不影响系统标准化原则的前提下，该系统还具有良好的开发性，包括：允许开发人员根据不同业务品种的特点对标准流程中的各个环节进行一定的特殊处理改造，满足特殊业务的特殊需要；核心技术维护部门可不断扩充标准集合中的联机及批量处理流程，以适应市场发展的需求；通过通讯组件的方式，实现内部标准数据缓冲区和各代理业务单位间不同的通讯协议、通讯报文间的转换；对电子银行系统提供业务无关性的统一数据接口，可在电子银行系统上实现客户注册、档案登记、费用查询、自助缴费、打印收据等功能。

此外，该系统在稳定性和安全性方面也进行了充分的考虑，提供数据、数据备份和系统故障恢复手段；通过数据确认机制和平衡检查保证账务的正确性、完整性和可恢复性；提供通讯数据报文的冗余校验机制；提供操作员分级和授权的权限控制功能；提供完备的系统日志记录；通过交易控制、进程控制等保障系统运行的实时性。

通用代理业务系统于 2000 年 8 月正式在中国工商银行浙江省分行管理范围内投入运行后，系统整体运行情况稳定。目前该系统支持各类代理业务达 480 余种，已经成为各二级分行抢占市场先机、加强客户服务的有效技术支持平台，发挥了很大的经济效益及社会效益。

二十八、中国工商银行河南省分行责任成本核算系统

项目编号：200212024

获奖等级：银行科技发展奖三等奖

项目完成单位：中国工商银行河南省分行信息科技部

主要完成人员：张志信、赵明、郝煊、山晓娟、崔浩

其他完成人员：王世军、余荔、王庆国、梁广德、郑锡金

项目简介：

中国工商银行河南省分行信息科技部研发的责任成本核算系统运用现代管理原理和标准化技术，以责任成本管理为主线，对银行经营管理活动的各层次、各门类、各环节实行成本调节与成本控制，实现了银行内部各部门之间的成本核算管理。

该系统充分利用工商银行大机业务数据，按照一定的分摊规则对数据进行加工处理和分析，产生责任成本管理所需要的相关数据，保证了系统数据的实时性和真实性。同时，该系统根据业务需求，按照不同的账户属性和计算方法在相应级别的责任中心间进行资金和报益的归集、分摊和汇总，产生支行、二级分行和省行三个级别各责任中心的责任中心资金账簿和责任中心财务收支账簿。与传统的成本管理系统相比，该系统具有完整性、广泛性、连续性和动态性相结合的特点。

在设计思想上，该系统采用了“表驱动”方式及数据分散存放与集中存放相结合的方法，加入了日期控制与严格的安全保密机制。数据中心选用 INFORMIX7.x 和 OPENSERVER5.0.5 作为系统软件；服务器选用 SCOOPENSERVER5.0.5 作为平台，用 C 语言开发；管理端采用 SCOOPENSERVER5.0.5 操作平台，用 C 语言开发；前置机墙选用 Microsoft Windows98 平台，

使用 C++BUILDER5.0 进行开发。因此，系统融 Windows 平台应用系统的友好界面和 UNIX 平台系统的稳定性于一体，在客户端完成信息的输入，在服务器端完成对信息的处理，客户端和服务器端通过 TCP/IP 网络通讯，独立而又协调一致的工作。

该系统的使用满足了银行内部部门核算，系统具有人性化的操作界面，支持传统的交易代码操作和方便快捷的全程鼠标操作两种模式，简洁、直观、便于使用。该系统投入使用之后，方便了银行的成本核算工作，强化了银行成本核算意识，提高了成本核算效率，缩短了成本核算周期，节约了进行成本核算工作所需的人力、物力和财力，解决了手工进行成本核算所存在的主观性、片面性和随意性等问题，使成本核算工作变得更为客观、全面和准确。同时，该系统所提供的决策支持功能，能够为管理者制定政策提供科学的依据，真正实现科学管理的目标。该系统推广后得到了工商银行各支行、二级分行及省行各应用部门和各级领导的一致好评。

二十九、中国工商银行浙江省分行信贷决策支持系统

项目编号：200212025

获奖等级：银行科技发展奖三等奖

项目完成单位：中国工商银行浙江省分行电脑中心

主要完成人员：丁仲篪、李金浩、李钢、杨一军、宋关昶

其他完成人员：卢昭泉、史浩、张旻、吴翔江、解志烨、徐雷、陆锋、郑安妮

项目简介：

中国工商银行浙江省分行信贷决策支持系统（CDSSVI.0）是该行第一个运用数据仓库思想设计开发的决策支持系统。它的分析对象是非自然人，具有主机客户号、非完全剥离标志、非清户标志、台账中有完整信息的客户。它的使用对象包含了省分行和市分行的信贷管理人员、信贷专业高级分析人员及行领导。它的特点主要体现在以下六个方面：一是数据来源丰富。该系统集中了信贷综合管理系统、会计综合业务处理系统、国际业务处理系统关于客户的有效信息，同时加入省统计局资料、上市公司财务资料等背景数据。二是信息的及时性。该系统的预警功能实现了对上一个工作日的客户信贷统计信息的汇总。三是建立了客户贡献额、客户贡献度的业务模型。四是实现了多头开户的自动整合，将多头贷款企业作为一个整体加以分析。五是界面直观、操作简便。该系统建立在 WEB 浏览器平台之上，界面切换方便快捷，可以同时打开多个页面。界面展示方式以图表为主，清晰明了。六是提供强大的数据、统计和分析功能，查询分析的效率较高。

该系统的主要功能包括：T+1 全省存贷款业务预警监控功能；高级客户过滤、选取功能；客户概要展示分析；客户基本情况展示；常规财务分析工具；贡献度 / 风险度分析；集团相关联企业分析；模型分析；贷款定价支持；国民经济数据查询；统计局行业数据查询；上市公司财务数据查询。

该系统采用了先进的数据仓库技术、数据挖掘技术和 WEB 技术，以及分布计算 DCOM 技术，采用了三层的 B/S 体系结构，易于扩充，负载得到均衡分布，性能稳定，维护方便。该系统充分考虑了权限管理、信息安全控制等维护手段，安装使用方便，易于推广使用。

该系统的建成为中国工商银行浙江省分行信贷业务的经营管理决策、有效防范金融风险、信贷市场的开拓提供有力的支持。该系统建立了符合中国工商银行浙江省分行业务实际的客户贡献度

模型，通过层层分解客户的贡献组成因子、成本、风险因素，为业务管理人员提供了清晰的业务规律信息，提供了各种客户群分类手段，是实施市场营销、开展客户关系管理所必不可少的工具。同时，该系统也兼顾了基层业务管理/操作人员的需求，如常规财务分析工具、外部经济信息查询等功能，其中贷款定价功能颇具特色，根据输入的参数进行赢利/风险试算，以此来确定贷款利率的浮动档次，这一功能符合利率的逐步放开市场化的改革方向。

该系统的投产运行，为中国工商银行浙江省分行进一步开发利用数据仓库建立起经营管理决策支持系统奠定了基础。

三十、中国工商银行浙江省分行支付代理系统

项目编号：200212026

获奖等级：银行科技发展奖三等奖

项目完成单位：中国工商银行浙江省分行电脑中心

主要完成人员：朱菲菲、金锋平、杨龙如、卢斌、杨永弟

其他完成人员：丁敏、王坚、杨美琴、张远、叶华

项目简介：

当前，如何提高金融企业的服务质量、树立品牌意识、增加企业的核心竞争力已成为金融企业的共识。支付代理系统就是在这样的背景下应运而生，对迅速占领支付结算代理市场、完善对公服务、密切银行间合作成效显著。该系统于 2000 年 6 月开始在中国工商银行浙江省分行营业部投入运行，以后逐步在全省推广。该系统提供了实时在线服务，满足了业务处理的各项需求。其功能特点如下。

1. 提供代理汇兑和汇票功能。该系统采用联网方式处理支付结算代理业务，为商业银行、信用社提供代签汇票、代理汇兑等服务，提供计算机签发、打印银行汇票功能，自动移卡、核对账务功能，系统内和系统外汇划往账功能，系统内和系统外汇划来账功能，查询查复功能。

2. 联行业务的扩展。该系统对于没有与中国人民银行实现对接的中小商业银行提供天地对接功能。

3. 统一业务管理。该系统完成对支付代理业务的常规账务处理（如申请开户、账户管理、服务定制、交易时间控制等），以及一般性业务（修改客户资料、网点管理、代理点管理、客户管理、账务关系管理、业务统计等）特殊的业务处理（如汇票的特殊处理、交易的联机对账）。

4. 通讯和安全管理。该系统提供专线和拨号两种通讯方式。提供业务柜员卡、资金调拨卡、密钥文件等多种加密方式，以满足实际处理时各种情况的数据加密要求。

5. 账务管理功能。对于各种业务，该系统提供从开户账户管理到交易凭证打印，以及各种清单打印、明细对账、总分对账等功能。

该系统分中心端、网点端、代理点三个部分。按照软件工程的设计流程，该系统功能全面，设计合理，有较好的可扩充性和可维护性。整个系统体系上是以中心端为核心的两个独立的 Client/Server 构成，跨越了 Windows 和 SCOOPENSERVER 两大操作系统。在通讯上，系统各部分间根据实际需要，分别采用了 TCP/IP 和串口通讯，特别是通过电话拨号的方式，使代理点能利用

现有的电话网而不必增加通讯设备上的资金投入。在安全上，系统采用了IC卡加密和文件密钥等加密手段，保证了各方数据的安全性和可靠性。为了方便与代理点现有的系统相结合，除了提供代理点程序，还提供一系列的接口，保证了系统的可扩展性。该系统采用事权划分原则，将柜员分为业务柜员、授权柜员、发送柜员和系统柜员四大类，并按金额来划分权限，以分清权责，保证了交易处理流程的分级管理和可监控性。

该系统自投产以来，商业银行代理点急剧增多，目前数量已超过中国工商银行浙江省分行对公网点，对该行抢占同业市场份额起到了很大的促进作用。目前，中国工商银行浙江省分行已经先后与597家股份制商业银行、城市商业银行、城市信用社、农村信用社建立了合作关系，办理代理汇票业务60万笔，累计金额为1048亿元；代理汇兑业务量20万笔，累计金额为4亿元；吸收同业存款达30亿元，无息汇出汇款8亿元。

三十一、中国工商银行河北省分行POS监控运行系统

项目编号：200212027

获奖等级：银行科技发展奖三等奖

项目完成单位：中国工商银行河北省分行银行卡业务部、信息科技部

主要完成人员：卢桂锁、张晓明、温小红、齐永田、安文龙

其他完成人员：张玉海、蔡建浩、肖军、孟军强、左俊英、齐雪梅、陈玲、刘伟姿、马燕春、楚建波、荆东

项目简介：

随着中国金融电子化进程的加快，各商业银行发卡数量急剧增长，为了方便持卡人用卡，各银行花巨资购买POS投入市场，但其实际应用状况始终不够理想。一方面，由于客观原因限制，如软件应用水平、网络状况等，使持卡人用卡经常受阻；另一方面，由于维护人员不能及时发现故障，使POS及网络故障得不到及时有效排除，影响了持卡人用卡。POS设备的不能使用，不但造成资源的浪费，而且束缚了银行卡业务的发展，影响了银行社会形象的提高。针对以上情况，中国工商银行河北省分行设计开发了POS监控运行系统。

POS监控运行系统是通过监控机对POS交易数据的监测、分析，适时判断出每台POS设备的运行状况，管理人员根据监控信息发现和指挥维护人员及时排除POS及网络运行中出现的故障；也可通过对商户POS交易数据的分析，作出POS资源调配和减少设备闲置的方案，以达到改善用卡环境、提高POS利用率、增加经济效益的目的。同时，通过分级汇总各地市POS交易信息，可以生成POS运行、交易、卡类交易等一系列分析报表，以便决策机关为POS及交易资源进行宏观管理和指导提出决策意见。

该系统采用了模块化的设计思想，基于不改变生产系统结构和功能的原则，建立了较为独立的POS监控运行系统平台，避免了程序的重复开发，也增加了系统的稳定性，在各商业银行中有着广阔的应用和推广前景。

POS监控运行系统于2001年4月在中国工商银行河北省分行投入使用。自投产以来，各行的POS运行状况得到了明显提高，受到了商户和持卡人的好评和欢迎。POS数量由2001年初的

1000 台猛增加到 2000 台以上，交易额比过去增长 200%，开机率达 90% 以上；根据该系统提供的 POS 交易数据，改进了 POS 通信方式，减少无效管理通信次数达 30% 以上，月节约通信费用上万元；还充分利用监控数据，对效益、交易、故障类型、持卡人、商户、POS 利用率等进行了一系列分析，为上级行领导决策提供科学依据，也为基层行加强内部管理、提高用卡环境提供了准确的考核数据。POS 监控运行系统已成为各行加强 POS 市场管理不可或缺的管理工具。

三十二、中国工商银行江西省分行平安保险费业务代扣系统

项目编号：200212031

获奖等级：银行科技发展奖三等奖

项目完成单位：中国工商银行江西省分行技术保障处

主要完成人员：刘福妹、刘骅、侯志红、宋利辉、郭亚

其他完成人员：苏胜文、王理、刘晓晴、廖林、王晓锐、付攀、夏刚、陈知华、饶小平

项目简介：

随着保险费业务的进一步发展，保险费代扣业务已经不能局限于只涉及某个单位或某个地区的委托银行代扣，要求实现全省同一行业系统跨地区、多单位的全面统一的委托银行代扣业务，以适应社会保险事业的发展需要。它主要有以下特点：（1）委托单位所在地与被代扣人的居住地可能不在同一地区；（2）被代扣人居住地分散；（3）委托单位所在地分散，可能不在同一地区；（4）业务量大，代扣时间要求高。

平安保险费业务代扣系统建立在 IBM ES/9000 大型机上，围绕平安保险费自动集中代扣的要求，专为中国平安财产保险股份有限公司南昌分公司的保险费代扣而设计的代理系统。该系统高度集成了世界上最先进的网络技术、信息安全技术、数据压缩技术、IBM 大型机的文件管理技术及大型机的数据处理技术，系统处理包括数据检查、文件传送、保险费代扣等基本内容，具有良好的数据传递接口，实现了保险费的集中、安全和快速缴纳，充分发挥了中国工商银行江西省分行现有的资源和江西省数据集中的优势。

该系统采用了集中开户、单位确认、集中代扣的批量处理方式，按照开户储蓄所确定、账户开户和代扣三个流程进行处理，极好地解决了集中代扣的各项技术难题。随着我国社会保障体系规模的进一步发展，该系统不仅局限于只涉及某个单位或某个地区的委托银行代扣处理，只要涉及江西省同一行业系统跨地区、多单位的全面统一的委托银行代扣业务，就可以通过该系统进行集中处理，并且在硬件投入方面，完全可以利用现有网络和设备，无须进行硬件设备的再投入。在业务处理方面，代扣环节少，既准确又速度快，可节省大量人力、物力，投入小，见效快。该系统在江西省集中代理业务领域具有巨大的用武之地。

该系统的设计具有以下特点：第一，完全可以利用现有的网络和设备，无须进行硬件再投入，只需开发跨地域代理业务管理程序和地市代开户、代扣批量程序及作业，修改地市联机报表接收、分割、打印程序。计算机自动开户、登录账号，减轻柜面压力。第二，代扣环节少，既准确又速度快。第三，该系统较容易拓展，可用于其他行业系统代理业务。

自平安保险费业务代扣系统投入运行后，得到了中国平安财产保险股份有限公司南昌分公司的

认可和好评，大大方便了平安保险费的收缴，保险公司每年可节约开支约 240 万元，同时，该系统促进了保险公司业务的发展和工商银行中间业务的发展。据统计，截至 2001 年 9 月 1 日，累计代扣件数达 34.9 万件，成交保险总单数为 11.6 万件，累计实施代扣金额为 4.43 亿元，其中成功代扣保险费为 1.34 亿元，总金额排名位于江西省中间代理业务的第一位。每年锁定存款 2 亿元，稳定了一大批优质客户，资金沉淀率高。总之，该系统达到了社会效益和经济效益的双丰收。

另外，该系统具有较好的伸缩性、可维护性和可操作性，较容易拓展，在全国 IBM 大型机系统中具有较高的应用推广价值。

三十三、中国工商银行江西省分行大机数据压缩传输系统

项目编号：200212032

获奖等级：银行科技发展奖三等奖

项目完成单位：中国工商银行江西省分行

主要完成人员：刘福妹、刘骅、侯志红、宋利辉、郭亚

其他完成人员：苏胜文、王理、刘晓晴、廖林、王晓锐、付攀、夏刚、陈知华、余勇、钱朝晖、李兴华、冯智海

项目简介：

大机数据压缩传输系统是围绕工商银行接收各种不同类型报表的要求，专为大机的各项报表的压缩接收而设计的系统。该系统主要目标是采用高效的 LZW 压缩算法实现了报表数据的快速传递，减轻网络的负担，使业务部门能及时接收到业务报表。

中国工商银行江西省分行大机数据压缩传输系统实际上就是在 IBM ES/9672 大机进行储蓄业务批量处理后，生成压缩的数据传送文件。储蓄前置机接收到压缩的数据包后，进行相应的解包处理，生成正常的数据文件。该系统主要包括四个部分：（1）大机报表生成系统部分：主要负责生成各类报表数据；（2）大机数据压缩部分：主要负责数据加密、压缩和传输；（3）接收报表服务部分：集中接收各类业务报表的压缩数据，并进行数据解压缩；（4）业务终端处理部分：进行报表数据分割和打印。

该系统基本设计思想是在大机和微机两端实现 LZW 压缩算法，最高能够达到 1/10 的压缩比，减少数据传输量。由于微机和大机的硬件和操作系统相差较大，且存在码制的转换问题，需要在大机程序设计相应的处理程序予以解决。该系统采用汇编进行 BIT 位操作，文件处理采用 VS COBOL 程序的办法来达到批量压缩的目的。

该系统采用先进的软件平台，设计手段先进，安全性好，可维护性强。该系统技术文档完整齐全，符合国家有关标准和规范。该系统采用了先进的 LZW 压缩算法数据压缩技术和汇编操作技术，首次在银行大机网络内实现了全省报表数据集中压缩和传输，有效节约了数据传输的时间和通讯资源，具有独创性和先进性，经济效益和社会效益明显，属国内首创，处于国内领先水平。

该系统完全利用现有的网络和设备，克服了以往网点处理报表耗时长、效率低的缺点，减轻柜面压力，节省大量人力、物力，投入小，见效快，实现了江西省报表的集中管理。自该系统在江西省 11 个地市正式投入使用以来，实现了在大机网络内进行江西省报表数据集中压缩和传输，系

统运行安全可靠，数据的压缩率平均为 86.6%，提高了工商银行的服务水平，取得了显著的经济效益和社会效益。该系统由于采用了特殊的压缩算法和加密措施，保证了数据的可靠，保障了数据的安全，具有较高的安全性。

该系统投入运行后，得到了江西省各个地市业务部门的认可和好评。同时促进了各项业务的发展，特别是工商银行中间业务的发展，中间业务因此新增产值 2.3 亿元，实现利润 2500 多万元，达到了社会效益和经济效益的双丰收。

该系统具有较好的伸缩性、可维护性和可操作性，较容易拓展，在全国 IBM 大型机系统中具有较高的应用推广价值。比如，如果该压缩技术应用到大机数据的备份，可减少数据备份量 80% 左右。目前，该系统已在江西省 11 个地市推广应用，该系统还可以推广到其他省、市、自治区的上百个城市分行。

三十四、中国工商银行江苏省分行“汇市通”个人外汇买卖系统

项目编号：200212033

获奖等级：银行科技发展奖三等奖

项目完成单位：中国工商银行江苏省分行计算中心

主要完成人员：罗秋清、陆思明、谢雯、黄浩、王涛

其他完成人员：吕进、鞠建东、杨路、翟学英、潘晓东、康涛、李桂琴、侯华青

项目简介：

中国工商银行江苏省分行“汇市通”个人外汇买卖系统是在现有 ES/9000 储蓄交易系统的基础上采用主机上开发单独外汇买卖系统，设立统一的交易账户，通过江苏省集中的模式实现全省个人外汇交易的统一报价、统一交易、统一平盘、统一清算、统一账务处理。

该系统设立统一的外汇交易账户，独立于现有储蓄系统的柜员管理和柜员轧账体系。交易账户设钞户、汇户和假汇户，采用只交易、不取现的方式，由外汇交易中心的柜员通过单独画面登录主机实现交易账户开户、查询、打印对账单等功能。买卖交易分为即时外汇买卖和委托外汇买卖两种。即时外汇买卖交易按照当时的外汇交易牌价经客户确认后即时成交；委托外汇买卖按照客户委托交易价格挂盘。江苏省交易的买盘总量和卖盘总量对冲后形成敞口与系统外平盘。

该系统与路透资讯“MONEY2000”连接，将外汇报价实时传送至主机、寻呼台和柜面大屏，提供管理功能动态监控报价及交易情况，并能进行交易参数的调整。该系统采用专线连接方式与中国工商银行上海分行进行自动平盘。

该系统在柜面提供外汇交易账户的开户、查询及对账单打印等功能，并与电话银行系统实时通讯，实现柜面电话银行开户功能。

该系统采用主机数据集中、主机和服务器之间数据分布的数据库设计思想，既保证了交易的统一处理和可靠稳定，又减轻了主机的负担，提高了处理效率。该系统具备自动清算和平盘系统，由省行交易中心统一清算交易盈亏，自动合并全省交易敞口并对系统外进行平盘，在保证收益的同时最大限度地降低了银行风险。

该系统已在中国工商银行江苏省分行 8 个地市行投入使用，经济效益和社会效益显著。基于

IBM ES/9000 的主机系统设计简洁、高效，运行安全、稳定，交易手段灵活、丰富，具有良好的可维护性、安全性等特点，在国内同类系统中处领先水平。

三十五、中国工商银行江苏省分行基于策略的网络综合防护系统

项目编号：200212034

获奖等级：银行科技发展奖三等奖

项目完成单位：中国工商银行江苏省分行计算中心

主要完成人员：张文超、麻艳阳、陆尚俊、王钢、金晶

其他完成人员：丁晶、洪纯、翟学英、潘晓东、罗秋清

项目简介：

基于策略的网络综合防护系统是中国工商银行江苏省分行根据本行的具体要求而确定并报中国工商银行总行立项获得认可的科研工程项目，主要应用于中国工商银行江苏省分行的综合业务网络系统。

该系统采用 40 位 DES 数据打包、VLAN、AAA、一次性口令认证等技术，通过 Cisco 公司的路由器、多层交换机、PIX“防火墙”、Netsonar、ACS 及 RSA 公司的 ACE 等系统构建成一个全方位、多层次的综合防护体系，以灵活的、有针对性的安全策略为核心，为中国工商银行江苏省分行的整个业务网络和办公自动化网络提供了高强度的安全保障。

该系统的主要技术特点如下。

1. 广域网中采用 Cisco 路由器进行 40 位的 DES 数据打包方式，保证了网络数据传输的安全性和完整性。

2. 使用 AAA 认证、授权和审计方式，并且采用了 ACE 动态密码认证对用户进行统一授权、认证，使各种网络设备得到了集中管理和安全认证。

3. 采用防火墙技术，使网络的抗攻击性得到提高。

4. 实现整个网络的监控，对网络受到的攻击能够及时反应，产生报警信息，对发现的网络安全问题能够提供调查的依据和手段。

5. 具有良好的备份功能，网络设备在发生故障时能够及时得到恢复，确保银行业务安全稳定地运行。

6. 具有高度的可靠性、安全性和可扩展性，并支持多种协议。

网络综合防护系统建成后，强有力地支持了中国工商银行江苏省分行各领业务的发展，满足了全省综合业务网络对信息安全和网络综合防护的严格要求，特别是银证互联、企业银行等业务，更需要高标准的安全措施保障中国工商银行江苏省分行的网络不受非法入侵行为的危害。所以，该系统深受业务部门的欢迎，并在投产后的一年多时间内为全行带来了可观的间接效益。

三十六、中国农业银行汇兑业务管理监控系统

项目编号：200213036

获奖等级：银行科技发展奖三等奖

项目完成单位：中国农业银行软件开发中心、中国农业银行广东省分行、中国农业银行陕西省分行

主要完成人员：苗玉峰、廖国晖、盛春光、李雅品、吴福维

其他完成人员：涂弋、李锁全、曹文全、汤辅新、陈红星、朱林、王农

项目简介：

中国农业银行汇兑业务管理监控系统（以下简称管理监控系统）是经中国农业银行科技部批准，由中国农业银行总行软件开发中心、中国农业银行广东省分行、中国农业银行陕西省分行联合开发，在全国农业银行推广使用的汇兑业务生产系统管理监控软件。该软件在电子汇兑与实时汇兑业务系统中实现以下功能。

1. 该软件将系统管理与运行的重要例行操作通过程序固化，对影响系统运营质量的关键处理实施监控，并提供预警、警告与追踪功能。通过提高运行管理操作的自动化水平，增强汇兑系统营运的健壮性与稳定性。

2. 该软件提供汇兑生产系统业务数据的统计分析功能，为系统营运管理与业务发展决策提供翔实的数据支持。

3. 该软件提供汇兑系统业务及运行状况在线服务功能，为省分行和二级分行的管理人员提供汇兑业务查询、统计、差错预警、投诉、申诉、联行机构辅助管理等多项服务，提高二级分行汇兑业务质量监管的主动权。

管理监控系统将汇兑业务生产系统中的多种处理流程视为关系紧密的供应链，并以此为中心进行了广泛与深刻的资源与管理的整合，其设计思想与当前国际现代管理 ERP 模式相符。该软件实现了汇兑系统生产运行与质量控制的自动化与信息化管理和对汇兑业务系统生产全过程的全面质量管理。

管理监控系统寄居于原业务系统的软硬件环境之中，它不影响原系统的正常运行，不改变其硬件环境、程序结构与数据结构，通过增加外挂的程序模块，增加少量自由软件，完成新系统构造，实现系统设计的功能目标。

鉴于管理监控系统的用户有不同的使用特性，该系统采用不同的结构来支持普通型与系统型两种用户。（1）结构一：UNIX 服务器—WindowsPC 机结构。适用于以查询和统计类业务为主的普通型用户。此类用户可以使用装有 Windows98（含 IE5.0）的 PC 机连入 UNIX 服务器，方便使用系统提供的各项服务。（2）结构二：UNIX 服务器—字符终端结构。适用于从事生产系统管理与操作类工作的用户，系统为其提供了日常操作需要的实用工具，并具备较好的安全性。

管理监控系统由使用权限管理监控子系统、电子汇兑管理监控子系统与实时汇兑管理监控子系统三个部分组成。

使用权限管理监控子系统对管理监控系统使用者的权限进行登记与管理，以保证系统安全，并依据不同权限提供不同的应用功能服务。

电子汇兑管理监控子系统由相对独立的五个功能模块组成，分别完成电子汇兑业务数据的统计分析、重要业务的监督控制、电子汇兑业务质量考核数据生成、联行机构辅助管理、电子汇兑业

务系统运行管理等多项工作。

实时汇兑管理监控子系统由相对独立的五个功能模块组成，分别完成实时汇兑业务数据的统计分析、通讯监控、实时汇兑业务质量考核数据生成、联行机构辅助管理、实时汇兑业务系统运行管理等多项工作。

管理监控系统采用了当前 IT 业界十分流行的数据服务器—WEB 服务器—浏览器三层次体系结构，并使用 JSP（Java Server Page）开发技术及中间件技术实现系统功能。

管理监控系统的设计开发遵循软件工程原理，采用结构化方法进行设计与程序开发。软件的结构化实现，允许系统逻辑结构与物理结构非对称实现。用户可以将 WEB 服务器与数据服务器合二为一，实现一机两用，既保证了三层结构不变，又节约了投资，达到了完全相同的效果。

管理监控系统实现了在农业银行企业内部网上的网络化应用。省行汇兑业务管理部门的数据中心允许总行与辖内的二级分行汇兑业务管理部门，通过农业银行企业内部网访问管理监控系统，进行查询、数据统计、情况反映等工作。

为了保证生产系统的安全，防止非法入侵，该系统允许采取与生产系统物理隔离的运行方式。该系统有严谨的使用权限管理系统，以加强系统的安全性。

管理监控系统使用了自由软件构造该系统的支持环境：在服务器端使用了支持 JAVA 编程的自由软件 J2SDK（Java2 Software Development Kit），以及用于管理接入 IE 浏览器的另一个中间件自由软件 TOMCAT。这些自由软件性能稳定、使用效果良好且无须付费，完全达到系统设计要求。

管理监控系统自行设计开发了 JDBC 数据库连接池接口等程序，保证了联机在线查询的高效实现。

管理监控系统自投入使用以来，功能达标、运行稳定，情况良好。该系统提供的所有功能均能准确实现。

中国人民银行总行科技司主持的中国农业银行汇兑业务管理监控系统鉴定结论认为，中国农业银行汇兑业务管理监控系统具备实用、可靠、安全、开放等特点，其设计思想先进，结构合理，符合当前IT业先进技术发展趋势,开拓了管理与技术上的新思路,达到了国家同类系统的领先水平。

农业银行正在进行省域数据中心的建设工作，电子汇兑系统经办行的业务处理将为中国农业银行综合业务应用系统所包容，但省分行汇兑中心会仍然存在，并继续承担汇兑业务数据传输与处理的后续工作。在此情况下，管理监控系统必将继续发挥其功效，在向各级管理部门提供信息咨询和实现科学，以及有效的系统管理方面，仍然具有重要的应用价值。

三十七、中国农业银行苏州市分行企业银行系统

项目编号：200213037

获奖等级：银行科技发展奖三等奖

项目完成单位：中国农业银行苏州市分行

主要完成人员：杨建荣、陈骏、徐榕、张萌巍、董英

其他完成人员：陈新刚、钮志英、钱琼、王琪、王立新、徐臆、陆健、戴建峰、王成

项目简介：

中国农业银行苏州市分行开发的企业银行系统，是为了适应黄金客户需求，在开展了充分市场调研的基础上，采用现代通讯网络技术和信息安全处理技术，对企业办理各种银行业务进行快速、安全、高效、无纸化处理的一种崭新的计算机应用系统。作为一项银行业务创新产品，该系统在保证业务处理安全性的前提下，使企业能足不出户完成各种本外币支付业务、随时查询业务处理情况和各种账户信息，并可获得大量的金融信息。与此同时，也提高了银行自身业务处理的效率。

该系统主要功能包括业务处理、业务处理查询、联机查询、金融信息、业务数据导入导出、断线数据传递、权限及额度控制等。业务处理包括人民币转账支付、人民币现金申领、支票申领、活期转定期、代发工资、偿还贷款、外汇汇出汇款、外汇买卖、结售汇等，涵盖企业本外币所有支付业务，真正做到了本外币一体化。业务处理查询可随时查询通过企业银行所做的业务、银行方受理的业务及双方核对的情况，对处理业务数据导出进行汇总统计打印，便于企业与银行进行业务核对。联机查询包括汇率查询、信用证收汇、托收收汇、汇入汇款、来证通知、信用证到单、存款利率、账户余额、账户往来明细、分公司账户余额、分公司账户往来明细、贷款到期情况、支票状态、支付密码校验等功能。对于业务较复杂的外汇业务，在列出查询结果清单后，企业还能够进一步查询每一笔业务的详细情况。金融信息为企业提供国内外最新经济金融信息，使企业及时了解经济金融动态。业务数据导入，使企业可以把财务系统中的数据导入企业银行系统中。业务数据导出，使企业可以将业务数据（包括查询到的数据）导出形成 Excel 表格，并可以进行下一步的查询、统计及打印。断线数据传递，是因某种原因企业无法联通银行网络时，使用该功能将需要发送的业务指令通过文件方式传递到银行进行操作，确保系统的可用性。权限及额度控制则可根据企业的具体要求灵活设置经办人员操作权限、交易限额，实行多至四级的权限控制。

该系统开发时充分考虑了系统的安全性、高效性、扩展性。从网络访问、数据信息安全、客户身份识别、企业内部权限控制、银行内部系统安全等方面，采用最先进的技术进行严格控制，确保银行和客户双方的安全。为每个企业客户发放了一张数据传输 1C 卡，用于对企业传输的数据进行数字签名和加密处理。为每个操作人员配发了支持 RSA 算法的电子签名卡，用于对其所做的交易进行签名确认。在银行端采用了经国家密码委员会鉴定通过的交易受理机和服务器密码机产品，保证了内外部网络的严格隔离，也保证了数据的安全传输和数字签名的正确校验。在企业端，可将企业银行系统的客户端直接与企业的财务管理系统联网，大大提高了工作效率，还提供了企业内部基于 WEB 的业务查询、复核、授权处理程序，以适应远程或异地授权。考虑今后企业业务范围的不断扩大，为适应客户新的业务需求，企业银行系统在设计时采用模块化的实现方法，为新增业务预留了足够的空间。

该系统的用户是中国农业银行苏州市分行的大型企业客户，实现了本外币一体化的转账支付、各种查询及其他一些功能。该系统在企业端通过与企业的财务系统相连，减轻了企业大量数据录入的工作量，大大提高了操作和审核的工作效率，也减轻了银行数据录入的工作量，从而减少了业务处理差错，并且使银行与这些企业建立了一种捆绑式的合作关系，在本地同类产品中具有较强的领先优势。

该系统自2002年开始推广应用以来，已有60多家企业安装使用，这其中大部分是中国农业银行苏州市分行的优质大型内外资企业客户，月交易笔数近万笔，累计支付金额为60亿元。已使用该系统的企业普遍反映较好，目前还有一批企业正在洽谈准备安装该系统。该系统的逐步推广使用，提高了中国农业银行苏州市分行在同业竞争中的地位，也为中国农业银行苏州市分行国际业务保持领先的市场份额提供了强有力的技术支持。

三十八、中国农业银行大连市分行商业智能决策信息支持系统

项目编号：200213038

获奖等级：银行科技发展奖三等奖

项目完成单位：中国农业银行大连市分行

主要完成人员：姚岩平、曹军、顾炜、庞慧、昝娜

其他完成人员：辛国阳、邵晓丽、石久红

项目简介：

一、内容简介

中国农业银行大连市分行商业智能决策支持信息系统（Business Intelligence System）是基于数据仓库开发工具的商业智能分析软件；其有效地利用现有网络资源，达到资源合理有效利用。2000年初，中国农业银行总行新一代综合业务处理软件在大连成功推广使用，使基础业务数据的存放更趋于集中、全面、标准、规范，这为中国农业银行大连市分行商业智能系统的开发提供了坚实的基础和广阔的发展空间。经过对业务系统数据的综合分析，中国农业银行大连市分行采用了主题化的解决方案，把系统划分成统计、银行卡、会计监管、中间业务、综合管理、清算对账、延伸业务、客户信息8个子系统。其中，统计子系统实现日资金头寸分析、存贷情况分析等；银行卡子系统实现卡行为分析、卡收益分析、卡风险分析、卡存款分析、发卡效率考核分析等；会计监管子系统实现系统内资金账户监控分析、日损益情况分析等；中间业务子系统对中间业务所带来的存款及收益情况进行分析；综合管理子系统实现资产负债指标体系的综合分析；清算对账子系统实现金卡、借记卡、中间业务等工程的对账工作；延伸业务子系统实现有关延伸业务的交易分析；客户信息子系统实现对存贷款大户情况的分析。8个子系统共涵盖各类报表50多种，而且该系统改变了以往的分析模式，用户可以根据自己的意愿设计分析报表，并可以剖析到不同的分析层面。通过该系统，各级领导及业务部门可以及时地从多个角度看到经营状况的各个层面，准确找出工作中的问题所在，从而为其工作决策提供依据，该系统模式在农业银行系统尚属首例。

该系统实现了报表业务流程的自动化。系统采用数据统一管理的整体构想，通过对业务系统数据的自动抽取、整合、分析、加工，建立了各类业务管理模型，实现了原始报表数据的自动收集及应用的集中化，减少了大量以往需要人工干预的工作，将数据采集的中间环节降低到了最低限度，减轻了业务人员的劳动强度，业务处理流程更加科学化、自动化、效率化，在第一时间内提供最全面的经营统计数据，供各级领导和业务部门分析使用。

该系统在传统业务处理上开辟了一条新路，将传统模式的处理流程由自下而上，改为自上而下，实现统计业务的全面自动化。

该系统实现了资源共享。通过办公自动化系统已有的内部网络结构，可以实时查询各主题的分析数据且支持并发访问，利用数据集中的优势，实现了数据统一管理。

该系统采用元数据管理，实现功能参数化，即功能逻辑的改变不会影响程序，只需修改参数，这样可以及时响应客户的新需求，提高了工作效率。

该系统采用浏览器方式实现信息补入、查询和维护。该方式灵活，操作简单，并且集成对资源的存取，简化程序设计，使运行在服务端程序容易得到更好的保护、更新和维护。

该系统对用户采取集中授权的管理模式，基本实现安全管理的统一化。

二、采用技术

该系统采用以下技术。

1. IBM VISUAL WAREHOUSE 数据仓库技术。

2. DB2 OLAPSERVER 多维数据库技术。

3. HYPERION WIRED FOR OLAP 前台分析展现技术。

4. IBM WEBSPHERE APPLICATION SERVER WEB 应用服务器技术。

三、推广范围

随着国内金融体制改革的深入发展，银行业正经历着前所未有的深刻变革。金融市场化和银行商业化的趋势日益明显，人们对信息的需求不断提高，将业务数据转化为实用信息，第一时间内为管理人员提供准确而独到的市场视觉和方向成为支持决策的关键突出点。商业智能系统正是适应这一潮流而应运而生，它实现了不同系统业务数据的计算机综合管理，具有良好的通用性与网络性，尤其适合在已有数据仓库开发工具的用户中进行推广、应用。

该系统自推广应用一年来取得了良好的效果，各支行的管理部门也开始全面使用。中国农业银行大连市分行商业智能系统成功地实现了银行业务数据的综合分析，可以使各部门管理人员从繁重的手工劳动中解放出来，节省了人力、物力、财力，增强了数据的可靠性，数据信息更具实效性。该系统目前已经成为中国农业银行大连市分行各级领导及业务人员的得力助手。该系统的应用模式适合在全国推广，所产生的经济效益和社会效益将是无法估量的。

三十九、中国农业银行上海市分行客户服务中心

项目编号：200213039

获奖等级：银行科技发展奖三等奖

项目完成单位：中国农业银行上海市分行

主要完成人员：许国光、娄吉安、赵连强、侯永铭、陈志祥

其他完成人员：陶宏、许德、张俊、谈宏

项目简介：

中国农业银行上海市分行客户服务中心是集电话银行、网上银行、手机银行于一体，构建支持不同接入手段的统一网络平台的综合系统，是由现代软件技术、硬件技术和随时随地可提供的优质服务所构成的一整套服务环境。客户服务中心的建立，将使银行的服务理念发生根本性的转变，使银行从传统的“以账户为中心”，等待客户上门办理业务转变为“以客户（市场）为中心”，

为客户提供全方位、高质量的主动服务方式。在日趋激烈的银行同业竞争中，极大地提高了农业银行的竞争力，客户服务中心也将成为各大商业银行必不可少的竞争工具。

中国农业银行上海市分行客户服务中心使用 AIX 操作系统、DB2 数据库管理系统，通过 TCP/IP 协议与各子系统连接，采用 SNA 协议与主机进行通讯。该系统主要包括 PBX 服务器、CTI 服务器、IVR 服务器、数据库服务器、FAX 服务器、报表服务器、MAIL 服务器、应用服务器、主机系统、WEB 服务器、网页同步服务器、数字证书系统、录音监听系统和坐席员系统等功能模块。

该系统具有以下技术特点。

1. 系统结构清晰合理，技术先进。整个系统采用接入转换层、应用服务器、数据服务器三层次架构，使用 CICS 中间件进行并发交易和数据库连接池的协调和管理，使用 WEBSPHERE、CICS 作为开发平台，利用 JAVABEAN、JSP、SERVERIET、VC++、VB 等先进技术进行编程，系统的可扩展性、并发性和稳定性强。

2. 系统架构灵活，集成性好。该系统通过接入层屏蔽了具体的接入手段，抽象为统一的数据对象给应用层处理。这样很好地解决了不同接入渠道平滑集成到该系统中。在现阶段主要集成了电话银行、网上银行和手机银行，同时对网上银行提供了网页同步功能，使网上银行系统可以共享人工服务资源。

3. 系统具有极高的安全性。在网上银行的安全性上，该系统通过使用安全代理和安全证书来建立 SSL 安全通道，确保交易数据的安全性，对网站防护使用了 CISCOPIX 和二道 IBM eNetwork Firewall 防火墙，并对其进行科学合理的配置，通过 SLL 安全软件的安全漏洞扫描和 IBM 网络实验室的攻击测试，确保了整个系统安全措施的可靠性。在电话银行方面，使用注册密码和账户密码对账务性交易进行双重认证，提高系统的安全性。

4. 系统功能全面，对传统业务的覆盖面广。在金融业务上主要提供个人账户查询、各账户间的相互转账、账户挂失、外汇买卖、银证转账、银证通、开放式基金、国债买卖、企业账户查询、贷记凭证、现金支票、电汇、倍汇、汇票和本票等业务；在服务和管理功能上，主要提供投诉、建议、咨询、金融信息服务、座席员管理、各种业务和管理统计报表。

该系统的设计性能如下：PBX 进线数为 510 条，可扩充到 1000 条；AGENT 席位数为 80 个，可扩充至 200 个；IVR 线数为 360 条（可通过增加机器扩展）；Fax 线数为 60 条（可通过增加机器扩展）；该系统功能涵盖信息咨询、投诉建议、管理控制、统计报表、绝大部分的对私业务及一定的对公业务，另外包含外汇买卖、银证转账、银证通、国债买卖、开放式基金及代理业务等功能。该系统支持每日的业务交易量为 10 万笔，高峰期交易量为 1 万笔 / 小时。

四十、中国农业银行上海市分行个人信贷系统

项目编号：200213040

获奖等级：银行科技发展奖三等奖

项目完成单位：中国农业银行上海市分行

主要完成人员：王鸿庆、夏忠奂、吴敏、侯岚峰、江姝蓓

其他完成人员：谈宏

项目简介：

中国农业银行上海市分行个人信贷系统是在INTRANET网络环境下，使用WEB技术实现的个人信贷业务处理系统，该系统将合作企业、贷款资料及贷款台账信息有机结合，实现对个人信贷会计核算、业务工作流控制、信息管理的电子化处理。

该系统利用IBM WEBSPHERE建立WEB应用服务器，采用SYBASE作为数据库服务器，分行、支行及营业网点使用网络浏览器（如IE）访问WEB服务器，应用服务器处理来自客户端的请求，并存取数据服务器的数据，系统与操作系统平台无关，可以运行在WindowsNT、UNIX等各种环境下。

该系统具有以下技术特点。

1. 系统结构新颖合理，技术先进。该系统采用浏览器、WEB应用服务器、数据服务器三层架构，利用JAVABEAN、JSP、SERVERLET等先进技术进行编程，应用服务器与数据库服务器之间使用连接池技术。该系统可扩充性和并发交发能力强，移植性好。

2. 系统功能全面、自动化程度高。该系统通过建立工作流机制，实现了贷款申请、发放、还款、计划变更、统计报表、查询等环节的自动化管理；支持批量扣款方式进行直接还款，提高了个人信贷业务的服务和管理效率。

3. 系统采用业务处理与环境信息设置参数化，便于系统维护与推出新的个人信贷业务。该系统设计了各种计息方式、多种还款方式、多种扣卡方式等，对各种不同种类的个人贷款采用参数设置进行处理。

4. 系统数据保护严密。该系统提供了部门权限和岗位权限的分级权限管理，并自动进行数据校验，保证了数据安全性和完整性；为账务性交易提供了复核控制。

5. 系统通过批量产生与资信公司、公积金管理中心等接口文件，实现了不同类系统之间数据格式的自动转换，提高了数据的可用性。

中国农业银行上海市分行个人信贷系统能够适应中国农业银行上海市分行现有或即将开发的各类个人信贷业务品种的管理需要，包括个人消费贷款（个人住房担保贷款、汽车消费贷款、个人住房装修贷款、耐用消费品贷款、教育助学贷款、旅游贷款等）、个人质押贷款（存单、国债、保单）、个体工商户（个人商铺按揭贷款）及其他贷款等。

该系统提供给用户的操作界面直观、友好，操作简便、易上手，许多能确定的录入内容以选择框的形式加以预设，尽量减少手工录入的烦恼，提高系统操作的准确性。通过系统提供各种管理报表，最大限度减少复杂繁重的手工劳动量，提高工作效率。

该系统实现了系统维护（网点维护和查询、用户维护和查询、利率护）、合作企业维护、贷款资料管理（申请人资料、其他借款资料、个人公积金资料、担保资料等）、贷款台账管理（贷款签发及取消处理、贷款更改还款计划处理、单笔还款处理、转逾期/呆滞/呆账处理）、各种查询统计、各种日常打印、对外接口、批处理（储蓄卡/信用卡扣卡处理、自动转逾期）等各种功能。

四十一、中国建设银行深圳市分行多协议网络系统整合

项目编号：200215014

获奖等级：银行科技发展奖三等奖

项目完成单位：中国建设银行深圳市分行科技部

主要完成人员：潘京、杜长征、杨少岱、李向阳、陈晓良

其他完成人员：刘文光、陈世钧、何伊达、杨飞、何庆东、张小菲、李志旭、梁永强、杜俊杰、丁梅、丘欲凡、朱海、梁钊宁、吴基汶、杨松、余成成

项目简介：

一、概述

中国建设银行深圳市分行储蓄系统是采用IBM ES/9000大型机、SNA网络，对公综合业务系统采用IBM RS/6000服务器、TCP/IP网络，这两个独立的网络对业务的发展造成了极大的束缚。为此，深圳市分行进行了网络整合，主要内容如下。

1. 中心路由器与ES/9000连接的配置，包括中心路由器的配置与ES/9000连接的配置。

2. 储蓄业务与对公业务共用一套网络，并实现网络自动备份。

3. 实现多协议网络中不同业务的优先级，即应用包括队列技术在内的技术保障手段。

4. SNASW、BX、EX、DLSW+等技术在多协议网络中的应用。

5. 代替IBM3745的CIP技术应用。

6. 使用RS/6000的AIXCommunicationServer的LLC2以太网方式，代替传统的SDLC方式，通过多协议网络与ES/9000连接。

7. 撤销原储蓄系统的通信线路，节省通信费用支出。

8. 网络统一管理。

9. 网络安全设置。

二、项目性能、特点

网络整合工程将原对公TCP/IP网络进行升级，因此性能更加良好，网络可靠性也有很大提高。原储蓄SNA网络的广域网络合并至对公网络，采用SNASW、BX、EX、DLSW+、CIP等技术，前端SNA数据包在网点路由器中用IP包封装进行传输，再在分行中心路由器进行解拆还原为SNA数据包，通过CIP卡高速通道与主机间构成的APPN网络完成SNA数据包后端传输。SNA数据的传输在性能方面并没有降低而是得到了提高。同时，由于整合后的网络平台实际上已统一在TCP/IP协议之上，使整个网络的运行维护成本大为降低。经过网络整合，深圳市分行的网络已体现出现代网络结构的特点，符合现代网络的发展趋势，它与原有网络相比具有如下优点。

1. 主机的定义工作量大为减少。在传统的NCP模式下，每个网点PU都需在NCP上进行复杂的定义，尤其是当网络网点变化时，更需要重新编译，连接NCP模块，并将其LOAD至前端通讯控制器上，十分不灵活；而在当前网络结构下，由于采用SNA3W模式，对网点均采用SWITCHMAJORNODE的定义方式，每当增加网点PU时，只需定义相应的SWITCHMAJORNODE及增加相应CICS定义便可，极大地减少了主机网络定义的工作量。

2. 摆脱了传统通讯控制器（IBM3745）模式下的大量低速线路，从而对电信线路资源的利用更加合理、科学。

3. 网络运行更加稳定，可靠。在传统SNA模式下，当网点物理线路中断时，需要采用手工

拨号的方式，不但难于操作，而且影响正常的业务运行。而在新的网络中，若线路发生故障，则CISCO路由器能自动采取ISDN拨号的方式与主机重新建立连接，整个过程自动完成，完全不用人工干预。实际上，网络整合后，网点业务人员普遍反映脱机现象大为减少，网络运行非常稳定。

4. 整个网络采用统一的网络协议，维护更加容易，技术更加容易掌握。网络整合后，深圳市分行的网络结构主要运行于TCP/IP协议之上，由于TCP/IP是当前网络的主流协议，无论从技术普及性，还是从协议本身来看，该协议都具有容易理解、容易掌握、容易维护等优点，这些都是传统SNA协议所无法比拟的。经过网络整合，整个网络统一于一种协议之上，大大减少了网络维护人员的工作量，提高了维护人员的工作效率，这在今后的工作中，将得到进一步的体现。

5. 网络易于扩展。由于采用了主流网络协议及先进的网络设备，使当前的网络结构十分易于扩展。

三、社会效益和经济效益

SNA技术在国内外金融保险领域得到了广泛的应用，近年来TCP/IP技术在金融保险领域也得到了极大的应用。对于如何保持原有SNA的投资，用TCP/IP建立网络主干，把TCP/IP和SNA进行整合成为一个网络界的挑战性课题。深圳市分行的多协议网络系统整合项目所采用的技术，在国内没有先例，在国外的成功案例也是寥寥无几。

该项目社会效益显著，提高了深圳市分行网点柜面的工作效率，促进了服务质量提升，扩大了该行优质服务的影响，吸引了更多的优质客户。

该项目经济效益也非常显著，通讯费用每年节省200万元，并节省每3年需投资一次的通信设备（AT&T高级MODEM、DTU、多路复用器、SDLC卡）费用252万元，维护费用也大为减少，所需的维护人员也减少一半。

四十二、中国建设银行北京市分行个人外汇买卖系统

项目编号：200215015

获奖等级：银行科技发展奖三等奖

项目完成单位：中国建设银行北京市分行

主要完成人员：张民、刘步其、龚毅、郭光阳、吴庆慧

其他完成人员：曹连宝、王清、隋云海、许巍、苏萌、闫秀霞、陈栋、史银河、孟雄

项目简介：

一、概述

随着我国金融市场日益成长和开放，中国建设银行北京市分行为满足广大客户日益增长的投资需求、拓展新的业务增长点、吸收外币储蓄存款，该行于1999年10月组织开发了个人外汇买卖系统项目（以下简称北京建行个人外汇买卖项目），该项目适应现代化银行发展方向，利用先进科技及通讯手段为客户提供个性化金融理财服务。

中国建设银行北京市分行客户只需在银行办理外币一卡通账户（附属在19位人民币储蓄卡），即可通过中国建设银行的柜台、自助终端、电话及网上银行进行外汇买卖交易。目前，中国建设银行北京市分行个人外汇买卖系统提供10个币种的外汇买卖交易，是目前交易币种最多的银行，为中国建设银行客户提供方便、快捷、安全的优质服务。

二、系统特点

与国内同类交易系统相比，中国建设银行北京市分行个人外汇买卖系统具有实时性强、交易网点广、途径多、监控功能完善等优点。此系统与路透或桥讯信息系统实时连接，目前为每40秒（可进行参数调整）报价撮合一次，报价速度与交易处理能力优于其他同类产品，交易大厅中提供大屏幕和走势图揭示行情变化，使客户能快捷直观地了解世界市场的最新情况，此外还与295金融城、中国无线信息服务网实现信息交换，使客户还可以通过Internet、寻呼机随时了解行情。目前，中国建设银行北京市分行所有外币储蓄网点均可进行柜台外汇买卖交易并可在9个外汇大厅进行自助交易，客户更可以通过网上银行、电话银行、手机银行进行交易。此系统监控功能完善，业务人员可以随时了解系统交易情况，对交易成本及时作出操作决策以实现利润，监控功能还具有预警机制，对于错误数据和异常交易情况（如交易额、敞口突然增加）向业务人员提出警告，最大限度减低业务风险。

三、系统功能

中国建设银行北京市分行个人外汇买卖系统提供的主要服务分为三大功能：行情的接收揭示、交易的账办处理和管理监控。行情的接收揭示是指外汇买卖系统通过卫星接收国际市场的实时价格，传送到主机进行点差处理，然后由主机将牌价发送到各营业网点和交易大厅的大屏幕及走势图上，并且通过电话银行和网上银行的特性为客户提供更方便、更详细、更直观的查询服务。交易处理主要分为实时和委托两种，实时是指按照北京市分行公布的牌价进行即时交易；委托交易是指客户定价格委托北京市分行进行买卖，由主机根据国际市场报价与客户的委托价格进行撮合成交并进行所有账务处理，对于大额交易系统自动给予优惠处理，客户还可以查询交易情况、打印交易证实书。管理监控是指国际业务部的业务人员利用管理终端，即时对外汇买卖的交易情况进行控管，监控买卖币种笔数金额的变化情况及交易成本，查询大额委托挂单的详细信息，生成相关报表。另外，在特殊情况下还可对点差进行修改，手工录入汇率利率，对主机上的数据进行维护。管理监控也提供了及时的预警措施，当出现路透牌价发送错误、主机通讯异常和主机交易错误等交易异常情况时，交易员会通过观察交易盘口、牌价发送系统提示信息、交易明细及大额挂单文件等途径迅速发现异常情况，进行相应的差错处理。

个人外汇买卖系统的后台主机为IBM ES/9000，使用VSE操侍系统，并以中间件CICS作为运行平台。个人外汇买卖系统平台涉及机型有IBM ES/9000、IBM R/6000、PC，操作系统有IBMVSE、SCOU：NIX，Windows98、WindowsNT，中间件（系统应用软件）包括IBMVSAM、IBMVTAM、IBMCICS、INFORMIX、MICROSOFTSNASERVER、MICROSOFTEXCEL、MICROSOFTACCESS，为完成多平台之间的连接使用了TCP/IP、SINFA两种网络通信协议，整个系统庞大、技术复杂。软件编制实现参数化和智能模块化，使该系统具有良好的扩充性、适应性和及时性；交易机制以路透或桥讯信息为触发点，主机根据实时的国际市场外汇交易报价自动处理并完成符合条件的交易；该系统具有完善的交易监控机制，业务人员能实时得到客户的委托情况及已完成交易的交易成本，并对市场异常交易情况和路透（桥讯）错误数据的剔除和报警机制。该系统使用的主要科学技术包括数据库应用技术、多系统平台间数据传递技术、任务间的实时触发异步处理技术等。综合以上技术，中国建设银行北京市分行个人外汇买卖系统充分利用了

ES/9000 系统的强大处理能力并结合了 Windows 系统友好的、互动性的界面系统为客户及交易人员提供了灵活及时、多功能、多渠道的服务。

中国建设银行北京市分行个人外汇买卖系统依托中国建设银行北京市分行城市综合网络，业务网点可以通达北京任何地区，柜台交易可在任意外币储蓄网点完成，并开办 9 个交易大厅为客户提供行情走势图、牌价大屏幕等完善的行情揭示服务及自助终端交易方式，客户还可通过网上银行、电话银行、自助终端等先进渠道进行交易。个人外汇买卖系统在主机 ES/9000 的强力支持下，提供了强大的处理能力，日平均撮合处理交易 7 万多笔，委托处理交易 5000 多笔，平均成交 3000 多笔。为方便客户，个人外汇买卖系统提供 24 小时全天候不中断服务，是北京第一家推出该业务的银行。该系统达到了立项时在中国建设银行北京市分行全辖 100 余个网点通兑的要求，满足对交易响应速度和支持 24 小时业务的要求。

四、使用效益情况

该系统取得了极佳的经济效益和社会效益。仅 1999 年的半年时间，中国建设银行北京市分行个人外汇买卖业务交易量就达 2.28 亿美元，实现平盘利润 15 万美元，此业务推出后带动全分行外汇储蓄存款持续增长月均高达 1000 万美元以上；2000 年交易量突破了 12 亿美元，交易笔数为 18 万笔，实现平盘利润 23 万美元；截至 2001 年 6 月 30 日，交易金额为 12.1 亿美元，已突破 2000 年全年水平，仅 9 个有交易大厅的网点 2001 年上半年新增外汇储蓄存款 2627 万美元，占全行外汇储蓄存款新增额的 48%，平盘利润为 15 万美元，比 2000 年同期增长 42%。北京市分行在该业务领域继续保持着全国建设银行系统第一名的成绩。个人外汇买卖业务不仅在一定程度上促进了外汇业务的发展，而且带动了个人金融业务、银行卡业务、电话银行等项业务的发展。仅新开 19 位储蓄卡就达 8 万多张，电话银行签约客户近万人。

通过办理个人外汇买卖业务，北京市分行吸收了更多的外汇储蓄存款，加强了资金实力，健全了业务功能，增强了业务竞争能力，同时还取得了相应的平盘和手续费收益。在日益开放和成长的金融市场上，个人外汇买卖业务已逐渐成为一个闪光的亮点。在中国建设银行北京市分行个人外汇买卖系统推出后，其他商业银行也相应推出了自己的个人外汇买卖产品，引爆了整个北京外汇买卖市场。在激烈的同业竞争环境下，北京市分行还对该系统陆续进行了 24 小时服务、大额优惠等改造，始终保持着业界领先地位。

四十三、合质金锭国家标准

项目编号：200228047

获奖等级：银行科技发展奖三等奖

项目完成单位：成都印钞公司

主要完成人员：王自森、黄蕊、陈菲菲、姚太平

项目简介：（略）

四十四、新型半浆处理设备的研制与开发

项目编号：200228051

获奖等级：银行科技发展奖三等奖

项目完成单位：保定钞票纸厂、中国人民银行印制科技技术研究所

主要完成人员：张荣禹、冉飞、金树海、李石峰、杨建国

其他完成人员：王莉萍、李满兴、史连奎、贾立刚、蒋彦新、林琦

项目简介：（略）

四十五、安全线定面施放与监控装置的研制

项目编号：200228052

获奖等级：银行科技发展奖三等奖

项目完成单位：保定钞票纸厂

主要完成人员：张荣禹、马山、李爱华、王彦恒、赵刚

其他完成人员：马建虎、徐广海、杨建国、乔红宁、刘沛君

项目简介：（略）

四十六、超级凹印机墨车短传结构改中传结构

项目编号：200228050

获奖等级：银行科技发展奖三等奖

项目完成单位：上海印钞厂

主要完成人员：吴文迅、罗晓芸、罗智玲、金蔚文、葛立胜

其他完成人员：施廉如、顾克俭、邱开植、夏愚、陈素珍、张净、陈雅仙、杨彦勤、吴炜、杨四九、顾钰钢、王明武、韩承志

项目简介：（略）

四十七、滚字后 NBS 坯饼不酸洗直接压印工艺研究

项目编号：200228049

获奖等级：银行科技发展奖三等奖

项目完成单位：上海造币厂

主要完成人员：史佳德、徐岷、崔培毅、徐兵、王振明

其他完成人员：邬伟勇、李俊、赵铭强、唐利华

项目简介：（略）

四十八、硬币边缘印字在线检测系统

项目编号：200228048

获奖等级：银行科技发展奖三等奖

项目完成单位：南京造币厂

主要完成人员：宁应成、唐承德、林永萍、王信诚、范玉民

项目简介：（略）

后　记

习近平总书记指出，“金融是核心竞争力”“信息化就是现代化”。信息时代，金融要实现现代化、形成核心竞争力，信息化是前提。金融信息化作为国家战略工程，走过了从无到有、从落后到先进的艰难历程，完成了从算盘到键盘的历史性跨越，这个过程凝聚了几代人的心血、智慧和奉献。

出版《从算盘到键盘》是我多年的心愿。最早在 2009 年的时候，我就开始整理工作笔记，幸亏那时先把 53 本工作笔记中的摘要内容录入了电脑，给后面的整理工作创造了条件，否则可能读者就无法看到现在这样完整的记录了。我办公室物品在一次转运过程中，遗失了其中的一箱 25 本笔记。我一直希望有人能够捡到它们并保存着，有一天能把这些资料物归原主，或者交给保管这本书资料的机构或者出版社，让他们和原有的资料团聚。

由于出版的需要和为了便于阅读，《从算盘到键盘》分为历程卷和基石卷。历程卷已于 2021 年，在中国共产党成立 100 周年之际由中国金融出版社出版发行。这本书是基石卷，从开始编辑到成书出版，历时 5 年，中国人民银行、中治研（北京）国际信息技术研究院（以下简称中治研）及中国金融出版社的同事们为这本书的出版作出了很大贡献。

这本书重点记录了 1992—2002 年中国金融信息化相关的激励制度体系建设、金融科技创新机制的形成、金融科技成果和创造这些成果的人物，是推动我国金融和金融科技创新的基础，我们可以把它们称作“基石”，因此这本书叫“基石卷”。这些“基石”为中国金融电子化、信息化、现代化奠定了坚实的基础。这些“基石”默默无闻，也从不闪光发亮，但中华人民共和国那些闪光奇迹的下面就是这些真实的人和事，这些是我们国家的宝贵财富。中国金融信息化是一步一个脚印，每一年都有重大的进展，都有丰硕的成果。我们今天的金融科技和金融创新服务大多是建立在这个不断发展、进步的制度体系和系统平台上的。对于历史，只有更好的、不间断的总结和继承，才能有更大的突破和创新，这也是我们要花这么多的时间和精力做这件事的意义和价值所在。

在全球化、信息化、数字化的今天，我们金融行业时刻面临着各种挑战。我们希望，通过这本书，让现在的金融科技工作者们更多地了解我们金融行业的初心，了解金融价值和作用的实现方法，了解金融科技从哪里来，金融现代化的“大厦”是用什么建立起来的；更多地了解我们现在有什么，还缺什么，以及我们的优势和劣势，这样才能不断优化我们金融现代化战略的体制机制、方针政策。回顾和总结我们走过的“历程”，能够让我们有机会站在历史的高处看到来时道路的曲折，让我们迈向未来的步伐更加坚定；将这些“基石”展现出来，让我们更多地了解我们拥有的优势和宝贵资源，从而获得更多的自信和传承的力量。

在这里我还想说两个重要体会和一个重点。第一个体会是无论金融科技如何发展变化，它一定要围绕发展金融这个主线，而金融发展一定是服务于实体经济、服务于民生这条主线，它是金融科技的生命线，什么时候都不能变。第二个体会是无论金融服务如何创新、如何发展变化，它一定要在国家监控框架下。金融，不能不监管，更不能不可控。一个重点是金融科技监管。对于国家和经济而言，金融业是一个非常特殊的行业，对国家安全和国民经济存在高风险性，而且具有强关联性、敏感性和系统性等特点。因此，这个行业对制度性、技术性要求很高，内外部规则、制度和监管一直是比较严格的。随着金融业务的全面信息化，以及金融服务能力和水平革命性提升，金融服务创新空间被打开，各种新型的金融与信息技术融合产生的风险不断显现，且影响越来越大。2003 年，中国人民银行明确提出将金融科技风险纳入监控框架。多年来，在金融监管部门和金融机构的共同努力下，我国金融科技监管相关的法律法规、制度保障体系逐步建立起来，对有效控制金融风险发挥了重要作用。这里，我要强调的是，金融科技监管既要体现对传统金融监管的继承性和延续性，又要体现对信息时代的适应性和包容性，还要把握好监管的阶段性和韧性。金融科技监管的要领是“适度”，要避免过严的监管把创新扼杀在“摇篮”中，也要避免监管不足导致“伪创新”泛滥，造成系统性风险。金融科技给金融服务和风险控制提供了跨时代的能力，也给金融本身带来了新的风险。换句话说，金融科技就是这个时代的金融风险特征，无论你如何选择，金融科技风险都客观存在，从这个意义上说，未来，进一步有效加强金融科技监管十分必要。

最后，我要感谢多年来一直支持和帮助我的领导，以及与我一起拼搏的同事、同仁；感谢曾经支持、帮助过我们进行金融信息化建设的国内外朋友；感谢我的家人，特别是我的老伴，几十年来无怨无悔地支持我的工作。我还要感谢中治研团队这些年来为我国金融行业信息化发展孜孜不倦地奉献。真诚希望看到这本书的领导、同仁、朋友们的批评、修改、补充，以便我们把工作做得更好！

陈天晴

2020 年 3 月 10 日第一次修改于北京

2023 年 6 月 20 日第二次修改于北京

2023 年 12 月 18 日第三次修改于北京